Schwerpunkte Pflichtfach   Westermann/Staudinger · BGB – Sachenrecht

Schwerpunkte

Eine systematische Darstellung der wichtigsten Rechtsgebiete anhand von Fällen
Begründet von Professor Dr. Harry Westermann †

BGB – Sachenrecht

von

Dr. Ansgar Staudinger

Professor an der Universität Bielefeld

begründet von

Dr. jur. Dres. h.c. Harm Peter Westermann

13., neu bearbeitete Auflage

 C.F. Müller

Bibliografische Information der Deutschen Nationalbibliothek

Die Deutsche Nationalbibliothek verzeichnet diese Publikation in der Deutschen National-
bibliografie; detaillierte bibliografische Daten sind im Internet über http://dnb.d-nb.de abruf-
bar.

ISBN 978-3-8114-4635-9

E-Mail: kundenservice@cfmueller.de
Telefon: +49 89 2183 7923
Telefax: +49 89 2183 7620

www.cfmueller.de
www.cfmueller-campus.de.de

© 2017 C.F. Müller GmbH, Waldhofer Straße 100, 69123 Heidelberg

Satz: preXtension, Grafrath
Druck: Medienhaus Plump, Rheinbreitbach

Vorwort

Das Buch ist wie bisher für den akademischen Lehrbetrieb im Kernfach bestimmt, und zwar als Vorlesungsbegleitung. Das zwingt dazu, als „Schwerpunkte" die in Übungen und Examensaufgaben hauptsächlich behandelten Fragenkreise in den Vordergrund zu stellen, was aber nicht bedeutet, dass die Darstellung auf herrschende Meinungen oder die Technik der Falllösung beschränkt werden dürfte. Vielmehr geht es, wie allgemein beim Studium des Zivilrechts, um gedankliche, besonders systematische Zusammenhänge, namentlich auch die rechtspolitischen und praktischen Hintergründe von Rechtsinstituten und Konfliktlösungen. Ziel der Neuauflage ist es, das Interesse an den Fachfragen zu wecken und den Leser, der sich mit dem Buch in die Materie einarbeiten soll, dazu anzuregen, selbstständige Lösungen zu entwickeln – natürlich auch mit Blick auf die Examenssituation. Die an den Anfang jedes Kapitels gestellten Fälle werden im Laufe der Darstellung regelmäßig aufgegriffen, das für Prüfungsaufgaben notwendige methodische Vorgehen nach Anspruchsgrundlagen ist anhand ausführlicher Lösungsskizzen nachzuvollziehen.

Gegenüber der Vorauflage haben sich einige inhaltliche Änderungen ergeben. Das betrifft zum einen das Kreditsicherungsrecht, sowohl im Mobiliar- als auch im Immobiliarsachenrecht, das gerade in Zeiten der Niedrigzinspolitik und der damit einhergehenden Vitalisierung des Grundstücksmarktes eine große praktische Bedeutung hat. Eher im Zeichen aktueller rechts- und gesellschaftspolitischer Entwicklungen wie dem Umweltschutz ergeben sich zunehmende Differenzierungen des Nachbarrechts, die es auch notwendig machen, die verfassungsrechtlichen Aspekte des Eigentumsschutzes in die Darstellung der sachenrechtlichen Eigentumslehre einzubeziehen. Schließlich waren an einigen Stellen verfahrens- und insolvenzrechtliche Bezüge herzustellen, was zu der Hoffnung Anlass gibt, dass auch Studierende mit einem hierauf ausgerichteten Schwerpunktfach das Buch heranziehen können. Dem soll ebenso die gegenüber der Vorauflage etwas verstärkte Berücksichtigung vertiefender Literatur dienen.

Die Vorauflage war von *Harm Peter Westermann* der Fakultät für Rechtswissenschaft der Universität Bielefeld als Dank für die Verleihung der Ehrendoktorwürde gewidmet worden. Nunmehr ergibt sich dadurch eine Verstärkung des „Bielefeldbezugs", dass die aktuelle Auflage gemeinsam von ihm und *Ansgar Staudinger* verantwortet wird. Beide Autoren haben ihre Laufbahn als Hochschullehrer an der Fakultät begonnen, *Ansgar Staudinger* ist dort immer noch tätig.

Tübingen/Bielefeld im Mai 2017   *Harm Peter Westermann*
                                                  Ansgar Staudinger

Vorwort zur 1. Auflage

Zweck und Eigenart der „Schwerpunkte" sind im Vorwort zu Band I geschildert; darauf ist hier zu verweisen.

Es mag überraschen, dass der Autor eines Lehrbuchs des Sachenrechts, das fortgesetzt werden wird, zusätzlich die „Schwerpunkte des Sachenrechts" vorlegt. Die Darstellungen desselben Gebietes schließen sich aber nicht aus, sondern ergänzen sich: Die auf das Unumgängliche begrenzten „Schwerpunkte" sollen zu vertieftem Studium anregen und vorbereiten, sie sind nicht nur ein *kurz gefasst Lehrbuch*"; das auf gewisse Vollständigkeit abgestellte Lehrbuch bleibt neben der stofflich und in der Gedankenausbreitung zwangsläufig und bewusst begrenzten schwerpunktartigen Darstellung notwendig oder zumindest nützlich.

Schließlich: Auch dem Autor, den das große Lehrbuch zum „Spezialisten" macht, kann die Beschränkung der knappen Darstellung heilsam sein.

Münster, im April 1969 *Westermann*

Inhaltsverzeichnis

Teil II
Der Eigentumserwerb an beweglichen Sachen

Abkürzungsverzeichnis

AcP	Archiv für die zivilistische Praxis
aF	alte Fassung
AgrarR	Agrarrecht
AktG	Aktiengesetz vom 6. September 1965
Bd	Band
BGH (Z)	Bundesgerichtshof – Entscheidungen des Bundesgerichtshofs in Zivilsachen
BImSchG	Bundesimmissionsschutzgesetz
BKR	Zeitschrift für Bank- und Kapitalmarktrecht
BVerfG	Bundesverfassungsgericht
BVerwG	Bundesverwaltungsgericht
DGVZ	Deutsche Gerichtsvollzieher Zeitung
DVBl	Deutsches Verwaltungsblatt
DZWiR	Deutsche Zeitschrift für Wirtschaftsrecht
ErbbauRG	Erbbaurechtsgesetz vom 23. November 2007
FamFG	Gesetz über das Verfahren in Familiensachen und in den Angelegenheiten der freiwilligen Gerichtsbarkeit vom 17. Dezember 2008
FGPrax	Praxis der freiwilligen Gerichtsbarkeit
GBO	Grundbuchordnung in der Fassung vom 5. August 1935
GG	Grundgesetz für die Bundesrepublik Deutschland vom 23. Mai 1949
GrstVG	Gesetz über Maßnahmen zur Verbesserung der Agrarstruktur und zur Sicherung land- und forstwirtschaftlicher Betriebe (Grundstücksverkehrsgesetz) vom 28. Juli 1961
HGB	Handelsgesetzbuch vom 10. Mai 1897
HK-BGB	Bürgerliches Gesetzbuch Handkommentar
HRR	Höchstrichterliche Rechtsprechung
InsO	Insolvenzordnung vom 5. Oktober 1994
JA	Juristische Arbeitsblätter
JR	Juristische Rundschau
Jura	Juristische Ausbildung
JuS	Juristische Schulung
JZ	Juristenzeitung
KG	Kommanditgesellschaft
KGJ	Jahrbuch für Entscheidungen des Kammergerichts (Band, Seite)
KO	Konkursordnung vom 10. Februar 1877

LG	Landgericht
LM	Lindenmaier-Möhring, Nachschlagewerk des Bundesgerichtshofs
LMK	Zivilrecht – LMK in Fortführung der „Kommentierten BGH-Rechtsprechung Lindenmaier-Möhring"
MDR	Monatsschrift für Deutsches Recht
MünchKomm	Münchener Kommentar zum BGB
nF	neue Fassung
NJW	Neue Juristische Wochenschrift
NZG	Neue Zeitschrift für Gesellschaftsrecht
OHG	Offene Handelsgesellschaft
OLG	Oberlandesgericht
RG	Reichsgericht – Entscheidungen des Reichsgerichts in Zivilsachen
RGRK	Das BGB, Kommentar, herausgegeben von Reichsgerichtsräten und Bundesrichtern
RPflG	Rechtspflegergesetz
StGB	Strafgesetzbuch in der Fassung vom 10. März 1987
UPR	Umwelt- und Planungsrecht
UTR	Jahrbuch des Umwelt- und Technikrechts
VermG	Vermögensgesetz in der Fassung vom 3. August 1992
ZBB	Zeitschrift für Bankrecht und Bankwirtschaft
ZfIR	Zeitschrift für Immobilienrecht
ZIP	Zeitschrift für Wirtschaftsrecht
ZPO	Zivilprozessordnung in der Fassung vom 12. September 1950
ZVG	Gesetz über die Zwangsversteigerung und die Zwangsverwaltung in der Fassung vom 20. Mai 1898

Literaturverzeichnis

Baur/Stürner, Sachenrecht; begr. von *F. Baur*, fortgef. von *Jürgen F. Baur* und *Rolf Stürner*, 18. Auflage, München 2009

Erman, Kommentar zum BGB, 1. und 2. Band, 14. Auflage, Köln 2014

Habersack, Examens-Repetitorium Sachenrecht, 8. Auflage, Heidelberg 2016

Larenz/Canaris, Lehrbuch des Schuldrechts, 2. Band, Halbband 1, 13. Auflage, München 1994

Medicus/Petersen, Bürgerliches Recht, 25. Auflage, München 2015

Müller, Sachenrecht, 4. Auflage, Köln-Berlin-Bonn-München 1997

MünchKomm, Münchener Kommentar, 7. Auflage, München 2017

Palandt, Kommentar zum BGB, 76. Auflage, München 2017

Prütting, Sachenrecht, 36. Auflage, München 2017

Reinicke/Tiedtke, Kreditsicherung, 5. Auflage, München 2006

Schapp/Schur, Sachenrecht, 4. Auflage, München 2010

HK-BGB, Schulze u.a., Bürgerliches Gesetzbuch Handkommentar, 9. Auflage, Baden-Baden 2017

Serick, Eigentumsvorbehalt und Sicherungsübertragung, Bd. I: Der einfache Eigentumsvorbehalt, Heidelberg 1963; Bd. II: Die einfache Sicherungsübertragung, 1. Teil, Heidelberg 1965; Bd. III: Die einfache Sicherungsübertragung, 2. Teil, Heidelberg 1970; Bd. IV: Eigentumsvorbehalt und Sicherungsübertragung, 1. Teil, Heidelberg 1976; Bd. V: Eigentumsvorbehalt und Sicherungsübertragung, 2. Teil, Heidelberg 1982; Bd. VI: Eigentumsvorbehalt und Sicherungsübertragung, 3. Teil, Heidelberg 1986

Soergel, Bürgerliches Gesetzbuch, Kommentar, Band 6 (§§ 854–1296), 12. Auflage, Stuttgart 1989; Band 14 (§§ 854–984), 13. Auflage, Stuttgart 2002; Band 16 (§§ 1018–1296), 13. Auflage, Stuttgart 2001

Staudinger, Kommentar zum BGB, Buch III Teil 1 (Einl. zum Sachenrecht; §§ 854–882), Neubearbeitung 2012, Berlin 2012; Teil 2 (§§ 883–902), Neubearbeitung 2013, Berlin 2013; Teil 3 (§§ 903–924), Neubearbeitung 2016, Berlin 2015; Teil 5 (§§ 925–984, Anhang zu §§ 929 ff; Sonderformen der Übereignung (Eigentum 2)), Neubearbeitung 2017, Berlin 2017; Teil 6 (§§ 985–1011), Neubearbeitung 2012, Berlin 2012; Teil 7 (§§ 1018–1112), Neubearbeitung 2016, Berlin 2016; Teil 8 (§§ 1113–1203), Neubearbeitung 2015, Berlin 2015; Teil 9 (§§ 1204–1296), Neubearbeitung 2009, Berlin 2009

Vieweg/Werner, Sachenrecht, 7. Auflage, München 2015

Westermann, Harry (und Bearbeiter), Sachenrecht, 8. Auflage, Heidelberg 2011

Wieling, Sachenrecht, 5. Auflage, Berlin 2007

Wilhelm, Sachenrecht, 5. Auflage, Berlin-Boston 2016

Wolf, M./Wellenhofer, Lehrbuch des Sachenrechts, 31. Auflage, München 2016

Wolff/Raiser, Lehrbuch zum Sachenrecht, 10. Bearbeitung, Tübingen 1957

§ 1 Einführung

I. Sachenrechtliche und schuldrechtliche Berechtigungen

Fall 1: Der Fernsehsender Z hat sich in seiner regelmäßig erscheinenden Sendung: „Blatt- 1
schuss – die Skandale der Prominenten" ausführlich mit dem Schönheitschirurgen Prof. Dr. S
befasst, der über die Darstellung verschiedener Umstände in der genannten Sendung empört
ist.

Prof. S betreibt in einer idyllisch gelegenen Waldlandschaft eine Klinik, in der zahlreiche
Schönheitsoperationen durchgeführt werden, vorwiegend auf der Grundlage eines von Prof.
S entwickelten Verfahrens zur homologen und heterologen Transplantation von Bindege-
webe. In der Fernsehsendung wurde nun behauptet, das betreffende Verfahren, dessen Inhaberschaft Prof. S beanspruche, sei in Wahrheit von einem Arzt an einer Klinik in Boulder im
US-Bundesstaat Colorado erfunden worden, wo sich Prof. S einige Monate als Gast aufge-
halten habe, wo er bei derartigen Operationen assistiert und nunmehr das Verfahren als sein
eigenes in Deutschland eingeführt habe. In der Sendung hieß es weiter, Prof. S betreibe die
Klinik auf einem nicht ihm gehörigen Grundstück; zum Beweis wird der Landwirt L inter-
viewt, der sich bitter beklagt, Prof. S habe das Grundstück von ihm zu einem viel zu niedrigen Preis übernommen, das Land gehöre weiterhin ihm, dem L. Allerdings stecke Prof. S
mit der D-Bank unter einer Decke, der er eine hohe Hypothek an dem Grundstück eingeräumt habe. Der von dem Reporter-Team aufgesuchte, am zuständigen Amtsgericht tätige
Richter R erklärt, er sei für die Umschreibung des Grundstücks auf Prof. S nicht zuständig
gewesen, und verweigert im Übrigen jede Stellungnahme, wie auch der Direktor der
D-Bank, dem vorgehalten wird, die Bank als Geldgeberin des Prof. S könne sich doch nicht
aus der Verantwortung für das fragwürdige Treiben in der Klinik davonstehlen.

Auch im Privatleben des Prof. S hat das Reporter-Team Berichtenswertes festgestellt. So
pflege seine zweite Frau, ein ehemaliges Mannequin, sich neuer Kleider nach einmaligem
Tragen dadurch zu entledigen, dass sie sie am Rande von Garten-Partys nach einem Sprung
in den hauseigenen Swimmingpool auswringe und zerreiße. Prof. S selbst sei auf solchen
Partys mehrfach dadurch aufgefallen, dass er seinen – in der Sendung gezeigten – Jagdhund,
der bei diesen Gelegenheiten jämmerlich geheult habe, mit einer Leine halb tot geprügelt
habe.

Prof. S hält dem entgegen, er sei seinerzeit als Gast an die Klinik in Boulder eingeladen
worden, um dort das von ihm entwickelte Verfahren zusammen mit dem dortigen Kollegen
praktisch zu erproben. Nach seiner Rückkehr habe er seine eigene Klinik gegründet und zu
diesem Zweck das Grundstück des hoch verschuldeten Landwirts L in der Zwangsversteigerung gekauft, wofür ihm die Bank einen Kredit gegeben habe. Die Ereignisse am Rande seiner privaten Garten-Party, die übrigens nur ein einziges Mal stattgefunden habe, gingen die
Öffentlichkeit nichts an. Prof. S möchte gegen den Sender und die verantwortlichen Redak-
teure und/oder Reporter vorgehen. **Lösung Rn 3, 5, 8, 14**

1. Dingliche Rechte

Regelungsgegenstand des 3. Buchs des BGB ist in einem ersten Schwerpunkt die in- 2
haltliche Ausgestaltung und Begründung sowie die Benutzung und Verteidigung sog.
dinglicher Rechte, die im Wesentlichen Herrschafts- und Zugriffsrechte von Personen
an Sachen iSd §§ 90 ff sind (zu anderen Gütern, an denen ähnliche subjektive Rechte

von Personen bestehen können, s. Rn 6). Der **Ausgangsfall 1**, der auf den ersten Blick wenig mit dem Sachenrecht, sondern hauptsächlich mit dem Persönlichkeitsschutz von Menschen zu tun zu haben scheint, zeigt immerhin, dass es Rechte an einem medizinisch-technischen Verfahren geben kann (sog. Immaterialgüterrechte), die uU ebenso wie Eigentum verteidigt, aber auch von verschiedenen Personen beansprucht werden können.

3   So nehmen Prof. S und seine Frau offenbar Rechte an Sachen für sich in Anspruch, an denen Eigentum iSd §§ 90, 903 bestehen kann und in Bezug auf die Kleider der Ehefrau auch unbedenklich besteht, im Hinblick auf den Hund angesichts der Vorschrift des § 90a allerdings nicht ohne Weiteres, wenn man an etwaige Verbote von Tierquälerei denkt.

4   Demgemäß ist es eine der Funktionen sachenrechtlicher Normen, einer Person bestimmte Güter, nämlich Sachen iS des § 90, in der Art zuzuweisen (man spricht von **Zuordnung**)[1], dass der Rechtsinhaber die Befugnis hat, auf eine Sache in freier Entscheidung einzuwirken und andere von ihr auszuschließen. Demgegenüber begründen schuldrechtliche Rechtspositionen, vor allem Forderungen, Ansprüche des Rechtsinhabers gegen eine bestimmte Person, also des Gläubigers gegen den Schuldner, worin allerdings auch eine gewisse Zuordnung liegt. Etwas zugespitzt unterscheidet man zwischen Rechten **an einer Sache** und **auf eine Sache** oder eine andere Leistung des Schuldners. Das schließt nicht aus, dass aus der dinglichen Zuordnung einer Sache zu einer Person Ansprüche gegen Dritte folgen, wenn etwa der Rechtsinhaber seine Rechtsposition gegen Beeinträchtigungen durch andere verteidigt (**dingliche Ansprüche** s. etwa §§ 861, 862, 1004).

5   Das kommt im **Ausgangsfall 1** etwa in Betracht, wenn Prof. S den Wunsch haben sollte, in Zukunft Reporter-Teams von seinem Grundstück fernzuhalten[2]. Der Ausgangsfall zeigt schließlich auch, dass strukturell ähnliche dingliche Rechte einer Person an beweglichen Sachen (Mobilien) und an Grundstücken (Immobilien) bestehen, genutzt und uU verteidigt werden können.

6   Die Zuordnung dinglicher Rechte, die (im Zusammenhang mit der Festlegung des Deliktsschutzes in § 823 Abs. 1) auch als **absolute** bezeichnet werden, hat nicht nur rechtstechnische Bedeutung. Bei Verletzung eines solchen Rechts hat der Inhaber gegen den Verantwortlichen Schadensersatzansprüche, kann aber auch (bestehende oder bevorstehende) Beeinträchtigungen nach **§ 1004** abwehren. Die **Ausschließungsbefugnis** des Rechtsinhabers, die sich am deutlichsten in **§ 903** für das Eigentum zeigt, begründet aber – gesellschaftspolitisch gesehen – die Einräumung einer Monopolstellung bezüglich dieses Guts für den Rechtsinhaber, mit der dann andererseits eine Verantwortlichkeit für den Zustand einer Sache verbunden sein kann (s. etwa §§ 836, 908), ohne dass freilich eine verschuldensunabhängige Haftung des Ei-

---

[1]   Zur Zuordnungslehre Westermann/*H.P. Westermann*, Sachenrecht, § 1 Rn 4; *Wilhelm*, Sachenrecht, Rn 2, 64; *Wieling*, Sachenrecht I, § 1 II 2 b.

[2]   Dabei können von der Verteidigung von Eigentum, also einem dinglichen Recht, durchaus auch personenbezogene Interessen umfasst sein, so in dem bekannten Fall der Fernsehjournalistin, die gegen die Veröffentlichung von Luftbildern ihres Anwesens auf Mallorca und die Beschreibung des Weges dorthin vorging (BGH NJW 2004, 762).

gentümers einer Sache für Schäden, die durch den Zustand der Sache begründet werden, bestünde. Sowohl die Schadensersatzansprüche aus § 823 Abs. 1 als auch die Möglichkeit der Rechtsverteidigung nach § 1004 – die außer dem Eigentum auch für andere absolute Rechte anwendbar ist[3] – haben eine deutliche **Friedensfunktion**, die das Sachenrecht übrigens in §§ 861 ff auch auf eine nur die tatsächliche Sachherrschaft darstellende Rechtsposition, nämlich den Besitz ausdehnt (dazu näher Rn 45 ff).

2. Der Inhalt der sachenrechtlichen Berechtigungen

Zuordnung und Schutz als absolutes Rechtsgut setzen voraus, dass die Rechtsordnung den Inhalt eines Rechts, den Umfang der durch das Recht eingeräumten Befugnisse und die Voraussetzungen seiner Durchsetzung gegen die Einwirkung Dritter möglichst genau umschreibt. Da die Absolutheit eines Rechts bedeutet, dass es im Grundsatz von jedermann respektiert werden muss, ist es nötig, dass die Rechtsordnung die Inhaltsbestimmung übernimmt. Das zeigen wiederum die §§ 905, 906, 909, aber zB auch die gesetzlichen Vorschriften über die Gewährung, Vermarktung und Verteidigung von Patenten und ähnlichen gewerblichen Schutzrechten oder auch des Urheberrechts. Das Entscheidende dabei ist, dass das Gesetz nur eine bestimmte, abschließend geregelte und folglich nicht durch Maßnahmen eines Rechtsinhabers zu gestaltende oder auszudehnende Rechtsmacht begründet; die verschiedenen Formen sind grundsätzlich nicht vermehrbar (man spricht von einem **numerus clausus** der dinglichen Rechte) und inhaltlich zwingend ausgestaltet (**Typenzwang**). So kann ein Nießbrauch an einem Grundstück (dh das Recht eines Nicht-Eigentümers, die Nutzungen aus einer Sache zu ziehen, also etwa ein nießbrauchsbelastetes Hausgrundstück zu bewohnen[4]), nicht als übertragbar oder vererblich ausgestaltet werden (§§ 1059, 1061); das Recht erlischt also mit dem Tode des Berechtigten. Die positive Rechtsordnung muss demgemäß auch festlegen, wie dingliche Rechte begründet werden, also etwa durch Übertragung beweglicher (§§ 929 ff) oder unbeweglicher Sachen (§§ 873 ff, 925 ff), aber auch durch Aneignung (§§ 958 ff) oder Verarbeitung einer einem anderen gehörigen Sache (§ 950). Zu den vornehmsten Aufgaben des Sachenrechts gehört vor diesem Hintergrund die Regelung von Konflikten, die sich aus einem Auseinanderfallen von Eigentum, also der eigentlichen vollen Rechtsmacht an der Sache, und dem tatsächlichen Besitz ergeben. 7

Das kann es bei Immobilien geben – im **Ausgangsfall 1** behauptet etwa L, das Grundstück gehöre weiterhin ihm, Prof. S nutze es also widerrechtlich –, häufiger finden solche Konflikte bei beweglichen Sachen statt: Der Entleiher eines Pkw, der damit für ein Wochenende seine Eltern in Bayern besuchen wollte, fährt kurzentschlossen mit dem Wagen zur Fußball-Europameisterschaft in die Ukraine und beschädigt das Fahrzeug auf der Rückfahrt bei einem in Feierlaune verursachten Unfall; s. dazu §§ 987 ff. Es kann aber auch sein, dass der Entleiher auf der Fahrt nach Bayern einen abgenutzten Reifen ersetzen muss, §§ 994 ff. Zu den Konfliktlösungen s. Rn 301 ff, 327 ff. 8

---

3 So ist § 1004 als eine der wichtigsten Anspruchsgrundlagen für den zivilrechtlichen Schutz des sog. Allgemeinen Persönlichkeitsrechts anerkannt, BVerfG NJW 2006, 207; Erman/*Klass*, Anh. § 12 Rn 279; *Schreiber*, JURA 2013, 111 f; HK-BGB/*Schulte-Nölke* § 1004 Rn 1.

4 Zu den verschiedenen Nutzungsmöglichkeiten Erman/*Bayer* § 1030 Rn 7; HK-BGB/*Schulte-Nölke* § 1030 Rn 1; *Trömer*, RNotZ 2016, 421 ff.

9 Im Vordergrund solcher Falllösungen steht der sog. dingliche **Herausgabeanspruch** des Eigentümers gegen den Besitzer, § 985, an dessen Bestehen die Regeln über Nutzungs- und Verwendungsersatz sowie über Schadensersatzansprüche (s. Rn 301 ff) anknüpfen, die neben den **deliktischen** Ansprüchen aus § 823 und dem **Beseitigungs-** und **Unterlassungsanspruch** aus § 1004 stehen. Das Sachenrecht ist insoweit wie auch das Recht der Schuldverhältnisse vermögensrechtlich konzipiert, wobei allerdings nicht zu verkennen ist, dass im Bereich des Grundstücksrechts, in dem es zu einem wesentlichen Teil um das Nebeneinander von Grundstücken (und ihren Nutzungen) in einem abgegrenzten Raum geht, auch auf das Eigentum bezogene persönliche bis hin zu gesundheitlichen Interessen betroffen sein können.

Beispiel[5]**:** Ein am Rande einer ländlichen Siedlung von einem Grundstückseigentümer angebrachter Froschteich soll auf das Klagebegehren der Nachbarn beseitigt (oder die Froschkultur abgestellt) werden, weil das Fröschequaken während der Nachtzeit in den Sommermonaten die Nachbarn so stark stört, dass sie ihr Sommerhaus verlassen müssen. Hier zeigt sich ein – im Nachbarrecht häufiger, für das Sachenrecht charakteristischer – Konflikt zwischen den Nutzungsinteressen zweier (benachbarter) Grundstückseigentümer, der im Übrigen auch bloße Mieter betreffen kann (**Beispiel:** Der Mieter eines Wohnhauses in einem Villenviertel beschwert sich über den Lärm der von seinen Nachbarn gegründeten „Heavy Metal Radau Makers" im Nachbarhaus).

Die Friedensfunktion des Sachenrechts hängt ganz wesentlich von der die einzelnen Rechtsinhaber, aber uU auch die Allgemeinheit in ihren Bedürfnissen und Interessen berücksichtigenden gesetzlichen Ordnung[6] ab.

3. Die sachenrechtlichen Rechtsgeschäfte

10 Die Begründung und Veräußerung dinglicher Rechte geschieht durch besondere Rechtsgeschäfte, die als **Verfügungen** bezeichnet werden. Damit wird zum Ausdruck gebracht, dass durch sie unmittelbar eine Änderung der rechtlichen Zuordnung einer Sache stattfindet, anders als bei einem Verpflichtungsgeschäft etwa über eine Lieferung (beim Kauf, § 433) oder einer Gebrauchsüberlassung (bei der Miete, § 535), das den Schuldner dazu anhalten kann, über die Sache in bestimmter Weise zu verfügen, sie etwa (§ 433) zu übereignen und zu übergeben. Zu unterscheiden sind also Veräußerung, Belastung (s. etwa § 1113), Veränderung und Aufgabe eines dinglichen Rechts, wobei zu ergänzen ist, dass auch eine schuldrechtliche Forderung, obwohl kein dingliches Recht, durch ein Verfügungsgeschäft, nämlich die Abtretung gem. § 398, verändert werden kann. Typischerweise gehört zu den Verfügungen ein Willens- und ein Vollzugstatbestand, durch den die Rechtsänderung verlautbart wird, so bei der Übereignung von Mobilien die Übergabe (§ 929) und bei der Übereignung eines Grundstücks die Auflassung (§ 925) und Eintragung (§ 873). Fast durchweg stehen die Verfügungen, etwa die Übereignung beweglicher Sachen, in engem wirtschaftlichem Zusammenhang mit dem **obligatorischen Verpflichtungsgeschäft**, rechtlich sind diese im äußeren Ablauf eines Geschäfts kaum zu unterscheidenden

---

5 BGHZ 120, 239 (Die Frösche von Ingolstadt, dazu Rn 87).
6 Zur Einbeziehung von Dritt- und Allgemeininteressen in die Bewertung und Handhabung privater Rechtspositionen *H.P. Westermann*, AcP 208 (2008), S. 141 ff.

Teile aber nach dem **Trennungsgrundsatz** gesondert zu betrachten und können sich nach dem **Abstraktionsgrundsatz** auch unabhängig voneinander entwickeln[7].

> Während in einer Abwandlung des **Falles 1** der Erwerb des Grundstücks durch Prof. S von L aufgrund der von L kaufweise übernommenen Verpflichtung durch Auflassung (§ 925) und Eintragung ins Grundbuch, also in zwei erkennbar unterschiedlichen Rechtsgeschäften, stattgefunden haben kann, könnte sich der Erwerb neuer Kleider durch Frau S in einem Ladengeschäft so abgespielt haben, dass die Käuferin die Ware nach der Einigung über den Kauf sogleich mitgenommen und wahrscheinlich auch bezahlt hat, wobei also der Abschluss des Kaufvertrages und die dingliche Einigung praktisch **uno actu** stattgefunden haben und nur rechtlich getrennt sind.

11

Diese Lösung des deutschen Rechts ist im internationalen Vergleich nicht selbstverständlich und wird auch rechtspolitisch immer wieder angegriffen[8]. Für die Lösung des BGB spricht das Ziel einer besseren und genaueren Beherrschbarkeit wirtschaftlich (manchmal auch rechtlich) komplexer Vorgänge. Eine Rolle spielt auch die Überlegung, dass schuldrechtliche Geschäfte nur inter partes wirken, also ihren Inhalt aus möglicherweise vielschichtigen Beziehungen nur dieser Personen erhalten, während Zuordnungsakte Wirkung gegenüber jedermann haben sollen, also klar und übersichtlich sein müssen (dem dient auch die Betonung des Verlautbarungstatbestandes bei den Verfügungsgeschäften). Die Grundeinstellung wird durchgehalten vor allem in Bezug auf die Wirkung von Mängeln der verschiedenen Geschäfte bis hin zur Rückabwicklung nach unterschiedlichen Regeln. Also kann eine Übereignung gültig sein, obwohl der Kauf oder die sonstige Verpflichtung zu dieser Übereignung aus Rechtsgründen ungültig, angefochten oder einredebehaftet war. Die wirksame Übereignung muss dann gegebenenfalls über § 812 wegen Fehlens des Rechtsgrundes (der causa) rückabgewickelt werden, wobei „Herausgabe" hier Rückübereignung bedeutet. Der Abstraktionsgrundsatz geht über das Trennungsprinzip insofern hinaus, als bei enger tatsächlicher Verbindung von Verpflichtungs- und Verfügungsgeschäft eine laienhaft-natürliche Betrachtung dazu neigen wird, hinsichtlich der Wirkung von Mängeln der rechtsgeschäftlichen Einigung nicht zwischen den beiden Teilen des zumindest wirtschaftlich einheitlichen Geschäfts zu differenzieren.

12

Beispiel: K hat beim Autohändler V einen Gebrauchtwagen besichtigt, den ihm der Mitarbeiter M des V vorgeführt hat. Auf Befragen und nach Blick in seine Unterlagen gibt M an, der Wagen habe das Baujahr 2006. K will sich die Sache überlegen, ruft aber zwei Tage später bei V an und erklärt, er wolle den Wagen kaufen, was V zustimmend notiert. Einen Tag später erscheint K bei V und erhält von ihm gegen Barzahlung den Wagen. Zuhause stellt er in den Papieren fest, dass der Wagen das Baujahr 2001 hat. V hat von den Angaben des M nichts gewusst, und es stellt sich heraus, dass M sich aufgrund einer undeutlichen Angabe in seinen Unterlagen geirrt hat.

13

Man wird davon ausgehen können, dass das Baujahr eines Fahrzeugs zu seinen verkehrswesentlichen Eigenschaften im Sinne des § 119 Abs. 2 gehört. Daher kann K vorbehaltlich eines – allerdings vorrangigen, Rn 17 – Gewährleistungsanspruchs den Kauf anfechten, ohne dass es

---

7   S. dazu *Vieweg/Werner*, § 1 Rn 10.
8   Zuletzt wieder von *Koziol*, AcP 212 (2012), S. 1, 16 f; früher von *Kegel*, FS für Mann (1973), S. 57 ff; *Kupisch*, JZ 1985, 101.

darauf ankommt, ob M gut- oder bösgläubig war (schließlich dürfte K den Kaufvertrag mit V, nicht schon mit M geschlossen haben). Der Irrtum des K betraf aber nur den Kaufabschluss, nicht die später erfolgte Übereignung. Unter der Geltung des Abstraktionsprinzips ist anzunehmen, dass vom Irrtum beeinflusst und daher anfechtbar nur der Kaufvertrag war, nicht aber das in diesem Zusammenhang als „farblos" gekennzeichnete Übereignungsgeschäft[9]. Das wird anders beurteilt, wenn der Irrtum besonders schwerwiegend und vom Erklärungsgegner verursacht war, etwa bei arglistiger Täuschung (wenn also im Beispielsfall M und V wussten, dass der Wagen älter war als angegeben). Dann ergreift die Anfechtung aus § 123 das Verpflichtungs- wie das Verfügungsgeschäft, man spricht von **„Fehleridentität"**[10].

14 Verfügungsgeschäfte sind in vollem Umfang nach den Regeln der **Rechtsgeschäftslehre** zu beurteilen, dh sie können mangels voller Geschäftsfähigkeit nichtig oder schwebend unwirksam sein, sie unterliegen der Anfechtung wegen Irrtums, sind auslegungsfähig und können durch Vertreter vorgenommen werden. Auch Sitten- und Gesetzwidrigkeit eines Verfügungsgeschäfts ist vorstellbar, und die Bedingtheit der Übereignung (als des wichtigsten Verfügungsgeschäfts) setzt § 449 als Konstruktion des Eigentumsvorbehalts unmittelbar voraus. Viele (nicht alle) Verfügungsgeschäfte setzen sich aus einer Einigung, die man dann – als auf eine unmittelbare Zuordnungsänderung gerichtet – als „dingliche" bezeichnet, und einem Verlautbarungstatbestand zusammen, der etwa in der Übergabe einer beweglichen Sache (§ 929) oder einer Grundbucheintragung (§ 873) besteht. Der Verlautbarungstatbestand, den es etwa auch bei der Belastung einer beweglichen Sache (§§ 1204 ff, 1273 Abs. 2 S. 1) oder eines Grundstücks (§§ 1113, 873) gibt, der aber auch fehlen kann (so bei der Forderungsabtretung, § 398), ist dort, wo er gefordert wird, konstitutiv, dh ohne ihn tritt die Wirkung der Verfügung nicht ein. Das geht so weit, dass etwa auch Aneignung und Eigentumsaufgabe (Derelikion) nicht ohne einen Verlautbarungstatbestand in Gestalt der Besitzergreifung bzw -aufgabe auskommen, s. etwa §§ 958 Abs. 1, 959.

> Im **Ausgangsfall 1** dürfte das Zerreißen der durchnässten Kleider durch Frau S eine Eigentumsaufgabe sein.

15 Eine besondere Rolle unter den Gültigkeitsvoraussetzungen einer Verfügung spielt die **Verfügungsbefugnis**, die sich aus der Rechtsstellung des Verfügenden, etwa dem Eigentum, ergeben kann, aber auch durch Einwilligung oder Genehmigung des Rechtsinhabers gegenüber dem tatsächlich Verfügenden (§§ 182, 183) begründet sein kann, der dann nicht – wie bei der Stellvertretung (§ 164) – im fremden, sondern im eigenen Namen verfügen kann[11].

Beispiel: Im Zuge einer Auktion verkauft das Auktionshaus ein vom Eigentümer „eingeliefertes" Bild, ohne dass die Person des Eigentümers dem Käufer oder gar dem Publikum bekannt gemacht wird. Wenn die Verfügungsbefugnis fehlt, lässt das Sachenrecht unter bestimmten Umständen allerdings auch einen **Erwerb vom Nichtberechtigten** zu (dazu Rn 229).

---

9 Man spricht auch von Neutralität, BGH NJW 1990, 384; *Zimmermann*, JZ 1985, 48; *Wieling*, Sachenrecht I, § 1 III 4 c; krit. *Kegel* aaO., S. 77; zum Ganzen auch Westermann/*H.P. Westermann*, § 3 Rn 10.
10 Hierzu und zu weiteren Durchbrechungen des Abstraktionsprinzips s. *Lieder/Berneith*, JuS 2016, 673 ff.
11 Zur Verfügungsbefugnis s. *Vieweg/Werner*, § 4 Rn 56 ff.

Eine weitere Besonderheit der Verfügungsgeschäfte ist das Erfordernis der genügen- **16** den Bestimmtheit des Gegenstands des Rechtsgeschäfts (auch **Spezialitätsgrundsatz** genannt). Im Gegensatz zu obligatorischen Geschäften, bei denen es genügen kann, wenn der Inhalt der Verpflichtung durch Auslegung des Vertragswillens bestimmbar ist (**Beispiel** ist die Gattungsschuld, § 243), muss bei Verfügungen für die Beteiligten, aber auch für Dritte feststehen, welche Gegenstände veräußert, belastet oder in ihrem rechtlichen Gehalt verändert werden sollen. Allerdings ist auch zu sagen, dass der Bestimmtheitsgrundsatz hauptsächlich im Rahmen der Rechtsfragen zum Kreditsicherungsrecht von der Praxis erheblich eingeschränkt worden ist (näher Rn 178 ff). Dasselbe gilt schließlich für den Grundsatz, dass bei den Verfügungsgeschäften, die sich aus einer dinglichen Einigung und einem Verlautbarungstatbestand zusammensetzen, das **Publizitätsprinzip** zu beachten ist, das aber bei der Abtretung (als der Verfügung über eine Forderung) durch § 398 verlassen und auch sonst, wiederum im Recht der Kreditsicherung, nicht streng durchgehalten wird. Insgesamt ist bezüglich der Verfügungsgeschäfte wie auch im Hinblick auf die dinglichen Rechtspositionen das Sachenrecht des BGB Wandlungen unterworfen gewesen[12].

II. Die systematische Stellung des Sachenrechts in der Kodifikation

1. Das Verhältnis zu den Regeln des Allgemeinen Teils und des Schuldrechts

Von den Normen des 1. Buches entfalten diejenigen über **Sachen** sowie über **Sachbe-** **17** **standteile (§§ 90–103)** naturgemäß große Bedeutung auch im 3. Buch, beschränken sich darauf allerdings nicht, da etwa eine zum Schadensersatz nach § 823 Abs. 1 verpflichtende Eigentumsverletzung sich in erster Linie auf das Eigentum an Sachen (§ 903) beziehen wird. Das Schicksal der Zusammenfügung mehrerer Sachen zu wesentlichen **Bestandteilen** einer neuen Sache iSd § 93 ist § 947 zu entnehmen. Wichtig ist auch, dass der Einbau beweglicher Sachen in ein Grundstück, besonders die Errichtung eines Gebäudes, die in § 94 vorgezeichneten und in § 946 näher ausgeführten Folgen hat. Wegen derartiger systematischer Zusammenhänge zwischen den Vorschriften haben Rechtsanwendungsprobleme, die bei den §§ 90 ff auftreten, ihre wichtigsten Auswirkungen bei den sachenrechtlichen Erwerbs- und Verlusttatbeständen. Schon gesagt ist, dass die anderen Rechtsgeschäfte im Willensmoment, der Einigung, den Regeln des Allgemeinen Teils über Willenserklärungen, das Zustandekommen von Verträgen und über Willensmängel und Stellvertretung unterliegen. Wie auch sonst bei den Normen des Allgemeinen Teils kann es bisweilen notwendig sein, sie bei ihrer Anwendung auf Vorgänge, die systematisch in einem anderen Buch des BGB oder auch in anderen Gesetzen geregelt sind, an die Normsituation anzupassen. So spielen beim Kauf und bei der Übereignung gekaufter beweglicher Sachen die Eigenschaften der Sache nach verbreiteter Ansicht zwar für das schuldrechtliche Geschäft eine Rolle, so dass der Verkäufer, der ein Ölgemälde in völliger Unkenntnis

---

12 Gegen die Vorstellung, die Formen des Sachenrechts seien im Wesentlichen „statisch", daher *H.P. Westermann*, FS für Schapp, 2010, S. 507 ff.

seiner Herkunft aus der italienischen Renaissance billig verkauft hat, den Kaufvertrag nach § 119 Abs. 2 anfechten kann, während der Käufer die Regeln des Gewährleistungsrechts zu beachten hat[13].

18 Die Bestimmungen des zweiten Buchs des BGB über den Inhalt, die **Erfüllung** und die **Leistungsstörungen** bei Schuldverhältnissen betreffen die Verfügungsgeschäfte aufgrund des Trennungs- und des Abstraktionsgrundsatzes (Rn 10–12) nur mittelbar. Immerhin richtet sich die Prüfung, ob die Verpflichtung eines Schuldners, beispielsweise das Verkaufen einer Sache, erfüllt ist, oft nach sachenrechtlichen Regeln, im Beispiel über die Übereignung der geschuldeten Kaufsache (§§ 929 ff). So muss auch die etwa aus dem Gesichtspunkt der ungerechtfertigten Bereicherung (§ 812) geschuldete „Herausgabe" des Bereicherungsgegenstandes bei beweglichen Sachen durch Einigung und Übergabe, bei einem Grundstück durch Auflassung und Grundbucheintragung bewirkt werden. Nicht selten stellt sich auch bei aus dem Sachenrecht entstandenen Ansprüchen und Verpflichtungen die Frage nach der Anwendung bestimmter Regeln des **Allgemeinen Schuldrechts**, so bei Schadensersatzansprüchen des Eigentümers gegen den Besitzer wegen Sachbeschädigung die Frage nach der Anwendung der Regeln über Gehilfenhaftung oder Mitverschulden des Geschädigten[14]; vor einer generellen Übertragbarkeit der Vorschriften über Schuldverhältnisse auf sachenrechtliche Rechte und Pflichten ist aber zu warnen, auch wegen des Abstraktionsprinzips. Dies steht allerdings der Anwendung eines das ganze Privatrecht erfassenden Prinzips wie der Beachtung der Gebote von Treu und Glauben (§ 242) nicht entgegen.

2.   Bedeutung staatlicher Maßnahmen und Verfahrensordnungen

19 Die handelnden Personen machen im Allgemeinen auch im Sachenrecht von Privatautonomie und Vertragsfreiheit Gebrauch, sie müssen aber in einigen Zusammenhängen auf die Mitwirkung der Gerichte zurückgreifen. Das gilt besonders im Grundstücksrecht, das für die Veräußerung, Belastung und Inhaltsänderung von Rechten grundsätzlich eine **Eintragung** im Grundbuch verlangt (§ 873). Sie ist Teil des zur Verfügung gehörigen Verlautbarungstatbestandes (Rn 14), hat aber eine große Bedeutung durch den Umstand, dass sich an eine Grundbucheintragung im Zuge der Vermutung gem. § 891 die Möglichkeit eines **Gutglaubenserwerbs** vom nichtberechtigten Verfügenden knüpft (§ 892). Die Eintragungen im Grundbuch sind in einer besonderen Verfahrensordnung, der **GBO**, sehr genau geregelt, sie obliegen den Grundbuchämtern als Teilen des örtlich zuständigen Amtsgerichts, wobei innerhalb des Grundbuchamts die Zuständigkeit weitgehend nicht bei einem Richter liegt, sondern nach Maßgabe des Rechtspflegergesetzes[15] bei einem Rechtspfleger. Es kann also durchaus zutreffen, wenn im **Ausgangsfall** der Richter am Amtsgericht angibt, für die Eintragung des Professor S als Eigentümer nicht zuständig gewesen zu sein.

---

13 Dem Käufer, der einen Sachmangel übersehen hat, steht ein Anfechtungsrecht nicht zu, das, obwohl tatbestandsmäßig an sich gegeben, von den Regeln der §§ 434 ff über die Gewährleistung verdrängt wird, zum Ganzen MünchKomm/*Westermann* § 437 Rn 53–55; HK-BGB/*Saenger* § 437 Rn 27.
14 Erörterung bei *Kindl*, JA 1996, 23, 28 f; *Baur/Stürner*, Übersicht 6a vor § 11 Rn 39.
15 Rechtspflegergesetz vom 5.11.1969 (BGBl I S. 2065); zur Eigentumsumschreibung dort § 20.

Die Notwendigkeit von Grundbucheintragungen bedingt dann auch, in Ergänzung des   **20**
numerus clausus der dinglichen Rechte (Rn 7), dass nur Eintragungen erfolgen können, die in der GBO vorgesehen sind. Schließlich gibt es Eintragungen, die im Zuge
eines Rechtsstreits um Rechte an Grundstücken durch Verfügung des Gerichts erfolgen können, so der Widerspruch gegen die Richtigkeit einer bestehenden Grundbucheintragung, § 899 Abs. 2 (dazu Rn 427). Dass bei Maßnahmen der **Zwangsvollstreckung** sowohl in bewegliche Sachen als auch in Immobilien das Vollstreckungsge-
richt und ein Gerichtsvollzieher eingeschaltet werden müssen, ist keine Besonderheit
des Sachenrechts, sondern folgt daraus, dass die zwangsweise Durchsetzung privater
Ansprüche in unserem Ordnungssystem dem Staat zugewiesen ist.

3. Sachenrechtliche Nebengebiete

Die Nutzung von Grund und Boden, aber auch von Gewässern, das Betreten des Wal-   **21**
des als Naherholungsgebiet, Jagd und Fischerei, auch die Gewinnung von Boden-
schätzen, haben zu gesetzlichen Regeln außerhalb des BGB mit teilweise öffentlich-
rechtlichem Zuschnitt Anlass gegeben. Diese Normen schränken die Nutzung und
Verfügbarkeit privater Rechte und damit auch des Grundeigentums zT erheblich ein,
wofür seit einigen Jahren auch der Gedanke des Schutzes der **Umwelt** vor den Folgen
des Handelns und Verhaltens Privater maßgebend geworden ist[16]. Berührungspunkte
gibt es ferner zwischen diesen Materien und dem im BGB geregelten Nachbarrecht
(dazu Rn 62).

III. Gesellschafts- und rechtspolitische Aspekte des Sachenrechts

1. Privateigentum als gesellschaftspolitisches Problem

Das im BGB (§ 903) noch als umfassendes Herrschaftsrecht verstandene, wenngleich   **22**
auch schon bedeutenden Beschränkungen unterworfene Sacheigentum (§ 906, dazu
Rn 80 ff), das als privatnütziges Recht auch Verfassungsrang hat (Art. 14 GG), ist
trotzdem wegen der mit ihm verbundenen Monopolisierung eines Rechtsguts für den
Inhaber Gegenstand **allgemein-politischer** Diskussionen gewesen, die sich zT auch
auf die dem „bürgerlichen" Recht (angeblich) zugrunde liegende Gewährleistung von
subjektiven Rechten und Privatautonomie richten. Das bekannte Streben des Menschen nach privaten, vermögensrelevanten Rechtsgütern und ihrer Absicherung gegen den Staat wie gegen andere Private wird wegen der sich daraus zwangsläufig er-
gebenden Tendenz zur ungleichmäßigen Güterverteilung unter den Rechtssubjekten
sowohl aus der Sicht des Staats („privater Reichtum und öffentliche Armut") als auch
aus der Perspektive ökonomisch weniger Erfolgreicher als bedenklich, die aktuell bestehende Verteilung als reformbedürftig empfunden. Unter diesen Umständen wird

---

16 Zu den „sachenrechtlichen Nebengebieten" in diesem Sinne zählen Agrarrecht, Forstrecht, Jagd- und
    Fischereirecht, Wasserrecht und Bergrecht, wobei in unterschiedlichem Ausmaß staatliche und zT
    durch besondere Behörden wahrzunehmende Interessen in den Vordergrund gerückt sind, s. im Ein-
    zelnen Westermann/*H.P. Westermann*, § 6.

das Nachbarrecht des BGB zunehmend als ein Bestandteil einer im öffentlichen Interesse übergreifend zu gestaltenden **Raumordnung** verstanden. Auch gibt es sowohl im Kommunal- als auch im Landesrecht, durchaus auf der Grundlage bundesgesetzlicher Ermächtigungen, rechtliche Möglichkeiten zum Eingreifen in den privatrechtlichen Grundstücksverkehr, etwa in Gestalt von staatlichen Vorkaufsrechten, während die zeitweise zu beobachtenden Bestrebungen, Grundeigentum durch Steuern oder Abgaben verstärkt zu belasten, derzeit in den Hintergrund gerückt sind. Bei Immaterialgüterrechten wird unter Gesichtspunkten der Verbindung und der Abschwächung von Monopol- oder Oligopolstellungen verschiedentlich überlegt, ob Rechtsinhabern auferlegt werden kann (und muss), Wettbewerbern die Mitbenutzung besonderer, an sich privatautonom zu beherrschender Rechtsgüter zu gestatten, ihnen zB Durchleitungsrechte an Grundstücken einzuräumen.

2.   Ansätze zur Rechtsfortbildung

23 Das dritte Buch des BGB ist verhältnismäßig wenig Gegenstand gesetzgeberischer Reformen gewesen, obwohl solche etwa im Bereich der Benutzung von dinglichen Rechten zur **Kreditsicherung** (§ 6) oft gefordert wurden. Dies hat sich erst in jüngster Zeit im Hinblick auf die Sicherung von Bankdarlehen durch Grundpfandrechte durch das auf Gefahren bei der Abtretung von Sicherungsgrundschulden reagierende sog. Risikobegrenzungsgesetz[17] zwar nicht grundlegend, aber doch in signifikanter Weise geändert, näher Rn 609. Schon seit Langem haben sich aber Rechtsprechung und wissenschaftliches Schrifttum veranlasst gesehen, beim Eigentumsvorbehaltskauf, dh bei der dabei als notwendig erkannten rechtlichen Anerkennung des wirtschaftlichen Werts der in der Begründung und Finanzierung der in § 449 vorgestellten Erwerbsaussicht des Vorbehaltskäufers, ein im Gesetz nicht vorgesehenes dingliches Recht, nämlich die sog. **Anwartschaft** zu entwickeln. Den Notwendigkeiten – wirtschaftlicher und rechtstechnischer Art – des gesetzlich nicht geregelten Kreditsicherungsrechts (Rn 162) folgend, ist hierdurch ein besonderes, in das gesetzliche System der dinglichen Rechte nicht problemlos einzuordnendes Rechtsinstitut entstanden, und zwar ein veräußerliches, belastbares, auch als Gegenstand von Maßnahmen der Zwangsvollstreckung anerkanntes, aber dennoch nicht in allen Konturen zweifelsfreies Gebilde. Die Denkform der Anwartschaft ist auch auf das Grundstücksrecht übertragbar, und zwar auf die Position des Empfängers einer Auflassung seitens des verfügungsbefugten Grundstückseigentümers (§§ 873, 878 und dazu Rn 381), sie hat aber dort weniger Bedeutung erlangt. Dagegen bedeutet im Mobiliarsachenrecht die Anwartschaft eine bemerkenswerte Relativierung des numerus clausus der dinglichen Rechte und in den einzelnen Verfügungsformen auch ein Abrücken von manchen Folgen des Publizitäts- und sogar des Abstraktionsgrundsatzes[18], was auch im internationalen Vergleich Beachtung hervorgerufen hat[19].

---

17 Gesetz zur Begrenzung der mit Finanzinvestitionen verbundenen Risiken v. 18.8.2008, BGBl I S. 1666.
18 Näher wiederum *H.P. Westermann*, FS für Schapp, 2010, S. 507.
19 Dazu *H.P. Westermann*, Tydskrif vir die Suid-Afrikaanse Reg, Journal of South African Law, 2011, 1 ff.

3. Die Bedeutung des Gutglaubensschutzes

Unter den Interessen, die die gesetzliche Regelung des Sachenrechts kennzeichnen **24** und die dort geregelten Konflikte weitgehend, wenn auch nicht allein, beherrschen, ist besonders das Bestreben hervorzuheben, bei Vorliegen bestimmter Rechtsscheinstatbestände den gutgläubigen Rechtsverkehr zu schützen. Dem dienen die Vorschriften über den Erwerb vom Nichtberechtigten im Recht der beweglichen (§ 932) wie der unbeweglichen Sachen (§ 892). Bezeichnend ist, dass bei Übertragung einer Forderung, die ohne Verlautbarungstatbestand vor sich geht (Rn 14), ein Erwerb vom Nichtberechtigten nur im sehr begrenzten Rahmen des § 405 möglich ist. Im Übrigen geht der Gutglaubensschutz nicht uneingeschränkt zulasten des sein Recht verlierenden Eigentümers, der möglicherweise Ersatz- oder Ausgleichsansprüche gegen den nichtberechtigt Verfügenden aus Gesetz (§§ 816 Abs. 1, 989, 990) oder aus Vertrag hat und sich im Übrigen (außer gegen einen gutgläubigen Erwerber) gegen Übergriffe auf sein Eigentum mit einer Reihe von Ansprüchen (§§ 985, 1004, 1007) wehren kann.

IV. Ausblick

Insgesamt hat das Sachenrecht durch die Problematisierung des Gedankens des **25** Schutzes absoluter Rechte, zugleich aber durch die Einsicht in die Notwendigkeit flexibler Verkehrsformen und des Einsatzes von Sacheigentum für Zwecke der Kreditsicherung eine erhebliche Aktualität behalten. Allerdings bedeutet dies auch, dass die früher zuweilen verbreitete Vorstellung einer starken Eigenständigkeit des sachenrechtlichen Denkens gegenüber dem Schuldrecht und den von ihm ausgehenden dogmatischen und politischen Impulsen nicht mehr aufrechtzuerhalten ist. Vielmehr ist das Sachenrecht integrierender Bestandteil des bürgerlichen Vermögensrechts.

Teil I

Eigentum und Besitz

§ 2 Funktionen des Eigentums und des Besitzes

26

> **Fall 2:** Im Sommer 1989 hatten Dr. M und seine Familie (Frau und Tochter) während ihres Badeurlaubs auf Norderney von der Kurverwaltung für 3 Wochen einen nummerierten Strandkorb gemietet und ihn an einem bestimmten Platz am Badestrand aufstellen lassen. Allerdings sieht sich die Kurverwaltung bei steigender Flut manchmal gezwungen, die Strandkörbe von ihrem Standort zu entfernen und in die Dünen zu stellen. An einem der folgenden Nachmittage macht Dr. M mit seiner Familie bei stürmischem Wetter einen Spaziergang am Badestrand und möchte sich eine Zeit lang in dem von ihm gemieteten, etwa 100 m vom gewöhnlichen Platz an einer geschützten Stelle stehenden Strandkorb ausruhen. Zu seinem Ärger trifft er in dem Strandkorb den 20-jährigen Ralf und die 19-jährige Reni an, die sich weigern, den Korb zu räumen, der, wie sie sagen, Dr. M so wenig gehöre wie ihnen, jedenfalls solle die Familie M sie in Ruhe lassen. Dr. M möchte wissen, ob er sich dieses Verhalten gefallen lassen müsse. **Lösung Rn 29, 41**

> **Fall 3:** Im **Fall 2** verlassen Ralf und Reni nach einem heftigen Wortwechsel den Strandkorb und gehen zur Strandpromenade zurück, wo Ralf sein Fahrrad unverschlossen abgestellt hatte. Als sie ankommen, sehen sie gerade, wie der 22-jährige Holger sich auf das Fahrrad setzt und losfährt. Ralf rennt hinterher, holt Holger ein und stößt ihn mit Gewalt vom Fahrrad herunter. In der anschließenden Auseinandersetzung verteidigt sich Holger damit, Ralf habe das Fahrrad gekauft und noch nicht voll bezahlt, es gehöre noch dem Händler K, der ihm erlaubt habe, das Fahrrad zu benutzen, da er an der Zahlungswilligkeit des Ralf zweifle. Durfte Ralf sich das Fahrrad auf diese Weise wiederholen? **Lösung Rn 33, 40, 43**

I. Erwerb von Eigentum

27 In vielen praktischen Fällen, vor allem auch universitären Übungsfällen, ist als Ausgangsfrage, etwa für Herausgabeansprüche gem. § 985, von Bedeutung, ob eine Person Eigentum an einer Sache hat. Das kann bei entsprechender Formulierung in der Frage unterstellt werden, muss aber gewöhnlich anhand der möglichen Erwerbstatbestände untersucht werden. Das zeigen auch die beiden **Ausgangsfälle**: Sollte Dr. M als Eigentümer des Strandkorbs Ralf und Reni zur Räumung veranlassen wollen, müsste er den Strandkorb (wohl von der Kurverwaltung, also der Gemeinde) rechtsgeschäftlich erworben haben, wie auch Ralf, wenn er im Ausgangsfall 2 von Holger als Eigentümer das Fahrrad herausverlangen wollte. Dies muss also kurz geprüft werden; anders, wenn in Abwandlung des Falles 1 Frau M von Reni Herausgabe eines warmen Pullovers verlangt, den sie im Strandkorb vergessen hat, den sich aber jetzt Reni angezogen hat – hier kann Eigentum von Frau M unterstellt werden.

Der Erwerb von Sacheigentum kann kraft Gesetzes oder durch Rechtsgeschäft, nämlich Übereignung durch einen früheren Eigentümer, geschehen. Dafür muss ein wirksames **Veräußerungsgeschäft** festgestellt werden, was sich nach den Regeln des Sachenrechts und des Allgemeinen Teils über Verfügungen richtet (Rn 14). **Gesetzliche Erwerbstatbestände** sind der Erwerb von Todes wegen als **Erbe**, wobei zu bemerken ist, dass nach § 1922 das Vermögen des Erblassers, also der Nachlass, als Ganzes auf den oder die Erben übergeht, so dass es nur darauf ankommt, ob die betreffende Sache zum Nachlass gehört. Während hier der Erwerber, wenn er Erbe ist, das Eigentum ohne eigenes Zutun erwirbt, knüpfen andere gesetzliche Erwerbstatbestände an bestimmte menschliche Handlungen an, so bei der Herstellung einer Sache durch Verarbeitung oder Umbildung aus einer (auch einem anderen gehörigen) Sache (§ 950), ähnlich bei der Verbindung beweglicher Sachen mit einem Grundstück, also etwa dem Einbau in ein Haus (§ 946) oder bei der Vermischung beweglicher Sachen (§ 948)[1]. Eigentumserwerb kann auch durch Tathandlungen eines **Aneignungsberechtigten** geschehen (§§ 953, 954, 956), was auch bei bis dahin herrenlosen beweglichen Sachen in Betracht kommt: Im **Fall 2 (Rn 26)** findet die Tochter der Eheleute M eine offenbar aus ihrem Biotop vertriebene junge Landschildkröte, die sie mitnehmen und gesundpflegen möchte; Herr Dr. M entdeckt am Strand eine nach seiner Kenntnis außerordentlich seltene Muschel, die von der Flut angespült worden sein muss. Die meisten gesetzlichen Erwerbstatbestände können Folgeprobleme in Gestalt von Ausgleichsansprüchen der Personen nach sich ziehen, die durch den Erwerbsvorgang Rechte verloren haben, s. etwa § 951[2]. Im Gesellschaftsrecht gibt es weitere Formen der sog. **Universalsukzession**, so bei Verschmelzung von Gesellschaften, sog. **Rechtsträger**, zur Bildung eines neuen Rechtsträgers.

1. Besitzerwerb

Besitz ist die vom Recht anerkannte, nicht mit dem Eigentum gleichlaufende tatsächliche Gewalt über eine Sache, die allerdings nicht nur durch eine direkte körperliche Einwirkungsmöglichkeit auf die Sache, den unmittelbaren Besitz (**§ 854**), geschaffen wird, sondern auch durch Einschaltung einer anderen Person in die Herrschaftsbeziehungen begründet oder beibehalten werden kann[3]; näher Rn 32 f. Der Besitz genießt einen gesetzlich besonders ausgestalteten Schutz gegen Eingriffe anderer, durch den im Grundsatz das reine Haben der Sache gesichert werden soll, ohne dass es dabei auf ein – aus Eigentum oder einem anderen Rechtsverhältnis herrührendes – „Recht zum Besitz" ankommt. Das Besitzrecht und die Möglichkeit seiner Verteidigung, die sich allerdings vom Schutz des Sacheigentums deutlich unterscheiden, hat somit eine eigenständige **Friedensfunktion**, neben der die Offenlegung von Rechtsbeziehungen, etwa bei der Übergabe einer beweglichen Sache zum Zweck der Übereignung nach § 929, etwas zurücktritt[4]. Die Sachbeziehung kann unterschiedlich stark ausgestaltet sein, und eine gewisse Lockerung führt auch nicht unbedingt zu einem Besitzverlust, für den es vielmehr auf die Verkehrsanschauung ankommt. Auch ist nicht immer sicher, ob und wie der Besitzer sein Recht gegenüber Eingriffen oder Rechtsbehauptun-

28

---

1 Dazu OLG Stuttgart Urt. v. 28.10.2014 – 12 U 28/14.
2 Ausführlich hierzu *Buschwitz*, JuS 2016, 1067.
3 Westermann/*Gursky*, § 7 Rn 1.
4 Zu den Funktionen des Besitzes s. *Vieweg/Werner*, § 2 Rn 2 ff.

gen durchsetzen kann[5]. Der Rechtsverkehr wird oftmals ein – wenn auch gelockertes – Herrschaftsverhältnis auch dann anerkennen, wenn die räumliche Beziehung durch eine gewisse tatsächliche Distanz abgeschwächt ist, so bei einem Pflug auf dem Feld während einer Arbeitspause oder bei einem Pkw auf dem Flughafen-Parkplatz während einer Geschäftsreise des Fahrers (Umkehrschluss aus § 856 Abs. 2). Deshalb bleibt der Betreiber eines Kinos Besitzer der im Vorführraum befindlichen Stühle, auch solange Kinobesucher auf ihnen sitzen[6]. Schließlich braucht die Aufrechterhaltung der tatsächlichen Gewalt auch nicht fortdauernd erkennbar gemacht zu werden. Folgt man dem BGH in einem umstrittenen Urteil, so würde dies bedeuten, dass der in den Großmarkt zurückkehrende Verlierer, wenn er dort den Geldschein wiederfindet, inzwischen den Besitz verloren hat[7].

29   Auch im **Fall 2** könnte man zweifeln, ob die zeitlich begrenzte Überlassung des Strandkorbs an Dr. M angesichts der offenbar ausbedungenen (und sachlich notwendigen) Eingriffsmöglichkeiten der Leute der Kurverwaltung dem Dr. M genügende Einwirkungsmöglichkeiten gibt, um seine Stellung als tatsächliche Sachherrschaft kennzeichnen zu können. Da aber die Familie M (bei schönem Wetter) vermutlich jeden Tag für mehrere Stunden und für jedermann erkennbar den Strandkorb für sich allein nutzt, ist Besitz doch wohl anzunehmen. Dies ändert sich auch nicht dadurch, dass der Strandkorb vorübergehend von seinem Standort entfernt wird. Ebenso ist im **Fall 3** die Beziehung des Ralf zu dem von ihm benutzten Rad, obwohl es unverschlossen an der Strandpromenade steht, noch nicht so unterbrochen, dass vom Verlust der tatsächlichen Sachherrschaft gesprochen werden könnte; Räder müssen nun einmal regelmäßig und typischerweise immer wieder „abgestellt" werden.

30   Besitzerwerb setzt voraus, dass der Veräußernde sich mit dem Erwerber über den Besitzübergang einigt und die Sache übergeben wird, worin ein Realakt liegt, der auch gegeben ist, wenn der Erwerber im Einverständnis mit dem Veräußerer einseitig die tatsächliche Herrschaftsmacht erwirbt. Nach **§ 854 Abs. 2** genügt es aber auch, wenn der Erwerber die Möglichkeit hat, die tatsächliche Gewalt über die Sache auszuüben, die Übergabe geschieht dann durch schlichte, wiederum auch rechtsgeschäftliche, Einigung.

31   Zweifelhaft ist, ob es eines **Besitzbegründungswillens** bedarf, um von Besitz sprechen zu können. Die Begründung des Besitzes durch Erwerb der tatsächlichen Gewalt über die Sache (§ 854 Abs. 1) kann bei Ableitung des Besitzes von einem früheren Besitzer (derivativer Besitzerwerb), durchaus geschehen, ohne dass der neue Inhaber der tatsächlichen Sachherrschaft einen konkret auf die Sache bezogenen Willen zur Begründung seiner Herrschaftsmacht haben oder sogar zum Ausdruck bringen muss; weniger deutlich ist dies in den Fällen eines nicht von einem Vorbesitzer abgeleiteten (originären) Besitzerwerbs. Die hM verlangt generell einen Besitzbegründungswillen, ist aber bereit, diesen gewissermaßen zu generalisieren, indem er sich nicht auf individuell bestimmte Sachen, sondern auf alle Sachen bezieht, die regelmäßig und mit

---

5   Dazu *Kegel*, FS für v. Caemmerer, S. 150 ff.
6   *Kollhosser*, JuS 1992, 215, 216.
7   Der BGH (BGHZ 101, 186) hat dann allerdings weiter angenommen, inzwischen habe das Kaufhaus Besitz erworben, was im Hinblick auf den Besitzbegründungswillen zweifelhaft ist (Rn 31), und der Kunde begehe durch die Wiederansichnahme verbotene Eigenmacht iSd. § 858; krit. dazu *Ernst*, JZ 1958, 357, 360; Westermann/*Gursky*, § 12 Rn 4; ähnlich wie der BGH aber *Baur/Stürner*, § 7 Rn 16.

dem Willen des Erwerbers in seinen Machtbereich gelangen[8]. Das würde etwa für den Einwurf in einen Briefkasten genügen, nicht aber, wenn ein Brief „unter der Tür hindurchgeschoben" wird, ohne dass sicher ist, dass der Wohnungsinhaber jetzt oder in naher Zukunft anwesend sein wird. Weitergehend wird zT auch gerade mit Blick auf den letztgenannten Fall gefordert, dass die Sache in einen Organisationsbereich verbracht wird, den der als Erwerber Angesprochene beherrscht[9]. Das bedeutet in dem in Fn 4 behandelten Fall des Verlusts einer Sache in einem Restaurant oder einem Kaufhaus[10] vielleicht tatsächlich einen Besitzerwerb des Gastwirts bzw Geschäftsinhabers, doch ist zu bedenken, dass ein genereller Besitzwillen in Bezug auf Sachen, an die beliebige Personen herankönnen, ohne dass derjenige, der den betreffenden Raum eröffnet hat, dies kontrollieren könnte oder wollte, mehr eine Fiktion ist[11]. Man muss auch bedenken, dass mit Besitz einer Sache, die offensichtlich anderen gehört, Verantwortung verbunden sein kann (s. §§ 989, 990).

2. Formen des Besitzes

a) In den praktisch (und auch in Examensarbeiten) sehr wichtigen Fragen des Eigentumserwerbs vom Berechtigten wie auch vom Nichtberechtigten (Rn 219) kommt es regelmäßig auf einen Besitzerwerb des möglichen Eigentumserwerbers und parallel dazu auf die Trennung des Veräußerers vom Besitz an, so bei der Übergabe im Rahmen des § 929. Da es sich hierbei aber durchweg um wirtschaftlich komplexe Vorgänge handelt, ist auch die Einräumung und Übertragung anderer Besitzformen als des unmittelbaren Besitzes von Bedeutung; man kann sagen, dass die Übereignung auch durch Einräumung von mittelbarem Besitz an den Erwerber möglich ist, wobei wiederum verschiedene Übertragungsformen zu unterscheiden sind.

32

Im Einzelnen: Besitz hat auch derjenige, der aufgrund einer Beziehung zu demjenigen, der die tatsächliche Sachherrschaft innehat, auf die Ausübung der hiermit verbundenen Möglichkeiten Einfluss hat. Dieser **mittelbare Besitz** steht in vielen Belangen dem unmittelbaren Besitz gleich, die Besonderheit liegt darin, dass zwischen dem unmittelbaren Besitzer in seiner Rolle als Besitzmittler und dem mittelbaren Besitzer ein Stufenverhältnis besteht, dessen rechtliche Grundlage ein Besitzmittlungsverhältnis iSd § 868 (**„Besitzkonstitut"**) ist. Dabei muss es sich nicht um eines der im Gesetz angeführten Vertragsverhältnisse handeln; es genügt, wenn die Beteiligten Rechte und Pflichten bezüglich der Besitzausübung vereinbart haben oder aus einem gesetzlichen Verhältnis ableiten können.

Wenn etwa in einem Vertrag über eine Sicherungsübereignung nichts weiter geregelt ist als die Einigung über den Eigentumsübergang und den künftigen Besitz für den Erwerber, so wurde dies früher als bloß abstraktes Besitzmittlungsverhältnis nicht für ausreichend gehalten; heute lässt man es genügen, wenn dem Rechtsgeschäft durch

---

8 BGHZ 102, 186, 187 f; 27, 360, 362; HK-BGB/*Schulte-Nölke* § 854 Rn 9; Soergel/*Stadler* § 854 Rn 10; *Vieweg/Werner*, § 2 Rn 19.
9 So Westermann/*Gursky*, § 112 Rn 4.
10 RG JW 1925, 784; anders für den Fund eines Geldscheins im Regal eines Großmarkts BGHZ 101, 186; zweifelnd Westermann/*Gursky* ebenda.
11 Ähnliche Bedenken bei *Wilhelm*, Sachenrecht Rn 473.

Auslegung entnommen werden kann, dass der bisherige Besitzer die Sache weiterhin nutzen kann, dabei aber Rücksichten auf die Belange des Erwerbers nehmen muss[12].

33 So ist im **Fall 2** die Familie M als Mieterin des Strandkorbs zum Besitz berechtigt, die Gemeinde als Vermieterin hat sich Einwirkungsmöglichkeiten vorbehalten, etwa das Recht, bei Flut den Strandkorb zu versetzen. Sie muss ihn dann aber später auch wieder der Familie M zur Verfügung stellen. Auch im **Fall 3** könnte man meinen, dass Ralf als Käufer des Fahrrades, der offenbar noch nicht das Eigentum erworben hat, jedenfalls die tatsächliche Gewalt zurecht ausüben durfte und dem Verkäufer noch den mittelbaren Besitz vermittelte; das kann aus dem Kaufvertrag folgen, wenn ein Eigentumsvorbehalt iSd § 449 vereinbart ist, der den Käufer bis zur Bezahlung des Kaufpreises zwar zum Besitz der Kaufsache berechtigt, aber auch zu einer sorgsamen Behandlung der Kaufsache verpflichtet[13].

34 Das **Besitzmittlungsverhältnis** muss durch die Pflichten der Parteien genügend bestimmt sein. Vor allem muss es, wenn der mittelbare Besitzer auch Eigentümer ist, was nicht zwingend der Fall sein muss, dem unmittelbaren Besitzer gegenüber dem Herausgabeanspruch aus § 985 ein Recht zum Besitz über § 986 geben. Damit kann die Besitzberechtigung nach Maßgabe des Besitzmittlungsverhältnisses verlängert oder verkürzt werden, wobei sich aus dem Besitzkonstitut auch der Herausgabeanspruch ergibt; so kann im **Fall 2** die Gemeinde nicht jederzeit, aber doch nach Ablauf der Mietzeit, den Strandkorb wieder an sich nehmen, während ein Verleiher, wenn die Voraussetzung des § 604 Abs. 3 vorliegen, die Sache jederzeit herausverlangen kann. Eine bloße Erklärung, künftig für einen anderen besitzen zu wollen, reicht zur Begründung mittelbaren Besitzes nicht aus[14]. Auf der anderen Seite genügt ein Verhalten der Beteiligten nach Maßgabe ihrer Vorstellungen von ihren auf die Sache bezogenen Rechten und Pflichten; auf die rechtliche Gültigkeit eines etwa bestehenden Vertrages kommt es nicht an, allerdings muss ein Herausgabeanspruch bestehen, und sei es derjenige aus § 812[15]. Das tatsächliche Verhalten des Besitzmittlers entscheidet auch für die **Beendigung** des mittelbaren Besitzes. Wenn er aufhört, die Sache als Besitzmittler zu halten, endet der mittelbare Besitz, auch wenn das Rechtsverhältnis, das ihn zu einem bestimmten Verhalten im Interesse des bisherigen mittelbaren Besitzers verpflichtet, fortbesteht[16].

Ein solches „Ausbrechen" aus dem Besitzmittlungsverhältnis spielt insbesondere eine Rolle, wenn der bisherige Besitzmittler die Sache im eigenen Namen verwerten, etwa die unter Eigentumsvorbehalt gekaufte Sache an einen Dritten veräußern oder sie belasten will, und wenn dies auch in seinem Verhalten zum Ausdruck kommt, s. etwa § 6 Rn 183.

---

12 BGH NJW 1979, 2308; zum Eigentumsvorbehalt und zur Sicherungsübereignung im Übrigen § 6 Rn 164 ff, 170 ff.
13 BGHZ 10, 71.
14 *Baur/Stürner*, § 7 Rn 47; HK-BGB/*Schulte-Nölke* § 868 Rn 3; *Vieweg/Werner*, § 2 Rn 29; *Westermann/Gursky*, § 7 Rn 3; anders aber Soergel/*Stadler* § 868 Rn 6.
15 BGH NJW 1955, 499; *Baur/Stürner*, § 7 Rn 45; MünchKomm/*Joost* § 868 Rn 16; HK-BGB/*Schulte-Nölke* § 868 Rn 5; § Westermann/*Gursky*, § 16 Rn 7.
16 BGH NJW 1999, 1239; 1979, 2037 f; Westermann/*Gursky*, § 18 Rn 6; MünchKomm/*Joost* § 868 Rn 30; HK-BGB/*Schulte-Nölke* § 868 Rn 8.

b) Der Besitzmittler ist sog. „**Fremdbesitzer**", wer dagegen eine Sache als ihm ge- **35** hörig besitzt, ist **Eigenbesitzer**, § 872. Dieser Unterschied ist in verschiedenen Verhältnissen bedeutsam, s. etwa §§ 990, 937, 985. Der mittelbare Besitzer kann seinerseits Fremdbesitzer sein, so etwa der Autovermieter, der das Fahrzeug von einem Händler unter Eigentumsvorbehalt gekauft hat. Schließlich kann ein Besitzmittlungsverhältnis **kraft Gesetzes** entstehen, etwa dann, wenn ein Insolvenzverwalter die Masse in Besitz nimmt[17]. Im Bereich der Sicherungsübereignung, die durch Einigung und Schaffung eines Besitzkonstituts geschieht und den Sicherungsnehmer folglich (nach § 930) zum Eigentümer macht, während der Sicherungsgeber Besitzer bleibt, hat der BGH die eheliche Lebensgemeinschaft oder auch die elterliche Vermögenssorge als Besitzmittlungsverhältnis gelten lassen mit der Folge, dass eine einem Ehegatten oder den Eltern ursprünglich gehörige Sache nun nicht mehr in ihrem Eigentum, wenn auch noch im unmittelbaren Besitz stehen kann[18].

c) Vom Besitzmittler zu unterscheiden ist der **Besitzdiener**, § 855. Man versteht **36** darunter eine Person, die die tatsächliche Gewalt in Abhängigkeit von einem anderen und mit der Verpflichtung ausübt, dessen auf die Sache bezüglichen Anweisungen zu gehorchen. Die Herrschaftsmacht des „Besitzherrn" über die Sache ergibt sich hier daraus, dass er die Organisation bestimmt und leitet, in die der die tatsächliche Sachherrschaft Ausübende eingefügt ist. Auch dies ist als äußerliches Faktum[19] für jedermann erkennbar; daher ist die auf den ersten Blick weitgehende Rechtsfolge, dass **nur** der Besitzherr Besitzer ist, derjenige, der die tatsächliche Gewalt ausübt, also nicht, am Ende doch verständlich. Besitzdiener sind etwa Arbeiter in einer Fabrik in Bezug auf ihr Arbeitsgerät, Verkaufsangestellte in Bezug auf die zu verkaufenden Waren, ein angestellter Kraftfahrer, selbst wenn bei einer weiten Fahrt die effektiven Anordnungsmöglichkeiten des Chefs bezüglich des Wagens gelockert sind. Auch hier kommt es auf die rechtliche Gültigkeit des Besitzdienerverhältnisses, also etwa des Arbeitsverhältnisses, kraft dessen der Arbeitnehmer mit den im Betrieb des Arbeitgebers befindlichen Gegenständen umgeht, nicht an, solange die Einbindung des die tatsächliche Sachherrschaft Ausübenden in die vom Besitzherrn geschaffene Organisation objektiv besteht. Anders als ein Besitzmittler kann der Besitzdiener dieses Verhältnis und damit den unmittelbaren Besitz des Besitzenden nicht durch eine bloße Willensänderung beenden, sondern er muss erkennbar und bewusst aus der Bindung ausscheiden (zB der Mitarbeiter einer Edelsteinschleiferei steckt, als er nach getaner Arbeit den Betrieb verlässt, einen von ihm bearbeiteten Stein in die Tasche).

Die Besitzdienerschaft hat weittragende Konsequenzen. Der Besitzdiener darf zwar **37** nach § 860 auch die Selbsthilferechte des Besitzers gem. § 859 ausüben, aber seiner Sachherrschaft kommt nicht die Vermutungswirkung gem. § 1006 zu, so dass er nicht an einen Gutgläubigen die Sache gem. § 932 wirksam veräußern kann. Vielmehr kommt hierdurch die Sache dem Besitzherrn iSd § 935 abhanden, s. näher Rn 232. Auf der anderen Seite ist über einen Besitzdiener der Erwerb des unmittelbaren Besit-

---

17 Str. ist aber, ob es dabei noch auf den Willen des unmittelbaren Besitzers, also etwa des Gemeinschuldners ankommt, verneinend BGHZ 9, 73, 78.

18 Daran können Vollstreckungsmaßnahmen gegen den besitzenden Ehegatten oder die Eltern scheitern, BGH NJW 1989, 2542; MDR 1954, 95.

19 Manchmal ist von einem „sozialen Abhängigkeitsverhältnis" die Rede, HK-BGB/*Schulte-Nölke* § 855 Rn 3; Westermann/*Gursky*, § 9 Rn 4; krit. aber MünchKomm/*Joost* § 855 Rn 5.

zes durch den Besitzherrn möglich, ohne dass dieser von dem Vorgang überhaupt konkrete Kenntnis haben muss, näher unten Rn 132. Der Besitzdiener kann, muss aber nicht Vertretungsbefugnis für den Besitzherrn haben, so ein Lagerverwalter, der für den Betriebsinhaber bestimmte Lieferungen entgegennimmt und somit, da er die dingliche Einigung im Namen des Betriebsinhabers erklären kann, diesen auch zum Besitzer macht und damit eine Übereignung nach § 929 vollzieht.

38 **d)** In einem Sonderfall verzichtet das BGB für die Begründung von Besitz ganz auf die Sachherrschaft, nämlich beim **Erbenbesitz** iSd § 857. Dass hier der Erbe, auch wenn er von dieser Stellung nichts weiß, automatisch mit dem Erbfall in die besitz-rechtliche Stellung des Erblassers einrückt, ist darin begründet, dass die unmittelbare oder mittelbare Einwirkungsmöglichkeit des Erblassers beendet ist, und Besitzlosig-keit der Nachlassgegenstände jeglichen Schutz vor Übergriffen „gegenüber Dritten" entfallen lassen würde, der sich aber aufgrund der „Besitzvererbung" ganz nach der besitzrechtlichen Stellung des Erblassers richtet[20]. Das hat wiederum – wie auch die Besitzdienerschaft – Konsequenzen für einen Erwerb vom Nichtberechtigten: Wenn ein vermeintlicher Erbe einen Nachlassgegenstand veräußert, kommt die Sache dem wahren Erben iSd § 935 abhanden und kann auch von einem Interessenten, der den Veräußerer gutgläubig für den Eigentümer erhält, nicht nach nach § 932 erworben werden. Wenn der Erbe die tatsächliche Sachherrschaft ergreift, richtet sich seine Be-sitzerstellung nach den hierdurch geschaffenen tatsächlichen Verhältnissen.

II. Schutz von Eigentum und Besitz

1. Formen des Eigentumsschutzes

39 Da das Sacheigentum im BGB in § 903 als umfassendes Herrschaftsrecht konzipiert ist, gehört zu ihm selbstverständlich auch das Recht, die Sache von jedem, der sie be-sitzt, **herauszuverlangen**, § 985. Der Anspruch hängt nicht davon ab, dass der Besit-zer oder ein anderer rechtswidrig die tatsächliche Sachherrschaft begründet hat; er kann aber unter zahlreichen Gesichtspunkten ein **Recht zum Besitz** haben, das er dann nach **§ 986** dem Herausgabeanspruch entgegenhalten kann.

40 So wäre im **Fall 3** Holger, wenn er ungesehen mit dem Fahrrad hätte verschwinden können, trotz fehlenden Besitzrechts als Besitzer angesehen worden, während Ralf, der bis dahin dem K den Besitz vermittelt hatte, wenn er es dem Holger abnimmt, es nicht an K herauszu-geben braucht, solange der Kaufvertrag, der den K zur Übereignung und im Zuge des Ei-gentumsvorbehalts auch zur Besitzüberlassung an Ralf verpflichtete, Bestand hatte, s. § 449 Abs. 2.

41 Jedes dem Eigentümer gegenüber wirksame Recht zum Besitz schließt den Anspruch aus § 985 aus und gibt nicht etwa nur eine Einrede, § 986 Abs. 1. Rechte gegenüber dem Eigentümer, die diese Wirkung entfalten, sind etwa absolute Rechte wie ein Pfandrecht, aber auch relative Rechte, die dann allerdings dem Besitzer gerade gegen-über dem Eigentümer zustehen müssen.

---

20 Westermann/*Gursky*, § 14 Rn 6.

Ist zB der Vermieter nicht Eigentümer, kann das Recht aus dem Mietvertrag dem Eigentümer, wenn er aus § 985 vorgehen will, nicht entgegengesetzt werden, anders, wenn der Vermieter seinerseits gegenüber dem Eigentümer besitzberechtigt ist. Wenn es im **Fall 2** die Kurverwaltung einem Unternehmer überlässt, im eigenen Namen die ihr gehörenden Strandkörbe zu vermieten, gibt es eine doppelte Besitzberechtigung Eigentümer-Vermieter (= mittelbarer Besitzer) und Vermieter/-Mieter (unmittelbarer Besitzer), die auch zugunsten des Letzteren wirkt. Diese Einzelheiten können sich bei Falllösungen auswirken, wenn es um die Nebenfolgen aus der Verletzung eines Herausgabeanspruchs, etwa den Schadensersatzanspruch aus § 990 geht, dazu Rn 297, 301.

Bei Bestehen eines Herausgabeanspruchs aus § 985 können sich für Besitzer und Ei- **42**
gentümer Rechte und Pflichten aus dem sog. **Eigentümer-Besitzerverhältnis** ergeben. Das ist etwa für eine vom Besitzer zu vertretende Beschädigung der Sache von Bedeutung, wenn ein Anspruch aus Vertragsverletzung ausscheidet, weil der Vertrag unwirksam ist oder ein Vertrag gar nicht besteht. Dasselbe kann für den Ersatz etwaiger vom Besitzer gezogener Nutzungen gelten, s. dazu §§ 987, 989, 990, Rn 318 ff

Wenn im **Fall 3** K den Kaufvertrag (und die bedingte Übereignung im Zuge des Eigentums- **43**
vorbehalts) an Ralf wegen arglistiger Täuschung über die Zahlungsfähigkeit des Ralf nach § 123 angefochten hat, Ralf sich hierdurch aber nicht hat hindern lassen, das Rad weiter zu nutzen, kann er als unberechtigter Besitzer Nutzungsersatz schulden. Eine Beschädigung des Fahrrads, die er verschuldet hat, würde ihn nach § 823 zum Schadensersatz verpflichten, dessen Anwendung aber § 992 für den Fall eines Eigentümer-Besitzerverhältnisses ausschließt, so dass es insoweit bei dem Anspruch aus §§ 998, 990 bleibt, näher dazu Rn 308.

Insgesamt gehört das Verhältnis der Ansprüche aus §§ 987–999 und auch des Ver- **44**
wendungsersatzanspruchs des Besitzers aus § 994 zu anderen gesetzlichen und vertraglichen Ansprüchen zu den kompliziertesten Regelungskomplexen des Sachenrechts, die in der Grundtendenz einen vollständigen Schutz der mit dem Eigentum verbundenen vermögensmäßigen Interessen anstrebt. Zum Schutz des Eigentums gegen Störungen und Beeinträchtigungen der Nutzung s. Rn 68 ff

2. Schutz des Besitzes

Nicht immer wird der Eigentümer einer Sache, die er nicht im unmittelbaren Besitz **45**
hat, bereit oder imstande sein, dem Besitzer, wenn ihm der Besitz genommen oder er darin gestört wird, durch Geltendmachung seiner Rechte aus Eigentum beizustehen. Dies und die erwähnte Friedensfunktion[21] des Besitzes haben dazu geführt, dass der Besitz zunächst unabhängig vom Besitzrecht als selbstständig schutzwürdige Rechtsposition anerkannt ist[22]. Das bedeutet, dass der Besitzer, dem die Sachherrschaft durch verbotene Eigenmacht iSd § 858 entzogen worden ist, von demjenigen **Wiedereinräumung** des Besitzes verlangen kann, der ihm gegenüber „fehlerhaft besitzt", **§ 861**. Wenn der Inhaber der tatsächlichen Sachherrschaft in ihrer Ausübung gestört

---

21 Zu den weiteren Funktionen des Besitzes und den Grundlagen des Besitzschutzrechts s. *Omlor/Gies*, JuS 2013, 12.
22 Allgemein zum Besitzschutz s. *Lorenz*, JuS 2013, 776 und *Omlor/Gies*, JuS 2013, 12.

wird, hat er nach § 862 gegen den für die Störung[23] Verantwortlichen einen Anspruch auf **Beseitigung** der vorhandenen und **Unterlassung** künftiger Störungen. Man spricht hier von **possessorischen** Ansprüchen[24], die in einigen Aspekten große Ähnlichkeiten mit dem Schutz des Sacheigentums aufweisen. Auch ist anerkannt, dass der Besitz, allerdings nur der berechtigte, ein sonstiges Recht iSd § 823 Abs. 1 darstellt, so dass ein Deliktsschutz gegen einen schuldhaft handelnden Störer möglich ist, ähnlich, wenn und soweit die §§ 858 ff als Schutzgesetz iSd § 823 Abs. 2 anerkannt sind[25]. Ein praktisches Hindernis für die Durchsetzung dieser possessorischen Ansprüche liegt darin, dass der ehemalige oder in seiner Rechtsausübung gestörte Besitzer gerichtliche Hilfe in Anspruch nehmen müsste; deshalb geben die §§ 859, 860 – in einer Friedensordnung ausnahmsweise – das Recht, sich gegen verbotene Eigenmacht mit Gewalt zu wehren – **Besitzwehr** und **Besitzkehr**. Wie bei der Notwehr, mit der diese Maßnahme Ähnlichkeit hat, darf der Besitzer hierbei aber nur so weit gehen, als zur Abwehr nötig ist; die angewendete Gewalt muss auch im Verhältnis zu dem geschützten Rechtsgut stehen[26].

46   Als Holger im **Fall 3** das Rad wegzunehmen versuchte, das sich noch im Besitz des Ralf befand, beging er verbotene Eigenmacht iSd § 858, woran es nichts ändert, dass er möglicherweise annahm, von K zur Benutzung des Rades wirksam ermächtigt worden zu sein, denn K hat den Eigentumsvorbehalt und damit das Besitzrecht des Ralf noch nicht durch Rücktritt beendet (§ 449 Abs. 2). Ohnehin kommt es für die Rechtswirksamkeit nur auf das Fehlen der Zustimmung des unmittelbaren Besitzers an, diejenige eines mittelbaren Besitzers steht dem nicht gleich[27]. Wenn Holger schon Besitz ergriffen hat, ist Ralf berechtigt, den „auf frischer Tat betroffenen" Täter zu verfolgen und ihm das Rad mit Gewalt wieder wegzunehmen. Dasselbe gilt für Dr. M, wenn er sich traut, Ralf und Reni mit Gewalt aus dem Strandkorb zu entfernen, ähnlich, wenn die beiden am Tag danach, nachdem die Familie M den Strandkorb wieder übernommen hat und bei schlechtem Wetter nutzt, die Ruhe durch mehrstündige Musik aus einer tragbaren CD-Anlage stören. Dass im **Fall 3** Ralf, um das Rad wieder zu bekommen, den Holger mit einem Klappmesser angreifen dürfte, wird man dagegen nicht annehmen können.

47   **Verbotene Eigenmacht** ist namentlich in räumlich beengten Verhältnissen, in denen eine ganz ungestörte Nutzung der Sache, besonders auch von Grundstücken, schwierig ist, nicht leicht festzustellen. Der Herausgabeanspruch aus § 861 verlangt zusätzlich, dass der gegenwärtige Besitzer seinem Vorgänger gegenüber „fehlerhaft" besitzt. Wenn der Besitzer eine Störung nicht hinnehmen muss, kann er sie, wie gezeigt, nach § 859 Abs. 1 oder Abs. 3 selbst beseitigen und hat uU auch einen Schadensersatzanspruch, wenn er für die Beseitigung der Störung Aufwendungen machen musste. Das ist die Lage in dem viel diskutierten Fall des Abschleppens widerrechtlich auf

---

23   Eine Besitzstörung liegt bereits in einem Verhalten, das den Besitzer über den ungestörten Fortbestand seines Besitzes ernstlich beunruhigt, vgl. LG Berlin NZM 2013, 465 sowie LG Frankfurt BeckRS 2016, 17603.
24   Näher zum possessorischen Besitzschutz s. *Vieweg/Werner*, § 2 Rn 58 ff.
25   Zum Grundsatz BGH NJW 2009, 2530; zu dem dort behandelten Fall des Abschleppens rechtswidrig geparkter Fahrzeuge näher Rn 47.
26   Palandt/*Herrler* § 859 Rn 2; abschwächend – keine Güterabwägung erforderlich – Erman/*A. Lorenz* § 859 Rn 3; *Vieweg/Werner*, § 2 Rn 55.
27   Erman/*A. Lorenz* § 858 Rn 6; HK-BGB/*Schulte-Nölke* § 858 Rn 2.

einem privaten Gelände geparkter Fahrzeuge durch ein vom Besitzer des Platzes be-
auftragten Unternehmer[28]. Was als „Störung" bei der Verteidigung der Interessen
eines Grundstückseigentümers gegen Einflüsse und Einwirkungen aus der Nachbarschaft anzusehen und infolgedessen mit Beseitigungs- und Unterlassungsansprüchen
zu bekämpfen ist, ist ähnlich zu beurteilen wie bei der Verteidigung des Eigentums
und soll daher dort (Rn 68 ff) im Zusammenhang dargestellt werden. Festzuhalten ist
hier aber, dass durch § 861 der Schutz gegen Wegnahme und Störungen, wie er nach
§ 1004 dem Eigentümer zukommt, auf einen **Mieter** ausgedehnt wird. Wichtig bleibt
aber auch hier, dass die schuldrechtliche Lage, gerade auch Ansprüche auf die Sache,
in diesem Zusammenhang nicht zum Tragen kommt. Wenn also dem Käufer einer Sache vom Verkäufer die Übergabe der Kaufsache verweigert wird, kann sich der Käufer die Sache nicht mit Gewalt holen; tut er dies, begeht er verbotene Eigenmacht.
Eine Ausnahme normiert § 861 Abs. 2 für den Fall, dass der (rechtswidrig) entzogene
Besitz dem jetzigen Besitzer gegenüber fehlerhaft war, wenn also im **Fall 3** Ralf,
nachdem Holger mit dem Fahrrad unbemerkt verschwunden war, nach drei Tagen das
Fahrrad an eine Parkbank gelehnt findet und an sich nimmt; dann kann die hierin liegende verbotene Eigenmacht von Holger nicht mit Besitzkehr bekämpft werden, der
Besitzer soll also nicht dem Anspruch aus § 861 ausgesetzt sein. Zu bemerken ist
schließlich, dass die Rechte aus § 859 zur Selbsthilfe auch einem Besitzdiener zustehen, § 860.

Andere Ansprüche, die der Verteidigung des Besitzes dienen, knüpfen nicht an die **48**
bloße Sachherrschaft an, sondern an das relativ bessere Recht zum Besitz, so der
Schutz des früheren Besitzers in der im Einzelnen sehr verwickelten Vorschrift des
§ 1007. Man spricht von **petitorischem** Besitzschutz aus früherem Besitz[29], wozu
auch die soeben erwähnte Regelung des § 861 Abs. 2 gehört. Wenn aber auch das eigene Recht zum Besitz dem possessorischen Anspruch nicht entgegengehalten werden kann (s. hierzu § 863), so ist doch der obligatorische Anspruch auf Einräumung
des Besitzes nicht von der rechtlichen Durchsetzung ausgeschlossen. Vielmehr kann
der fehlerhafte Besitzer, nach § 861 auf Herausgabe in Anspruch genommen, sein
Recht zum Besitz zum Gegenstand einer Widerklage (§ 33 ZPO) machen, sog. **peti-
torische Widerklage.**

Beispiel[30]: Der wirksam gekündigte, aber mit unzulässigen Gewaltmaßnahmen des Vermieters „an die Luft gesetzte" Mieter verlangt nach § 861 Wiedereinräumung des Besitzes an der
Wohnung. Der Vermieter erhebt Widerklage mit dem Ziel, festzustellen, dass das Mietverhältnis beendet und er zum Besitz der Wohnung berechtigt ist. Wenn beide Klagen entscheidungs-
reif sind, würde es kaum einleuchten, nunmehr der possessorischen Klage stattzugeben, so dass
der Vermieter die Sache zwar herausgeben, sie aber aufgrund der erfolgreichen petitorischen
Widerklage sogleich wieder herausverlangen könnte. Besser ist daher die Lösung, dass der Herausgabeanspruch des früheren Besitzers, also des Mieters, aus § 861, hier analog § 864 Abs. 2
erlischt[31]. Unabhängig hiervon ist bei Falllösungen stets darauf zu achten, dass die Vorausset-

---

28 BGH NJW 2009, 2530 und dazu *Lorenz*, NJW 2009, 2025; s. auch *Paal/Guggenberger*, NJW 2011,
    1036.
29 *Baur/Stürner*, § 9 Rn 27; Westermann/*Gursky*, § 23 Rn 7; zu den Einzelheiten auch *Lipp*, JuS 1997,
    57, 60.
30 Beispiel von *Kollhosser*, JuS 1992, 569.
31 BGHZ 73, 355, 357; Fortführung durch BGH NJW 1979, 1359.

zungen der häufig im Vordergrund der Fragestellung stehenden Herausgabeansprüche, je nachdem ob sie aus Eigentum oder aus Besitz abgeleitet werden, unterschiedlichen Gegenrechten
begegnen können.

§ 3 Privatnützigkeit und Sozialpflichtigkeit des Eigentums, Eigentumsschutz und Nachbarrecht

I. Der Schutz des Eigentums als Aufgabe des Privatrechts und des Verfassungsrechts

1. Das Sacheigentum im BGB

49 **Fall 4:** B ist Gemüsebauer und baut vorwiegend Bio-Gemüse an. Sein Gärtnereigrundstück
liegt an einem Hang. Oberhalb des Grundstücks des B liegt ein Grundstück, auf dem D Silo-
mais und Sommerweizen anbaut. Nach starken Regenfällen fließt vom Grundstück des D
Oberflächenwasser auf das Grundstück des B ab. Kurze Zeit später stellt B schwere Schäden an den von ihm angebauten Pflanzen fest. Eine Untersuchung ergibt, dass die Schäden
von Herbiziden herrühren, die mit dem vom Grundstück des D gekommenen Wasser in die
Pflanzen des B gelangt waren. B verlangt von D, der seine Pflanzen mit diesem Mittel zu
behandeln pflegt, Schadensersatz für die beschädigte oder zumindest nur noch eingeschränkt verkäufliche Ernte und will für die Zukunft, da starker Regen niemals ausgeschlossen werden könne, Unterlassung der Behandlung der auf dem Grundstück des D wachsen-
den Pflanzen mit Herbiziden. **Lösung Rn 69, 75**

Fall 5: E ist Eigentümer eines Steinbruchs, den er in herkömmlicher Weise seit alters her
betreibt. Auf einem in der Nachbarschaft gelegenen Grundstück errichtet F eine Fabrik, in
der er Lackleder herstellt. Einige Zeit nach Errichtung der Fabrik geht E dazu über, den
Steinbruch wesentlich intensiver mit modernen Maschinen auszunutzen. Dabei entsteht
Staub, der auch auf das Grundstück des F gelangt und das frische, noch feuchte Lackleder
beschädigt.
1. Welche Möglichkeiten hätte F, gegen E vorzugehen?
2. Muss E dem F Schadensersatz leisten, wenn ein sonst zuverlässiger Angestellter, der A,
eine Entstaubungsanlage, deren Einbau vorgeschrieben war, fahrlässig schlecht bedient hat,
sodass einmal eine besondere Staubbeeinträchtigung bei F eingetreten ist?
3. E hatte den Steinbruchbetrieb vor Jahren aufgegeben, das Grundstück aber behalten. Ohne sein Wissen hat N auf dem Gelände in begrenztem Umfang wieder mit dem Abbau von
Natursteinen begonnen, tut dies aber ziemlich dilettantisch, sodass für die tieferliegenden
Nachbargrundstücke Steinschlaggefahr entsteht. Auf das Grundstück des F sind nach einem
Arbeitsgang des N zahlreiche Steine gefallen und haben Schäden angerichtet, für die F nicht
nur N, sondern auch E haftbar machen möchte; zumindest soll E für die Beseitigung der
Steine sorgen und die Gefahren in Zukunft abstellen. **Lösung Rn 60, 66, 75**

Fall 6: Der Tennislehrer T betreibt eine Tennisanlage am Rande eines Wohnviertels. Auf
dem dem N gehörigen Nachbargrundstück wachsen Pappeln, deren Wurzeln, zunächst un-

bemerkt, in das Grundstück des T hineinwachsen, wo sie erst bemerkt werden, als sie bereits den Belag des Tennisplatzes zerstört haben. T verlangt von N Beseitigung der Wurzeln, Wiederherstellung des Belags des Tennisplatzes und Ersatz für den Verdienstausfall, der ihm während der Zeit der Unbenutzbarkeit des Platzes entstanden ist, schließlich für die Zukunft Maßnahmen, die die Wiederholung derartiger Störungen verhindern. **Lösung Rn 60, 66, 73**

Eigentum, wie es in § 903 umschrieben ist, ist ein **absolutes dingliches Recht**, also **50** eine **subjektive Rechtsposition**, die sich auf Sachen iSd § 90 bezieht, damit immerhin auf bewegliche Sachen, Grundstücke und sog. grundstücksgleiche Rechte (Erbbaurecht und Wohnungseigentum). Es umfasst also nicht die Inhaberschaft an Forderungen oder Mitgliedschaftsrechten, die aber sehr wohl zum „Vermögen" eines Einzelnen gehören können[1] und in mancher Hinsicht, etwa im Hinblick auf den Schutz gegen Übergriffe Dritter, wie Eigentum behandelt werden. Im BGB fehlt ein einheitlicher, alle Spielarten des absoluten subjektiven Rechts umfassender Begriff, weshalb auf der Hand liegt, dass der Gesetzgeber den Inhalt der jeweiligen subjektiven Berechtigung festlegen kann. Eigentum iSd § 903 umfasst **positive** und negative **Befugnisse**, also das Recht die Sache in Besitz zu nehmen, sie selbst zu nutzen oder die Nutzung anderen zu überlassen, sie zu verändern und zu veräußern; zu den **„negativen"** Befugnissen gehört das Recht, andere von der Einwirkung auf die Sache (durch Betreten eines Grundstücks, Benutzung oder gar Verwertung) auszuschließen. Somit kann der Eigentümer Störungen und Beeinträchtigungen in der eigenen Nutzung der Sache abwehren (Rn 58 ff), wenn er nicht Besitzer ist, kann er gem. § 985 Herausgabe der Sache verlangen.[2]

Im Zuge der privatrechtlichen Inhaltsbestimmung ist zu beachten, dass dem Eigentü- **51** mer das Recht als **privatnütziges** zusteht, was aber nicht heißt, dass die rechtliche Funktion eines Gegenstandes und seine dadurch bedingte Stellung in der Gemeinschaftsordnung ohne Bedeutung wären, so dass zum Eigentum oder zur Inhaberschaft an einem absoluten Recht auch Nutzungsbeschränkungen oder Duldungspflichten (s. etwa §§ 917, 1004 Abs. 2) gehören können.

Eigentum an einem 150 ha großen Waldgrundstück in Großstadtnähe, an einem für eine Tallandschaft wichtigen Hochgebirgshang, an ca. 10 ha Baugelände in Großstadtnähe, an einem bedeutenden Kunstwerk und andererseits Eigentum an getragenen Kleidern (s. den **Ausgangsfall 1, Rn 1**) haben auch bei formaler Gleichheit unterschiedliche Inhalte, sie sind aber immer „Eigentum".

Zu den privatrechtlichen **Inhaltsbeschränkungen** des Eigentums gehören etwa Pflichten, Einwirkungen eines anderen, somit auch von Nachbargrundstücken ausgehende, zu dulden (§§ 906, 1004 Abs. 2, dazu näher Rn 79 ff), desgleichen die Duldungspflicht gem. § 904, die auf dem Gedanken beruht, dass der Eigentümer einen Zugriff auf die Sache nicht verbieten darf, der nötig ist, um einer Notlage zu begegnen (die auch nicht, wie beim „aggressiven Notstand" iSd § 228, von der Sache selbst ausgehen muss). Man kann auch daran denken, dass der Zustand einer Sache Verkehrssicherungspflichten des Eigentümers begründet, die ihn bei schuldhafter Verlet-

---

1 *Baur/Stürner*, § 24 Rn 4; MünchKomm/*Brückner* § 903 Rn 4.
2 *Vieweg/Werner*, § 3 Rn 6.

zung gegenüber einem dadurch zu Schaden Gekommenen haftbar machen können[3]. Anspruchsgrundlage ist dann freilich § 823, also der Gedanke, dass vom Eigentum ausgehende Gefahren nicht andere in ihren deliktisch geschützten Rechtsgütern verletzen dürfen, es handelt sich nicht um eine verschuldensunabhängige Haftung des Eigentümers für den Zustand seiner Sache, wie sie bisweilen gefordert wird. Die Abwehr- und Untersagungsbefugnis eines Hauseigentümers umfasst etwa auch das **Hausrecht**, das nicht nur an Häusern, sondern auch an einem umfriedeten oder einem gewerblich genutzten Grundstück besteht; so kann ein Fußballverein aus seinem vereinseigenen Stadion Randalierer entfernen oder vom Publikum ausgehende Störungen des Sportbetriebs zu verhindern suchen, den Besuchern etwa Wurfgeschosse oder Feuerwerkskörper abnehmen; der Betreiber eines Flughafens kann das den Betrieb störende Verteilen von Flugblättern untersagen[4].

52 Die Art der Benutzung von Grundstücken bringt es mit sich, dass manchmal gefragt werden muss, ob Nutzungs- und Abwehrbefugnisse auch den **Luftraum** über und das **Erdreich** unter der Erdoberfläche erfassen. Im Grundsatz erstreckt sich das Eigentum auf den Raum über und unter der Oberfläche, im letzteren Bereich allerdings durch das Bergregal gem. § 3 Abs. 4 Nr. 1 BBergG beschränkt, so dass etwa Sand und Kies vom Eigentümer abgebaut werden dürfen[5]. Ausgeschlossen ist aber schon – aus außerprivatrechtlichen Gründen – der Zugriff auf das Grundwasser[6]. Allgemein kann aber der Grundeigentümer nach **§ 905** Einwirkungen in einer Höhe und Tiefe, die seine Interessen nicht berühren, nicht verbieten. Das bedeutet, dass er auch den Flugverkehr dulden muss, soweit die Voraussetzungen des § 1 LuftVG eingehalten sind. Eine praktisch wichtige, häufig umstrittene Duldungspflicht folgt aus § 76 des Telekommunikationsgesetzes (TKG) in Bezug auf Telekommunikationsleitungen. Hinter solchen gesetzlichen Eigentumsbeschränkungen stehen öffentlich-rechtlich geregelte Kompetenzen. Einschränkungen des Benutzungsrechts, besonders auch Duldungspflichten können sich aber auch aus dem gesamten (privaten) Nachbarrecht ergeben, näher Rn 79 ff.

2. Die verfassungsrechtliche Eigentumsgarantie

53 Das private und gegen Übergriffe anderer Privater geschützte Eigentumsrecht steht im Interesse eigenverantwortlicher Lebensgestaltung im Vermögensbereich nach Art. 14 GG unter verfassungsrechtlichem Schutz, der sich gegen den Staat richtet[7]; die Eigentumsgewährleistung steht auf einer Stufe mit der Privatautonomie, die zur freien Entfaltung der Persönlichkeit (Art. 2 GG) gehört. Das bedeutet nicht nur, dass ein konkretes Recht nicht entzogen werden oder seine private Nutzung unmöglich gemacht werden darf[8], was man als **Individualgarantie** bezeichnet. Der Gesetzgeber ist durch Art. 14 GG nämlich auch gehindert, das Eigentum als die Möglichkeit zum Erwerb und zur Verteidigung eines privatnützigen Vermögensrechts zu beseitigen

---

3 BGH NJW 1982, 801; BGHZ 60, 54 f; *v. Bar*, JZ 1979, 332; Erman/*Schiemann* § 823 Rn 79; HK-BGB/*Staudinger* § 823 Rn 61.
4 BGH NJW 2006, 1054.
5 BGH NJW 1984, 1169, 1172.
6 BVerfG NJW 1982, 754; HK-BGB/*Schulte-Nölke* § 905 Rn 1; Staudinger/*Roth* § 905 BGB Rn 6.
7 BVerfG NJW 1992, 36; NJW 1988, 2662; BVerfGE 50, 290, 339.
8 BVerfGE 74, 264, 283; 31, 229, 240; Maunz/Dürig/*Papier* Art. 14 GG Rn 11–17.

(Institutsgarantie)[9]; hierbei muss also ein Kernbestand des privatrechtlichen Instituts stets erhalten bleiben, nach Art. 14 Abs. 3 GG ist sein „Wesensgehalt" unantastbar. Durch gesetzgeberische Maßnahmen kann aber die grundsätzlich bestehende **Sozialpflichtigkeit** des Eigentums und anderer subjektiver Rechtspositionen konkretisiert werden, was allerdings nicht zu einer Enteignung führen darf[10].

Verfassungsrechtlichen Schutz in diesem Sinne genießt nicht nur Eigentum im Sinne der zivilrechtlichen Bestimmungen. Unter den verfassungsrechtlichen Eigentumsbegriff fallen vielmehr alle vermögenswerten Rechte, die ihrem Inhaber von der Rechtsordnung in der Weise zugeordnet sind, dass er die damit verbundenen Befugnisse nach eigenverantwortlicher Entscheidung zu seinem privaten Nutzen ausüben darf[11]. Vor einiger Zeit wurde dies auch für die – nach dem Zivilrecht nur schuldrechtlichen – Rechte eines **Mieters** bejaht, wodurch, da auch der vermietende Eigentümer den Schutz des Art. 14 GG genießt, die interessengerechte Ausgestaltung und Abgrenzung der Rechte von Vermieter und Mieter (auch) als eine von der Verfassung gestellte Aufgabe erscheint[12], so dass die Fachgerichte (in diesem Fall also die Zivilgerichte) bei der Anwendung des Mietrechts den beiderseitigen Eigentumsschutz beachten und unverhältnismäßige Eigentumsbeschränkungen vermeiden müssen. Ein Problem dabei ist auch, dass auf diese Weise viele auf den ersten Blick „einfach-gesetzlich" zu beurteilende mietrechtliche Fragen zum Verfassungskonflikt werden können. Dasselbe ist für Immaterialgüterrechte angenommen worden[13], aber auch für Unternehmensbeteiligungen, auch verbriefte, die nicht unbedingt eine Unternehmerposition, sondern uU nur eine Geldanlage verkörpern[14]. Daraus folgt weiter, dass der Gesetzgeber eine zur individuellen Freiheitsverwirklichung notwendige vermögensrechtliche Position so ausgestalten kann, dass ohne Beschneidung ihres privatnützigen Kerns die Bindungen auch gegenüber anderen Privaten verwirklicht werden[15].

54

3. Enteignung und enteignungsgleicher Eingriff

Nach dem Vorigen begründet Art. 14 GG einen Schutz gegen Wegnahme des Eigentums im Einzelfall (Enteignung) und eine Schranke für die gesetzgeberische Gestaltung dessen, was unter „Eigentum" zu verstehen ist. Wenn ein den Eigentumsinhalt verminderndes Gesetz oder eine Enteignung im Einzelfall wegen eines überwiegenden öffentlichen Interesses gerechtfertigt ist, so ist zu prüfen, ob das Gesetz, aufgrund dessen die hoheitliche Maßnahme geschieht, eine **angemessene Entschädigung** des bisherigen Berechtigten vorsieht. Somit ist zwischen der Rechtfertigung des Eingriffs und der Frage nach der Entschädigung zu unterscheiden. Da die Gesetze diese Prüfung unterschiedlichen Gerichtsbarkeiten übertragen haben, hat sich bei der Bestimmung des Begriffs der Enteignung eine Verschiedenheit in der Judikatur des BGH

55

---

9   BVerfGE 58, 300; 24, 367, 389.
10 Maunz/Dürig/*Papier* Art. 14 GG Rn 283; näher Westermann/*H.P. Westermann*, § 27 Rn 21, 22.
11 So hat das BVerfG (BVerfGE 53, 257) im Hinblick auf den Versorgungsausgleich nach Ehescheidung, der immerhin tief in die Versorgungsrechte des ausgleichungspflichtigen Gatten eingreift, verfassungsrechtlichen Schutz angenommen.
12 BVerfG NJW 1993, 2035.
13 BVerfG NJW 2005, 589; NJW 1990, 2189.
14 Zul. BVerfG JZ 1999, 942.
15 S. dazu noch einmal BVerfGE 53, 257 zum Versorgungsausgleich.

und des BVerfG ergeben[16]; angesichts der Dominanz des BVerfG in dieser Frage ist von dem **formellen Enteignungsbegriff** auszugehen, der von einem zweckgerichteten staatlichen Zugriff auf das Eigentum zur vollständigen oder teilweisen Entziehung konkreter, dem Schutz des Art. 14 Abs. 1 S. 1 GG unterliegender Rechtspositionen eines Einzelnen ausgeht[17]. Eine solche Enteignung kann administrativ, also durch einen staatlichen Vollzugsakt, erfolgen, gegen den dann der Verwaltungsrechtsweg offen steht, aber auch durch eine gesetzgeberische Maßnahme, die dann allerdings in dem hierfür vorgesehenen Verfahren auf ihre Vereinbarkeit mit der verfassungsrechtlichen Gewährleistung zu prüfen ist. Dabei kommt es darauf an, ob es sich um eine Inhalts- und Schrankenbestimmung des Eigentums im Zuge einer Konkretisierung seiner Sozialpflichtigkeit oder um eine die Substanzgarantie des Rechts und seinen Wesensgehalt verletzende Regelung handelt[18]. Bei dieser Abgrenzung spielt dann das Erfordernis einer gegenüber den verfolgten öffentlichen Zwecken **verhältnismäßigen**, namentlich nicht den Gleichheitssatz verletzenden Vorgehensweise des Gesetzgebers eine Rolle[19].

56 Das Ganze hat praktische Auswirkungen besonders beim Grundeigentum gehabt, wobei hier weniger die Enteignung als die Frage nach Inhalt und Schranken des Eigentums im Mittelpunkt stand, dazu die **Entschädigungspflicht**, die besteht, wenn bei vorkonstitutionellem (also vor Inkrafttreten des GG entstandenen) Recht eine Enteignung ohne Entschädigung vorgesehen war, während bei nachkonstitutionellem Recht das Fehlen einer Entschädigungsregelung Verfassungswidrigkeit begründet[20]. Für die Bemessung einer Enteignungsentschädigung ist die Zivilgerichtsbarkeit berufen[21].

Ein Bild von den Gestaltungs- und Verteidigungsmöglichkeiten in der Praxis geben einige Leitentscheidungen. Einmal[22] bejahte der BGH eine Konkretisierung der Sozialpflichtigkeit, als dem Eigentümer eines mit jahrzehntealten Bäumen bestandenen Grundstücks aufgrund der Aufnahme dieses **„Buchendoms"** in die Liste der Naturdenkmäler entschädigungslos die Befugnis zum Schlagen der Bäume zwecks Bebauung verweigert worden war; ähnlich liegt es beim Denkmalschutz[23]. Anders liegen Beeinträchtigungen von Rechtspositionen durch die Notwendigkeiten neuzeitlicher Verkehrsplanung, so bei den Verkehrs- und Zugangsbeschränkungen durch die **Frankfurter U-Bahn**[24], die aufgrund der Situationsgebundenheit jedes Grundstücks entschädigungslos hingenommen werden musste.

---

16 Im Einzelnen Westermann/*H.P. Westermann*, § 27 Rn 17 ff; Erman/*Wilhelmi* vor § 903 Rn 9 ff; Maunz/Dürig/*Papier* Art. 14 Rn 305 ff, 522 ff; HK-BGB/*Schulte-Nölke* § 903 Rn 5 f; *Wilhelm*, Rn 250 ff.

17 BVerfGE 52, 1, 27; 58, 300, 330 – das ist der maßgebende sog. Nassauskiesungsbeschluss (zu seiner fortwährenden Bedeutung *Lege*, JZ 2011, 1084); später auch BGHZ 99, 24.

18 BVerfGE 26, 367, 404; 21, 73, 86; s. auch BGHZ 60, 145, 147.

19 BVerfG NJW 1983, 633, 635; Erman/*Wilhelmi* vor § 903 Rn 22; HK-BGB/*Schulte-Nölke* § 903 Rn 5.

20 Zum Ganzen BGHZ 90, 4, 12; BVerfGE 52, 1, 27; BVerfG NJW 1982, 745, 748 f; *Baur/Stürner*, § 13 Rn 15a; MünchKomm/*Gaier* vor § 903 Rn 28.

21 Westermann/*H.P. Westermann*, § 27 Rn 18; *Wilhelm*, Rn 253, 254; zur Umklassifizierung einer Baumgruppe BGH NJW 1958, 380.

22 BGH LM Art. 14 GG Nr 60.

23 BVerfGE 100, 226, 242; BGHZ 105, 15, 18.

24 BGHZ 37, 359; etwas anders für die Münchener U-Bahn BGH NJW 1976, 1312; zum Ganzen auch BGHZ 70, 212; 80, 111 (wobei durchweg die inzwischen dominierende Rspr des BVerfG zu beachten ist), weitere Fälle bei Erman/*Wilhelmi* vor § 903 Rn 41.

Das geltende Schutzsystem beruht auf der Abgrenzung von rechtswidrigen und recht-   **57**
mäßigen administrativen und legalen Maßnahmen. Es ist insofern nicht abschließend,
als es sein kann, dass ein rechtswidriger Eingriff von hoher Hand, der an sich gemein-
schaftsbezogen ist, dann aber vom Betroffenen ein sog. **Sonderopfer** im Hinblick auf
seine verfassungsrechtlich geschützten Positionen gefordert hat, von ihm aber nicht
durch ein gerichtliches Vorgehen verhindert oder rückgängig gemacht werden konnte, ihm nicht ausgleichslos zugemutet werden kann. Hierbei ist an die unberechtigt
verweigerte oder verzögerte Erteilung einer öffentlich-rechtlichen Genehmigung zu
denken[25], ähnlich an eine faktische Bausperre über das Grundstück des Geschädigten[26], durch die jeweils ein Vermögensschaden verursacht wurde. Man spricht von
einem **enteignungsgleichen Eingriff**, der zum Ersatz des dem Betroffenen zugemu-
teten Sonderopfers führt; dieser von der Zivilrechtsprechung entwickelte Anspruch
soll dann neben die Amtshaftung nach § 839 iVm Art. 34 GG treten, setzt aber auf
Seiten des handelnden Hoheitsträgers kein Verschulden voraus[27]. Eine zusätzliche
Erweiterung des Schutzes bringt das Institut des **enteignenden Eingriffs** mit sich, das
eingreift, wenn eine Maßnahme nicht zur Konkretisierung gesetzlicher Inhalts- und
Schrankenbestimmungen dient und auch keine Enteignung darstellt, aber unbeabsich-
tigte Nebenfolgen in Gestalt schwerer Eigentumsbeeinträchtigungen nach sich zieht,
ohne dass das diesen Zwecken dienende Verwaltungshandeln dadurch rechtswidrig
würde. Beispiele sind etwa das Überlaufen eines offenen Regenrückhaltebeckens
oder die Verschmutzung eines Gebäudes durch Vögel, die von einer gemeindlichen
Mülldeponie angelockt wurden[28]. Auch für diese Realisierung des Aufopferungsge-
dankens, der auch im Nachbarrecht eine Rolle spielt (Rn 58), sind die Zivilgerichte
berufen, in allen Fällen handelt es sich um Entwicklungen des auf Privat- wie auf öffentlichem Recht beruhenden **Staatshaftungsrechts**, das dem Ausgleich erlittener
Vermögensschäden dient, während im Nachbarrecht, soweit es Duldungspflichten gegenüber Einwirkungen von privater und hoheitlicher Seite begründet, wiederum der
Gedanke des Ausgleichs für Aufopferung wirkt. Das betrifft heute auch Aspekte des
Umweltschutzes.

II.   Eigentumsschutz und Nachbarrecht

1.   Privatrechtlicher Schutz gegen Beeinträchtigungen

Die gesetzlichen Vorschriften, die den Inhalt des Sacheigentums bestimmen   **58**
(§§ 903 ff, Rn 51, 52), geben dem Eigentümer gegen Beeinträchtigungen und Störungen seines Rechts keine Anspruchsgrundlage. Diese findet sich vielmehr in **§ 1004
Abs. 1**, der einen Anspruch auf Beseitigung einer vorhandenen und Unterlassung
künftiger Beeinträchtigungen gibt. Damit ist uU in den Fällen 4 und 5 auszukommen,

---

25   BGHZ 125, 258 (Bauvorbescheid); 136, 182 (Grundstücksverkehrsgenehmigung).
26   BGHZ 118, 253, 255; 91, 20.
27   Übersichten (aus zivilrechtlicher Sicht) bei *Baur/Stürner*, § 13 Rn 19; *Westermann/H.P. Westermann*,
      § 27 Rn 27; aus öffentlich-rechtlicher Sicht *Ossenbühl*, NJW 2000, 2951.
28   BGHZ 166, 37; BGH NJW 1980, 770; näher dazu *Schlick*, NJW 2008, 32; zum Anspruch des Vermie-
      ters wegen infolge einer rechtmäßigen Wohnungsdurchsuchung entstandener Schäden s. BGH NJW
      2013, 1736.

während in den Fällen 4 bis 6 noch zusätzlich Schadensersatz verlangt wird. Das könnte aus dem Gesichtspunkt der unerlaubten Handlung begründet sein, die im Verstoß gegen eine Verkehrssicherungspflicht in Bezug auf eine auf ein benachbartes Grundstück einwirkende Anlage liegen könnte[29]. Während aber dieser Anspruch Verschulden des Schädigers voraussetzt, kommt es hierauf im Bereich des § 1004 nicht an, der aber in Abs. 2 die Ansprüche des Eigentümers auf Beseitigung und Unterlassung abschneidet, wenn der Eigentümer aus einem gesetzlichen oder vertraglichen Grunde zur **Duldung verpflichtet** ist. Derartige Pflichten können sich aus **§ 906** ergeben. Das kann aber – was dann als nächstes zu prüfen ist – nach § 906 Abs. 2 S. 2 **Ausgleichsansprüche** aus dem Gesichtspunkt der **Aufopferung** zur Folge haben. Bemerkenswert ist, dass der durch § 1004 gewährte negatorische Eigentumsschutz ähnlich konzipiert ist wie der Besitzschutz (Rn 45 ff), und dazu passt auch, dass sowohl die Duldungspflichten bezüglich der auf eine Sache einwirkenden Beeinträchtigungen als auch etwaige aus einer Duldungspflicht resultierenden Ausgleichsansprüche auch für den bloßen Besitzer der Sache gelten[30].

59 Die Geltendmachung solcher Ansprüche erweckt im Alltag häufig den Eindruck, als solle in Freiheitsrechte und in die Interessen anderer Personen an ungehinderter (auch, aber nicht allein: wirtschaftlicher) Nutzung ihrer Sachen eingegriffen werden. Besonders im nachbarlichen Raum ist eine **Kollision verschiedener Nutzungen**, von denen keine ohne Weiteres den Vorrang beanspruchen kann, manchmal fast unvermeidlich.

60 Das zeigen die einleitend zusammengestellten **Fälle**, wobei hervorzuheben ist, dass nicht selten auch öffentlich-rechtliche Aspekte, zB die Tatsache einer für eine Anlage (wie die Fabrik in **Fall 5**) erteilten Genehmigung, eine Rolle spielen. Die grundsätzliche Gleichrangigkeit der Nutzungen zeigt sich in **Fall 4** in den Entscheidungen der Grundstückseigentümer über den Anbau von Pflanzen, wobei fraglich ist, ob die Verwendung von Herbiziden verboten ist, während D als der Nutzer des höher gelegenen Grundstücks auch fragen wird, ob er – obwohl er für solche Regenfälle nicht verantwortlich ist – verpflichtet ist, auf die besonderen Empfindlichkeiten, die B durch seine eigene Anbauentscheidung hervorgerufen habe, Rücksicht zu nehmen.

Auch im **Fall 6** wird N gegen eine Inanspruchnahme einwenden, das Wachsen der Wurzeln der auf seinem Grundstück seit langem heranwachsenden Pappeln sei ein natürlicher, von ihm nicht zu beeinflussender Vorgang, und für die ungewöhnliche Nutzung seines Grundstücks mit einer Tennisanlage müsse T doch selbst einstehen.

Im **Fall 5** schließlich würde es dem F sicher am liebsten sein, wenn er den weiteren Betrieb des Steinbruchs ganz untersagen oder wenigstens verlangen könnte, dass E oder später N Vorrichtungen anbringt, die den Staub vor Überschreiten der Grundstücksgrenze abfangen. Hinsichtlich des richtigen Anspruchsschuldners wird weiter zu überlegen sein, ob E, auch wenn er von der unberechtigten Nutzung seines Grundstücks durch N nichts wusste, den-

---

29 BGHZ 90, 390 f; 63, 203, 206; 55, 153, 159; s. auch weiter (zum Schadensersatz wegen eines umgestürzten Baumes) *Weick*, NJW 2011, 1702.
30 So gelten für den Besitzstörungsanspruch aus § 862 die in den §§ 904, 905, 906 und § 14 BImschG geregelten Beschränkungen des Schutzes entsprechend, BGHZ 15, 146, 148; Erman/*A. Lorenz* § 862 Rn 7; Westermann/*Gursky*, § 21 Rn 7; zur analogen Anwendung des § 906 Abs. 2 vgl. BGH NJW 2014, 458.

noch als Eigentümer des Grundstücks, von dem die Beeinträchtigungen ausgingen, verantwortlich gemacht werden kann.

Es zeigt sich, dass in diesen Fällen häufig – fast regelmäßig – eine Abwägung zwischen privaten Interessen und Bedürfnissen von Eigentümern und Besitzern stattfinden muss, in die nicht selten auch Belange des **Gemeinwohls** einfließen, so etwa, wenn im **Fall 4** die Herstellung von Lackleder für die Nachbarn dauernde Geruchsbelästigungen auslöst, F aber darauf hinweist, bei der Errichtung seines Betriebs seien alle erforderlichen behördlichen Genehmigungen erteilt worden, die Gemeinde habe auch ein vordringliches Interesse daran, in diesem als „Mischgebiet" betrachteten Bereich mittelständische Betriebe mit stadtnahen Arbeitsplätzen einzurichten. Weiter ist zu bedenken, dass häufig nachbarrechtliche Fragen etwa bezüglich der einzuhaltenden Grenzabstände für Gebäude und Pflanzen, so auch für die zulässige Höhe von Bäumen auf Grundstücken in Wohngebieten, durch landesrechtliche Vorschriften geregelt sind, wobei sich dann die Frage stellt, wie sich diese zu den nachbarrechtlichen Bestimmungen des BGB verhalten[31]. **61**

Bei gesetzlichen Regeln über die Nutzung von Grund und Boden werden zunehmend auch wirkliche oder vermeintliche Notwendigkeiten des **Umweltschutzes** in den Vordergrund gestellt, etwa in Bezug auf die Lagerung von Industrieabfällen, den Bau von Infrastrukturanlagen, auch durch einen verstärkten Natur- und Artenschutz. Nachdem trotz einer europäischen Richtlinie zur Umwelthaftung und zur Vermeidung und Sanierung von Umweltschäden der Entwurf eines Umweltgesetzbuchs nicht zum Erlass eines Gesetzes geführt hat[32], werden wichtige vom Postulat des Umweltschutzes beeinflusste Fragen nach wie vor im privaten Nachbarrecht zu entscheiden sein, verbunden mit den öffentlich-rechtlichen Sonderregeln, wobei dann auch der Gesichtspunkt der Haftung für Umweltschäden betont wird[33], der sich vor allem in einer verschärften Haftung nach Maßgabe des UmwHG[34] niederschlägt. Nicht durchgesetzt hat sich bis heute aber die Vorstellung, es gebe ein subjektives Recht einzelner Personen an bestimmten Umweltwerten wie sauberes Wasser, reine Luft oder ungestörten Naturgenuss „als sonstiges Recht" iSd § 823 Abs. 1[35]. Wichtige Entwicklungen dieser Art betreffen die sog. sachenrechtlichen Nebengebiete, etwa Agrarrecht, Forst-, Jagd- und Fischereirecht sowie Wasserrecht[36]. **62**

---

31 Zum Zurückschneiden von Bäumen BGH NJW 2004, 1037; wenn Bäume entgegen diesen Vorschriften zu hoch geraten sind, kann sich etwa die Frage stellen, ob der hierdurch gestörte Nachbar eigenmächtig die Bäume fällen oder kürzen kann; zum Einfließen von Allgemein- oder Drittinteressen im Nachbarrecht auch *H.P. Westermann*, AcP 208, 141 ff.

32 Zu der Richtlinie *Hager*, ZEuP 2006, 21 ff; *Marburger*, FS für E. Rehbinder, 2009, 263 ff; zum Scheitern des Umweltgesetzbuchs *Scheidler*, UPR 2009, 173.

33 Näher *H.P. Westermann*, UTR 1990, 103 ff; *Wilhelmi*, Risikoschutz durch Privatrecht, 2009, S. 81, 289 ff, 354 ff.

34 S. zum UmwHG die Kommentierung von *Salje/Peter*, UmwelthaftungsG, 2. Aufl. 2005.

35 BGHZ 102, 350 zur Amtshaftung der Bundesrepublik für Waldschäden; s. auch *Medicus*, JZ 1986, 778 gegen Überlegungen von *Köndgen*, UPR 1983, 345 ff; gegen eine Haftung im Einzelnen *Wilhelmi*, ebenda S. 43 ff; MünchKomm/*Wagner* § 823 Rn 217.

36 Dazu im Einzelnen Westermann/*H.P. Westermann*, § 6 Rn 35 ff.

2.   Die Ansprüche aus § 1004 im zivilrechtlichen Anspruchssystem

63   Die Ansprüche aus § 1004 müssen in Abgrenzung zum Schutz gegen die Entziehung und Vorenthaltung des Besitzes (§§ 985, 861) und zum Schadensersatzanspruch wegen einer rechtswidrigen und schuldhaften Verletzung des Eigentums gesehen werden. Wie dies geschieht, hängt weitgehend vom Verständnis dessen ab, was unter einer **„Beeinträchtigung"** zu verstehen ist, was dann gleichzeitig das Verständnis der Begriffe „Einwirkung" und „Beeinträchtigung" in § 906 bestimmt. Nach bisher hM gehört hierher jede von außen kommende und im Zeitpunkt der Benachteiligung des Eigentümers fortdauernde Einwirkung auf die Sache; das kann allerdings auch mittelbar durch menschliche Einwirkung auf die Sache geschehen, von der die beeinträchtigende Wirkung ausgeht[37]. Das ist klar, wenn durch den Betrieb eines Unternehmens eine für die Nachbarn nicht zu duldende Beeinträchtigung ihrer Grundstücke, zB durch LKW-Verkehr[38], stattfindet. Die Beeinträchtigung kann aus dem Handeln eines anderen (des **Tätigkeitsstörers**) oder aus der Aufrechterhaltung eines andere störenden Zustandes herrühren (**Zustands- oder Untätigkeitsstörer**). Die große Breite des Anwendungsfelds dieses Begriffs macht es notwendig, hinsichtlich der Art der Abwehr durch den Eigentümer etwas zu differenzieren. Das betrifft besonders auch die Abwehr fortdauernder und bevorstehender Beschädigungen, Nutzungsbehinderungen oder gar Zerstörung der Sache; möglich ist danach aber auch, dass Beeinträchtigungen, die aus früherer Zeit stammen, aber lange nicht spürbar waren, doch eine gegenwärtige Störung verursachen können, die sich aus einem veränderten Umweltbewusstsein ergeben kann, so zB bei chemischen Bodenverunreinigungen, die von einem (auch früher) industriell (besonders auch für militärische Zwecke) genutzten Nachbargrundstück aus in die Erde gelangt waren[39]. Während hier schon die öffentlich-rechtlichen Anforderungen (landesrechtlicher Vorschriften) an den Eigentümer, notfalls auf eigene Kosten die „Kontamination" zu beseitigen, die Beeinträchtigung deutlich machen, werden hierher auch ziemlich triviale Störungen gerechnet, etwa das Einwerfen unerwünschten Werbematerials in den Briefkasten[40]. Andererseits spielt § 1004 eine große Rolle als Grundlage für das Recht zur Abwehr bzw – auf der anderen Seite – zur Ermöglichung der Durchleitung von elektrischen Einheiten durch ein fremdes Kabelnetz[41].

64   Im Vordergrund scheinen danach private (auch schädigende) Eingriffe in Sachen und andere absolut geschützte Rechte des Menschen zu stehen, so dass für die Frage der Unzulässigkeit oder des Bestehens von Duldungspflichten die Anschauungen normal empfindender Durchschnittspersonen maßgeblich sind[42]. Umstritten ist aber, ob der Anspruch aus § 1004 wie die Ansprüche wegen Besitzentziehung (§§ 985, 861) auch die **Beseitigung** der **Folgen** eines einmaligen rechtswidrigen Übergriffs erfasst oder nur die Herstellung eines rechtswidrigen Zustandes durch Handlungen oder durch die Verantwortlichkeit für Zustände, die sich als andauernde Usurpation von Eigentümer-

---

37   BGHZ 90, 390 f; 63, 203, 206; 55, 153, 159.
38   BGH NJW 1982, 440; für Flughafenbetrieb BGHZ 59, 378, 380.
39   S. etwa BGH JZ 1996, 682 f mit Anm. *Gursky*.
40   BGH NJW 1989, 902; BVerfG NJW 2002, 2938 (zum Werbematerial für politische Parteien).
41   Dazu BGH NJW 2003, 3762.
42   BGH NJW 1993, 925, 928; Erman/*Wilhelmi* § 906 Rn 18; HK-BGB/*Staudinger* § 906 Rn 9.

befugnissen darstellt[43]. Aus der letzteren Sichtweise folgt dann, dass ein Anspruch aus § 1004 nur so lange erhoben werden kann, als die den rechtswidrigen Zustand begründende Einwirkung noch andauert. Die Unterscheidung hat durchaus praktische Konsequenzen, indem nach der zuletzt genannten – neueren – Lehre nicht nach einem in der Vergangenheit liegenden haftungsbegründenden Akt, sondern danach gefragt wird, ob gegenwärtig ein dem Inhalt des Rechts zuwiderlaufender, das Recht beeinträchtigender Zustand gegeben ist. Deutlich wird dies, wenn die hM mit dem negatorischen Anspruch auch Vorgängen begegnen will, bei denen die Beeinträchtigung von Gegenständen ausgeht, die mittlerweile wesentlicher Bestandteil des durch sie zunächst beeinträchtigenden Grundstücks geworden sind, so ein auf fremdem Gelände errichtetes Gebäude[44]. Dagegen wird eingewendet, dass in solchen Fällen durch den Beseitigungsanspruch aus § 1004 ohne das für einen Schadensersatzanspruch nach § 823 erforderliche Verschulden praktisch eine reine Kausalhaftung begründet werde[45]; die Frage bleibt aber namentlich mit Blick auf die erwähnten Kontaminationen, ob diese Konsequenz bei Nutzungskonflikten unter den Verhältnissen räumlicher Enge und intensiver Nutzung nicht doch zweckmäßig ist.

Die Tragweite des Problems zeigt sich deutlich auch bei der Behandlung sog. **negativer Einwirkungen** wie dem Bau eines mehrstöckigen Hochhauses an der Grundstücksgrenze, durch das den Bewohnern der benachbarten Häuser Zugang, Licht, Frischluftzufuhr entzogen und der Fernsehempfang behindert wird[46]. Die hM verneint hier eine den Anspruch aus § 1004 begründende Einwirkung auf das Grundstück[47], hilft allerdings bei grob rücksichtslosem Verhalten eines Nachbarn mit § 242, so in dem tatbestandsmäßig besonderen sog. **Kaltluftsee-Fall**[48].

65

Hier hatte die Errichtung einer Zwischendeponie für Erdaushub dazu geführt, dass auf dem benachbarten Weinberg ein „Kaltluftsee" entstand, der die Weinstöcke beschädigte; der BGH hat hier einen Anspruch aus § 1004 verneint, aber mit einem Ausgleichsanspruch, der an den privatrechtlichen Aufopferungsanspruch erinnert, geholfen. Im Sinne der neueren Ansicht könnte man mit gleichem Ergebnis argumentieren, dass sich die beanstandete Benutzung in den räumlichen Grenzen des Eigentums halte und deshalb nicht gleichzeitig als unzulässige „Usurpation" des fremden Eigentums gewertet werden könne[49].

Abseits der dogmatischen Betrachtungsweise dürfte es in der Zukunft am ehesten darauf ankommen, welche Anspruchsvoraussetzungen – Verschulden oder sogar eine verschuldensunabhängige Verantwortung – und Folgen (Beseitigung und Unterlassung einer Störung oder auch Ausgleich von Schäden) man für bestimmte rechtswidrige Handlungen oder Zustände als angemessen und erforderlich ansieht. Zu „ideellen" Einwirkungen, für die ähnliche Fragen auftreten, s. Rn 70.

---

43 Im letzteren Sinne *Picker*, Der negatorische Beseitigungsanspruch, 1972, S. 82, 129; *ders.*, AcP 183, 369, 513; *ders.*, FS Gernhuber, 1993, S. 315 ff; dem folgend *Katzenstein*, AcP 211, 58, 74 ff; Westermann/*Gursky*, § 35 Rn 3 ff; anders MünchKomm/*Baldus* § 1004, Rn 78 ff; s. auch *Vieweg/Werner*, § 9 Rn 15.
44 BGHZ 23, 61, 63; BGH LM § 1004 BGB Nr 14.
45 Eingehend Westermann/*Gursky*, § 35 Rn 4.
46 Siehe die Fälle BGHZ 113, 384, 387; 88, 344; BGH NJW-RR 2003, 1313 f; NJW 2000, 2901; OLG Köln NJW-RR 1992, 526; AG Charlottenburg WM 1980, 99.
47 BGH NJW 1984, 729; dazu näher MünchKomm/*Baldus* § 1004, Rn 124 ff; HK-BGB/*Schulte-Nölke* § 1004 Rn 3.
48 BGH NJW 1991, 1671; ähnlich OLG Düsseldorf NJW 1979, 2618.
49 Westermann/*Gursky*, § 35 Rn 6.

66   Die Handhabung solcher Kriterien wird aber immer schwierig bleiben[50], wie **Fall 6** zeigt: Hier fragt sich zunächst, ob die Beseitigung des störenden Wurzelwerks nach § 1004 bereits ohne ein Verschulden des Eigentümers des mit den Pappeln bewachsenen Grundstücks im Zuge des Beseitigungsanspruchs gefordert werden kann, während es für die Wiederherstellung der Tennisanlage als Schadensausgleich auf die Voraussetzungen des § 823 ankomme[51]. Es überzeugt aber auch nicht recht, wegen dieses Abgrenzungsproblems eine iSd § 1004 relevante Beeinträchtigung nur anzunehmen, soweit das Wurzelwerk noch die Eigentumsposition des T stört. Andererseits wirkt die Gleichstellung gerade einer tatsächlichen Immission (etwa einer Schadstoffablagerung von einem emittierenden Grundstück aus) mit einer „Rechtsusurpation", wenn davon die Anordnung des § 1004 abhängig sein sollte, etwas künstlich, da etwa ein Dieb, der einen gestohlenen Wagen auf fremdem Grundstück abstellt und sich darum nicht weiter kümmert, dadurch den Eigentümer des Grundstücks wohl beeinträchtigt, ohne sich dabei gleich als Eigentümer aufzuführen. Insbesondere in den für die heutige Praxis im Vordergrund stehenden Fällen der Bodenverseuchung möchte man, die Verantwortlichkeit dafür, dass das beeinträchtigte Eigentum in einen für die Wieder- und Weiterbenutzung geeigneten Zustand gebracht wird, demjenigen, der als „Störer" betrachtet wird (dazu Rn 71 ff), nicht zu früh abzunehmen. Dagegen spräche es aber, wenn man in einer schwer vermeidbaren Konsequenz der neueren Lehre die Dereliktion (Aufgabe des Eigentums) der Störungsquelle oder die Einstellung des störenden Betriebs (s. die **Abwandlung des Falles 5**) als taugliches Argument gegen ein Fortbestehen der „Usurpation" gelten lassen würde[52].

67   Auch im Übrigen ist damit zu rechnen, dass die Praxis zu § 1004 wie auch diejenige zur Eigentumsverletzung iSd § 823 Abs. 1 die Behinderung der Kontakte zur Außenwelt zunehmend als ausgleichspflichtig ansehen wird[53], die bisherige Rechtsprechung schwankt allerdings etwas. Beseitigungsansprüche bestehen schon jetzt bei Ölverseuchungen des Bodens, abgerutschtem Schutt und Gesteinsmassen, auch im Hinblick auf die Trümmer einer gesprengten Brücke[54]. Der BGH hat es auch nicht als Entlastung genügen lassen, dass der Eigentümer des Grundstücks, von dem die Beeinträchtigung ausging, den Betrieb auf dem Grundstück eingestellt hatte[55]. Die Kritik folgt dem BGH demgegenüber nicht darin, dass der Eigentümer eines Tanklastzugs, der von der Straße abgekommen und umgekippt war, so dass auslaufendes Öl sich auf ein Grundstück ergoss, für die Verseuchung des Bodens als eine Beeinträchtigung aufzukommen und diese zu beseitigen habe[56], ebenso wenig darin, dass derjenige, der eine störende Mauer errichtet hat, über ihre Beseitigung hinaus verpflichtet ist, die von ihm abgerissene „alte Mauer" neu zu errichten[57] – das wäre Schadensersatz.

---

50   Zum Problem der Rechtssicherheit *Picker*, FS für Gernhuber, S. 315, 329 f; Westermann/*Gursky*, § 35 Rn 4.
51   BGH NJW 1977, 2242; ähnlich später BGHZ 97, 231 = NJW 1986, 2640; BGHZ 135, 235 = NJW 1997, 2234.
52   So schon *F. Baur*, AcP 175, 174, 179; s. auch *Habersack*, Rn 130.
53   S. etwa OLG Karlsruhe NJW 1978, 1274; zur Zugangsbehinderung zu einem Gewerbebetrieb BGHZ 59, 30, 34; später ähnlich BGH NJW 2000, 2901.
54   BGH NJW 1991, 1609; 1990, 2058; 1968, 1291; 1966, 1360; RGZ 127, 29, 35; zust. *Herrmann*, JuS 1994, 273, 281.
55   BGH NJW-RR 1996, 656 mit Anm. *K. Schmidt*, JuS 1996, 848; s. auch das bereits erwähnte Urteil BGH NJW 1997, 845.
56   BGH NJW 1987, 197; krit. Staudinger/*Gursky* § 1004 Rn 99.
57   OLG Marienwerder OLG-Rechtsprechung 4/65; dagegen *Mertens*, NJW 1972, 1784.

3. Die Störung und ihre Beseitigung

Der Anspruch aus § 1004 richtet sich gegen den Störer, das ist diejenige Person, der 68
die Beeinträchtigung zugerechnet wird, wobei es nicht – anders als bei einem Schadensersatzanspruch – auf eine schuldhafte Handlungsweise ankommt, sondern auf
eine aus der objektiven Situation abzuleitende Verantwortlichkeit (näher zum Störer-
begriff Rn 71). Die Rechtsfolgen – Anspruch auf Beseitigung der Beeinträchtigung
und Unterlassung[58] weiterer Störungen – können für den Inhaber eines Rechtsguts
mehr Wert haben als der nicht leicht zu substantiierende nachträglich auszugleichen-
de Schaden. Im Begriff der Störung steckt somit stets eine Abwägung zwischen der
von der Rechtsordnung geschützten Empfindlichkeit des Eigentümers mit der den
Nachbarn im Raum zuzumutenden Rücksichtnahme auf andere Interessen. Die den
Ansprüchen auf Beseitigung und Unterlassung entgegenstehenden **Duldungspflichten** ergeben sich zum großen Teil aus privatrechtlichen Inhaltsbestimmungen des Eigentums, desgleichen aus speziell, hauptsächlich in § 906, ausgeformten Abwehr-
rechten. Da aber auch diese Vorschriften zum Teil nur sehr spezielle Situationen und
Interessenlagen umfassen, hat sich daneben ein Bedürfnis nach Bezeichnung von
Verhaltens- und Duldungspflichten aus einem letztlich aus Treu und Glauben (§ 242)
abgeleiteten sog. **nachbarlichen Gemeinschaftsverhältnis** ergeben (näher Rn 108).
Generell muss die Beeinträchtigung wenigstens mittelbar auf den Willen der als Störer in Anspruch genommenen Person zurückgehen[59], reine Naturereignisse oder Beeinträchtigungen, die sich aus der natürlichen Beschaffenheit der Sache ergeben, von
der sie ausgehen, gehören nicht hierher[60].

Anderes gilt für solche Entwicklungen, die vom Inhaber der Sache hätten verhindert werden 69
müssen. So kann man einem Grundstückseigentümer, auf dessen Gelände ein bei Sturm um-
sturzgefährdeter Baum steht (und der deshalb, wenn dies eintritt und ein Nachbar Schaden erleidet, dafür aufzukommen hat[61]), auch zumuten, den umgestürzten Baum zu beseitigen[62], was
besonders wichtig ist, wenn von einer Störungsquelle weitere Schäden zu befürchten sind[63].
Besonders relevant sind in diesem Zusammenhang aber Handlungsweisen, die zwar nur auf
dem eigenen Grundstück des Störers stattfinden, sich aber auf die Nachbargrundstücke in einer
Weise auswirken, dass die Benutzbarkeit für die gewöhnlichen Zwecke leidet, so – s. **Fall 4** –
der Gebrauch von Pflanzenschutz- und Unkrautvertilgungsmitteln, wenn diese durch Wind
oder abfließendes Oberflächenwasser auf ein benachbartes Grundstück gelangen[64]. Nicht selten
werden hier ausgesprochen kleinliche Streitigkeiten verfeindeter Nachbarn ausgetragen, so et-

---

58 Im Wege der gewillkürten Prozessstandschaft musss sich das schutzwürdige Eigeninteresse auf die
 Beseitigung der Beeinträchtigung des Eigentums beziehen, vgl. BGH MDR 2016, 1469.
59 BGH NJW-RR 2011, 739; BGH MDR 2015, 1065.
60 BGHZ 95, 255, dem **Fall 4** nachgebildet ist; s. auch BGH NJW 2003, 2377; BGHZ 114, 183; BGH
 WM 1985, 104; *Schreiber*, JURA 2013, 116; *Vieweg/Werner*, § 9 Rn 16.
61 Gesichtspunkt der Verkehrssicherungspflicht, s. dazu *Wilhelmi*, S. 141 ff; anders, wenn die Ursache
 lediglich in einem plötzlichen besonders starken Sturm liegt, BGH NJW 1993, 1855.
62 BGHZ 122, 283; Erman/*Wilhelmi* § 906 Rn 15.
63 BGH NJW 1995, 2633 zu Wollläusen; wenn nach Verfügung der Naturschutzbehörde der Baum nicht
 gefällt werden durfte, entfällt die Verantwortlichkeit des Grundstückseigentümers, BGH JZ 2005, 576
 mit Anm. *Röthel*.
64 BGHZ 90, 225, 258; anders für den bloßen Wasserzufluss BGH NJW-RR 2000, 537. Wichtig ist aus
 dieser Sichtweise, dass aus der Ablehnung einer Duldungspflicht gem. § 906 Rechtswidrigkeit iSd.
 Deliktstatbestandes gefolgert werden kann, BGHZ 90, 225; OLG Hamm NJW 1988, 1031; Wester-
 mann/*H.P. Westermann*, § 61 Rn 36.

wa um eine Kinderschaukel und einen Sandkasten als Beeinträchtigung einer Dienstbarkeit[65], besonders oft um eine Störung durch Tiere[66], auch in einem fast sensationellen Urteil betreffend das Quaken von Fröschen in einem auf dem Nachbargrundstück angelegten Teich[67]; der letztere Fall interessiert besonders auch hinsichtlich der vom Störer zu ergreifenden Mittel (Rn 77).

70 Vor diesem Hintergrund sind auch die häufig und kontrovers diskutierten Fälle sog. **ideeller Einwirkungen** zu sehen. Es geht dabei nicht um den Schutz absoluter Rechte, hauptsächlich des Eigentums, und erst recht nicht um eine Usurpation von Eigentümerbefugnissen, sondern um eine von einer Grundstücksnutzung ausgehende Beeinträchtigung persönlicher Empfindungen[68]. Diese sog. **„sittlichen Immissionen"** werden von der Rechtsprechung nicht hierher gerechnet, so die Belästigung durch das „Studio Romantica" (in Wahrheit ein Bordell in einem Einfamilienreihenhaus)[69] oder durch den abstoßenden Anblick eines Hauses[70]. Es wird allerdings auch vertreten, man solle das allgemeine Persönlichkeitsrecht durch § 1004 als mitgeschützt ansehen[71], was aber bei einem hinter verschlossenen Türen ablaufenden Geschehen im Ergebnis nicht in Betracht kommt[72]. Anders ist womöglich zu entscheiden, wenn eine Eigentümerbeeinträchtigung zwar keine wirtschaftliche Schädigung oder Behinderung beim freien Zugang zu dem Grundstück verursacht, wohl aber der Eigentümer durch das Fotografieren und Veröffentlichen von Fotos, die das Grundstück und den Zugang zu ihm zeigen, Belästigungen zu befürchten hat[73]. Verletztes (iSd Deliktsrechts) oder beeinträchtigtes Rechtsgut ist dann aber nicht das Eigentum, sondern das (mit einigen Einschränkungen) ebenfalls als absolutes subjektives Recht anerkannte allgemeine Persönlichkeitsrecht.[74]

71 Die Unterscheidung von **Handlungs-** und **Zustandsstörer** beherrscht auch die einschlägigen Regeln des öffentlichen Rechts. Es geht darum, wem eine Beeinträchtigung iSd § 1004 zuzurechnen ist. Hat eine Person durch eine Handlung auf das Eigentum eingewirkt, ist sie Störer (infolge Handlungshaftung); gehen die Beeinträchtigungen von einer Sache aus, so ist deren Eigentümer und jeder andere, der die störende Anlage hält, als Störer zu behandeln, auf dessen Willen die störende Beschaffen-

---

65 BGH NJW 1992, 1101.
66 RGZ 160, 381 – Fliegen; OLG Köln NJW 1985, 2338; AG Dietz NJW 1985, 2339 und dazu *Dieckmann*, NJW 1985, 2311 – Katzen in Nachbars Garten.
67 BGH NJW 1993, 925.
68 S. dazu *Vieweg/Werner*, § 9 Rn 20.
69 BGH NJW 1985, 2824; krit. *Jauernig*, JZ 1986, 605, 606; s. auch *Paschke*, JZ 1986, 147; *Baur/Stürner*, § 25 Rn 45; *Schreiber*, JURA 2013, 113.
70 S. freilich AG Münster NJW 1983, 2287 und dazu *Künzel*, NJW 1984, 774; *Erman/Ebbing* § 1004 Rn 18.
71 *Loewenheim*, NJW 1975, 826; *Forkel*, Emissionsschutz und Persönlichkeitsrecht, 1968; *Westermann/Gursky*, § 35 Rn 7; s. auch KG NJW-RR 1988, 586.
72 Ebenso *Vieweg/Werner*, § 9 Rn 20.
73 BGH NJW 1975, 778 hält eine Eigentumsverletzung durch Fotografieren für möglich, zust. *Erman/Schiemann* § 823 Rn 34; HK-BGB/*Staudinger* § 823 Rn 12.
74 So kann das Fotografieren eines Hauses und eines umfriedeten Besitztums auch in das Persönlichkeitsrecht des dort wohnenden Eigentümers eingreifen, wie BGH NJW 2004, 762 für das Haus einer bekannten Fernsehjournalistin auf Mallorca im Grundsatz bejaht hat; ein Unterlassungsanspruch kann allerdings an der Presse- und Informationsfreiheit (Art. 5 GG) scheitern, anders für die zusammen mit den Fotos veröffentlichte detaillierte Wegbeschreibung.

heit der Sache beruht (Zustandshaftung)[75]. Dabei kommt also der (reine) natürliche Zustand der Sache als Störungsquelle nur in Betracht, wenn aus anderen Gründen als der bloßen Eigentümerstellung (die nicht für sich allein eine Verpflichtung schafft)[76] der für die Sache Verantwortliche den störenden Zustand hätte abstellen müssen. Gründe hierfür können vorangegangene Einwirkungen auf das Grundstück, etwa eine künstliche Aufschüttung[77], sein, während die Schaffung von Einrichtungen, die das Betreten des Grundstücks durch andere bezwecken, eine Verkehrssicherungspflicht begründen kann, deren Verletzung ein Delikt sein kann. Auch in diesem Bereich konkurrieren also die möglichen Beseitigungsansprüche aus § 1004 mit Schadensersatzansprüchen aus § 823.

Die Begriffe sind aber nicht leicht zu handhaben. So leuchtet es nicht immer ein, dass **72** der bloße natürliche Zustand einer Sache nicht ohne eine menschliche Handlung dem Eigentümer zugerechnet werden kann[78]; jedenfalls gibt es – uU auch deliktisch relevante – Aufsichtspflichten für eine an sich gefährliche Anlage wie etwa einen verlassenen Sportplatz; Pflichten ergeben sich insoweit auch regelmäßig aus öffentlich-rechtlichen Vorschriften[79].

Die Rechtsprechung geht mit der Annahme einer Zustandsstörung bisweilen ziemlich weit, **73** so wenn technische Defekte innerhalb eines Hauses zum Brand und danach zu Schäden auf dem Nachbargrundstück geführt haben[80]. Weiter lässt sich in **Fall 5** diskutieren, ob der ehemalige Betreiber des Steinbruchs nicht ein Auge darauf haben muss, was nach seiner Einstellung des Betriebs auf dem Gelände geschieht.

Im **Tennisplatz-Beispiel (Fall 6)** ist die Störereigenschaft des N anzunehmen, wenn er die Bäume gepflanzt oder wenn er eine Rechtspflicht verletzt hat, die sich aus allgemeinen Grundsätzen (uU auch aus dem nachbarschaftlichen Gemeinschaftsverhältnis – dazu Rn 108) ergibt, und die inhaltlich dahin geht, dass Beeinträchtigungen des Nachbargrundstücks verhindert werden sollen, soweit das zumutbar ist[81].

In einer weitgehend arbeitsteiligen Wirtschaft und Gesellschaft muss es bei der Be- **74** stimmung der Störerstellung auch eine **Verantwortlichkeit für Handlungen anderer** geben. Das gilt für Handlungs- wie für Zustandsstörung. Handlungsstörer kann sein, wer als Besitzer (auch und gerade: Mieter) mit oder ohne Erlaubnis des Eigentü-

---

75 Störer ist danach der, „auf dessen Willen der beeinträchtigende Zustand zurückgeht oder von dessen Willen seine Beseitigung abhängt", BGHZ 90, 255; 28, 110, 111; 14, 163, 174; BGH MDR 2015, 1066; nach der Ansicht von *Picker* (FS Gernhuber, S. 315 ff) ist nur Zustandsstörung relevant; zum Verhältnis zum öffentlichen Recht *Baur/Stürner*, § 12 Rn 30 ff.

76 Dazu näher Erman/*Ebbing* § 1004 Rn 124; MünchKomm/*Baldus* § 1004 Rn 166; HK-BGB/*Schulte-Nölke* § 1004 Rn 5.

77 RGZ 51, 408, 411; zum „Anschneiden" eines Steilhangs BGH NJW 1996, 659; zum Pflanzen von Bäumen BGH NJW 1995, 395.

78 So der BGH (NJW 1995, 2633) in der sog. „Wollläuse-Entscheidung", in der die Störereigenschaft des Eigentümers für die Einwirkung eines zufälligen Naturereignisses verneint wurde; s. dazu auch *Armbrüster*, NJW 2003, 3087 f; zur Zumutbarkeit der Beseitigung von Störungsquellen s. aber auch BGH NJW-RR 2001, 1208 („Mehltau-Fall"); BGH NJW 2004, 1037 (Emissionen, Laub und dergl.).

79 *Picker*, Beseitigungsanspruch, S. 40 ff; Westermann/*Gursky*, § 35 Rn 16; in der Praxis etwa BGH NJW 2004, 603.

80 S. die Fälle BGH NJW 2008, 992; 1999, 2896.

81 S. auch hierzu BGH NJW 1995, 2633.

mers Handlungen vornimmt, die die Nachbarschaft beeinträchtigen[82]. Auch der Eigentümer kann Störer sein, wenn das Grundstück für eine bestimmte Nutzung durch Dritte eingerichtet worden ist. Sogar eine Haftung als Zustandsstörer kommt für Mieter und Eigentümer in Betracht, so in dem Fall der Verpachtung eines bis dahin als gutbürgerlich angesehenen Speiselokals an einen Betreiber dunkler Geschäfte, dessen Kunden und Vertragspartner in der näheren Umgebung unliebsames Aufsehen erregen[83] Derartige Vorkommnisse können auch mit der Figur eines **„mittelbaren Handlungsstörers"** gelöst werden, das ist jemand, der das störende Verhalten nicht selbst vornimmt, es aber veranlasst, und verpflichtet gewesen wäre, es zu verhindern; er muss dann beweisen, dass er alles unternommen hat, um das störende Verhalten abzustellen[84].

75   Im **Fall 5** ist somit E Störer, denn auf seine Anweisungen geht der Einsatz der modernen Maschinen ohne besondere Vorrichtungen gegen Staubentwicklung zurück. Er kann auch jederzeit die Ursache der Staubentwicklung beseitigen. Der natürliche Abfluss von Niederschlagswasser auf ein niedriger gelegenes Grundstück würde nicht ausreichen, wohl aber die Anreicherung des Wassers mit Chemikalien (s. **Fall 4**). Ein Grenzfall ist die Erhöhung der Menge des auf das Nachbargrundstück abfließenden Niederschlagswassers durch eine Änderung der Nutzung des höher gelegenen Grundstücks; die Entscheidung des BGH[85] gegen die Störereigenschaft des Handelnden erklärt sich aber aus der Vereinbarkeit des Handelns mit wasserrechtlichen Vorschriften.

Im **Fall 4** dagegen wurde der Eigentümer des höher gelegenen Grundstücks als Störer angesehen[86].

76   Weder beim Handlungs- noch beim Zustandsstörer – auch nicht bei der Verantwortlichkeit eines vom Eigentümer betrauten Dritten und bei der mittelbaren Handlungsstörung – kommt es auf ein **Verschulden** an. Das überrascht etwas angesichts der tatsächlichen Nähe zum Deliktsanspruch, aber die im Vorigen behandelten Beschränkungen der Verantwortlichkeit des Eigentümers stellen bis zu einem gewissen Grade einen Ausgleich für das nicht geltende Verschuldenserfordernis dar.

77   Der **Inhalt des Beseitigungsanspruchs** besteht darin, dass der Störer Maßnahmen zur Beendigung des störenden Zustandes oder der verbleibenden Nutzungsbeeinträchtigung trifft, nicht aber für vermögensrechtliche Schäden, die durch die Nutzungsbeeinträchtigung verursacht sind, aufkommen muss – das wäre ein nach Deliktsregeln zu regulierender Schadensersatz.[87] Nach der Rechtsprechung hat somit der Störer die Benutzbarkeit des gestörten Rechtsguts wiederherzustellen, dh also den auf das Nachbargrundstück gefallenen Baum zu beseitigen, in **Fall 6** die in den Tennis-

---

82   BGH NJW 2007, 432; zur Störereigenschaft des Vereins, der auf einem der Stadt gehörigen Grundstück Tennis betrieb, s. BGH NJW 1983, 751; ähnlich BGH NJW 2003, 3669.
83   BGH NJW 1982, 440.
84   **Beispiele** (OLG Koblenz NJW-RR 2002, 1031): Der Betreiber einer **„mobilen Diskothek"** hatte den jeweiligen Veranstaltern einer „Ballermann-Party" Werbeplakate für (unter seiner Mitwirkung durchzuführende) Veranstaltungen zur Verfügung gestellt; diese überklebten mit den Plakaten die Werbeträger der Klägerin, eines Unternehmens für Außenwerbung.
85   BGHZ 114, 183.
86   BGHZ 90, 255.
87   S. dazu *Vieweg/Werner*, § 9 Rn 67.

platz eingedrungenen Wurzeln zu schneiden[88], darüber hinaus müsste der Störer Pflanzen, die der umgestürzte Baum zerstört hat, wieder anpflanzen oder auch den Tennisplatz in einen gebrauchsfähigen Zustand versetzen. Weiter muss er nach einer im Schrifttum vertretenen Ansicht[89] eine fortdauernde, wenn auch im Augenblick nicht „aktive" Störungsquelle beseitigen, also etwa ein defektes Wasserrohr, durch das Schmutzwasser auf das Nachbargrundstück geflossen ist, schließen[90]. Das würde sich freilich auch schon aus dem in § 1004 gleichfalls gegebenen **Unterlassungsanspruch** rechtfertigen lassen, der eingreift, wenn eine Beeinträchtigung, die nicht zu dulden sein würde, droht. Regelmäßig wird dies aus einer mindestens einmaligen tatsächlich erfolgten Störung zu schließen sein, was auch der Wortlaut des § 1004 zu erfordern scheint; es genügt aber auch eine ernstliche Bedrohung, ohne dass der Nachbar abzuwarten braucht, ob es zu der Störung kommt (sog. Erstbegehungsgefahr)[91]. Im Schrifttum wird jedenfalls zum Inhalt des Beseitigungsanspruchs auf eine gewisse Gefahr der Überschneidung mit einem Schadensersatzanspruch hingewiesen, die sich dadurch vermindern lässt, dass als Gegenstand des Anspruchs auf Herstellung der Wiederbenutzbarkeit immer nur die beeinträchtigte Sache verstanden wird[92], namentlich kann Geldersatz keinesfalls verlangt werden. Weitergehend nehmen aber die Vertreter der Theorie, die die Beeinträchtigung als Usurpation von Eigentümerrechten auffasst (Rn 64), an, dass der Störer lediglich zur Entfernung aus dem fremden Rechtskreis verpflichtet sei[93] – das wird der Weite der nach den Bedürfnissen der Praxis nicht hinzunehmenden Beeinträchtigung fremden Rechtsguts zu wenig gerecht.

4. Die Widerrechtlichkeit der Störung, Bedeutung von Wesentlichkeit und Ortsüblichkeit

§ 1004 setzt grundsätzlich einen widerrechtlichen Eingriff in das Eigentum voraus. **78** Dieses Erfordernis fehlt, wenn der Eigentümer zur **Duldung** des Eingriffs **verpflichtet** ist (**§ 1004 Abs. 2**). Solche Duldungspflichten können auf gesetzlichen Vorschriften des privaten oder öffentlichen Rechts beruhen oder sich aus dem Rechtsverhältnis zwischen Eigentümer und Störer ergeben. Dies ist der Regelungszusammenhang für das, was man als den privatrechtlichen **Immissionsschutz** bezeichnen kann.

a) Privatrechtliche Duldungspflichten können etwa herzuleiten sein aus einer Ge- **79** stattung des Eigentümers.[94] Die schuldrechtliche Gestattung wirkt nur zwischen dem gestattenden Eigentümer und demjenigen, dem die Einwirkung gestattet wird. Gegen den Rechtsnachfolger des Eigentümers wirkt die Gestattung nur, wenn dafür ein besonderer Rechtsgrund geschaffen wird (zB Schuldübernahme). Danach braucht der Erwerber eines Grundstücks einen Leitungsmast eines Energieversorgungsunternehmens nicht deshalb zu dulden, weil der Rechtsvorgänger des Eigentümers die Errich-

---

88 BGH NJW 2005, 1366; 1997, 2234.
89 *Baur/Stürner*, § 12 Rn 20 f.
90 RGZ 60, 374, 378; *Baur*, AcP 160, 465, 487; Erman/*Ebbing* § 1004 Rn 93.
91 BGH NJW 2009, 3787; BGHZ 160, 232; MünchKomm/*Baldus* § 1004 Rn 289; *Schreiber*, JURA 2013, 117; HK-BGB/*Schulte-Nölke* § 1004 Rn 10.
92 S. BGH NJW 2005, 1366.
93 *Gursky*, JZ 1996, 684; *Picker*, FS für Gernhuber, S. 315; Westermann/*Gursky*, § 35 Rn 4.
94 S. dazu *Vieweg/Werner*, § 9 Rn 31 ff.

tung des Mastes gestattet hat[95]. Auch das öffentliche Interesse an der Leitung begründet nach dem BGH keine Duldungspflicht des Eigentümers. Allerdings kann § 41 Abs. 1 S. 2 BauGB die Duldungspflicht auslösen, wenn das beeinträchtigte Grundstück von der Leitung aus mit Strom versorgt wird, ferner können in diesem Fall die AGB des Energieversorgungsunternehmens eine Duldungspflicht begründen. Unter diesen Gesichtspunkten wird die Dienstbarkeit (Rn 529 ff) als Grundlage der Duldungspflicht besonders bedeutsam.

80   Im Vordergrund der Duldungspflichten, die dem Anspruch aus § 1004 entgegengehalten werden können, stehen die Pflichten zur Hinnahme bestimmter, in § 906 näher bezeichneter Immissionen. Die Einschränkung der aus § 1004 an sich folgenden Verbietungsbefugnis durch **§ 906 BGB** ist der Kern einer privatrechtlichen Raumordnung und zugleich des nachbarrechtlichen Umweltschutzrechts, das das BGB enthält. Die Regelung besagt im Kern, dass bestimmte aus der „Nachbarschaft" kommende Einwirkungen, wenn sie unwesentlich oder zwar **wesentlich**, aber „ortsüblich" sind, hingenommen werden müssen, dass aber der Nutzer des Grundstücks, von dem die Immission ausgeht, in wirtschaftlich zumutbarem Umfang Vorkehrungen gegen Emissionen treffen und an den Eigentümer des beeinträchtigten Grundstücks für unzumutbare Belastungen einen Ausgleich leisten muss. Diese Rechte und Pflichten beziehen sich im Wesentlichen auf das Eigentum an einem durch die Immission betroffenen Grundstück, sog. Immobiliarbezug des privaten Nachbarrechts[96]. Mit Rücksicht auf das Kriterium der „Ortsüblichkeit" (Rn 85) muss bei der Prüfung eine Durchschnittsbetrachtung einer Mehrheit von Grundstücken in gleicher Lage stattfinden[97], was zwar eine besondere Empfindlichkeit unberücksichtigt lässt, aber im Zuge neuerer Entwicklungen, etwa der heutigen Einstellung zu Kinderlärm, veränderlich sein könnte. Ein Kritikpunkt vor diesem Hintergrund ist die Interpretation der Merkmale der „Ortsüblichkeit" und der „Wesentlichkeit" in § 906 (Rn 82), aus denen folgen kann, dass langsame Entwicklungen, die für die Nachbarschaft nicht sonderlich störend sind, nicht verhindert werden können und die damit dazu beitragen, dass die eine Emission nicht vermeidende Nutzung eines Tages ortsüblich wird[98]. Auf der anderen Seite sind hier die Ergebnisse öffentlich-rechtlicher Planungs- und Genehmigungstätigkeit zu berücksichtigen, bei der die privaten Belange mitbedacht werden mussten. Allerdings kann wegen **§ 14 BImSchG** gegen einen behördlich genehmigten Betrieb, auch wenn er nicht ortsüblich sein sollte, nicht mit der Unterlassungsklage vorgegangen, sondern nur auf Maßnahmen gedrungen werden, die die benachteiligenden Wirkungen ausschließen; erst wenn dies nicht möglich ist, kann Schadensersatz verlangt werden. Insgesamt wird hiermit ein Gleichgewicht zwischen Einzel- und Allgemeininteressen angestrebt.

81   Gewisse Arten von Immissionen, die § 906 nicht erwähnt, etwa sog. **grob körperliche Immissionen** (Steine oder Felsbrocken, die vom Nachbargrundstück gekommen

---

95 BGHZ 66, 37.
96 Dazu krit. *Gerlach*, Privatrecht und Umweltschutz im System des Umweltrechts, 1989, S. 179; Westermann/*H.P. Westermann*, § 61 Rn 39.
97 BGH NJW 1993, 1650 (Kinderlärm); 1976, 1205; 1973, 326; zum Ganzen Erman/*Wilhelmi* § 906 Rn 17; HK-BGB/*Staudinger* § 906 Rn 11.
98 *Mittenzwei*, MDR 1977, 102; *Diederichsen*, FS für R. Schmidt, 1997, S. 4.

sind), müssen aber keineswegs geduldet werden[99], wenn jemand für die Beeinträchtigungen als Störer verantwortlich ist. Zu dulden sind unter den in § 906 genannten Umständen also Geräusche, Erschütterungen, Dämpfe und Gerüche, auch Staubbehinderung[100]. Zum Problem der ideellen und der negativen Einwirkungen oben Rn 70. Gegenüber wesentlichen, ortsüblichen Emissionen, deren Quellen nicht beseitigt werden können, kommt dann der in § 906 Abs. 2 niedergelegte Anspruch auf **vorbeugende Schutzmaßnahmen** oder sonst auf einen Geldausgleich in Betracht. Das Gesetz versucht auf diesem Wege erneut einen Interessenausgleich zwischen demjenigen, der (möglicherweise aus dringenden Gründen der wirtschaftlichen Entwicklung) eine emittierende Anlage betreiben muss, und auf der anderen Seite dem Inhaber gestörter Rechte (so auch § 14 BImSchG – Rn 99). Was dabei für das Eigentum gilt, muss sich auch der Besitzer, also etwa der Mieter eines Wohngrundstücks, bei der Durchsetzung seiner Schutzansprüche aus § 862 entgegenhalten lassen. Dementsprechend hat die Rechtsprechung § 906 auf die Rechtsstellung obligatorischer Nutzungsberechtigter wie der Mieter ausgedehnt, allerdings nicht auf das Verhältnis unter mehreren in einem Gebäude ansässigen Mieter[101]. Eine Modifikation der Betrachtungen jedenfalls hinsichtlich des Maßes zumutbarer Belastungen hat sich daraus ergeben, dass § 906 Abs. 1 S. 2 Standards in Gestalt der in Gesetzen oder Rechtsverordnungen festgelegten **„Grenz- oder Richtwerte"** für die Bestimmung der Wesentlichkeit heranzuziehen erlaubt; das betrifft die Verwaltungsvorschriften in den sog. TA-Luft und TA-Lärm[102]. Dabei sind insbesondere die Richtwerte für die höchstzulässige Lärmbelästigung stark aufgeschlüsselt, es gibt sie für Bau- und Arbeitslärm, für Fluglärm, Kinder- und Schullärm, für Kirchenglocken, Kraftfahrzeuge und Verkehr, für Sport sowie für Musikveranstaltungen und Gaststättenlärm. Auf gewisse dadurch verursachte Folgeprobleme ist noch einzugehen.

b) Geduldet werden müssen **unwesentliche Immissionen**. Ob eine Einwirkung unwesentlich ist, hängt von der Art und **der Nutzungsweise des betroffenen Grundstücks** ab. Das bedingt eine Durchschnittsbetrachtung der Nutzung einer Mehrheit von Grundstücken, die jedenfalls das emittierende und das beeinträchtigte Grundstück umfassen muss.[103]   **82**

Wesentliche Beeinträchtigungen können zB starke Rußeinwirkungen[104] oder nächtlicher Baulärm in einem Mietshaus sein. Angesichts der Bedeutung der Staubeinwirkungen für den Betrieb des F im **Ausgangsfall 5** ist die Einwirkung nicht „unwesentlich". Einwirkungen durch Laubfall usw auf das Nachbargrundstück sind grundsätzlich zu dulden[105], doch   **83**

---

99   So BGHZ 28, 225; BGH NJW 1985, 1773. Hierher werden zB auch die Einwirkungen nicht beherrschbarer Tiere gerechnet, so von Bienen (BGH NJW 1992, 1389; RGZ 141, 406, 409) oder auch Katzen (OLG Köln NJW 1985, 2383 und dazu *Dieckmann*, NJW 1985, 2211); zu „Langwanzen" OLG Köln OLGZ 1992, 131; zu Raupen LG Coburg NJW-RR 1991, 766.
100   BGH NJW 2005, 1660; BGHZ 62, 186; OLG Düsseldorf NJW-RR 1995, 542.
101   BGHZ 70, 212, 220; 15, 146, 148; zum Verhältnis mehrerer Mieter in ein und demselben Gebäude abl. BGH NJW 2004, 775 und dazu *Dötzsch*, NZM 2004, 177.
102   Dazu BGH NJW 2001, 3119; Erman/*Wilhelmi* § 906 Rn 19; MünchKomm/*Brückner* § 906 Rn 169. Ausführlich zu den höchstzulässigen Werten bei Geräuschen, Gasen, Dämpfen, Gerüchen, Rauch und Staub MünchKomm/*Brückner* § 906 Rn 112 ff, 89 ff.
103   Zur Beurteilung der Wesentlichkeit s. *Vieweg/Werner*, § 9 Rn 37 f.
104   BGH MDR 1964, 220; zu Baulärm BGH JZ 1987, 636.
105   OLG Karlsruhe NJW 1987, 2286; LG Stuttgart NJW 1980, 2087 mit Überblick über das Schrifttum.

sind Ausnahmen angenommen worden für das Abfallen von Laub, Nadeln und dergleichen von Bäumen, die unter Verletzung des (landesrechtlich vorgeschriebenen) Grenzabstandes gepflanzt und unterhalten wurden, wobei allerdings hinzu kam, dass der Eigentümer des hierdurch beeinträchtigten Grundstücks wegen der Versäumung einer ebenfalls landesrechtlich vorgesehenen Frist ein Zurückschneiden der Bäume nicht mehr verlangen konnte[106].

84 Die Neuerung in § 906 Abs. 1 S. 2, die etwa die in der technischen Anleitung zur Reinhaltung der Luft (TA-Luft) zugrunde gelegten Werte für die Bestimmung der Wesentlichkeitsgrenze für maßgeblich erklärt, wird angezweifelt, weil möglicherweise eine Reduzierung des Nachbarschutzes darin liegt, dass eine die Richtwerte nicht übersteigende Belastung ohne weiteres als unwesentlich eingestuft werden könnte[107]. Das widerspräche dem Grundansatz in einer Durchschnittsbetrachtung, doch kann im Einzelfall auch eine die Grenzwerte noch nicht erreichende Beeinträchtigung erheblich sein[108]. Ohnehin hat sich aber die Einschätzung der Richtwerte insofern verändert, als störende Ereignisse, zB Musikveranstaltungen oder Volks- oder Gemeindefeste, nicht isoliert betrachtet werden dürfen, sondern unter Berücksichtigung der Zumutbarkeit für den Eigentümer (oder Besitzer) beeinträchtigter Räume oder Grundstücke, die sich aus der Seltenheit solcher Veranstaltungen oder aus ihrem Stellenwert für die örtliche Gemeinschaft ergebe, hingenommen werden müssen[109]. Die öffentliche Akzeptanz dieses Lärms, der gerade nicht die Öffentlichkeit, sondern Einzelne trifft, droht dabei überbewertet zu werden.

85 c) Wesentliche Beeinträchtigungen sind zu dulden, sofern sie **ortsüblich** sind, § 906 Abs. 2 S. 1. Darunter wird der Charakter eines Raums verstanden, geprägt durch die typische Art der Nutzung der Grundstücke und die dadurch begründeten Einwirkungen auf die Nachbarschaft[110]; eine Rolle spielen naturgemäß planerische Vorgaben und die konkrete öffentliche Genehmigungstätigkeit[111]. Nach dem Wortlaut des § 906 Abs. 2 kommt es auf die Ortsüblichkeit der Nutzung des beeinträchtigenden Grundstücks, nicht des beeinträchtigten an; das Gesetz stellt insoweit zu einseitig auf das Interesse der Nutzung des beeinträchtigenden Grundstücks ab. Da es aber um Raumordnung geht, ist auf das Gebiet abzustellen, in dem beide Grundstücke liegen. Soweit danach ortsübliche, auch wesentliche Beeinträchtigungen zu dulden sind, schafft § 906 Abs. 2 S. 2 einen Anspruch zugunsten des beeinträchtigten Grundstückseigentümers.

Wodurch allerdings das – wie es der BGH einmal formuliert hat[112] – **„Wesen des Raumes"** bestimmt wird, ist nicht mit einer allgemein gültigen Formulierung zu um-

---

106 BGH NJW 2004, 1037.
107 Zu diesen Bedenken *Marburger*, FS für Ritter, 1997, 901 ff; *Fritz*, NJW 1996, 573; s. auch Westermann/*H.P. Westermann*, § 61 Rn 15.
108 BGH NJW 2004, 1317; 2001, 1317.
109 So BGH NJW 2003, 3699 für ein einmal jährlich stattfindendes Rock-Konzert „von kommunaler Bedeutung", sogar bei wesentlicher Überschreitung der Richtwerte, besonders auch nach Mitternacht; anders bei mehrtägiger Belästigung, BGH NJW 1990, 2465.
110 BGH NJW 1993, 925; BGHZ 111, 63, 72; Erman/*Wilhelmi* § 906 Rn 23; HK-BGB/*Staudinger* § 906 Rn 11.
111 Westermann/*H.P. Westermann*, § 51 Rn 17.
112 BGH BB 1959, 761.

schreiben. Entscheidend ist insofern die tatsächliche Gestaltung des Raums[113]. So wurde etwa im westdeutschen Industriegebiet die Rauch- und Staubentwicklung der Stahlwerke, in ländlichen Gebieten dagegen die Geruchsbelästigung durch größere Düngerhaufen als hinnehmbar betrachtet. Es kann aber auch so sein, dass eine einzelne Anlage nicht allein die Ortsüblichkeit bestimmt, auch wenn sie längere Zeit hingenommen wurde. So hat die Rechtsprechung das längere Vorhandensein einer emittierenden Anlage nicht für ihre Qualifikation als ortsüblich ausreichen lassen[114], obwohl es auf der anderen Seite auch sein kann, dass ein einziger Großbetrieb den Charakter des Raums prägt[115]. Damit hängt das Problem zusammen, dass Einwirkungen iS der §§ 1004, 906 nicht nur im engen Raum gemeinsamer Grundstücksgrenzen stattfinden können, was sicherlich im Vordergrund der nachbarrechtlichen Regeln steht[116]; die Einwirkungen etwa von Industrieanlagen können sich über weite Räume hinweg bemerkbar machen. Das ist dann aber eine Frage des öffentlich-rechtlichen Umweltschutzes hauptsächlich im Rahmen von Genehmigungsverfahren. Davon abgesehen, muss die Ortsüblichkeit mit der Art der Nutzung der Grundstücke in Verbindung stehen[117].

86 Ein anderer häufig zu hörender Einwand verfängt in der Regel nicht. Es gibt nämlich kein **Prioritätsprinzip** in dem Sinne, dass ein einmal geschaffener Zustand vorrangig und zu schützen sei. Maßgebend ist der Zustand zur Zeit der Entscheidung; so ist für die Ortsüblichkeit gleichgültig, dass eine störende Kläranlage im Zeitpunkt der Errichtung des durch die Anlage gestörten Hauses geplant, aber noch nicht errichtet war[118]. Andererseits kann eine ursprünglich zu duldende Beeinträchtigung durch nachträglichen Wegfall der Duldungspflicht rechtswidrig werden[119].

Interessant dazu der **„Schweinemästerei-Fall"**: In der Nähe einer Schweinemästerei wurden die ursprünglich landwirtschaftlichen Nachbargrundstücke später mit Wohnhäusern bebaut. Die Ortsüblichkeit bestimmt sich nach dem Zustand zur Zeit der Entscheidung. Folglich muss die Schweinemästerei als unüblich gegebenenfalls weichen[120]. Wenn die Beseitigung der Beeinträchtigung durch Maßnahmen beim störenden Grundstück nicht möglich ist, kann die Einstellung verlangt werden.

87 Ein besonders lohnendes Studienobjekt für mehrere im Vorigen erläuterte Anspruchsvoraussetzungen des negatorischen Anspruchs, aber auch für die Begrenztheit nur begrifflicher Wertungen stellt der Fall der **„Frösche von Ingolstadt"** dar[121]:

Die Grundstücke der Parteien lagen etwa 70 m von einer Straße entfernt an einem Bach. Die Beklagte hatte auf ihrem Grundstück mit behördlicher Genehmigung einen ca. 144 qm großen

---

113 BGH NJW 1958, 1776.
114 BGHZ 15, 146, 148.
115 BGHZ 69, 105, 111; 30, 273, 277.
116 BGHZ 54, 384, 389.
117 Hieran scheiterte die Klage in dem Fall des Abfeuerns einer Silvesterrakete BGH NZM 2009, 834; schon vorher so BGH NJW 2008, 992 f; zum Ganzen *Roth*, Anm. LMK 2009, 294262.
118 BGH NJW 1976, 1205.
119 BGHZ 104, 6, 15.
120 OVG Münster DVBl 1957, 867. Vgl. auch BGHZ 67, 252: Das Vorhandensein der Schweinemästerei bei Errichtung des gestörten Hauses ist bedeutungslos; neuerdings regt sich aber im Schrifttum Widerspruch (Erman/*Wilhelmi* § 906 Rn 25 ff; *Hagen*, FS für Medicus, 1999, S. 161 ff) unter Hinweis auf den Gesichtspunkt des „latenten Störers".
121 BGHZ 120, 239; dazu *Hensen*, ZIP 1993, 263; Westermann/*H.P. Westermann*, § 61 Rn 20 ff.

Teich anlegen lassen, der etwa 35 m vom Schlafzimmer der Kläger entfernt lag. Die in dem Teich der Beklagten ausgesetzten Frösche störten durch ihr lautes und unangenehmes Quaken die Kläger mehrere Monate im Jahr in der Nachtruhe, so dass diese vor der Belästigung jeweils von April bis September in ihre Stadtwohnung flüchteten. Messungen hatten einen Geräuschpegel von 87 (dBA) ergeben, was um das 7,5-fache über dem Richtwert für Wohngebiete zur Nachtzeit liegt. Die Klage war auf Trockenlegung des Teiches und Ersatz des Schadens gerichtet, der durch den Umzug in die Stadtwohnung entstanden war, hilfsweise auf Entfernung der männlichen Frösche aus dem Teich oder andere geeignete Maßnahmen gegen das Froschquaken.

Nach sorgfältiger Auswertung der Umstände in Bezug auf den tatsächlichen Lärmpegel (Orientierung am Mittelwert für die lauteste Stunde in der Zeit zwischen 21.30 und 24.00 Uhr) wurde die Lärmbelästigung für den Zeitraum von 15 bis 25 Tagen während des gesamten Zeitraums für wesentlich im Sinne des § 906 erklärt[122]. Hinsichtlich der Ortsüblichkeit orientierte man sich am Richtlinienwert für reine Wohngebiete. Dabei wurde zwar gesehen, dass dem Bewohner eines ländlichen Gebiets Naturgeräusche in erhöhtem Maße zumutbar sind, man bezog sich aber auch auf die künstliche Anlage des Teiches. In unmittelbarer Nähe zu dem Schlafzimmer der Kläger bestand keine vergleichbare Lärmbelästigung durch Froschquaken, dies, obwohl im unbesiedelten Raum, an den die Grundstücke grenzten, vergleichbare Biotope existierten. Weder für die „Wesentlichkeit" noch für die „Ortsüblichkeit" spielte sodann die behördliche Genehmigung der Anlage des Teichs eine Rolle. Es konnte hier auch keine Rede von einer nur auf die natürliche Beschaffenheit der Umwelt zurückgehenden Beeinträchtigung sein, da der Teich von der Beklagten künstlich angelegt worden war.

88   Das Urteil zeigt einerseits, dass die Gerichte ein „geändertes Umweltbewusstsein" bei der Beurteilung der Wesentlichkeit einer Emission durchaus mitbedenken[123], aber auch, dass ein betroffener Eigentümer trotz plankonformer und konkret genehmigter Nutzung eines Grundstücks noch auf privatrechtlichem Wege vorgehen und dabei zumindest den Richtlinienstandard durchsetzen kann. Allerdings konnte im Ergebnis wegen des gesetzlichen Artenschutzes weder die Trockenlegung des Teichs noch die Ausrottung der männlichen Exemplare verlangt werden; der BGH verwies die Sache deshalb an die Tatsacheninstanz zurück, damit diese prüfen könne, ob die Naturschutzbehörde möglicherweise in eine befriedigende nachbarrechtliche Lösung des Problems einwilligen würde. Das Letztere ist, da der schließliche Ausgang des Streits nicht publiziert ist, etwas unbefriedigend, aber durch die Gegebenheiten der beschränkten Prüfung in der Revisionsinstanz bedingt. Auch ist fraglich, ob wirklich die Zivilgerichte die Aussichten eines Antrags auf eine Ausnahmegenehmigung der Naturschutzbehörde beurteilen sollen und können[124].

5. Schutzmaßnahmen und Ausgleichsansprüche

89   a) Auch ortsübliche Emissionen sind nach dem Gesetzeswortlaut zu dulden, wenn sie nicht durch **wirtschaftlich zumutbare Maßnahmen verhindert** werden können (Abhilfeanspruch). Was zumutbar ist, bestimmt sich nach einem „gemischt subjektiven Maßstab". Maßgebend ist danach die Art des betreffenden Unternehmens, dh Art

---

122   Die Entscheidung erging vor der Einfügung des § 906 Abs. 1 S. 2 ins Gesetz.
123   Siehe etwa OLG Hamm NJW-RR 1990, 335 zum Vergleich zwischen Industriegeräuschen und Hundegebell.
124   *K. Schmidt*, JuS 1993, 691 ff.

und Umfang der für einen Betrieb dieser Art unter Berücksichtigung seiner technisch-organisatorischen Möglichkeiten zumutbaren Maßnahmen, es kommt also nicht allein auf die wirtschaftliche Leistungsfähigkeit an[125]. Unterbleibt die zumutbare Schutzmaßnahme, kann der beeinträchtigte Grundeigentümer Unterlassung der Beeinträchtigung verlangen. Auch im Bereich der Zumutbarkeit von Schutzvorkehrungen spielen wieder Richtlinien wie diejenigen des VDI und Verwaltungsvorschriften zum BImSchG eine große Rolle[126]. Die Notwendigkeit, durch Schutzmaßnahmen (Filteranlagen, Schallschutz, hohe Schornsteine) einem Unterlassungsanspruch zuvorzukommen, wird regelmäßig schon im Zuge der öffentlich-rechtlichen Genehmigungsverfahren untersucht und zwingt in diesem Zeitpunkt manchmal zu erheblichen Investitionen.

b) Besteht eine Duldungspflicht für wesentliche[127], aber ortsübliche Emissionen, so **90** ist die Beeinträchtigung rechtmäßig. Für diesen Fall gewährt § 906 Abs. 2 S. 2 einen nachbarrechtlichen **Ausgleichsanspruch** für eine unzumutbare Beeinträchtigung des Grundstücks oder seines Ertrages[128]. Es handelt sich um einen auch gegenüber § 14 BImSchG selbstständigen Ausgleichs-, nicht um einen Schadensersatzanspruch, der die nicht unwesentliche Nutzungsbeeinträchtigung und Minderung eines konkreten Werts ausgleichen soll[129], der Ansatz ist allerdings gegenüber anderen gesetzlichen Ansprüchen subsidiär[130]. Der beeinträchtigte Grundeigentümer muss im Rahmen des ihm Zumutbaren die Nutzung an die gegebenen Verhältnisse anpassen, um den Nutzungsentgang möglichst zu mindern. Die Rechtsprechung neigt dazu, den Ausgleich nach den Grundsätzen der Enteignungsentschädigung zu bemessen; im Schrifttum wird dagegen auch voller Schadensersatz gefordert[131]. Der Unterschied ist nicht mehr allzu groß, wenn man mit der Rechtsprechung bei der Bemessung des Ausgleichs auf die Verhältnisse des durchschnittlichen Benutzers abstellt und die persönlichen Planungen und Wertvorstellungen des Eigentümers außer Acht lässt[132]. Konkrete Ertragsminderungen, insbesondere wenn sie vorübergehender Natur sind, sind aber stets voll auszugleichen[133].

Manchmal hat der Gestörte eine nicht ortsübliche und dem Umfang nach unzumutba- **91** re Belastung aus besonderen Gründen rechtlicher oder tatsächlicher Art nicht verhindern können; so, wenn er die Gefahr nicht gesehen, die Abhilfemöglichkeiten nicht gekannt oder den richtigen Zeitpunkt (noch) fehlender Ortsüblichkeit der Beeinträchtigung verpasst hat. Das gilt auch dann, wenn der Abwehranspruch aus § 1004 an übergeordneten Interessen scheitert, etwa denen lebenswichtiger oder sonst gesell-

---

125 Der Begriff der Zumutbarkeit kehrt in diesem Zusammenhang auch im BImSchG wieder, s. Erman/*Wilhelmi* § 906 Rn 34.
126 BGHZ 70, 102, 111.
127 Maßgeblich ist das Empfinden eines verständigen Durchschnittsmenschen OLG Karlsruhe MDR 2014, 711.
128 S. dazu *Vieweg/Werner*, § 9 Rn 42 ff.
129 BGH NJW 2006, 992; zur Eigenständigkeit des Anspruchs BGHZ 178, 90, 98; Erman/*Wilhelmi* § 906 Rn 35; HK-BGB/*Staudinger* § 906 Rn 15 f.
130 BGH NJW 2005, 660; 2004, 3701; Erman/*Wilhelmi* § 906 Rn 43a; HK-BGB/*Staudinger* § 906 Rn 16; a.M. *Vieweg*, NJW 1993, 2570.
131 BGHZ 147, 45, 53; 90, 255, 263; krit. *Spieß*, JuS 1989, 100, 102; s. auch *Jauernig*, JZ 1986, 611, 612.
132 BGH NJW 2001, 1865; BGHZ 90, 255, 263; 85, 375, 386.
133 BGHZ 57, 359.

schaftlich sinnvoller Betriebe und Anlagen[134], auch wenn sie privatwirtschaftlich betrieben werden. Dies gilt dann ähnlich für die Folgen eines Bruchs einer Wasserversorgungsleitung der Stadtwerke, der auf dem benachbarten Grundstück eingetreten ist und den die betreffende Eigentümerin nicht rechtzeitig abwehren konnte[135]. Auch der Betreiber muss ein solches Unglück nicht zu vertreten haben, was aber an der Rechtswidrigkeit nichts ändert. Hier stellt sich die Frage, ob man den rechtswidrig Gestörten schutzlos lassen kann. Die Rechtsprechung[136] hilft mit einer **Analogie** zu § 906 Abs. 2 S. 2 und gibt einen quasi-negatorischen Ausgleichsanspruch (auch: **bürgerlich-rechtlicher Aufopferungsanspruch**). Ein Bedenken gegen diese Lösung geht dahin, dass zwar die Unmöglichkeit einer rechtzeitigen Störungsabwehr im Verhältnis zwischen dem Störer und seinem Nachbarn ein Bedürfnis nach einem Ausgleich entstehen lässt, wenn eine nachträgliche Beseitigung der Beeinträchtigung nicht mehr möglich ist (etwa im Fall der mit dem Regenwasser auf das Nachbargrundstück gelangten Herbizide, **Fall 4, Rn 49**). Das kann aber nicht bei jedem Unfall gelten, wie in dem in Rn 73 erwähnten Beispiel eines durch ein defektes Küchengerät entfachten und dann auf das Nachbargrundstück übergreifenden Brandes; hier sollte es bei einer Haftung nach Deliktsregeln bleiben, die auch – richtigerweise – nicht nach dem Kriterium der Ortsüblichkeit einer Störung differenziert[137].

92   Dieselben Zusammenhänge zeigte die sog. **„Kupolofen-Entscheidung"** des BGH[138], die allerdings zum **Deliktsrecht** erging. Die Geschädigten waren auf einem Nachbargrundstück beschäftigte Arbeitnehmer, deren an der Arbeitsstelle abgestellte Fahrzeuge durch die Emissionen des Kupolofens Lackschäden erlitten hatten. Der BGH ließ offen, ob die Arbeit auf dem von Emissionen befallenen Grundstück für die Kläger einen genügenden Grundstücksbezug begründete, um mit nachbarrechtlichen Anspruchsgrundlagen vorgehen zu können[139]; unter grundsätzlichen umweltrechtlichen Gesichtspunkten wäre freilich eine solche Privilegierung gerade von Arbeitnehmern mit ihrem Sacheigentum gegenüber anderen Grundstücksnutzern (Spaziergängern, Joggern) nicht leicht zu rechtfertigen. Auch ist der Grundstücksbezug der Ansprüche kaum entbehrlich, wenn man verhindern will, dass praktisch jedermann gegen Immissionen von irgendwoher vorgehen kann. Da aber eine Eigentumsverletzung vorlag, für die möglicherweise der Betreiber des Kupolofens verantwortlich war, bildete § 823 Abs. 1 die Anspruchsgrundlage, und in diesem Rahmen wendete der BGH die zu § 906 entwickelten Regeln bezüglich Wesentlichkeit, Ortsüblichkeit und Zumutbarkeit der Verhinderung von Emissionen auf die deliktsrechtlichen Elemente, also auf Kausalität, auf Verschulden und sogar auf etwaige Verkehrspflichten des Anlagenbetreibers an, wodurch eine dogmatisch abgesicherte deliktsrechtliche Anspruchsgrundlage entwickelt wurde[140].

---

134 BGH NJW 2000, 2901 – Betreiben eines Drogenhilfezentrums; BGHZ 60, 119, 123 – Hochspannungsleitung; BGHZ 54, 384, 387 – Fernverkehrstraße.

135 BGH NJW 2003, 2377; ähnlich früher BGHZ 111, 158, 163.

136 BGHZ 90, 225 f; 85, 375, 384; 72, 289, 294; Erman/*Ebbing* § 1004 Rn 95; HK-BGB/*Staudinger* § 906 Rn 20; ferner BGHZ 122, 283 (umstürzende Bäume); BGH NJW 1995, 2633 (Wollläuse); ähnlich bei dem Abfallen von Laub und Ähnlichem von einem Grenzbaum, dessen Beseitigung oder Kürzung der Nachbar (nicht mehr) verlangen konnte, BGH NJW 2004, 1037; noch deutlicher beim Umstürzen eines Baums, den der Eigentümer aus naturschutzrechtlichen Gründen nicht hatte fällen dürfen (BGH NJW 2004, 3701).

137 S. auch die Kritik von Westermann/*H.P. Westermann*, § 61 Rn 33; *Wolf/Wellenhofer*, § 25 Rn 29.

138 BGHZ 92, 143 ff.

139 Deutlicher in diese Richtung später BGH NJW 2008, 922 mit Anm. *Vieweg/Regenfus*, LMK 2008, 261371.

140 Zu der Entscheidung *Marburger/Herrmann*, JuS 1986, 354 ff; Westermann/*H.P. Westermann*, § 61 Rn 37; zur Beweislast s. *Baumgärtel*, JZ 1984, 1109.

Im engeren nachbarlichen Raum bewirken die Ansprüche aus § 1004 zusammen mit **93** dem nach § 906 Abs. 2 uU gegebenen Ausgleichsanspruch auch in ihrer durch § 906 begründeten Beschränktheit eine weitgehend ausgeglichene rechtliche Ordnung. Sie stößt an ihre Grenzen bei großflächigen ökologischen Beeinträchtigungen sowie beim Zusammentreffen mehrerer, voneinander unabhängiger Emissionen, die von einer Mehrzahl von Grundstücken ausgehen. Dies letztere Problem stellt sich zwar in erster Linie bei großflächigen Umweltbeeinträchtigungen, kann aber auch in an sich überschaubaren Räumen auftreten, die industrielle Ballungszentren sind oder an solche angrenzen.

Dieses Problem der **summierten Emission** ist noch lösbar, soweit die Beeinträchti- **94** gung durch festgestellte Emittenten wesentlich ist. Dann haftet jeder der Emittenten für seinen Anteil[141], eine gesamtschuldnerische Haftung ist nicht erforderlich. Für den sog. progressiven Schaden (dh die Beeinträchtigungen insgesamt führen einen größeren Schaden herbei, als die Summe aller einzelnen Beeinträchtigungen ausmacht) wird dagegen gesamtschuldnerische Haftung angenommen, was freilich problematisch ist, soweit einzelne Emittenten (etwa ein Haushalt) nur kleinste Beiträge zur gesamten Emission verursacht haben[142]. Selbst wenn man annimmt, dass die Wesentlichkeit einer Emission durch Zusammenrechnung der Verursachungsbeiträge aller Störer ermittelt wird, so ist doch die Ortsüblichkeit und damit die Rechtmäßigkeit für jede emittierende Anlage zu überprüfen. Jeder Betreiber kann sich also darauf berufen, dass er seine Störungsproduktion auf das für ihn zulässige Maß reduziert hat. Ergibt also die Summe unwesentlicher Emissionen eine wesentliche und unzumutbare Beeinträchtigung, so kann der Beeinträchtigte gegen solche Emittenten nicht vorgehen, deren Handeln rechtmäßig ist[143]. Auch wenn sich die von den einzelnen Grundstücken ausgehenden Beeinträchtigungen voneinander abgrenzen lassen sollten, haftet jeder Emittent aufgrund des § 1004 für nicht ortsübliche Emissionen nur anteilig nach Maßgabe der von ihm verursachten Beeinträchtigung. Denn einen Unterlassungs- und Beseitigungsanspruch kann man nur im Hinblick auf solche Störungsquellen durchsetzen, auf die der in Anspruch Genommene Einfluss hat.

III. Das Verhältnis zu hoheitlichen Planungen

Die Methode des BGB, die Ortsüblichkeit zum entscheidenden Maßstab zu erheben, **95** war so lange einigermaßen problemlos, als es eine eigentliche Raumplanung nicht gab. Seit es für den privaten Nutzer von Grundstücken eine verbindliche Planung gibt, ist das **Verhältnis von Ortsüblichkeit und Planungsentscheidung** problematisch geworden, damit auch das Verhältnis von öffentlich-rechtlicher Genehmigung und privatrechtlichen Abwehransprüchen.

---

141 BGHZ 66, 70, 76; Erman/*Wilhelmi* § 906 Rn 37.
142 BGHZ 66, 70, 76; Erman/*Wilhelmi* § 906 Rn 37; MünchKomm/*Brückner* § 906 Rn 68; *H. Westermann*, FS für Larenz, 1973, S. 1003 ff; § zur gesamtschuldnerischen Haftung auf einen Ausgleich in Geld aber BGHZ 72, 289, 298; krit. *Hager*, NJW 1991, 134, 141; Westermann/*H.P. Westermann*, § 61 Rn 16; s. auch *Vieweg/Werner*, § 9 Rn 46 ff.
143 S. BGHZ 66, 70, 75 f.

1. Einfluss des öffentlichen Rechts auf privatrechtliche Ansprüche

96 Es kann sein, dass die Planungsentscheidung mit der Ortsüblichkeit in Widerspruch gerät. Nach der Rechtsprechung entscheidet für § 906 nach wie vor die Ortsüblichkeit, für ihre Ermittlung gibt eine **Bauleitplanung** oder eine entsprechende Genehmigung einen Anhaltspunkt, aber keinen unwiderleglichen Beweis[144]. Die Planung ist auf die Abwägung aller Interessen abgestellt; sie ist – auch – Kollisionsentscheidung über die nachbarlichen Interessen, über die sie unter dem Gesichtspunkt des öffentlichen Interesses an der besten Raumnutzung und -entwicklung entscheidet. Das kann es in der Tat nahelegen, die durch die öffentlich-rechtliche Planung angestrebte Gestaltung als Maßstab für die Ortsüblichkeit zu behandeln oder die Ortsüblichkeit als Maßstab durch die Planung zu ersetzen[145]. Das öffentliche Recht (das Planungsrecht) gestaltet dann, das private Recht gibt Schutz und Entschädigungsansprüche. Insbesondere umweltrechtlich motivierte Vorbehalte gegen manche Planungsentscheidungen verhindern aber bisher eine solche direkte Beeinflussung der privatrechtlichen Interessenabwägung durch Planung.

97 Abgesehen hiervon, können sich aus Gesetz oder Verwaltungsakt gegenüber einem Anspruch aus § 1004 **öffentlich-rechtliche Duldungspflichten** ergeben. Hier ist etwa die Pflicht zu erwähnen, den Gemeingebrauch zu dulden, wenn das Grundstück diesem Zweck gewidmet worden ist. Soweit eine Tätigkeit wie das Betreiben einer Anlage **hoheitlich geschieht**, ist nach der Rechtsprechung ein privatrechtlicher Unterlassungsanspruch ausgeschlossen (übrigens ohne Rücksicht darauf, ob das Grundstück der öffentlichen Hand gehört)[146]. Dabei soll insbesondere eine gesteigerte, im Verhältnis zu privaten Emittenten so nicht begründete Duldungspflicht bestehen[147]. Allerdings kommen Entschädigungsansprüche aus öffentlichem Recht in Betracht (dazu sogleich Rn 98).

Das öffentlich-rechtliche Schrifttum folgt dem nicht uneingeschränkt. ZT wird auch eine solche gesteigerte Duldungspflicht unter verfassungsrechtlichen Gesichtspunkten (Vorbehalt des Gesetzes) für bedenklich erklärt[148].

98 Den Entschädigungsanspruch entnimmt die Praxis dem Institut des **enteignungsgleichen Eingriffs** (Rn 57), damit auch wiederum dem Aufopferungsgedanken[149]. Das ist insbesondere bei Verkehrsanlagen entschieden worden, von denen eine unzumutbare Beeinträchtigung ausging, bei denen dann die Widmung als der entscheidende hoheitliche Eingriff angesehen wurde[150]. Dafür hat der BGH[151] eine schwere, ohne Entschä-

---

144 Siehe dazu wieder das „Tennisplatz-Urteil" BGH NJW 1983, 751 und dazu *Hagen*, UPR 1985, 192 ff; näher § Erman/*Wilhelmi* § 906 Rn 23; HK-BGB/*Staudinger* § 906 Rn 11; Westermann/ *H.P. Westermann*, § 61 Rn 18.

145 S. hierzu *Schapp*, Das Verhältnis von privatem und öffentlich-rechtlichen Nachbarrecht, 1978, S. 34 ff, der öffentliches und privates Nachbarrecht zu einer Einheit zusammenfasst.

146 BGH NJW 1985, 2541.

147 BGH NJW 1984, 1876; 1975, 1406.

148 S. aber BVerfG NJW 1989, 1291; zum Problemkreis eingehend *Ossenbühl*, Staatshaftungsrecht, 5. Aufl. 1998, S. 288 ff; eingehend Erman/*Wilhelmi* § 906 Rn 47, 72; MünchKomm/*Brückner* § 906 Rn 108 ff; HK-BGB/*Staudinger* § 906 Rn 19.

149 Zu den gedanklichen Grundlagen *Bälz*, FS für Kübler, 1997, S. 355, 362 ff.

150 So seit BGHZ 54, 384 stRspr: s. BGH WM 1975, 985; BGHZ 64, 220.

151 Insoweit an RGZ 159, 129 (sog. „Autobahn-Entscheidung") anknüpfend.

digung untragbare Beeinträchtigung des wirtschaftlichen Fortkommens gefordert, für die nur ausnahmsweise eine Entschädigung gewährt werden solle[152].

2. Duldungspflicht nach § 14 BImSchG

Eine gesteigerte Duldungspflicht besteht insbesondere gegenüber **gewerbepolizeilich genehmigten Betrieben**, § 14 BImSchG. Ihnen gegenüber ist die Unterlassungsklage nach § 1004 auch dann versagt, wenn der Betrieb nicht ortsüblich ist. Zu dulden sind die Einwirkungen, die von den genehmigten Anlagen und ihren technisch notwendigen Nebenanlagen ausgehen. Der Störer ist aber verpflichtet, Schutzvorrichtungen anzubringen; die aus § 906 folgende, der Vorbeugung eines Beseitigungsanspruchs dienende Obliegenheit des Eigentümers des emittierenden Grundstücks ist hier zur echten, mittels Klage durchzusetzenden Pflicht gesteigert. Diese Regelung soll zugleich dem Allgemeininteresse am Umweltschutz Rechnung tragen. **99**

Praktisch bedeutsamer ist allerdings der **Ersatzanspruch**. Sind Schutzvorkehrungen nicht möglich oder wirtschaftlich nicht vertretbar (was auch eine Kostenfrage ist), hat der beeinträchtigte Nachbar Ansprüche auf Ersatz für die Beeinträchtigung, § 14 BImSchG. Trotz des Wortlauts „Schadensersatz" entspricht der Anspruch im Umfang weitgehend dem des § 906. Die Beeinträchtigungen, die nach § 906 entschädigungslos zu dulden sind, werden auch nach § 14 BImSchG nicht durch einen Ersatzanspruch ausgeglichen. Im Übrigen geht aber der Anspruch auf vollen Ausgleich[153]. Inhaber der Ansprüche ist der Eigentümer des beeinträchtigten Grundstücks oder dessen Besitzer, sofern er sonst eine Abwehrklage (§ 862) erheben könnte[154]. Schuldner ist der Störer iSd § 1004. **100**

Die erteilte gewerbepolizeiliche Genehmigung ist insoweit, wenn auch dieses Erfordernis zunächst dem Unternehmer hinderlich erscheinen mag, in Wahrheit ein Schutz des Unternehmers: Er kann vorbehaltlich einer plötzlichen rechtspolitischen Änderung einigermaßen sicher sein, die Investition in die Betriebsanlage nicht vergeblich gemacht zu haben. Der Schutz des „Nachbarn" ist folglich auch Gegenstand des Genehmigungsverfahrens. Er ist daran zu beteiligen, die Behörde hat nicht nur Gefahren, sondern auch erhebliche Belästigungen des Nachbarn zu berücksichtigen. Insgesamt lässt sich die gewerbepolizeiliche Genehmigung als ein Stück öffentlich-rechtlicher Raumgestaltung bezeichnen. **101**

Die Zusammenhänge verdeutlicht **Fall 5:** Da ein Steinbruch als solcher nicht genehmigungspflichtig ist, wohl aber bestimmte Maschinen (§ 3 Ziff. 3 der 4. DVO zum BImSchG), unterliegt F nicht der gesteigerten Duldungspflicht. Das Fehlen der gewerbepolizeilichen Genehmigung bedeutet sodann, dass E, falls die Beeinträchtigung des Nachbargrundstücks nicht durch § 906 gedeckt ist, grundsätzlich den Betrieb einstellen muss; wäre der Betrieb genehmigungspflichtig und genehmigt gewesen, könnte E weiterarbeiten, müsste allerdings den Nachbarn entschädigen, was freilich ebenfalls zu seiner Existenzvernichtung führen könnte. **102**

---

152 So BGHZ 49, 148; 30, 373.
153 *Baur,* JZ 1974, 659; Erman/*Wilhelmi* § 906 Rn 64b; HK-BGB/*Staudinger,* § 906 Rn 19; krit. aber *Bälz,* JZ 1992, 57, 71.
154 BGHZ 30, 273, 276.

Insgesamt setzen sich umweltrechtliche Forderungen deutlich und zunehmend gegen privatrechtliche Nutzungsbedürfnisse durch.

§ 4 Ergänzende Zusammenfassung der Darstellung des Besitz- und Eigentumsrechts

I. Begrifflichkeit

103 Das **Eigentum** ist die Zuordnung der umfassenden Herrschaftsmacht über eine Sache (Eigentum im technischen Sinne gibt es nur an Sachen; bei Rechten entspricht dem Eigentum die Inhaberschaft) an eine Person, den Eigentümer, nach Substanz und Nutzung. Durch die umfassende Herrschaftsmacht unterscheidet sich das Eigentum von den beschränkten dinglichen Rechten, die die Sache nur teilweise (also inhaltlich oder zeitlich beschränkt, zB Erbbaurecht, Nießbrauch, Grundpfandrecht) dem Berechtigten zuordnen. Das Eigentum gewährt auch ein Recht zum Besitz[1].

Der **Besitz** ist das äußere Haben der Sache; kennzeichnend ist, dass er vom Recht an der Sache oder auf die Sache unabhängig ist, ja zu ihr im Widerspruch stehen kann (der Dieb, der Räuber sind Besitzer). Wie eng die tatsächliche Herrschaftsmacht des Besitzers an die unmittelbare und ständige Einwirkungsmöglichkeit auf die Sache anknüpft, entscheidet die Verkehrsanschauung[2].

Eigentum und Besitz stehen dadurch so zueinander in Beziehung, dass das Eigentum ein Recht zum Besitz gewährt (daher der Herausgabeanspruch aus § 985). Im Recht der beweglichen Sachen ist der Besitz Verlautbarungsmittel des Eigentums und der dinglichen Rechte. Im Tatbestand der Übereignung beweglicher Sachen (§ 929) ist aber die Übertragung des Besitzes konstitutiv. Dieses sog. **Traditionsprinzip** ist allerdings im positiven Recht vielfach durchbrochen (näher Rn 124).

II. Eigentum

104 Der absoluten Natur des Eigentums entsprechend ist das Recht, insbesondere verfassungsrechtlich durch Art. 14 GG, **umfassend geschützt**: Enteignung ist nur auf Grund eines Gesetzes zulässig; sie löst ebenso wie enteignungsgleiche und enteignende Eingriffe (Rn 55 ff) unter bestimmten Voraussetzungen Entschädigungsansprüche aus, vorher muss jedoch feststehen, dass die öffentlich-rechtlichen Voraussetzungen eines hoheitlichen Eingriffs in das Eigentum gegeben waren. Als Grundlage bedarf es stets einer Abwägung zwischen entschädigungsloser Sozialbindung des Eigentums, die insbesondere aus der Situationsgebundenheit des Grundstücks folgt, und dem Eigentumsschutz; hieraus folgt ein durch die Rechtsprechung zu konkretisierendes Spannungsverhältnis.

---

1 Zur Entwicklung des zivilrechtlichen Eigentumsbegriffs MünchKomm/*Brückner* § 903 Rn ff; *Olzen*, JuS 1984, 328 ff.
2 Zum Besitz und seine Abgrenzung zum Eigentum s. *Vieweg/Werner*, § 9 Rn 1 f.

Gegen widerrechtliche Beeinträchtigungen hat der Eigentümer Unterlassungs- und 105
Beseitigungsansprüche gegen den Störer, § 1004. Typisch dabei ist, dass es nicht auf
das Verschulden, sondern nur auf die objektive Widerrechtlichkeit der Störung ankommt. Störer ist der, auf dessen Willen der beeinträchtigende Zustand zurückgeht
oder von dessen Willen die Beseitigung abhängt, vgl. Rn 63.

Die Lage von Grundstücken im **nachbarlichen Raum** löst Pflichten zur Duldung un- 106
wesentlicher und ortsüblicher Beeinträchtigungen aus, falls der Störer die Beeinträchtigungen nicht durch wirtschaftlich zumutbare Maßnahmen verhindern oder mindern
kann, § 906. Ortsüblich ist die Beeinträchtigung, wenn das beeinträchtigende Grundstück raumentsprechend genutzt wird. Der Maßstab wechselt mit der Entwicklung
des Raumes; eine Berufung auf die Priorität der Nutzungsart macht diese allein nicht
ortsüblich. Für ortsübliche, aber unzumutbare Beeinträchtigungen hat der Störer dem
Beeinträchtigten einen Ausgleich zu zahlen, § 906 Abs. 2 S. 2; diese Regelung wird
entsprechend angewendet, wenn der Beeinträchtigte eine rechtswidrige Störung aus
tatsächlichen Gründen nicht verhindern oder beseitigen kann (Rn 90). Gegenüber gewerbepolizeilich genehmigten Betrieben gibt es überhaupt keinen Unterlassungsanspruch, wohl aber muss der Betriebsinhaber zumutbare Schutzmaßnahmen ergreifen
und Entschädigung für die über das ortsübliche Maß hinausgehende Beeinträchtigung
leisten, § 14 BImSchG. Gegenüber Beeinträchtigungen, die von Grundstücken ausgehen, die von juristischen Personen öffentlichen Rechts im öffentlichen Interesse genutzt werden, gibt es keinen Unterlassungsanspruch, auch hierfür ist der Eigentümer
in besonderen Fällen zu entschädigen (Aufopferungsgedanke).

Auf wirtschaftlichen Erwägungen und auf einer Anerkennung des nachbarlichen Ge- 107
meinschaftsverhältnisses beruht die Pflicht des Nachbarn, einen **Überbau** zu dulden
(§§ 912 ff), allerdings gegen eine Entschädigung, die sich nach dem Verkehrswert der
überbauten Fläche bestimmt[3]. Vorausgesetzt ist, dass der Bauende nicht vorsätzlich
oder grob fahrlässig die Grenze überschritten und der Nachbar nicht sofort widerspro-
chen hat. Der die Grenze überschreitende Teil des Gebäudes ist Bestandteil des
Grundstücks, von dem aus überbaut worden ist; das bestimmt auch die Eigentumsverhältnisse.

Wenn die Voraussetzungen der Duldungspflicht nicht vorliegen, hat der Eigentümer des überbauten Grundstücks einen Beseitigungsanspruch aus § 1004. Wenn aber der Abriss des Gebäudes den Überbauenden zu untragbaren Aufwendungen zwingen würde und das Stehenbleiben
des Gebäudes den Eigentümer des überbauten Grundstücks nicht besonders beeinträchtigt, hielt
der BGH[4] die Geltendmachung des Beseitigungsanspruchs für rechtsmissbräuchlich. Das **Not-
wegrecht** der §§ 917, 918 soll eine vernünftige Ausnutzung der Grundstücke ermöglichen.
Diese Einrichtung tritt neben die auf einer vertraglichen Grundlage beruhende Benutzungs-
möglichkeit eines fremden Grundstücks auf Grund von **Dienstbarkeiten** (Rn 529). Eine gewisse Bedeutung im Hinblick auf die Sicherung des Rechtsfriedens kommt auch den gesetzlichen
Regelungen der **Grenzverhältnisse** zu. In städtischen Siedlungsverhältnissen spielen die Eigentumsverhältnisse und die Benutzungsrechte bezüglich der Grenzanlagen bei einer Mauer
(§ 921) eine nicht unerhebliche Rolle. Ein auf der Grenze zwischen zwei Grundstücken stehen-

---

3   BGHZ 97, 292, 296; 57, 305; Erman/*Lorenz* § 912 Rn 11; HK-BGB/*Staudinger* § 912 Rn 14; *Vieweg/*
    Werner, § 9 Rn 51 ff.
4   BGHZ 62, 388, 391.

der Baum, der nach der Rechtsprechung beiden Grundstückseigentümern in der Weise geteilt zusteht, dass jedem der auf seinem Grundstück befindliche Teil gehört, löst Verkehrssicherungspflichten beider Eigentümer aus, die etwa beim Umstürzen des „Grenzbaums" auf eines der Grundstücke Schadensersatzansprüche gegen beide Eigentümer begründen können.

108   Letztlich aus § 242 abgeleitet, aber auch auf anderen positiv-rechtlichen Vorschriften über Duldung und Zumutbarkeit in nachbarschaftlichen Verhältnissen beruhend, ist von der Rechtsprechung das **nachbarliche Gemeinschaftsverhältnis** entwickelt worden. Daraus können sich Pflichten und korrespondierende Ansprüche besonders dann ergeben, wenn die zT recht kasuistisch gefassten Bestimmungen des gesetzlichen Eigentums- und Besitzschutzes, aber auch der Duldungspflichten im Einzelfall nicht als ausreichend erscheinen. So kann ein Grundstücks- und Gebäudeeigentümer verpflichtet sein, an sich zulässige bauliche Anlagen an seinem Gebäude oder Gebäudeteil nur in einer die Belange des anderen Teil-Eigentümers schonenden Weise durchzuführen[5].

Allerdings ist davor zu warnen, die genau abgewogenen Lösungen der §§ 903 ff, insbesondere auch der Duldungspflichten und Entschädigungsansprüche, durch das gesetzlich nicht geregelte Institut zu verdrängen.

III. Besitzrecht

109   Das **Besitzrecht** stellt teilweise auf rein tatsächliche Umstände ab (Besitz ist die **tatsächliche Gewalt**), behandelt den Besitz aber teilweise wie eine abstrakte Rechtsbeziehung, die auch von den Beteiligten gestaltbar ist (s. etwa zum mittelbaren Besitz § 868 und Rn 32).

Der **unmittelbare Besitz** besteht in der tatsächlichen Sachgewalt. Ihr Erwerb und Verlust bedeuten Erwerb und Verlust des unmittelbaren Besitzes, §§ 854, 856. Die Einigung zwischen dem Besitzer und dem Erwerber über den Besitzerwerb reicht aus, wenn der Erwerber in der Lage ist, die tatsächliche Sachgewalt auszuüben, § 854 Abs. 2.

Von der Art, in der die tatsächliche Sachgewalt erworben wird, hängt der Besitzerwerb nicht ab. „Übergabe" iSd Verfügungstatbestände (zB §§ 929, 1205) ist das einverständliche Geben und Nehmen; der mittels verbotener Eigenmacht (zum Begriff Rn 47) erlangte Besitz ist fehlerhaft, zu den Folgen vgl. §§ 858, 861.

110   Tatsächliche Sachherrschaft übt auch der **Besitzdiener** aus; das ist derjenige, der für einen anderen in einem sozialen Abhängigkeitsverhältnis tätig ist. Alle besitzrechtlichen Folgen treten dann *nur* beim Besitzherrn ein, der Besitzdiener ist nicht Besitzer, § 855. Weigert sich der Besitzdiener, dem Besitzherrn die Sache herauszugeben, begeht er verbotene Eigenmacht und setzt sich den Folgen der §§ 858, 861 aus.

111   Der **mittelbare Besitz** gem. § 868 setzt unmittelbaren Besitz des Besitzmittlers und ein Besitzmittlungsverhältnis zwischen ihm und dem mittelbaren Besitzer voraus. Das Besitzmittlungsverhältnis muss ein genügend konkret auf die Sache bezogenes

---

5   Lesenswert insoweit BGH NJW-RR 2003, 1313 betreffend eine Burganlage.

Verhältnis (nicht unbedingt ein gültiges Rechtsverhältnis) sein, das dem mittelbaren Besitzer durch seinen Einfluss auf das Verhalten des unmittelbaren Besitzers, nämlich des Besitzmittlers, Einwirkungsmöglichkeiten in Bezug auf die Sache gibt. Der mittelbare muss gegen den unmittelbaren Besitzer einen Herausgabeanspruch haben (vgl. zum mittelbaren Besitz Rn 34). Der mittelbare Besitz beruht auf dem Willen des unmittelbaren Besitzers, für den mittelbaren Besitzer zu besitzen (sog. Fremdbesitzwille). Von dem Augenblick an, in dem der unmittelbare Besitzer nicht mehr für den mittelbaren besitzen will, also für sich selbst oder für einen anderen mittelbaren Besitzer die Sachherrschaft ausübt, endet der mittelbare Besitz des bisherigen Berechtigten.

Der mittelbare Besitz wird dadurch erworben, dass seine Voraussetzungen, dh Besitz des unmittelbaren Besitzers und das Besitzmittlungsverhältnis, geschaffen werden; er geht unter, wenn nur eines dieser Merkmale entfällt. Übertragen wird der mittelbare Besitz durch Abtretung des Herausgabeanspruchs, § 870. Die Abtretung richtet sich nach §§ 398 ff.   **112**

Wenn im Gesetz nichts Besonderes normiert ist, steht der mittelbare Besitz dem unmittelbaren gleich, beide sind Besitz iSd Gesetzes.

Mittelbarer Besitz und Ausübung der Sachgewalt durch einen Besitzdiener unterscheiden sich scharf: Beim mittelbaren Besitz sind der mittelbare Besitzer *und* der unmittelbare Besitzer Besitzer im Rechtssinn, der Besitz ist gewissermaßen verdoppelt; im Fall des § 855 ist *nur* der Besitzherr Besitzer. Beim mittelbaren Besitz hat der mittelbare Besitzer einen Anspruch gegen den unmittelbaren auf ein dem Besitzmittlungsverhältnis entsprechendes Verhalten, im Fall des § 855 hat er sogar ein **Anweisungsrecht**, dem der Besitzdiener kraft seiner Abhängigkeit unterworfen ist.   **113**

Ein **Alleinbesitzer** übt die tatsächliche Sachgewalt allein aus; bei **Mitbesitz** kann jeder für sich (einfacher Mitbesitz) oder können nur die Mitbesitzer zusammen die Sachgewalt ausüben (sog. **qualifizierter Mitbesitz**), § 866.   **114**

Die **Funktion des Besitzes** besteht auch heute noch hauptsächlich darin, den Rechtsfrieden zu sichern und Interessen an der Sache, die nicht in der Form eines dinglichen Rechts an der Sache anerkannt sind, zu schützen. Zu diesem Zweck gibt es einen eigenständigen **Besitzschutz** in Gestalt sog. **possessorischer** Ansprüche. Geschützt wird – und zwar auch mit dem Herausgabeanspruch des § 861 – der Besitz als tatsächliche Situation; bedeutsam ist das vor allem für den nur schuldrechtlich zum Besitz berechtigten Besitzer: Der Mieter, dem die Sache fortgenommen wird, hat kein gegenüber Dritten wirkendes Recht zum Besitz, wohl aber gegen den fehlerhaften Besitzer den Anspruch auf Herausgabe aus § 861 und – wichtiger – gegen den Störer aus § 862. Dieser Anspruch entspricht dem Beseitigungs- und Unterlassungsanspruch des Eigentümers gegen einen Störer aus § 1004.   **115**

Fehlerhaft ist der durch **verbotene Eigenmacht** erlangte Besitz. Das ist der Besitz, der durch einen nicht gerechtfertigten Eingriff erlangt ist. Dabei kommt es nicht auf das Recht zum Besitz, sondern auf das Recht zu dem Eingriff an, § 858. Gegen verbotene Eigenmacht kann sich der Besitzer mit Selbsthilfe (Besitzwehr) und in den Grenzen des § 859 Abs. 2 und 3 auch durch sog. Besitzkehr wehren, also notfalls auch mit Gewalt, was eine Seltenheit in der bürgerlichen Rechtsordnung ist.   **116**

117 Insgesamt unterscheiden sich die Herausgabeansprüche aus §§ 861 und 985 also stark: Bei § 985 geht es um das Recht des Eigentümers zum Besitz; der Anspruch scheitert an jedem – auch schuldrechtlichen – Besitzrecht des Besitzers und dessen, dem er den Besitz vermittelt (§ 986). Bei § 861 spielt das Recht zum Besitz grundsätzlich keine Rolle, es kommt allein auf den Besitzverlust durch verbotene Eigenmacht und die Fehlerhaftigkeit des Besitzes des jetzigen Besitzers an. Sind diese Voraussetzungen gegeben, so ist auch der zum Besitz Berechtigte zur Herausgabe nach § 861 verpflichtet (zB der Käufer nimmt dem Verkäufer nach Zahlung des Kaufpreises die Kaufsache weg). Die Unterschiede ergeben sich daraus, dass § 861 eine Friedensschutzfunktion, § 985 dagegen die Aufgabe hat, eine dem materiellen Recht entsprechende Besitzlage herzustellen.

118 Der Besitz ist auch ein **absolut geschütztes Rechtsgut** iSd § 823; er ist aber, wenn es um die Bemessung des Schadensersatzes in Geld geht, nur so viel wert wie das hinter dem Besitz stehende Recht zum Besitz.

119 Eine Besonderheit, durch die die Maßgeblichkeit der tatsächlichen Lage für die Besitzverhältnisse durchbrochen wird, liegt darin, dass **§ 857** den Übergang des Besitzes auf die **Erben** anordnet. Das bedeutet, dass bei unmittelbarem Besitz des Erblassers der Erbe dieselbe Position innehat, auch wenn er vom Erbfall gar keine Kenntnis hat. Das ist insbesondere für die Anwendung des § 935 von Bedeutung (näher Rn 38, 236).

IV. Eigentümer-Besitzer-Verhältnis

120 Aus dem Verhältnis zwischen dem Eigentümer und dem herausgabepflichtigen Besitzer entwickeln die §§ 987 ff Ansprüche des Eigentümers auf Ersatz derjenigen Schäden, die aus Beschädigung oder Untergang der herauszugebenden Sache folgen, ferner Ansprüche auf Erstattung von Nutzungen, die der nichtberechtigte Besitzer gezogen bzw zu ziehen unterlassen hat. Demgegenüber hat der Besitzer uU Ansprüche auf Ersatz der Verwendungen, die er für die herauszugebende Sache gemacht hat. Die im Einzelnen sehr differenziert geregelten Ansprüche aus dem **Eigentümer-Besitzer-Verhältnis** stehen allerdings in Konkurrenz zu Ansprüchen aus Vertrag, aus unerlaubter Handlung und insbesondere aus ungerechtfertigter Bereicherung, so dass eine getrennte Darstellung notwendig ist, die sich nicht nur als Ergänzung des gesetzlichen Eigentumsschutzes versteht (näher dazu Rn 311 ff).

Teil II
Der Eigentumserwerb an beweglichen Sachen

§ 5 Erwerb durch Einigung und Übergabe nach §§ 929–931

Fall 7: E will eine Zeitlang verreisen und bittet seinen Freund F, regelmäßig in seiner Woh-   **121**
nung die Blumen zu gießen. Einige Wochen später holt F im Einverständnis des E dessen
HiFi-Anlage aus der Wohnung und baut sie bei sich zu Hause für eine Party auf. Bei dieser
Gelegenheit stellt sich ein Defekt in der Anlage heraus. Im telefonisch eingeholten Einverständnis des E bringt F die Anlage zu dem Händler H und beauftragt diesen im Namen des
E mit der Reparatur. Als E kurz danach von seiner Reise zurückkommt, erzählt ihm F, die
Anlage sei noch bei H; er – F – wolle sie aber gern erwerben und würde, wenn sie sich über
den Preis einigen könnten, auch die Reparaturkosten übernehmen. Hiermit ist E einverstanden und teilt dem H telefonisch mit, er habe die Anlage an F verkauft. **Lösung Rn 130, 148,
150**

Fall 8: Rechtsanwalt E in Berlin, der nach der Trennung von seiner Frau allein in einer großen Altbauwohnung lebt, in deren Räumen er auch seine Praxis betreibt, ist von seinem Arzt
über eine lebensbedrohende Krankheit aufgeklärt worden. Er bittet seine Nichte N, ihn in
der nächsten Zeit zu versorgen, und bietet ihr auch eine Unterkunft in seiner Wohnung an.
Die N geht auf diese Bitte ein. Nach einigen Wochen verschlechtert sich der Zustand des E
erheblich, und er entschließt sich, sich in ein Krankenhaus in seiner Heimatstadt Köln zu begeben. Der N, die ihn im Krankenwagen dabei begleiten will, möchte er zum Dank für ihre
aufopfernde Pflege zwei wertvolle Bilder schenken, die in seinem gleichzeitig für die Praxis
genutzten Arbeitszimmer hängen. Er übergibt ihr daher einen Wohnungsschlüssel und sagt
ihr im Beisein seiner langjährigen Bürovorsteherin B, sie könne sich die Bilder jederzeit ab-
holen. Kurze Zeit darauf stirbt E in einem Kölner Krankenhaus. Um die Bilder streiten seine
Witwe W, die ihn beerbt hat, und die N, die zu Lebzeiten des E nicht mehr dazu gekommen
ist, die Bilder abzuholen. Dazu BGH NJW 1979, 714. **Lösung Rn 130, 133, 139**

Fall 9: Der Importeur I hat eine Schiffsladung argentinisches Hasenfleisch von E in Buenos Aires gekauft, die gerade von E im argentinischen Hafen auf ein Schiff der R-Reederei
verladen werden soll. Nachdem das Schiff mit der Ladung auf See ist, verkauft I seinerseits
das Fleisch an den Lebensmittel-Großfilialisten L und weist per Mail den E an, nach Ankunft in Hamburg die Ware an L aushändigen zu lassen; diese Anweisung gibt E an die R
weiter. **Lösung Rn 134, 136**

I. Die Übertragung des Eigentums durch Einigung und Übergabe

1. Die dingliche Einigung

122 In allen Fällen haben die Parteien Vereinbarungen über die Übertragung des Eigentums getroffen, wobei auch deutlich wird, dass rechtlich ein Unterschied besteht zwischen der eigentlichen Übereignung und dem schuldrechtlichen Grundgeschäft, das eine Pflicht zur Übereignung begründet (zum damit angesprochenen Abstraktionsprinzip Rn 12). Insoweit handelt es sich im **Fall 7** um einen Kauf, im **Fall 8** um eine Schenkung, wobei freilich die Voraussetzungen des § 518 Abs. 1 nicht vorliegen, sodass eine gültige Schenkung nur durch Bewirkung der versprochenen Leistung gem. Abs. 2 zustande kommen kann. Hierfür würde aber ein Eigentumsübergang durch Einigung und Vereinbarung eines Besitzmittlungsverhältnisses (§ 930) ausreichen[1]. Also kommt es in beiden Fällen auf das Bestehen eines gültigen Übereignungsgeschäfts an. Man wird die jeweils Beteiligten auch dahin verstehen können, dass sie sich über den Eigentumsübergang einig sind. Nach den §§ 929 ff muss aber neben der **dinglichen Einigung**, die **Vertrag** ist, noch ein **Vollzugstatbestand** gegeben sein. Das dingliche Geschäft beruht also auf einem zusammengesetzten Tatbestand, der als solcher vom obligatorischen Geschäft getrennt ist. Dies führt ua auch dazu, dass die Partner der beiden Geschäfte nicht unbedingt identisch zu sein brauchen.

123 Dies zeigt **Fall 9**: Hier haben E und I sowie später I und L Kaufverträge über das Fleisch geschlossen. Wenn aber das Fleisch bei der Übernahme durch die Reederei in Buenos Aires noch nicht ins Eigentum des I übergegangen sein sollte, so kann es sein, dass nach Ankunft des Schiffes in Hamburg (auf einem noch zu erörternden Wege) die Eigentumsübertragung direkt von E an L erfolgt.

2. Verhältnis von Einigung und Übergabe

124 Die Regelform der rechtsgeschäftlichen Eigentumsübertragung ist die durch Einigung und Übergabe nach § 929. Diese Regelung ist Ausdruck des **Traditionsprinzips**, nach dem die dingliche „Einigung", also ein Vertrag, durch einen Vollzugstatbestand nach außen dokumentiert wird, wodurch zugleich die Ernsthaftigkeit des Übereignungswillens hervortritt[2]. In den vom Gesetz zur Verfügung gestellten Vollzugstatbeständen (§§ 929 ff für Übereignung beweglicher Sachen, § 873 für Begründung und Übertragung eines Grundstücksrechts) ist allerdings die Publizität des Rechtsübergangs unterschiedlich ausgestaltet, zT (§ 930) deutlich abgeschwächt. Die dingliche **Einigung** besteht allein darin, dass die Parteien sich über den Eigentumsübergang von dem Veräußerer an den Erwerber einig werden und dies erklären. Dieser Vertrag ist nach allgemeinen Regeln auslegungsfähig, wobei auch klar sein muss, dass gerade der den Besitz Erwerbende oder derjenige, für den er tätig wird (näher Rn 151), Ei-

---

1 BGH NJW 1979, 714; OLG Karlsruhe MDR 2005, 1155; Erman/*Herrmann* § 518 Rn 5a.
2 HK-BGB/*Schulte-Nölke* Vor §§ 929-1011 Rn 3 ff; Staudinger/*Wiegand* Vorbem zu §§ 929-931 Rn 21, 22.

gentümer werden soll[3]. Die Einigung und die Übergabe müssen nicht im unmittelbaren zeitlichen Zusammenhang miteinander erfolgen; es kommt durchaus vor, und reicht für eine Übereignung auch aus, dass sich Veräußerer und Erwerber im Zuge einer **vorweggenommenen Einigung** über den Eigentumsübergang an einer Sache verständigen, die der Veräußerer noch gar nicht in Besitz hat, die bisweilen noch nicht einmal existiert[4]. So einigen sich etwa bei der Sicherungsübereignung eines gewerblich tätigen Kreditnehmers mit der kreditgebenden Bank (näher Rn 170) die Beteiligten darüber, dass gegenwärtig im Besitz des Schuldners befindliche, aber auch künftig von ihm erworbene Maschinen ins Eigentum der Bank fallen sollen. Hier ermöglicht § 930 anstelle der körperlichen Besitzübergabe, die nicht zweckmäßig ist, einen Übergabeersatz, in anderen Fällen (der Verkäufer, der eine Ware verkauft und bezahlt erhalten hat, die er aber noch besorgen muss, einigt sich mit dem Verkäufer bereits jetzt über den Eigentumsübergang) bedarf es dann später noch der Übergabe, die Einigung liegt aber gültig vor. Allerdings muss nach dem allgemeinen, die Verfügungsgeschäfte beherrschenden Grundsatz, dass bei Vollendung des Rechtserwerbs noch alle seine Voraussetzungen vorliegen müssen, die Einigkeit bei der Übergabe noch bestehen, näher Rn 140.

a) Bei der **Auslegung** von Erklärungen, in denen eine dingliche Einigung gesehen **125** wird oder liegen soll, ist besonders auf den wirtschaftlichen Zweck einzugehen und zu prüfen, ob sich der bisherige Eigentümer schon endgültig von seinem Recht trennen will und der andere – mit oder ohne Besitzerwerb – bereits eine frei verfügbare Rechtsposition erhalten sollte[5]; so kann **im Fall 9** I, wenn ihm der Kaufpreis überwiesen wird, mit L über den Eigentumsübergang einig sein, was sich auch in der Mail an R zeigen kann. Dies spielt namentlich eine Rolle bei der Prüfung, ob ein Eigentumsvorbehalt durch Vereinbarung einer aufschiebend bedingten Einigung gewollt war, näher Rn 165. Die Anwendung der allgemeinen Rechtsgeschäftslehre auf die dingliche Einigung führt dazu, dass bei der Einigung auch Stellvertretung iSd § 164 möglich ist (hierzu näher Rn 151)[6], auch können Willensmängel (§§ 119, 123) auftreten oder es kann zur Ungültigkeit wegen Gesetzes- oder Sittenverstoßes (§§ 134, 138) kommen. Die Bedingtheit der dinglichen Einigung (§ 158) kennzeichnet den Eigentumsvorbehalt (Rn 165).

Die dingliche Einigung kann von **Willensmängeln** beeinflusst sein, wofür aufgrund **126** des Abstraktionsprinzips etwa Irrtümer beim Grundgeschäft nicht in Betracht kommen, wenn hiervon nicht im Einzelfall auch das Verfügungsgeschäft betroffen ist[7]. So kann ein Erklärungsirrtum vorliegen, wenn ein Buchhändler, der verschiedenen Kunden telefonisch ein Buch verkauft und verpackt zur Abholung bereit gelegt hat, bei der Übergabe den Inhalt verwechselt, was ein Erklärungsirrtum bei der dinglichen Ei-

---

3   So geht bei der Auszahlung an denjenigen, der unter Benutzung einer gefundenen Scheckkarte und der beiliegenden PIN des Kontoinhabers bei einer Bank Geld abhebt, auf diesen kein Eigentum über, da die Bank ausschließlich an den durch die PIN ausgewiesenen Kontoinhaber übereignen will, so jedenfalls BGH JuS 1999, 189 (mit Anm. *K. Schmidt*).

4   Zur vorweggenommenen Einigung s. *Vieweg/Werner*, § 4 Rn 8.

5   Zur Auslegung einer bei der Übergabe erklärten (schlüssigen) Einigung s. etwa das lehrreiche Urteil BGH NJW 1990, 1913; dazu *Westermann/H.P. Westermann*, § 37 Rn 8.

6   Zum Identitätsirrtum bei der dinglichen Einigung s. OLG Hamm, Urt. v. 22.2.2016 – 5 U 110/15.

7   Näher dazu *Grigoleit*, AcP 199 (1999), 379 ff; *Lieder/Berneith*, JuS 2016, 673 ff.

nigung ist. Inwieweit ein Eigenschaftsirrtum iSd § 119 Abs. 2, wie er beim Verkauf von alten holländischen Fliesen, deren Herkunft aus dem 16. Jahrhundert dem Verkäufer aber unbekannt ist, sich nur auf den Kaufvertrag oder auch auf die Übereignung auswirkt, ist umstritten[8], allerdings spielt dies beim Kauf regelmäßig keine Rolle, weil bekanntlich (§ 1 Fn 10) bei einem Irrtum des Käufers über Eigenschaften der Kaufsache die Gewährleistungsansprüche vorgehen. Unstreitig ist jedoch, dass bei arglistiger Täuschung oder Drohung der Willensmangel so schwer wiegt, dass er auch das Verfügungsgeschäft erfasst[9], also wenn im genannten Fall der Käufer sehr wohl um das Alter der gekauften Fliesen wusste. Die hier bisweilen wirkende Vorstellung, die dingliche Einigung, die sich ja nur auf den bloßen Eigentumsübergang bezieht, sei deshalb „wertneutral"[10], lenkt ein wenig an dieser Berücksichtigung der Schranken der Bindung an privatautonome Akte vorbei. Deshalb ist auch klar, dass auch ein bloßes Verfügungsgeschäft gegen **gesetzliche Verbote** (§ 134) oder gegen die **guten Sitten** (§ 138) verstoßen und daher nichtig sein kann, wenn gerade der Eigentumswechsel und die daraus folgende Verfügungsmacht des Erwerbers durch das verletzte Gebot missbilligt werden: So ist beim Kauf dunkler Damenstrümpfe mit dem offensichtlichen Ziel, sie bei einem anschließenden Banküberfall zur Maskierung zu benutzen, nicht nur das Verpflichtungsgeschäft, sondern auch die Übereignung anstößig, ebenso beim Drogenhandel. Bei undurchsichtigen Geschäften wird man dies aber nicht immer annehmen können. Eine besondere Rolle spielt das Problem der Sittenwidrigkeit bei den Sicherungsgeschäften (Rn 190).

127 Neben den Fragen, die sich aus der Anwendung des allgemeinen Vertragsrechts auf die dingliche Einigung ergeben, stehen die praktisch ebenfalls wichtigen Folgerungen aus besonderen **sachenrechtlichen Gültigkeitserfordernissen** wie dem **Bestimmtheitsgrundsatz** (auch: Spezialitätsgrundsatz), ferner aus der Vorstellung einer gegenüber dem allgemeinen Vertragsrecht geringeren Bindungswirkung der Einigung und schließlich aus dem Grundsatz, dass bei der Vollendung einer Verfügung alle ihre Gültigkeitserfordernisse noch gegeben sein müssen (zum Letzteren näher Rn 140). Nach dem Bestimmtheitsgrundsatz müssen sich Verfügungen als Zuordnungsgeschäfte immer auf einen bestimmten Gegenstand beziehen, anders als Verpflichtungen, die den Schuldner zwar binden, aber die Zuordnung des Gegenstandes der Obligation, wenn der Schuldner ihn überhaupt schon hat, noch nicht verändern, was erst durch das Verfügungsgeschäft geschehen soll; für das schuldrechtliche Geschäft spricht man von einer nur mittelbaren Zuordnung des Gegenstandes der Obligation zum Vermögen des Gläubigers[11], der nunmehr ein Recht **auf** die Sache, aber nicht **an** der Sache hat. Das Bestimmtheitserfordernis, das freilich bei einer Reihe von wirtschaftlich wichtigen, teils durch Rechtsfortbildung entwickelten Verfügungsformen nicht immer mit voller Konsequenz angewendet wird und werden kann[12], ist erfüllt,

---

8 Für die Anfechtbarkeit auch des Verfügungsgeschäfts MünchKomm/*Oechsler* § 929 Rn 33; a.M. *Stadler*, Gestaltungsfreiheit und Verkehrsschutz durch Abstraktion, 1996, S. 178.

9 Westermann/*H.P. Westermann*, § 37 Rn 10.

10 BGH NJW-RR 2000, 1431.

11 Näher dazu Westermann/*H.P. Westermann*, § 2 II 1 Rn 7.

12 Näher *H.P. Westermann*, FS für Georgiadis, 2005, S. 320 ff; s. auch Staudinger/*Seiler* Sachenrecht – Allgemeine Lehren, S. 973 ff Rn 54. Insofern ist das Sachenrecht entgegen verbreitetem Verständnis nicht „statisch", *H.P. Westermann*, FS für Schapp, 2011, S. 507 ff.

wenn jeder, der die Vereinbarungen der Beteiligten kennt, ohne Heranziehung weiterer Umstände feststellen kann, auf welche Gegenstände sich die Vereinbarung bezieht[13]. Das wird am deutlichsten bei der Gattungs- oder Vorratsschuld: Die Verpflichtung, 100 Sack Mehl aus einem größeren Lager zu liefern, legt nicht fest, welche Säcke hinfort dem Erwerber gehören sollen[14]. Man muss dann die zu übereignenden Stücke näher bezeichnen, wofür eine Benennung der Räume, in denen sie gelagert werden, ausreicht, wenn alle in diesem Raum befindlichen Gegenstände gemeint sind oder für jeden Dritten anhand der Gattungsbezeichnung klar ist, wie die Eigentumsverhältnisse sind[15]. Aber auch bei der Stückschuld bedarf es nach dem Abstraktionsprinzip und dem Publizitätserfordernis bei der Verfügung einer Einigung und Besitzübertragung, wobei die Letztere nicht ohne einen auf bestimmte Sachen konkretisierten Besitzwillen (Rn 31) denkbar ist. Für die Bestimmtheit ist der Zeitpunkt der dinglichen Einigung maßgebend.

Das zeigt sich an dem – allerdings nicht unproblematischen – Fall des Ehemanns, der seiner Frau zum dritten Hochzeitstag sämtliche zu diesem Zeitpunkt im gemeinsamen Hausstand befindlichen Hausratsgegenstände geschenkt hatte[16], deren Eigentum die Ehefrau nach der Insolvenz des Ehemanns für sich beanspruchte: Hier war im Zeitpunkt der Einigung klar, welche Sachen sie erfasste; dass später noch andere hinzukamen, beeinträchtigte sicher die Beweisbarkeit der Einigung in Bezug auf die einzelnen Gegenstände, verhinderte aber ihre genügende Bestimmtheit nicht. Zur Besitzübertragung in solchen Fällen Rn 144. Anders wenn die Eheleute – in Voraussicht künftiger Vollstreckungsmaßnahmen von Gläubigern des Ehemanns – die Übereignung nur auf solche Sachen beschränken wollten, die nicht – nach den §§ 808 ff ZPO – unpfändbar und daher vom Gläubigerzugriff nicht bedroht waren[17].

Der Bestimmtheitsgrundsatz gilt auch, wenn gleichzeitig mit der dinglichen Einigung das schuldrechtliche Grundgeschäft zu Stande kommt; allerdings muss der Wille vor allem des Veräußerers zur Eigentumsübertragung genügend deutlich zum Ausdruck kommen. Die Rechtsprechung ist dabei – etwa bei der Übereignung von Sammlungsstücken, die in verschiedenen Räumen gelagert und nur allgemein bezeichnet waren – den praktischen Bedürfnissen durchaus entgegengekommen[18]. Dennoch begründen die Unsicherheiten bei der Einschätzung der hinlänglichen Bestimmtheit, besonders bei der Sicherungsübereignung eines Warenlagers mit wechselndem Bestand (Rn 179), oftmals den Entschluss, pauschal alle betroffenen Gegenstände zu übereignen, so dass es auf eine Unterscheidung bezüglich der von dem Rechtsgeschäft betroffenen Sachen nicht ankommt (sog. **„All-Klausel")**[19].

128

---

13 BGH NJW 1994, 133, 134; 1992, 1161; 1986, 1985; krit. zu dieser Formel aber Staudinger/*Wiegand* Anh zu §§ 929–931, Rn 99, 101, 108.
14 RGZ 113, 57; schwierig ist danach die Übereignung von Teilen eines mehrere Gegenstände umfassenden Bestandes, BGH NJW-RR 1994, 1537.
15 Wenn eine solche eindeutige Kennzeichnung vorliegt (Bezeichnung der übereigneten Container nach qm-Inhalt), so schadet es nach BGH NJW 1994, 133 f auch nicht, wenn sich die Gegenstände an verschiedenen Orten befinden. Bei Sachgesamtheiten wie einer Bibliothek kann für die erforderliche Einzelübereignung eine Sammelbezeichnung der vom Übereignungswillen umfassten Einzelsachen ausreichen. Hingegen ist die Bezugnahme auf ein rechtliches Unterscheidungsmerkmal (z.B. alle im Eigentum des Veräußerers an einem bestimmten Ort befindlichen Sachen) nicht hinreichend unterscheidungskräftig, OLG Brandenburg Urt. v. 6.7.2016 – 6 U 161/14.
16 BGHZ 73, 253.
17 BGH NJW-RR 1988, 565; dazu *Schreiber*, Sachenrecht Rn 155.
18 Dazu näher *Gursky*, JZ 1997, 1094, 1097.
19 S. etwa den Fall BGH WM 2000, 1704 mit krit. Anm. *Medicus*, EWiR § 929 BGB 1/2000.

129 Zu den spezifisch sachenrechtlichen Gültigkeitserfordernissen eines Rechtsgeschäfts gehört die **Verfügungsbefugnis** des Veräußerers (als nicht nur bei der Eigentumsübertragung wichtig, sondern auch bei der Bestellung oder inhaltlichen Veränderung eines dinglichen Rechts)[20]. Diese Befugnis folgt gewöhnlich aus der Inhaberschaft an dem betroffenen Recht, also etwa dem Eigentum, es kann aber auch sein, dass Rechtsinhaberschaft und Verfügungsbefugnis getrennt sind, so etwa in der Insolvenz des Eigentümers, in der die Befugnis, über Gegenstände der Insolvenzmasse zu verfügen, auf den Insolvenzverwalter übergeht, ähnlich bei der Testamentsvollstreckung (§ 2211). Verfügungsbefugnis eines Nicht-Rechtsinhabers kann sich auch durch eine **Ermächtigung** (§ 185) des Berechtigten ergeben. Eine weitere, die sachenrechtlichen Verfügungsgeschäfte kennzeichnende Besonderheit besteht darin, dass der Doppeltatbestand erst durch die Übergabe oder einen Übergabeersatz vollendet ist, nach wohl hM aber bis dahin die **Einigung nicht bindend** ist, was von der Rechtslage bei sonstigen vertraglichen Einigungen abweicht, näher Rn 142.

130 Untersucht man vor diesem Hintergrund die Verfügungstatbestände in den Ausgangsfällen, so ergibt sich: Im **Fall 7** zeigt die Vereinbarung zwischen E und F nach der Rückkehr des E von seiner Reise, dass E die HiFi-Anlage nicht mehr zurückhaben will und seine Beziehung zu der Sache zu Gunsten des F ganz aufgeben will; die Einigung über den Eigentumsübergang liegt also vor.

Im **Fall 8** spricht für einen entsprechenden Willen des R der Umstand, dass er eine die N für ihre Hilfe einigermaßen entschädigende Zuwendung machen will, wenn er auch – da er natürlich einen Schlüssel zu seiner Wohnung behält – seine Sachbeziehung nicht ganz aufgibt. Hier ist also von einer Einigung auszugehen, eine Übergabe in Gestalt eines Besitzwechsels fehlt aber noch. Bei der Prüfung, ob eine Einigung vorliegt, sind zu berücksichtigen das Sicherheitsbedürfnis des Veräußerers, die Sache nicht ohne Erhalt der Gegenleistung aus der Hand zu geben, demgegenüber die Absicht, sich mit der Sache nicht länger zu belasten, sie dem möglichen Zugriff Dritter zu entziehen und dergleichen. Vielfach, besonders bei Parteien ohne juristischen Sachverstand, wird man mit der Bezahlung des vollen Kaufpreises bereits einen Willen zum Eigentumserwerb an der verkauften Sache annehmen können, doch ist mit Rücksicht auf das Abstraktionsprinzip vor der voreiligen Annahme eines schlüssig erklärten Einigungswillens zu warnen.

131 **b)** Neben der Einigung bedarf es einer **Übergabe im Sinne des § 929**, die in einem einverständlichen Geben und Nehmen des unmittelbaren Besitzes besteht. Ausgangspunkt ist § 854 Abs. 1 (Erlangung der tatsächlichen Sachherrschaft durch den Erwerber). Durch die Einbeziehung der Figur des mittelbaren Besitzes (Rn 32 ff) verschieben sich die Dinge etwas: Der Veräußerer muss sich jeden Besitzes entäußern, der Erwerber muss mindestens mittelbaren Besitz erlangen, ohne dass ihm der Veräußerer selber den Besitz vermittelt. Solange nämlich der Veräußerer die tatsächliche Beziehung zur Sache behält, spricht für ihn die mit dem Besitz verbundene Vermutung (§ 1006 Abs. 1), auch der Eigentümer zu sein. Nicht immer ist ganz klar, ob wirklich der Veräußerer sich jeder Form der besitzrechtlichen Herrschaft entäußern oder ob er doch noch gewisse Einflussmöglichkeiten behalten will, dazu Rn 130.

Die Form des § 929 ist vom Gesetz als Regelfall der Eigentumsübertragung herausgestellt, weil sie der Verlautbarungsfunktion des Besitzes am besten gerecht wird. Nach Vollzug der Überga-

---

20 Zur Verfügungsbefugnis s. *Vieweg/Werner*, § 4 Rn 56 ff.

be weist der Besitz auf den neuen Eigentümer hin; Eigentum und Besitz sind, für Dritte erkennbar, in einer Hand. Für das manchmal bestehende Bedürfnis des Veräußerers, auch nach Eigentumsübergang noch eine Zeitlang, vielleicht sogar auf Dauer noch eine gewisse Beziehung zur Sache zu behalten, sind vom Gesetz die Formen des Übergabeersatzes (§§ 930, 931) vorgesehen (dazu Rn 143 ff), sodass es für § 929 bei der Forderung einer völligen Trennung des Veräußerers von der Sachherrschaft bleiben kann[21].

Für eine Veräußerung nach § 929 ist es nicht unerlässlich, dass der Veräußerer persönlich die Sache übergibt oder in Empfang nimmt, es reicht aus, wenn die tatsächliche Gewalt dem Besitzdiener verschafft worden ist. Auch Übergabe an eine Person, die **Besitzmittler** des Erwerbers ist, reicht aus. Auf der anderen Seite werden gerade im gewerblichen Verkehr veräußerte Sachen von einem Besitzdiener des Erwerbers übernommen, so dass der Geschäftsherr Besitzer und Eigentümer werden kann. **132**

> Schickt im **Fall 8** die N ihre Freundin F, die die Bilder für sie restaurieren soll, mit einer schriftlichen Nachricht zu der B, die daraufhin die Bilder aushändigt, so wird auf Seiten des Veräußerers R eine Besitzdienerin tätig (dazu Rn 36), auf Seiten der Erwerberin die F als Besitzmittlerin, da zwischen ihr und N ein Verhältnis gem. § 868 besteht; s. zu dem Fall aber auch Rn 139. **133**

In **Grenzfällen** ist die Anwendung des § 929 zweifelhaft. So kann es sein, dass der Veräußerer in die Übergabe Hilfspersonen einschaltet, die ihm weder den Besitz vermitteln noch gar seine Besitzdiener sind, dennoch aber auf seine Veranlassung tätig werden und dem Erwerber Besitz verschaffen. **134**

> Wenn etwa im **Fall 9** E die Anweisung des I befolgt, die R-Reederei zur Aushändigung der Ware im Bestimmungshafen an L zu veranlassen, so ist keineswegs gesagt, dass jetzt E oder die Reederei dem I oder gar schon dem L den Besitz vermitteln wollen, da E mit L nicht in vertraglichen Beziehungen steht und die Reederei nur mit E. Wenn aber die Übergabe wie gewünscht vonstatten geht, hat die Reederei (oder I) als sog. **„Geheißperson"** dem L den Besitz verschafft, und E hat seine Position als Besitzer (möglicherweise noch als mittelbarer Besitzer, dem die Reederei den Besitz vermittelte) verloren.

Allgemein lässt man es genügen, wenn ein Dritter als unmittelbarer Besitzer auf Geheiß des Veräußerers unmittelbaren Besitz an den Erwerber überträgt[22], wobei entscheidend ist, dass der Veräußerer, ohne selbst Besitzer zu sein, immerhin die tatsächliche Macht hat, dem Erwerber unmittelbaren Besitz zu verschaffen. Solange dies mit einem wirklichen Wechsel der tatsächlichen Sachherrschaft verbunden ist, ist gegen diese Ausweitung des Übergabebegriffs nichts einzuwenden. Es ist dann auch zumindest im Ansatz folgerichtig, für § 929 gewissermaßen umgekehrt die Übergabe an eine Person ausreichen zu lassen, die nicht Besitzmittler des Erwerbers ist, der sich vielmehr damit begnügt, dass eine von ihm angewiesene Person Besitz begründet; man spricht von **„doppeltem Geheißerwerb"**[23]. Die auffallende Großzügigkeit der **135**

---

21 MünchKomm/*Oechsler* § 929 Rn 59; ähnlich *Wilhelm*, Rn 887.
22 BGH NJW 1999, 425; 1982, 2371; 1974, 1132; 1973, 141; 1959, 1536; HK-BGB/*Schulte-Nölke* § 929 Rn 10, 22; Westermann/*H.P.Westermann*, § 38 Rn 10 ff; *Wilhelm*, Rn 893; *Vieweg/Werner*, § 4 Rn 31.
23 MünchKomm/*Oechsler* § 929 Rn 67; HK-BGB/*Schulte-Nölke* § 929 Rn 23.

Rechtspraxis im Umgang mit dem Übergabeerfordernis hat ihre Ursache darin, dass **„abgekürzte Lieferungen"** von Sachen, die sonst über mehrere Stationen laufen müssten, einfacher und kostengünstiger durchgeführt werden können als Lieferungen in einer „Veräußerungskette".

136 Angenommen, im **Fall 9** weiß der Veräußerer E nichts davon, dass I die Ware bereits an die Firma L weiterverkauft hat. Er will daher, um seine Verpflichtungen zu erfüllen, nur an I übereignen. Da er aber weiß, dass in der Praxis häufig „schwimmende Ware" gehandelt wird, hat er keine Bedenken dagegen, dass die R die Ware an einen ihr von I bezeichneten Empfänger übergibt. Wenn es dem L gelingt, etwa durch die Vorlage von Dokumenten, den Kauf von I und den Weiterverkauf an T zu belegen, und R dann die Ware an T übergibt, sollen durch die Übergabe mehrere Grundgeschäfte erfüllt werden: Die Verpflichtung des E gegenüber I, die des I gegenüber L und die des L gegenüber seiner Tochtergesellschaft T (welches Geschäft idR ebenfalls ein Kauf sein wird).

137 Derartige Gestaltungen der rechtlichen Beziehungen spielen in der Praxis auch eine Rolle bei der **„Durchlieferung"** von Waren, die ein Händler beim Lieferanten gekauft hat und durch diesen direkt an seinen Abnehmer ausliefern lässt; ähnlich beim sog. **Streckengeschäft** durch die mehrfache Veräußerung einer auf dem Transport befindlichen Ware (vgl. dazu wiederum **Fall 9** und sogleich Rn 138).

Angesichts der Trennung von dinglichem und schuldrechtlichem Geschäft könnte ein solcher Vorgang dahingehend verstanden werden, dass sich direkt E als Veräußerer und T als Erwerber über den Eigentumsübergang einigen. Man müsste dann lediglich prüfen, ob möglicherweise die R als Vertreterin oder Botin des E dessen Einigungserklärung übergibt. Sehr realistisch ist ein solches Verständnis aber nicht. Näher liegt, dass jeder Verkäufer nur mit einem unmittelbaren „Nachmann" in der Kette zu tun haben will, mit dem er die Abreden über Qualität, Zahlungsmodalitäten und dergl. getroffen hat, von dem er seine Gegenleistung erwartet, und demgegenüber er gegebenenfalls Zurückbehaltungsrechte oder auch einen Eigentumsvorhalt (§ 449) wird geltend machen können. Deshalb kombiniert die Praxis die Übergabe durch einen „auf Geheiß" des Veräußerers handelnden, ihm nicht den Besitz vermittelnden Dritten mit der Einschaltung einer „Geheißperson" auf Seiten des Erwerbers. In der „Veräußerungskette" bedeutet dies, dass der jeweilige Verkäufer, gegebenenfalls über seinen Vormann, den unmittelbaren Besitzer veranlasst, den Besitz auf den Letztkäufer zu übertragen. Es bedarf dann, um eine gültige Übereignung im Sinne des § 929 annehmen zu können, nur noch der Anwendung der Figur der **vorweggenommenen Einigung** (Rn 124), die aber im Verhalten der Beteiligten durchaus gesehen werden kann. Letztlich werden so in einem Akt der Übertragung der tatsächlichen Sachherrschaft (von R auf T) mehrere Übergaben iSd § 929 (und damit Übereignungen) bewirkt.

138 Die Rechtsprechung hat diese auf das in der Praxis sog. **Streckengeschäft** zugeschnittene, stark ergebnisbezogene Konstruktion der Vorgänge mehrfach gebilligt[24], und das Schrifttum folgt ihr dabei[25], wobei man sich mit der Begründung etwas schwer tut, dass anstelle des Besit-

---

24 BGH NJW 1986, 1167; 1982, 2371; 1982, 1929, 1933.
25 Eingehend *Gursky*, JZ 1991, 496; § *Habersack*, Rn 164; MünchKomm/*Oechsler* § 929 Rn 68, 69; *Padeck*, Jura 1987, 454 ff; HK-BGB/*Schulte-Nölke* § 929 Rn 26; Soergel/*Henssler* § 929 Rn 64 f; *Wieling*, JZ 1977, 291, 294; Diskussion bei Westermann/*H.P. Westermann*, § 38 Rn 10–12; s. auch *Vieweg/Werner*, § 4 Rn 32.

zes des Veräußerers und des Erwerbers Anweisungen einer Person treten, die Besitzverschaffungs- bzw Besitzzuweisungsmacht hat. Die praktische Schwierigkeit dieser die Publizität bei der Übergabe stark auflockernden Konstruktion liegt bei der Frage nach der Anwendung von Tatbeständen des Erwerbs vom Nichtberechtigten, weil geklärt werden muss, ob der Einfluss des Veräußerers auf eine „Geheißperson" iSd § 932 dem Besitz gleichsteht, sowie im Bereicherungsrecht, wenn wegen Mängeln der schuldrechtlichen Geschäfte einzelne oder mehrere Übereignungen rückabgewickelt werden müssen[26].

Nicht immer ist ganz klar, ob sich der Veräußerer wirklich jeder besitzrechtlichen Position begeben will. Welche Anforderungen die Rechtsprechung in dieser Hinsicht stellt, zeigt **Fall 8**.   **139**

> Zwar hatte R der N Zugang zu den Bildern und die Möglichkeit verschafft, die Bilder ohne Widerstand der B an sich zu nehmen. Zugleich ist aber zu vermuten, dass die B einer abweichenden späteren Weisung des R, die Bilder nicht – auch nicht an die N – herauszugeben, Folge geleistet haben würde; eine andere Person, die R beauftragt hätte, die Bilder an einen dritten Ort zu bringen, hätte jedenfalls dann Erfolg gehabt, wenn R ihr hierfür seine Schlüssel ausgehändigt hätte. Daher hat der BGH in diesem Fall eine Übergabe iSd § 929 verneint[27].

c) Da bei der Verfügung also die Teile des Doppeltatbestandes zeitlich auseinanderfallen können, kann sich die Schwierigkeit einstellen, dass beim letzten Tatbestandsteil nicht mehr alle Voraussetzungen der Wirksamkeit vorliegen oder eine vorweggenommene Einigung vom Veräußerer widerrufen wird. Im Ausgangspunkt gilt der Satz, dass **bei Vollendung einer Verfügung noch alle Gültigkeitserfordernisse gegeben sein müssen**. Das kann einen Einigungsübergang verhindern bei einer zeitlichen Streckung des Übereignungsvorgangs entweder durch Auseinanderfallen von Einigung und Übergabe, aber auch durch die Einschaltung von Besitzmittlern und Geheißpersonen in den Übergabevorgang.   **140**

Dass die Einigung der Übergabe der Sache vorausgeht, ist bei der Sicherungsübereignung von Warenlagern mit wechselndem Bestand der Regelfall (näher Rn 170). Aber es wird verlangt, dass die Einigung bei der Übergabe noch fortbesteht[28], was insbesondere bedeutet, dass der Verlust der Verfügungsbefugnis (der Veräußerer wird vor der Übergabe der Sache insolvent) den Eigentumsübergang verhindert. Andererseits ist die Einigung als solche eine Willenserklärung, sodass für sie etwa § 130 gilt, einschließlich seines Abs. 2, so dass eine vor dem Tod des Veräußerers erklärte Einigung gegen den Erben fortwirkt, der aber, etwa wenn Testamentsvollstreckung angeordnet ist, die Verfügungsbefugnis verlieren kann und im Übrigen (Rn 142) an die Einigungserklärung vor der Übergabe nicht gebunden sein soll. Der Ausgangssatz bedeutet also nur, dass das Vollzugsmoment der Verfügung, bei der Übereignung also die Besitzübertragung, Zeichen des Veräußerungswillens (und der entsprechenden Befugnis) des Veräußerers sein muss.   **141**

---

26 Dazu Rn 223; *Baur/Stürner*, § 51 Rn 17; Westermann/*Gursky*, § 7 Rn 3; zur bereicherungsrechtlichen Entwicklung s. besonders den (zum zentralen Examensstoff gehörenden) sog. **Hemden-Fall** BGH NJW 1974, 1132.
27 BGH NJW 1979, 714 und dazu *Gursky*, JZ 1984, 604.
28 BGH NJW 1979, 713 ff; BGHZ 14, 114, 119; RGZ 135, 366 f.

142 Das betrifft die streitige Frage der **Bindung** des Veräußerers an die von ihm erklärte **Einigung**[29]. Sie wird von der hM[30] verneint, wofür neben der Formulierung in § 929, die darauf abhebt, dass die Parteien „einig sind", der Gegensatz zu § 873 Abs. 2 als Argument für eine fehlende Bindung an die Einigungserklärung angeführt wird. Die Entstehungsgeschichte des Gesetzes ist in diesem Punkt dunkel; die Tatsache, dass für Willenserklärungen allgemein § 130 gilt, wonach eine dem Empfänger zugegangene Erklärung nicht mehr frei widerruflich ist, spricht gegen die hM. Vor allem ist nicht einzusehen, welchen Sinn die hier reklamierte Freiheit des Veräußerers von einer Bindung an die erklärte Einigung haben soll, wenn dann doch die schuldrechtliche Verpflichtung zu der entsprechenden Verfügung bindend ist und mit Vollstreckungszwang durchgesetzt werden kann[31], zumal es den Parteien frei steht, etwaige Unsicherheiten, ob die Verfügung wirksam werden soll, in die Gestalt einer rechtsgeschäftlichen Bedingung iSd § 158 Abs. 1 zu kleiden. Die hM sieht denn auch zumindest ein, dass angesichts der verbindlichen Einigung über das obligatorische Grundgeschäft der Fortbestand einer vertragsgemäß erklärten Einigung zu vermuten ist, ein Abrücken von ihr also für den Erwerber deutlich sein muss[32].

3. Übergabeersatz gem. § 930

143 Eine Übergabeform, bei der die Sache bleibt, wo sie ist, ist die des § 930.

An die Stelle der Übergabe des unmittelbaren Besitzes tritt eine Einigung darüber, dass der Veräußerer als Besitzmittler des Erwerbers besitzen will; der Eigenbesitz des Veräußerers wird damit zum Fremdbesitz (zu den Begriffen Rn 35). Das hängt damit zusammen, dass das BGB den unmittelbaren und den mittelbaren Besitz weitgehend gleich bewertet (s. bereits Rn 32): Der Verschaffung des unmittelbaren Besitzes des Erwerbers stellt es die des mittelbaren Besitzes für die Eigentumsübertragung gleich. Die Besonderheit betrifft lediglich die **Übergabe**, die Einigung über den Eigentumsübergang ist die gem. § 929. Das **Traditionsprinzip** wird durchbrochen, denn die Publizitätsfunktion des mittelbaren Besitzes ist nur gering. Allerdings stehen dann bei der Übereignung nach § 930 **zwei Einigungen** nebeneinander, nämlich die über den Eigentumsübergang und die über die Schaffung des Besitzmittlungsverhältnisses, die freilich oft in einem Akt zusammenfallen. So kann bei Kauf einer Ware, die der Käufer sofort bezahlt und der Verkäufer für den Käufer aufzubewahren verspricht, Einigung und Vereinbarung eines Besitzmittlungsverhältnisses uno actu geschehen sein. Allerdings muss das Besitzmittlungsverhältnis den in § 868 aufgestellten Anforderungen (Rn 32, 34) entsprechen. Dem müssen besonders die Vereinbarungen über eine **Sicherungsübereignung** genügen (dazu Rn 171). Aber auch sonst kann manch-

---

29 Zum Folgenden eingehend *Medicus/Petersen*, Rn 36; *Schödermeier/Woopen*, JA 1985, 622; *Wank/Kamanabrou*, JA 2000, 154 ff; zur Entstehungsgeschichte der h.M. und zu ihrer Verteidigung gegen die genannten Autoren *Wiegand*, in: FS 50 Jahre Bundesgerichtshof, 2000, Band I S. 753; 761 ff; MünchKomm/*Oechsler* § 929 Rn 41; HK-BGB/*Schulte-Nölke* § 929 Rn 7; s. auch *Lipp*, FS für Schapp, 2011, S. 363; *Vieweg/Werner*, § 4 Rn 54 ff.

30 BGH NJW 1979, 213; 1978, 696; *Martinek/Röhrborn*, JuS 1994, 473; MünchKomm/*Oechsler* § 929 Rn 41; *Prütting*, Sachenrecht Rn 373; *Schapp*, Sachenrecht Rn 190; HK-BGB/*Schulte-Nölke* § 929 Rn 7; Staudinger/*Wiegand* § 929 Rn 84.

31 *Schödermeier/Woopen*, JA 1985, 622; *Wank/Kamanabrou*, Jura 2000, 154.

32 BGH NJW 1979, 214; 1978, 696; *Derleder*, JuS 1979, 477; MünchKomm/*Oechsler* § 929 Rn 42.

mal angenommen werden, dass der Veräußerer hinfort für den Erwerber den Besitz ausüben will. Die Konstruktion hat den Vorteil, dass der Veräußerer bis zu dem Zeitpunkt, an dem der Sicherungszweck erfüllt ist, die Sache weiter nutzen kann und das Eigentum danach durch bloße Einigung zurückerhalten kann, wenn nicht die Übereignung unter der auflösenden Bedingung der Erledigung der gesicherten Forderung stand (Rn 173).

In einem hier schon erwähnten Fall[33] ging es um die Veräußerung von Hausratsgegenständen durch einen (offensichtlich einen Zugriff seiner Gläubiger fürchtenden) Ehemann an seine Frau. Die Eheleute hatten den von ihnen gewollten Eigentumsübergang nicht in irgendeiner Weise kenntlich gemacht (was bei Zusammenleben in einem Haushalt auch nicht gut erwartet werden kann). Daher konnte man eine Übergabe iSd § 929 nicht annehmen. Der BGH hielt es aber für möglich, dass der Ehemann im Rahmen des bestehenden Mitbesitzes (§ 866) betreffend alle Hausratsgegenstände seine besitzrechtliche Position hinfort im Rahmen eines vereinbarten Besitzmittlungsverhältnisses (§ 868) für seine Frau halten wollte, sodass diese, wie § 930 ausreichen lässt, mittelbare Besitzerin wurde[34]. Dies wäre eine Lösung auch im **Fall 8** gewesen. **144**

Wie auch hieran deutlich wird, kommt § 930 auch für den Verlautbarungstatbestand bei Veräußerung unter **Familienangehörigen** in Betracht[35], obwohl hier Schwierigkeiten mit der Konkretheit des Besitzmittlungsverhältnisses (Rn 34) auftreten können. Wenn Eheleute gemeinsam einen einem Ehegatten allein gehörigen Hausratsgegenstand nutzen, so ist der Eigentümer unmittelbar Eigen-Mitbesitzer, der andere Ehegatte einerseits unmittelbarer Mitbesitzer, andererseits Besitzmittler für den Eigentümer. Denn die Pflicht zur ehelichen Lebensgemeinschaft (§ 1353 Abs. 1 S. 2) umfasst, sich gegenseitig die Benutzung der ehelichen Wohnung und der Hausratsgegenstände zu gestatten, wobei auffällt, dass hier ein gesetzlich normiertes Rechtsverhältnis als Besitzmittlungsverhältnis fungiert. Der Eigentümer ist dann auch noch mittelbarer Eigenbesitzer iS des § 868[36]. Diese nicht leicht zu durchschauenden Besitzverhältnisse können nach einer Einigung über den Eigentumswechsel unter den Eheleuten unter Anwendung des § 930 und des § 929 S. 2 (dazu sogleich Rn 149) verändert werden. Auch die aus dem Eltern-Kind-Verhältnis entspringende Pflicht der Eltern zur Vermögenssorge für das Kind kann ein Besitzmittlungsverhältnis darstellen, sodass der BGH[37] eine Schenkung von Hausratsgegenständen der Eltern an ihr im Hausstand lebendes (minderjähriges) Kind ohne Vereinbarung eines besonderen Besitzmittlungsverhältnisses als gültig vollzogen anerkannt hat; auch hierbei dürfte es eine Rolle gespielt haben, dass ein Zugriff der Gläubiger der Eltern auf die Gegenstände verhindert werden sollte, was Bedenken unter dem Gesichtspunkt der „Konkursschiebung" auslöst. **145**

Gewöhnlich beruht das **Besitzmittlungsverhältnis** auf einer besonderen Vereinbarung, woran es nichts ändert, dass entscheidend der effektive Wille desjenigen ist, der **146**

---

33 BGHZ 73, 253, 257.
34 Zur Problemlösung s. auch das instruktive Urteil LG Düsseldorf, NJW 1988, 345 (Übertragung einer „Fettecke" durch den Künstler J. Beuys an einen Mitarbeiter) und dazu *Richard/Junker*, JuS 1989, 686 ff; *Schäfer*, JuS 1989, 443 ff; Westermann/*H.P. Westermann*, § 38 Rn 3.
35 Zum Folgenden auch *Kollhosser*, JuS 1992, 215, 217; Staudinger/*Wiegand* § 930 Rn 27.
36 BGHZ NJW 1979, 976; s. auch BGH NJW 1992, 1162 f.
37 BGH NJW 1989, 2542, allerdings mit dem Hinweis auf die Pflicht der Eltern, Kindesvermögen in Besitz zu nehmen und zu verwalten.

die tatsächliche Gewalt innehat, die Sache für den anderen zu besitzen[38]. Demgemäß wird die Begründung eines Besitzmittlungsverhältnisses oft nur als rechtsgeschäftsähnliche Handlung verstanden, während das zugrundeliegende Verhältnis, also etwa die Darlehensforderung, die durch eine Sicherungsübereignung gesichert werden soll, oder der Kaufvertrag, der durch diese Art der Übereignung erfüllt werden soll, schon rechtsgeschäftlicher Natur ist[39]. Jedenfalls kann aber das Besitzmittlungsverhältnis unabhängig von der Gültigkeit des Grundverhältnisses durch Änderung der tatsächlichen Willensrichtung des Besitzers beendet werden, was ihn schadenersatzpflichtig machen kann, aber einen einmal erfolgten Eigentumsübergang nicht rückgängig macht[40]. Das wird nicht beeinflusst durch den Grad der **Konkretheit** der von den Beteiligten vereinbarten auf die Sache bezogenen Rechte und Pflichten, obwohl die verbreitete Annahme, ein rein abstraktes, lediglich den Willen zur Besitzvermittlung zeigendes Verhalten reiche (für § 868 und damit für § 930) nicht aus[41], die Praxis etwa der Sicherungsübereignung nicht gehindert hat, auch Vertragsbestimmungen über den Inhalt des – etwa als Verwahrung oder Miete – bezeichneten Besitzkonstituts genügen zu lassen, die nicht wörtlich und ernsthaft im Sinne des in Bezug genommenen Schuldverhältnisses gemeint sind (näher Rn 177). Dazu passt, dass ein Besitzmittlungsverhältnis auch begründet werden kann, bevor der Veräußerer überhaupt die Sache erworben hat, die danach aber von der getroffenen Abrede über die Besitzverhältnisse erfasst wird (**vorweggenommenes** oder **antizipiertes Besitzkonstitut**, näher Rn 124, 137).

4.　Übergabeersatz gem. § 931

147　Einen weiteren Fall des Übergabeersatzes normiert § 931; die Wirkungsweise zeigt **Fall 7.** Hier bestand Einigkeit über den Eigentumsübergang zwischen E und F. Eine Übergabe iSd § 929 S. 1 fand nicht statt, weil die Sache bei H blieb, wo sie schon vor der Einigung über den Eigentumsübergang war. In Betracht kommt aber eine Übereignung nach §§ 929, 931 durch Einigung und – als Übergabeersatz – einverständliche Abtretung des auf die Sache gerichteten Herausgabeanspruchs, §§ 398, 413, der sich aus dem namens des E mit H geschlossenen Werkvertrag ergab. Die Abtretung des Herausgabeanspruchs überträgt gemäß § 870 den mittelbaren Besitz; es ist also folgerichtig, wenn das Gesetz angesichts der grundsätzlichen Gleichbewertung von unmittelbarem und mittelbarem Besitz diese Übertragung des mittelbaren Besitzes der Übergabe des unmittelbaren Besitzes gleichstellt. Ein wesentlicher Unterschied zwischen §§ 929 und 931 ergibt sich aber daraus, dass die Übergabe iSd § 929 den Besitz in nach außen erkennbarer Weise verändert, während die Abtretung des Herausgabeanspruchs in der schlichten Einigung zwischen Veräußerer und Erwerber besteht (§ 398), also Dritten nicht erkennbar ist. Sogar dem unmittelbaren Besitzer – dem Schuldner des abzutretenden Herausgabeanspruchs – braucht die Abtretung nicht mitgeteilt zu werden, was der allgemeinen Regelung der Zession entspricht[42].

38　BGHZ 169, 90 (mit Zweifeln für den Fall, dass das Besitzmittlungsverhältnis in Wahrheit nur vorgetäuscht war – **Fall „Flowtex"**); s. auch *Wieling*, AcP 184, 429, 441.
39　MünchKomm/*Oechsler* § 930 Rn 10; HK-BGB/*Schulte-Nölke* § 930 Rn 1, 5 ff.
40　MünchKomm/*Oechsler* § 930 Rn 12; Westermann/*H.P. Westermann*, § 39 Rn 8.
41　S. etwa Erman/*Bayer* § 930 Rn 4.
42　Erman/*H.P. Westermann* § 398 Rn 1, 6.

Während also § 929 eine „offenkundige" Übertragung bedeutet, verzichten §§ 930, 931 auf jede Offenlegung. Für die Übergabe nach § 931 muss der Anspruch bestehen. Einredefreiheit ist nicht erforderlich; das ist wichtig, da dem Besitzer gem. § 986 Abs. 2 alle Einreden gegen den Erwerber erhalten bleiben. Abtretung und dingliche Einigung sind zwei selbstständige Teile der Übereignung. Hat der Veräußerer keinen mittelbaren Besitz, so kann er einen bloßen Herausgabeanspruch aus § 985, den er haben mag, nicht abtreten, da dieser vom Eigentum nicht getrennt werden kann; ein Bereicherungsanspruch würde aber für die Übereignung nach § 931 genügen[43].

Im **Fall 7** besteht ein Besitzmittlungsverhältnis zwischen E und H, aus dem E ein Herausgabeanspruch zustand. Dass H zumindest aus § 273 (wohl auch wegen seines Unternehmerpfandrechts nach § 647) ein Zurückbehaltungsrecht wegen seines Werklohns hatte, steht nicht entgegen. Diesen Herausgabeanspruch konnte E an F abtreten, selbst ohne den H zu verständigen (§ 398). Jedenfalls liegt aber in der Mitteilung an H vom Verkauf an F die schlüssige Abtretung, sodass in diesem Augenblick Eigentum übergegangen ist.

148

5. Übergabe nach § 929 S. 2

Wenn es nicht nötig ist, die tatsächliche Sachherrschaft in Bezug auf die Sache zu verändern, weil diese schon beim Erwerber liegt, findet § 929 S. 2 Anwendung, der Fall der so genannten **brevi manu traditio** oder Übereignung „kurzer Hand". Auch hierbei ist es bedeutungslos, ob der Erwerber unmittelbarer oder mittelbarer Besitzer wird, nur dass der Veräußerer jede Besitzposition aufgeben muss.

149

Ein Erwerb gem. § 929 S. 2 würde im **Fall 7** zum Zuge kommen, wenn sich die Stereoanlage noch bei F befunden hätte; dann genügt zum Eigentumsübergang von E auf F eine schlichte Einigung. Wenn F die Anlage im eigenen Namen zur Reparatur gegeben hatte, sodass nur er einen vertraglichen Herausgabeanspruch hatte, müsste wohl ebenso entschieden werden, wenn E sich mit F einigt. § 929 S. 2 ist bei mittelbarem Besitz des Erwerbers nur dann nicht erfüllt, wenn Besitzmittler des Erwerbers gerade der Veräußerer ist[44]. § 929 S. 2 kommt auch in Frage, wenn ein Gegenstand, der im Eigentum eines Ehegatten steht, aber von beiden Eheleuten benutzt wird, an den anderen übereignet werden soll[45]. Auch eine Übereignung „kurzer Hand" kann aufgrund einer vorweggenommenen Einigung geschehen.

150

II. Eigentums- und Besitzerwerb durch Vertreter und durch „mittelbare Stellvertretung"

1. Einschaltung eines Stellvertreters

Wie schon der im vorigen Abschnitt behandelte **Fall 9** (Rn 121) zeigt, ist bei der Übereignung im Rahmen der dinglichen Einigung die Einschaltung eines **Stellvertreters** auf Veräußerer- oder Erwerberseite möglich und vielfach notwendig. Dies führt

151

---

43 MünchKomm/*Oechsler* § 931 Rn 17; HK-BGB/*Schulte-Nölke* § 931 Rn 5; Staudinger/*Wiegand* § 931 Rn 13; *Vieweg/Werner,* § 4 Rn 51; anders *Wieling,* AcP 184, 439, 459.

44 BGH NJW 2005, 359, 363; s. auch schon BGH WM 1987, 74: das gilt auch bei Übertragung einer Anwartschaft, BGH NJW 2007, 2844; krit. *Würdinger,* NJW 2008, 1422.

45 Näher *Kollhosser,* aaO. Fn. 32.

zu der Frage, ob auch der tatsächliche Übergabeakt durch Einschaltung von Mittelspersonen bewirkt werden kann. Die Regeln über die Vertretung sind hier nicht generell anwendbar, da sie nur auf rechtsgeschäftliches Handeln zugeschnitten sind[46]. Immerhin können somit die Übergabesurrogate gem. §§ 930, 931 durch einen Vertreter des Veräußerers vereinbart werden; dasselbe gilt für einen Besitzerwerb durch Einigung gem. § 854 Abs. 2 im Rahmen der Übereignung nach § 929 S. 2.

152 **a)** Die **Übergabe** iSd § 929 ist dagegen **kein Vertrag**, bei ihr kommt es auf die tatsächliche Besitzveränderung an. Auch soweit dabei ein Wille bedeutsam ist – nur freiwilliges Geben und Nehmen des Besitzes ist Übergabe – handelt es sich nicht um einen rechtsgeschäftlichen, sondern um einen „tatsächlichen" Willen, bei dem es keine Vertretung gibt. Immerhin kann durch die Ausdehnung des Besitzwillens auf eine Herrschaftssphäre[47] sowie durch die Einschaltung von Besitzdienern und Besitzmittlern (Rn 32, 36) den tatsächlichen Gegebenheiten arbeitsteiligen Wirtschaftens auf Seiten eines Veräußerers und eines Erwerbers Rechnung getragen werden. Da mit der Übergabe an den Besitzdiener des Erwerbers *nur* der Erwerber als Besitzherr Besitzer wird, ist mit der Übergabe der Sachen an den Besitzdiener der Erwerber Besitzer; die Einigung als Willenserklärung kann der Besitzdiener als Vertreter vornehmen.

Beispiel: Der Kunde bezahlt im Laden an die Angestellte; sie einigt sich mit dem Kunden namens des Prinzipals über den Eigentumsübergang am Geld, sie erwirbt die tatsächliche Sachgewalt als Besitzdienerin, der Prinzipal wird Besitzer, sodass Einigung und Übergabe iS des § 929 vollzogen sind. Für die Übereignung der Ware an den Kunden wird die Angestellte als Hilfsperson für den Prinzipal als Veräußerer tätig[48]. An die Stelle eines Besitzdieners kann auch ein Besitzmittler treten, so, wenn im **Fall 7** E den Händler H anweist, die reparierte Anlage direkt dem F auszuhändigen.

Nicht entschieden ist damit die weitere Frage, ob und inwieweit auf eine solche Einschaltung Regeln des Stellvertretungsrechts, insbesondere § 166, entsprechend angewendet werden können; dies wird relevant, wenn es – etwa im Rahmen des Erwerbs vom Nichtberechtigten oder der Haftung des Besitzers gegenüber dem Eigentümer auf Schadensersatz und Nutzungsherausgabe – um die Bösgläubigkeit des Besitzers beim Besitzerwerb geht, sodass das Problem in diesem Zusammenhang zu behandeln sein wird (Rn 304).

153 **b)** In allen im vorigen erörterten Fällen wird sowohl in Bezug auf die rechtsgeschäftliche als auch auf die tatsächliche Seite nach außen deutlich, dass der Handelnde für einen anderen tätig ist; zur Anwendung des Vertretungsrechts ist das bekanntlich erforderlich. Davon unabhängig besteht ein Bedürfnis nach Formen der Eigentums- und zu diesem Zweck Besitzübertragung auch durch **„indirekte Vertretung"**, auch: **mittelbare Stellvertretung**.

154 Angenommen, im **Fall 8** schickt die Ehefrau E des R, die die Bilder unbedingt haben möchte, den Kunsthändler K zu R, der diesem ein gutes Angebot für die Bilder machen soll. R, der glaubt, mit dem Geldbetrag die N ebenso gut oder besser für ihre Mühe entschädigen zu können, nimmt das Angebot an, ohne zu fragen, ob K die Bilder für sich oder für einen Hin-

---

46 Näher BGHZ 8, 132 sowie Westermann/*Gursky*, § 13 Rn 2.
47 Zum Problem des Organisationsbesitzes Westermann/*Gursky*, § 12 Rn 4 in Auseinandersetzung mit RG JW 1925, 784; BGHZ 101, 186; s. auch *Ernst*, JZ 1988, 360.
48 S. auch den (allerdings schwierigen) Fall BGH NJW 1990, 1913.

termann erwerben will. K zahlt und holt die Bilder in der Berliner Wohnung ab, nachdem R die B entsprechend angewiesen hat.

Hier kann von Vertretung der E durch den K mangels Offenlegung nicht die Rede sein, sodass das schuldrechtliche Geschäft und die dingliche Einigung nur zwischen R und K zu Stande gekommen sind, an den die Bilder auch übergeben werden. Möglich ist freilich, dass die E sich mit K über den Eigentumsübergang an den Bildern schon früher im Wege vorweggenommener Einigung (s. Rn 124, 137) geeinigt hat, dies vor allem, wenn sie ihm das Geld für die Bilder bereits, wie beim Auftrag nötig (§ 669), vorgestreckt hat. Wenn dabei ferner vereinbart wurde, dass K unmittelbar nach dem Kauf der Bilder den Besitz für die E ausüben sollte, kann bereits von der Vereinbarung eines Besitzmittlungsverhältnisses gesprochen werden. Auch genügt für eine Übereignung nach § 930 die vorweggenommene Einigung und das Besitzmittlungsverhältnis. Anerkannt ist auch, dass dies durch den Veräußerer als künftigen Besitzmittler und zugleich als Vertreter des künftigen Erwerbers und mittelbaren Besitzers geschehen kann (**Insichkonstitut**)[49]. Dazu bedarf es freilich einer rechtsgeschäftlichen Regelung, die auch den Anforderungen des Bestimmtheitsgrundsatzes (Rn 127) genügen muss. Liegt sie vor, so geht im Augenblick des Besitzerwerbs durch den Veräußerer K das Eigentum nach §§ 929, 930 an die E über. Diese Konstruktion wird vor allem für die vorweggenommene Sicherungsübereignung praktisch, wobei darauf hinzuweisen ist, dass zunächst der Veräußerer, also hier K, und erst dann dessen „Hintermann", also hier die E, das Eigentum erwirbt (**Durchgangserwerb**).

Fraglich ist noch, ob die Übertragung durch Insichkonstitut in irgendeiner Weise **äußerlich sichtbar** gemacht werden muss. Dafür spricht, dass die Einigungserklärungen über ein Besitzmittlungsverhältnis als Willenserklärung geäußert werden, grundsätzlich also dem Erwerber auch zugehen müssen, wobei aber wiederum Stellvertretung durch den Veräußerer möglich ist. Auf der anderen Seite bedarf es im Rahmen des § 930 keines Offenlegungstatbestandes. Das wurde in der früheren Rechtsprechung anders gesehen, heute wird eine besondere Ausführungshandlung nicht verlangt, wenn genügend klar (bestimmt) ist, auf welche Sachen sich das Besitzkonstitut bezieht[50]. Somit kann man eine bloße bei Kenntnis aller Umstände feststellbare Willensäußerung des Veräußerers genügen lassen. Probleme aus § 181 werden sich für die Übereignung durch Insichkonstitut idR nicht ergeben, da in diesen Fällen der Handelnde auf Grund des Grundgeschäfts verpflichtet ist, das Eigentum zu erwerben und weiter zu übertragen.

155

Zur Sicherungsübereignung durch vorweggenommenes Besitzkonstitut s. Rn 181.

2. Das Geschäft „wen es angeht"

Um eine indirekte Vertretung auch bei sachenrechtlichen Geschäften zu begründen, wird vielfach auch die Figur des Geschäfts „wen es angeht" herangezogen. Dabei handelt es sich allerdings weniger um eine sachenrechtliche Denkform als um eine ausnahmsweise Abweichung vom Offenlegungsprinzip des Stellvertretungsrechts, weil der Handelnde nicht klar macht, dass er für einen anderen tätig wird, dieser

156

---

49 MünchKomm/*Oechsler* § 930 Rn 28, 29; HK-BGB/*Schulte-Nölke* § 930 Rn 7; Staudinger/*Wiegand* § 930 Rn 34.

50 BGHZ 73, 253; Soergel/*Henssler* § 930 Rn 18; Staudinger/*Wiegand* § 930 Rn 32; *Wieling*, § 9 VII 4 a; etwas anders noch BGH NJW 1964, 398.

Punkt aber dem dritten Erklärungsempfänger gleichgültig ist[51]. Derartiges kommt naturgemäß in erster Linie bei kurzfristig abgewickelten Geschäften des täglichen Lebens in Betracht, und auch kaum bei obligatorischen Verträgen, da es dabei dem Dritten durchaus darauf ankommen muss, wer sein Vertragspartner ist. Demgemäß wendet man den Gedanken im Wesentlichen nur bei der Frage der Eigentumsübertragung an den Hintermann des Handelnden an, wenn der Handelnde für diesen tätig werden durfte und sollte, unter der weiteren Voraussetzung, dass es dem Veräußerer gleichgültig sein kann, wer Eigentümer wird. Der Handelnde muss dabei Besitzdiener oder Besitzmittler des „Hintermanns" sein, was auf das antizipierte Besitzkonstitut (Rn 124, 137) hinauslaufen kann, so dass Eigentum auf den Hintermann übergeht. Hinsichtlich des schuldrechtlichen Geschäfts bleibt es dabei, dass nur die Handelnden Vertragspartner werden, denn in diesem Rahmen ist es etwa dem Veräußerer keineswegs gleichgültig, wer zB Gewährleistungsrechte geltend machen kann, wer sich Einwände aus dem Grundgeschäft entgegenhalten lassen muss und dergl.

157 Das Geschäft „wen es angeht", ist ein typischer Fall interessengerechter Anwendung einer Vorschrift: § 164 wird unter Verzicht auf das Erfordernis des Handelns in fremdem Namen angewandt. Da die Offenlegung im Interesse des Dritten geschehen soll, kann auf sie verzichtet werden, wenn die Person des Erwerbers dem Dritten gleichgültig ist. Der Erfolg im Verhältnis zwischen dem Handelnden (dem mittelbaren Vertreter) und dem Erwerber (dem mittelbar Vertretenen) ist durch das zwischen ihnen bestehende Verhältnis gerechtfertigt. Die „unmittelbare Fremdwirkung" ist grundsätzlich auf die dingliche Seite beschränkt; also schuldet den Kaufpreis nur der Handelnde, auch wenn der „Hintermann" Eigentümer wird.

Wenn der als Erwerber Handelnde für den Hintermann erwerben *müsste*, aber für sich selbst erwerben *will*, widerspricht sein Wille seiner Pflicht (im **abgewandelten Fall 8**, **Rn 154** musste K für die E erwerben, will aber selbst Eigentümer werden). Auch in solche Fällen ist der Wille des Handelnden maßgebend, die E erwirbt also nicht.

3. Dingliche Surrogation

158 Während Stellvertretung und Geschäft „wen es angeht", wenn auch mit Modifikationen, im System der §§ 929 ff verbleiben, durchbricht die dingliche Surrogation das grundsätzliche Zuordnungssystem. Dingliche Surrogation bedeutet, dass ein Gegenstand ohne Rücksicht auf die allgemeine Zuordnungsform durch gesetzlich geregelte Vorgänge bezüglich der dinglichen Rechtslage unmittelbar an die Stelle eines anderen Gegenstandes tritt, ohne dass dies durch eine rechtsgeschäftliche Verfügung bestimmt ist. Solche Rechtsfiguren bedürfen einer klaren gesetzlichen Anordnung.

Ein gutes **Beispiel für eine dingliche Surrogation** ist § 1247 S. 2.

Beispiel: Sch verpfändet die Uhr des E, die dieser ihm geliehen hatte, an den gutgläubigen Gl zur Sicherung einer Forderung von 50 €. Gl erwirbt nach §§ 1207, 932 das Pfandrecht, E bleibt Eigentümer. Wird die Uhr zu einem Preis von 100 € versteigert, so wird Gl in Höhe von 50 € Eigentümer des gezahlten Erlöses, die anderen 50 € werden automatisch Eigentum des E. (Nach § 929 müssten sie ebenfalls Eigentum des Gläubigers werden, der sie dem Sch zu übereignen hätte). Wegen weiterer Surrogationsfälle vgl. §§ 949 S. 2, 3; 1075; 1287, 2111.

---

51 Näher dazu *Einsele*, JZ 1990, 1005, 1009; *K. Müller*, JZ 1982, 777; MünchKomm/*Oechsler* § 930 Rn 31; *K. Schmidt*, JuS 1987, 427; *Vieweg/Werner*, § 4 Rn 9; *Wilhelm*, Rn 871; für Ausdehnung auf Kreditgeschäfte *Wieling*, § 9 VII 5 b.

§ 6 Kreditsicherung durch Eigentumsvorbehalt und Sicherungsübereignung

Fall 10: Der junge Zahnarzt Dr. Z, der bisher in einer Universitätszahnklinik als Assistent gearbeitet hatte, möchte sich selbstständig machen. Er hat Praxisräume gefunden und ist mit den Vorbereitungen für die Praxisgründung so weit, dass er die benötigten Geräte anschaffen kann. Das wichtigste ist der große, technisch gut ausgestattete, aber auch besonders teure Behandlungsstuhl, den die Firma F anbietet, den Dr. Z aber nicht sofort in einem Betrag bezahlen kann. Es wird vereinbart, dass die Hälfte des Kaufpreises, für die Dr. Z seine Ersparnisse einsetzen kann, sofort bezahlt wird, der Rest nach einem halben Jahr Praxistätigkeit. Leider entwickelt sich die Praxis nicht zufriedenstellend, so dass Dr. Z sich über ein Angebot freut, als Mitarbeiter in eine Spezialklinik für Zahnimplantate einzutreten, während seine Praxis in den bisherigen Räumen sein früherer Kollege Dr. K weiterführen soll, der auch die Geräte übernehmen und hierfür einen Pauschalbetrag an Dr. Z zahlen soll; dies geschieht fünf Monate nach der Praxiseröffnung durch Dr. Z. Nach 6 Wochen wendet sich die Firma F, die den Restkaufpreis nicht erhalten hat und von Dr. Z an Dr. K verwiesen worden ist, an diesen, der aber nicht zahlen will, da er den Behandlungsstuhl mit den anderen Geräten bezahlt habe; außerdem habe ein Patient, der P, der sich wegen eines misslungenen Implantats beschweren wollte, in einem Wutanfall das Gerät stark beschädigt. Kann die Firma F Geld fordern oder das Gerät herausverlangen, wer hat Schadensersatzansprüche gegen den Patienten? **Lösung Rn 167, 189**

159

Fall 11: Der Fabrikant F, der Haushaltswaren herstellt, hat bei der B-Bank einen Kredit von 100 000 € aufgenommen. Er hat der B dafür neben einigen wertvollen Werkzeugmaschinen, die er ständig in Gebrauch hat, den jeweiligen Warenbestand, der sich im Raum I seines Lagers befindet, zur Sicherheit übereignet. Nach dem Sicherungsvertrag hat F die Ware in einem Lagerein- und -ausgangsbuch zu registrieren, sie sachgemäß zu lagern, sie unter Versicherungsschutz zu halten und dafür zu sorgen, dass jeweils zumindest ein Warenbestand im Wert von 125 000 € in dem Raum eingelagert ist. Ein Jahr später gerät F in Zahlungsschwierigkeiten.

1. Kann die B die im Raum I lagernde Ware, die erst nach Abschluss des Sicherungsübereignungsvertrages dort eingelagert worden ist, zur Verwertung zwecks Befriedigung ihrer Forderungen herausverlangen?

2. Die B will von K, der einen Posten Ware aus dem Lager gekauft und gegen Stundung des Kaufpreises geliefert bekommen hat, entweder den Kaufpreis oder die Ware haben. K will nur an F zahlen und nur, nachdem der Kaufpreis gemäß dem Vertrag zwischen ihm und F fällig geworden ist. Hat B Ansprüche gegen K?

3. Als die B auf Grund der Sicherungsübereignung eine bestimmte Menge Kochtöpfe aus dem Raum I veräußern lassen will, widerspricht D. Er hatte nämlich unter Eigentumsvorbehalt Bleche an F geliefert, aus denen F Kochtöpfe hergestellt hat, wobei noch einiges von den Blechen übrig ist. Darf die B die Töpfe und/oder die verbliebenen Bleche veräußern? **Lösung Rn 170, 174, 185, 194, 206**

Abwandlung 1 des Falls 11: F hatte im Zuge einer Ausdehnung seiner Geschäftstätigkeit auch den Handel mit Küchenmöbeln aufgenommen und hierfür von V eine Lagerhalle gemietet. Zur Finanzierung dieses Geschäftszweigs hat er von der B-Bank einen Kredit erhalten, den er durch die Übereignung sämtlicher in der Halle befindlicher Waren absichert, gleichgültig, ob sie sich dort gegenwärtig befinden „oder künftig dorthin verbracht werden".

Nachdem F in Zahlungsschwierigkeiten geraten ist, beansprucht V wegen ausstehender Mietforderungen kraft seines Vermieterpfandrechts (§ 562) die in der Halle lagernden, durchweg unter Eigentumsvorbehalt gelieferten Küchenmöbel, die B-Bank vertritt den Standpunkt, auf Grund der Sicherungsübereignung Eigentümerin zu sein. Ein Vermieterpfandrecht bestehe nicht, weil die Waren niemals dem F gehört hätten. **Lösung Rn 206**

Abwandlung 2 des Falls 11: Im Zusammenhang mit einem Versuch, auf eine andere Bank umzuschulden, hatte F zeitweise den Kredit der B-Bank auf 30 000 € zurückgeführt. Da sich aber in der Folgezeit seine wirtschaftliche Lage schnell verschlechterte, nahm er diesen Kredit wieder stärker in Anspruch, ohne jedoch die ursprüngliche Höhe ganz zu erreichen. Nunmehr wird F insolvent, der Insolvenzverwalter will die Sicherungsübereignung zu Gunsten der Bank nicht anerkennen, zum einen deshalb, weil die dem F auferlegte Verpflichtung, einen nur 100 000 € ausmachenden Kredit mit Waren im Gesamtwert von 125 000 € zu sichern, den F sittenwidrig in seiner wirtschaftlichen Bewegungsfreiheit behindert habe, zum anderen wegen des Fehlens einer Klausel im Sicherungsvertrag, wonach sich die Bank für den Fall, dass F den Kredit deutlich zurückgefahren habe, was auch so geschehen sei, zur Freigabe eines entsprechenden Teils des Sicherungsguts verpflichtete. **Lösung Rn 194, 201, 206**

I. Sachenrechtliche Institute im Recht der Kreditsicherung

1. Kredit und Kreditsicherung

160 „Kredit" besteht darin, dass der Gläubiger einer Forderung, die meist auf Zahlung gerichtet ist, seine zur Begründung dieser Forderung führende Leistung erbracht hat, ohne Zug um Zug die ihm geschuldete Leistung zu erhalten. Das kann beim Darlehen die Rückzahlung (uU nebst Zinsen) sein, bei Lieferung einer Kaufsache oder sonst bei Erfüllung eines gegenseitigen Vertrages die Gegenleistung. Zu unterscheiden sind somit in vorderster Linie **Geld-** und **Lieferantenkredit**. Kredit in diesem Sinne gewährt auch eine Bank, die ihrem Kunden, ohne dass auf seinem Konto ein entsprechendes Guthaben ist, verspricht, seine Überweisungen oder sonstige Verfügungen über das Konto zu honorieren, wie auch das Kreditkarten-Unternehmen, das sich verpflichtet, von seinem Kunden gegenüber angeschlossenen Unternehmen eingegangene Zahlungspflichten zu erfüllen und dafür beim Kunden über sein Bankkonto Deckung zu erhalten. Zu erwähnen ist schließlich der Bürge, der es vertraglich übernimmt, für eine Schuld eines anderen in der Weise einzustehen, dass er den Gläubiger befriedigt, wenn der Hauptschuldner nicht leisten kann (§ 765), was im bankgeschäftlichen Verkehr als **Avalkredit** bezeichnet und vom Hauptschuldner vergütet wird[1]. In allen Fällen, so auch in den **Fällen 10 und 11**, ist die Gewährung von Kredit ein zentraler Bestandteil der Finanzierung von Haushalten und Unternehmen, auf die also nicht nur Kaufleute, Freiberufler und Gewerbetreibende, sondern auch Privatpersonen angewiesen sein können, die, wie etwa eine junge Familie, die Möbel „auf Abzahlung" kaufen, oder ein Angestellter, der für die Fahrten von seiner Wohnung zu seinem neuen Arbeitsplatz ein Auto benötigt, und die hierbei als **„Verbraucher"** unter dem teilweisen Schutz der Regeln des **Verbraucherkreditrechts** handeln.

---

1 Zum Ganzen die Übersicht bei *Meincke/Hingst*, WM 2011, 633.

Die hohe wirtschafts- und sozialpolitische Bedeutung des Kreditrechts strahlt auf die **161** in allen Fällen vom „Kreditgeber" regelmäßig gewünschten **Kreditsicherheiten** aus, die dem Gläubiger, wenn der an sich Zahlungspflichtige säumig wird, den Zugriff auf dessen Vermögensgegenstände ermöglichen sollen, durch die er sich – notfalls durch Verkauf – befriedigen kann, wobei freilich die reine Sicherheit oder der Zugriff auf sie nicht unbedingt schon eine Erfüllung der gesicherten Forderung bedeuten. Vielfach ist dies mit dem Bestreben beider Beteiligten verbunden, dem Schuldner dessen Besitz und die Nutzung der als Sicherheit dienenden Sache so lange zu belassen, bis klar wird, dass er seine Verbindlichkeit nicht anderweitig erfüllen kann; dieser Aspekt führt dann auch zu der Notwendigkeit, in einer eventuellen **Insolvenz** des Schuldners aus der Sicherheit Befriedigung erlangen zu können, ohne mit den übrigen (den „ungesicherten") Gläubigern des Gemeinschuldners nach Maßgabe der meist nur minimalen Insolvenzquote den Erlös aus der Versilberung der Insolvenzmasse teilen zu müssen. Damit hat aber die rechtliche Ordnung der Kreditsicherheit nicht nur auf Gläubiger und Schuldner einer gesicherten Forderung zu blicken, sondern muss auch die Interessen der ungesicherten Gläubiger und damit den insolvenzrechtlichen Grundsatz der **„par conditio creditorum"** berücksichtigen. Rechtstatsächlich ist allerdings bekannt, dass die meisten Inhaber einer Kreditsicherheit auf dem Weg über die Realisierung dieses Rechts nur selten volle Befriedigung erreichen, so wie auch bekannt ist, dass die „Verbraucherverschuldung" auch bei privaten Haushalten erhebliche Ausmaße angenommen hat[2]. Das gibt allerdings keinen Anlass, die Kreditsicherheiten generell abzuschwächen oder zurückzudrängen, da sowohl Waren- als auch Geldkreditgeber ihrerseits keine unbegrenzten Risiken eingehen können; der Lieferant, der sich auf eine Stundung seiner Kaufpreisforderung einlässt, wird oftmals selber die Rohstoffe „auf Kredit" bezogen haben, die darlehensgebende Bank arbeitet hierbei nur zu einem geringen Teil mit Eigenkapital, sondern in erheblichem Umfang mit den Einlagen ihrer anderen Kunden, also mit Fremdkapital, so dass sie bestrebt sein muss, in ihrem „Aktivgeschäft" keine ganz ungesicherten Risiken einzugehen.

2. Die rechtlichen Strukturen der Kreditsicherheiten

Die genauen rechtlichen Konstruktionen und die wirtschaftlichen Funktionen der Si- **162** cherheiten sind recht unterschiedlich, sie benutzen auch keineswegs nur sachenrechtliche Institute. Im Vordergrund der Absicherung eines Lieferantenkredits steht der in § 449 BGB als Modalität des Kaufs gestaltete **einfache Eigentumsvorbehalt**, bei dem sich Verkäufer und Käufer auf eine durch die Zahlung des vollen Kaufpreises aufschiebend bedingte (§ 158 Abs. 1) Übereignung geeinigt haben, so dass der Käufer die Sache in Besitz nehmen und nutzen kann und sie zu Eigentum erst erwirbt, wenn der Kaufpreis gezahlt ist. Dies wird auch im Handel so gehandhabt, so dass das Problem auftreten kann, ob der Käufer eine unter Eigentumsvorbehalts erworbene Sache auch weiterveräußern kann. Für diesen Fall, der wirtschaftlich notwendig sein kann, damit der Käufer die dem Lieferanten geschuldeten Beträge verdienen kann,

---

2   Dazu aus dem Jahr 1987 die Untersuchungen von *Beier/Jakob*, Der Konsumentenkredit in der BRD, und *Hörmann*, Verbraucher und Schulden; zum Anstieg der Zahlen aber MünchKomm/*Schürnbrand* Vor § 491 Rn 2.

sind **Verlängerungs-** und **Erweiterungsformen** des Eigentumsvorbehalts entwickelt worden (dazu Rn 195 ff), bei denen die aus einem Weiterverkauf entstehenden **Forderungen** des Vorbehaltskäufers gegen seine Kunden an den Lieferanten **abgetreten** werden (§ 398). Auch dies ist aber nur eine in manchen Varianten abgewandelte Grundform. Sie kann zusammentreffen mit Typen von Sicherheiten für den Geld-, hauptsächlich Bankkredit, ferner, wie die Abwandlungen von **Fall 1** zeigen, mit großer praktischer Bedeutung bei der **Sicherungsübereignung** von Sachen im Besitz des Schuldners/Sicherungsgebers. Wie beim Eigentumsvorbehalt kann also der Schuldner die – ihm nicht mehr gehörige – Sache in seinem Betrieb oder Haushalt nutzen, das Eigentum fällt planmäßig an ihn zurück, wenn er die gesicherte Forderung erfüllt hat. Auch hier hat es sich als notwendig erwiesen, erweiterte und andere Bedürfnisse berücksichtigende Gestaltungen zu entwickeln, so die Übereignung von Waren (oder Betriebsgegenständen) zu einem Zeitpunkt, in dem der Sicherungsgeber sie selber noch nicht erworben hat, also unter Zuhilfenahme der Figur einer **vorweggenommenen Einigung** und eines antizipierten **Besitzkonstituts** (Rn 124, 137).

163   Eigentumsvorbehalt und Sicherungsübereignung werden als **Mobiliarsicherheiten** bezeichnet, während Bürgschaft und verwandte Formen **Personalsicherheiten** sind. Eine besondere Rolle bei langfristigen Krediten kommt den Grundpfandrechten zu, heute hauptsächlich der Grundschuld (Rn 573). Besonders im Handel, aber auch beim verarbeitenden Gewerbe, werden als Sicherungsgut auch Forderungen herangezogen, die der Schuldner durch Warenverkäufe oder Werkleistungen erworben hat; die Abtretung solcher Forderungen an einen Geldkreditgeber **(Sicherungszession)** bedient sich also (wie der einfache Eigentumsvorbehalt) einer nicht im Sachenrecht geregelten Verfügungsform. Wie schon diese Übersicht zeigt, beruht eines der schwierigen Folgeprobleme darauf, dass eine Sicherungszession sowohl zur Sicherung von Bankkredit als auch – im Zuge eines verlängerten Eigentumsvorbehalts – von Lieferantenkredit herangezogen werden kann, indem die nach Weiterverkauf der unter Eigentumsvorbehalt erworbenen Sache bestehende ursprüngliche Kaufpreisforderung des Lieferanten abgetreten wird (zu dieser **Kollisionsproblematik** Rn 197 ff). Hierbei und auch bei vielen anderen Klauseln der Sicherungsverträge findet auch eine eingehende **AGB-Inhaltskontrolle** statt.

II.   Der „einfache" Eigentumsvorbehalt

1.   Die schuldrechtlichen und sachenrechtlichen Elemente des Eigentumsvorbehalts

164   Der Kaufvertrag geht auf das Sicherungsbedürfnis des Verkäufers insofern ein, als er nur zur bedingten Übereignung und zur Übergabe der Kaufsache verpflichtet ist, meist ist bezüglich der Zahlung des Kaufpreises eine Abrede getroffen wie hier in **Fall 10**. Solange der Kaufpreis nicht gezahlt, die Bedingung also noch nicht eingetreten ist, bleibt der Vorbehaltsverkäufer Eigentümer, darf aber, solange der Käufer seinen Verpflichtungen nachkommt, also etwa Kaufpreisraten zahlt, über die Sache nicht verfügen; der Wirksamkeit einer Verfügung, die er als Eigentümer eigentlich noch treffen könnte, steht **§ 161** entgegen. Leistungspflichten treffen ihn in diesem Stadium nicht mehr, wenn nicht die Sache wieder in seinen Besitz gelangt ist, was ihn

zur Rückgabe an den Käufer verpflichtet[3]. Auf der anderen Seite treffen den Käufer, im **Fall 10** also Dr. Z, Obhutspflichten. Tritt die Bedingung ein, so geht das Eigentum automatisch auf den Käufer über, auf einen Übereignungswillen des Verkäufers in diesem Augenblick kommt es nicht an[4]. Die schuldrechtliche Seite des Vorbehaltskaufs unterscheidet sich also durchaus vom gesetzlichen Regelfall, obwohl der Kaufvertrag unbedingt geschlossen ist[5]. Die Verfügung schafft dagegen eine besondere Lage, da ein Schwebezustand bezüglich des Eigentums entsteht. So kann der Vorbehaltsverkäufer, obwohl Eigentümer, die Sache nicht nach § 985 vom Käufer herausverlangen, was zwingend ist, weil der Kaufvertrag dem Käufer ein Recht zum Besitz gibt und der Verkäufer auch bei Säumnis des Käufers die Sache nicht herausverlangen kann, wenn er nicht – was wegen der in der Säumnis liegenden Pflichtverletzung des Käufers möglich ist – vom Kaufvertrag zurücktritt, § 449 Abs. 2. Wenn aber der Kaufvertrag aufgehoben wird, kann die Bedingung für den Eigentumserwerb nicht mehr eintreten; man kann daher sagen, dass das Verfügungsgeschäft und damit der Eigentumsvorbehalt eine „schuldrechtliche Unterlage" hat[6].

Der Eigentumsvorbehalt bedarf einer **Vereinbarung** über die der dinglichen Einigung beigefügte aufschiebende **Bedingung**. Sie wird selten ausdrücklich getroffen, zumal im Verkehr vielfach angenommen wird, dass der Käufer, der nicht Zug um Zug zahlen will oder kann, auch nicht das Eigentum erwerben wird[7]. Dennoch kann in solchen Fällen nicht ohne weiteres eine schlüssige Vereinbarung über eine bloß bedingte Einigung angenommen werden[8], es bedarf also gewisser Anhaltspunkte dafür, dass der Verkäufer das Eigentum noch nicht aufgeben will, was bei teuren Investitionsgütern wie dem Behandlungsstuhl in **Fall 10** eher anzunehmen ist als bei Sachen des alltäglichen Gebrauchs. Eine große Rolle bei der hier nötigen Auslegung des Parteiverhaltens spielt die diesbezügliche Handhabung bei früheren Lieferungen; wenn diese unter Eigentumsvorbehalt geschahen, kann davon ausgegangen werden, dass dies ebenso gewollt ist, wenn der Vorbehalt nicht mehr besonders erklärt ist[9]. So kommt es vielfach auch auf einen Hinweis in den **AGB** an, der häufig durch ausdrückliche Erwähnung des § 449 ergänzt wird. Eine solche Klausel in Verkäufer-AGB ist im Allgemeinen unbedenklich[10], so dass eine dem Käufer bekannt gewordene Klausel auch dann einer unbedingten Einigung entgegensteht, wenn die AGB als Ganze nicht Vertragsinhalt geworden sind. Ein besonderes Problem bilden in diesem Zusammenhang die sog. **Abwehrklauseln** in den Einkaufsbedingungen großer Nachfrager, wie etwa Kaufhausketten, die bestimmen, dass auch bei Hinausschieben der Zahlung das Eigentum an der gelieferten Ware mit der Übergabe vom Käufer erworben wird; auch solche Klauseln sind idR hinzunehmen[11]. Umstritten ist die Lage, wenn es zu **kollidierenden** AGB des Verkäufers, der nur unter Eigentumsvorbehalt liefern will, und

165

---

3   MünchKomm/*Westermann* § 449 Rn 27.
4   BGHZ 30, 374, 377; Erman/*Grunewald* § 449 Rn 37; HK-BGB/*Saenger* § 449 Rn 2.
5   MünchKomm/*Westermann* § 449 Rn 7.
6   Westermann/*H.P. Westermann*, § 43 Rn 5.
7   *Fritsche/Würdinger*, NJW 2007, 1037, 1039; *Schulte*, BB 1977, 269 ff; Staudinger/*Beckmann* § 449 Rn 22.
8   BGHZ 64, 385; Erman/*Grunewald* § 449 Rn 4.
9   OLG Köln BB 1995, 2552; zurückhaltend OLG Hamm ZIP 1994, 898.
10 Erman/*Grunewald* § 449 Rn 5; *Leible/Sosnitza*, JuS 2001, 244 ff.
11 BGHZ 78, 305, 308; BGH NJW 1979, 213; *Reinicke/Tiedtke*, Kreditsicherung, Rn 844.

einer Abwehrklausel des Käufers kommt. Hier wird zwischen der schuld- und der sachenrechtlichen Seite unterschieden[12]: In Bezug auf die dingliche Einigung kann der Käufer nicht davon ausgehen, dass der Verkäufer von der Vorstellung, nur unter Eigentumsvorbehalt zu veräußern, abgeht, während hinsichtlich der schuldrechtlichen Seite bei fehlender Einigung auf eine von den Parteien gewollte Lösung vieles für die Anwendung des gesetzlichen Konzepts, also einer Pflicht des Verkäufers zur unbedingten Übereignung, spricht[13]. Insgesamt ist damit zu rechnen, dass dem Verkäufer, der den Kaufpreis nicht erhält, gewöhnlich nicht der Wille zu einer unbedingten Übereignung unterstellt werden kann.

2. Die dingliche Rechtstellung von Verkäufer und Käufer

166 Da das BGB den „Vorbehaltskauf" nur im Rahmen des Kaufrechts erfasst hatte und die dingliche Rechtslage nur mit dem Hinweis auf die aufschiebend bedingte dingliche Einigung erwähnte, verwundert es nicht, dass die Rechtstellung des Vorbehaltskäufers, damit aber auch diejenige des Verkäufers, außerhalb einer positiven gesetzlichen Regelung bestimmt werden mussten. Dies geschah durch die rechtsfortbildende Qualifikation des Rechts des Vorbehaltskäufers als **Anwartschaft**, durch die das Sacheigentum in Vorbehaltseigentum und eine gesicherte Aussicht auf den Erwerb des Volleigentums aufgespalten wird[14]. Hierdurch wird ausgedrückt, dass die Eigentümerposition des Verkäufers durch eine – aufgrund der aufschiebend bedingten Verfügung gesicherten – Aussicht auf Erwerb des Vollrechts eingeschränkt ist.

167 Im **Fall 10** kann die Firma F im Zeitraum bis zur Kaufpreiszahlung nicht anderweitig verfügen, und dass möglicherweise das Recht des Dr. Z durch einen gutgläubigen Erwerb seitens eines von der aufschiebenden Verfügung nicht informierten Dritten bedroht sein kann[15], ändert nichts daran, dass es eine Rechtsposition des Vorbehaltskäufers gibt, die je nach Fortschreiten der Zahlungen einen wirtschaftlichen Wert hat. Allerdings ist dies eine problematische Entwicklung insofern, als das BGB an sich in Bezug auf dingliche Rechte einen Typenzwang kennt, weshalb die vom BGH akzeptierte Qualifikation der Anwartschaft als ein „dem Vollrecht wesensgleiches" Minus[16] nicht in allen Belangen den praktischen Lösungen zugrunde gelegt werden kann. Aber ein dingliches, auch zum Besitz und zur Nutzung der Kaufsache berechtigendes Recht ist zu bejahen[17], weil – wie auch **Fall 10** zeigt –, die wirtschaftliche Position des Käufers mit dadurch bestimmt ist, dass er schon einen Teil – möglicherweise sogar den größten – des Kaufpreises erbracht hat und sich somit einer Eigentümerposition zunehmend nähert. Rechtlich geht es darum, dass der Anwartschaftsberechtigte, nachdem von einem mehraktigen Erwerbstatbestand bereits einzelne Teile verwirklicht

---

12 Westermann/*H.P. Westermann*, § 43 Rn 7–9.
13 BGH ZIP 1994, 544; *v. Westphalen*, ZIP 1987, 1361; zum Ganzen *Lieb*, FS für Baumgärtel, 1990, S. 311, 313.
14 Hierzu mit Blick auf den Deliktsschutz der Anwartschaft (Rn 169) BGHZ 114, 161, 164; *Habersack*, Rn 56.
15 Näher zu diesem Problemkreis in Auseinandersetzung mit dem (schwierigen) Urteil BGH NJW 2008, 1803 *Hörrmann*, BB 2008, 1084; *Herbert Roth*, KTS 2008, 526, 534; Westermann/*H.P. Westermann*, § 43 Rn 14, 15.
16 BGHZ 34, 122, 124; 28, 16, 21; von einem „sehr starken Recht und einer Vorstufe des Volleigentums" sprach BGHZ 30, 374, 377.
17 Näher dazu *Mühl*, AcP 160, 264, 271; MünchKomm/*Westermann* § 449 Rn 38.

sind, nunmehr in seinem Interesse an der Vollendung des Rechtserwerbs geschützt werden soll[18]. In der Anwartschaft steckt somit schon ein wirtschaftlicher Wert, wie auch der Ablauf von **Fall 10** zeigt, indem Dr. K offenbar auch für den Behandlungsstuhl zahlen wollte. Allerdings wirft der Umstand, dass Dr. Z zu diesem Zeitpunkt mangels Zahlung des Restkaufpreises noch nicht Eigentümer des Geräts war, einige Probleme bezüglich eines Erwerbs der dem Dr. Z zustehenden Anwartschaft durch Dr. K auf, ferner in Bezug auf den möglichen Erwerb des Eigentums vom Nichtberechtigten (§ 932), Probleme also, die in weiterer Entwicklung der Rechtsfortbildung gelöst werden müssen (zur Veräußerung der Anwartschaft Rn 186, zum Gutglaubenserwerb Rn 250) und sich besonders bei den Erweiterungsformen des Eigentumsvorbehalts und bei der Kollision des Eigentumsvorbehalts mit der Sicherungszession gezeigt haben (näher Rn 193, 197 ff). In diesen Problemen zeigen sich dann aber auch konstruktive Schwächen der unter Verstoß gegen den Typenzwang entwickelten dinglichen Rechtsfigur der Anwartschaft, die dazu beigetragen haben, dass die mit diesem Institut operierende hM immer wieder auf grundsätzliche Kritik stößt[19], so dass es notwendig ist, Entscheidungen niemals unbesehen auf dieser Grundlage zu treffen.

Klarer gelöst sind die Fragen, die sich für die Position des Vorbehaltsverkäufers, aber auch -käufers, für den Fall von **Vollstreckungsversuchen**, aber auch der **Insolvenz** des jeweiligen Vertragspartners ergeben. Dabei steht im Vordergrund der Fall, dass der Vorbehaltskäufer, der ja den Kaufpreis noch nicht voll entrichtet hat, auch andere Gläubiger hat, die er nicht befriedigen kann, und die überlegen, ob sie ihre Forderungen, wenn sie diese eingeklagt und dafür einen Vollstreckungstitel erhalten haben, durch Zugriff auf Vermögensgegenstände im Besitz des Schuldners befriedigen können. Gleich steht insoweit das Bestreben eines Insolvenzverwalters, auch Gegenstände, die möglicherweise unter Eigentumsvorbehalt erworben sind, in die Verwertung einzubeziehen. Ganz ähnliche Fragen stellen sich, wenn Gläubiger eines Sicherungsgebers, in dessen Besitz sich uU wertvolle Gegenstände befinden, die einer Bank zur Sicherung übereignet sind, in diese Gegenstände zu vollstrecken suchen; es empfiehlt sich daher, die wesentlichen Eckpunkte dieses mit der Zwangsvollstreckung zusammenhängenden Fragenkreises für Eigentumsvorbehalt und Sicherungsübereignung zusammen zu behandeln, Rn 199. **168**

Umstritten ist schließlich der **Deliktschutz der Anwartschaft**, im **Fall 10** also die Frage, wer den Schadensersatzanspruch gegen den P hat, der in seiner Wut den Behandlungsstuhl beschädigt hatte. Hier handelt es sich aus der Sicht der Firma F um eine Eigentumsverletzung (wenn sie das Eigentum nicht durch gutgläubigen Erwerb an Dr. K verloren haben sollte), während Dr. Z oder auch Dr. K – je nachdem, ob die Anwartschaft an den Letzteren übertragen war oder nicht – sich auf die Verletzung dieser dinglichen Rechtsposition als eines „sonstigen Rechts" iS des § 823 Abs. 1[20] berufen werden. Zum Verhältnis dieser an sich gegebenen Ansprüche werden unterschiedliche Lösungen vertreten: Gesamtgläubigerschaft von Eigentümer und Anwartschaftsberechtigtem analog § 432, Liquidation des Drittschadens des Verkäufers durch den Vorbehaltskäufer, auch Zuständigkeit allein des Käufers, dem der Sachge- **169**

---

18 BGH NJW 1982, 1639; 1955, 545.

19 *Kupisch*, JZ 1976, 417; *Marotzke*, JA 1977, 429; *Mülbert*, AcP 202, 912 ff.

20 Anerkannt für die Anwartschaft durch BGHZ 55, 20, 27; Erman/*Schiemann* § 823 Rn 42; Staudinger/ *Beckmann* § 449 Rn 80.

brauch zugeordnet sei[21]. Man sieht, dass das Anwartschaftsrecht von seiner „schuldrechtlichen Unterlage" nicht gelöst werden kann und wegen dieser zwischen Schuld- und Sachenrecht schwankenden dogmatischen Ausgestaltung nicht immer eindeutige Falllösungen ermöglicht.

III. Sicherungsübereignung

1. Praktische Bedeutung und Grundstruktur

170   Im **Fall 11** hat F Ware an die B „zur Sicherung übereignet". Praktisch handelt es sich dabei darum, dass die Sache trotz des Erwerbs des Eigentums durch die Bank als Sicherungsnehmerin bei dem Sicherungsgeber F verbleiben kann, was bei einer Verpfändung angesichts der Regelung in § 1205 nicht möglich wäre[22]. Wenn der Sicherungseigentümer einwilligt (§§ 182, 183), was bei der bankmäßigen Sicherungsübereignung die Regel ist, kann der Sicherungsgeber die Ware sogar im ordnungsmäßigen Geschäftsgang veräußern (was für von ihm produzierte Waren sinnvoll ist, weil F nur durch Umsatzgeschäfte das Geld verdienen kann, das er benötigt, um den Bankkredit zurückführen zu können). Bei der ebenfalls verbreiteten Übereignung von beweglichen Anlagegegenständen (wie im Ausgangsfall den Werkzeugmaschinen) ist dagegen an eine längerfristige Sicherung durch die vom Veräußerer weiterbenutzten Sachen gedacht. Das Eigentumsrecht der B ist in jedem Fall reduziert auf ein vorübergehendes Zugriffsrecht auf die im Besitz des Veräußerers befindliche Sache, das allerdings erst ausgeübt werden soll, wenn der Veräußerer seine durch die Übereignung gesicherten Verpflichtungen aus dem Kreditvertrag nicht erfüllt. Dies stellt sich so dar, dass dem Herausgabeanspruch des Sicherungsnehmers aus § 985 aus der Sicherungsvereinbarung ein Besitzrecht des Sicherungsgebers (§ 986) entgegengesetzt werden kann, das bei Eintreten des Sicherungsfalls erlischt.

171   **a)**   Das BGB kennt das Sicherungseigentum als Institut nicht, vielmehr hat die Sicherungsübereignung sich ohne besondere Regelung entwickelt. Rechtskonstruktiv wird Eigentum bzw – bei der Sicherungszession – die Inhaberschaft an Forderungen mit der Abrede übertragen, der Erwerber solle das Recht zur Sicherung einer bestehenden oder zukünftigen (auch bedingten) Forderung haben; das ist die eben schon erwähnte **Sicherungsvereinbarung**. Diese schafft einmal den Rechtsgrund der Übereignung (Sicherungszweck), sie bestimmt ferner die Art, in der der Sicherungsnehmer das Recht im Fall der Nichtzahlung der Forderung oder der sonstigen Pflichtverletzung des Sicherungsgebers zum Zweck der Befriedigung verwerten darf. Sagt die Abrede darüber nichts, sind die Pfandrechtsvorschriften (s. etwa § 1235) entsprechend anzuwenden[23]; da dies uU auf eine öffentliche Versteigerung hinausläuft, deren Erfolgsaussichten unsicher sind, wird idR vereinbart, dass der Sicherungsnehmer das Sicherungsgut bestmöglich verwerten, es somit auch „freihändig" verkaufen

---

21   Übersicht und Diskussion bei *Vieweg/Werner*, § 64 Rn 46 ff und *Westermann/H.P. Westermann*, § 43 Rn 17.

22   Wirtschaftlich wird daher die Sicherungsübereignung, wie übrigens auch das Vorbehaltseigentum, als „besitzloses Pfandrecht" bezeichnet.

23   Dazu *Schreiber*, JR 1984, 485; *Bülow*, Kreditsicherungsrecht, Rn 43 ff, 973 ff und zur Verwertung zurückhaltend ebenda Rn 1038 ff.

kann[24]. Besonders wichtig ist, dass die Sicherungsabrede festlegt, für welche Forderungen das Sicherungsgut haften soll; ferner muss möglichst genau bestimmt werden, welche im Besitz des Veräußerers befindlichen oder in seinen Besitz gelangenden Sachen als Sicherheit herhalten sollen. Klar ist – auch ohne ausdrückliche Bestimmung im Sicherungsvertrag –, dass der Erwerber das Eigentum nur im Rahmen des Sicherungszwecks für sich nutzen, es also vor allem nicht frei veräußern darf.

Die hier entstehende Bindung des Erwerbers ist nur schuldrechtlicher Art. Dinglich ist der Sicherungsnehmer Eigentümer. Das wirkt insbesondere gegenüber Dritten, zwischen dem Sicherungsgeber und -nehmer ist aber nur die schuldrechtliche Abrede mit der Bestimmung des Dürfens maßgebend. Man spricht von **treuhänderischer** oder **fiduziarischer** Rechtsinhaberschaft des Sicherungsnehmers[25].

b) Die treuhänderische Bindung des Sicherungsnehmers als Abhängigkeit des Rechtsinhalts vom Bestehen des Sicherungszwecks ist etwas anderes als die Existenz des Sicherungsrechts nur bei Bestehen (bzw Fortbestehen) der gesicherten Forderung, die man als **Akzessorietät** bezeichnet. Obwohl die gesetzlichen Sicherungsrechte (mit Ausnahme der Grundschuld) akzessorisch sind, also nur und nur in der Höhe existieren, als die gesicherte Forderung valutiert (dh besteht), s. § 767 Abs. 1 S. 2, gibt es für eine Übereignung keine entsprechende Regelung, sodass etwas der Akzessorietät Vergleichbares durch die vertragliche Ausgestaltung geschaffen werden muss. Die Sicherungsübereignung als Verfügungsgeschäft ist allerdings gegenüber der gesicherten Forderung **abstrakt**[26], bei Vorliegen besonderer Umstände kann allerdings auch Geschäftseinheit iS des § 139 angenommen werden; ähnliche Zurückhaltung hat der BGH gegenüber einer aufschiebenden oder auflösenden Bedingtheit der Übereignung durch die Existenz (und den Fortbestand) der gesicherten Forderung gezeigt[27]. **172**

Mangels Akzessorietät fällt also bei **Erlöschen der gesicherten Forderung** (F zahlt den Kredit an die B zurück) das Eigentum nicht automatisch an den Sicherungsgeber zurück. Der Erwerber ist aber schuldrechtlich zur Rückübertragung verpflichtet, entweder auf Grund einer Vereinbarung in der Sicherungsabrede, sonst aus ungerechtfertigter Bereicherung unter dem Gesichtspunkt des Wegfalls des Rechtsgrundes, § 812 Abs. 1 S. 2 1. Alt. Die Vereinbarung einer auflösenden Bedingung des Inhalts, dass die Übereignung des Sicherungsguts automatisch mit dem Erlöschen der gesicherten Forderung hinfällig sein soll, ist angesichts der Tatsache, dass gewöhnlich Banken die Sicherungsverträge formulieren und sich dabei zu einer auflösend bedingten Übereignung kaum verstehen werden, nicht zu vermuten[28] und kann auch nicht (so die Argumentation des Insolvenzverwalters in **Abwandlung 2 des Ausgangsfalls 11**) zur Ver- **173**

---

24 Näher Westermann/*H.P. Westermann*, § 44 Rn 28.
25 Näher *Gernhuber*, JuS 1988, 355, 356; MünchKomm/*Oechsler* Anh. §§ 929–936 Rn 1; *Wilhelm*, Rn 2401.
26 Zum Unterschied von Akzessorietät und Abstraktion *Reinicke/Tiedtke*, DB 1994, 2176; HK-BGB/*Schulte-Nölke* § 930 Rn 11; Staudinger/*Wiegand* Anh. §§ 929 ff, Rn 190.
27 Zur Bedingtheit – in Bezug auf die Sicherungsabtretung von Forderungen – BGH NJW 1986, 977; 1983, 275; dagegen aber BGH NJW 1991, 353; zur Lösung über § 139 BGH NJW 1994, 2885; im Schrifttum dazu *Berger*, KTS 1997, 393, 408; *Jauernig*, NJW 1982, 268 ff; *Reinicke/Tiedtke*, DB 1994, 2176; Westermann/*H.P. Westermann*, § 44 Rn 17.
28 BGH NJW 1984, 1184, auch mit Bemerkungen zur AGB-Inhaltskontrolle.

meidung von Sittenwidrigkeit des Sicherungsvertrages gefordert werden. Zum Erfordernis der Vereinbarung einer teilweisen Freigabe bei partieller Tilgung der gesicherten Forderung s. Rn 190, 191.

174   Somit kann sich die B im **Fall 11**, wenn F seinen Verpflichtungen nicht mehr nachkommt, aber nicht vorher, durch Herausgabeverlangen und anschließende Verwertung der Sachen wegen ihrer Forderung befriedigen. Zur Rechtslage in der Insolvenz des F s. Rn 187.

175   c)   Die Sicherungsübereignung ist in der Praxis weitgehend an die Stelle des **Pfandrechts** an beweglichen Sachen getreten. Hierunter versteht man das dingliche Recht, sich aus einer Sache für eine Forderung zu befriedigen, so § 1204 für das Pfandrecht an beweglichen Sachen, § 1113 für das Grundpfandrecht. Es dient also ebenfalls der Sicherung einer Forderung, nur bleibt das Eigentum beim Verpfänder, dem Gläubiger ist die Sache nur bezüglich des Verwertungsrechts zugeordnet, was bedeutet, dass der Gläubiger über die Sache nur nach Pfandrechtsgrundsätzen verfügen kann. Das Vertragspfandrecht kann nach § 1205 nur durch Einigung und Übergabe der Sache an den Pfandgläubiger bestellt werden, eine dem § 930 entsprechende Verpfändungsform gibt es nicht. Daher scheidet die Verpfändung als Sicherungsinstrument überall dort aus, wo der Sicherungsgeber weiterhin auf den Besitz des Sicherungsguts angewiesen ist, etwa bei der in **Fall 11** erfolgten Besicherung durch Maschinen und Warenlager des Sicherungsgebers.

176   Heute wird auch nicht mehr ernsthaft vertreten, dass durch die Zulassung der Sicherungsübereignung die Pfandrechtsvorschriften umgangen würden. Dabei wird grundsätzlich auch akzeptiert, dass die Sicherung durch Übereignung, da nach § 930 vorgenommen, **nicht offengelegt** wird. Ein Vorzug gegenüber dem Pfandrecht liegt weiter darin, dass durch Sicherungsübereignung bei hinlänglicher Bestimmtheit auch ein Sicherungsgut in wechselndem Bestand als Sicherheit dienen kann, s. sogleich Rn 179. Freilich entsteht hierdurch ein Interesse Dritter daran, nicht über die Vermögensverhältnisse des Sicherungsgebers getäuscht zu werden; dem trägt die Rechtsprechung durch Annahme einer Pflicht des Sicherungsnehmers Rechnung, in etwa auf die Interessen der ungesicherten Gläubiger des Sicherungsgebers Rücksicht zu nehmen. Die Verletzung dieser Pflicht kann zur Nichtigkeit der Sicherungsübereignung nach § 138 unter dem Gesichtspunkt der Kredittäuschung führen (näher dazu Rn 190).

2.   Die Durchführung der Sicherungsübereignung

177   a)   Bei der nach **§ 930** notwendigen Einigung und Vereinbarung eines Besitzmittlungsverhältnisses wird gewöhnlich verabredet, dass der Veräußerer die Sachen für den Erwerber verwahren, sie pfleglich behandeln und auch im Übrigen den Interessen des Sicherungsnehmers Rechnung tragen wird. Damit genügen die Parteien namentlich den Anforderungen an die **Konkretheit** des **Besitzmittlungsverhältnisses**, die allerdings nach der heute hM nicht mehr besonders hoch gespannt sind (siehe Rn 143). Wenn der Veräußerer selbst nicht unmittelbarer Besitzer der Sache ist, die ein anderer für ihn hält, kann eine Abtretung des Herausgabeanspruchs nach § 931 (Rn 147) ebenfalls die tatsächliche Übergabe einer konkreten Sache vermeiden. Das hat der BGH für die Übereignung von Mastkälbern, die der Veräußerer bei einem

Landwirt zur Aufzucht untergebracht hatte, ebenso gesehen und folglich in der Übernahme der laufenden Kosten, der Unterbringung und Fütterung der Tiere durch den Käufer die Vereinbarung eines Übergabeersatzes iS des § 930 erblickt[29] (obwohl vielleicht auch eine Konstruktion nach § 931 möglich gewesen wäre).

Eine gewisse Beschränkung der Sicherungsübereignung folgt demgegenüber aus dem **178** **Bestimmtheitsgrundsatz des Sachenrechts** (Rn 127). Aus der Gegenstandsbezogenheit der Verfügung und ihrer unmittelbaren Wirkung auf den Verfügungsgegenstand folgt, dass der Verfügungstatbestand einen bestimmt bezeichneten Gegenstand erfassen muss. Dafür ist bei einer Mehrzahl von Gegenständen nicht erforderlich, dass jeder Einzelne in der Einigung bezeichnet wird, vielmehr reicht es aus, dass solche Abgrenzungskriterien verwandt werden, dass für jeden, der die Parteiabrede kennt, ohne weiteres ersichtlich wird, welche Gegenstände übereignet werden sollen[30].

Dabei genügt nicht bloße Bestimmbarkeit. Erforderlich, aber auch ausreichend ist, dass jeder, der die Vereinbarung der Vertragsparteien kennt, auf Grund dessen die übereigneten von nicht übereigneten Sachen unterscheiden kann. Ausreichen kann auch eine Einigung über die Bestimmungsmerkmale außerhalb des Vertrages[31], wobei es nicht schadet, wenn für die Bestimmung gewisse Fachkenntnisse nötig sind[32]. Eine Übereignung aller Vorräte des Sicherungsgebers wäre zwar bestimmt genug, ist aber in Gefahr, wegen Übersicherung an § 138 zu scheitern, näher Rn 190.

Auch wenn die zu übereignenden Gegenstände bestimmt sind, ist doch nicht immer **179** klar, welche genaue Rechtsposition der Erwerber an ihnen hat oder demnächst haben wird, wobei es sich um Eigentum oder nur um eine Anwartschaft aus Vorbehaltskauf (Rn 166) handeln kann. Die Rechtsprechung[33] hat dies genügen lassen, wenn klar ist, dass die Sachen, gleichgültig in welcher Form sie dem Sicherungsgeber gehören, zur Sicherheit übereignet werden sollen (Bestimmtheit des übereigneten Gegenstandes im Unterschied zur Rechtsform). Man kann dann einfach auf die Lagerung der Waren in einem bestimmten Raum abstellen (sog. **Raumsicherungsvertrag**)[34]. Diese Konzession an den Bestimmtheitsgrundsatz ist so wichtig, weil bei Benutzung eines Warenlagers in wechselndem Bestand als Sicherungsgut regelmäßig Waren aus dem Lager verkauft und durch neue ersetzt werden, die zumeist unter Eigentumsvorbehalt gekauft und noch nicht voll bezahlt sind, sodass sie dem Sicherungsgeber nicht gehören (s. § 449). Dennoch will der Sicherungsnehmer sich auch hieran eine Sicherheit einräumen lassen, was auch möglich ist, wenn der Eigentumsvorbehaltsverkäufer damit einverstanden ist (§§ 182, 183). Da dies aber meistens nicht der Fall sein wird und

---

29 BGH NJW-RR 1998, 166; dies sieht *Medicus* (Kurzkomm. EWiR § 903 BGB 1/99) als faktische Aufgabe des Erfordernisses eines konkreten Besitzmittlungsverhältnisses an.
30 S. dazu die Urteile BGH NJW 1986, 1985; BGHZ 73, 254; 21, 52, 56; zuletzt wieder BGH NJW 1994, 133 zur Sicherungsübereignung gattungsmäßig bestimmter Gegenstände; ferner *Bülow*, Jura 1997, 509, 514 f; *Lorenz*, JuS 2011, 493, 494 f.
31 S. dazu die auch sonst lesenswerte Entscheidung BGH NJW 1984, 803.
32 S. das Urteil BGH NJW 1996, 2654; anders, wenn zur Bestimmung der übereigneten Gegenstände erst Mitarbeiter des Veräußerers befragt werden müssen, BGH NJW 1992, 1161.
33 BGHZ 28, 16, 28 (s. auch BGH NJW 1991, 353).
34 BGH NJW 2000, 2898 hat es sogar genügen lassen, wenn die Sachen in verschiedenen Räumen lagern, weitere Nachw. bei MünchKomm/*Oechsler* Anh. §§ 929–936 Rn 7.

ein gutgläubiger Erwerb des Eigentums vom Sicherungsgeber bei der Sicherungsübereignung an § 933 scheitert (näher Rn 248, 250), bleibt als Lösung eben die Übertragung der dem Sicherungsgeber in diesen Fällen meist zustehenden Anwartschaft auf Eigentumserwerb bei Eintritt der aufschiebenden Bedingung. Da es sich hierbei um ein zwar nicht gesetzlich geregeltes, aber doch allgemein anerkanntes dingliches Recht handelt, wird seine Übertragbarkeit, die wegen seines dinglichen Charakters in den Formen der §§ 929 ff erfolgen müsste, allgemein anerkannt, ohne dass es einer Zustimmung des Inhabers des Vollrechts, beim Eigentumsvorbehaltskauf also des Vorbehaltsverkäufers, bedarf[35]. Somit ist auch eine **Sicherungsübertragung der Anwartschaft** möglich, was dann allerdings zu der Frage führt, ob die aus § 930 folgenden Erfordernisse einer gültigen dinglichen Einigung auch vor Begründung eines Besitzkonstituts gegeben sind. Mögliche Bedenken wegen mangelnder Bestimmtheit hat die hM ausgeräumt, indem sie eine auf Übertragung des Eigentums gerichtete Einigung in eine auf Übertragung der Anwartschaft zielende umdeutet (§ 140), mit der Folge, dass entweder das (schon bestehende) Eigentum oder das (ebenfalls bereits existierende) Anwartschaftsrecht übertragen wird[36]. Äußerst kompliziert sind hier freilich die Besitzverhältnisse, da nach hM der Sicherungsgeber nicht dem Sicherungsnehmer und dem Vorbehaltsverkäufer nebeneinander mittelbaren Besitz vermitteln kann, so dass ein mehrstufiger mittelbarer Besitz angenommen werden müsste[37].

180 **b)** Des Weiteren setzt die Möglichkeit, ein Warenlager mit wechselndem Bestand als Sicherungsgut einzusetzen, voraus, dass solche Ware, die bei Abschluss des Sicherungsübereignungsvertrages noch gar nicht vorhanden war, ebenfalls von der Sicherungsübereignung erfasst werden kann. Die Entscheidung dieser Frage hängt von der Möglichkeit der **Übereignung „zukünftiger Sachen"** ab.

Dem Sicherungsnehmer liegt idR nicht speziell an den Waren, die gerade im Augenblick der Sicherungsübereignung vorhanden sind. Er erwartet vielmehr, dass die Waren veräußert und die neu in das Lager gebrachten dann Sicherungsgegenstand werden, soweit nicht aus dem Veräußerungserlös die gesicherten Forderungen befriedigt werden. Dann kommt es aber entscheidend darauf an, das Lager mit dem Nachschub, also in seinem jeweiligen Bestand, zu erfassen. Diesem Zweck dient die im Ausgangsfall verwendete Vertragsklausel über die Pflicht des Sicherungsgebers, stets einen bestimmten Warenbestand auf Lager zu halten, also gegebenenfalls neue Waren in das Lager zu schaffen. Ähnlich verfährt man bei der Sicherungszession von Kundenforderungen.

181 Für die Übereignung zukünftiger Sachen nach § 930 muss, zumal in folgerichtiger Fortentwicklung der Figur der vorweggenommenen Einigung (Rn 124), ein **„vorweggenommenes Besitzmittlungsverhältnis"** zugelassen werden. Dies ist vorweggenommen insofern, als die Vereinbarung iS der §§ 868, 930 und die Einigung iS des § 929 getroffen werden, bevor der Veräußerer Eigentümer und Besitzer ist. Die Wirkung tritt ein, sobald dies der Fall ist; da aber der Sicherungsgeber schon während des

---

35 BGH NJW 2007, 2844; BGHZ 117, 200; *Giesen*, AcP 203, 210, 218; Staudinger/*Wiegand* § 930 Rn 5.
36 BGH WM 1966, 94; BGHZ 28, 16, 21; *Bülow*, Rn 1100; dagegen mit ausführlicher Erörterung des Bestimmtheits- und des Abstraktionsgrundsatzes *Derleder*, JZ 1999, 176 ff.
37 BGHZ 28, 16, 27; MünchKomm/*Oechsler* Anh. §§ 929–936 Rn 20.

Schwebezustandes das Anwartschaftsrecht veräußert hat, wird durch den Bedingungseintritt (also die Zahlung des Kaufpreises an den Vorbehaltsverkäufer) nunmehr der Sicherungsnehmer als der jetzige Inhaber der Anwartschaft Eigentümer. Ob daraus freilich abgeleitet werden kann, dass kein – für eine juristische Sekunde vorstellbarer – Durchgangserwerb des Vorbehaltskäufers (Sicherungsgebers) eintreten kann, wie früher angenommen wurde[38], ist nach neuerer Entwicklung der hM zweifelhaft[39] und hauptsächlich an der Frage zu diskutieren, ob die Sache beim Sicherungsgeber zum Gegenstand von Sicherungs- und Vollstreckungsmaßnahmen dritter Gläubiger oder auch eines Vermieterpfandrechts gemacht werden kann (Rn 187, 199)[40].

Zum „Direkterwerb" des Eigentums durch den Sicherungsnehmer bedarf es nach heute hM im Zeitpunkt des Bedingungseintritts keiner besonderen Ausführungshandlung[41] mehr, durch die der Veräußerer deutlich macht, dass er die Sache für den Sicherungsnehmer besitzen will[42]. Allerdings werden in die formularmäßigen Sicherungsverträge (der Banken) Kennzeichnungspflichten des Sicherungsgebers aufgenommen, deren Erfüllung dann die Prüfung einer speziellen Ausführungshandlung entbehrlich macht. Eine hinlängliche Ausführungshandlung ist dann jedenfalls die Einlagerung der Ware in einem bestimmten im Vertrag bezeichneten Raum. In diesem Augenblick geht jedenfalls automatisch das Eigentum an den Waren auf den Sicherungsgeber, im **Fall 11** also die B, über. **182**

c) Die oben (Rn 142) bereits behandelte Frage nach der **Bindung an die Einigung** wird für die Übereignung mittels vorweggenommener Besitzmittlungsverhältnisse kaum praktisch, da der Besitzmittlungswille iS der §§ 868, 930 nicht rechtsgeschäftlicher Natur ist. Es kommt also nur darauf an, ob der Veräußerer im Augenblick seiner Besitzbegründung für den Erwerber besitzen will oder nicht. Ist der Erwerber einmal mittelbarer Besitzer und folglich Eigentümer geworden, kann ihm wohl der mittelbare Besitz, nicht aber das Eigentum durch eine Willensänderung des unmittelbaren Besitzers (des Veräußerers) verlorengehen. Das Ergebnis passt zu der Tatsache, dass jedenfalls der Fortbestand einer einmal erklärten dinglichen Einigung vermutet wird[43], der Veräußerer also, wenn er es sich anders überlegt hat, die Einigung eigens gegenüber dem Erwerber widerrufen muss. **183**

d) Auch die Übereignung mittels **Insichkonstituts** (dazu Rn 154) spielt bei der Sicherungsübereignung von Warenlagern in wechselndem Bestand eine Rolle. Es handelt sich um einen Anwendungsfall des § 930, bei dem der Veräußerer mit sich selbst als Vertreter des Erwerbers die Einigung über den Eigentumsübergang und über das Besitzmittlungsverhältnis abschließt, wobei also § 181 zu beachten ist. Da es sich um eine Willenserklärung handelt, ist eine Äußerung des Willens des Veräußerers in sei- **184**

---

38 BGHZ 20, 88, 100 f.
39 BGHZ 117, 200, 205; MünchKomm/*Oechsler* Anh. §§ 929–936 Rn 20.
40 Ein anderes Problem ist die mehrfache Verfügung des Sicherungsgebers durch Sicherungsübereignung derselben Sache, dazu *Giesen*, AcP 2003, 210 ff.
41 Zum Streit über die Ausführungshandlung s. *Vieweg/Werner*, § 12 Rn 9.
42 BGHZ 73, 253; *Baur/Stürner*, § 51 Rn 22 ff; *Bülow*, Jura 1987, 509, 514; HK-BGB/*Schulte-Nölke* § 930 Rn 6; Staudinger/*Wiegand* § 930 Rn 32; Westermann/*H.P. Westermann*, § 41 III 2.
43 BGH NJW 1979, 213; zur Vermutung des Fortbestandes der Einigung BGH WM 1977, 28.

ner Eigenschaft als Vertreter des Erwerbers erforderlich, die aber in beliebigen Handlungen bestehen kann. Insbesondere ist es nicht erforderlich, dass sie dem E gegenüber erklärt wird.

185   So könnte im **Fall 11** F auch als Empfangsvertreter der B-Bank bei der Übereignung der Waren angesehen werden; das Einbringen der Ware in das Lager wäre dann die Einigung über den Eigentumsübergang und über das Besitzmittlungsverhältnis. Schließlich kann auch ein mittelbarer Besitzer die Sache übereignen, und zwar nicht nur durch Abtretung des Herausgabeanspruchs gem. § 931, sondern auch durch Einigung und Begründung eines weiteren Besitzmittlungsverhältnisses zwischen sich als Besitzmittler und dem Erwerber als mittelbarem Besitzer. Dann entsteht zweistufiger mittelbarer Besitz iS des § 871.

Beispiel: In der **weiteren Abwandlung** des **Falls 11** erklärt sich die – im Zuge der Umschuldung angesprochene – neue Bank des F bereit, die Mittel zur Tilgung der Schuld des F bei der B-Bank zur Verfügung zu stellen. Sie will dafür aber die von der B-Bank gehaltenen Sicherheiten übernehmen, was erreicht wird, wenn die B-Bank ihr Sicherungseigentum überträgt oder selbst eine weitere Sicherungsübereignung an die neue Bank vornimmt (Letzteres kommt praktisch nur in Betracht, wenn die B-Bank ihrerseits Kredit bei der neuen Bank aufnimmt, um die offenen Forderungen gegen F abzudecken).

186   e)   Wird das Anwartschaftsrecht an einer unter Eigentumsvorbehalt erworbenen Sache zur Sicherung übertragen (Rn 193), so bleibt der Vorbehaltskäufer weiterhin im Besitz der Sache; dies ist der wirtschaftliche Sinn des Geschäfts, und zwar sowohl gegenüber dem Sicherungsnehmer als auch gegenüber dem Vorbehaltsverkäufer. Der Letztere kann seinen an sich bestehenden Herausgabeanspruch aus § 985 solange nicht geltend machen, als der Käufer seine Verpflichtungen aus dem Kaufvertrag, der ihm ein Recht zum Besitz nach § 986 gibt, erfüllt. Erst nach einem wirksamen Rücktritt des Verkäufers, etwa wegen Nichterfüllung der Zahlungspflicht (§ 323), erlischt die Anwartschaft und mit ihr das Zurückbehaltungsrecht des Käufers. Bevor dies nicht geschehen ist, braucht der Vorbehaltskäufer auch eine Übertragung des Eigentums durch den Verkäufer/Eigentümer an einen Dritten, die nach § 931 erfolgen könnte (Rn 147), nicht zu fürchten, denn das Recht zum Besitz bleibt ihm auch gegenüber dem Erwerber (§ 986 Abs. 2). Auch das Sicherungsrecht des Sicherungsnehmers an der ihm übertragenen Anwartschaft, das ihn nur treuhänderisch berechtigt (Rn 171), stellt für den Besitz des Sicherungsgebers keine Bedrohung dar, solange er den Sicherungsfall nicht eintreten lässt, indem er seine Verpflichtungen gegenüber dem Sicherungsnehmer verletzt. Dieser selbst kann sich zwar für den Fall, dass der Vorbehaltsverkäufer ihm gegenüber sein Eigentum geltend machen sollte, nicht auf den Kaufvertrag als Recht zum Besitz berufen, da er daran nicht beteiligt war[44], wohl aber gibt ihm die Anwartschaft nach umstrittener Auffassung ein Besitzrecht[45]. Zur Rechtslage nach einem – möglichen – gutgläubigen Erwerb der Anwartschaft siehe Rn 250 ff.

---

44   Anders, wenn er in den Kaufvertrag durch Schuldbeitritt eingetreten ist oder ihn übernommen hat, so beiläufig BGH NJW 2008, 1803.
45   Für Zubilligung eines Besitzrechts OLG Karlsruhe NJW 1966, 855 f; *Lux*, Jura 2004, 147, 151; *Reinicke/Tiedtke*, Rn 885; abl. *Brox*, JuS 1984, 653; *Georgiadis*, FS für Medicus, 2000, S. 116 ff.

3. Schutz des Sicherungsgebers und des Sicherungsnehmers

Da das Sicherungsgut nicht dem jederzeitigen Zugriff des Sicherungsnehmers unter- **187** liegt (vgl. Rn 171), fragt sich, was bei einem wirtschaftlichen **Zusammenbruch** des **Sicherungsgebers** zu geschehen hat. Hier ist zunächst danach zu unterscheiden, ob ein einzelner Gläubiger aus einem vollstreckbaren Titel (§ 704 ZPO) die Einzelzwangsvollstreckung, etwa durch Pfändung der zur Sicherheit übereigneten Sache (§ 803 Abs. 1 ZPO) betreiben will, oder ob über das Vermögen des Sicherungsgebers ein Insolvenzverfahren nach der InsO eröffnet wird, wobei der Gesamtheit der Gläubiger, also auch dem Sicherungsnehmer, der Insolvenzverwalter gegenübertritt, der die Aufgabe hat, das Vermögen des Insolvenzschuldners tunlichst zu verwerten, hierbei aber die Rechte der „gesicherten Gläubiger" zu beachten hat. Wird der Sicherungsgeber, im **Fall 11** also F, **insolvent**, so könnte man meinen, der Sicherungsnehmer als Eigentümer könne die Sache gemäß § 47 InsO aussondern, weil sie gar nicht in die Masse falle. Demgegenüber ist zu bedenken, dass nunmehr das gesamte Vermögen des Sicherungsgebers/Gemeinschuldners verwertet werden muss, sodass es ausreicht, wenn der Gläubiger/Sicherungsnehmer den Erlös erhält. Ihm steht daher lediglich das Recht auf abgesonderte Befriedigung gem. § 51 Nr 1 InsO zu, was praktisch bedeutet, dass im Rahmen der Verwertung durch den Insolvenzverwalter (§§ 165 ff InsO) die Ansprüche der Absonderungsberechtigten und ihr Kostenbeitrag (§§ 170, 171 InsO) berücksichtigt werden. Anders verhält es sich mit der Verteidigung des Sicherungsnehmers gegen Vollstreckungsmaßnahmen einzelner anderer Gläubiger des Sicherungsgebers; hier schlägt der Gedanke durch, dass Sicherungseigentum immerhin Eigentum ist und somit iS des § 771 ZPO ein „die Veräußerung hinderndes Recht", sodass im **Fall 11** die B gegen Vollstreckungsversuche Dritter mit der **Drittwiderspruchsklage** gem. § 771 ZPO vorgehen kann[46].

Gerät umgekehrt der Sicherungsnehmer in Vermögensverfall, was zwar selten, aber nach der Bankenkrise auch nicht ausgeschlossen ist, so berücksichtigt die hM, dass sein Recht nur Treuhandeigentum ist, wirtschaftlich dagegen dem Sicherungsgeber zusteht, jedenfalls solange dieser seinen Verpflichtungen aus der gesicherten Forderung nachkommt[47]. Eine Einzelzwangsvollstreckung in das Vermögen des Sicherungsnehmers wird hier regelmäßig schon daran scheitern, dass die Sache sich nicht in seinem Besitz befindet, § 808 ZPO. Wird die B-Bank dagegen insolvent, so kann der Sicherungsgeber als „wirtschaftlicher Eigentümer" die Sache aussondern (§ 47 InsO), wenn er die gesicherte Forderung befriedigt[48].

Nach ähnlichen Kriterien wird der Schutz des **Vorbehaltsverkäufers** und -**käufers** **188** beim Eigentumsvorbehalt durchgeführt. Vollstreckungsmaßnahmen gegen den Vorbehaltskäufer in Bezug auf die in seinem Besitz befindliche Vorbehaltssache sind zunächst mit einem Titel gegen ihn möglich, da er den „Gewahrsam" an der Sache hat, § 818 ZPO. Aber das Vorbehaltseigentum wird von der hM als ein „die Veräußerung hinderndes Recht" iS des **§ 771 ZPO** anerkannt, das der Vorbehaltsverkäufer mit der

---

46 BGHZ 80, 296, 299; BGH WM 1992, 2014; *Reinicke/Tiedtke*, Rn 724; HK-BGB/*Schulte-Nölke* § 930 Rn 27; Staudinger/*Wiegand* Anh. zu §§ 929–931 Rn 253; Westermann/*H.P. Westermann*, § 44 Rn 23.
47 Vgl. *Vieweg/Werner*, § 3 Rn 12.
48 BGHZ 72, 141, 146; *Baur/Stürner*, § 57 Rn 39; *Reinicke/Tiedtke*, Rn 709.

Drittwiderspruchsklage schützen kann[49]. Er kann also gegen den betreibenden Gläubiger klagen mit der Folge, dass die Vollstreckung unterbleibt. Eine andere Ansicht verweist ihn darauf, bei der für den betreibenden Gläubiger durchgeführten Zwangsvollstreckung gem. § 805 ZPO vorzugsweise Befriedigung wegen seiner restlichen Forderung zu verlangen, was auch durch Klage durchgesetzt werden müsste[50]. Erfahrungsgemäß bringen aber derartige Verwertungsmaßnahmen so geringe Erlöse, dass der Verkäufer Gefahr läuft, mit seiner Restforderung auszufallen; deshalb ist der Weg über § 771 ZPO vorzuziehen. Das gilt auch gegenüber der Entscheidung des Verkäufers, nunmehr wegen Säumnis des Verkäufers vom Vertrag zurückzutreten und die Kaufsache herauszuverlangen, was nach § 449 Abs. 2 dann möglich ist.

Der dritte Gläubiger wird unter diesen Umständen eine **Pfändung der Anwartschaft** versuchen, die theoretisch möglich ist, weil das Recht ja auch übertragbar ist. Da eine Sachpfändung, wie gesagt, der Drittwiderspruchsklage ausgesetzt wäre, kommt eine Rechtspfändung (§§ 829 ff ZPO) in Betracht, die aber die Verwertung nur im Rahmen des § 857 ZPO ermöglicht, die kaum aussichtsreich ist. Daher wird hier eine sog. **Doppelpfändung** von Sache und Anwartschaft diskutiert, die verhindert, dass der Käufer (im Bestreben, den Besitz der Sache weiter zu behalten) eine Zahlung des betreibenden Gläubigers an den Verkäufer, die dessen Widerspruchsrecht beseitigen könnte und nach § 267 Abs. 2 möglich wäre, durch Widerspruch unwirksam macht[51].

189   Wenn im **Fall 10** die Firma F in Schwierigkeiten gerät und in ihr Vermögen die Zwangsvollstreckung betrieben werden soll, kann sich Dr. Z als Anwartschaftsberechtigter mit der Drittwiderspruchsklage schützen, was allerdings nur nötig sein wird, wenn sich die Sache gerade im Besitz eines zur Herausgabe bereiten Dritten befindet (§ 809 ZPO), etwa eines Unternehmers, der den von dem Patienten beschädigten Behandlungsstuhl reparieren sollte[52]. Der theoretische Widerspruch der hierin liegenden Anerkennung der Anwartschaft als die Vollstreckung hinderndes Recht zur gleichartigen Qualifikation des Vorbehaltseigentums (Rn 188) wird hingenommen. Wird nun der **Vorbehaltsverkäufer insolvent**, löst sich die Frage nach dem Schutz der Anwartschaft des Käufers in der Weise, dass ihm ermöglicht wird, ohne die Beschränkung gem. § 91 InsO, der einen Erwerb von Rechten an Gegenständen der Insolvenzmasse verhindern würde, vom Insolvenzverwalter die Erfüllung des Vertrages zu verlangen, § 107 Abs. 1 InsO[53]. Er muss allerdings den Kaufpreis zahlen, der Bedingungseintritt führt zum Eigentumserwerb.

4. Die Übersicherung des Sicherungsnehmers

190   Eines der hauptsächlichen Probleme in der öffentlichen Wahrnehmung des Kreditsicherungsrechts ist die Möglichkeit, dass die gesicherten Gläubiger eines Sicherungsgebers oder Vorbehaltskäufers praktisch die Insolvenzmasse zu ihrer Befriedigung nehmen können, so dass für die ungesicherten Gläubiger wenig oder nichts übrig

---

49   BGHZ 54, 214, 218; Erman/*Grunewald* § 449 Rn 19; *Frank*, NJW 1974, 2211, 2213; Staudinger/*Beckmann* § 449 Rn 105.
50   *Liermann*, JZ 1962, 658, 669; *Mohrbutter*, KTS 1975, 185, 192.
51   Zur Doppelpfändung BGH NJW 1954, 1325; *Reinicke/Tiedtke*, Rn 902; *Schumann*, JuS 1975, 165, 167; Westermann/*H.P. Westermann*, § 43 Rn 28; zweifelnd *Baur/Stürner*, § 59 Rn 41.
52   BGHZ 55, 20, 27; *Frank*, NJW 1974, 2211, 2213; Staudinger/*Beckmann* § 449 Rn 106.
53   Zu diesem (schwierigen) Problem der „Insolvenzfestigkeit" der Anwartschaft *Marotzke*, JZ 1995, 803, 810; Westermann/*H.P. Westermann*, § 42 Rn 20.

bleibt (man spricht vom Phänomen der **massenlosen Insolvenz**). Das kann auch daran liegen, dass ein Sicherungsnehmer sich einen gegenüber der Höhe seiner gesicherten Forderung übermäßig hohen Bestand an Sicherungsgut beschafft hat, man spricht dann von Übersicherung, durch die die Befriedigungsmöglichkeiten der anderen Insolvenzgläubiger gefährdet werden. Dabei ist, wie auch die Argumentation des Insolvenzverwalters in der **Abwandlung 2 des Falles 11** zeigt, zu unterscheiden zwischen der **anfänglichen Übersicherung**[54], die, wenn sie als sittenwidrige Knebelung angesehen werden muss, den Sicherungsvertrag (und wahrscheinlich auch die eigentliche Übereignung) nach § 138 nichtig macht, und der **nachträglichen** Übersicherung, die eintritt, wenn eine ursprünglich angemessen besicherte Forderung durch teilweise Tilgung so absinkt, dass die Bank als Sicherungsnehmerin nicht mehr das ganze ihr übertragene Sicherungsgut zu benötigen scheint. Hier könnte dem Schuldner/Sicherungsgeber ein Rückübertragungsanspruch aus § 812 zustehen, und man könnte meinen, dass dieser Anspruch auch im Sicherungsvertrag näher geregelt werden muss. Dies Letztere kann insbesondere bei so genannten **revolvierenden Sicherheiten** eintreten, dh dann, wenn bei der Verwendung eines Warenlagers mit wechselndem Bestand (oder einer Mehrheit von Forderungen bei der Sicherungsabtretung) der Sicherungsgeber verpflichtet ist, neueres Sicherungsgut bereitzustellen[55]. Zwar ist es in der Gerichtspraxis bisher nicht vorgekommen, dass ein Sicherungsgeber eine ganze oder teilweise Freigabe von Sicherungsgut eingeklagt hätte. Häufig haben aber Insolvenzverwalter unter Berufung auf das Fehlen einer so genannten **Freigabeklausel** im Sicherungsvertrag dessen Unwirksamkeit (nach §§ 138 oder 307) geltend gemacht[56]. Damit hatten sie in der Rechtsprechung früher auch Erfolg. Die zur Vermeidung einer sittenwidrigen Übersicherung verlangte, dass im Sicherungsvertrag eine Freigabeklausel mit Angabe einer sog. **Deckungsgrenze** enthalten sein müsse, dh einer Angabe des Betrages, bis zu dem die gesicherte Forderung durch den Wert der vom Schuldner gestellten Sicherheiten gedeckt sein muss, und damit folgeweise, von welchem Wertverhältnis von Sicherungsgut und Höhe der (noch) gesicherten Forderung an die Bank zur Freigabe von Sicherungsgut (durch Rückübereignung von Sachen oder Rückabtretung von Forderungen) verpflichtet ist[57]. Diese Betrachtungsweise war bedenklich, da grundsätzlich anzuerkennen ist, dass die zur Sicherung übereigneten Waren oder übertragenen Forderungen regelmäßig schwer und nur mit ganz unsicherem Erfolg verwertet werden können, sodass ein Kreditinstitut eine gewisse Übersicherung zwingend benötigt[58]. Die Auswirkungen dieser Erkenntnis sind freilich im Hinblick auf die Beurteilung ursprünglicher und nachträglicher Übersicherung nicht dieselben.

---

54 Zu den Voraussetzungen in objektiver sowie subjektiver Hinsicht OLG Hamm Urt. v. 15.1.2015 – 5 U 81/14.

55 Näher dazu und zum Folgenden *Serick*, BB 1998, 801; *Bülow*, Rn 944 ff; *Canaris*, ZIP 1996, 1577; *Pfeiffer*, WM 1995, 1565.

56 Näher dazu *Claussen*, FS für Brandner, 1996, S. 527 ff.

57 BGHZ 117, 374, 377; 98, 303, 313; 94, 105; s. auch noch BGHZ 125, 83, 87; zur Übereignung von Warenlagern mit wechselndem Bestand ebenso BGH WM 1992, 813. Zur Kritik an dieser Rechtsprechung unter Berücksichtigung der Rechtsfolge *Weber*, WM 1994, 1549; *Neuhof*, NJW 1995, 937; *Nobbe*, ZIP 1996, 675; dagegen aber *Ganter*, ZIP 1994, 257; s. auch *Bülow*, Rn 944a.

58 Dazu besonders *Claussen*, Bank- und Börsenrecht, § 8 Rn 165; *Rellermeyer*, WM 1994, 1009, 1053.

191 Insoweit bestanden Differenzen zwischen verschiedenen Senaten des BGH[59], die im Jahre 1997 zu einer Grundsatzentscheidung des **Großen Zivilsenats** führten[60], die bis heute die Praxis bestimmt[61]. Der Große Zivilsenat hat sich dabei von der Vorstellung leiten lassen, dass es angesichts der schnellen und im Guten wie im Bösen unberechenbaren Entwicklung des Unternehmens eines Kreditnehmers/Sicherungsgebers und der Unsicherheiten der Werthaltigkeit der von ihm gestellten Sicherheiten zu schwierig ist, in einem Sicherungsvertrag präzise Deckungsgrenzen für die jeweils in Anspruch genommene Kredithöhe vorzusehen und von der Überschreitung derartiger Grenzen die Übersicherung – und damit die Notwendigkeit einer Freigaberegelung – abhängig zu machen. Eine ausdrücklich zu bestimmende Deckungsgrenze und eine darauf aufbauende Freigabeklausel braucht der Vertrag also nicht zu enthalten, denn der Freigabeanspruch, der aus dem Gesichtspunkt der ungerechtfertigten Bereicherung oder aus einer Treu und Glauben entsprechenden Auslegung des Sicherungsvertrages abgeleitet werden kann, besteht auch ohne ausdrückliche Erwähnung im Vertrag[62], er darf aber nicht im Vertrag von einer Ermessensausübung durch die Sicherungsnehmerin abhängig gemacht werden[63]. Hingegen müssen die Parteien sich über die **Deckungsgrenze** klar werden, die der Verpflichtung des Kreditnehmers zur Stellung von Sicherheiten zugrundegelegt wird, wobei auch insoweit aber keine ausdrückliche Festlegung im Vertrag nötig ist, da der BGH davon ausgeht, dass zum Nominalwert der Sicherheiten ein Risikozuschlag von 10% zulässig ist, und erst bei Überschreiten dieser Grenze eine Übersicherung anzunehmen ist.

Hierbei handelt es sich freilich um einen bloß gegriffenen Wert, dessen Handhabung im Einzelnen davon abhängt, wie das Sicherungsgut **bewertet** wird. In der Kreditpraxis haben sich insoweit Vorstellungen von Abschlägen zwischen 10 und 40% vom Marktwert durchgesetzt, durch die die Erfahrungstatsache berücksichtigt wird, dass im Fall eines Zusammenbruchs des Schuldners durch Verwertung des Sicherungsguts der „Marktwert" kaum realisiert werden kann[64]. Auch bezüglich dieses Schätzwerts arbeitet der BGH jetzt mit einer Pauschalierung, indem er den Freigabeanspruch eingreifen lässt, wenn der Marktpreis bzw der Einkaufs- oder Herstellungspreis der übereigneten Waren 150% der gesicherten Forderung ausmacht[65].

192 Dennoch ist es, wenn im Vertrag eine zu hohe Deckungsgrenze vereinbart oder der Freigabeanspruch des Sicherungsgebers ausgeschlossen oder vom Ermessen des Si-

---

59 S. dazu BGH NJW 1997, 1570 (IX. Senat); BGH ZIP 1997, 1185 (XI. Zivilsenat); 1996, 572; BGHZ 133, 25; zum Ganzen *Canaris*, ZIP 1996, 1575; *ders.*, ZIP 1996, 1109; *Wolf/Ungeheuer*, JZ 1995, 176.

60 BGHZ 137, 212 = NJW 1998, 671 ff.

61 Dazu *Serick*, WM 1997, 2053; *Bruchner*, WM 1998, 2185; *Claussen* aaO. Fn. 55; *Ganter*, WM 1998, 2045; *Westermann/H.P. Westermann*, § 44 Rn 34; krit. aber *Reinicke/Tiedtke*, Rn 744.

62 BGHZ 137, 213; dazu *Canaris*, ZIP 1997, 813, 829; *Bülow*, JZ 1997, 500, 503; *H.P. Westermann*, FS für Claussen, 1997, 561 ff; weitergehend (Gewohnheitsrecht) *Pfeiffer*, ZIP 1997, 49, 51; *Serick*, ZIP 1995, 789, 792 f.

63 S. die Beispiele BGH WM 1992, 813 und dazu die Anmerkung *Weber*, WuB I f. 5-7.92; BGHZ 109, 240, 245.

64 BGHZ 137, 212, 227; *Claussen* aaO., Fn. 53; *Nobbe*, ZIP 1996, 657 ff; *Rellermeyer*, WM 1994, 1053 ff; *Westermann/H.P. Westermann*, § 44 Rn 34, 35.

65 Dies lässt sich mit einer Anwendung des § 237 S. 1 begründen, s. dazu *Liebelt/Westphal*, ZIP 1997, 230.

cherungsnehmers abhängig gemacht wird, nicht ausgeschlossen, dass im Einzelfall Sittenwidrigkeit wegen Übersicherung angenommen wird. Das kann sich auch ergeben, wenn das Sicherungsgeschäft die wirtschaftliche Bewegungsfreiheit des Schuldners zu sehr einengt, seinen anderen Gläubigern eine Prosperität vortäuscht, die nicht mehr vorhanden ist, oder wenn hierdurch ein an sich gebotenes Insolvenzverfahren zum Nachteil der Gläubiger verschleppt wird[66]. Hingegen reicht für eine Sittenwidrigkeit nicht aus, dass der Sicherungsnehmer den Sicherungsgeber über einen längeren Zeitraum als „Sanierungsfall" ansieht, ohne die tatsächliche wirtschaftliche Entwicklung zu berücksichtigen[67]. Dann kommt uU sogar ein Schadensersatzanspruch der zu kurz kommenden Gläubiger aus § 826 in Betracht. Dies sind dann aber Anwendungsformen der allgemeinen Regeln zur Sittenwidrigkeit von Rechtsgeschäften, die nicht auf Kreditgeschäfte beschränkt sind, wenn auch hier besonders häufig ihr Vorliegen behauptet wird.

IV. Zusammentreffen der Sicherungsübereignung mit einem Eigentumsvorbehalt oder anderen Sicherungsrechten

1. Das Anwartschaftsrecht als Sicherungsgut

Wie erörtert, werden bei nicht wenigen Sicherungsübereignungen Anwartschafts-   **193** rechte des Sicherungsgebers zum Sicherungsgut gehören und somit auf eine Bank als Sicherungsnehmerin übergehen können. Danach ist nunmehr die Bank Inhaberin des Anwartschaftsrechts, während die schuldrechtlichen Beziehungen weiterhin allein zwischen Sicherungsgeber und Vorbehaltsverkäufer, im **Fall 11** also zwischen E und F, bestehen. Zahlt F den Restkaufpreis an D, so erwirbt die Bank das Eigentum, und zwar unmittelbar durch Erstarken ihrer Anwartschaft zum Vollrecht (**Direkterwerb**), ohne dass vorher F im Zuge eines sog. **Durchgangserwerbs** Eigentümer würde[68], s. dazu bereits Rn 181. Dies ist deshalb von Bedeutung, weil auf diesem Wege andere in Bezug auf die Vorbehaltsware bestehende Sicherungsrechte, die für Forderungen gegen den Sicherungsgeber bestellt sind oder bestehen, ins Leere gehen, weil der Sicherungsgeber gar nicht Eigentümer des Sicherungsguts wird, siehe aber Rn 199 ff.

Wie die Bank, die dem Vorbehaltskäufer Kredit gewährt, so sind auch andere seiner Gläubiger an einer Sicherheit für ihre Forderungen interessiert und stehen vor dem Problem, dass etwa die unter Eigentumsvorbehalt gelieferten Waren schon nach einiger Zeit nicht mehr vorhanden, sondern weiterverkauft oder -verarbeitet sein werden (zum letzteren Fall Rn 202). Den Weiterverkauf wird niemand verhindern wollen, weil der Sicherungsgeber darauf angewiesen ist, die Waren weiterzuveräußern, um Kaufpreisrest, Zinsen und Tilgungsraten zahlen zu können. Daher muss eine **Ersatz-Sicherung** geschaffen werden. Bei einer Veräußerung sichert den Sicherungsnehmer die „Nachschubklausel", die den Sicherungsgeber verpflichtet, den Bestand an Siche-

---

66 S. etwa die Beispiele bei BGH NJW 1970, 657; RGZ 136, 347; 143, 58; grundlegend BGHZ 10, 228; OLG Köln ZIP 1985, 1472; zum Ganzen *Meyer/Cording*, NJW 1981, 1242; *Obermüller*, ZIP 1981, 352 ff; Westermann/*H.P. Westermann*, § 44 Rn 32.
67 Vgl. BGH ZIP 2016, 1058.
68 BGHZ 50, 45, 49; 28, 16, 22; Staudinger/*Beckmann* § 449 Rn 83; *Wilhelm*, Rn 2345 ff.

rungsgut immer auf einer bestimmten Höhe zu halten. Darum erlauben die Sicherungsverträge idR dem Sicherungsgeber, über die Ware im ordnungsmäßigen Geschäftsbetrieb zu verfügen (also zB nicht, Räumungsverkäufe durchzuführen). Da der Sicherungsgeber hierbei im eigenen Namen verfügt, liegt eine **Ermächtigung** seitens des Eigentümers im Sinne des § 185 vor.

194   Im **Fall 11** hat F das Eigentum wirksam an K übertragen. Ein Herausgabeanspruch steht der B nicht zu. Aber selbst wenn es an einer Ermächtigung fehlt, erwirbt der Gutgläubige nach § 932 (dazu Rn 219) oder § 366 HGB Eigentum.

Da F in der **Abwandlung 2** des **Falles 11** die Waren im eigenen Namen verkauft hat, steht ihm der Kaufpreisanspruch zu; dass die B Eigentümerin der verkauften und übereigneten Waren war, ändert daran nichts (keine dingliche Surrogation, zu den wenigen Fällen Rn 158). Also ist die Sicherheit der B davon abhängig, dass die Veräußerung von Waren durch entsprechende Auffüllung des Lagers ausgeglichen wird. Zum Problem der Übersicherung Rn 190.

2.   Verlängerter Eigentumsvorbehalt

195   Das Problem des möglichen Verlusts der Sicherheit stellt sich für den Eigentumsvorbehaltsverkäufer auch, wenn die Ware vor Zahlung des Kaufpreises veräußert wird. Die Sicherungsübereignung an die Bank stört den Verkäufer dagegen weniger, weil auf die Bank nur die Anwartschaft übergeht und das vorbehaltene Eigentum beim Verkäufer bleibt (Rn 186) und ein gutgläubiger Erwerb des Eigentums an der fehlenden Übergabe scheitert, § 933 (näher Rn 248).

Eine Veräußerung der Ware an Dritte ist aber auch im Verhältnis zum Vorbehaltsverkäufer uU wirtschaftlich nötig, sodass auch insoweit der Kaufvertrag häufig eine Ermächtigung zur Weiterveräußerung im ordnungsmäßigen Geschäftsgang enthalten wird. Dann aber „wächst die Sicherung nicht nach". Aus diesem Grunde hat die Praxis als Ersatz-Sicherheit den **verlängerten Eigentumsvorbehalt** entwickelt, dh der Vorbehaltsverkäufer lässt sich bei der Übereignung unter Eigentumsvorbehalt den möglichen Anspruch des Vorbehaltskäufers gegen den Dritten abtreten. Der Kaufpreisanspruch des Vorbehaltsverkäufers ist dann zunächst durch das Eigentum an den Waren und dann durch den im Voraus abgetretenen Kaufpreisanspruch des Vorbehaltskäufers gegen den Dritten gesichert. Dies geschieht durch Vertrag zwischen dem Eigentumsvorbehaltskäufer (dem späteren Verkäufer) und dem Eigentumsvorbehaltsverkäufer. Die Abtretung setzt nach § 398 nur schlichte Einigung voraus, der Schuldner der abgetretenen Forderung (der spätere Käufer) ist nicht beteiligt, ihm braucht die Abtretung nicht einmal mitgeteilt zu werden. Man spricht daher hier – wie auch bei der sicherungsweisen Globalabtretung gegenwärtiger und künftiger Forderungen an eine Bank – von einer **stillen Zession**[69], die zu einer verdeckten Sicherheit führe. Ein Problem liegt in der fehlenden Erkennbarkeit dieses Sicherungsmittels für Dritte, doch wird heute die Praxis idR sowohl beim Handel als auch in der weiterverarbeitenden Industrie mit einem verlängerten Eigentumsvorbehalt rechnen. Aus der Sicht des

---

69   Erman/*H.P. Westermann* § 398 Rn 6, 18; zur Interessenlage insgesamt Westermann/*H.P. Westermann*, § 43 Rn 43 ff.

dritten Käufers ist diese Übertragung der gegen ihn gerichteten Forderung unbedenklich, da er an den Vorbehaltskäufer als seinen Vertragspartner nach § 407 Abs. 1 weiterhin mit befreiender Wirkung zahlen kann; meistens wird mit der Ermächtigung zur Veräußerung der Ware auch diejenige zur Einziehung der Forderung verbunden sein.

Wer unter diesen Umständen die ursprünglich unter Eigentumsvorbehalt gelieferte Sache vom Vorbehaltskäufer erwirbt, muss also schon darauf vertrauen können, dass der Veräußerer die Ermächtigung des Vorbehaltsverkäufers hat, über die Sache zu verfügen. Das setzt voraus, dass die aus dem Kauf resultierende Forderung (im Voraus) an den Vorbehaltsverkäufer abgetreten worden ist, was nicht stattgefunden haben kann, wenn der Erwerber des Vorbehaltsguts seine Schuld beim Vorbehaltsverkäufer bereits getilgt hatte[70]. **196**

Ein zusätzliches Problem ergibt sich, wenn auch die „Leistungen" der anderen Gläubiger wirtschaftlich in die Forderung des Sicherungsgebers gegen seine Abnehmer eingegangen sind, etwa dann, wenn mehrere Lieferanten des F im Ausgangsfall einen Eigentumsvorbehalt vereinbart hatten. Allerdings wird dann zumeist auch ein verlängerter Eigentumsvorbehalt dieser Lieferanten ausbedungen sein, sodass wie beim Zusammentreffen des verlängerten Eigentumsvorbehalts mit einer Globalzession der Forderungen des Vorbehaltskäufers eine Kollisionsproblematik auftritt, s. sogleich Rn 198. Besonderheiten sind zu beachten, wenn die Vorbehaltsware vom Käufer verarbeitet wird, s. Rn 201 ff.

3. Verlängerter Eigentumsvorbehalt und Globalzession

Sicherungsübereignung und verlängerter Eigentumsvorbehalt kollidieren hier nicht in Bezug auf das Sacheigentum, da dies beim Vorbehaltsverkäufer verbleibt, während der Sicherungsnehmer nur die Anwartschaft erwirbt. Die Kollision tritt vielmehr auf, wenn die aus dem Verkauf der Vorbehaltsware resultierenden Forderungen, die im Zuge des **verlängerten Eigentumsvorbehalts** an einen (oder auch an mehrere) Lieferanten abgetreten sind, auch an eine Bank (im Zuge einer **Globalzession**) im Voraus zediert werden[71]. **197**

Das wirft solange keine unlösbaren Schwierigkeiten auf, als der Sicherungsgeber (der Eigentumsvorbehaltskäufer) wirtschaftlich „gesund" bleibt, da ihm sowohl der Lieferant als auch die Bank gewöhnlich eine Ermächtigung einräumen werden, die Forderung im eigenen Namen einzuziehen (um dann seine verschiedenen Gläubiger zu befriedigen). Der Streit um die Inhaberschaft an den Forderungen entsteht erst, wenn der Vorbehaltskäufer/Sicherungsgeber insolvent wird und nun sowohl der (oder mehrere) Lieferant(en) als auch die Bank die ihnen im Voraus abgetretenen Forderungen für sich beanspruchen. Die Abtretung kann auch insoweit problematisch sein, als der dritte Vertragspartner des Vorbehaltskäufers die **Abtretung** der gegen ihn gerichteten Forderung **ausgeschlossen** hat, § 399, was allerdings wiederum im Geltungsbereich des **§ 354a HGB** gesetzlich eingeschränkt ist (näher Schwerpunkte BGB – Schuldrecht Allgemeiner Teil, § 17 Rn 10).

---

70 BGH NJW-RR 2004, 555 (in einem allerdings etwas ungewöhnlich verlaufenen Fall des Kaufs von Turmsegmenten für Windkraftanlagen).
71 Ausführlich dazu s. *Vieweg/Werner*, § 11 Rn 18 ff.

198 Als Erstes ist zu prüfen, ob jede der beiden Abtretungen genügend **bestimmt** war, was zweifelhaft sein kann im Hinblick darauf, dass die Abtretung jeweils schon vor der Entstehung der Kaufpreisforderung (durch den Verkauf der Ware an einen dritten Abnehmer) erfolgt ist. Gültigkeitsvoraussetzung für die Abtretung ist, dass die einzelne abgetretene Forderung so bestimmt ist, dass es nur noch der Entstehung der Forderung bedarf, um die Übertragung wirksam und zweifelsfrei zu machen[72]. Nicht selten wird in diesem Zusammenhang auch die Nichtigkeit der einen oder anderen Zession wegen Übersicherung (Rn 190) geltend gemacht.

Aber auch, wenn für beide Abtretungen an sich die Gültigkeitsvoraussetzungen vorliegen, bleibt die Frage, ob nun, wie es dem bei der Abtretung geltenden **Prioritätsgrundsatz** entspräche, die zeitlich meist frühere Abtretung an eine (einen Betriebsmittelkredit gewährende) Bank den Vorrang genießt oder ob eine der beiden Abtretungen aus irgendeinem Grunde zurücktreten muss. Die Rechtsprechung und die ihr folgende hM haben das zweite angenommen, indem sie eine Globalzession zu Gunsten der Bank für sittenwidrig halten, wenn durch sie der Sicherungsgeber zu vertragsuntreuem Verhalten zum Nachteil seiner Lieferanten, die an ihn unter verlängertem Eigentumsvorbehalt geliefert haben, veranlasst wird, sog. **Vertragsbruchslehre**[73]. Dies ist nur verständlich, wenn ein verlängerter Eigentumsvorbehalt in der Branche des Sicherungsgebers so gebräuchlich ist, dass der Sicherungsnehmer mit einem Vertragsverstoß des ihm eine Sicherung einräumenden Schuldners rechnen muss. Aber auch dann bleibt nicht recht einzusehen, wieso nicht auch die Lieferanten, deren Beitrag für die Finanzierung des Schuldner-Unternehmens nicht wertvoller ist als der Bankkredit, sich auf die ebenfalls gebräuchlichen Sicherungsübereignungen bzw -abtretungen an die Bank ihres Schuldners sollen einstellen müssen[74]. Die Praxis hat mit der Vereinbarung von **Teilverzichten** in den Verträgen zwischen Banken und ihren Sicherungsgebern geholfen, die jetzt auch von der Rechtsprechung als Argument gegen das Vorliegen eines sittenwidrigen Vertragsbruchs anerkannt werden. Durch derartige Regelungen wird von der Bank durch Vertrag mit dem Schuldner den Vorbehaltslieferanten ein vorrangiges Zugriffsrecht auf das Sicherungsgut eingeräumt (sog. **dingliche Teilverzichtsklausel**)[75]. Sie ist allerdings im Einzelnen nicht leicht zu konstruieren, da der Vertrag zu Gunsten Dritter nach hM nur schuldrechtlich wirkt[76]. Unter den heutigen Umständen ist es aber angebracht, einen entsprechenden Verzicht durch Auslegung nach §§ 157, 242 dem Sicherungsvertrag zu entnehmen. Eine zusätzliche Schwierigkeit ergibt sich, wenn mehrere Vorbehaltsverkäufer mit dem Sicherungsnehmer um die abgetretenen Forderungen streiten; hier kann eine praktische Lösung fast nur zustandekommen, wenn sich die Inhaber dinglich gesicherter Rechte untereinander oder unter

---

72 BGH NJW 1978, 1050; NJW 1953, 60, 63.
73 BGHZ 72, 308; 30, 149; zuletzt BGH WM 2005, 378 f; ZIP 1999, 997; OLG Düsseldorf Beschl. v. 16.5.2013 – 14 U 96/12; Erman/*H.P. Westermann* § 398 Rn 21, 22; krit. dazu *Kieninger*, JZ 1999, 405; zweifelnd auch *Bülow*, Rn 1434; *Vieweg/Werner*, § 11 Rn 19.
74 Zur einseitigen Auswirkung zu Gunsten des Lieferanten *Neef*, WM 2005, 323 ff; *Reinicke/Tiedtke*, Rn 54.
75 BGH ZIP 1999, 997; BGHZ 98, 303; 72, 305, 310; BGH NJW 1974, 942; zur Tragweite Westermann/ *H.P. Westermann*, § 43 Rn 50; *Vieweg/Werner*, § 11 Rn 20.
76 BGHZ 41, 95; BGH NJW 1983, 1543; JZ 1965, 361; Übersicht über die Kritik bei Erman/*H.P. Westermann* § 328 Rn 2.

Einschluss des Insolvenzverwalters zu einem **Pool** (Gesellschaft bürgerlichen Rechts) zusammenschließen, um den Forderungsbestand zu verteilen[77].

4. Zusammentreffen mit einem Vermieterpfandrecht

Die Sicherungsübereignung kann außer mit dem Eigentumsvorbehalt eines Warenlie-   **199**
feranten auch noch mit anderen Sicherungsrechten kollidieren. So könnten in der **Ab-wandlung 1 von Fall 11** neben dem Vorbehaltsverkäufer, der das Eigentum behalten hat, die Bank als fiduziarische Inhaberin des Anwartschaftsrechts, aber auch der Ver-mieter wegen seines Vermieterpfandrechts (§ 562) die in der Lagerhalle befindlichen Küchenmöbel für sich beanspruchen. Die Behandlung derartiger Kollisionen muss verschiedene Alternativen unterscheiden.

Solange der Sicherungsgeber die gelieferten Waren nicht bezahlt hat, steht ihm und folglich der Bank als Sicherungsnehmerin kein Eigentum zu. Ein Vermieterpfandrecht an eingebrachten Sachen des Mieters entsteht aber nur, wenn der Mieter Eigentümer ist (s. die Formulierung des § 562: eingebrachte Sachen des Mieters). Wenn dagegen im Beispielsfall der Kaufpreis für die Waren gezahlt war, als sie in den gemieteten Raum gebracht wurden, hängt die Stärke der Si-cherungsrechte der Bank und des Vermieters von der zeitlichen Abfolge der Vorgänge ab: Standen die Sachen im Eigentum des F, als sie in den Lagerraum gelangten, so besteht das Ver-mieterpfandrecht auch an den zur Sicherung übereigneten Sachen, der Vermieter kann sich also aus ihnen befriedigen[78]. Ging die Sicherungsübereignung zeitlich vor, so entstand kein Vermie-terpfandrecht, da die Sachen nicht mehr dem Mieter gehörten, die Bank ist also gesichert[79].

Bei der Besicherung von Schulden durch Warenlager mit wechselndem Bestand wird   **200**
der Fall freilich oft so liegen, dass die unter Eigentumsvorbehalt gelieferten und zur Sicherung übereigneten Sachen später vom Schuldner bezahlt werden, sodass das An-wartschaftsrecht durch Eintreten der Bedingung zum Eigentum erstarkt ist. Auf Grund des Direkterwerbs des Eigentums durch den Inhaber des Anwartschaftsrechts (Rn 193) könnte also angenommen werden, dass die Bank unbelastetes Eigentum er-wirbt. Hierzu kommt es indessen nur, wenn das Vermieterpfandrecht nicht schon das Anwartschaftsrecht erfasste, was die hM für möglich hält[80], weil sonst die bedingt übereignete Sache im Vermögen des Schuldners, obwohl dieser sie bezahlt, am Ende gar nicht mehr als Haftungsobjekt herangezogen werden kann[81]. In diesem Zusam-menhang hat der BGH sogar einen Vorrang des Vermieterpfandrechts angenommen, das nicht durch andere Sicherungsrechte ausgehöhlt werden dürfe. Eine Vorrangig-keit eines von zwei Sicherungsrechten, die beide nicht offen gelegt sind, und deren Gläubiger nicht in unterschiedlichem Maße zur Finanzierung der Ware beigetragen haben, ist jedoch nicht gerechtfertigt[82].

---

77   S. etwa BGH NJW 1989, 895 und zu diesem Lösungsansatz *Wenzel*, WM 1996, 561; MünchKomm/
      K. Schmidt § 741 Rn 69 mwN; MünchKomm/*H.P. Westermann* § 449 Rn 93; *Reinicke/Tiedtke*,
      Rn 976.
78   BGH NJW 2014, 3775.
79   Zu dieser Lösung BGHZ 117, 200 und dazu *Fischer*, JuS 1993, 542; *Vortmann*, ZIP 1988, 626 f.
80   BGH NJW 1965, 1475; BGHZ 92, 280 für eine Hypothek; *Mand*, Jura 2004, 221 ff; *Medicus/Peter-
      sen*, Bürgerliches Recht Rn 484.
81   *Fischer*, aaO. S. 543.
82   Zu dem Urteil BGHZ 117, 200 kritisch auch *Fischer*, aaO., S. 544 f; s. auch Westermann/*H.P. Wes-
      termann*, § 43 Rn 35.

V. Eigentumsvorbehalt und § 950

201

Die Kochtöpfe, die in der **Abwandlung 2 des Falles 11** aus dem von D gelieferten Blech hergestellt sind, fallen unter die Sicherungsübereignung, wenn sie Eigentum des F waren. Gehören sie dagegen dem D, hat B kein Eigentum erworben, da ein gutgläubiger Erwerb durch Veräußerung vom Nichtberechtigten (F wäre, falls D Eigentümer ist, Nichtberechtigter iS des § 932) mittels Besitzkonstituts nicht möglich ist, vgl. § 933 und Rn 248. Unmittelbaren Besitz hat die B nicht erworben, jedenfalls nicht, bevor sie vom eventuellen Eigentum des D erfahren hat. Es kommt also darauf an, ob der Eigentumsvorbehalt des D noch besteht; die Folgen der Verarbeitung der Vorbehaltssache bilden eine der Bedrohungen der Sicherheit des Vorbehaltsverkäufers, gegen die Abhilfe geschaffen werden muss.

1. Eigentumsverlust durch Verarbeitung

202 Mit der **Verarbeitung** eines Stoffes zu einer neuen Sache geht das Eigentum auf den Hersteller über, § 950[83]. Es ist dabei gleichgültig, ob der Hersteller weiß, dass ihm der Stoff nicht gehört. Ob eine Sache **neu** ist, entscheidet die Verkehrsanschauung[84], in die wirtschaftliche Gesichtspunkte eingehen. Danach ist nicht zweifelhaft, dass die Töpfe gegenüber dem Blech eine neue Sache iSd § 950 sind. Also ist F Eigentümer geworden, wenn er „Hersteller" ist. Nun hat er sicher das Blech nicht selbst verarbeitet. Da die Verarbeitung Realakt, nicht Willenserklärung ist, gibt es bei ihr keine Stellvertretung im technischen Sinn, s. auch Rn 152. Gleichwohl gibt es eine „Herstellung für andere", insbesondere kann § 855 dafür eine Grundlage bilden[85]. In einer arbeitsteiligen Wirtschaft muss aber weniger auf die Organisation des einzelnen Betriebs als darauf abgestellt werden, unter wessen unternehmerischer Entscheidung (und Risiko) der Herstellungsvorgang geschieht, sodass auch der Besteller im Rahmen eines Werkvertrages Eigentum erwirbt, ohne dass es dafür auf eine Übereignung seitens des Unternehmers ankommt[86]. Ein durch die Schuldrechtsreform aufgekommenes Problem besteht darin, dass nach § 651 S. 2 aE ein Werkvertrag über die Herstellung einer neuen Sache auch dann, wenn der Ausgangsstoff vom Besteller beschafft wurde, nach Kaufrechtsregeln behandelt wird, so dass der Hersteller zur Eigentumsübertragung an den Besteller verpflichtet ist[87]; das spielt aber **in Fall 11**, da F die Bleche nicht für D, sondern für seinen Betrieb verarbeitet, keine entscheidende Rolle. Wichtiger ist, dass es zu dem **originären Eigentumserwerb** nach § 950 nur kommt, wenn der Wert der Arbeit (das Gesetz spricht vom Wert der Verarbeitung) nicht erheblich hinter dem Wert sämtlicher verwendeter Stoffe zurückbleibt. Es genügt also nicht, dass der Wert des Endprodukts (hier: des Kochtopfs) höher ist als die

---

83 Zur Frage, ob ein „Ghostwriter" Hersteller eigener Tonbandaufzeichnungen sein kann: OLG Köln GRUR-RR 2014, 419.

84 BGHZ 20, 162; OLG Stuttgart NJW 2001, 2889; *Baur/Stürner*, § 53 Rn 18; MünchKomm/*Füller* § 950 Rn 7; HK-BGB/*Schulte-Nölke* § 950 Rn 4; Westermann/*Gursky*, § 53 Rn 3; gegen das Merkmal der „Neuheit" *Otte*, JuS 1970, 154, 159; *Wieling*, § 11 II 4 e.

85 Dazu näher Westermann/*Gursky*, § 53 Rn 11.

86 Fremdwirkende Verarbeitung, BGHZ 14, 114, 117; OLG Frankfurt OLGZ 1989, 198; Staudinger/*Wiegand* § 950 Rn 27, 38; zu dem Argument aus § 647 und aus der Rechtslage bei Herstellung aus bestellereigenen Stoffen Westermann/*Gursky*, § 53 Rn 12.

87 Zu diesem Problem Westermann/*Gursky*, § 53 Rn 15.

Materialkosten; verglichen werden müssen vielmehr die Wertsteigerung durch die Verarbeitung und der Wert sämtlicher gegenständlicher Zutaten. Damit wird die durch einen Verarbeitungsvorgang herbeigeführte Wertschöpfung honoriert, es geht nicht um eine – etwa sozialpolitisch gedachte – Entscheidung zugunsten der Arbeit[88]. Die Folge eines Rechtsverlustes ist aus der Sicht des früheren Eigentümers der verarbeiteten Sache wie bei Eigentumsverlust durch Verbindung oder Vermischung (§§ 946 ff) ein Ausgleichsanspruch aus **§ 951**[89], der aber dem D in **Fall 11**, weil er gegen den insolventen F gerichtet ist, nicht viel nützen kann. Es muss daher eine andere Lösung gesucht werden, wenn verhindert werden soll, dass die Töpfe von der B als Sicherungseigentümerin verwertet werden.

2. Verarbeitungsklauseln

Ist F in **Fall 11** Eigentümer geworden, so gingen mit der Einbringung in das Lager die Töpfe ins Sicherungseigentum der B über, falls nicht durch eine vertragliche Regelung, die sich etwa in den allgemeinen Lieferbedingungen des D findet, wonach die Verarbeitung der Bleche für D erfolgt, dieser damit Eigentümer der neue Sache wird. Man spricht von Verarbeitungsklauseln, die ebenfalls eine Verlängerung des Eigentumsvorbehalts in die neue Sache bewirken sollen[90]. Nun ist nach manchmal vertretener Ansicht § 950 in dem Sinn **zwingendes Recht**, dass er nicht durch eine Vereinbarung zwischen dem Eigentümer des Stoffes und dem Hersteller ausgeschlossen werden kann. Vielfach wird dagegen angenommen, die Parteien könnten, insbesondere wenn der eigentliche Hersteller nicht Eigentum erwerben will, den Vorbehaltsverkäufer vertraglich zum Hersteller machen[91]. Dann muss der Eigentumserwerb des Herstellers durch eine vorweggenommene Sicherungsübereignung erreicht werden[92], was durch Umdeutung der einen Vereinbarung in die andere vorstellbar erscheint[93].

203

> Vom Standpunkt der Rechtsprechung, die auf die Verkehrsanschauung über die Person des Herstellers abstellt und dabei auch die Verarbeitungsklausel einbezieht, ist also in **Fall 11** ohne eine solche Klausel D Hersteller der Töpfe, die damit nicht ins Sicherungseigentum der B gefallen sind. Aber auch die im Schrifttum überwiegende Ansicht könnte dasselbe Ergebnis durch Anwendung der Figur der Übertragung von F an D durch Insichkonstitut begründen.

Oft werden **mehrere Lieferanten** Verarbeitungsklauseln haben. Daher muss das Beteiligungsverhältnis der verschiedenen Lieferanten am Eigentum der neuen Sache ge-

204

---

88 *Baur/Stürner*, § 53 Rn 14; MünchKomm/*Füller* § 950 Rn 2; Staudinger/*Wiegand* § 950 Rn 3; Westermann/*Gursky*, § 53 Rn 2.

89 Allgemein zum Bereicherungsausgleich bei gesetzlichem Eigentumserwerb: *Buchwitz*, JuS 2016, 1067 ff.

90 Westermann/*H.P. Westermann*, § 43 Rn 42.

91 Für Unabdingbarkeit MünchKomm/*Füller* § 950 Rn 15; Staudinger/*Wiegand* § 950 Rn 27 ff; Westermann/*Gursky*, § 53 Rn 21; *Wilhelm*, Rn 1074 ff; a.A. die h.M.: *Baur/Stürner*, § 53 Rn 19; *Leible/Sosnitza*, JuS 2001, 449, 451; ähnlich die Rspr (BGH NJW 1989, 3213; 1983, 2222; BGHZ 112, 243, 250; 14, 114, 117), die an sich von zwingendem Recht ausgeht; vgl. zum Streitstand HK-BGB/*Schulte-Nölke* § 950 Rn 8.

92 So auch Westermann/*Gursky*, § 53 Rn 29; *Wieling*, § 11 III 4 j.

93 Staudinger/*Wiegand* § 950 Rn 40, 41.

klärt werden. Diese Schwierigkeit ist Folge der Zulassung der Verarbeitungsklausel, ohne sie würde – etwa bei Anwendung der Sicherungsübereignung – das Bestimmtheitserfordernis eine gewisse Klärung bringen.

> Im abgewandelten **Ausgangsfall 11** werden zB für die Herstellung eines Küchengeräts drei Blechsorten gebraucht; die Lieferanten aller drei Sorten haben mittels ihrer AGB die Verarbeitungsklausel eingeführt. Welche Rechte haben die drei Lieferanten an den aus ihren Blechen hergestellten Geräten?

205 Eine lesenswerte Entscheidung des BGH[94] will die Bestimmung des Bruchteilseigentums der mehreren Vorbehaltslieferanten dem Vertrag zwischen den Lieferanten und dem Käufer überlassen, in diesem Rahmen soll dann aber der allgemeine sachenrechtliche Bestimmtheitsgrundsatz für die vertragliche Vereinbarung anzuwenden sein. Danach ist erforderlich, dass ein sachkundiger Dritter ohne allzu große Mühe die einzelnen Bruchteile am Eigentum feststellen kann.

VI. Klausurgliederung zu Fall 11

206 Wenn wie hier eine Reihe von Fragen gestellt sind und kein besonderer Anlass zu abweichender Prüfung besteht, ist in solchen Fällen von der Reihenfolge der gestellten Fragen auszugehen.

I. Herausgabeverlangen der B zur Verwertung

1. Herausgabeverlangen zur Verwertung aus Sicherungseigentum.

a) Der Herausgabeanspruch aus § 985 setzt Eigentum der B-Bank voraus, das sie durch eine Verfügung des F erworben haben könnte.

b) Eigentumsübertragung wäre hier nach § 930 möglich. Die Frage ist aber, ob B Eigentümer geworden ist, da F bei der Vereinbarung nach §§ 929, 930 noch nicht Eigentümer und Besitzer der später eingelagerten Waren war. Nun kommt aber die Möglichkeit einer vorweggenommenen Übereignung mittels Besitzkonstituts in Betracht. Der Bestimmtheitsgrundsatz ist gewahrt, da die Einbringung der Waren in das Lager eine genügend genaue Abgrenzung erlaubt. Auch das Erfordernis, das die hM mit Bezug auf die Vollzugshandlung aufstellt, ist erfüllt.

Ergebnis: B ist Eigentümerin geworden.

2. Das Sicherungseigentum gibt einen Herausgabeanspruch (§ 985); dieser kann jedoch nur zum Zwecke der Verwertung und nach Fälligkeit der Forderung geltend gemacht werden. Diese Voraussetzungen dürften hier vorliegen, sodass der B-Bank der Herausgabeanspruch zusteht.

II. Ansprüche der B gegen K

1. Anspruch aus abgetretenem Recht (§ 398) auf Zahlung des Kaufpreises (§ 433).

a) Verkäufer ist F, in seiner Person ist der Kaufpreisanspruch entstanden.

b) Der Anspruch ist der B nicht abgetreten worden. Eine solche Vorausabtretung bei der Sicherungsübereignung ist zwar möglich, sie bedarf aber einer besonderen Vereinbarung. Da-

---

94 BGHZ 46, 117 ff; dazu näher *Serick*, BB 1975, 381; *Wagner*, AcP 184, 14 ff, 37; Westermann/*Gursky*, § 53 Rn 22.

für gibt der Sachverhalt nichts her. Automatisch geht der Kaufpreisanspruch nicht über, sodass ein Anspruch der B gegen K nicht gegeben ist.

2. Anspruch auf Herausgabe der Waren aus § 985.

a) B war Eigentümer auf Grund der Sicherungsübereignung.

b) Durch die Vereinbarungen und durch die Übergabe von F an K könnte K Eigentümer geworden sein. F war von der B zu einer Verfügung im ordnungsgemäßen Geschäftsgang ermächtigt, selbst wenn das nicht ausdrücklich vereinbart worden ist. Die Sicherungsübereignung von Warenlagern ist dahin auszulegen, dass ohne besondere Vereinbarungen dem Sicherungsgeber die Verfügungsmacht bleibt, so dass K Eigentum erworben hat. Selbst wenn es an der Ermächtigung fehlt, kann K gutgläubig Eigentum nach § 366 HGB oder § 932 BGB erworben haben.

III. Veräußerungsbefugnis der B gegen den Widerspruch des D?

1. Verwertung nur, falls die B Eigentümerin der Töpfe oder der Bleche ist. Entsprechend den Ausführungen unter I sollte die B Eigentümerin der später eingelagerten Ware werden, was für die Bleche bejaht werden kann.

2. Das zur Eigentumsübertragung von F an die B erforderliche Eigentum des F an den Töpfen könnte aber ausgeschlossen sein infolge der Vereinbarung zwischen F und D. Der Eigentumsvorbehalt des D schloss Erwerb des F aus, solange nicht F den Kaufpreis bezahlt hatte, woran es fehlte.

Es ist aber möglich, dass F nach § 950 Eigentümer geworden ist und auf diesem Wege die B Sicherungseigentümerin. Die Töpfe sind „neue Sachen". F ist Hersteller, und auch die Wertverhältnisse dürften seinem Eigentumserwerb nicht entgegenstehen. Ein Hindernis könnte aber die Klausel in den AGB sein. Die hM lässt die Bestimmung des Herstellers durch Willenserklärung, und zwar auch in AGB, zu. Ergebnis der hM: D wurde Eigentümer der Töpfe, die Bank geht insoweit leer aus.

3. Gutgläubiger Erwerb der B durch Verfügung des F als Nichtberechtigter?

Ein Erwerb gem. §§ 930, 933 scheidet aus; Eigentumserwerb ist hier erst möglich, wenn die B unmittelbare Besitzerin auf Grund der Vereinbarung mit F wurde und in diesem Augenblick noch gutgläubig ist. Das ist nicht der Fall.

Ergebnis: Kein Sicherungseigentum der B an den Töpfen, folglich kein Herausgabeanspruch.

Abwandlung 1 des Falles 11:   207

1. V macht sein Vermieterpfandrecht an den eingebrachten Sachen geltend.

2. Ein Mietvertrag über die Halle besteht, die Möbel sind hierin „eingebracht".

3. Die Sachen müssen aber, soll das Vermieterpfandrecht bestehen, dem Mieter gehören. Das ist nicht der Fall, wenn die Sachen der Bank zur Sicherung übereignet sind. Das hängt nach hM davon ab, ob die Sicherungsübereignung zeitlich vor der Einbringung der Sachen in das Mietlokal lag.

4. Einen gutgläubigen Erwerb des Vermieterpfandrechts (§ 562) lässt die hM nicht zu (näher Rn 333).

5. Das Vermieterpfandrecht kann sich aber auf die Anwartschaft des F auf Eigentumserwerb erstrecken (hM, aber sehr streitig), was zur Folge hat, dass es bei Zahlung des Restkaufpreises das in der Hand der Bank entstehende Eigentum belastet.

208 **Abwandlung 2 des Falles 11:**

1. Die Bank macht ihr Sicherungseigentum in der Weise geltend, dass sie die Waren gemäß § 47 InsO aussondern möchte. Das setzt voraus, dass die Sicherungsübereignung (§ 930) gültig erfolgte.

2. Da eine Einigung über den Eigentumsübergang und über die Begründung eines Besitzmittlungsverhältnisses (§ 868) vorlag, hängt die Gültigkeit der Sicherungsübereignung nur noch davon ab, ob der Vorwurf der Sittenwidrigkeit zutrifft.

3. Das Fehlen einer ausdrücklich formulierten Freigabeklausel und einer Deckungsgrenze im Sicherungsvertrag begründen keine sittenwidrige Übersicherung, da der Veräußerungswert des Sicherungsguts zweifelhaft ist; ob, wie der Insolvenzverwalter meint, die Bank angesichts des bei Insolvenzeintritt bestehenden Verhältnisses von Forderungshöhe und Bestand an übereigneter Ware zur Freigabe von Sicherungsgut verpflichtet ist, richtet sich nach dem Schätzwert der übereigneten Waren in diesem Zeitpunkt.

VII. Das Pfandrecht an beweglichen Sachen und Rechten

1. Bedeutung des Pfandrechts

209 Die Pfandrechte an beweglichen Sachen und Rechten sind die einzigen im BGB geregelten, die aber in der Praxis der Kreditsicherung weitgehend durch die Sicherungsübereignung und -abtretung verdrängt worden sind. Das gilt allerdings nur für das rechtsgeschäftlich bestellte Pfandrecht an beweglichen Sachen (§§ 1204 ff), während gesetzliche Pfandrechte, nämlich das des Vermieters (§§ 562 ff) und das Unternehmerpfandrecht (§ 647) wichtig sind, auch in ihrem Verhältnis zur Sicherungsübereignung (Rn 175). Schließlich kann ein Pfandrecht gem. § 804 ZPO im Wege der Zwangsvollstreckung in das bewegliche Vermögen des Schuldners entstehen. Die fehlende Praktikabilität des Vertragspfandrechts hat ihre Ursache in dem seine Bestellung dominierenden Prinzip des **Faustpfandes** (§ 1205), eine dem § 930 entsprechende Übergabeform fehlt hier. Das hat zur Folge, dass bei dem an sich durchaus möglichen (§ 1207) gutgläubigen Erwerb eines Pfandrechts vom Nichtberechtigten[95] ein Übergabeersatz nach § 930 nicht ausreicht, diese Norm ist in § 1207 bezeichnenderweise ausgeklammert. Immerhin ermöglicht § 366 Abs. 3 HGB einen gutgläubigen Erwerb der gesetzlichen Pfandrechte des Handelsrechts.

210 Wenn in diesem Bereich (Rn 176) das Pfandrecht ohne allzugroße Bedeutung ist (auch die Kreditsicherung durch private „Pfandleiher" ist nicht mehr allzu häufig), so gilt dies nicht in diesem Maße für die Verpfändung etwa von **Wertpapieren**, die nach Maßgabe des DepotG durch eine Bank verwahrt werden. Gemäß Ziff. 14 Abs. 1 AGB-Banken bedingen sich die Kreditinstitute an den in ihren Besitz oder in ihre Verfügungsgewalt gelangenden Sachen und Rechten des Kunden ein Pfandrecht für alle bestehenden und künftigen Ansprüche gegen diesen Kunden aus. Dies ist freilich mit der Einschränkung versehen, dass künftige Forderungen nur gesichert sind, wenn

---

95 Näher dazu *Reinicke/Tiedtke*, JA 1984, 202.

sie im Zuge der bankmäßigen Geschäftsverbindung entstanden sind[96]. Diese Verpfändung kann ohne besonderen Bestellungsakt geschehen, so dass auch Probleme mit der Besitzübertragung nicht auftreten (s. § 1205 Abs. 1 S. 2).

2. Begründung und Durchsetzung des vertraglichen Pfandrechts

Die Bestellung des Pfandrechts ist Verfügung; dabei ist die Offenkundigkeit schärfer **211** betont als bei der Übereignung (vgl. §§ 1205, 1206). Zum Pfandrecht an Rechten s. § 1274, zu dem an Forderungen §§ 1279–1290. Aus dem Offenkundigkeitsstreben erklärt sich auch § **1253**: Das Pfandrecht erlischt mit Rückgabe der Sache; Offenkundigkeit ist also nicht nur für die Begründung, sondern auch für das Fortbestehen des Pfandrechts erforderlich. Auch dies hat zur fehlenden Eignung des Pfandrechts als Kreditsicherungsmittel beigetragen. Ein Pfandrecht kann auch für künftige und bedingte Forderungen bestellt werden (§ 1204 Abs. 2), das Pfandrecht entsteht nach der Rechtsprechung auch in diesem Fall mit der Einigung und der Übergabe der Pfandsache[97]. Erscheinungen wie eine Eigentümergrundschuld, die ein Pfandrecht an der eigenen Sache des Gläubigers ist (Rn 547), gibt es für das Mobiliar-Pfandrecht nicht, § 1256 Abs. 2 regelt einen besonderen Ausnahmefall.

Das Pfandrecht an beweglichen Sachen und Rechten ist **streng akzessorisch**[98], ähn- **212** lich wie die Hypothek (dazu Rn 547). Bei Nichtentstehen der gesicherten Forderung entsteht das Pfandrecht also nicht, bei Erlöschen der Forderung fällt es fort (§§ 1204, 1252). Bei Abtretung der Forderung geht das Pfandrecht automatisch auf den Erwerber über, eine Trennung von Pfandrecht und Forderung kann nicht stattfinden (§ 1250), die Zession richtet sich allerdings nach §§ 398 ff. Eigentümer und Verpfänder bzw Schuldner der Forderung müssen nicht identisch sein, so dass auch eine Verpfändung zur Besicherung für fremde Verbindlichkeiten möglich ist.

Bei gesetzlichen Pfandrechten, also dem Unternehmer- und dem Vermieterpfand- **213** recht, würde ein Bedürfnis bestehen, auch an Sachen, die nicht dem Besteller bzw Mieter gehören, ein Pfandrecht erwerben zu können. Dies lässt die hM aufgrund der Formulierung des § 562 („Sachen des Mieters") bzw § 647 („bewegliche Sachen des Bestellers") nicht zu und versteht auch § 1257 dahin, dass die Verweisung auf die Regeln des Vertragspfandrechts nicht für die Entstehung des gesetzlichen Pfandrechts gelten, das ist aber umstritten[99]. Die hM behilft sich aber bis zu einem gewissen Grad mit der Erstreckung des Pfandrechts auf eine Anwartschaft des Mieters bzw Bestellers, die sich bei Erstarkung der Anwartschaft zum Vollrecht automatisch auf dieses überträgt[100]. In manchen Fällen kann der Verwendungsersatzanspruch aus § 994 hel-

---

96 So schon vor der Aufnahme dieser Einschränkung in den Text BGH NJW 1983, 2701; 1981, 756; zur gegenwärtigen Fassung *Schmidt*, in: Ulmer/Brandner/Henssen, AGB-Recht, 11. Aufl. 2011, Teil 3 (10) Rn 25.

97 BGHZ 86, 340, 36.

98 *Vieweg/Werner*, § 10 Rn 1.

99 Dagegen BGHZ 119, 89; für § 647 BGH NJW 1992, 2570, 2574; BGHZ 100, 95, 101; 34, 127; HK-BGB/*Schulte-Nölke* § 1257 Rn 4 ff; *näher* Westermann/*Gursky*, § 132 Rn 2; a.M. *Baur/Baur*, § 55 Rn 50; MünchKomm/*Damrau* § 1257 Rn 3.

100 *Baur/Baur*, § 55 Rn 41; Staudinger/*Wiegand* § 1257 Rn 16; Westermann/*Gursky*, § 132 Rn 2; s. auch schon BGH NJW 1965, 1475.

fen (s. dazu Rn 333). In der Praxis der Reparaturunternehmen wird – häufig formularmäßig – ein Vertragspfandrecht vereinbart, durch das allerdings nur Forderungen aus
dem eigentlichen Werkvertrag gesichert werden dürfen[101]. Eine Erstreckung dieses
Pfandrechts auf kundenfremde Sachen dürfte in AGB eine iSd § 305c überraschende
Regelung darstellen[102].

214 Das Pfandrecht sichert – ähnlich wie beim Grundpfandrecht (Rn 539) – die Befriedigung der Forderung durch die Verwertung des Pfandrechtsgegenstandes, die gem.
§ 1228 durch **Verkauf** geschieht. Dabei steht der Verkauf in öffentlicher Versteigerung – ein sog. freihändiger Verkauf durch den Gläubiger ist nur in den Fällen der
§§ 1235 Abs. 2, 1221 erlaubt – neben der Versteigerung durch den Gerichtsvollzieher
nach dem Recht der Zwangsvollstreckung gem. § 1233 Abs. 2. Bei der öffentlichen
Versteigerung gibt es Rechtmäßigkeitsvoraussetzungen (§ 1243), bei deren Verletzung der Ersteher nicht durch den ihm erteilten „Zuschlag" Eigentümer wird (vgl.
aber den weitgehenden Schutz des guten Glaubens an das Vorliegen der Rechtmäßigkeitsvoraussetzungen, § 1244).

215 Auch im Rahmen einer Versteigerung wird die Sache nach §§ 929 ff an den Ersteher
übereignet, er hat dabei eine erweiterte Möglichkeit gutgläubigen Erwerbs auch an
abhanden gekommenen Sachen (§ 935 Abs. 2). Der vom Ersteher gezahlte Erlös tritt
an die Stelle der Sache (§ 1247); daraus befriedigt sich der Gläubiger, der verbleibende Rest steht dem bisherigen Eigentümer der Pfandsache zu. Daneben kann die Sache
nach §§ 814, 816 ff ZPO durch den Gerichtsvollzieher versteigert werden, wenn
(§ 1233 Abs. 2) ein Vollstreckungstitel gegen den Eigentümer vorliegt.

§ 7 Erwerb vom Nichtberechtigten nach § 932

216 **Fall 12:** E gibt dem Restaurator und Kunsthändler H ein altes niederländisches Bild zum
Restaurieren. H hängt das Bild in seinen Laden. Als er für einige Tage verreist, weist er si-
cherheitshalber seinen Angestellten A darauf hin, dass das niederländische Gemälde dem E
gehöre und auf keinen Fall veräußert werden dürfe. Dem K, einem Kunden des H, gefällt
das Bild so gut, dass er dem A anbietet, es gegen ein altes italienisches Gemälde zu tau-
schen. Auf dieses Angebot geht A ein, da er (mit Recht) das italienische für wesentlich
wertvoller als das niederländische Bild hält. Als H zurückkommt, rügt er den A, verkauft
aber doch, nachdem er die Qualität des italienischen Bildes erkannt hat, dieses für € 50 000
an X.

1. Kann E das niederländische Bild von K herausverlangen?

2. Hätte K, bevor H das italienische Bild an X übereignet hat, dieses gegen Rückgabe des
niederländischen Bildes herausfordern können?

3. Kann E das italienische Bild von X herausverlangen, falls X bei dem Geschäft mit H
wusste, auf welche Weise H in den Besitz des Bildes gelangt war? **Lösung Rn 218, 245**

---

101 BGH WM 1977, 710; *Schmidt*, in: Ulmer/Brandner/Henssen (Teil 3) Rn 24; krit. *Gursky*, JZ 1984,
     604, 611; *Picker*, NJW 1978, 1417.
102 BGH NJW 1991, 100; BGHZ 93, 75; *Jauernig/Berger* § 1257, Rn 2.

Für die Analyse und Lösung der vorstehenden Alternativen des Falles empfiehlt sich **217** die folgende kleine Skizze:

§ 985

```
                    § 868                            Tausch
   E ──────────────────────────── H (A) ──────────────────────── K
 mittelbarer Besitzer                        Rückgabe des Bildes


   Herausgabe                                Kauf und § 929

                              X
```

> Als Anspruchsgrundlage für das Herausgabeverlangen des E kommt § 985 in Betracht. Also **218**
> ist zu prüfen, ob E noch Eigentum an dem niederländischen Bild hat. Dabei ist hier, anders
> als gewöhnlich bei der Prüfung schuldrechtlicher Leistungsansprüche, zumeist „historisch"
> vorzugehen, dh es ist zu prüfen, durch welche Vorgänge der bisherige Eigentümer das
> Recht verloren haben könnte. Regelmäßig ist dabei der Erwerb vom Veräußerer als Berech-
> tigtem vor einem Tatbestand des Erwerbs vom Nichtberechtigten zu untersuchen. In diesem
> Rahmen ist dann Handeln eines Vertreters dem Vertretenen zuzuordnen, hinsichtlich der
> Berechtigung kommt es also jeweils auf den Vertretenen an. Wenn also gefragt wird, ob E
> das früher ihm gehörige niederländische Gemälde vom jetzigen Besitzer K herausverlangen
> kann, so scheidet ein Eigentumsverlust des E durch eine nach § 929 erfolgte Übereignung
> von vornherein aus, weil A, der in Vertretung des H handelte, gem. § 929 nur Rechte über-
> tragen konnte, die dem H zustanden. Zu prüfen ist also, ob eine Ausnahme infolge des
> *Schutzes des guten Glaubens an einen Rechtsschein*, hier den des Besitzes, durch einen Er-
> werb von H als Nichtberechtigtem in Betracht kommt. Sollte A im eigenen Namen gehan-
> delt haben, so stellt sich dieselbe Frage, freilich bezogen auf seine Berechtigung.

I. Voraussetzungen des gutgläubigen Erwerbs

1. Die Grundlagen des Erwerbs

a) Den Tatbeständen eines Gutglaubenserwerbs vom Nichtberechtigten liegt je- **219** weils die Vorstellung zu Grunde, dass bestimmte **Rechtsscheinspositionen** für be- stimmte Rechtsgeschäfte und die an ihnen Beteiligten (also nicht schlechthin) so wir- ken, als ob der durch den Rechtsschein Legitimierte wirklich Berechtigter sei (vgl. auch die §§ 170–173, die einen Glaubensschutz im Recht der Stellvertretung an das Vorliegen einer formalisierten Bevollmächtigung knüpfen). Im Recht der bewegli- chen Sachen schafft der Besitz eine solche Rechtsscheinsposition, **§ 1006**; wegen des Rechtsscheins im Recht der unbeweglichen Sachen s. Rn 410. Allerdings ist die ei- gentliche Rechtsscheinsgrundlage beim Erwerb beweglicher Sachen nicht völlig klar, was sich in schwierigen Randgebieten des Anwendungsbereichs der **§§ 932 ff** auch auswirkt. Grundgedanke der gesetzlichen Regelung ist, dass das Auseinanderfallen von Eigentum und Besitz am besten vom Eigentümer verhindert werden kann, sodass der gutgläubige Rechtsverkehr, wenn er sich auf den vom Besitz ausgehenden Schein verlässt, geschützt werden muss[1]. Daraus folgt, dass es nicht allein der Rechtsschein des Besitzes ist, auf den sich der Erwerb vom Nichtberechtigten aufbaut, sondern der vom Eigentümer **veranlasste** Rechtsschein[2]. Daneben steht aber die Einsicht, dass die Tatbestände der §§ 932–934 sämtlich das Element einer erfolgreichen Besitzverschaffung an den Erwerber enthalten, was zum bloßen Besitz als Rechtsscheinsgrundlage die Besitzverschaffungsmacht hinzufügt[3]. Das würde dann, wenn der Veräußerer selbst nicht unmittelbarer oder auch nur mittelbarer Besitzer ist, einen gutgläubigen Erwerb auf Grund seiner Verfügung ausschließen, und zwar auch dann, wenn der Veräußerer sich, obwohl nicht selber Besitzer, als im Stande erweist, dem Erwerber den Besitz zu verschaffen, der ihn auch für den Berechtigten hält. In diese Richtung weist § 934 2. Alt., auch für die Fälle des „Geheißerwerbs", dafür musste die Vorstellung vom Besitz als Rechtsscheinsgrundlage erweitert werden[4]. Unerlässlich ist aber, dass sich der Veräußerer von jeglicher besitzrechtlichen Position trennt[5], während auf Seiten des Erwerbers auch die Begründung mittelbaren Besitzes genügt[6].

220   Im **Fall 12** ist H Besitzer (die tatsächliche Sachgewalt, die A ausübt, wird dem H gem. § 855 zugerechnet). Die Voraussetzungen des § 932 (Gutgläubigkeit des K, vgl. § 932 Abs. 2, und Veräußerung in der Form des § 929) sind erfüllt, sodass K Eigentümer geworden sein könnte. Aufbaumäßig ist dann weiter so vorzugehen, dass geprüft wird, ob der gutgläubige Erwerb des K nicht an § 935 scheitert, wenn die Sache dem wahren Berechtigten E abhanden gekommen ist (dazu näher Rn 231).

221   **b)**   Nicht selten sind auch in das Übereignungsgeschäft **Vertreter** eingeschaltet. Dies zwingt zu einer genauen Prüfung, auf wessen Besitzposition und -verschaffungsmacht der Erwerber vertraut hat. Bei offener Stellvertretung bezieht sich der Handelnde auf den Besitz des Vertretenen; handelt der Verfügende jedoch im eigenen Namen, so muss er Besitzer sein mit der Folge, dass möglicherweise ein Abhandenkommen iSd § 935 anzunehmen ist, wenn durch die Handlungen des Verfügenden der Eigentümer den unmittelbaren Besitz verliert[7]. Auf Erwerberseite ist hinsichtlich der Gutgläubigkeit bei Einschaltung eines Vertreters § 166 zu beachten.

---

1   Zu den Grundlagen und Grundprinzipien des gutgläubigen Erwerbs s. *Kindler/Paulus*, JuS 2013, 393; 490.

2   Veranlassungsprinzip, *H. Westermann*, JuS 1963, 1, 6; *Musielak*, JuS 1992, 713 f; MünchKomm/*Oechsler* § 932 Rn 7; HK-BGB/*Schulte-Nölke* § 932 Rn 2, 4; zum System *Habersack*, Rn 147.

3   Zur Besitzverschaffungsmacht als Rechtsscheinsgrundlage *Wadle*, JZ 1974, 689, 694; HK-BGB/*Schulte-Nölke* § 932 Rn 4 f; Staudinger/*Wiegand* vor §§ 932 ff Rn 12; Westermann/*Gursky*, § 45 Rn 6; s. weiter *Martinek*, AcP 188, 573, 613.

4   *Martinek*, AcP 188, 573, 612; MünchKomm/*Oechsler* § 932 Rn 5 unter Hinweis auf BGHZ 36, 56, 61; Westermann/*Gursky*, § 45 Rn 6; zum gutgläubigen Erwerb eine Anwartschaftsrechts nach polizeilicher Beschlagnahme OLG Oldenburg Urt. v. 20.6.2012 – 2 U 97/11.

5   BGHZ 36, 56, 60; Westermann/*Gursky*, § 45 Rn 11.

6   Näher *Roussos*, Jura 1987, 403, 408.

7   S. den interessanten Fall LG Köln NJW-RR 1991, 868 und dazu *K. Schmidt*, JuS 1991, 855.

Im **Fall 12** sind durch Übertragung des unmittelbaren Besitzes von A an K die Vorausset- **222**
zungen der §§ 929, 932 erfüllt. Auf die Fälle des Übergabeersatzes nach §§ 930, 931
(Rn 143, 147) gehen die Erwerbstatbestände der §§ 933, 934 (Rn 247, 251) ein. Eine schon
in Rn 134 angedeutete Ergänzung ist die mögliche Relevanz einer Besitzverschaffungsmacht des Veräußerers ohne Besitz.

Praktisch wird dies bei Besitzverschaffung unter Einschaltung einer Person, die nicht **223**
Besitzmittler des Veräußerers ist, als **„Geheißperson"**[8]. So kann beim „Streckengeschäft" jeder Beteiligte an seinen „Nachmann" in der Kette auch Eigentum übertragen, wenn sein eigener Erwerb (etwa mangels gültiger Einigung) nicht zum Erfolg
geführt hat. Dies setzt immer voraus, dass der unmittelbare Besitzer (etwa der Trans-
portunternehmer oder die Reederei, dazu **Fall 9** und Rn 138) die Weisung des (nicht
besitzenden) Veräußerers, die Sache an den Erwerber herauszugeben, befolgt. Hierbei können sich Fehler und Missverständnisse einschleichen. So veranlasste in einem
vom BGH entschiedenen Fall der Veräußerer den Eigentümer, der glaubte, der Veräußerer habe in seinem Namen einen Kaufvertrag geschlossen, zur Lieferung der Ware an den Erwerber, der seinerseits meinte, ihm leiste der Veräußerer[9]. Der BGH stell-
te auch hinsichtlich der Frage, wessen besitzrechtliche Position Rechtsscheinsgrundlage war, auf den Empfängerhorizont ab und meinte, tatsächliche Gewalt über die Sache übe nicht nur derjenige aus, der sie selbst dem Erwerber übergebe, sondern auch
jemand, auf dessen Weisung ein Dritter – einschließlich des Eigentümers – die Sache
dem Erwerber übergeben hatte.

Rechtsscheinsgrundlage kann hier Besitz iSd § 1006 nicht sein, zu denken ist aber **224**
eben an die Besitzverschaffungsmacht, die darin zum Ausdruck kommt, dass sich der
Inhaber der Sachherrschaft der Weisung des Verfügenden unterwirft. Der BGH[10] ist
noch weiter gegangen und hat angenommen, dass es genüge, wenn der die Sache
übergebende unmittelbare Besitzer nicht eine Weisung des Veräußerers befolgen
wollte, sondern auf Grund einer Täuschung des „Veräußerers" annahm, er sei zur Lieferung auf eigene Rechnung verpflichtet. Dagegen spricht, dass nicht eine tatsächlich
existierende Verfügungsmacht, sondern nur eine durch Täuschung verursachte Ver-
haltensweise des Besitzers den Anschein einer Berechtigung des Veräußerers erweckt, der keineswegs auf den wahren Eigentümer zurückgeführt werden kann. Andererseits hat der Erwerber in die Gründe, die den unmittelbaren Besitzer zu seinem
Verhalten veranlassen, in allen Fällen des „Geheißerwerbs" keinen Einblick. Anerkannt ist, dass die Übergabe an eine Geheißperson auf Seiten des Erwerbers (Rn 137)
auch für den Erwerb von Nichtberechtigten ausreicht[11].

---

8 BGH NJW 1986, 1166; 1982, 2371; 1974, 1133 f; BGHZ 35, 60; *Baur/Stürner*, § 53 Rn 13; Staudin-
   ger/*Wiegand* § 932 Rn 20; Westermann/*Gursky*, § 47 Rn 2; zu den konstruktiven Problemen besonders *Hager*, Verkehrsschutz durch redlichen Erwerb, 1990, S. 278.
9 S. auch den „Hemden-Fall" BGH NJW 1974, 1132, wobei es auch um die bereicherungsrechtliche
   Rückabwicklung ging.
10 Zust. Staudinger/*Wiegand* § 929 Rn 46 ff, 50; *Wieling*, JZ 1977, 295; im Ergebnis auch *Musielak*, JuS
   1992, 713, 718 mit ausführlicher Diskussion; krit. aber *Picker*, NJW 1974, 1790, 1794; *v. Olshausen*,
   JZ 75, 27, 29 f; krit. jedenfalls zur Begründung auch *Hager* aaO., S. 288 ff.
11 Näher BGH JZ 1982, 683; *Gursky*, JZ 1984, 685; s. aber auch *Wadle*, JZ 1974, 695.

225   **c)**   Bei allen Tatbeständen des Erwerbs vom Nichtberechtigten geht es um den Schutz des Rechtsverkehrs, der auf eine Rechtsscheinsgrundlage vertraut hat. Dies ist nach hM nur im Rahmen **rechtsgeschäftlicher Vorgänge** möglich, sodass Tatbestände originären Rechtserwerbs oder eines Eigentumsübergangs kraft Gesetzes (etwa im Erbgang, § 1922) ausscheiden[12]. Dagegen lassen Hoheitsakte wie der Zuschlag in der Zwangsvollstreckung selbst an Sachen, die dem Vollstreckungsschuldner nicht gehört haben, das Eigentum auf den Ersteher übergehen, und zwar ohne Rücksicht auf seine Gutgläubigkeit[13].

226   Darüber hinaus beschränkt die hM den Schutz des guten Glaubens auf sog. **Verkehrsgeschäfte**, das sind solche, bei denen ein echter Rechtssubjektwechsel stattfinden soll[14]. Also scheiden diejenigen Fälle aus, bei denen auf Veräußerer- und Erwerberseite praktisch dieselbe Person steht.

Beispiele[15]**:** Eine Erbengemeinschaft überträgt eine Sache auf eine aus denselben Personen bestehende OHG oder auf einen der Miterben, nicht aber: ein OHG-Gesellschafter überträgt an eine aus ihm und anderen Personen bestehende Gesellschaft. Das gilt besonders auch, wenn ein Gesellschafter an eine Kapitalgesellschaft, etwa an eine GmbH überträgt, an der er als alleiniger Gesellschafter beteiligt ist, nicht aber, wenn noch andere Personen zu den Anteilseignern gehören; liegen die Voraussetzungen eines solchen Verkehrsgeschäfts vor, so macht es allerdings nichts aus, wenn die betreffende Kapitalgesellschaft sich noch im Gründungsstadium befindet, also als sog. **Vorgesellschaft** existiert[16]. Wie sich die Beurteilung in den nicht seltenen Fällen von Geschäften unter mehreren, aber aus denselben Personen bestehenden Gesellschaften bürgerlichen Rechts entwickeln wird, bleibt angesichts der durch die neue Rechtsprechung[17] anerkannten Rechtsfähigkeit der Außengesellschaft abzuwarten.

2.   Gutgläubigkeit (Redlichkeit) des Erwerbers

227   Der Erwerber muss in **gutem Glauben** sein, woran es bei Kenntnis und grob fahrlässiger Unkenntnis fehlt. Sie beziehen sich jeweils auf das Eigentum des Veräußerers, dh auf die Rechtslage, nicht auf Tatsachen, die den Eigentumserwerb des Veräußerers an der veräußerten Sache ausschließen könnten; allerdings fragt sich oft, ob der Erwerber aus der Kenntnis bestimmter Tatsachen Schlüsse auf die wahre Rechtslage hätte ziehen müssen (Rn 228 f). Aus der Formulierung des § 932 Abs. 1 S. 1 aE ergibt sich aber auch, dass der böse Glaube einen Ausschlussgrund für einen Erwerb vom Nichtberechtigten darstellt, so dass der Erwerber nicht etwa seinen guten Glauben beweisen muss. Guter Glaube an die Verfügungsbefugnis des Veräußerers in Bezug auf

---

12   BGHZ 173, 71; 55, 20, 25; MünchKomm/*Oechsler* § 932 Rn 32; Westermann/*Gursky,* § 45 Rn 7. Grundsätzlich krit. zum Erfordernis eines Rechtsgeschäfts *Hager* aaO., S. 96 ff.

13   Anders BGH NJW 1992, 2570 für eine durch die vollstreckende Behörde veranlasste Versteigerung durch einen privaten, wenn auch öffentlich bestellten Auktionator, der auf der Grundlage einer Maßnahme gem. § 825 ZPO tätig wurde.

14   *Medicus/Petersen,* Rn 548; Soergel/*Henssler* § 932 Rn 7; Staudinger/*Wiegand* vor §§ 932 ff Rn 42 ff; Westermann/*Gursky,* § 45 Rn 8; *Wieling* § 10 II 1; abl MünchKomm/*Oechsler* § 932 Rn 35. Hingegen stellt *Hager* aaO., S. 96 f darauf ab, ob der Erwerber für den Erwerb ein dauerhaftes eigenes Opfer erbracht hat.

15   *Musielak,* JuS 1992, 713 f; zum Grundstücksrecht (§ 892) BGHZ 173, 71 und Rn 419.

16   BGH ZIP 2003, 30 mit Anm. *Bayer,* WuB II C § 5 GmbHG 1.04 mit Überlegungen zur Bösgläubigkeit des Geschäftsführers der GmbH; s. ferner *Gursky,* JZ 2004, 285, 290; *Habersack,* Rn 151.

17   BGHZ 146, 341 und dazu *K. Schmidt,* NJW 2003, 1897; *H.P. Westermann,* NZG 2001, 289.

fremdes Eigentum hilft nur im Fall des § 366 HGB, also wenn Veräußerer ein Kaufmann ist, der gewöhnlich im eigenen Namen, aber auch für fremde Rechnung handelt, wie etwa ein Kommissionär (§ 383 HGB). Ob grob fahrlässige Unkenntnis vorliegt, entscheidet sich nach Maßgabe aller Umstände des Einzelfalles, wobei solche Verdachtsmomente missachtet worden sein müssen, die jeden Erwerber, nicht nur einen besonders misstrauischen, hätten stutzig machen müssen[18]. Bedeutsam ist vor allem, wenn der Erwerber es unterlässt, sich über die Rechtslage zu erkundigen, obwohl er Anlass zum Misstrauen hat.

Ein solcher Anlass zur Erkundigung liegt vor allem vor, wenn der Erwerber erkennt, dass der Veräußerer sich kaufmännisch unkorrekt verhält, oder wenn er weiß, dass der Veräußerer schon früher unkorrekt gehandelt hat, ebenso für den gleichliegenden Fall des gutgläubigen Erwerbs eines Pfandrechts. Bekannte Anlässe sind die äußeren Umstände des Verkaufs (etwa Angebot wertvoller Uhren, von Schmuck oder Antiquitäten auf einem Flohmarkt oder in einer Bahnhofsgegend), uU auch das Erscheinungsbild und die Lebensumstände des Veräußerers[19], zum Gebrauchtwagenhandel s. sogleich Rn 230. Bei Sachen, die auf Kredit und unter Eigentumsvorbehalt gekauft zu werden pflegen, muss der Käufer im Verkehr unter Kaufleuten mit Eigentumsvorbehalten in der ausgebauten Form (verlängerter Eigentumsvorbehalt, Vorausabtretung als Bedingung der Verfügungsermächtigung) rechnen, nicht aber der Privatmann, der beispielsweise in einem Ladengeschäft kauft[20]. Anders kann es sein, wenn er etwa von einem anderen Privatmann erwirbt. Beim Erwerb **gebrauchter Kraftfahrzeuge** richtet sich die Aufmerksamkeit hauptsächlich auf den Kfz-Brief bzw die Zulassungsbescheinigung Teil II, die allerdings nur den Halter, nicht den Eigentümer ausweist. Wenn aber der Brief nicht vorliegt, spricht manches dafür, dass der Besitzer des Wagens nicht Eigentümer ist, da sowohl ein Vorbehaltsverkäufer als auch ein Sicherungseigentümer den Brief einzubehalten pflegen; daher handelt der Erwerber grob fahrlässig, der sich nicht durch Prüfung des Kfz-Briefs vom Eigentum des Veräußerers überzeugt[21]. Ferner muss der Käufer von sich aus kontrollieren, ob der Verkäufer zum Fahrzeugverkauf berechtigt ist, wenn dieser nicht als Halter in den Fahrzeugpapieren eingetragen ist[22]. Auch die Annahme, der Kfz-Brief befinde sich noch bei einer Leasing-Gesellschaft, entlastet den Erwerber nicht[23]. Dieselben Maßstäbe gelten im Rahmen des § 366 HGB[24]. Beim Kauf **fabrikneuer Fahrzeuge** von einem vertrauenswürdigen Händler kann es anders sein, weil hier häufig der Kfz-Brief erst noch ausgefertigt werden muss, auch kann hier kein früherer Eigentümer eingetragen sein. Der Händler wird üblicherweise nicht eingetragen[25], ein anderer Veräußerer muss im Brief eingetragen sein, wenn dieser vorgelegt wird[26]. Die geringeren Sorgfaltsanforderungen beim Kauf eines Vorführwagens[27] sind eher zweifelhaft, jedenfalls muss der Erwerber der Frage, warum der Brief bei einer Bank hinterlegt ist, nachgehen[28]. Wieder anders ist entschieden worden, wenn eine Leasing-Gesellschaft ein hochwertiges Fahrzeug von einem Vertragshändler in Kenntnis des Umstandes erwirbt, dass sich

228

---

18 BGH NJW 1994, 2093; BGHZ 10, 69, 74.
19 S. zB. OLG München NJW 2003, 673; zu einem außergewöhnlich niedrigen Verkaufspreis, der zusammen mit anderen Umständen Verdacht begründen kann, BGH NJW 1994, 2022; 1975, 735 f.
20 Vgl. zu dieser Rechtsprechung BGHZ 77, 274 mit Übersicht über Entscheidungen und Schrifttum.
21 BGH NJW 2013, 1946, 1947; BGH NJW 1996, 314; 1975, 735; BGHZ 34, 122.
22 OLG Hamm BeckRS 2016, 09788.
23 BGH NJW 1996, 2226.
24 OLG Düsseldorf NJW-RR 1997, 246.
25 Zum Neuwagenkauf insoweit BGHZ 30, 374, 380; OLG Düsseldorf NJW 1992, 381; OLG Schleswig NJW 1966, 197.
26 BGH NJW 1994, 2022.
27 OLG Frankfurt NJW-RR 1999, 927; OLG Hamm NJW 1964, 2257.
28 OLG Karlsruhe NJW-RR 1989, 1461.

der Hersteller, von dem der Vertragshändler das Fahrzeug hat, gewöhnlich das Eigentum vorzubehalten und auch den Kfz-Brief zurückzubehalten pflegt[29]. Nun geht es angesichts der Rechtsscheinsfunktion des Besitzes nicht an, dem Erwerber stets eine Nachforschungspflicht bezüglich des Rechts des Veräußerers aufzuerlegen, aber eine Bank, die die wirtschaftlichen Verhältnisse des Sicherungsgebers kennt, oder ein Händler, der die Finanzierungswege eines an ihn liefernden Fabrikanten kennt, muss mit Eigentumsvorbehalt und anderweitigen Sicherungen des Vertragspartners rechnen[30].

229 Ein weiteres Problem kann sich ergeben, wenn der Lieferant des Veräußerers sich einen verlängerten Eigentumsvorbehalt ausbedungen hat (Rn 195), was heißt, dass er sich die aus der Weiterveräußerung der Sache stammende Forderung des Vorbehaltskäufers gegen einen Abkäufer hat abtreten lassen. Diese Sicherheit geht ins Leere, wenn – was allerdings nicht die Regel ist – der Abkäufer seine Verpflichtung schon durch Zahlung an den zur Abtretung verpflichteten Vorbehaltskäufer erfüllt hat (weil dann keine abtretbare Forderung mehr vorhanden ist). In einem solchen Fall kann der Erwerber, der ja um seine eigene Zahlung weiß, nicht mehr damit rechnen, dass der Veräußerer vom Vorbehaltsverkäufer ermächtigt ist, die Sache im eigenen Namen zu veräußern (zur Ermächtigung des Vorbehaltskäufers Rn 196); so konnte er dem Erwerber weder als Berechtigter noch als Nichtberechtigter Eigentum verschaffen, da auch die Voraussetzungen des § 366 HGB nicht vorliegen[31]. Überhaupt kommt ein gutgläubiger Erwerb nach § 366 HGB – aber für den Fall des § 932 BGB würde nichts anderes gelten – nicht in Betracht, wenn die Veräußerung der Sache ganz außerhalb des gewöhnlichen Geschäftsbetriebs des Kaufmanns erfolgte, etwa wenn eine als Baumaschinenvermieterin tätige Gesellschaft ohne erkennbaren Grund fabrikneue Geräte „ihrer" Branche veräußert[32]. Ein weiteres Hindernis für gutgläubigen Erwerb bildete in diesem Zusammenhang ein vom Abkäufer mit dem Veräußerer vereinbartes, dem Letzteren meist auferlegtes Abtretungsverbot, weil dann der Erwerber ebenfalls nicht mit der Verfügungsbefugnis des Veräußerers rechnen durfte[33]. Das gilt allerdings nicht, wenn das Abtretungsverbot gegen § 354a HGB verstößt[34].

230 Gelegentlich stellt sich die Frage nach der Gutgläubigkeit des Erwerbers im Zusammenhang mit der Kenntnis bzw Unkenntnis von der Art, wie die Sache zum Veräußerer gelangt ist[35].

Beispiel: Der Erwerber E erfährt, für welchen Preis der Veräußerer V den jetzt weiter zu verkaufenden PKW vor kurzer Zeit von H gekauft hat und wundert sich, wie es dem V gelungen sein kann, diesen Preis zu erzielen. Nachdem E das Fahrzeug gekauft und übernommen hat, meldet sich der Voreigentümer H und verlangt Herausgabe, da er beim Verkauf von V mit der Behauptung getäuscht worden sei, dass inzwischen ein neues Modell dieses Typs auf den Markt gekommen sei, sodass die älteren Modelle nicht mehr gefragt seien.

---

29 BGH NJW 2005, 1365 (unter Einschluss des § 366 HGB).
30 S. die Fälle BGH NJW 1989, 425; OLG Düsseldorf MDR 1994, 473.
31 Lesenswert das Urteil BGH NJW-RR 2004, 555.
32 BGH NJW 1999, 425 und dazu näher *Gursky*, JZ 2005, 285, 289.
33 BGH 77, 274, 278; zweifelnd Westermann/*Gursky*, § 46 Rn 9.
34 Hierzu und zur Inhaltskontrolle von Abtretungsverboten Erman/*H.P. Westermann* § 399 Rn 5.
35 Zum Gutglaubenserwerb der von einem 11-jährigen Kind in einer Bank umgetauschten ausländischen Valuten LG Köln NJW-RR 1991, 868 mit Bespr. *Th. Chr. Paefgen*, JuS 1992, 192 ff.

Die Übereignung von V an E könnte formal korrekt stattgefunden haben, und V mag auch den Kfz-Brief vorgelegt haben. Damit bestand kein Anlass, am Eigentum des V zu zweifeln. Auch wenn die Übereignung durch H an V von Irrtum (auf Grund einer arglistigen Täuschung) beeinflusst gewesen sein sollte, hat bis zur Anfechtung die Willenserklärung des H Bestand. Wird sie allerdings angefochten, so entfällt sie rückwirkend (§ 142), und V verfügte als Nichtberechtigter, sodass E nur unter den Voraussetzungen des gutgläubigen Erwerbs das Eigentum erlangen konnte. Er wusste allerdings nicht um das fehlende Eigentum und konnte im Zeitpunkt der Veräußerung auch nicht darum wissen. Hier greift **§ 142 Abs. 2** ein. Wendet man auf die Frage nach Kenntnis oder Kennenmüssen von der Anfechtbarkeit dieselben Maßstäbe an wie bei § 932 Abs. 2[36], so ist zu prüfen, ob das Erstaunen des E über den von V erzielten Kaufpreis angesichts seines Wissens um die gewöhnlichen Preisverhältnisse schon als Bösgläubigkeit ausreicht; allerdings ist auch hier vor einer Überspannung der Sorgfaltsanforderungen zu warnen, da der alltägliche Geschäftsverkehr schnell und möglichst unkompliziert abgewickelt werden sollte. **Grobe Fahrlässigkeit** darf daher nur bejaht werden, wenn der Erwerber vor auf der Hand liegenden Verdachtsmomenten die Augen verschlossen hat.

3. Die Rechtslage bei Abhandenkommen

Gutgläubiger Erwerb abhanden gekommener Sachen ist grundsätzlich nicht möglich, **§ 935**, und zwar nicht nur bei der Verfügung dessen, der als erster in den Besitz der abhandengekommenen Sache gelangt ist, sondern auch bei allen späteren Veräußerungen (wenn im **Fall 12** das Bild dem E abhanden gekommen ist, kann es auch bei späteren Verfügungen des X oder seines Rechtsnachfolgers nicht mehr gutgläubig erworben werden). Dabei versteht man unter Abhandenkommen den unfreiwilligen Verlust des unmittelbaren Besitzes, wofür es allerdings nicht erforderlich ist, dass hierbei der Wille des Besitzers gebrochen wurde (auch der vom Dachgepäckträger bei einer Autofahrt heruntergefallene Koffer ist also verloren gegangen), anders natürlich beim Diebstahl. Die Rechtsfolge des § 935 ergibt sich nicht aus dem Rechtsscheinsprinzip: Ob die Sache abhandengekommen ist oder nicht, ändert an dem Schluss auf das Eigentum des Besitzers, der auf dem Besitz aufbaut, nichts. Durch die Veranlassung des Auseinanderfallens von Eigentum und Besitz übernimmt aber im Regelfall des § 935 der Eigentümer bewusst das **Risiko** eines Missbrauchs des Rechtsscheins durch den Verfügenden (der dabei nicht um seine fehlende Berechtigung gewusst zu haben braucht). Dieses Risiko soll er nach der dem § 935 zugrundeliegenden Wertung nicht zu tragen haben, wenn es zu dem Auseinanderfallen von Eigentum und Besitz ohne seine Entscheidung gekommen ist[37]. Hervorzuheben ist, dass es auf ein Verschulden am Auseinanderfallen von Eigentum und Besitz nicht ankommt, auch eine durch grobe Unachtsamkeit verlorene Sache wie der unzulänglich befestigte Koffer im soeben genannten „Dachgepäckträger-Beispiel" ist abhandengekommen. Es geht um eine objektive Einschränkung der Zurechenbarkeit des Rechtsscheins[38].

231

36 BGH NJW 1975, 735 f.
37 *Vieweg/Werner*, § 5 Rn 37.
38 Zu diesem Risikoprinzip Westermann/*Gursky*, § 45 Rn 10.

Dass es sich um eine gesetzgeberische Risikoverteilung handelt, zeigt auch **§ 935 Abs. 2**; abhanden gekommenes oder verlorenes Geld soll seine Umlauffähigkeit trotzdem behalten, eine Prüfung, woher es stammt, um die Gutgläubigkeit zu erhalten oder die mit einem Abhandenkommen für den Erwerber verbundene Gefahr auszuschalten, soll es nicht geben müssen (näher Rn 238).

232 **a)** Ob unfreiwilliger Verlust des unmittelbaren Besitzes vorliegt, kann zweifelhaft sein, wenn **Besitzdiener** eingeschaltet sind. Bei § 935 Abs. 1 S. 2 geht es darum, dass dem Besitzmittler die Sache abhandenkommt, was auch für den unmittelbaren Besitzer einen unfreiwilligen Verlust bedeutet. Zu entscheiden ist aber, was gelten soll, wenn aufseiten des besitzenden Eigentümers (oder des Besitzmittlers im Fall des § 935 Abs. 1 S. 2) ein Besitzdiener steht, der die Sache gegen den Willen des Besitzherrn weggibt.

233 Als im **Ausgangsfall 12** E dem H das Bild aushändigte, gab er seinen unmittelbaren Besitz freiwillig auf, von Abhandenkommen kann also keine Rede sein. Nach § 935 Abs. 1 S. 2 kommt es aber auf den unfreiwilligen Besitzverlust bei H an, der Besitzmittler des E war. Hierbei ist zu beachten, dass A, der das Bild ohne den Willen des H fortgab, Besitzdiener war, die vom Besitzmittler bewusst geschaffene Lage, dass der Angestellte den mittelbaren Besitz des Eigentümers beenden kann, muss sich dieser zurechnen lassen[39]. Damit ist aber noch nicht entschieden, was zu gelten hat, wenn der Besitzdiener wie hier A gegen den Willen des Besitzmittlers H die Sache weggibt.

234 Nach § 855 ist **nur** der Besitzherr Besitzer; die Fortgabe gegen oder ohne den Willen des Besitzherrn beendet folglich dessen Besitz. Daraus wird geschlossen, dass die Sache bei Fortgabe durch einen Besitzdiener ohne den Willen des Besitzherrn immer abhanden gekommen ist[40], und in der Tat kommt es, wenn man die alleinige Besitzerstellung des Besitzherrn ernst nimmt, durch die tatsächliche Sachherrschaft des Besitzers nicht zu einem freiwilligen Auseinanderfallen von Eigentum und Besitz. Es ist aber fraglich, ob man die stark fiktive Sichtweise des § 855 vollständig hierher übertragen kann.

Beispiel: Der im Getränkevertrieb tätige reisende Handelsvertreter H verkauft eines Abends in einem Hotel einige Flaschen aus seinem Musterkoffer, den ihm der Prinzipal mitgegeben hatte, zu einem „Freundschaftspreis" an den G, der ebenfalls im Hotel wohnt, dazu einige Bücher unterhaltenden Inhalts, die ihm der Abteilungsleiter A für die langen Abende während der Geschäftsreise geliehen hatte. Hier ist für den G nicht zu unterscheiden, ob H Besitzdiener (gegenüber dem Prinzipal) oder Besitzmittler (gegenüber A) ist, und die Machtabgrenzung zwischen Besitzherrn und Besitzdiener, die § 855 im Auge hat, kann auf die Interessenabwägung zwischen dem gutgläubigen Erwerber und dem Eigentümer, wie sie § 935 vornimmt, nicht unbesehen übertragen werden. Der von *H. Westermann* entwickelten Lösung, die Weggabe einer Sache dann nicht als Abhandenkommen zu werten, wenn im Einzelfall der Besitzdiener nach außen in nichts von einem Besitzmittler zu unterscheiden ist, sind daher zu recht viele gefolgt[41];

---

39 Westermann/*Gursky*, § 49 Rn 10.
40 RGZ 106, 6; 71, 248, 252; *Baur/Stürner*, § 53 Rn 29; HK-BGB/*Schulte-Nölke* § 935 Rn 4; Westermann/*Gursky*, § 49 I 6; *Wilhelm*, Rn 965; zum Besitzverlust durch die Post lesenswert OLG Frankfurt NJW-RR 1989, 1398; auch kein Abhandenkommen bei freiwilligem unmittelbarem Besitzverlust am PKW s. BGH NJW 2014, 1524, 1525.
41 Erman/*Bayer* § 935 Rn 7; MünchKomm/*Joost* § 855 Rn 23; *Neuner*, JuS 2007, 401, 405; *Rebe*, AcP 173, 201 f; *Wiegand*, JuS 1974, 205 f; *Wieling*, JZ 1977, 295.

nicht wenige Autoren wollen in diesem Zusammenhang Besitzmittler und Besitzdiener gleichstellen oder sehen in der unbefugten Weitergabe durch einen als solchen erkennbaren Besitzdiener kein Abhandenkommen[42].

Hinsichtlich der Unfreiwilligkeit des Besitzverlusts kommt es auf den tatsächlich gebildeten Willen, nicht auf seine rechtsgeschäftliche Verbindlichkeit an. Bei Weggabe durch einen **Geschäftsunfähigen** ist daher die Einsichtsfähigkeit im konkreten Fall entscheidend, was allerdings heftig streitig ist[43] und was auch auf den nicht voll Geschäftsfähigen angewendet wird[44]. Natürlicher Wille zur Aufgabe des Besitzes oder zu einer Übergabe liegt auch dann vor, wenn diese Handlung, wenn sie rechtsgeschäftlicher Natur wäre, nach §§ 119 oder 123 anfechtbar wäre, denn dieses Risiko trifft den Eigentümer, der die von der Eigentumslage abweichende Besitzposition geschaffen hat, und die Anfechtung kann nicht aus einer freiwilligen eine unfreiwillige Weggabe machen[45]. Anders, wenn gegen den unmittelbaren Besitzer Gewalt oder eine Drohung angewendet wird, damit er die Sache aufgibt: das ist Abhandenkommen[46].   **235**

Die Formel, dass Abhandenkommen unfreiwilliger Verlust des unmittelbaren Besitzes ist, wird auch im Hinblick auf die Regelung des **Erbenbesitzes** in § 857 (Rn 38) durchgehalten. Wenn also eine Person, die sich – vielleicht durchaus gutgläubig – für den Erben des verstorbenen Besitzers einer beweglichen Sache hält, diese Sache veräußert, so kann auch ein gutgläubiger Dritter nicht erwerben, weil die Sache dem wahren Erben, der nach § 857 wie der Erblasser den unmittelbaren Besitz innehatte, abhandengekommen ist, ebenso, wenn jemand einem soeben Verstorbenen eine Sache wegnimmt. Anders, wenn der vermeintliche Erbe sich hinsichtlich seiner Erbenstellung durch einen Erbschein legitimieren kann (§ 2366).   **236**

An den Folgen des Abhandenkommens ändert sich im **Ausgangsfall 12** grundsätzlich auch dadurch nichts, dass K das Bild in einem offenen Ladengeschäft erwarb; ein solcher Erwerb ist nicht in besonderem Maße geschützt. Wohl aber kann **§ 56 HGB** das **Abhandenkommen**, das in der Fortgabe der Sache durch einen Besitzdiener liegt, **überwinden**. Da das Handeln des A unter § 56 HGB fällt, gilt er zu diesem Geschäft als ermächtigt, dh er ist Vertreter des H. Hätte H selbst gehandelt, könnte von einem unfreiwilligen Besitzverlust nicht die Rede sein. Es kann nicht anders sein, wenn sein Vertreter handelt[47]. Danach hat also K das Eigentum gutgläubig erworben, E hat keinen Herausgabeanspruch aus § 985.   **237**

b)   Ausnahmen vom Grundsatz, dass an abhanden gekommenen Sachen gutgläubiger Erwerb nicht möglich ist, normiert **§ 935 Abs. 2** für den Erwerb in öffentlicher   **238**

---

42   MünchKomm/*Oechsler* § 935 Rn 10; *K. Schmidt*, FS für Seiler, 1990, S. 579, 598; Westermann/*Gursky*, § 49 Rn 12 (dort auch gegen die noch weitergehenden Ansichten, die Abhandenkommen ganz ablehnen).

43   Zu dieser Lösung OLG München NJW 1991, 2571; *Baur/Stürner*, § 52 Rn 42; *Musielak*, JuS 1992, 713, 722; *Neuner*, JuS 2007, 401, 404; Westermann/*Gursky*, § 49 Rn 5 mit ausführlicher Übersicht über den Streitstand; für Heranziehung des § 105 MünchKomm/*Oechsler* § 935 Rn 7.

44   *Canaris*, NJW 1964, 1988; Westermann/*Gursky*, § 49 Rn 5; anders bei Geschäftsbeschränkten Erman/*Bayer* § 935 Rn 3.

45   *Baur/Stürner*, § 52 Rn 43; Staudinger/*Wiegand* § 935 Rn 11.

46   BGHZ 4, 10, 34; Westermann/*Gursky*, § 49 Rn 4; anders für Drohung BGH NJW 1953, 1506.

47   Westermann/*Gursky*, § 49 Rn 16; *Wilhelm*, Rn 973; *Witt*, AcP 201, 165, 168.

Versteigerung sowie für Geld und Inhaberpapiere, denen durch diese Regelung erhöhte Umlauffähigkeit gesichert werden soll. Das ist besonders mit Rücksicht darauf wichtig, dass an abhandengekommenen Sachen Gutglaubenserwerb auf Dauer unmöglich ist. Allerdings muss der Erwerber gutgläubig iSd § 932 Abs. 2 sein, was gerade bei unterschlagenem Geld nicht immer sicher ist[48].

239 c) Der entgeltliche Erwerber (K hat als Gegenleistung das italienische Bild hingegeben) schuldet dem verlierenden Eigentümer auch nicht die Herausgabe des erlangten Eigentums aus **ungerechtfertigter Bereicherung** (§ 812*)*, da die gesetzliche Regelung der §§ 932 ff als abschließende Zuweisung und der Erwerb damit als gerechtfertigt anzusehen ist[49]. Für den unentgeltlichen Erwerber gilt aber § 816 Abs. 1 S. 2, dh der gutgläubige Erwerber, der die Sache unentgeltlich erhielt, muss sie an den Eigentümer herausgeben. Man spricht auch davon, dass ein unentgeltlicher Besitztitel zum Behalten der Sache trotz gültigen Eigentumserwerbs nicht stark genug ist.

240 d) Auch für die **Erfüllung** des der Veräußerung zugrunde liegenden Geschäfts ist der Eigentumserwerb auf Grund von § 932 ausreichend.

> K kann sich also in **Fall 12** nicht auf den Standpunkt stellen, der Tauschvertrag zwischen ihm und dem H sei nicht erfüllt. Vielmehr ist in Erfüllung des Tauschvertrages das italienische Bild an H, das niederländische Bild an K übereignet worden. (Für H hat jedenfalls A als Vertreter und als Besitzer gehandelt.)
>
> Auch bedeutet der Umstand, dass K nur auf Grund gutgläubigen Erwerbs das Bild erworben hat, keinen Rechtsmangel oder einen sonstigen Mangel iSd §§ 433 ff.

II. Ausgleichsansprüche

241 Der gutgläubige Erwerb entspricht den Interessen des Erwerbers, er sichert und erleichtert den Rechtsverkehr; im Verhältnis zwischen dem nichtberechtigt Verfügenden und dem (bisher) Berechtigten rechtfertigt er aber nicht den Eingriff in das Recht des Berechtigten, der in der Verfügung liegt. Es bedarf also eines Ausgleichs im Verhältnis zwischen dem Berechtigten (im **Fall 12** dem E) und dem nichtberechtigt Verfügenden (hier dem H).

> H war verpflichtet, das Bild ordnungsgemäß zu verwahren und es später an E herauszugeben. Bei dieser Pflicht hat er sich des A als Erfüllungsgehilfen bedient, er hat folglich für dessen Verschulden gem. § 278 einzustehen. Also hat E gegen A einen Anspruch auf **Schadensersatz** wegen verschuldeten Unvermögens, die in dem Tausch und der Weggabe des Bildes liegt; ob die Wertverhältnisse der beiden Bilder den Tausch nahelegen, hatte nur E als der Eigentümer zu entscheiden.

---

48 So zum Umtausch ausländischer Valuten LG Köln NJW-RR 1981, 868; großzügig BGH NJW 1994, 2093 zum Erwerb abhandengekommener Inhaberpapiere durch eine Bank, wobei der Verkäufer erst 17 Jahre alt war und zugleich mit dem Verkauf erstmals ein Konto eröffnete; Sammlermünzen sind nicht als Geld zu werten, auch wenn sie als offizieles Zahlungsmittel zugelassen sind, BGH NJW 2013, 2888.

49 So im Ergebnis übereinstimmend BGH NJW 1974, 1132; BGHZ 36, 60; Erman/*Buck-Heeb* § 812 Rn 80.

Zusätzlich zu den allgemeinen Ansprüchen wie dem aus einer Leistungsstörung **242** schafft § 816 besondere Ausgleichsansprüche: Der im Interesse des Erwerbers wirksame Eingriff in das Recht des Berechtigten soll durch die Pflicht des nichtberechtigt Verfügenden zur Herausgabe des Erlangten ausgeglichen werden; dies ist besonders dann wichtig, wenn ein Ersatzanspruch aus einer Leistungsstörung mangels Verschuldens nicht in Betracht kommt, denn ein Bereicherungsanspruch setzt kein Verschulden voraus; das wird also besonders dann praktisch, wenn der Verfügende hinsichtlich seiner Befugnis gutgläubig ist.

E hätte von H das italienische Bild (es ist das „durch die Verfügung Erlangte")[50] herausverlangen können; das Grundgeschäft (der Tausch) und die Verfügung (das ist die Übertragung des Eigentums an dem niederländischen Bild) werden hier als Einheit behandelt. Dass H Eigentümer des italienischen Bildes wurde, folgt daraus, dass K es an ihn (vertreten durch A, der auch Besitzdiener des H war) übereignete. Für ein Geschäft wen es angeht (Rn 156), durch das möglicherweise E Eigentümer geworden wäre, liegen tatbestandlich keine Anhaltspunkte vor, ein Tausch alter Kunstwerke ist kein Geschäft des täglichen Lebens, bei dem es nicht auf die Person des Vertragspartners ankäme. **243**

Der Anspruch aus § 816 ist schuldrechtlicher Natur, er wirkt also nicht gegenüber **244** Dritten. Bei seiner Durchsetzung kommen die Besonderheiten des Bereicherungsrechts zur Geltung.

H war Eigentümer des italienischen Bildes geworden, war aber zur Eigentumsübertragung gem. § 816 an E verpflichtet. Wenn er das Bild an X übereignete, verfügte er als Berechtigter, folglich wurde X Eigentümer ohne Rücksicht darauf, ob er die Erwerbsart oder die Vorgeschichte kannte oder nicht. Die bloße Kenntnis von der Vorgeschichte genügt für eine Anwendung etwa des § 826 nicht, anders vielleicht, wenn X den E gezielt schädigen wollte. Die Frage 3 ist also zu verneinen. Da die Voraussetzungen des § 816 in Bezug auf den Kaufpreis nicht vorliegen, weil H nicht als Nichtberechtigter verfügte, kann E auch nicht nach dieser Vorschrift den Erlös aus dem Verkauf an X herausverlangen. Ein Ausgleich erfolgt, da H seiner Verpflichtung zur Herausgabe des Bildes aus § 816 Abs. 1 nicht nachkommen kann, über den **Wertersatzanspruch** gem. § 818 Abs. 2. Dieser Betrag muss nicht notwendig identisch sein mit dem für das Bild gezahlten Preis.

III. Klausurgliederung zu Fall 12

I. 1. Herausgabeanspruch des E gegen K aus § 985 **245**

a) Das Eigentum des E könnte durch den Erwerb des K fortgefallen sein.

b) Da H nicht Eigentümer war (A hat im Namen des H verfügt), ist ein Erwerb nur nach §§ 932 ff möglich. Dessen einzelne Voraussetzungen liegen vor.

c) Das entfällt allerdings, wenn das Bild abhandengekommen ist. E hat den unmittelbaren Besitz freiwillig an H übertragen; aber abhandengekommen wäre die Sache auch, falls der

---

50   Die Ausdrucksweise des Gesetzes ist ein wenig ungenau, weil die Verfügung über das italienische Bild eine andere ist als die über das Bild des E. Gemeint ist die Gegenleistung, BGHZ 29, 157; Erman/*Buck-Heeb* § 816 Rn 19.

unmittelbare Besitz dem H gegen dessen Willen verloren gegangen ist, § 935 Abs. 1 S. 2. Die Fortgabe des Bildes durch A beendete den Besitz des H gegen dessen Willen, vgl. § 855. Aber nach § 56 HGB muss H sich so behandeln lassen, als ob A Vertretungsmacht gehabt hätte. (Einzelheiten des § 56 sind kurz darzustellen.) Danach ersetzt der Wille des A den des H; dem H und folglich dem E ist das Bild nicht abhandengekommen.

d) Damit hat K gutgläubig von dem durch A vertretenen H Eigentum an dem niederländischen Bild erworben. E hat daher keinen Anspruch aus § 985 gegen K.

2. Andere Anspruchsgrundlagen für einen Herausgabeanspruch:

a) nicht § 861, da K nicht fehlerhafter Besitzer ist;

b) nicht § 1007, da K gutgläubiger Besitzer ist (§ 1007 Abs. 1); die Sache ist auch nicht abhandengekommen, K ist Eigentümer, § 1007 Abs. 2;

c) kein Anspruch des E gegen K aus § 812; § 932 rechtfertigt den Verlust des E im Verhältnis zwischen E und K.

II. Anspruch des K gegen H auf das italienische Bild, bevor dieses übereignet wurde

1. Kein Anspruch aus § 985, da K dem H das Bild durch Einigung und Übergabe nach § 929 übereignet hat. K kann den Eigentumserwerb auch nicht durch Anfechtung vernichten, da keine Anfechtungsgründe gegeben sind. Auch § 123 ist nicht erfüllt, da K selber die Wertverhältnisse kannte; ob A verpflichtet war, ihn über die Eigentumslage aufzuklären, ist zweifelhaft, da K gutgläubig das niederländische Bild erwerben konnte.

2. Keine Ansprüche unter dem Gesichtspunkt der Vertragsverletzung, da der Vertrag mit der Eigentumsverschaffung an dem niederländischen Gemälde erfüllt ist und die Eigentumsverhältnisse keinen Mangel des niederländischen Bildes iSd §§ 433 ff darstellen.

III. Anspruch des E gegen X auf das italienische Bild

1. Nicht aus § 985, X ist Eigentümer geworden; er erwarb vom Berechtigten, sodass es auf guten oder bösen Glauben nicht ankommt.

2. Für § 861 fehlt jede Grundlage.

3. Zu denken wäre an einen Schadensersatzanspruch; es kommt aber nur § 826 in Betracht, da die Tatbestände des § 823 Abs. 1 und 2 nicht erfüllt sind. Der Anspruch aus § 826 könnte nur darin begründet sein, dass X durch den Erwerb des Bildes den E vorsätzlich sittenwidrig schädigen wollte. Der Schaden bestünde in der Nichtdurchsetzbarkeit des Anspruchs des E gegen H auf Herausgabe des Bildes. Dieser Anspruch ist aus § 816 abzuleiten. Der Erwerb durch X in der bloßen Kenntnis, wie H zu dem Bild gekommen war, rechtfertigt aber die Anwendung des § 826 nicht, zumal E sich wegen §§ 816 Abs. 1, 818 Abs. 2 an den (beträchtlichen) Erlös halten kann, den E für das italienische Bild erzielt hat.

§ 8 Sonderfälle des Gutglaubenserwerbs, insbesondere bei Sicherungsgeschäften

246 **Fall 13:** N hat von der Firma E fünf Zigarettenautomaten unter Eigentumsvorbehalt erworben, die er in Gastwirtschaften aufstellen will. Nach einiger Zeit entschließt er sich, eine der Gastwirtschaften als Pächter zu übernehmen und hinfort das Automatenaufstellen nur nebenberuflich zu betreiben. Er benötigt einen Betriebsmittelkredit, den ihm die B-Bank gewährt. Zur Sicherheit übereignet er die Zigarettenautomaten, da er annimmt, er habe inzwi-

schen den Kaufpreis abbezahlt. Dies trifft freilich nicht ganz zu, da noch ein Teilbetrag aussteht, den er schuldet, weil er zwei Raten nicht pünktlich bezahlt hatte. Wie ist die Rechtslage?

Abwandlung 1: Als N die Gaststätte pachtete, überließ er zwei Automaten mietweise dem Gastwirt G, der sie in seiner Gaststätte aufstellen wollte. Später entschloss er sich, das Automatengeschäft ganz aufzugeben und verkaufte es mit allen Automaten an D; dem G teilte er dies mit und forderte ihn auf, künftig mit D abzurechnen. Nunmehr beansprucht die E wegen des Zinsrückstandes das Eigentum an den Automaten.

Abwandlung 2: Da auch D den Kaufpreis für das Automatengeschäft nicht bar bezahlen kann, verkauft N ihm die Automaten unter Eigentumsvorbehalt. **Lösung Rn 250, 251, 253**

I. Erwerb des Eigentums nach §§ 933, 934

1. Notwendigkeit weiterer Regeln zum Gutglaubenserwerb

Es ist nicht selten, dass beim Eigentumsvorbehalt der Eigentumserwerb des Käufers nicht nur von der Zahlung des eigentlichen Kaufpreises abhängig gemacht wird, sondern der Vorbehalt erweitert wird, indem zur Zahlung des Kaufpreises für die gelieferte Ware weitere Bedingungen des Eigentumserwerbs hinzutreten, etwa die Begleichung anderer als der reinen Kaufpreisforderung durch den Vorbehaltskäufer. Ein solcher **erweiterter Eigentumsvorbehalt** ist nicht unbedenklich, wenn die zusätzlich gesicherten Forderungen nichts mit dem ursprünglichen Kaufvertrag zu tun haben; insbesondere besteht hier die Gefahr einer Übersicherung (Rn 190). Im Zuge der Vertragsfreiheit bestehen aber gegen einen Individualvertrag, der etwa Verzugszinsforderungen in die Sicherheit einbezieht, keine durchschlagenden Bedenken[1]. Ein erweiterter Eigentumsvorbehalt ist aber nichtig, wenn der Eigentumserwerb des Käufers davon abhängig gemacht ist, dass er auch die Forderungen eines Dritten erfüllt, indem etwa die Forderungen eines verbundenen Unternehmens (§§ 15 ff AktG) einbezogen werden; im letzteren Fall des **§ 449 Abs. 3** spricht man von Konzernvorbehalt[2]. Danach war hier tatsächlich die E noch Eigentümer der Automaten, als N den Sicherungsübereignungsvertrag mit der Bank bzw den Kaufvertrag mit D schloss, sie könnte aber das Eigentum durch die Sicherungsübereignung an die B verloren haben, wenn insoweit ein gutgläubiger Erwerb möglich war. Hierfür kommt **§ 933** als Grundlage in Betracht.

247

Nach **§ 933** wird der Erwerber bei **Ersatz der Übergabe durch Besitzkonstitut** erst Eigentümer, wenn ihm die Sache übergeben wird, dh wenn er auf Grund des Veräußerungsgeschäfts unmittelbarer Besitzer wird, so dass bei der **Sicherungsübereignung** ein **gutgläubiger Erwerb** vom nicht berechtigten Sicherungsgeber **nicht möglich** ist. Die Übergabe muss auch hier ein einverständliches Geben und Nehmen sein. Einseitige Wegnahme durch den Erwerber ohne Billigung des nichtberechtigten Ver-

248

---

1 BGHZ 125, 87; 42, 53, 59; *Stumpf/Tamm*, BB 1986, 749, 751; Westermann/*H.P. Westermann*, § 43 Rn 38.
2 Dazu näher *Tiedtke*, FG 50 Jahre BGH, Bd I, S. 829, 845; MünchKomm/*Westermann* § 449 Rn 79; HK-BGB/*Saenger* § 449 Rn 5; *Vieweg/Werner*, § 11 Rn 30.

äußerers genügt selbst dann nicht, wenn der Veräußerer schon bei dem Veräußerungsgeschäft zugestimmt hat, dass der Erwerber den unmittelbaren Besitz ergreift[3].
Der Erwerber muss im Augenblick dieser Übergabe noch gutgläubig sein. Damit wird
eine Folgerung aus dem Traditionsprinzip gezogen, das die vollen Folgen der Eigentumsübertragung nur an einen Besitzwechsel knüpft; wiederum bleibt es auch dabei,
dass bei Vollendung des Rechtserwerbs alle Voraussetzungen (noch) vorliegen müssen (Rn 140). Hinsichtlich des Traditionsprinzips mag die Strenge des § 933 etwas
überraschen, da beim Erwerb vom Berechtigten dieses Prinzip vielfältig durchbrochen ist. Die gesetzliche Entscheidung rechtfertigt sich aber daraus, dass beim Erwerb
vom Nichtberechtigten tunlichst an ein äußerlich erkennbares Moment wie den Besitz
des Veräußerers angeknüpft werden soll[4].

249 Scheitert eine durch Besitzkonstitut zu vollziehende Eigentumsübertragung, so kann
aber das dem verfügenden Nichtberechtigten zustehende **Anwartschaftsrecht** übertragen worden sein, s. Rn 167. Insofern verfügt der Handelnde als Berechtigter, da er
Inhaber des Anwartschaftsrechts ist. Das Anwartschaftsrecht steht bezüglich der
Übertragung von Eigentum gleich, es gelten die §§ 929 ff. Man könnte also annehmen, dass die Bank zwar nicht das Eigentum vom Nichtberechtigten, wohl aber die
Anwartschaft vom Berechtigten erworben hat. Die Praxis kommt dem entgegen, indem sie in einer – gescheiterten – Eigentumsübertragung eine Übertragung der Anwartschaft gewissermaßen als mit enthalten ansieht (Rn 179). Eine Sicherheit für die
Bank stellt dies aber ernstlich nur dar, wenn der Kaufpreis an den Vorbehaltsverkäufer bezahlt wird. Dazu wird sich die Bank selber nur entschließen, wenn sie durch
eine verhältnismäßig geringe Zahlung, die sie als Dritte gemäß § 267 erbringen kann,
den Eintritt der Bedingung herbeiführen und dadurch eine Sicherheit an der Sache
selber erwerben kann, indem ihr ohne „Durchgangserwerb" des Sicherungsgebers
(Rn 181, 182) Eigentum zuwächst. Zu bemerken ist, dass es sich hier um einen Erwerb vom berechtigten Anwartschaftsinhaber handelt.

2. Gutgläubiger Erwerb einer Anwartschaft

250 Wenn aber die Anwartschaft einem vollgültigen dinglichen Recht angenähert wird,
könnte insoweit auch ein Erwerb vom nichtberechtigten Sachbesitzer möglich sein,
woran die Praxis namentlich bei den Sicherungsgeschäften ein Interesse haben kann.
Freilich ist stets zu berücksichtigen, dass die Anwartschaft in ihrem Bestand vom
schuldrechtlichen Grundgeschäft abhängt, gegenüber dessen etwaigen Mängeln auch
ein gutgläubiger Erwerber des Rechts, das sich aus der aufschiebend bedingten Verfügung ergeben kann, keinen Schutz genießt[5].

Wenn vom **gutgläubigen Erwerb der Anwartschaft** die Rede ist, so sind verschiedene Gestaltungen gemeint: Zum einen kann ein Besitzer der Sache, der einem Gut-

---

3 BGHZ 67, 207; MünchKomm/*Oechsler* § 933 Rn 5; HK-BGB/*Schulte-Nölke* § 933 Rn 3; auch nachträgliche Genehmigung genügt nicht, BGH JZ 1978, 104, 106; aM. *Deutsch*, JZ 1978, 385.
4 BGHZ 56, 123, 130 f; 50, 45, 49 f; *Michalski*, AcP 181, 421; mit anderer Begründung auch *Hager*,
   Verkehrsschutz durch redlichen Erwerb, 1990 S. 336 ff; zum Zweck des § 933 differenzierend Wester-
   mann/*Gursky*, § 48 Rn 1–4.
5 Zum Ausgangspunkt näher Westermann/*Gursky*, § 45 Rn 9.

gläubigen nach § 932 Eigentum verschaffen könnte, über das Eigentum auch unter einer aufschiebenden Bedingung verfügt haben. Dann ist ein Unterschied im Gutglaubensschutz des Erwerbers nicht angebracht, er erwirbt eine Anwartschaft vom Nichtberechtigten, wobei es auf seinen guten Glauben im Augenblick der Übergabe ankommt, da sich in diesem Zeitpunkt der Erwerb der Anwartschaft vollendet; spätere Bösgläubigkeit schadet nicht[6]. Tritt aber der Veräußerer als Inhaber einer Anwartschaft auf, die nicht besteht, etwa weil der Kaufvertrag ungültig ist oder keine (aufschiebend bedingte) Verfügung stattgefunden hat, so scheitert ein **gutgläubiger Zweiterwerb** daran, dass der Verfügungsgegenstand nicht existiert, denn es besteht keine Möglichkeit, durch Herbeiführung einer Bedingung eine Anwartschaft zu Eigentum erstarken zu lassen; entschiede man anders, so würde der gute Glaube an die Existenz einer Kaufpreisforderung geschützt, was generell nicht angeht[7].

Wieder anders, wenn eine an sich bestehende Anwartschaft von einem Nichtberechtigten an einen Gutgläubigen übertragen wird (im **Ausgangsfall 13** hat N die Automaten nach der Aufgabe seines Vermietungsgeschäfts bei X eingelagert, der sich bei einem Versuch zur Veräußerung des Anwartschaftsrechts an den gutgläubigen G als Inhaber des Rechts ausgibt), so wird ein Erwerb vom Nichtberechtigten zugelassen[8], was der Rechtsähnlichkeit der Anwartschaft mit dem Eigentum entspricht. Allerdings ist der gute Glaube des Erwerbers nicht insoweit geschützt, als es die Höhe der noch ausstehenden Forderung betrifft; behauptet also im **abgewandelten Fall 13**, der Kaufpreis sei zu 90% gezahlt, obwohl N erst 50% gezahlt hatte, so erwirbt auch ein gutgläubiger Erwerber die Anwartschaft nur so, wie sie existiert[9]. Der Erwerber der Anwartschaft hat also die Möglichkeit Eigentum zu erwerben, entweder wenn der Vorbehaltskäufer vertragsgemäß zahlt, andernfalls durch eigene Zahlung, zu der ihm § 267 ein Recht gibt. Während des Schwebezustandes kann er sich, sollte der Eigentümer aus § 985 gegen ihn vorgehen wollen, auf die Anwartschaft als Besitzrecht berufen (s. Rn 164).

3.   Gutgläubiger Erwerb nach § 934

a)   Bei **Ersatz der Übergabe durch Abtretung des Herausgabeanspruchs** seitens   251
eines Nichtberechtigten unterscheidet § 934: Ist der Verfügende mittelbarer Besitzer, wird der gutgläubige Erwerber mit Abtretung des Anspruchs Eigentümer; fehlt dem Verfügenden der mittelbare Besitz, wird der Gutgläubige erst Eigentümer, wenn er den unmittelbaren Besitz erlangt, er muss aber bis zur Besitzerlangung gutgläubig sein, § 934.

Der **Unterschied** zum Fall des § 933 zeigt sich im **Ausgangsfall 13**: In der **Abwandlung 1** überträgt N als Nichtberechtigter, der auf Grund des Mietvertrages mit G mittelbarer Besitzer der Automaten war, den Herausgabeanspruch aus dem Mietverhältnis (§ 546 I) an D, wofür es auf die Mitteilung an den G nicht ankommt. Schwierig zu beurteilen ist die **Abwandlung 2**: Wenn N die Automaten, an denen er sich das Eigentum vorbehalten möchte,

---

6   BGHZ 30, 347, 377; 10, 69, 72; Staudinger/*Wiegand* § 932 Rn 129.
7   BGHZ 75, 221, 225; *Baur/Stürner*, § 59 Rn 39; *Habersack*, Rn 248; *Lux*, Jura 2004, 141, 149.
8   *Baur/Stürner*, § 59 Rn 39; *Leible/Sosnitza*, JuS 2001, 341, 343; *Medicus/Petersen*, Rn 475; Bedenken aber bei *Krüger*, JuS 1994, 505 f.
9   Auch dazu *Habersack*, Rn 248.

noch in der Weise in Besitz behalten will, dass er das besitzrechtliche Verhältnis zu G nicht löst und seinerseits künftig dem D den Besitz vermitteln will (dies wäre der Normalfall, wenn N die Geräte im Zuge einer Sicherungsübereignung an die Bank für diese besitzen will, sodass die Bank mittelbare Besitzerin zweiter Stufe – s. schon Rn 179 – wird), so löst er selbst sich nicht von der durch den Herausgabeanspruch gegen den unmittelbaren Besitzer vermittelten besitzrechtlichen Beziehung zur Sache. Das spricht dafür, § 933 statt § 934 anzuwenden.

In der Tat sind die unterschiedlichen Folgen von §§ 933 und 934 für den Fall, dass der Veräußerer mittelbarer Besitzer ist, überraschend. Vom Rechtsscheinprinzip her ist der Unterschied nicht zu begründen: In beiden Fällen ist der nichtberechtigt Verfügende mittelbarer Besitzer. Der Unterschied ist aber – wenn auch nicht gerade sehr stark – in der gesetzgeberischen Überlegung begründet, dass im Fall des § 934 der Nichtberechtigte jede besitzrechtliche Beziehung zur Sache verliert und der Erwerber insoweit an seine Stelle tritt, während das bei der Übergabe gemäß § 933 nicht der Fall ist. Es ist daher nicht möglich, diese gesetzliche Entscheidung zu ignorieren[10], obwohl dies vielfach gefordert wird.

252 **b)** Das gesetzliche System der Tatbestände eines Erwerbs vom Nichtberechtigten baut auf der Vorstellung auf, dass zwischen den Übertragungsformen der §§ 929, 930 einerseits und § 931 andererseits scharf unterschieden werden kann, da jeder dieser Formen ein Tatbestand des Gutglaubenserwerbs zugeordnet ist. Bei **Einschaltung eines Besitzmittlers** entstehen insoweit nicht selten Schwierigkeiten, wenn nicht klar ist, ob dieser nach Mitteilung vom Eigentumsübergang künftig für den Erwerber besitzen will – dann kommt § 934 in Betracht – oder den Besitz weiterhin dem Veräußerer vermittelt – der seinerseits als „mittelbarer Besitzer erster Stufe" für den Erwerber (als mittelbaren Besitzer zweiter Stufe) besitzen will und somit das Eigentum als Nichtberechtigter nur nach § 933 übertragen kann. Hier ist die äußerst schwierige und vielfach bestrittene Denkfigur des **Nebenbesitzes** in die Diskussion eingeführt worden.

253 **Abwandlung des Ausgangsfalles:** N übereignete die fünf unter Eigentumsvorbehalt erworbenen und nicht voll abgezahlten Automaten zur Sicherung an seinen Vater V, der ihm einen Kredit gegeben hatte, um ihm den Start in die wirtschaftliche Selbstständigkeit zu ermöglichen. V wusste, dass die Geräte noch nicht bezahlt waren. Kurz darauf benötigte V selber Kredit, den er bei der B-Bank aufnahm. Als Sicherheit trat V der Bank alle Rechte aus der Sicherungsübereignung ab, ohne freilich auf das fehlende Eigentum des N hinzuweisen, und versprach, seinen Sohn anzuweisen, den Besitz an den Automaten künftig nur noch für die Bank auszuüben. N erhielt diese Mitteilung, unternahm aber weiter nichts. V kann schon deswegen nicht Eigentümer der Automaten geworden sein, da er nicht davon ausging, mit dem bezüglich des Eigentums Berechtigten zu verhandeln. Es kann sich lediglich um die sicherungsweise Übertragung der ja tatsächlich bestehenden Anwartschaft auf

---

10 Vgl. BGHZ 50, 45 ff; *Lohse*, AcP 206, 527, 549 ff; *Michalski*, AcP 181, 384 ff; HK-BGB/*Schulte-Nölke*, § 934 Rn 5; Westermann/*Gursky*, § 48 Rn 9; *Wilhelm*, Rn 994; zu dem umfassenden Harmonisierungsversuch von *Picker*, AcP 188, 511 ff; krit. Westermann/*Gursky*, aaO.; gute Übersicht über die verschiedenen Lösungen bei *Musielak*, JuS 1992, 719 ff; ausführliche Rechtfertigung des § 934 bei *Hager*, Verkehrsschutz durch redlichen Erwerb, 1990, S. 346.

Eigentumserwerb gehandelt haben, wobei V insoweit vom Berechtigten erwarb. Nimmt man an, dass N durch sein Verhalten, obwohl er sich gegenüber dem Vorbehaltsverkäufer nicht ganz korrekt verhalten haben mag, zunächst seinem Vater den Besitz vermittelte, wie es der Sicherungsübereignung im Rahmen des § 930 entspricht, so konnte V seinerseits an die B den mittelbaren Besitz übertragen. Das würde für einen Eigentumserwerb durch Einigung und Abtretung des Herausgabeanspruchs nach § 931, folglich für einen Erwerb vom Nichtberechtigten gem. § 934, genügen; die sonst diskutierte Lösung, in der Verfügung des V eine Übertragung der Anwartschaft zu sehen, scheidet wohl aus, weil sich die Bank über das fehlende Eigentum nicht klar sein konnte, so dass ein Erwerbswille bezüglich der Anwartschaft fehlt.

Nun muss, wenn mittelbarer Besitz übertragen werden soll, auch der unmittelbare Besitzer im Zeitpunkt der Vollendung des Rechtserwerbs (dazu Rn 140) noch dem Veräußerer den (mittelbaren) Besitz vermitteln, also für ihn in Anerkennung eines Herausgabeanspruchs die Sache halten wollen. Ändert der unmittelbare Besitzer in einer nach außen auch erkennbaren Weise diesen Willen, so ist gutgläubiger Erwerb nach § 934 nicht mehr möglich[11]. Ferner hat es die Rechtsprechung[12] für möglich gehalten, dass durch die Eingehung des neuen Besitzmittlungsverhältnisses zum Erwerber (nach Ausscheiden des bisherigen Sicherungsnehmers) der unmittelbare Besitzer den mittelbaren Besitz des Vorbehaltsverkäufers zerstört. Wenn dagegen durch irgendwelche Handlungen die Anerkennung des „neuen" Oberbesitzers dokumentiert wird, so könnte dieser nach § 934 erworben haben, wenn er in diesem Zeitpunkt noch gutgläubig war.   **254**

Bei einem doppeldeutigen Verhalten des Besitzmittlers könnte Nebenbesitz in der Weise entstehen, dass der mittelbare Besitz des Eigentümers bestehen bleibt neben einem gleichstufigen mittelbaren Besitz des Erwerbers; das aber würde für einen Gutglaubenserwerb nicht genügen[13], die Rechtsprechung nimmt im Ergebnis das Gegenteil an[14].

4. Rechtsfolgen

Erwirbt der Gutgläubige nach § 934 Eigentum, so ändert dies nichts daran, dass dem unmittelbaren Besitzer seine Verteidigungsmöglichkeiten aus dem **Besitzmittlungsverhältnis bleiben**, die er also dem Erwerber/Eigentümer entgegenhalten kann. Hat er ein **dingliches Recht** an der Sache, so bleibt es ohne Rücksicht auf die Gutgläubigkeit des Erwerbers bestehen, **§ 936 Abs. 3**: Es geht nicht an, das durch den Besitz ersichtlich gemachte Recht durch die Verfügung des nichtberechtigten mittelbaren Besitzers untergehen zu lassen.   **255**

---

11 So BGH ZIP 2004, 2384, 2390 f in dem verwickelten, aber für die Fragen des gutgläubigen Erwerbs und der Vermutung nach § 1006 (und auch der Geschehnisse der Wirtschaftskriminalität) lehrreichen **Flow-Tex-Fall**.

12 BGHZ 50, 45, allerdings hatte der Vorbehaltskäufer die Sicherungsübereignung dem Verkäufer nicht offengelegt; gegen Anwendung des § 934 1. Alt *Baur/Stürner*, § 52 Rn 24.

13 *Baur/Stürner*, § 52 Rn 24; *H. Lange*, JuS 1969, 162; *Medicus*, FS Hübner, S. 611 ff; *M. Wolf/Wellenhofer*, § 4 Rn 25; s. auch *Picker*, AcP 188, 511, 546.

14 BGH NJW 1979, 2037; zust Westermann/*Gursky*, § 48 Rn 12.

256   Angenommen, im **Ausgangsfall 13** hat N eines der Geräte dem R zur Reparatur gegeben, ihn aber nach Durchführung der Arbeiten nicht bezahlt und sich durch die Zurückhaltung des Geräts durch R nicht hindern lassen, alle Geräte an D zu veräußern: Nimmt man an, dass R auch an den nicht dem N gehörenden Sachen gutgläubig das Werkunternehmerpfandrecht nach § 647 erlangen konnte (dazu allerdings sogleich Rn 261), so bleibt ihm dies auch an dem nunmehr dem D gehörenden Gerät.

257   Ferner wirken nach **§ 986 Abs. 2** dem Eigentümer gegenüber, der nach § 931 erworben hat, alle Verteidigungsmöglichkeiten fort, die dem Veräußerer entgegenzuhalten waren. Das ist insbesondere bei schuldrechtlichen Rechten bedeutsam, die sonst nur zwischen den unmittelbar Beteiligten wirken. § 986 Abs. 2 wirkt auch dann, wenn der nichtberechtigt Verfügende seinen einredebehafteten Anspruch aus dem Besitzmittlungsverhältnis abtritt. Das ist darin begründet, dass ein durch Besitz verstärktes, wenn auch nur schuldrechtliches Recht nicht durch eine Abtretung des Herausgabeanspruchs wirkungslos gemacht werden darf. Dieser Gedanke hatte sich auch schon bei der Übereignung nach § 930 durch Schaffung zweistufigen mittelbaren Besitzes durchgesetzt, s. Rn 179. Die angeordnete Folge entspricht auch dem Grundgedanken des **§ 404**.

Im soeben **abgewandelten Fall 13** hatte R dem N gegenüber ein Zurückbehaltungsrecht aus § 273 wegen seines Werklohnanspruchs. Dies kann er gem. § 986 Abs. 2 auch dem Erwerber entgegenhalten, ungeachtet der Tatsache, dass dieser nicht Schuldner der Werklohnforderung ist.

258   Eine besondere Spielart des Erwerbs vom Nichtberechtigten ist der **gutgläubig lastenfreie Erwerb** nach § 936. Er besteht darin, dass mit dem Erwerb einer Sache (vom Berechtigten und auch vom Nichtberechtigten[15]) ein sie belastendes Recht eines Dritten erlischt, wenn (§ 936 Abs. 2) der Erwerber bezüglich des Rechts gutgläubig ist, dh von seiner Existenz keine Kenntnis oder grob fahrlässige Unkenntnis hat. Die Reichweite der Vorschrift ist im Mobiliarsachenrecht freilich umstritten.

Beispiel: Im **Ausgangsfall** hat N eines der Geräte dem Zigarettenhändler K verpfändet, indem er ihm das Gerät übergab und mit ihm vereinbarte, dass das Gerät zur Sicherheit für offen stehende Forderungen aus Zigarettenverkäufen dienen sollte. Nachdem er sich zur Aufgabe des Automatengeschäfts entschlossen hat, will er alle Geräte an D veräußern und holt daher das dem K verpfändete ohne dessen Wissen aus dessen Lager ab und übergibt es zusammen mit den anderen dem D. Wenn D durch Einigung und Übergabe gem. § 929 das Eigentum erwerben sollte und N noch mittelbarer Besitzer der Automaten war, ging das Eigentum an den Automaten gemäß § 932 über. Wenn N nur den Herausgabeanspruch gegen den Mieter G abtrat und sich mit D über den Eigentumsübergang einigte, lagen die Voraussetzungen eines Erwerbs nach § 934 vor. Was den an K wirksam (§ 1207) verpfändeten Automaten betrifft, so ist das Pfandrecht nicht durch die Entfernung aus dem Besitz des K erloschen (s. aber § 1253 Abs. 1 für den Fall der freiwilligen Rückgabe durch den Pfandgläubiger). Wohl aber kann der Erwerber D, wenn er von dem Pfandrecht nicht wusste, das Eigentum frei von der Belastung erworben haben. Allerdings ist im Rahmen des § 936 auch § 935 entspre-

---

15   Zur Gleichstellung dieser Fälle in diesem Zusammenhang MünchKomm/*Oechsler* § 936 Rn 1; Westermann/*Gursky*, § 50 Rn 1.

chend anzuwenden[16], was bedeutet, dass zwar das Eigentum (da die Trennung von Eigentum und Besitz dem Vorbehaltsverkäufer E zuzurechnen ist), nicht aber die Lastenfreiheit gutgläubig erworben werden konnte.

Wandelt man den **Ausgangsfall** dahin ab, dass der Vorbehaltsverkäufer E das Eigen-   **259** tum an den Automaten durch Einigung und Abtretung des Herausgabeanspruchs nach § 931 an einen anderen Händler (H) übertragen hat, so erwirbt H von E als Berechtigtem, man wird sich aber fragen, ob die aus der bedingten Verfügung zu Gunsten des Vorbehaltskäufers N entstehende Anwartschaft auf Eigentumserwerb noch besteht. Das würde praktisch bedeuten, dass auf den Erwerber Eigentum erst übergeht, wenn der volle Kaufpreis bezahlt ist. Dagegen könnte angeführt werden, dass H nach § 936 das Eigentum lastenfrei erworben habe, wenn er keine Kenntnis davon hatte (oder hätte wissen müssen), dass noch die Anwartschaft des N bestand. Das Anwartschaftsrecht müsste dann als Last iSd § 936 verstanden werden. Das wird zT auch so gesehen[17], ist jedoch eigentlich überflüssig, weil E zu Gunsten des N aufschiebend bedingt verfügt hat und N hiergegen nach § 161 Abs. 3 geschützt ist, abgesehen davon, dass E, da er nur nach §§ 929, 931 über das Eigentum verfügen konnte, nicht verhindern kann, dass N als Anwartschaftsberechtigter nach § 986 Abs. 2 (dazu Rn 257) ein Besitzrecht auch gegen H als den Erwerber geltend machen kann[18]. Bei der Verfügung des Nichtberechtigten nach § 931 erlischt ein Recht, das dem dritten (unmittelbaren) Besitzer zusteht, nach **§ 936 Abs. 3** nicht, da sich der Rechtsinhaber hier nicht weiter von der Sachherrschaft entfernt hat als der nichtberechtigt Verfügende[19]; das soll auch gelten, wenn nach § 930 verfügt worden ist[20].

II. Gutgläubiger Erwerb eines Pfandrechts

1. Das rechtsgeschäftlich begründete Pfandrecht

Dass rechtsgeschäftliche Pfandrechte durch Verfügung eines Nichtberechtigten er-   **260** worben werden können, ist angesichts der ausdrücklichen Verweisung des § 1207 auf §§ 932, 934, 935 nicht zweifelhaft (§ 933 ist für die Pfandrechtsbestellung gegenstandslos, da das Besitzkonstitut als Form des Übergabeersatzes beim Pfandrecht ausscheidet, vgl. Rn 209). Somit ist eine Übergabe iSd § 929 erforderlich.

> Im **Ausgangsfall 13** konnte N seiner Bank eine Sicherheit nur durch Sicherungsübereignung verschaffen. Wenn er bei der Übergabe des Geräts an R zur Reparatur diesem zur Sicherheit für die Werklohnforderung ein Pfandrecht an dem Gerät zusagte, so kann R dagegen das (Vertrags-) Pfandrecht gutgläubig erworben haben.

---

16 *Habersack*, Rn 173; MünchKomm/*Oechsler* § 936 Rn 13; HK-BGB/*Schulte-Nölke* § 936 Rn 1; Staudinger/*Wiegand* § 936 Rn 12.
17 MünchKomm/*Oechsler* § 936 Rn 16.
18 Zu dieser Lösung MünchKomm/*Baldus* § 986 Rn 15; MünchKomm/*Westermann* § 449 Rn 39; näher *Wiegand*, JuS 1974, 210; *Zeranski*, AcP 203, 693, 705.
19 Zum Zweck der Vorschrift näher MünchKomm/*Oechsler* § 936 Rn 14.
20 MünchKomm/*Oechsler* § 936 Rn 14; Westermann/*Gursky*, § 50 Rn 3.

2.   Das gesetzliche Pfandrecht

261   § 647 regelt das **Werkunternehmerpfandrecht**, zu dessen Entstehung es im Unterschied zum Vertragspfandrecht keiner besonderen Einigung zwischen dem Besteller und dem Unternehmer bedarf[21]. Es handelt sich also um ein **gesetzliches Pfandrecht**, auf das sich der Wortlaut des vom Traditionsprinzip beherrschten § 1207 nicht erstreckt, ohne dass eine andere Vorschrift den gutgläubigen Erwerb ermöglicht. Es kommt also nur eine analoge Anwendung des § 1207 in Betracht, die erwägenswert ist, da das Pfandrecht des § 647 mit Besitz verbunden ist (im Gegensatz zum Vermieterpfandrecht gem. § 562, für das eine solche Analogie ausscheidet). Auch schafft der Besitz des Bestellers einen Vertrauenstatbestand zu Gunsten des Unternehmers, sodass eine dem § 932 gleichende Interessenlage besteht. Unter Berufung auf den Wortlaut des § 1257 („auf ein kraft **Gesetzes entstandenes** Pfandrecht") hat aber die Rechtsprechung[22] diese Analogie abgelehnt und nimmt gewissermaßen als Ausgleich an, dass der die Sache besitzende Werkunternehmer Verwendungsersatzansprüche gegen den Eigentümer nach § 994 geltend machen und sie dem Herausgabeanspruch aus § 985 entgegenhalten kann (§ 1000). Diese ihrerseits hoch problematische Lösung ist in Rn 333 näher zu besprechen. Unabhängig davon ist die Unanwendbarkeit der Regeln über den Gutglaubenserwerb auf ein mit Besitz verbundenes gesetzliches Pfandrecht einer im Ergebnis auch berechtigten Kritik ausgesetzt und im Ergebnis abzulehnen[23], da beim Besitzpfandrecht der Entstehungstatbestand, die Verbringung der Sache, dem beim Vertragspfandrecht vergleichbar ist. Dies gilt besonders, wenn man mit der Rechtsprechung[24] dem Werkunternehmer gestattet, durch AGB mit dem Abschluss des Werkvertrages ein Vertragspfandrecht über die zur Reparatur gegebene Sache zu begründen.

262   Eine andere Lösung dieses praktisch keineswegs unwichtigen Problems geht von der Annahme aus, dass sich das Werkunternehmerpfandrecht auf das Recht beziehen kann, das dem Besteller selbst zusteht, also die Anwartschaft aus bedingter Übereignung[25]. Dies wäre folgerichtig, nützt aber in der Praxis kaum, weil die Anwartschaft vom schuldrechtlichen Recht und in ihrem Wert von der Vertragserfüllung seitens des Vorbehaltskäufers abhängt.

> Wenn also N weder die Reparaturkosten des R noch die Kaufpreisraten an E zahlt, mag R ein Pfandrecht an der Anwartschaft haben, das aber zu einem Pfandrecht an der Sache während der Säumigkeit des N (und in seiner späteren etwaigen Insolvenz) nicht erstarken kann.

---

21   Ausführlich zu den Sicherungsrechten des Werkunternehmers: *Lukes*, JA 2016, 727 ff.
22   BGHZ 34, 122; zust. BGHZ 119, 75, 89; 105, 95, 101; 34, 153.
23   *Alexander,* JuS 2014, 6; *Baur/Stürner*, § 55 Rn 40; *Habersack*, Rn 194; MünchKomm/*Damrau* § 1257 Rn 3; *Raiser*, JZ 1961, 285; *Schwerdtner*, JuS 1970, 64; Staudinger/*Wiegand*, § 1257 Rn 14; § aM allerdings *Reinicke/Tiedtke*, JA 1984, 202, 214; HK-BGB/*Schulte-Nölke*, § 1257 Rn 4 ff; Westermann/*Gursky*, § 133 I.
24   BGHZ 68, 223; s. auch Staudinger/*Wiegand*, § 1257 Rn 14.
25   MünchKomm/*Damrau* § 1257 Rn 4; Staudinger/*Wiegand*, § 1257 Rn 16.

§ 9 Ergänzende Zusammenfassung der Darstellung des Eigentumserwerbs

I. Rechtsgeschäftlicher Erwerb

1. Abstraktes Verfügungsgeschäft

Aus dem Verfügungscharakter der Eigentumsübertragung folgt, dass sie ein von dem **263** evtl. Grundgeschäft gesondertes Rechtsgeschäft ist; zur abstrakten Natur der Verfügungsgeschäfte Rn 11. Aus dem Charakter als Rechtsgeschäft folgt, dass bei der Einigung, die auf Willenserklärungen von Veräußerer und Erwerber beruht, Vertretung möglich ist, sowohl bei der Veräußerung einer Sache als auch beim Erwerb der Gegenleistung. Schließlich ist die rechtsgeschäftliche Eigentumsübertragung zweckneutral: Sie kann einen Kaufvertrag, eine Schenkung, eine Sicherungsübereignung usw erfüllen, ohne dass sich an ihren Erfordernissen etwas ändert.

2. Einigung und Übergabe (Surrogate)

Die rechtsgeschäftliche Eigentumsübertragung besteht aus **Einigung** und **Übergabe**, **264** zeigt somit den typischen Doppeltatbestand der Verfügung (Willens- und Vollzugsmoment, das zT sogleich Verlautbarungsmittel ist).

a) Die dingliche **Einigung** besteht, wie alle Einigungen im Sachenrecht, lediglich in der Einigung über den spezifischen dinglichen Rechtserfolg, hier den Eigentumsübergang. Der Rechtserfolg muss für eine bestimmt bezeichnete Sache gewollt sein, sog. Bestimmtheitsgrundsatz. Die Einigung ist ein Vertrag, die zu ihr führenden Willenserklärungen sind formlos gültig, bedingungs- und befristungsfreundlich. Nach herrschender, aber umstrittener und in ihrer praktischen Wirkung eingeschränkter Meinung (vgl. Rn 142) ist die Einigung bis zur Übergabe frei widerruflich. Diese Grundsätze gelten unabhängig davon, welche Form der Übergabe gewählt wird und ob der Veräußerer als Berechtigter oder als Nichtberechtigter verfügt.

b) Mit einigen Formen des Übergabeersatzes will das Gesetz praktischen Bedürf- **265** nissen entgegenkommen, vor allem die Übereignung von Sachen ermöglichen, ohne dass sie tatsächlich bewegt werden müssen. Immer setzt die Übergabe voraus, dass der Veräußerer willentlich den Übergabetatbestand vollzieht. Dieser Tatbestandsteil ist von der zur Einigung gehörenden Willenserklärung des Veräußerers unterschieden.

Ausgangsfall ist die in § 929 S. 1 geregelte Übergabe als **Übertragung des unmittelbaren Besitzes** durch einverständliches Geben und Nehmen. Regelform ist diese Art der Übergabe, weil sie am deutlichsten den Vollzug der Einigung zum Ausdruck bringt und den eingetretenen Erfolg verlautbart. Bei ihr muss der Veräußerer sich jeden Besitzes entäußern, der Erwerber muss zumindest mittelbarer Besitzer werden.

Es reicht aus, dass eine **Geheißperson** des Veräußerers, die ihm nicht den Besitz vermittelt, die Sache übergibt, ebenso dass sie an einen Besitzmittler oder -diener des Erwerbers übergeben wird. Auch auf der Empfängerseite kann mit dessen Einverständnis eine Geheißperson eingeschaltet werden, die ihm nicht den Besitz vermittelt, näher Rn 135, und zu den Folgen bei Veräußerung durch einen Nichtberechtigten Rn 223.

Der Verzicht auf einen besonderen Übergabeakt in § 929 S. 2 erklärt sich daraus, dass der Erwerber schon Besitzer ist.

266 **c)** Dass die **Übergabe durch Schaffung eines Besitzmittlungsverhältnisses** ersetzt werden kann, ist eine Folge der Gleichstellung des mittelbaren Besitzes mit dem unmittelbaren; auf die Offenkundigkeit des Erfolges verzichtet das Gesetz hier. Die Einigung kann „vorweggenommen", dh schon abgeschlossen werden, bevor der Veräußerer Besitzer und Eigentümer der zu übertragenden Sache ist. Die hM verlangt dabei freilich, dass nach Besitzerwerb durch den Veräußerer der „Vollzugswille" geäußert wird. Soweit es § 181 zulässt (insbesondere wenn die Handlung „lediglich zur Erfüllung" von Verbindlichkeiten dient), kann der Veräußerer bei beiden Einigungen zugleich im eigenen Namen und als Vertreter des Erwerbers handeln, sog. **Insichkonstitut.** Der Wille des Veräußerers muss äußerlich erkennbar werden, Zugehen an den Erwerber ist aber nicht erforderlich. Die vorweggenommene Einigung und die Einigung durch Insichkonstitut spielen eine entscheidende Rolle bei der Sicherungsübereignung von Warenlagern mit wechselndem Bestand, näher Rn 179.

267 **d)** Die **Abtretung des Herausgabeanspruchs** als Übergabeersatz besteht ebenfalls in einer neben derjenigen über den Eigentumsübergang stehenden Einigung, nämlich der gem. §§ 398, 413, vgl. § 931. Die Offenkundigkeit fehlt, zumal eine Anzeige der Abtretung an den Schuldner des Anspruchs (das ist der Besitzer der Sache) nicht erforderlich ist, anders für die Verpfändung einer Forderung nach § 1280 (s. Rn 147, 211). Ist der Veräußerer nicht Besitzer, gibt es einen abtretbaren Anspruch im eigentlichen Sinne nicht (der Anspruch auf § 985 ist nicht abtretbar, sondern entsteht für jeden Eigentümer nach dem Erwerb neu). An die Stelle der Übergabe tritt dann lediglich die schlichte Einigung, dass der Erwerber sich den Besitz verschaffen könne und solle. Ist der Veräußerer mittelbarer Besitzer, muss der Anspruch aus dem Besitzmittlungsverhältnis abgetreten werden[1].

Mit der Abtretung des Herausgabeanspruchs darf die Übereignung durch Einigung und Übergabe von kaufmännischen **Traditionspapieren** nicht verwechselt werden. Nach § 363 iVm §§ 424, 445 ff, 450, 514 ff HGB steht die Übergabe des Papiers an den wertpapierrechtlich Legitimierten der Übergabe der Ware gleich. Eine besondere Form der Übereignung hat ferner § 18 DepotG geschaffen; im Interesse des Käufers von Wertpapieren geht mit Absendung des Stückeverzeichnisses das Eigentum über[2].

3. Erwerb durch Vertreter

268 Die Möglichkeit des **Eigentumserwerbs durch Vertreter** besteht, da für die Einigung, die eine Willenserklärung ist, § 164 anwendbar ist. Praktisch wie Vertretung wirkt es, wenn ein Besitzdiener oder -mittler den Besitzer für den Eigentümer erhält. Beim „Geschäft, wen es angeht" wird in Abweichung von den Regeln der Stellvertre-

---

1   BGH NJW 1959, 1536; Westermann/*H.P. Westermann,* § 40 Rn 5.
2   Näher Westermann/*H.P. Westermann,* § 41.

tung für die Einigung auf die Offenlegung der Tatsache verzichtet, dass der Handelnde in fremdem Namen auftritt. Am Erfordernis der Besitzbegründung des Erwerbers ändert sich nichts; idR ist der Handelnde Besitzmittler des Eigentümers, näher Rn 156.

4. Gutgläubiger Erwerb vom Nichtberechtigten

Der **gutgläubige Erwerb durch Verfügung eines Nichtberechtigten** nach §§ 932 ff ist ein Anwendungsfall des Rechtsscheinsgedankens. Die Institution baut auf dem Rechtsschein des Besitzes und dem Auseinanderfallen von Besitz und Eigentum auf, wozu passt, dass der Veräußerer die tatsächliche Macht hat, dem Erwerber Besitz (auch: mittelbaren) zu verschaffen. Diese Art des Erwerbs ist folglich auf bewegliche Sachen beschränkt (für Grundstücke s. § 892 und Rn 410). Im Mobiliarsachenrecht wird der Rechtsgedanke durch den Ausschluss eines gutgläubigen Erwerbs abhandengekommener Sachen (§ 935) dahin ergänzt, dass der Eigentümer das Risiko nur für die Entstehung eines von ihm zurechenbar veranlassten Rechtsscheins trägt. Die für alle Erwerbsarten erforderliche **Gutgläubigkeit** ist in § 932 Abs. 2 gesetzlich definiert. Grobe Fahrlässigkeit kann auch darin liegen, dass der Erwerbswillige eine nahe liegende Prüfung des Eigentums des Veräußerers unterlässt. Eine solche Prüfungspflicht besteht aber nur bei besonderem Anlass (wichtig für gutgläubigen Erwerb an Sachen, die unter Eigentumsvorbehalt stehen oder sicherungsübereignet sind; zur Gutgläubigkeit beim Erwerb von Kraftfahrzeugen Rn 228). Wird der Erwerber bei der Einigung vertreten, kommt es grundsätzlich auf den guten Glauben des Vertreters an; im Fall des § 166 Abs. 2, beim Handeln des Bevollmächtigten auf Anweisung, müssen der Vertretene und der Vertreter gutgläubig sein. **269**

§§ 932 ff schützen **nur den guten Glauben an das Eigentum**, der **gute Glaube an die Verfügungsmacht** fällt nicht unter § 932, wohl aber bei Veräußerung durch einen Kaufmann unter § 366 HGB. Auch sonst gibt es gelegentlich auf Grund ausdrücklicher Verweisungen einen Schutz des guten Glaubens an die bloße Verfügungsmacht, vgl. zB §§ 135 Abs. 2, 161 Abs. 3, 2113 Abs. 3, 2211 Abs. 2. **270**

Ausgangspunkt für § 933 ist die **Form der Übergabe** des § 929 S. 1: Bei ihr sind die Elemente des Gutglaubensschutzes ohne Einschränkung verwirklicht, nämlich Besitz des Veräußerers als Rechtsscheinsgrundlage, völlige besitzrechtliche Trennung des Veräußerers von der Sache und Besitzbegründung des Erwerbers. Wegen des Rechtsscheinsprinzips musste auch § 932 Abs. 1 S. 2 zusätzlich für die Übergabeform des § 929 S. 2 verlangen, dass der Erwerber den Besitz vom Veräußerer erlangt hat. **271**

Bei der Veräußerung in der **Form des § 930** wird der Erwerber erst Eigentümer, wenn er den unmittelbaren Besitz auf Grund des Veräußerungsgeschäfts erlangt und in diesem Augenblick noch gutgläubig ist, **§ 933**. Diese Einschränkung ist praktisch bedeutungsvoll, weil hieraus folgt, dass eine Sicherungsübereignung bei fehlender Berechtigung des Sicherungsgebers unmöglich ist, solange der Sicherungsnehmer – was in der Praxis nicht vorkommt und auch nicht beabsichtigt ist – den Besitz der Sache nicht übernimmt. Bei Übergabeersatz durch **Abtretung des Herausgabeanspruchs** (§ 934) wird der Erwerber sofort Eigentümer, wenn der Veräußerer mittelbarer Besitzer ist, sonst erst, wenn der Erwerber unmittelbarer Besitzer wird (vgl. zu den uU auffälligen, unterschiedlichen Ergebnissen Rn 251). **272**

273 Unter **Abhandenkommen**, das einen Erwerb vom Nichtberechtigten auch nach mehrfacher Veräußerung der Sache ausschließt, wird unfreiwilliger Verlust des unmittelbaren Besitzes verstanden. Auf Verschulden des Eigentümers kommt es nicht an, sodass auch verschuldetes Abhandenkommen unter § 935 fällt. Der Wille des Eigentümers, den unmittelbaren Besitz fortzugeben, ist tatsächlicher Natur, kann also durch Anfechtung nicht beseitigt werden. Fortgabe durch einen Geschäftsunfähigen ist Abhandenkommen, die durch einen Geschäftsbeschränkten nach hM nicht. Abhandenkommen ist gewöhnlich (s. Rn 232) auch die Weggabe durch einen Besitzdiener. Nach § 935 Abs. 1 S. 2 kommt die dem Besitzmittler abhanden gekommene Sache auch dem Eigentümer abhanden, zB dem Entleiher wird das geliehene Fahrrad gestohlen. Die Ausnahmen des **§ 935 Abs. 2** beruhen auf dem gesteigerten Verkehrsschutzbedürfnis bei Veräußerung von Geld und Inhaberpapieren.

274 Mit dem Eigentumserwerb des Gutgläubigen wird eine zwischen dem nichtberechtigt Verfügenden und dem Erwerber bestehende Übereignungspflicht erfüllt. Der gutgläubige Erwerb ist im Verhältnis zwischen dem bisherigen Berechtigten und dem Erwerber „gerechtfertigt" iSd §§ 812 ff, sodass der frühere Eigentümer keinen Anspruch gegen den Erwerber hat. Nur der unentgeltliche Erwerber muss das Erlangte, also das Eigentum, herausgeben, **§ 816 Abs. 1 S. 2.** Den Eingriff in das Recht des Eigentümers, den die wirksame Verfügung des Nichtberechtigten darstellt, hat der Verfügende auf Grund allgemeiner und spezieller Anspruchsgrundlagen **auszugleichen**: schuldhafte Vertragsverletzung, Folgen aus dem Eigentümer-Besitzer-Verhältnis (Rn 140 ff), ggf mit Verweisung auf § 823, Geschäftsführung ohne Auftrag und die speziellen Vorschriften des § 816 (Rn 242) geben insoweit Ansprüche.

II. Die Sicherungsübereignung

1. Begrifflichkeit

275 Unter Sicherungsübereignung ist die Übertragung des Eigentums zum Zweck der Sicherung einer Forderung zu verstehen; sie ist gesetzlich nicht geregelt. Der Rechtserfolg (die Eigentumsübertragung) geht über den Zweck (die Sicherung der Forderung) hinaus; der Gläubiger erhält – dinglich gesehen – volles Eigentum, er darf damit aber nur dem Sicherungszweck entsprechend verfahren. Das Sicherungseigentum ist fiduziarisch (treuhänderisch) gebunden, näher Rn 171. Wird die Forderung, die zukünftig, bedingt oder befristet sein kann, bei Fälligkeit nicht beglichen, kann der Gläubiger die zur Sicherheit übereignete Sache verwerten. Die Verwertungsart regelt der Sicherungsvertrag; schweigt er, gilt das Verwertungsrecht des Pfandrechts, §§ 1228 ff, entsprechend.

276 Gewöhnlich (wenn auch nicht notwendig) wird die Sache **mittels Besitzkonstituts übereignet**, da auf diese Weise der Sicherungsgeber den Besitz behalten kann. Die Sicherungsübereignung tritt damit an die Stelle des nicht möglichen besitzlosen Pfandrechts an beweglichen Sachen. Die fehlende Offenkundigkeit des Sicherungseigentums kann zu einer **Kollision** mit solchen Gläubigern des Sicherungsgebers führen, die in Unkenntnis der Sicherungsübereignung von Vermögensgegenständen im Besitz des Schuldners diesem Kredit gewährt haben, der somit ungesichert ist. Daher

kann eine Sicherungsübereignung wegen Täuschung anderer Gläubiger nichtig (§ 138) oder gar eine nach § 826 zum Schadensersatz verpflichtende Handlung des Sicherungsnehmers sein; jedoch ist dies angesichts der Verbreitung dieser Form der Sicherung, auf die sich gewöhnlich auch andere Gläubiger des Sicherungsgebers einstellen müssen, auf Extremfälle zu beschränken. Unabhängig davon kann eine **zu weitgehende**, den Sicherungsgeber knebelnde Sicherungsübereignung ebenfalls nach § 138 nichtig sein.

Dem Sicherungseigentümer gibt die hM gegenüber **Pfändungsgläubigern des Sicherungsgebers** die Drittwiderspruchsklage des § 771 ZPO; in der **Insolvenz** des Sicherungsgebers kann der Sicherungseigentümer nur gem. § 51 Abs. 1 Nr 1 InsO absondern, in der Insolvenz des Sicherungsnehmers kann er gegen Befriedigung der Forderung aussondern (s. § 47 InsO).   **277**

2. Sonderfälle

Bei der **Sicherungsübereignung von Warenlagern** kommt es dem Sicherungsnehmer in aller Regel nicht auf das Eigentum an speziellen Waren, sondern darauf an, ständig durch Sicherungseigentum an Waren in bestimmtem Wert gesichert zu sein. Die **Nachschubklausel**, die zum Erwerb des Sicherungseigentums an den nach Abschluss des Vertrages in das Lager gebrachten Sachen führt, kann sich des vorweggenommenen Besitzkonstituts, des Insichkonstituts, evtl. auch des Geschäfts wen es angeht, bedienen, vgl. Rn 156. Häufig kann der Sicherungsgeber als Ermächtigter über die Waren im ordentlichen Geschäftsgang verfügen, vgl. Rn 193. Als Ergänzung zur Sicherungsübereignung kommt ein **verlängerter Eigentumsvorbehalt** in Gestalt einer **Vorausabtretung** der aus der Veräußerung von sicherungsübereigneten Waren entstehenden Kaufpreisforderungen in Betracht (näher Rn 195), jedoch muss der Bestimmtheitsgrundsatz gewahrt sein. Seltener wird im Zuge des verlängerten Eigentumsvorbehalts im Verhältnis zwischen dem Sicherungsgeber und -nehmer auch eine **Verarbeitungsklausel** in Bezug auf solche Sachen angewendet, die der Sicherungsgeber unter Eigentumsvorbehalt erworben hat. Sie würde, wenn man davon ausgeht, dass durch Vertrag bestimmt werden kann, wer Hersteller ist (str.), den Sicherungsnehmer zum Hersteller iSd § 950 machen, näher Rn 202.   **278**

Dabei kann es weiterhin zu einer Kollision von Vorausabtretungen zu Gunsten des Eigentumsvorbehaltsverkäufers und den globalen Vorausabtretungen zu Gunsten kreditgebender Banken kommen, näher Rn 198.

III. Eigentumsvorbehalt und Anwartschaftsrecht

1. Funktion und dogmatische Struktur

Der einfache Eigentumsvorbehalt dient zur Sicherung des Verkäufers einer Sache, die der Käufer nicht Zug um Zug gegen die Übereignung bezahlen kann. Er ist somit das typische Sicherungsmittel des **Lieferantenkredits**. § 449 geht davon aus, dass die Parteien eine aufschiebende Bedingung (§ 158 Abs. 1) des Inhalts vereinbaren, dass mit der vollständigen Kaufpreiszahlung automatisch, dh ohne neuerliche dingliche   **279**

Einigung und auch ohne fortbestehenden Übereignungswillen des Veräußerers, das Eigentum auf den Erwerber übergeht. Der Kaufvertrag ist unbedingt, verpflichtet aber den Verkäufer lediglich zu der bedingten Einigung. Er bleibt zwar bis zum Bedingungseintritt Eigentümer, kann aber während der Schwebezeit nach § 161 keine das Recht des Erwerbers beeinträchtigenden Verfügungen treffen[3]. Auch kann er die Sache solange nicht vom Vorbehaltskäufer, etwa nach § 985, herausverlangen, als dieser seine Pflichten aus dem Kaufvertrag erfüllt, und auch bei Säumnis des Käufers mit der Kaufpreiszahlung muss der Verkäufer, wenn er die Kaufsache herausverlangen will, vom Kaufvertrag zurücktreten, **§ 449 Abs. 2**.

280   Der Eigentumsvorbehalt bedarf einer Vereinbarung, die häufig konkludent erklärt wird, aber nicht immer schon dann vorliegt, wenn eine Kaufsache nicht sofort bezahlt wird. Vielfach finden sich Vorbehaltsklauseln in **AGB**, die anzuerkennen sind, es kann auch ein berechtigtes Bedürfnis nach einer **Erweiterung** des Vorbehalts dahin bestehen, dass als Bedingung nicht nur die Kaufpreiszahlung, sondern auch die Erfüllung anderer mit dem Kauf zusammenhängender Käuferpflichten genommen wird. Ein **Konzernvorbehalt** ist aber **unwirksam**, § 449 Abs. 3. Vorbehaltsklauseln in Verkäufer-AGB können auf kollidierende Abwehrklauseln in Käufer-AGB stoßen, was die hM zu differenzierenden Lösungen geführt hat (Rn 165). Das Vorbehaltseigentum kann der Verkäufer bei Vollstreckungsversuchen dritter Gläubiger in die beim Vorbehaltskäufer befindliche Sache durch eine **Drittwiderspruchsklage** gem. § 771 ZPO verteidigen, in der Insolvenz des Käufers kann der Verkäufer die Sache gem. § 47 InsO **aussondern**, Rn 187.

281   Das Vorbehaltseigentum des Verkäufers ist bedroht, wenn der Käufer als Besitzer an gutgläubige Dritte durch Einigung und Übergabe weiterveräußert (§ 932). Da vielfach die restlichen Kaufpreiszahlungen für den Käufer nicht anders finanzierbar sind, wird er häufig **ermächtigt** (§ 185), die Kaufsache im gewöhnlichen Geschäftsverkehr weiterzuveräußern, der Verkäufer bedingt sich dabei aber die Abtretung der aus dem Verkauf resultierenden Forderungen gegen dritte Abkäufer aus, was auch im Voraus, also vor Entstehung dieser Forderungen, geschehen kann (verlängerter Eigentumsvorbehalt mit **Vorausabtretung**). Ähnliche Funktionen erfüllt in diesem Zusammenhang eine Vereinbarung, wonach der Vorbehaltsverkäufer eine durch Verarbeitung durch den Käufer entstandene neue Sache (§ 950) zu Eigentum erwerben soll (**Verarbeitungsklausel**, näher Rn 203). Die Vorausabtretung der Forderungen des Käufers kann mit einer **Sicherungszession** derselben Forderungen zugunsten anderer Kreditgeber, meist einer Bank, kollidieren, was zu schwierig zu behandelnden Teil-Verzichtserklärungen der Sicherungsnehmer zugunsten der Vorbehaltslieferanten Anlass gibt (Rn 198).

2.   Das Anwartschaftsrecht

282   Die Anwartschaft ist eine rechtsfortbildend entstandene Rechtsfigur. Ein Anwartschaftsrecht liegt vor, wenn von einem mehrgliedrigen Entstehungstatbestand eines Rechts so viel erfüllt ist, dass die Aussicht des Erwerbers auf das Vollrecht gesichert

---

3 Ausführlich hierzu *Hoffmann*, JuS 2016, 289 ff.

ist, etwa dadurch, dass widersprechende Verfügungen des Veräußerers nach § 161 unwirksam sind, vgl. Rn 164[4]. Am häufigsten ist das Anwartschaftsrecht auf Erwerb des Eigentums an beweglichen Sachen bei **aufschiebend bedingter** (§§ 158 ff) **Übereignung**. Für diese Art der Anwartschaft sind Regeln entwickelt worden, die sich – wenn auch mit gewissen Vorbehalten – auch auf andere Anwendungsfälle der Anwartschaft übertragen lassen. Beim Eigentumsvorbehaltskauf sichert das verbleibende Eigentum des Verkäufers den Kaufpreisanspruch, während der Käufer die Ware vor Zahlung des Kaufpreises bereits nutzen kann. Die schuldrechtliche Besonderheit besteht in der Stundung des Kaufpreises, § 449. Zu beachten sind stets die möglichen Auswirkungen des Verbraucherkreditrechts. Das Anwartschaftsrecht ist hier ein dingliches Recht, so dass durch das Nebeneinander von vorbehaltenem Eigentum und Anwartschaft gewissermaßen eine Spaltung des Eigentums eintritt, wie sie sich auch in den eingeschränkten Rechten des Vorbehaltseigentümers (Rn 166) zeigt.

Für die **Behandlung des Anwartschaftsrechts auf Erwerb des Eigentums an beweglichen Sachen** hat sich trotz des Fehlens einer gesetzlichen Regelung die Tendenz durchgesetzt, das Anwartschaftsrecht möglichst wie das Eigentum selbst zu behandeln. Das gilt vor allem für die Übertragung und Verpfändung. Nach noch hM ist für die **Pfändung** des Anwartschaftsrechts die Pfändung des Rechts nach § 857 ZPO und der Sache nach § 808 ZPO erforderlich, die so genannte Doppelpfändung (Rn 188). Bei der **Übertragung** des Anwartschaftsrechts wird der Erwerber mit Eintritt der Bedingung sofort Eigentümer, ohne dass der Veräußerer sogenanntes Durchgangseigentum erwirbt. Das ändert aber nichts an der Sicherheit anderer Sicherungsgeber, etwa der Inhaber besitzloser Sicherungsrechte wie des Vermieterpfandrechts, da das Anwartschaftsrecht als solches in den Haftverband dieses Pfandrechts (auch anderer Pfandrechte wie der Hypothek) fällt (näher Rn 199). Ferner ist die eigenartige Abhängigkeit des Anwartschaftsrechts (auch soweit es als dingliches Recht behandelt wird) von dem schuldrechtlichen Anspruch auf das Eigentum zu beachten: Die Rechtsstellung des Erwerbers fällt in sich zusammen, wenn das schuldrechtliche Recht erlischt. Das gilt auch für den gutgläubigen Erwerb. Ein Nichtberechtigter kann danach zwar entsprechend § 932 über ein bestehendes Anwartschaftsrecht zu Gunsten des Gutgläubigen verfügen, nicht aber hilft gutgläubiger Erwerb gegen Fehlen oder Schwächen des schuldrechtlichen Rechts, näher Rn 250.

283

IV. Sonstige Arten des Eigentumserwerbs an beweglichen Sachen

Neben dem rechtsgeschäftlichen Eigentumserwerb gibt es andere Arten des Eigentumserwerbs mit erheblichen Unterschieden in der wirtschaftlichen Bedeutung und in der rechtlichen Ausprägung.

283a

---

4 Im Allgemeinen zum Anwartschaftsrecht s. *Engelhardt*, JA 2013, 269, 330.

1. Erwerb an Früchten und Bestandteilen

284   Der **Eigentumserwerb an Früchten und Bestandteilen**, geregelt in §§ 953 ff, ist die Form, in der insbesondere der Pächter und der Dienstbarkeitsberechtigte (zB der Berechtigte auf Erwerb von Ton, Steinen usw) und der Nießbraucher Eigentümer werden. Mit der Trennung entstehen selbstständige Sachen, die grundsätzlich im Eigentum des Eigentümers und in dem Haftungsverband von Grundpfandrechten (Rn 585 ff) bleiben (§ 953), ohne dass es auf die Besitzverhältnisse ankommt. Jedes andere Erwerbsrecht geht aber dem des Eigentümers vor.

285   Der Inhaber eines dinglichen Rechts (zB Dienstbarkeit, Nießbrauch) erwirbt das Eigentum an Früchten und Bestandteilen ebenfalls mit der Trennung von der Muttersache, ohne dass es auf den Besitz an der Muttersache oder an den Früchten ankommt, § 954.

Auch hier gibt es **gutgläubigen Erwerb**. Der gutgläubige Eigenbesitzer der Muttersache und der, der sie im Glauben an ein Nutzungsrecht besitzt (zB bei nichtiger Übereignung, nichtiger Nießbrauchsbestellung), erwirbt Eigentum an den Früchten, nicht an anderen Bestandteilen, mit der Trennung. Es kommt allein auf den Besitz an der Muttersache und auf den guten Glauben an; ein besonderer Rechtsscheinstatbestand oder eine Verfügung des Vorbesitzers sind nicht erforderlich.

Der Erwerb auf Grund einer Erwerbsgestattung (zB bei Pacht) beruht auf der gestattenden Willenserklärung und dem Besitz. Hat der Erwerbsberechtigte Besitz an der Muttersache, wird er mit der Trennung, sonst mit der Besitzergreifung an den Trennstücken Eigentümer, § 956.

2. Erwerb durch Verbindung, Vermischung, Verarbeitung

286   Der Eigentumserwerb auf Grund von **Verbindung, Vermischung, Verarbeitung** gem. §§ 946 ff ist zT Folge des § 93, zT (§ 948) sollen praktische Trennungsschwierigkeiten vermieden werden.

Der **Eigentumserwerb durch Verarbeitung** ist besonders im Verhältnis zwischen Rohstofflieferanten und Verarbeitungsunternehmen und für dessen Gläubiger bedeutsam. Die Herstellung der *neuen* Sache ist ein Realakt, es gibt aber „Verarbeitung für andere", obwohl überwiegend § 950 als zwingendes Recht betrachtet wird. Zur Sicherung eines verlängerten Eigentumsvorbehalts kann auch die in einer Bearbeitungsklausel akzeptierte Willenserklärung des Herstellenden als maßgebend angesehen werden; zu den Voraussetzungen des Erwerbs der neuen Sache durch den Hersteller und zu den Verarbeitungsklauseln Rn 202 ff.

Für diese Fallgruppe ist ein **Ausgleich** für den Rechtsverlust unumgänglich, ihn schafft § 951 (zu den dadurch begründeten Ausgleichsansprüchen und zu ihrem Zusammenhang mit dem Bereicherungsanspruch Rn 202).

3. Andere Erwerbstatbestände

287   Die zahlreichen **sonstigen Erwerbsgründe** können nur ohne Anspruch auf Vollständigkeit zusammengestellt werden.

Die **Ersitzung**[5] gem. §§ 937 ff ist vor allem als Erwerbsart nach einem (zB an § 935) gescheiterten Erwerbsgeschäft bedeutsam. Sie erfordert zehnjährigen gutgläubigen Eigenbesitz[6], auch mittelbarer Besitz genügt; dies lässt dann Eigentum übergehen. Nach der hM erlischt aber ein Rückgewähranspruch, der zwischen dem früheren Eigentümer und dem Ersitzer aus anderen Gründen besteht, nicht.

Zu erwähnen sind ferner: die Aneignung (§§ 958 ff); der Erwerb des Finders[7]; die Einverleibung in ein Inventar. Auch ein Hoheitsakt wie Beschlagnahme oder Enteignung kann Eigentum an beweglichen Sachen übertragen.

---

5   Zur Frage, ob die Ersitzung auch einen Rechtsgrund darstellen kann s. *Wilhelm*, NJW 2017, 193.
6   S. dazu den interessanten Fall BGH JA 1990, 178.
7   §§ 973, 984 und dazu das interessante Urteil BGH NJW 1988, 1204 und die Darstellung bei *Schreiber*, Jura 1990, 446; zum Fund besonders auch Westermann/*Gursky*, § 59.

Teil III

Das Eigentümer-Besitzer-Verhältnis im Anspruchssystem

§ 10 Die Vindikation, Folgeansprüche auf Schadensersatz sowie Herausgabe von Nutzungen

288   **Fall 14:** K, Kastellan beim Grafen B, verwaltet dessen Sammlung alter Waffen und Fahrzeuge. Nachdem B bei einem Autorennen ums Leben gekommen ist, verkauft und übergibt
K einen „Oldtimer" aus der Sammlung an den Schausteller G. K glaubt auf Grund früherer
Äußerungen des B, er sei Erbe, was aber nicht zutrifft, da B die E-Stiftung, die ihm in letzter
Zeit bei der Finanzierung seines Hobbies behilflich war, zur Erbin eingesetzt hatte. G nutzt
in der Folgezeit das gekaufte Fahrzeug sehr intensiv auf eigenen, freilich nicht sehr erfolgreichen Veranstaltungen; bei der Fahrt zu einem dieser Treffen wird das Fahrzeug infolge
eines durch leichte Fahrlässigkeit des G verursachten Unfalls beschädigt. Nun aber meldet
sich die E-Stiftung, verlangt das Fahrzeug heraus, fordert Schadensersatz wegen der Beschädigung und möchte auch die von G gezogenen Nutzungen herausverlangen, wobei sie
auch darauf hinweist, dass G, statt sich mit eigenen Veranstaltungen zu versuchen, besser
die internationale Oldtimer-Show besucht hätte, wo er für die Ausstellung des Fahrzeugs
gut bezahlt worden wäre. Welche Ansprüche hat die E-Stiftung gegen G?

Einen weiteren Wagen hat K, ebenfalls bevor er von der Erbeinsetzung der Stiftung erfuhr,
an Z vermietet, der damit Werbeprospekte eines bestimmten Computer-Herstellers in verschiedenen Städten zeigen will. Nunmehr möchte die Stiftung wissen, ob sie von Z oder von
K Herausgabe des Fahrzeugs fordern kann. Z habe ihr entgegengehalten, er habe einen gültigen Mietvertrag mit K; sollte er den Wagen herausgeben müssen, habe er auch nicht vor,
einen daran von ihm durch eine Unachtsamkeit verursachten Schaden beheben zu lassen.
Lösung Rn 290, 292, 295, 299, 302

I.   Der Eigentumsherausgabeanspruch (Vindikation)

1.   Die systematische Bedeutung des Anspruchs

289   Der Herausgabeanspruch des Eigentümers einer Sache gegen den Besitzer aus § 985
gehört zu den Regelungen zum Schutz des Eigentums gegen eine Beeinträchtigung,
die darin liegt, dass dem Eigentümer ohne rechtlichen Grund der Besitz entzogen
oder ihm vorenthalten wird. Wenn diese **„Vindikationslage"** einige Zeit bestanden
hat, kann es sein, dass die Sache beim Besitzer, auch durch ihn, beschädigt wird oder
untergeht. Für den danach uU wichtigen Anspruch des Eigentümers auf Schadensersatz, aber auch auf Ersatz für Nutzungen, die der Besitzer gezogen haben kann (im
Ausgangsfall haben sowohl G als auch Z die Fahrzeuge genutzt), normieren die
§§ 987 ff eigenständige Ansprüche, die sich dadurch kennzeichnen lassen, dass sie

sich systematisch an den zwischen dem Eigentümer und dem Besitzer bestehenden Herausgabeanspruch anschließen[1]. Daneben können im Einzelfall Ansprüche aus Vertrag oder unerlaubter Handlung stehen, die Bedeutung der §§ 987 ff liegt aber zum großen Teil darin, dass etwa der Schadensersatzanspruch aus §§ 989, 990 auch dann bestehen kann, wenn zwischen dem Besitzer und dem geschädigten Eigentümer kein Vertragsverhältnis besteht, während ein Anspruch aus § 823 wegen Sachbeschädigung tatbestandsmäßig idR gegeben sein wird, so dass das Verhältnis dieser Anspruchsgrundlagen zueinander, das ein Konkurrenzverhältnis ist[2], bestimmt werden muss. Dasselbe gilt für das Verhältnis des Nutzungsherausgabeanspruchs aus § 987 zu möglichen Ansprüchen auf Herausgabe von Nutzungen aus dem Gesichtspunkt der ungerechtfertigten Bereicherung (§§ 812, 818 Abs. 2).

Im **Ausgangsfall 14** wussten offenbar weder G noch Z, auch nicht K, der selber insoweit gutgläubig war, dass mit dem Erbfall das Eigentum des Grafen B nach § 1922 automatisch auf die Stiftung übergegangen war. Daher muss sowohl für den Herausgabeanspruch der Stiftung aus § 985 wie auch für die Folgeansprüche zunächst geprüft werden, ob wirklich die Stiftung trotz der Hergabe der Fahrzeuge durch K noch Eigentümerin geblieben war, und wenn dies der Fall ist, ob der Vindikation dann ein Recht zum Besitz (§ 986) entgegenstand. Dabei liegt auf der Hand, dass die Lage in Bezug auf G und Z durch die unterschiedliche Grundlage ihres Besitzerwerbs nicht gleich sein kann. | 290

2. Voraussetzungen eines Herausgabeanspruchs aus § 985

Der Anspruchsteller muss **Eigentümer**, der Anspruchsgegner **Besitzer** sein, ohne | 291
dass es darauf ankommt, ob der Erstere jemals Besitzer war, also auch ohne Rücksicht auf die Art eines früheren Besitzverlustes. Der Anspruch geht auf Herausgabe, dh dem Eigentümer muss der unmittelbare Besitz eingeräumt werden. Praktisch bedeutet dies, dass der Besitzer die Sache dem Eigentümer übergeben oder sie jedenfalls zur Abholung bereitstellen muss[3], wobei es schon genügt, wenn der Eigentümer mit seinem Willen mittelbarer Besitzer wird (zu diesem Begriff Rn 34) oder wenn die tatsächliche Sachherrschaft für ihn von einem Besitzdiener (hierzu Rn 36) übernommen wird. Dies alles gilt für die Vindikation beweglicher wie unbeweglicher Sachen, was bei Wohnungen oder Grundstücken nicht auf die beim Ende eines Mietvertrages nach § 546 geschuldete „Rückgabe", dh praktisch Räumung hinausläuft. Der Anspruch besteht nicht, wenn der Besitzer ein **Recht zum Besitz** hat, § 986; das bedeutet, dass in einem Prozess über das Herausgabeverlangen die diesbezügliche **Einwendung** vom Gericht von Amts wegen, also auch dann zu prüfen ist, wenn sich der Besitzer auf sein Besitzrecht nicht berufen hat[4]. Weiter folgt hieraus, dass der Eigentümer als Voraussetzung eines Herausgabeanspruchs sein Eigentum und den Besitz des Beklagten dartun und beweisen muss, der Besitzer sein Recht zum Besitz. Der klagende Eigentümer muss allerdings, um sein Eigentum an der Sache, die er herausverlangt, beweisen zu können, die aus **§ 1006 Abs. 1 S. 1** zugunsten des Besitzers fol-

---

1   Näher dazu Westermann/*Gursky*, § 29 Rn 2.
2   Auch dazu Westermann/*Gursky*, § 29 Rn 9.
3   BGHZ 104, 304, 306; MünchKomm/*Baldus* § 985 Rn 78.
4   BGH NJW 1999, 3716.

gende **Eigentumsvermutung** widerlegen können, wobei ihm, wenn er früher schon einmal Besitzer war, eine Erleichterung nach Maßgabe des § 1006 Abs. 2 zugutekommt. Auch gilt die Vermutung zugunsten desjenigen, der sein Besitzrecht von dem früheren Besitzer ableitet[5].

292   Im **Ausgangsfall 14** war die Stiftung unmittelbar mit dem Erbfall Eigentümerin und nach § 857 auch Besitzerin, während K nur Besitzdiener war. Das Eigentum kann die Stiftung nur verloren haben durch die Handlungen des K, also im ersten Fall durch die Veräußerung an G, was aber davon abhängt, ob die Voraussetzungen des Erwerbs vom Nichtberechtigten gegeben waren. Im zweiten Fall hat K an Z nur vermietet, was am Eigentum der Stiftung nichts ändert, aber die Frage aufwirft, ob Z aufgrund des Mietvertrages mit K dem Herausgabeanspruch der Stiftung ein Recht zum Besitz entgegensetzen kann.

Der Herausgabeanspruch aus § 985 richtet sich gegen den Besitzer. Da im **zweiten Teil des Ausgangsfalls** die Stiftung auch gegen K vorgehen möchte, fragt sich, ob die Vindikation auch gegenüber dem **mittelbaren Besitzer**, welche Funktion K aufgrund des Mietvertrages als einem Besitzmittlungsverhältnis (Rn 34) ja hat, geltend gemacht werden kann. Nun kann K den unmittelbaren Besitz an dem an Z vermieteten Wagen der Stiftung nicht verschaffen, sondern kann ihr nur den aus dem Besitzmittlungsverhältnis stammenden Herausgabeanspruch, der allerdings erst nach Beendigung des Mietverhältnisses entsteht, übertragen, und zwar durch eine Abtretung nach § 870, die – wie immer die Abtretung von Forderungen – ohne Einverständnis des Schuldners, hier also des Besitzmittlers Z, möglich ist. Dagegen kann die Stiftung gegen Z als unmittelbaren Besitzer nicht mit dem Ansinnen durchdringen, ihr den Wagen herauszugeben, da Z sich nach § 986 Abs. 1 S. 2 auf das Besitzrecht berufen kann, das er von K als dem Vermieter als mittelbarem Besitzer ableiten kann (sog. Weiterleitung des Besitzrechts auf den Besitzmittler, man spricht auch von einer Besitzrechtskette). Insoweit bleibt der Stiftung aber die Möglichkeit einer Klage gegen den mittelbaren Besitzer, der den Herausgabeanspruch dann durch Abtretung seines Anspruchs aus dem Besitzmittlungsverhältnis erfüllen kann[6]. Da sie auf diesem Wege möglicherweise erst später den unmittelbaren Besitz erlangt, kann sie überlegen, ob sie von K, der ja den Anspruch auf Verschaffung der tatsächlichen Sachherrschaft nicht oder jedenfalls nicht jetzt erfüllen kann, Schadensersatz wegen Verzuges (§ 280 Abs. 2 iVm § 286) verlangen kann[7].

293   Wenn die herauszugebende Sache zerstört oder beschädigt ist, fragt sich manchmal, ob der Besitzer wegen einer uU von ihm zu vertretenden **Unmöglichkeit der Herausgabe** nach § 283 auf Schadensersatz haftet. Wenn man unterstellt, dass G den Wagen kaskoversichert hatte, käme auch ein Anspruch auf Herausgabe der Versicherungssumme nach § 285 in Betracht. Hier muss differenziert werden. Wenn der unmittelbare Besitzer die Sache nicht mehr hat, etwa weil sie ihm verlorengegangen ist, so erlischt seine Herausgabepflicht, weil die Voraussetzung eigenen Besitzes nicht mehr gegeben ist[8]. Gegen die Pflicht, eine Versicherungssumme oder auch einen Veräußerungserlös nach § 285 herauszugeben, spricht nach hM, dass die insoweit in § 987, aber auch in § 816 Abs. 1 (bei wirksamer Veräußerung an einen Gutgläubigen) enthaltenen Lösungen als die spezielle Entscheidung gegenüber dem Eigentümer/Be-

---

5   BGH ZMR 2013, 866; BGH NJW 2005, 359.
6   MünchKomm/*Baldus* § 985 Rn 34, jeweils mit Stellungnahme zu den diesbezüglichen durch die Schuldrechtsreform verursachten Änderungen; Westermann/*Gursky*, § 29 Rn 24 f.
7   Zum Ganzen den Fall BGHZ 53, 29; s. auch BGH NJW 2003, 3621.
8   MünchKomm/*Baldus* § 985 Rn 153 f.

sitzerverhältnis vorrangig seien[9]; allerdings kann man über die Annahme einer ausschließlichen Regelung der Vindikationsfolgen durch die §§ 987 ff streiten.

3. Das Recht zum Besitz

Besitzrechte iSd § 986 können sich aus dinglichen, also absolut gegenüber jedermann wirkenden Rechtspositionen, aber auch aus einem obligatorischen Verhältnis des Besitzers zum Eigentümer oder (§ 986 Abs. 1 S. 2) mittelbaren Besitzer ergeben. Daneben kann der Besitzer wegen eines ihm gegen den Eigentümer zustehenden Anspruchs ein **Zurückbehaltungsrecht** iSd § 273 oder auch – wegen von ihm auf die Sache gemachter Verwendungen – nach § 1000 haben (zum Letzteren näher Rn 331)[10]. Dingliche Besitzrechte sind etwa ein Nießbrauch oder ein Pfandrecht, obligatorische Besitzrechte können sich aus Miete, Leihe, Verwahrung, aber auch aus Kauf, nämlich einem Vorbehaltskauf ergeben, immer unter der Voraussetzung, dass dieses Recht gerade gegenüber dem Eigentümer besteht. Wenn der Eigentümer die Sache während des Bestehens des Besitzmittlungsverhältnisses veräußert, richtet sich gem. § 986 Abs. 2 nach diesem Rechtsverhältnis, ob das Besitzrecht beendet werden kann; in manchen Fällen, etwa § 566 (Kauf bricht nicht Miete), muss sich der neue Eigentümer ein Besitzrecht aus dem nicht von ihm geschlossenen Mietvertrag entgegenhalten lassen[11].

294

Im **Ausgangsfall 14** heißt dies, dass Z zwar ein Besitzrecht gegen K, nicht aber direkt gegen die Stiftung hat, so dass ihm insoweit nur § 986 Abs. 1 S. 2 hilft, dies allerdings auch nur dann, wenn K als der mittelbare Besitzer (des vermieteten Wagens) seinerseits gegenüber der Stiftung als der Eigentümerin zur Vermietung berechtigt war[12], was angesichts der Stellung des K als nur für die Pflege der Sammlungen des Grafen Verantwortlichen nicht wahrscheinlich ist.

295

Soweit der Besitzer (nur) ein Zurückbehaltungsrecht nach § 273 oder § 1000 hat, kann er die Vindikation nicht endgültig verhindern, wie es bei Vorliegen einer Einwendung (Rn 291) der Fall wäre, sondern er hat nur eine (aufschiebende) Einrede, die im Ergebnis dazu führt, dass er nach **§ 274** nur zur Herausgabe Zug um Zug gegen Erfüllung seines Gegenanspruchs verurteilt werden kann. Auch diese Umstände sind bei der Regelung der Folgeansprüche aus einer Vindikation und besonders des Konkurrenzverhältnisses unter den Ansprüchen aus Vertrag, Delikt oder ungerechtfertigter Bereicherung im Auge zu behalten.

296

---

9 Es handelt sich hier um ein besonderes „Leistungsstörungsrecht der Vindikation", im Einzelnen dazu Westermann/*Gursky*, § 29 Rn 8; MünchKomm/*Baldus* § 985 Rn 149, 153 f.

10 Zu den Unterschieden näher Staudinger/*Gursky* § 986 Rn 28; MünchKomm/*Baldus* § 986 Rn 59 f; für weitgehende Gleichbehandlung aber BGHZ 149, 326, 333; 64, 122, 124; *Schapp/Schur*, Sachenrecht Rn 90; s. auch HK-BGB/*Schulte-Nölke* § 986 Rn 4; *Vieweg/Werner*, § 8 Rn 42.

11 Siehe BGH NJW 2001, 2885. Hingegen tritt der Erwerber eines gewerblich vermieteten Grundstücks nicht kraft Gesetzes in ein zwischen dem Veräußerer und Mieter vereinbartes Ankaufsrecht ein, vgl. BGH NZM 2017, 35 (in Fortführung von BGH NJW 2012, 3032).

12 Zu diesem Ergebnis Westermann/*Gursky*, § 29 Rn 14.

II. Schadensersatzansprüche des Eigentümers wegen Beschädigung der Sache

1. Die Besonderheit der Regelung in §§ 989, 990

297 Im Ausgangsfall kommen in beiden Teil-Geschehnissen wegen einer Beschädigung des im Erbgang auf die Stiftung übergegangenen Eigentums Ansprüche aus § 823 Abs. 1 in Betracht, wenn es sich um verschuldete Unfälle handelte. Wenn die Beschädigung durch einen Mieter verursacht ist, kann sich ein Schadensersatzanspruch auch aus der Verletzung vertraglicher Pflichten ergeben. Die an den Herausgabeanspruch aus § 985 sich anschließenden möglichen, zT von anderen Voraussetzungen abhängenden Ansprüche auf Schadens-, aber auch auf Nutzungsersatz stehen neben Ansprüchen aus Vertrag, Delikt oder anderen gesetzlichen Schuldverhältnissen. Dabei spielt als Grundgedanke die Vorstellung eine Rolle, dass die Ansprüche aus Vertrag oder Delikt zum Schutz des Eigentümers einer Sache nicht genügen könnten, besonders deshalb nicht, weil jedenfalls das Deliktsrecht keine Normen für Ansprüche bereithält, die einen Ausgleich für vom Besitzer gemachte Aufwendungen für die Erhaltung oder auch Verbesserung der an sich – möglicherweise und ohne sein Wissen – herauszugebenden Sache begründen können[13]. Im Kern geht es um einen Anspruch auf Schadenersatz nach §§ 989, 990 und auf Herausgabe von Nutzungen (§ 987), während der Besitzer nach §§ 994 ff uU vom Eigentümer Ersatz von Verwendungen verlangen kann. Allerdings geht das Gesetz bei der Normierung davon aus, dass tatsächlich ein Herausgabeanspruch aus § 985 bestand, so dass die an einem Schadensersatzanspruch Beteiligten Eigentümer oder Besitzer der Sache gewesen sein müssen. Differenzierungen sind anzubringen nach Maßgabe der Besitzberechtigung, des Inhabers der tatsächlichen Gewalt und nach seiner Gut- oder Bösgläubigkeit bezüglich seines eigenen Eigentums oder Besitzrechts.

298 Das **gesetzliche Schuldverhältnis** zwischen dem Eigentümer und dem Besitzer einer Sache, aus dem die genannten Ansprüche fließen (können), setzt nach der Rechtsprechung, die freilich nicht unbestritten ist, ganz generell und gewissermaßen als Obersatz das **Bestehen einer Vindikationslage**, also des Herausgabeanspruchs aus § 985 voraus, dem der Besitzer kein vertragliches oder gesetzliches Recht zum Besitz aus § 996 entgegenhalten kann[14]. Der Anspruchsgegner muss also in dem Zeitpunkt, in dem der Schaden verursacht oder die Nutzungen aus der Sache gezogen wurden, unrechtmäßiger Besitzer gewesen sein. Das gilt für Eigen- wie für Fremdbesitz, und es genügt auch ein Besitzrecht, das vom Eigentümer jederzeit beendet werden kann[15], wie es etwa bei der Verwahrung oder der Leihe (§§ 695, 604 Abs. 2) der Fall ist. Gegenüber einem berechtigten Besitzer kommen dagegen Schadensersatz- oder Nutzungsersatz aus den Regeln des Eigentümer/Besitzerverhältnisses nicht in Betracht; in diesem Zusammenhang können auch weitergeleitete Besitzrechte oder eine Besitzrechtskette (Rn 292) relevant werden. Ob auch noch vertragliche Herausgabeansprü-

---

13 Zu diesem Ausgangspunkt auch *Roth*, JuS 1997, 518; Westermann/*Gursky*, § 30 Rn 2.

14 BGH NJW 1981, 1517; BGHZ 34, 122, 128; 27, 317, 320; Erman/*Ebbing* vor § 987-993 Rn 25; MünchKomm/*Baldus* § 985 Rn 12; *Roth*, JuS 1997, 518, 520; HK-BGB/*Schulte-Nölke* vor §§ 987-1003 Rn 10; Westermann/*Gursky*, § 31 Rn 1.

15 MünchKomm/*Raff* Vor § 987 Rn 28; Westermann/*Gursky*, § 31 Rn 2.

che oder ein solcher aus § 812 Abs. 1 bestehen, ist ohne Belang, solange sich hieraus nicht ein Besitzrecht ergibt[16], was zB dann der Fall sein kann, wenn der Verkäufer nach einer unwirksamen Übereignung die Kaufsache aus ungerechtfertigter Bereicherung zurückverlangt, dabei aber auf ein Zurückbehaltungsrecht des Käufers stößt, der den ebenfalls zu Unrecht gezahlten Kaufpreis kondizieren will. Hier könnte der Verkäufer wegen der zwischenzeitlich gezogenen Nutzungen einen Anspruch aus § 818 Abs. 1 haben, während ein Anspruch aus § 987 wegen des Besitzrechts des Käufers ausschiede[17]. Damit werden die §§ 987 ff zur **Sonderregelung** gegenüber den allgemeinen schuldrechtlichen Haftungsgrundsätzen, die einen wirksamen Schutz des Eigentums anstreben, der allerdings nicht auf Kosten eines rechtmäßigen oder gutgläubigen Besitzers gehen soll, s. sogleich Rn 300.

Allerdings sind die Vorstellungen von einem abschließenden Charakter der Regeln der §§ 987 ff und somit einem Ausschließlichkeitsverhältnis zu den Ansprüchen aus § 823, aus ungerechtfertigter Bereicherung oder auch aus Geschäftsführung ohne Auftrag und Vertrag in einzelnen Grenzfällen umstritten. Festzuhalten ist auch, dass die Ansprüche, wenn sie zur Zeit des Bestehens einer Vindikationslage begründet wurden, auch nach deren Beendigung selbstständig fortbestehen, der Eigentümer also einen aus §§ 989, 990 abzuleitenden Schadensersatzanspruch behält, auch wenn er die beschädigte Sache veräußert hat (regelmäßig wird er wegen der Beschädigung einen geringeren Preis erzielt haben).

Mit §§ 989, 990 ergäbe sich im **Ausgangsfall 14** eine Anspruchsgrundlage für den Schadensersatzanspruch der Stiftung gegen G wegen der Beschädigung des Fahrzeugs, dessen Verhältnis zum Deliktsanspruch nach § 823 Abs. 1 noch zu klären ist. Dabei ist allerdings zu bedenken, dass G sich für den Eigentümer hielt und sich nicht bewusst war, möglicherweise fremdes Eigentum zu beschädigen, er war gutgläubiger Eigenbesitzer. Das Deliktsrecht könnte diesen Gesichtspunkt nur bei der Verschuldensprüfung berücksichtigen. Insoweit sind die §§ 990, 992 – besonders, indem sie den bösgläubigen Besitzer anders behandeln als den, der (§ 992) den Besitz durch verbotene Eigenmacht oder eine Straftat (die stets auch eine unerlaubte Handlung ist) erlangt hat – in der Tat eine Sonderregelung. Auch in dem Fall der Vermietung des Fahrzeugs an Z muss ein Besitzrecht des Z aus dem Vertrag mit K geprüft werden, das möglicherweise einem Nutzungsherausgabeanspruch aus § 987 entgegensteht. **299**

Der **Grundgedanke** der Sonderregelung des „isolierten" Eigentümer-Besitzer-Verhältnisses erschließt sich von § 993 aus, wenn man hinzunimmt, dass es sich immer um die Haftung des unrechtmäßigen – in einer Vindikationslage befindlichen – Besitzers handelt. Aus **§ 993 Abs. 1 2. Halbsatz** folgt, dass der Besitzer, bei dem die in den §§ 987–992 bezeichneten Voraussetzungen nicht vorliegen, nicht zur Herausgabe von Nutzungen und zum Schadensersatz verpflichtet ist. Damit ist der gutgläubige (also nicht von § 990 betroffene) Besitzer gemeint, der auch nicht (auf Herausgabe) verklagt ist; sonst würde er nach § 989 haften. Der Gutgläubige hat lediglich nach § 993 Abs. 1 die gezogenen sog. Übermaßfrüchte herauszugeben[18], während der Deliktsbesitzer – und nur er – auf Schadensersatz wegen unerlaubter Handlung haftet, **300**

---

16   BGHZ 34, 122.
17   Demgegenüber wendet BGHZ 149, 326, 333 (mit Anm. *Gursky*, JZ 2005, 385 f) hier § 987 Abs. 2 entsprechend an.
18   S. auch *Vieweg/Werner*, § 8 Rn 28.

§ 992. Schließlich haftet der bösgläubige Besitzer nach Maßgabe des § 987 auf Nutzungsherausgabe und nach § 989, auf den § 990 für den Fall der Bösgläubigkeit verweist, auf Schadensersatz für eine von ihm zu verantwortende Beschädigung der Sache. Der Normzweck der §§ 987 ff wird somit von der hM darin gesehen, den gutgläubigen und nicht verklagten Besitzer vor Delikts- und Bereicherungsansprüchen zu schützen. Damit ist zugleich gesagt, dass der verklagte (vom Eigentümer nach § 985 auf Herausgabe in Anspruch genommene) Besitzer sich behandeln lassen muss, als sei er von diesem Zeitpunkt an bezüglich seines Besitzrechts bösgläubig – er muss nun einmal immer damit rechnen, den Prozess um die Herausgabe zu verlieren. Nun würde ein Besitzer, dessen Gutgläubigkeit auf Fahrlässigkeit beruht, möglicherweise nach allgemeinem Haftungsrecht dennoch für Schäden verantwortlich gemacht werden können; vor diesem Hintergrund versteht sich die Sonderregelung in §§ 987 ff auch dahin, dass die Maßstäbe des Gutglaubenserwerbs (§ 932) nicht unterlaufen werden sollen. Dieses System, das vom Gesetz noch verfeinert wird, beruht also auf einer **abgestuften Haftung des nichtberechtigten Besitzers** auf Nutzungen und Schadensersatz. Soweit und solange er wegen seines Eigentums (als Eigenbesitzer) oder seines Besitzrechts (als Fremdbesitzer) gutgläubig ist, hält er sich zum Umgang mit der Sache nach seinem Gutdünken (§ 903) oder jedenfalls nach Maßgabe seines (vertraglichen) Besitzrechts für befugt und soll daher nicht nach allgemeinen Regeln haften. Im Wesentlichen dieselbe Systematik kehrt bei der Regelung der Verwendungsersatzansprüche des Besitzers gegen den Eigentümer (Rn 327 ff) wieder. Diese Sichtweise des Normzwecks der §§ 987 ff als **Privilegierung des gutgläubigen und unverklagten Besitzers**, die auch der Entstehungsgeschichte des Normenkomplexes entspricht[19], wird heute fast einhellig vertreten[20]. Gewisse Einschränkungen sind freilich angebracht, wenn sich derjenige, der die Sache als Fremdbesitzer besitzt, zwar gutgläubig für besitzberechtigt hält, dieses vermeintliche Besitzrecht aber überschreitet (näher Rn 312).

2. Schadensersatzhaftung des Besitzers

301 An sich differenzieren die vorgestellten Regeln der §§ 987 ff nicht grundsätzlich danach, ob der Besitzer die Sache (zu Unrecht) als eigene **(Eigenbesitz)** oder aufgrund eines vermeintlichen Rechts, also ebenfalls zu Unrecht, gegenüber einem anderen Eigentümer besitzt **(Fremdbesitz)**. In beiden Fällen kann ohne Wissen des Besitzers in Wahrheit eine Vindikationslage bestehen, wenn nämlich der Eigenbesitzer nicht Eigentümer ist bzw geworden ist, wie im **Ausgangsfall 14** der K, oder wenn dem Fremdbesitzer das von ihm angenommene Besitzrecht nicht zusteht, weil Z ein Besitzrecht gegenüber der Stiftung nicht hat. Für die Haftung grundlegend ist dagegen die **Bösgläubigkeit** des Besitzers. Sie besteht darin, dass der Besitzer bei Erwerb weiß oder infolge grober Fahrlässigkeit nicht weiß, dass er nicht zum Besitz berechtigt ist, oder wenn er das später positiv erfährt, §§ 989, 990 iVm § 932 (Legaldefinition der Gutgläubigkeit). Die §§ 989, 990 bilden eine **Anspruchsgrundlage** für den geschädigten Eigentümer.

---

19 S. dazu *Schiemann*, Jura 1981, 631; *Wieling*, Sachenrecht I § 12 II 2.
20 Grundlegend RGZ 137, 206; im heutigen Schrifttum Westermann/*Gursky*, § 30 Rn 8, 9; *Habersack*, Rn 101; *Medicus/Petersen*, Rn 574.

Für die Gutgläubigkeit kommt es auf die Vorstellung des Besitzers von seinem **Recht zum Be-** 302
sitz im Zeitpunkt des Besitzes (§ 990 Abs. 1 S. 1) an, das allerdings oft von dem Recht des
Rechtsvorgängers des Besitzers abhängt, s. § 986 Abs. 1 S. 2 2. Alt. Erfährt der Besitzer später
vom Mangel seines Besitzrechts, so besteht von diesem Zeitpunkt an die mögliche Haftung
(§ 990 Abs. 1 S. 2).

> Im **Ausgangsfall 14** ist also entscheidend, ob G an die Erbenstellung (und damit das Eigen-
> tum) des K glaubte und ohne grobe Missachtung von Sorgfaltspflichten glauben konnte.
> Dass G schon wegen §§ 857, 935 nicht Eigentümer geworden ist, ändert nichts daran, dass
> er gutgläubig gewesen sein kann, wenn man nicht annehmen will, dass er sich hinsichtlich
> der Erbenstellung des K hätte erkundigen, sich etwa einen Erbschein hätte vorlegen lassen
> müssen (§ 2365).

Manchmal ist erhöhte Aufmerksamkeit angebracht. So hat der BGH denjenigen, der 303
im Bereich der Grenze seines Grundstücks baut und sich nicht vergewissert, ob der
für die Bebauung vorgesehene Grund auch ihm gehört, hinsichtlich der Besitzergreifung an dem überbauten Grundstücksteil für bösgläubig, nämlich für grob fahrlässig,
erklärt[21]. Der Fahrlässigkeitsmaßstab ist dabei der des § 932 Abs. 2, was richtig ist,
weil der den Besitz ergreifende Bauherr nicht auf einen falschen Grundbuchstand vertraut. Ein anderer, in diesem Zusammenhang häufig praktisch gewordener Fall betrifft die Bösgläubigkeit einer Bank, die ihr eingereichte, dem rechtmäßigen Inhaber
verlorengegangene Inhaberschecks hereinnimmt, die sie dann, wenn sich die man-
gelnde Berechtigung des Einreichenden herausstellt, dem Berechtigten nicht mehr herausgeben kann, da sie sie an die bezogene Bank zum Inkasso weitergereicht hat[22].
Darin ist ein Untergang zu sehen, so dass ein Schadensersatzanspruch nach §§ 989,
990 davon abhängt, wann die Bank als bösgläubig anzusehen ist. Das ist etwa dann zu
bejahen, wenn die Bank bei Schecks, die auf ein kaufmännisches Unternehmen gezogen sind, merkt oder hätte merken müssen, dass die Gutschrift auf einem Privatkonto
des Einreichers erfolgen sollte[23]. Eine praktische Schwierigkeit besteht aber in diesem Fall noch häufig darin, dass auf Seiten der Bank infolge der üblichen Arbeitstei-
lung der den Scheck konkret hereinnehmende Mitarbeiter nicht um die Beschäftigung
des Einreichers bei dem Unternehmen weiß, für das der Scheck eigentlich bestimmt
war. Hier ist es der Bank verwehrt, sich auf die „Wissensaufspaltung" in ihrem Hause
zu berufen, sie unterliegt vielmehr einer Informationsorganisationspflicht, dh sie
muss durch entsprechende Vorkehrungen sicherstellen, dass die berufliche Verbindung zwischen dem Einreicher und dem berechtigten Scheckinhaber bekannt ist.
Ausnahmen sollen bei ziemlich unbedeutenden Schecksummen gelten[24]. Anlass zur
Nachforschung bezüglich der Berechtigung besteht auch bei erkennbarer Minderjäh-
rigkeit des Einreichers. Die an Banken gestellten, ziemlich hohen Sorgfaltsanforderungen[25] dürfen aber nicht ohne Weiteres auf andere Teilnehmer am Rechtsverkehr
übertragen werden. Auch kann bei der Durchsetzung des Schadensersatzanspruchs

---

21 BGH NJW 2003, 3621.
22 S. dazu BGHZ 135, 202 mit Anm. *Hellner*, WuB I D 3–6, 97; ferner BGH NJW 2001, 2970; viele
    weitere Nachw. bei Erman/*Ebbing* § 990 Rn 15.
23 S. den Fall BGHZ 135, 202.
24 BGHZ 135, 202, 208; BGH WM 1997, 2395; *Gursky*, JZ 2005, 385, 390.
25 S. etwa die Urteile BGH NJW 2001, 2870; 2000, 693.

aus §§ 989, 990 ein Mitverschulden des wahren Berechtigten oder des Scheckausstellers zu berücksichtigen sein, der es fahrlässig zur Veruntreuung des Schecks durch den Einreicher hat kommen lassen, was dann nach § 254 zur Kürzung des Schadensersatzanspruchs führen kann[26].

304   Eine **Streitfrage** geht dahin, ob die **Bösgläubigkeit des Besitzdieners** dem Besitzer mit der Folge zuzurechnen ist, dass der Besitzer als Bösgläubiger nach §§ 987 ff haftbar wird (so etwa, wenn im **Ausgangsfall 14** ein Mitarbeiter des G, der das Geschäft mit K gemacht hat, wusste, dass Graf B die Stiftung als Erbin eingesetzt hatte).

Die Entscheidung ist umstritten. Die **Rechtsprechung** wendet den Gedanken des § 166 an, wenn der Besitzdiener selbstständig handelte, was also dazu führt, dass dem Besitzherrn die Bösgläubigkeit des Besitzdieners zugerechnet wird[27], jedenfalls dann, wenn der Besitzdiener, wie etwa ein Lagerverwalter, selbstständig über die Besitzbegründung entscheiden kann[28]. Eine stark vertretene **Gegenansicht** vergleicht die Besitzerlangung durch einen bösgläubigen Besitzdiener mit einem Delikt, für das der Besitzherr nach den Regeln des § 831, also mit der Entlastungsmöglichkeit, hafte[29]. Dagegen spricht, dass die Art des Besitzerwerbs jedenfalls nicht der einzige Grund für die Haftung ist, für die es entscheidend auf das Verschulden am Untergang oder an der Beschädigung der Sache ankommt; im **Ausgangsfall 14** würde also G nach §§ 989, 990 haften, wenn der Unfall von seinem Mitarbeiter verschuldet war. Für die Anwendung des § 831 spricht dagegen der Umstand, dass für eine deliktische Beschädigung der Sache vor der Besitzergreifung der spätere Besitzer, wenn für ihn ein anderer handelte, nur nach Maßgabe des § 831 haftet, während die Anwendung des § 166 auf den Akt des Besitzerwerbs dem Besitzherrn eine Exkulpation nicht gestattet. Da aber wie bei einer Willenserklärung die Zurechnung auf Grund einer bestimmten Bewusstseinslage stattfindet, erst recht bei einem späteren Bewusstwerden des fehlenden Besitzrechts, sollte es am Ende bei der Anwendung des § 166 verbleiben[30].

305   Das Problem der Zurechnung der Bösgläubigkeit eines den Besitz begründenden Besitzdieners liegt anders als die Frage nach Haftung des Besitzherrn für ein schuldhaftes Verhalten eines Erfüllungsgehilfen bei der Beschädigung oder Vernichtung der Sache; hierfür haftet der Besitzer in entsprechender Anwendung des § 278, weil das bestehende Eigentümer-Besitzer-Verhältnis einer schuldrechtlichen Sonderverbindung vergleichbar ist[31].

306   Das Haftungssystem ist nicht ganz leicht zu durchschauen, weil § 989 als die Grundsatznorm die **Rechtshängigkeit** als das für den Beginn der möglichen Schadensersatzhaftung maßgebliche Ereignis in den Mittelpunkt stellt. Praktisch ist das Eintreten der Haftungsvoraussetzungen durch Bösgläubigkeit aber häufiger. Rechtshängigkeit bedeutet Zustellung der Klage auf Herausgabe der Sache. Nun weiß der Besitzer, dass die Sache von ihm herausverlangt wird, er muss sich auf das Unterliegen im Prozess

---

26 BGH ZIP 1997, 2395; sehr zurückhaltend insoweit aber BGH WM 1995, 2135, 2137; 1993, 543 f.
27 BGHZ 83, 293, 295; 32, 53, 56; zust. *Kiefner*, JA 1984, 189; krit. aber MünchKomm/*Raff* § 990 Rn 22 f; eingehend *Kindl*, JA 1996, 115 f.
28 Westermann/*Gursky*, § 13 Rn 3 ff.
29 *Baur/Stürner*, § 5 Rn 15; Erman/*Ebbing* § 990 Rn 14; *Roth*, JuS 1997, 711; Für die Anwendung des § 166, wenn der Gehilfe im Rahmen eines Rechtsgeschäfts handelt, *Wolf/Wellenhofer*, § 22 Rn 10.
30 Umfassend zum Problem *Schilken*, Wissenszurechnung im Zivilrecht, 1983, S. 269 ff.
31 *Roth*, JuS 1997, 711; Staudinger/*Gursky* vor §§ 987 bis 993 Rn 33; s. auch MünchKomm/*Raff* § 989 Rn 16.

einstellen, die Sache folglich schonend behandeln. Das ändert freilich nichts daran, dass der Besitzer auch jetzt wie bei Bösgläubigkeit in Bezug auf sein Besitzrecht für Schäden nur verantwortlich gemacht wird, wenn er sie **verschuldet** hat; er kann sich nach der Klageerhebung nur nicht mehr darauf berufen, er habe sich für den Eigentümer gehalten und gemeint, auf Grund eines ihm zustehenden Besitzrechts mit der Sache wie geschehen verfahren zu dürfen. Da Bösgläubigkeit nur bei Kenntnis oder grob fahrlässiger Unkenntnis der wahren Rechtslage anzunehmen ist, stellt es auch keine Härte für den Besitzer mehr dar, dass der **Verschuldensmaßstab** der allgemeine des § 276 ist, sodass auch leichte Fahrlässigkeit bezüglich der Beschädigung ausreicht. Der Besitzer haftet aber nicht für Zufall, somit auch nicht – so im **Ausgangsfall 14** –, wenn den Unfall ein Dritter verschuldet hat. Anders, wenn der bösgläubige Besitzer zusätzlich, etwa durch Mahnung, § 286 Abs. 1, in **Verzug** gekommen ist, da dann § 990 Abs. 2 auch die Anwendung der allgemeinen Verzugsvorschriften eröffnet. Dann kommt eine Haftung für den Verzögerungsschaden in Betracht (§§ 280 Abs. 2, 286), daneben auch die Haftung für Zufallsschäden gemäß § 287 S. 2. Zur Verzugshaftung s. auch Rn 315.

3. Verhältnis zum Deliktsrecht

Die Haftung des bösgläubigen unrechtmäßigen Besitzers nach §§ 989, 990 schafft **307** eine selbstständige Grundlage für **Schadensersatzansprüche**, die neben anderen Anspruchsgrundlagen stehen kann. Für diesen Anspruch sind die §§ 249–254 anwendbar, also namentlich die Pflicht zum Geldersatz, wenn der Schaden nicht in Natur behoben werden kann (§ 251) sowie die Anspruchskürzung wegen Mitverschuldens, § 254[32]. Gewisse Unterschiede in Bezug auf die Voraussetzungen und den Inhalt der Ansprüche machen eine Stellungnahme zu der Anspruchskonkurrenz notwendig. Hinsichtlich des Verhältnisses der §§ 987 ff zu den §§ 823 ff geht das BGB vom **Vorrang** der Regeln über das **Eigentümer-Besitzer-Verhältnis** aus[33]. Das zeigt sich darin, dass § 933 für den Fall, dass die Voraussetzungen der §§ 989, 990 nicht vorliegen, also für den gutgläubigen unverklagten Besitzer, eine Pflicht zum Schadensersatz verneint. Fehlt es an den Voraussetzungen der §§ 987 ff deshalb, weil der Besitzer zum Besitz berechtigt war (also keine Vindikationslage bestand), so bestimmt sich seine Verantwortlichkeit nach seinem Besitzrecht, also idR nach Vertrag. Die Haftung des Gutgläubigen, wie sie § 993 umgrenzt, beruht also darauf, dass der Besitzer mit der Sache so zu verfahren hat, wie ihm das Besitzrecht es gestatten würde, an das er glaubt; zum Verhältnis zu Vertragsansprüchen s. Rn 311.

Nach überwiegender Meinung ist vor diesem Hintergrund **§ 992** so zu lesen, dass eine **308** Delikthaftung des Besitzers *nur* dann zum Zuge kommt, wenn er den Besitz durch verbotene Eigenmacht (§ 858, dazu Rn 47) erlangt hat[34]. Da dies dann zu einer Schadensersatzpflicht führt, muss die verbotene Eigenmacht, was § 992 nicht ausdrücklich

---

32 MünchKomm/*Raff* § 989 Rn 21 f; HK-BGB/*Schulze* § 254 Rn 3; Staudinger/*Gursky* § 989 Rn 32, 34.
33 BGH NJW 1980, 2353; BGHZ 56, 73, 77; *Baur/Stürner*, § 11 Rn 34; MünchKomm/*Raff* Vor § 987 Rn 15 ff; HK-BGB/*Schulte-Nölke* vor §§ 987-1003 Rn 2; Westermann/*Gursky*, § 30 Rn 10.
34 BGHZ 56, 73, 77; RGZ 72, 163; *Medicus/Roth*, Bürgerliches Recht Rn 574, 595 ff; Staudinger/*Gursky* vor §§ 987–993 Rn 67.

sagt, nach wiederum überwiegender Ansicht **schuldhaft** gewesen sein[35]. Das folgt aus der Gleichstellung mit einer Straftat.

Das bloße Verschulden bei der späteren Eigentumsverletzung genügt danach nicht, doch kann insoweit ein Tatbestand der §§ 989, 990 gegeben sein, wenn zu diesem Zeitpunkt Bösgläubigkeit vorlag. Diese Ansprüche verjähren im Rahmen der Regelverjährung[36]. Nicht gehindert ist schließlich die Anwendung des § 826, die allerdings Vorsatz und sittenwidriges Handeln voraussetzt. Systematisch kann man sagen, dass § 992 eine Sperrwirkung hat, sodass seine Voraussetzungen vorliegen müssen, ehe der Weg zur Anwendung der §§ 823 ff offen ist. Praktisch ist das vor allem deshalb, weil dann durch **§ 848** eine Haftungsverschärfung eintritt. Für Hilfspersonen haftet der Besitzer jetzt nach § 831, der Deliktsbesitzer selbst haftet auch für leichte Fahrlässigkeit bei der Verursachung eines Schadens.

309   Im **Ausgangsfall 14** müsste G, da er fahrlässig den Unfall verursacht hat, aus unerlaubter Handlung haften. Das ist aber nicht gerechtfertigt, wenn er glaubte und glauben konnte, mit seinem eigenen Fahrzeug unterwegs zu sein. Bei Bösgläubigkeit, die mindestens grobe Fahrlässigkeit voraussetzt, würde eine Schadensersatzhaftung aus §§ 989, 990 in Betracht kommen, bei leichter Fahrlässigkeit haftet G dagegen nicht. Hätte er sich den Wagen dagegen durch Eindringen in die Garage des Grafen gegen den Willen des K geholt, so haftete er nach §§ 823 ff für jeden fahrlässig verursachten Unfall und nach § 848 auch für Zufall.

310   Die Verdrängung der §§ 823 ff durch die Regeln über das Eigentümer-Besitzer-Verhältnis ist allerdings nicht unbestritten geblieben. ZT wird, um Wertungswidersprüche zwischen den Haftungssystemen zu vermeiden, volle Anspruchskonkurrenz für richtig gehalten[37], weil es für den bösgläubigen und den verklagten Besitzer an einem Grund fehle, ihnen die zT schärferen Regeln der Deliktshaftung zu ersparen. Folgte man insoweit der hM nicht, so müsste allerdings auch das Verhältnis zwischen Deliktsrecht und den Regeln der §§ 987 ff über die Nutzungsherausgabe überdacht werden. Man kann auch der Meinung sein, dass jedenfalls der leicht fahrlässige Besitzer doch den Schutz verdient, lediglich nach den §§ 987 ff zu haften. Im Übrigen wird von der das Deliktsrecht verdrängenden Ausschließlichkeitsstellung der §§ 989 ff eine Ausnahme beim sog. Fremdbesitzerexzess gemacht (dazu sogleich Rn 312).

4.   Verhältnis zu Vertragsansprüchen

311   Das Verhältnis der Ansprüche aus den §§ 987 ff zu Vertragsansprüchen wäre weitgehend unproblematisch, wenn man mit dem Satz auskäme, dass es zu Ansprüchen aus §§ 989 ff nur kommen kann, wenn eine Vindikationslage besteht, der Besitzer also ein Recht zum Besitz iSd § 986 nicht hat. Dies ist aber nicht ausnahmslos durchzuhalten.

a) Eine Ausnahme normiert **§ 991 Abs. 2**: Im **Ausgangsfall 14** hatte Z das Fahrzeug von K gemietet, daher musste er bei schuldhafter Beschädigung mit einer Haftung gegenüber G

---

35 *Baur/Stürner*, § 11 Rn 8; Erman/*Ebbing* § 992 Rn 6; *Michalski*, FS für Gitter, S. 577, 606; *Müller*, JuS 1983, 516, 519 f; *Roth*, JuS 1997, 710; *Schapp/Schur*, Rn 121; *Schiemann*, Jura 1981, 631, 637; aM. MünchKomm/*Raff* § 992 Rn 5 f; Staudinger/*Gursky* § 992 Rn 10.
36 MünchKomm/*Raff* § 992 Rn 16; das entspricht dem neuen Recht der Verjährung, *Habersack*, Rn 117.
37 Zum Folgenden *Müller*, JuS 1983, 519; *Schreiber*, Jura 1992, 362 f.

rechnen. Daran kann sich auch dadurch nichts ändern, dass das Fahrzeug in Wahrheit, wovon Z nichts wusste, der E-Stiftung gehört. Die Vindikationslage ergibt sich in diesem Fall daraus, dass zwar Z mit K einen gültigen Mietvertrag abgeschlossen haben kann, aus dem sich ein Besitzrecht ergibt, welches aber nicht gegenüber der Stiftung besteht, da K ihr gegenüber nicht zum Besitz berechtigt ist, sodass die Voraussetzungen des § 986 Abs. 1 S. 1 nicht vorliegen. Trotz Bestehens der Vindikationslage käme ein Deliktsanspruch gegen Z bei dessen Gutgläubigkeit nicht in Betracht, gerade diesen Einwand überwindet aber § 991 Abs. 2, wobei allerdings eine vertragliche Haftungsminderung, die Z mit K vereinbart hätte, auch den Ansprüchen der Stiftung entgegengehalten werden könnte[38]. Das führt dann direkt zur Anwendung des § 823 Abs. 1, vertretbar ist aber auch die Annahme einer Analogie[39].

b) Als Ausnahme wird auch der Fall diskutiert, in dem ein Fremdbesitzer, für den ja **312** die §§ 987 ff auch gelten, sein vermeintliches Besitzrecht überschreitet, sog. **Fremdbesitzerexzess**. Er kann dann im Grunde nicht besser stehen, als wenn er seine Pflichten aus einem gültigen Vertrag verletzt. Dies wird relevant, wenn § 991 Abs. 2 nicht eingreift, weil der Inhaber der tatsächlichen Gewalt den Besitz nicht einem Dritten vermittelt, sodass sich die Haftungsmaßstäbe nicht nach dem Besitzmittlungsverhältnis richten können.

Ergänzung des Ausgangsfalls 14: Graf B hatte vor seinem Tode ein Fahrzeug an G vermietet, damit er es auf Ausstellungen zeigen könnte; stattdessen setzt G das Fahrzeug als Stuntman im Autozirkus ein, wobei es zerstört wird. Nunmehr stellt sich heraus, dass der Mietvertrag von Anfang an unwirksam war. Die Stiftung als Erbin macht Schadensersatzansprüche geltend.

Früher wurde ein **„Nicht-so-Berechtigter"** von einigen Autoren einem Bösgläubigen **313** gleichgestellt und soll dann nach §§ 989 ff auf Schadensersatz haften[40]. Das ist aber kaum zu begründen, da Bösgläubigkeit das Besitzrecht als solches und nicht seinen Inhalt im Einzelnen betrifft, und da im Ausgangsfall auch nicht einleuchten würde, dass G, wenn er zum vertragsmäßigen Gebrauch zurückkehrt und nun einen Schaden verursacht, dafür auf einmal nicht mehr haften sollte. Daher wird heute in Anlehnung an § 991 Abs. 2 (dazu Rn 311) angenommen, dass das für gegeben gehaltene, in Wahrheit nicht bestehende Besitzrecht den Fremdbesitzer immer nur soweit von einer Inanspruchnahme aus Delikt schützen kann, als es ihn bei Gültigkeit zu einem bestimmten Umgang mit der Sache berechtigen würde[41]. Dasselbe gilt, wenn ein Fremdbesitzer sich unrechtmäßig als Eigenbesitzer gebärdet[42]. Demgegenüber wird

---

38   BGH LM Nr 8 zu § 985 BGB; *Baur/Stürner*, § 11 Rn 49; MünchKomm/*Raff* § 991 Rn 10 f; *Roth*, JuS 1997, 713; für vertragliche Haftungsverschärfungen ebenso *Wilhelm*, JZ 2004, 650; zur „Drittwirkung von Haftungsbeschränkungen" in diesem Zusammenhang *Katzenstein*, AcP 2004, 1 ff.

39   *Baur/Stürner*, § 11 Rn 32; Westermann/*Gursky*, § 30 Rn 16; *Wilhelm*, Rn 1302.

40   So früher *Wolff/Raiser*, § 85 II 5 c; diese Lehre ist heute durch die Anwendung der Figur des Fremdbesitzerexzesses verdrängt, s. Westermann/*Gursky*, § 30 Rn 16; für Anwendung im Fall eines Umbaus durch den Mieter aber MünchKomm/*Raff* Vor § 987 Rn 21 ff.

41   BGHZ 24, 188, 196; *Kindl*, JA 1996, 115, 118; *Medicus/Petersen*, Rn 586; *Schapp/Schur*, Rn 116; *Schiemann*, Jura 1981, 631, 637; Staudinger/*Gursky* vor § 987 ff Rn 32.

42   BGHZ 31, 129, 131: Hier hatte der Fremdbesitzer die Sache unterschlagen, was der BGH als bösgläubige Besitzergreifung ansah, sodass die Ansprüche aus §§ 989, 990 zum Zuge kommen konnten, obwohl der Deliktsanspruch wegen § 852 des früher geltenden Rechts bereits verjährt war (krit. *Roth*, JuS 1997, 521), da das Verhalten des Besitzers als positive Forderungsverletzung habe gewertet werden können, für die ebenfalls die Regelverjährung eingreift.

die Lehre vom Fremdbesitzerexzess sowohl für den Fall, dass der Besitzer die fremde Sache im eigenen Interesse veräußert (veruntreut) hat, als auch bei Verletzung eines gutgläubig angenommenen Besitzrechts durch Beschädigung oder Zerstörung für überflüssig gehalten, da im ersteren Fall §§ 987 ff direkt, im zweiten Fall über § 991 Abs. 2 anzuwenden seien[43].

314 c)   Besondere Probleme, die sich in der Praxis allerdings hauptsächlich in Bezug auf die Verwendungsersatzansprüche des Besitzers stellen (Rn 327 ff, 333), entstehen bei **Beendigung des Besitzrechts**. Angenommen, im soeben (Rn 312) abgewandelten Ausgangsfall hat G nach dem Ende des mit dem Grafen B abgeschlossenen Mietvertrages schuldhaft einen Schaden an dem Fahrzeug verursacht. Dann ist davon auszugehen, dass nach Wegfall des Besitzrechts aus § 986 an sich die Vindikation möglich sein muss. Da der **„nicht-mehr-berechtigte"** Besitzer den Schaden verursacht hat, könnten nach den §§ 989, 990 Schadensersatzansprüche in Betracht kommen, wenn dem Besitzer der Verlust des Besitzrechts klar war und er den Schaden verschuldet hat[44], wofür auch angeführt wird, dass derjenige, der um die Beendigung seines Besitzrechts positiv weiß, nicht besser stehen darf als der auf Herausgabe verklagte Gutgläubige, der über § 292 nach §§ 989, 990 haftet. Andererseits geben die Regeln über Rückabwicklung und Verletzung von Verträgen interessengerechte Anspruchsgrundlagen, zu denen Bereicherungsansprüche hinzutreten können, während die §§ 987 ff am ehesten auf den Fall der bösgläubigen (oder gar deliktischen) Besitzbegründung zugeschnitten erscheinen[45].

5.   Andere schuldrechtliche Anspruchsgrundlagen

315 Bereits mit Blick auf die Schadensersatzhaftung des bösgläubigen oder verklagten Besitzers wurde festgestellt, dass gem. § 990 Abs. 2 eine Verschärfung der Haftung durch Anwendung der Verzugsvorschriften denkbar ist (Rn 306). Das gilt allerdings nicht für den gutgläubigen Besitzer. Beim gutgläubigen, nicht verklagten Besitzer würden durch Anwendung der Verzugsvorschriften nämlich die Risiken in einigen Punkten verschoben: Im Gegensatz zur Bösgläubigkeit im Sinne des § 990, die Kenntnis oder grob fahrlässige Unkenntnis im Zeitpunkt des Erwerbs in Bezug auf das Besitzrecht erfordert, liegt nämlich Verschulden iSd § 286 Abs. 4 bereits bei leichter Fahrlässigkeit vor (§ 276). Damit taucht die Frage der **Anwendbarkeit des Schuldrechts auf die dinglichen Ansprüche** auf. Sie darf allerdings nicht dazu führen, die Opfergrenze für einen gutgläubigen Besitzer zu verschieben, wie es geschähe, wenn man über die positive Vertragsverletzung nach § 280 Abs. 1 einen leicht fahrlässig handelnden Besitzer mit einer Schadensersatzpflicht belegte[46].

316 Allgemein kann die Aufnahme von Vorschriften in verschiedenen Abschnitten des Gesetzes für die Anwendbarkeit schuldrechtlicher Bestimmungen im Sachenrecht

---

43   Eingehend dazu *Wilhelm*, JZ 2004, 650 ff.
44   So BGHZ 131, 95, 102; 75, 288, 292 f; 32, 76, 94; *Kindl* aaO., S. 119; MünchKomm/*Raff* Vor § 987 Rn 37 f; Staudinger/*Gursky* Vor § 987 Rn 21.
45   Zusammenstellung der Argumente der hM gegen eine Haftung des „Nicht-mehr-Berechtigten" aus §§ 987 ff bei *Schreiber*, Rn 226; *Baur/Stürner*, § 11 Rn 30; s. auch *Michalski*, FS für Gitter, 1995, S. 577, 585 f; *Schiemann*, Jura 1981, 631, 640.
46   Westermann/*Gursky*, § 30 Rn 21.

nicht entscheidend sein. Maßgebend ist allein, ob eine Wesensverschiedenheit zwischen Schuldrecht und Sachenrecht besteht, die es verbietet, schuldrechtliche Vorschriften im Sachenrecht anzuwenden. Das Schuldrecht regelt die Beziehungen von Person zu Person mit höchstens mittelbaren Folgen für das rechtliche Schicksal der Gegenstände. Das Sachenrecht dagegen ist gekennzeichnet durch die Zuordnung eines Rechtsobjekts zu einem Rechtssubjekt, s. Rn 4. Durch die Doppelzuordnung eines Gegenstandes, zB dem Eigentum nach zu der einen und dem Besitz nach zu der anderen Person, können aber ebenfalls Rechte und Pflichten zwischen den Beteiligten geschaffen werden. Einzelne allgemeine Vorschriften des Schuldrechts sind daher ergänzend auf sachenrechtliche Leistungsverhältnisse anzuwenden, wenn nicht die Interessenbewertung des einzelnen sachenrechtlichen Verhältnisses dies ausschließt.

So kommt eine Haftung des zwar vom Eigentümer (durch Mahnung) in Verzug gesetzten, aber immer noch gutgläubigen Besitzers nach den Verzugsvorschriften nicht in Betracht. Dadurch würde nämlich die Wertung des § 990 Abs. 2, die deutlich an das Vorliegen von Bösgläubigkeit anknüpft, überspielt und die Risikoverteilung gemäß § 993 missachtet[47]. Ist demgegenüber der bösgläubige zur Herausgabe verpflichtete Besitzer vom Eigentümer in Verzug gesetzt worden, so haftet er nach § 990 Abs. 2 iVm §§ 280 Abs. 2, 286 auch auf Ersatz des durch die verzögerte Herausgabe entstandenen Schadens[48]. Umstritten ist auch, ob sich an den Herausgabeanspruch aus § 985, wenn die Herausgabe nicht möglich ist, ein Anspruch auf Herausgabe (oder Abtretung) eines Ersatzvorteils aus § 285 anschließen kann[49]. Wiederum ist hier zu prüfen, ob durch einen solchen Anspruch die für den gutgläubigen Besitzer maßgebliche Opfergrenze verschoben würde, was aber auch deswegen nicht geschehen sollte, weil der Eigentümer, der einen vom Besitzer erzielten Veräußerungserlös nach § 816 Abs. 1 an sich ziehen und einen dritten Schädiger direkt in Anspruch nehmen kann, eine solche Erweiterung seiner Ansprüche nicht benötigt[50].

317

Im Lichte derselben Erwägungen ist die Frage zu beantworten, ob der Eigentümer vom Vindikationsschuldner Schadensersatz statt der Leistung gem. §§ 280 Abs. 1 und 3, 281 BGB verlangen kann, wenn dieser die Erfüllung seiner Herausgabepflicht gem. § 985 BGB verweigert. Die §§ 989, 990 BGB sind in diesem Fall nicht einschlägig, weil der Besitzer dem Eigentümer hiernach nur für den Schaden verantwortlich ist, der aus der Verschlechterung oder dem Untergang der Sache bzw. aus einem sonstigen Leistungshindernis resultiert[51]. Liegen die Voraussetzungen der verschärften Haftung nach §§ 989, 990 BGB vor, ist der Besitzer mithin verklagt oder bösgläu-

---

47 RGZ 72, 269, 274; missverständlich hat BGH NJW 1964, 2414 f in diesem Zusammenhang von einem „Anspruch aus §§ 985, 286" gesprochen, obwohl der Besitzer bösgläubig war (s. dazu auch *H. Lange*, JZ 1964, 640 ff; s. auch MünchKomm/*Baldus* § 985 Rn 151 ff).

48 BGHZ 156, 170 (zu § 286 aF) mit Hinweis auf BGHZ 120, 204, 214; s. auch den Kurzkomm. *Briesemeister*, EWiR § 990 BGB 1/04; krit. *Gursky*, JZ 2005, 385, 388.

49 Dafür noch RGZ 105, 84, 88; *Baur/Stürner*, § 11 Rn 44; *Deubner*, MDR 1958, 197; dagegen RGZ 157, 40, 44; *Kindl*, JA 1996, 23, 28; *Schapp/Schur*, Rn 125; HK-BGB/*Schulte-Nölke* § 985 Rn 7; Westermann/*Gursky*, § 30 Rn 22; *Wilhelm*, Rn 1187; differenzierend *Wolf/Wellenhofer*, § 21 Rn 17.

50 So Westermann/*Gursky*, § 30 Rn 22; dort in Rn 23 auch ausführliche Auseinandersetzung mit der höchst umstrittenen Frage, ob die in § 281 nF. vorgesehene Möglichkeit, dass der Gläubiger durch Nachfristsetzung zu einem Anspruch auf Schadensersatz statt der Leistung gelangen kann, auch für den Vindikationsgläubiger gilt.

51 BGH NJW 2016, 3235 f.

big, droht ihm unter Anwendung der §§ 280 Abs. 1 und 3, 281 BGB keine Verlagerung der Opfergrenze in Form einer Haftungsverschärfung. Vielmehr ist entsprechend den Wertungen des EBV der Schutz des redlichen Besitzers gewährleistet[52]. Für einen Schadensersatzanspruch des Vindikationsgläubigers unter den Voraussetzungen des allgemeinen Schuldrechts im Falle der Vorenthaltung des Eigentums durch den Besitzer spricht darüber hinaus, dass der Gesetzgeber den dinglichen gegenüber dem schuldrechtlichen Gläubiger nicht schlechter stellen wollte[53].

III.   Ansprüche auf Herausgabe von Nutzungen

1.   Die gesetzliche Systematik

318   Auch hier ist zunächst zu unterscheiden, je nachdem, ob der Besitzer – der auch hier als Nichtberechtigter gedacht ist – Nutzungen gezogen oder entgegen den Regeln einer ordnungsgemäßen Wirtschaft zu ziehen unterlassen hat, s. § 987 Abs. 1 und 2. Das Gesetz stellt zwar jeweils auf den Zeitpunkt der Rechtshängigkeit ab, doch gilt insoweit wieder die Gleichstellung des bösgläubigen mit einem verklagten Besitzer (§ 990 Abs. 1). Im Übrigen bezeichnet wiederum **§ 993 Abs. 1** die **Haftungsgrenze** für den Besitzer dahin, dass der Gutgläubige den Ertrag der Sache behalten darf und darüber hinausgehende Früchte nach Maßgabe des Bereicherungsrechts an den Eigentümer der fruchttragenden Sache herausgeben muss. Während der Bösgläubige und der Verklagte nach § 987 haften, ist der Deliktsbesitzer, dessen Verantwortlichkeit für Schäden sich gegebenenfalls aus den über § 992 anwendbaren Deliktsregeln ergibt (Rn 308), im Hinblick auf die Herausgabe von Nutzungen als Schadensersatz nach §§ 823 Abs. 1, 249, 252 verpflichtet, also auch auf Ersatz schuldhaft nicht gezogener Nutzungen[54].

319   Der Begriff der **Nutzungen** ist den §§ 100, 99 zu entnehmen. Damit ist also auch der wirtschaftliche Vorteil des Gebrauchs der Sache zu erstatten. Die Abgrenzung zwischen dem dem Besitzer verbleibenden ordnungsmäßigen Ertrag der Sache und den nach § 993 Abs. 2 1. HS herauszugebenden „Übermaßfrüchten" ergibt sich daraus, dass die Ziehung solcher Früchte (etwa Kahlschlag eines Waldes) eigentlich in die Sachsubstanz eingreift. Diese aber bleibt dem Eigentümer zugeordnet und ist – § 985 folgend – ihm herauszugeben. Demgemäß sind auch Verbrauch und Veräußerung der Sache keine Nutzung, ähnlich bei der Vermischung, wenn durch sie das Eigentum an der Sachsubstanz untergeht; hier finden uneingeschränkt die Regeln des Bereicherungsrechts (gegebenenfalls über § 951) und des Deliktsrechts Anwendung[55]. Manchmal können die Bestimmungen über tatsächlich gezogene und schuldhaft nicht gezogene Nutzungen nebeneinander zum Zuge kommen, zB bei einer durch Vermietung und/oder Eigengebrauch genutzten, an sich herauszugebenden Eigentumswohnung[56].

---

52   BGH NJW 2016, 3235, 3237; Palandt/*Bassenge* § 985 Rn 14; HK-BGB/*Schulte-Nölke* § 985 Rn 6.
53   BGH NJW 2016, 3235, 3237; aA Staudinger/*Gursky* § 985 Rn 83.
54   Zum System *Kindl*, JA 1996, 119; Erman/*Ebbing* Vor § 987 Rn 52–61; MünchKomm/*Raff* § 992, Rn 15 ff; vgl. auch HK-BGB/*Schulte-Nölke* § 992 Rn 5.
55   BGHZ 55, 176, 178; 14, 7; *Kindl*, JA 1996, 119, 120; MünchKomm/*Raff* § 993 Rn 12.
56   BGHZ 149, 326 ff und dazu *Gursky*, JZ 2005, 385, 387; s. auch den Fall BGH NJW 2002, 60; hinsichtlich einer Inanspruchnahme des sowohl mittelbaren als auch unmittelbaren Besitzers auf Herausgabe von Nutzungen sind die Vorschriften über die Gesamtschuld entsprechend anzuwenden, BGH MDR 2014, 655.

Soweit **Früchte** anfallen (**Beispiel:** Eine dem Eigentümer abhanden gekommene Zuchtstute **320** gelangt zu einem gutgläubigen Züchter, wo sie ein Fohlen wirft), gilt Folgendes: Der Besitzer wird zwar nicht Eigentümer des Muttertieres, wohl aber nach § 955 des Fohlens, das iSd § 100 Frucht der Sache ist. Der Herausgabeanspruch ist also insoweit durch Übereignung zu erfüllen. Das Abhandenkommen der Hauptsache beeinträchtigt den Fruchterwerb nach § 955 nicht. Wohl aber muss der Besitzer, wenn er bösgläubig war, trotz seines Eigentumserwerbs das Fohlen nach § 987 Abs. 1 herausgeben. Im Falle seiner Gutgläubigkeit verbleibt es, wenn es nicht als Ertrag angesehen werden kann, nach § 993 Abs. 1 bei ihm. Es kann also sein, dass die Eigentumsfrage in § 955 und die Pflicht zur Herausgabe von Früchten an den Eigentümer der Muttersache unterschiedlich entschieden werden.

2. Das Verhältnis zum Bereicherungsrecht

Wenn die Vindikationslage durch eine nichtige Veräußerung entstanden ist und zu- **321** gleich das Rechtsgrundverhältnis ungültig war, so kann ein Anspruch auf Nutzungsherausgabe nicht nur aus den §§ 987 ff, sondern auch aus §§ 812, 818 folgen. Das führt zu der allgemeinen Frage des Verhältnisses der Ansprüche aus §§ 987 ff zu den Bereicherungsansprüchen. Das Problem ist nur teilweise vom Gesetz gelöst.

> **a) Ergänzung des Ausgangsfalls 14:** K weiß, dass Graf B einige besonders wertvolle alte Waffen in einem Schrank aufbewahrte, zu dem nur der Graf persönlich einen Schlüssel besaß und zu denen K keinen Zugang haben sollte. Nach dem Tode des B bricht K den Schrank auf und nimmt die Waffen an sich, von denen er eine dem G beim Kauf des Oldtimer-Fahrzeugs „zur Erinnerung" schenkt. Die E-Stiftung verlangt Herausgabe der Waffe, darüber hinaus Nutzungsersatz von G, als sie erfährt, dass dieser die Waffe gegen Entgelt einige Wochen in einer Ausstellung gezeigt hat.
>
> Da G die Waffe nicht gutgläubig erworben hat (§§ 857, 935), kann die Stiftung Herausgabe verlangen, ein Anspruch auf Nutzungsersatz würde dagegen an der Gutgläubigkeit des G scheitern, der den Schenker für den Eigentümer hielt.

Hier kommt § 988 zum Zuge, der den unentgeltlichen Besitzer wie einen verklagten auf Nutzungsherausgabe haften lässt, allerdings nach den Regeln über die Herausgabe einer ungerechtfertigten Bereicherung. Eine ähnliche Diskriminierung des unentgeltlichen Erwerbs findet sich auch in §§ 816 Abs. 1 S. 2 und 822. Dem unentgeltlichen Erwerb eines vermeintlichen Rechts zum Eigenbesitz steht der des Fremdbesitzers gleich, der dann an das Bestehen etwa eines Nutzungsrechts geglaubt haben muss[57], Die Vorschrift ist praktisch geworden in den in der früheren DDR nicht seltenen Fällen einer im Grundbuch erfolgten hoheitlichen Zuweisung von Grundstücken, die Privatleuten gehörten, zur Nutzung durch Personen des öffentlichen Rechts oder gemeinnützige Organisationen, die dann nach der Wiedervereinigung zu Nutzungsherausgabeansprüchen führten, wobei die ohne Befragen der Eigentümer erfolgte Zuweisung der Grundstücke als unentgeltlich betrachtet wurde[58].

> **b)** Hat dagegen – um den **Ausgangsfall 14 erneut abzuwandeln** – K den Verkauf des Wa- **322** gens und die Schenkung der Waffe namens der Stiftung auf Grund deren Vollmacht durch-

---

57 BGHZ 71, 216, 225; fortgeführt in BGH MDR 2016, 1454; Erman/*Ebbing* § 988 Rn 5; MünchKomm/ *Raff* § 988 Rn 3.
58 BGH NJW 2002, 60; 1998, 989; zum Ganzen *Gursky*, JZ 1988, 685; *Habersack*, Rn 114.

geführt und ficht die Stiftung später beide Verträge wegen Irrtums wirksam an, so besteht kein Eigentümer-Besitzer-Verhältnis, weil die dinglichen Übereignungsgeschäfte wirksam waren. Die Stiftung kann aber aus dem Gesichtspunkt der ungerechtfertigten Bereicherung (§§ 812, 818 Abs. 1) Herausgabe der gezogenen Nutzungen verlangen. Wieder anders, wenn K vollmachtlos die Grundgeschäfte und die Übereignungen abschloss, G aber gutgläubig war: Hier würde G sich gegenüber einem Anspruch auf Nutzungsherausgabe auf § 993 berufen können. Er stünde also, wenn es dabei bleibt, besser als dann, wenn er Eigentum erworben hat, es aber als rechtsgrundlos erlangt herausgeben muss[59].

323   Mit Blick auf diese Situation wird eine Gleichstellung der Bereicherungshaftung mit den Ansprüchen aus § 987 versucht mit der Annahme, der **rechtsgrundlose Besitzer** sei dem nach **§ 988** zur Nutzungsherausgabe verpflichteten, zwar gutgläubigen, aber **unentgeltlichen Besitzer** gleichzuachten, weil der rechtsgrundlose wie der unentgeltliche Besitzer im Ergebnis keine Gegenleistung schulden. Dies ist ständige Rechtsprechung[60] und soll unabhängig davon gelten, ob es sich um rechtsgrundlosen Erwerb von einem Dritten oder vom Eigentümer handelt[61]. Die Analogie ist freilich umstritten, besonders bei einem Dreipersonenverhältnis. Zumindest dann, wenn der Besitzer die Sache durch Leistung eines Dritten erlangt hat (K hat die Waffe aus dem aufgebrochenen Schrank im eigenen Namen an den gutgläubigen G verkauft, der Kaufvertrag ist wegen Dissenses nichtig), könnte die Stiftung als Eigentümerin, wenn man den rechtsgrundlosen Erwerb des G wie einen unentgeltlichen behandelt, von G Nutzungsersatz verlangen, ohne dass G dieser Forderung seinen Bereicherungsanspruch auf den Kaufpreis entgegenhalten könnte, da sich dieser Anspruch nicht gegen die Stiftung richtet. Das wird als ungereimt angesehen, zumal der rechtsgrundlose anders als der unentgeltliche Besitzer für den Erwerb eine Gegenleistung erbracht haben wird. Einige Stimmen im Schrifttum[62] wollen hier eine Kumulation der Ansprüche aus ungerechtfertigter Bereicherung und aus §§ 987 ff annehmen. Wieder andere wollen dies auf die Leistungskondiktion des Dritten beschränken, da nur hier bei der Rückabwicklung das – fehlgeschlagene – Rechtsgrundverhältnis berücksichtigt werden muss, während die Eingriffskondiktion in der Tat durch die Regeln über die Vindikationsfolgen ausgeschlossen sei[63]. Freilich ist die Eingriffskondiktion einem unentgeltlichen Erwerb eher noch ferner als der Erwerb im Falle einer Leistungskondiktion. Deshalb ist eine Anspruchskonkurrenz vorzuziehen, was sich insbesondere dann auswirkt, wenn der Besitzer die Sache auf Grund eines unwirksamen Vertrages von einem anderen als dem Eigentümer erhalten hat. Denn hier würden ihm trotz Gutgläubigkeit bei Anwendung des § 988 im Verhältnis zum Eigentümer die gegenüber dem Dritten bestehenden Gegenrechte abgeschnitten. Eine Leistungskondiktion steht also dem Dritten zu, der sich aber Gegenrechte des Besitzers entgegenhalten lassen muss, während die Eingriffskondiktion des Eigentümers gegen den Besitzer möglich ist, wenn ihre Voraussetzungen vorliegen[64].

---

59   S. die Problemdarstellungen bei *Roth*, JuS 1997, 899; *Kindl*, JA 1996, 119, 120 f; *Schreiber*, Jura 1992, 533 f.
60   BGH NJW 1995, 454; BGHZ 109, 179, 190; 71, 216, 222; 32, 76; 27, 209. Kritisch vor allem *Peters*, AcP 152, 454 f.
61   RGZ 163, 348.
62   *Larenz/Canaris*, Schuldrecht II 2, 13. Aufl. 1994, § 74 I 1 a; Westermann/*Gursky*, § 30 Rn 14.
63   MünchKomm/*Raff* § 988 Rn 9.
64   Zu dieser Lösung Erman/*Buck-Heeb* Vor § 812 Rn 12, 12a; weitergehend will *Wieling*, AcP 169, 137 ff die Wertung des § 993 voll in das Bereicherungsrecht übernehmen.

c) Zum Letzteren passt, dass nach allgemeiner Ansicht das Vorliegen eines Eigen- **324** tümer-Besitzer-Verhältnisses die Anwendung des **§ 816 Abs. 1** und damit einer Ein- griffskondiktion des Eigentümers gegen den verfügenden Besitzer nicht hindert[65]. Das liegt daran, dass die Privilegierung auch eines gutgläubigen Besitzers wegen der Nutzungen nicht die Überführung der Sachsubstanz ins Vermögen des (immerhin rechtlosen) Besitzers zu rechtfertigen vermag. Kein Vorrang besteht aber für den An- spruch auf die durch Veränderung oder Verarbeitung dem Besitzer zugeflossene Sachsubstanz.

Beispiel: Im **Ausgangsfall 14** veräußert der gutgläubige G den Oldtimer an den ebenfalls gut- gläubigen C für ein außerordentlich hohes Entgelt. Die Stiftung überlegt, ob ihr ein Heraus- gabeanspruch bezüglich des Kaufpreises nicht willkommener wäre als die Rückgabe des Fahr- zeugs, die sie ja verlangen könnte.

Zwischen der Stiftung und G bestand ein Eigentümer-Besitzer-Verhältnis, G war also im Sinne des § 816 Abs. 1 Nichtberechtigter. Allerdings verhindert § 935 auch den Erwerb durch C, sodass sich die Voraussetzungen des Anspruchs gegen G auf He- rausgabe des Erlöses nur herstellen lassen, wenn die Stiftung die Übereignung von G an C nach § 185 Abs. 1 genehmigt. Das wird allgemein für ausreichend gehalten[66], sodass die Stiftung auf diese Weise den Kaufpreis von G herausverlangen kann. Ebenso ist die allgemeine Eingriffskondiktion wegen Verbrauchs der Sache, durch den der Besitzer eigene Aufwendungen erspart hat, ungeachtet des Bestehens einer Vindikationslage anwendbar[67].

3. Zur „Sonderregelungsthese"

Insgesamt kann die Frage, ob die Regeln der §§ 987 ff eine abschließende Sonderre- **325** gelung enthalten, nicht anders als differenziert und immer nur auf Grund sorgfältiger Interessenabwägung beantwortet werden. Durchzuhalten ist demgegenüber die An- nahme, dass die Ansprüche auf Schadensersatz aus §§ 989, 990 und auf Nutzungshe- rausgabe aus § 987 eine Vindikationslage voraussetzen und im Übrigen für den Gut- gläubigen, den Verklagten oder den Bösgläubigen sowie den Deliktsbesitzer eine ab- gestufte Verantwortlichkeit angeordnet ist.

§ 11 Ansprüche auf Ersatz von Verwendungen

Fall 15: E, der mit Tieren aus afrikanischen Ländern handelt, hat an den Schausteller S eine **326** Gruppe von Krokodilen verkauft, die vorher von einem Dompteur ausgebildet worden wa- ren. Da S nicht sofort bezahlen kann, wird Ratenzahlung vereinbart, und E behält sich das Eigentum an allen Tieren bis zur vollständigen Bezahlung vor. Nachdem S zwei der verein- barten sechs Raten gezahlt hat, erkrankt das Führungstier der Gruppe und kommt zu dem Tierarzt Dr. T in Behandlung, der es längere Zeit in seiner Praxis behandeln muss. Da we-

---

65 BGHZ 29, 157; Westermann/*Gursky*, § 30 Rn 20; MünchKomm/*Raff* § 993 Rn 12.
66 BGHZ 56, 131; BGH JZ 1961, 24 mit Anm. *Raiser*; Erman/*Buck-Heeb* § 816 Rn 7.
67 BGHZ 14, 7; zum Ergebnis auch *Habersack*, Rn 122.

gen des Fehlens des Tieres die Geschäfte des S schlecht gehen, bleibt er die restlichen Raten schuldig, sodass E vom Kaufvertrag zurücktritt und die Tiere zurückverlangt. Während S diesem Verlangen nachkommt, weigert sich Dr. T, das Krokodil herauszugeben, solange ihm nicht Behandlungs- und Pflegekosten, die S ebenfalls nicht bezahlt hat, erstattet seien. **Lösung Rn 330, 332, 333, 335**

I. Ansprüche aus §§ 994 ff

1. Die gesetzliche Systematik

327 Besteht ein Eigentümer-Besitzer-Verhältnis, so hat der Besitzer, der unter den geschilderten Voraussetzungen zum Schadensersatz und zur Erstattung gezogener (oder auch schuldhaft nicht gezogener) Nutzungen verpflichtet ist, seinerseits möglicherweise Gegenansprüche auf Ersatz der Aufwendungen, die er „in die Sache gesteckt" hat. Dem steht nicht entgegen, dass er objektiv Nichtberechtigter war[1], was gerade zu dem objektiven Erfordernis einer Vindikationslage zwischen ihm und dem Eigentümer passt. Systemgerecht ist dann auch, dass für die Stärke seiner Stellung auch in diesem Punkt seine Gut- und Bösgläubigkeit von Bedeutung sind. So verhält es sich auch: Die Vorschrift des § 994 zeigt wieder die Bevorzugung des gutgläubigen Besitzers, indem Abs. 2 dem Besitzer wegen **„notwendiger" Verwendungen**, die er nach Rechtshängigkeit oder nach dem Beginn der in § 990 bestimmten Haftung, also als Verklagter oder als Bösgläubiger gemacht hat, nur einen Anspruch nach Maßgabe der Regeln über die Geschäftsführung ohne Auftrag zuspricht, während er nach § 994 Abs. 1, also gutgläubiger unverklagter Besitzer seine notwendigen Verwendungen stets ersetzt verlangen kann. Das setzt sich in § 996 fort, der dem Besitzer für andere als notwendige, die sog. **nützlichen Verwendungen**, Ersatz nur zubilligt, soweit er sie vor dem Eintritt der in § 990 bestimmten Haftung, also wiederum als Gutgläubiger, gemacht hat.

328 Das System wird verfeinert durch § 994 Abs. 1 S. 2. Danach erhält der Besitzer, dem (als Gutgläubigem, § 987 Abs. 1) die Nutzungen verbleiben, für **„gewöhnliche Erhaltungskosten"** überhaupt keinen Ersatz. Dahinter steht der Gedanke, ein Gleichgewicht zwischen Nutzungsherausgabe und Tragung der Erhaltungskosten herzustellen; soweit der rechtsgrundlose Besitzer Nutzungen nach Bereicherungsgrundsätzen herausgeben muss (Rn 321), kann er nach § 994 Abs. 1 S. 2 für die von ihm aufgewendeten Erhaltungskosten doch Ersatz verlangen. Hingegen ist der auch sonst schlechter behandelte Deliktsbesitzer darauf angewiesen, Verwendungen nach Maßgabe des Gedankens der Vorteilsausgleichung[2] geltend zu machen. Das Bild wird abgerundet durch das weder von Gut- noch Bösgläubigkeit abhängige, allerdings eingeschränkte **Wegnahmerecht** gemäß § 997.

---

1 Westermann/*Gursky*, § 32 Rn 1; s. auch *Roth*, JuS 1997, 1087; Soergel/*Stadler* Vor §§ 994 ff Rn 5; zum Erfordernis einer Vindikationslage auch *Baur/Stürner*, § 11 Rn 24, 54.
2 Zu diesem Rechtsinstitut *Henke*, FS für Hagen, 1999, S. 371 ff; Erman/*Ebert* Vor §§ 249–253 Rn 82 ff; zur Vorteilsausgleichung bei Wertsteigerungen einer zurückzugebenden Sache BGH NJW 1988, 1838; BGHZ 77, 151; Erman/*Ebert* Vor §§ 249–253 Rn 104.

Notwendige Verwendungen sind diejenigen Aufwendungen, die bei Anlegung objek-   **329**
tiver Maßstäbe zur Erhaltung oder ordnungsmäßigen Bewirtschaftung der Sache erforderlich sind, die also auch der Eigentümer hätte machen müssen[3]. Hierzu gehören
mithin auch die gewöhnlichen Erhaltungskosten, die sich jedoch noch dadurch aus-
zeichnen, dass sie regelmäßig wiederkehrend aufgewendet werden müssen, um die
Sache in ihrem Bestand zu erhalten. Nicht hierher gehören die Aufwendungen zum
Erwerb der Sache, etwa der Kaufpreis; umstritten ist die Behandlung aufgewendeter
Arbeitskraft, die verbreitet als Verwendung nur anerkannt werden soll, wenn dem Besitzer hierdurch andere Einnahmen entgangen sind oder er die Aufwendungen im
Rahmen eigener beruflicher Tätigkeiten gemacht hat[4]. Zu den sog. **Umgestaltungs-
aufwendungen** s. Rn 338. Die in § 996 angesprochenen nützlichen Verwendungen
sind solche Verwendungen, die, ohne zur Erhaltung der Sache notwendig zu sein, ihren Verkehrswert objektiv erhöhen[5].

Im **Ausgangsfall 15** sind die Arztkosten also notwendige Verwendungen, die Fütterungs-   **330**
und die sonstigen Pflegekosten gewöhnliche Erhaltungskosten. Hätte zB Dr. T das Krokodil
in der Zeit des Aufenthalts in seiner Praxis für Zirkusauftritte weiter dressieren, es etwa für
besondere Tricks abrichten lassen, würde es sich allenfalls um nützliche Verwendungen
handeln.

Auch die Ansprüche aus §§ 994 ff hängen zunächst davon ab, dass eine Vindikations-   **331**
lage besteht. Das scheint vertragliche Aufwendungsersatzansprüche auszuschließen,
die beim Entfallen eines gültigen Vertrages nicht bestehen können; indessen tritt hier
doch ein Konkurrenzproblem auf, wenn der Vertrag während der Besitzzeit endet
(dazu sogleich Rn 333). Ferner besteht wiederum ein Konkurrenzverhältnis zu Ansprüchen aus ungerechtfertigter Bereicherung, die bisweilen als **Verwendungskondiktion** bezeichnet werden (dazu allerdings Rn 337); schließlich könnte der Besitzer
wegen der Verwendungen auf die nicht ihm gehörige Sache uU ein Pfandrecht beanspruchen, etwa als Werkunternehmer (§ 647). Die Ansprüche aus §§ 994 ff kann der
Besitzer selbstständig (unter den Voraussetzungen des § 1001) durch Klage geltend
machen. Er hat aber auch die Möglichkeit, die aus § 985 geschuldete Herausgabe der
Sache an den Eigentümer wegen der ihm zu ersetzenden Verwendungen zu verweigern (**§ 1000**). Bei der Lösung von Klausurfällen ist häufig so vorzugehen, dass zunächst eine Vindikationsmöglichkeit, vielleicht mit Nebenfolgen aus §§ 987, 989 f,
zu erwägen und sodann über § 1000 zu den Verwendungsersatzansprüchen des Besitzers zu kommen ist[6]. Dieser ist dann freilich gerade nicht mehr unberechtigter Besitzer, kann demgemäß nicht auf Schadensersatz nach §§ 989, 990 haften[7]. War der Ei-

---

3 BGH NJW 2002, 3478; BGHZ 131, 220, 223; ergänzend ist auf die Erhaltung der Nutzungsfähigkeit
   der Sache abzustellen, Westermann/*Gursky*, § 38 Rn 11.
4 Staudinger/*Gursky* Vor §§ 994–1003 Rn 12. Zum schwierigen Problem der Aufwendungen durch Hin-
   zufügung neuer wesentlicher Bestandteile s. die Falllösung von *Belke*, JuS 1993, 295.
5 Erman/*Ebbing* § 996 Rn 6; MünchKomm/*Baldus* § 986 Rn 3; HK-BGB/*Schulte-Nölke* § 996 Rn 1;
   Staudinger/*Gursky* § 996 Rn 5 ff.
6 Als Übersicht zu klausurträchtigen Problemkreisen im Zusammenhang mit dem Verwendungsersatz
   s. *Hähnchen*, JuS 2014, 877.
7 BGHZ 100, 95 = JZ 1987, 717 mit Anm. *Brehm*; zum Umfang des Schadensersatzes nach § 989
   s. BGH NJW 2014, 2790, 2793.

gentümer dagegen mit der Vornahme der Verwendungen einverstanden, so kann der Besitzer seine Ansprüche gegen ihn geltend machen und kann dies über § 273 Abs. 3 dem Herausgabeanspruch entgegensetzen.

332   So liegt es im **Ausgangsfall 15**. Zunächst hatte S als Käufer gegenüber E ein Recht zum Besitz bezüglich der Tiere, auf das sich nach § 986 Abs. 2 auch Dr. T berufen konnte. Nachdem allerdings E, was er nach § 323 Abs. 1 konnte, wegen Zahlungsverzugs vom Kaufvertrag zurückgetreten war, war auch das Besitzrecht des S und das davon abgeleitete (§ 986 Abs. 1 S. 1) des Dr. T entfallen. Wenn diesem Verwendungsersatzansprüche zustehen, kann er sie über das Zurückbehaltungsrecht gemäß § 1000 effektiv durchsetzen. Da Dr. T bezüglich des Besitzrechts gutgläubig war, lagen auch die Voraussetzungen des § 994 Abs. 1 S. 1 an sich vor. Hier tritt jedoch ein viel diskutiertes Problem auf, das mit dem Wechsel der Besitzberechtigung zusammenhängt.

2.   Der „nicht-mehr-berechtigte" Besitzer

333   Im **Ausgangsfall 15** ist zumindest ein Teil der notwendigen Verwendungen zu einem Zeitpunkt gemacht worden, als der Kaufvertrag zwischen E und S und damit das aus ihm abgeleitete Besitzrecht des Dr. T noch bestanden. Somit stellt sich die Frage, ob es für den Anspruch auf Verwendungsersatz genügt, wenn die Vindikationslage zwar nicht im Zeitpunkt der Verwendungen, wohl aber beim Herausgabeverlangen besteht.

Die **Rechtsprechung**[8] bejaht dies, hauptsächlich mit der Begründung, der berechtigte Besitzer dürfe hinsichtlich des Ersatzes der von ihm gemachten Verwendungen nicht schlechter stehen als derjenige, der zur Herausgabe verpflichtet wäre. Diese Behandlung des **„nicht mehr berechtigten Besitzers"** ist in Begründung wie auch im Ergebnis umstritten[9], was auch damit zusammenhängt, dass der BGH in der grundlegenden Entscheidung entgegen der bis dahin hM den gutgläubigen Erwerb eines gesetzlichen Pfandrechts ablehnte und damit ein Bedürfnis schuf, dem gutgläubigen Besitzer mit einem Verwendungsersatzanspruch gemäß §§ 994 ff zu helfen. Aber auch unabhängig davon ist ein Vergleich zwischen demjenigen, der auf Grund eines gültigen Werkvertrages mit einem Dritten Verwendungen macht, und dem in einer Vindikationslage befindlichen Besitzer schwierig. Die §§ 987 ff begründen, wie gezeigt, ein eigenständiges Gleichgewicht von Rechten und Pflichten des Eigentümers einerseits und des Besitzers andererseits, aus dem nicht ohne weiteres ausgebrochen werden kann. ZT wird gegen die Lösung des BGH auch eingewendet, eigentlich mache der Besitzer, der auf Grund eines Vertrages mit einem Dritten tätig wurde, die Verwendungen nicht selber, sondern tue dies für den Besteller und auf dessen Rechnung, sodass für die Voraussetzungen des § 994 auf diesen abzustellen sei; dies gelte namentlich für den Werkunternehmer, der ja einen Vertragsanspruch gegen den Besteller hat, so dass

---

8 Wichtigster Fall ist BGHZ 134, 122; s. aber auch BGHZ 131, 220; 100, 95, 101; BGH NJW 1979, 716; fortgeführt in BGH NJW 2015, 229; 2002, 2875; 2001, 3118; BGHZ 148, 322; krit. *Gursky*, JZ 2005, 385, 394 und die hM im Schrifttum: Erman/*Ebbing* Vor §§ 994–1003 Rn 17; MünchKomm/*Raff* § 994 Rn 58; *Wieling*, I § 12 V 2 a.
9 Zustimmend noch *Canaris*, JZ 1996, 344, 347; *Hager*, JuS 1987, 877, 882; *Kraft*, NJW 1963, 1852; abl. *Lorenz*, JuS 2013, 495; *Schwerdtner*, JuS 1970, 66; Westermann/*Gursky*, § 32 Rn 6 f.

ihm nicht auch noch ein Anspruch aus § 994 zukommen müsse[10]. Das trifft insofern zu, als in Konstellationen wie der des **Ausgangsfalls 15** Dr. T seine ärztlichen Leistungen im Vertrauen auf die Zahlungsfähigkeit des S erbringt. Das überzeugt aber um des wohl notwendigen Schutzes des gutgläubigen Besitzers willen allgemein nur, wenn man ihm dann einen gutgläubigen Erwerb eines Unternehmerpfandrechts oder eines inhaltlich vergleichbaren Vertragspfandrechts zubilligt[11], was allerdings die genannte Auffassung nicht durchweg tut[12]. Das Problem ist sehr komplex; richtigerweise müssen Verwendungsersatzansprüche, Vertragsansprüche und auch ihre Absicherung durch ein kraft Gesetzes entstehendes Pfandrecht (s. § 647) in Einklang gebracht werden.

Gegen die Lösung des BGH spricht schon, dass während des Bestehens eines Besitzrechts die 334 vom gesetzlichen System in den Vordergrund gestellte Prüfung von Gut- und Bösgläubigkeit keine Grundlage hat. Deshalb ist zu überlegen, ob nicht im Zuge der Rückabwicklung des Vertrages zwischen E und S, der auf Grund des Rücktritts des E stattfinden muss, S ohnehin verpflichtet ist, dem E einen vertraglichen Herausgabeanspruch gegen Dr. T abzutreten, der dann allerdings mit dem Zurückbehaltungsrecht des Dr. T wegen seiner Vergütung (§ 632) „belastet" ist. Dann ist aber kaum einzusehen, wieso dem Herausgabeanspruch aus § 985 keinerlei Rechte entgegengesetzt werden können. Soweit im Ausgangsfall S nach dem Vertrag mit E verpflichtet war, die unter Eigentumsvorbehalt gekauften Tiere bei einer Erkrankung ärztlich behandeln zu lassen, wird sogar für denkbar gehalten, dass der Eigentümer so behandelt wird, als habe er in die Begründung eines Pfandrechts des Werkunternehmers entsprechend § 647 eingewilligt (§ 185)[13].

3. Rechtsfolgen im „Dreipersonenverhältnis"

Der **Ausgangsfall 15** ist deshalb teilweise so schwierig, weil sich die Besitzberechtigung 335 des Dr. T aus seinem Verhältnis zu S und weiter aus dessen Vertrag mit E ergab. In einer solchen Lage liegt es nicht nahe, dass sich der unmittelbare Besitzer Dr. T wegen seiner auf die Sache gemachten Verwendungen mit vertraglichen Ansprüchen an den Eigentümer E soll halten können. Andererseits scheitern Verwendungsersatzansprüche gegen den Eigentümer nicht daran, dass der Besitzer gegen einen Dritten (den mittelbaren Besitzer) einen vertraglichen Anspruch hat.

Im Regelfall unterscheiden auch die Bestimmungen über Verwendungsersatz nicht 336 danach, ob der unrechtmäßige Besitzer Eigen- oder Fremdbesitzer ist[14]. Der Grundgedanke einer Privilegierung des gutgläubigen Besitzers führt allerdings dazu, dass der Fremdbesitzer, auch wenn man ihm zugute halten will, dass er an sein Besitzrecht glaubte, im Hinblick auf Verwendungsersatz nicht besser stehen kann, als wenn sein vermeintliches Besitzrecht wirklich bestünde. Deshalb ist der Verwendungsersatzan-

---

10 MünchKomm/*Raff* § 994 Rn 61 ff; *Schiemann*, Jura 1981, 631, 641 f; Soergel/*Stadler* Vor §§ 994 ff Rn 8; Westermann/*Gursky*, § 23 Rn 9; s. auch *Habersack*, Rn 105.
11 *Baur/Stürner*, § 11 B I 1; *Hager*, JuS 1987, 877, 881; *Schreiber*, Sachenrecht Rn 246.
12 S. etwa Westermann/*Gursky*, § 32 Rn 6, § 132 Rn 2.
13 *Benöhr*, ZHR 135 (1971) S. 144 ff; *Medicus/Petersen*, Rn 594; dagegen allerdings BGHZ 34, 125, der dann aber im Urteil BGHZ 68, 323 eine Lösung über eine AGB-Klausel des Werkvertrags-Unternehmers, die die Bestellung eines Vertragspfandrechts vorsah, nicht daran scheitern ließ, dass der Besteller nicht Eigentümer war.
14 Westermann/*Gursky*, § 32 Rn 8.

spruch inhaltlich auf die dem angenommenen Besitzrecht entsprechenden Maßstäbe zu begrenzen[15], wobei es jedoch zugunsten des Besitzers zu berücksichtigen ist, wenn er davon ausgehen konnte, dass er seine Aufwendungen für eine längere, eben die vertragliche Besitzzeit machen konnte. Gerade in diesem Bereich sind auch die möglichen Ansprüche aus ungerechtfertigter Bereicherung in die Lösungen einzubeziehen, s. sogleich Rn 337.

II.   Sonstige Ansprüche auf Verwendungsersatz

1.   Ansprüche aus § 812 Abs. 1

337   Ein Bereicherungsanspruch des Fremdbesitzers, der auf die Sache Verwendungen macht, gegen den Eigentümer nach § 812 Abs. 1 könnte sich ergeben, wenn das Rechtsverhältnis, aus dem der Besitzer sein Recht ableitet, ungültig ist. Allerdings scheitert eine Nichtleistungskondiktion in „Dreiecksverhältnissen" wie dem Ausgangsfall daran, dass hier der Besitzer an denjenigen „leistet", von dem er sein Besitzrecht ableitet, im Ausgangsfall also an S[16].

Beim gutgläubigen Eigenbesitzer ist demgegenüber an eine „Nichtleistungskondiktion" wegen der auf die Sache gemachten Verwendungen zu denken, die freilich mit der Vorstellung von den §§ 987 ff als Sonderregelung kollidiert. Das Problem hängt eng mit der weitergehenden Frage zusammen, ob in den Fällen des § 951, dh des Rechtsverlustes wegen Verbindung oder Vermischung, der bösgläubige Besitzer eine Verwendungskondiktion geltend machen kann, auch wenn ihm Ansprüche aus §§ 994 ff nicht zustehen[17]. Soweit aber, wie im Ausgangsfall, die Verwendungen in vom Besitzer aufgewendeter Arbeit bestehen, kann freilich eine Kondiktion nicht als Nichtleistungskondiktion mit § 951 begründet werden, und da die Voraussetzungen einer Leistung an den Eigentümer auch hier fehlen, bleibt nur die allgemeine Nichtleistungskondiktion aus § 812, die durch §§ 994 ff nicht verdrängt wird[18].

338   Das Problem der Konkurrenz der Verwendungsersatzansprüche aus §§ 994 ff mit anderen Ansprüchen ist noch dadurch zugespitzt worden, dass der BGH – wenn auch mit Blick auf einen Fall des Bauens auf fremdem Boden, also des Rechtsverlustes nach § 946 und des Ausgleichsanspruchs nach § 951 Abs. 1 – zu den Verwendungen diejenigen Aufwendungen nicht gezählt hat, die die Sache umgestalten[19]. Dann kann

---

15   BGH NJW 1979, 716; *Baur/Stürner*, § 11 C IV 2; aM. MünchKomm/*Raff* § 994 Rn 67; Westermann/ *Gursky*, § 32 Rn 8; *Moebus/Schulz*, JURA 2013, 189.

16   Zum Vorrang der Leistungs- vor der Nichtleistungskondiktion als dem bereicherungsrechtlichen Subsidiaritätsgrundsatz BGH NJW 2005, 60 ff; 1999, 1993; eingehend Erman/*Buck-Heeb* § 812 Rn 83 ff; beachte, dass bei Nichtvorliegen einer Leistung nicht zwangsläufig auf die Nichtleistungskondiktion zurückgegriffen werden kann, BGH NJW 2015, 229.

17   Zur Durchsetzung der „Sonderregelungsthese" Westermann/*Gursky*, § 32 Rn 37.

18   *Bamberger/Roth/Wendehorst* § 812 Rn 60; *Canaris*, JZ 1996, 344, 346 f; *Medicus/Petersen*, Bürgerliches Recht, Rn 898; anders – im Sinne der Sonderregelung – allerdings BGH JZ 1996, 366 mit Anm. *K. Schmidt*; BGHZ 41, 157; *Roth*, JuS 1997, 1089; HK-BGB/*Schulte-Nölke* § 994 Rn 6.

19   Im Urteil BGHZ 41, 157 die Bebauung eines Grundstücks mit einem Hochhaus, im **Ausgangsfall 15** vielleicht die Ausbildung eines gänzlich undressierten Krokodils zum Zirkus-Star; s. ferner BGH NJW 1996, 52.

der Besitzer für solche **Umgestaltungs-Aufwendungen** weder nach §§ 994 ff noch nach den (vom BGH gerade für verdrängt angesehenen) §§ 812 ff Ersatz verlangen, sondern bleibt auf das Wegnahmerecht gemäß § 997 beschränkt. Diese Lösung wird vielfach angegriffen, und zwar wegen der schwer zu rechtfertigenden Diskriminierung des gutgläubigen Besitzers, der ja auch bei einer Verschlechterung oder Beschädigung der Sache nicht haften würde, die der Eigentümer folglich ersatzlos hinnehmen muss[20]. Das spricht in der Tat dafür, die Erstattungspflicht des Eigentümers grundsätzlich auch nach Bereicherungsrecht zu beurteilen, womit es generell auf eine tatsächlich vorhandene Wertsteigerung seines Vermögens ankommt. Dann ist aber nicht einzusehen, dass, wie der BGH annimmt, die §§ 994 ff nicht gelten und trotzdem die Anwendung der §§ 812 ff ausgeschlossen sein soll. Damit sind allerdings die praktischen Probleme noch nicht gelöst, da der Bereicherungsanspruch auch einem bösgläubigen Besitzer zugutekommen kann. §§ 994 ff geben dem Besitzer wegen seiner Verwendungen das Zurückbehaltungsrecht gem. § 1000, der Eigentümer muss also die Verwendungen ersetzen, wenn er die Sache zurückhaben will. Der Bereicherungsanspruch dient demgegenüber dazu, den beim Eigentümer, wenn er den Verwendungserfolg für sich realisiert, eintretenden Vermögensvorteil abzuschöpfen, wobei es auf die Rechtsgrundlosigkeit dieses Vorteils, mithin darauf ankommt, was der Eigentümer ersatzlos soll behalten dürfen. Diesem Anspruch sollte der Eigentümer ausweichen können, indem er die Wegnahme des bereichernden Verwendungserfolgs verlangt[21].

Die Probleme zeigen sich deutlich an dem hier zitierten **„Hochhaus-Fall"**[22], der allerdings insofern nicht unbedingt als das letzte Wort des BGH angesehen werden kann[23], als das Geschehen exzeptionell und nicht recht auszumachen war, ob nicht die Gesellschaft, die das ihr nicht gehörige Grundstück unrechtmäßig überbaut hatte, bösgläubig war. Wenn man Bereicherungsrecht anwendet, wofür überwiegende Gründe sprechen, stellt sich das Problem, ob der Eigentümer, der eine Umgestaltung seiner Sache nicht gewünscht hat, sie sich womöglich gar nicht hätte leisten können, aus dem Gesichtspunkt der **aufgedrängten Bereicherung** eine Inanspruchnahme aus der Kondiktion abwehren kann[24], was sich damit begründen lässt, dass im Rahmen der Wertbemessung gem. § 818 Abs. 2 oder des Entreicherungseinwands gem. § 818 Abs. 3 der Wert der Bereicherung unter Berücksichtigung der subjektiven Verwendbarkeit für den bereicherten Eigentümer zu bemessen ist[25].

339

---

20 *Canaris*, JZ 1996, 344, 346; *Jakobs*, AcP 167, 354; schon früher *M. Wolf*, AcP 166, 199 ff; s. auch *Baur/Stürner*, § 11 C IV 1.

21 *Medicus/Petersen*, Bürgerliches Recht Rn 897; anders aber *Canaris*, JZ 1996, 344, 349, der davon ausgeht, dass der Eigentümer durch die Verwendungskondiktion des gutgläubigen Besitzers gezwungen werden könne, zur Erfüllung des Bereicherungsanspruchs die Werterhöhung zu realisieren.

22 BGHZ 41, 157.

23 Den engen Verwendungsbegriff bestätigte allerdings BGH NJW 1996, 52.

24 S. dazu *Bamberger/Roth/Wendehorst* § 818 Rn 141; Erman/*Buck-Heeb* § 818 Rn 20a; *Klauser*, NJW 1965, 514; *Larenz*, Festschrift für v. Caemmerer, 1978, S. 227 f; *Medicus/Petersen*, Bürgerliches Recht Rn 899; MünchKomm/*Schwab* § 818 Rn 217.

25 Anders *Canaris*, JZ 1996, 344, 349, der im Rahmen des § 996, also bei anderen als notwendigen Verwendungen, damit auch bei den „Umgestaltungsaufwendungen", einen „Aufdrängungsschutz" nicht gewähren will. Im „Hochhaus"-Fall konnte der BGH mit einer „zeitbedingten" Einzelfalllösung aus § 242 arbeiten, nimmt aber auch sonst zur aufgedrängten Bereicherung hier wegen des engen Verwendungsbegriffs nicht Stellung.

2. Lösung über den Erwerb von Pfandrechten

340 Die **Rechtsprechung**, die einen gutgläubigen Erwerb des Unternehmerpfandrechts ablehnt, obwohl dies mit der in Rn 333 erläuterten Begründung hätte zugelassen werden können, hat die Praxis zumindest des Kfz-Reparaturgewerbes veranlasst, eine formularmäßige **Verpfändung** der zur Reparatur gegebenen Kraftfahrzeuge vorzusehen. Da dies am Fehlen des Eigentums des Bestellers nichts ändert, ist für die Frage des gutgläubigen Erwerbs des vertraglichen Pfandrechts nach § 1207 entscheidend, ob guter Glaube des Unternehmers angenommen werden kann. Dagegen spricht, dass ohne Vorlage des Kfz-Briefes, den der Besteller eines unter Eigentumsvorbehalt gekauften Fahrzeugs bei Reparaturen gewöhnlich nicht vorlegen kann, guter Glaube des Unternehmers zweifelhaft ist.

> Bei der Behandlung eines dem Besteller S nicht gehörenden Krokodils stellt sich dieses Problem nicht. Guter Glaube des Dr. T an das Eigentum des S ist also unter normalen Voraussetzungen denkbar.

Auch bei Kfz-Reparaturen ist jedoch die Rechtsprechung großzügig: Auch wenn der Kfz-Brief (was die Regel ist) nicht vorliegt und nicht einmal angefordert worden ist, sieht sie den Unternehmer als gutgläubig an, wenn er keinen besonderen Anlass hatte, am Eigentum des Bestellers zu zweifeln[26]. Die Aufnahme der Verpfändungsklausel in die AGB im Wege der Inhaltskontrolle zu verwerfen, hat der BGH[27] abgelehnt, und in der Tat ist ein Schutzbedürfnis des Unternehmers nicht zu leugnen.

III. Zusammenfassung zum Eigentümer-Besitzer-Verhältnis

341 Wenn der Besitzer einer Sache dem Eigentümer nach § 985 zur Herausgabe verpflichtet ist, ohne sich ihm gegenüber auf ein Recht zum Besitz berufen zu können (das er nach § 986 Abs. 1 S. 1 auch von einem Dritten ableiten könnte), gibt das Gesetz dem Eigentümer Ansprüche auf Schadensersatz bei Beschädigung oder Untergang der Sache (§§ 989, 990) sowie unter den in §§ 987 ff genannten Voraussetzungen auf Nutzungsersatz. Dabei haftet der gutgläubige (an ein Recht zum Eigen- oder zum Fremdbesitz glaubende) Besitzer erheblich schwächer als der auf Herausgabe verklagte oder der bösgläubige Besitzer. Die Bösgläubigkeit bestimmt sich nach den Maßstäben des § 932 Abs. 2, es schadet also bereits grobe Fahrlässigkeit. Wer die Vindikationslage durch schuldhaft verbotene Eigenmacht begründet hat, haftet auch aus den §§ 823 ff auf Schadensersatz, im Übrigen ist der Rückgriff auf die Deliktsvorschriften ausgeschlossen (so die durch die hM anerkannte ergänzende Lesart des § 992). Der Fremdbesitzer, der in Überschreitung seines vermeintlichen Besitzrechts einen Schaden an der Sache verursacht hat, haftet in Ergänzung dieses Systems ebenfalls nach §§ 989, 990, steht also im Ergebnis nicht besser als bei Verletzung der Pflichten aus einem gültigen Vertrag; die Begründung für diese Rechtslage ist allerdings umstritten.

---

26 BGH NJW 1981, 226 f; BGHZ 68, 323 ff; Erman/*Schmidt* § 1207 Rn 6.
27 BGHZ 101, 307 ff; BGH NJW 1981, 226; Erman/*Roloff* § 307 Rn 146; *Gursky*, JZ 1984, 604; dagegen *Picker*, NJW 1978, 1417 f; *Reinicke/Tiedtke*, JA 1984, 202.

Die **Rechtsprechung** geht davon aus, dass die §§ 987 ff eine Sonderregelung darstel- **342**
len, die Ansprüche besonders aus Vertrag und ungerechtfertigter Bereicherung ausschließt. Das ist namentlich im Hinblick auf die Ansprüche aus § 812 unter dem Gesichtspunkt des Nutzungsersatzes bedenklich, und die von der Rechtsprechung gezogene Analogie zwischen dem in § 988 angesprochenen unentgeltlich Besitzenden und
einem rechtsgrundlosen Besitzer wird vom Schrifttum überwiegend abgelehnt; stattdessen ist die Ansicht im Vordringen, dass Bereicherungsansprüche bezüglich der
vom Besitzer gezogenen Nutzungen in Konkurrenz zu §§ 987 ff stehen. Der Anspruch aus § 816, der in Betracht kommt, wenn der Besitzer seinem Vermögen die
Sachsubstanz zugeführt hat, wird durch die Sonderrechte des Eigentümer-Besitzer-
Verhältnisses ebenfalls nicht verdrängt.

§§ 994 ff geben dem Besitzer – wiederum unter Bevorzugung des Gutgläubigen – **343**
Ansprüche auf Ersatz für notwendige, unter weiteren Voraussetzungen auch für nützliche Verwendungen auf die ihm nicht gehörige Sache. Für die Zeit, in der ihm die
Nutzungen verbleiben, hat er für die gewöhnlichen Erhaltungskosten keinen Erstat-
tungsanspruch. Bestehende Verwendungsersatzansprüche geben dem Besitzer das
Recht, gem. § 1000 die Herausgabe an den Eigentümer zu verweigern. Das ist besonders dann praktisch wichtig, wenn der Besitzer auf Grund vertraglicher Beziehungen
zu einem Dritten den Besitz an der Sache erlangt und die Verwendungen gemacht hat,
die ihm der Dritte nicht vertragsgemäß bezahlt; die – allerdings umstrittene – Rechtsprechung lässt es nämlich genügen, dass die Vindikationslage im Zeitpunkt der He-
rausgabeforderung besteht. Beim Werkvertrag treten die Verwendungsersatzansprüche für den Unternehmer nach der Rechtsprechung an die Stelle der von ihr abgelehn-
ten Möglichkeit, an einer dem Besteller nicht gehörenden Sache gutgläubig ein Unternehmerpfandrecht iSd § 647 zu erwerben. Diese Lösung ist heftig umstritten; auch
hier dringt im Schrifttum die Ansicht vor, dass Bereicherungsansprüche aus dem Gesichtspunkt der Verwendungskondiktion auch einem bösgläubigen Besitzer zugutekommen können, wenn dem Eigentümer eine Bereicherung verbleibt. Für eine Umgestaltung der Sache sind die §§ 994 ff nicht anwendbar, es kommen aber Bereicherungsansprüche in Betracht.

Teil IV
Das Liegenschaftsrecht

§ 12 Rechtsgeschäftliche Verfügungen im Grundstücksrecht

344

Fall 16: Der verstorbene E war Eigentümer eines in Oberbayern gelegenen landwirtschaftlichen Betriebes mit Hofstelle, Äckern, Wiesen in einer Größe von insgesamt 50 ha; in einer benachbarten Gemarkung hatte er ein Waldgrundstück in Größe von 15 ha. Eine Lichtung des Waldes ist mit einem größeren Bauernhaus bebaut.

In seinem Testament hat E seine Söhne B, der Landwirt ist, und H, der das Hotelfach gelernt hat, zu Erben eingesetzt und bestimmt, B solle den landwirtschaftlichen Betrieb mit allen dazugehörigen Gegenständen haben. Das Waldgrundstück solle dem H zufallen, der das Bauernhaus zu einem Hotel ausbauen und hierfür „den Wald verkaufen oder beleihen" könne. Wie können H und B, die mit der Wertverteilung zufrieden sind, die Grundstücke ihres Vaters unter sich aufteilen? **Lösung Rn 351, 353, 358**

Fall 17: H hat einen Käufer (K) für das Waldgrundstück (ohne das Bauernhaus) gefunden, der in einem angrenzenden Wald eine Jagdhütte hat und deshalb Wert darauf legt, dort möglichst ungestört zu bleiben. Der Kaufvertrag ist geschlossen und auch die Auflassung erklärt, K hat den Antrag auf Umschreibung des Eigentums beim Grundbuchamt gestellt. Die Eintragung verzögert sich, weil noch eine Genehmigung der Forstbehörde aussteht. Am Tage nach ihrer Erteilung erfährt K, dass H das Bauernhaus zu einem Hotel mit Kinderspielplatz, Minigolfanlage und Schwimmbad umgestalten will; hierüber kommt es zum Streit, weil K nachbarrechtliche Schritte ankündigt. Als K kurz darauf den D kennenlernt, der das Grundstück forstwirtschaftlich nutzen möchte, tritt er ihm gegen Zahlung einer Abfindung sämtliche Rechte gegen H ab und lässt ihm das Grundstück in notarieller Form auf mit der Vereinbarung, D solle sich sogleich um seine Eintragung bemühen, da K bisher noch nicht als Eigentümer eingetragen ist. Als D beim Grundbuchamt vorspricht, um seine Eintragung zu beantragen, erfährt er, dass soeben H, um dem Streit mit K aus dem Wege zu gehen, das Grundstück an das Bundesland verkauft und, da die Genehmigung sofort erklärt wurde, auch bereits die Auflassung erklärt und die Umschreibung beantragt hat; da der Grundbuchbeamte nach Schilderung des Streits davon überzeugt war, dass K nicht mehr an dem Grundstück interessiert war, hat er das Land sofort als Eigentümer eingetragen. D möchte empört diese Eintragung rückgängig machen lassen. **Lösung Rn 373, 380, 389**

345

Vorbemerkung zur Lösung Fall 16: Nach dem Testament des E sind die Söhne Miterben, dh sie sind in ungeteilter Miterbengemeinschaft als Miteigentümer zur gesamten Hand (§ 2032 Abs. 1) Eigentümer des gesamten Nachlasses, somit auch des gesamten Grundbesitzes. Sie können sich aber über das gemeinschaftliche Vermögen nach den §§ 2042 ff auseinandersetzen, was nach Maßgabe eines noch nicht unmittelbar dinglich wirkenden Teilungsplans durch rechtsgeschäftliche Verfügungen über die zum Nachlass gehörigen Sachen geschehen kann. Auch Teilungsanordnungen, wie sie der Erblasser hier getroffen hat (§ 2048), wirken nicht dinglich. Soweit Grundstücke betroffen sind, erfordert dies also eine Übereignung von der Erbengemeinschaft an B oder H.

§ 873 verlangt hierfür eine als Auflassung bezeichnete Einigung (§ 925) über den **346** Übergang des Eigentums an einem „Grundstück" und eine Eintragung des Eigentumswechsels im Grundbuch, also wiederum ein **Willens- und Vollzugsmoment**. Anders als im Mobiliarsachenrecht oder im Schuldrecht setzt der Tatbestand der Verfügung über Grundstücke und grundstücksgleiche Rechte, etwa das Erbbaurecht nach Maßgabe des ErbbauRG[1] oder über dingliche Rechte an Grundstücken (zB Hypotheken oder Grundschulden) eine **staatliche Registrierung** des Gegenstands der Verfügung oder der Sicherheit, nämlich des Grundstücks voraus, auf deren Grundlage dann die Eintragung und damit die Verlautbarung des Eigentümers und anderer Rechte am Grundstück erfolgen können.

I. Der Grundstücksbegriff

1. Grundbuch und Kataster

Nach dem allgemeinen Sprachgebrauch ist das Grundstück ein abgegrenzter Teil der **347** Erdoberfläche. Das gibt die rechtlichen Gegebenheiten, die im Wesentlichen durch das Kataster und das Grundbuch bestimmt sind, nicht ganz vollständig wieder. Der Hof mit den verschiedenen, unterschiedlich genutzten Flächen ist für sich eine abgegrenzte wirtschaftliche Einheit, desgleichen aber jedes „Einzelgrundstück" (Wiese, Acker, Gebäudefläche). Die Begriffsbildung muss vorwiegend dazu geeignet sein, die Schaffung klarer und übersichtlicher Rechtsverhältnisse bezüglich der Zugehörigkeit und der Nutzungsmöglichkeiten der Grundstücke zu ermöglichen. Deshalb wurde im Zuge öffentlich-rechtlicher Verwaltung ein umfassendes, das gesamte Gelände eines Landes erfassendes amtliches Verzeichnis eingerichtet, das in den meisten Bundesländern **Liegenschaftskataster** genannt wird. Die Einführung des Katasters diente am Beginn des 19. Jahrhunderts auch dem Zweck einer Besteuerung des Grundbesitzes. Heute sind andere öffentliche Interessen an einer genauen und lückenlosen Zuordnung des Grund und Bodens zu Rechtssubjekten des privaten und des öffentlichen Rechts hinzugekommen.

In dem dazugehörigen Flur- oder Liegenschaftsbuch bilden die einzelne Vermessungseinheit **348** die **Katasterparzellen** oder Flurstücke, die nach Lage, Wirtschaftsart und Größe beschrieben sowie nummeriert und ihrerseits zu größeren Bezirken zusammengefasst sind, die als **Gemarkung** bezeichnet werden[2]. Hieran knüpft das **Grundbuch** an, ein öffentliches Register, das die rechtlichen Verhältnisse von Grundstücken sowie ihre Veränderungen verzeichnen, zum Beweis für jedermann offenkundig machen und die Gültigkeit rechtsgeschäftlicher Veränderun-

---

1 Gesetz über das Erbbaurecht vom 15.1.1919 in der im BGBl Teil III, Gliederungsnummer 403-6 veröffentlichten bereinigten Fassung, geändert durch Gesetz vom 1.10.2013, BGBl. I 3719. Zum Erbbaurecht Westermann/*Eickmann*, § 65 Rn 2 ff.
2 Näher *Kollhosser*, Jura 1984, 558, 559.

gen von einer staatlichen Mitwirkung abhängig machen soll. Somit ergänzen sich Kataster und Grundbuch; das Erstere zeigt die tatsächlichen, das Letztere die rechtlichen Verhältnisse bezüglich eines Grundstücks, wobei die Begriffe sich decken, also denselben Teil der Erdoberfläche bezeichnen können, aber nicht müssen[3].

349 Die im Grundbuch enthaltenen Eintragungen betreffen **Grundstücke im Rechtssinne**. Darunter wird ein im Grundbuch unter einer selbstständigen Nummer auf einem besonderen Grundbuchblatt oder mit anderen Nummern auf einem gemeinschaftlichen Grundbuchblatt geführter Teil der Erdoberfläche verstanden[4]. Demgegenüber liegt der Begriff des Grundstücks im Verkehrssinn vielfach den auf einen wirtschaftlichen Erfolg ausgerichteten Überlegungen und Verhandlungen von Vertragsparteien zugrunde, uU aber auch, wie wiederum **Fall 16** zeigt, einer letztwilligen Verfügung; hierbei gehen die Beteiligten meist auch von einer Anschauung der tatsächlichen Verhältnisse im Gelände aus. An die wirtschaftliche Einheit eines Grundstücks hält sich übrigens auch die für die Besteuerung maßgebliche Bewertung nach dem Bewertungsgesetz[5].

350 Die Grundstücke werden im Grundbuch nach den Nummernbezeichnungen des Katasters benannt, wobei freilich ein im Grundbuch verzeichnetes Grundstück mehrere Flurstücke des Katasters umfassen kann[6]; dagegen kann ein Grundstück nicht nur aus dem Teil eines Flurstücks bestehen. Von diesem Grundstücksbegriff geht § 890 BGB aus, wonach der Eigentümer veranlassen kann, dass „mehrere Grundstücke zu einem Grundstück vereinigt werden", indem sie „als ein Grundstück in das Grundbuch eingetragen" werden. Die früher selbstständigen Grundstücke werden dann Bestandteile eines neuen Grundstücks. Hiervon unterscheidet sich die in § 890 Abs. 2 geregelte **Zuschreibung** dadurch, dass zwischen dem zugeschriebenen und dem hinfort als Hauptgrundstück fungierenden Grundstück zu unterscheiden ist. Das hat weiter zur Folge, dass (im Unterschied zur Rechtslage bei der Vereinigung) Belastungen des Hauptgrundstücks auch das zugeschriebene erfassen. Das kann unübersichtliche Rechtsverhältnisse ergeben, was im Einzelfall dazu führen kann, dass gem. §§ 5, 6 GBO die Zuschreibung nicht erfolgen darf[7].

351 Im **Fall 16** können also „der Hof" oder „das Waldgrundstück" auf je einem Grundbuchblatt verzeichnet sein, das dann mehrere Flurstücke umfassen wird. Das Grundbuch beschreibt in seinem Bestandsverzeichnis das Grundstück und die mit ihm verbundenen Rechte, es vermerkt auch die dem jeweiligen Eigentümer zustehenden sog. subjektiv dinglichen Rechte, wobei es die aus dem Kataster ersichtlichen tatsächlichen Verhältnisse des Grundstücks übernimmt, während umgekehrt das Kataster die Eintragung des Eigentümers aus dem Grundbuch übernimmt.

> Wenn also E Vorsorge für eine seinen Anordnungen entsprechende Regelung der Eigentumsverhältnisse unter seinen Erben treffen wollte, hatte er die Möglichkeit, unabhängig von den bisherigen, historisch entstandenen katastermäßigen Verhältnissen, Flurstücke

---

3 Westermann/*Eickmann*, § 69 Rn 2; näher *Bohnert*, JZ 2011, 775.
4 RGZ 84, 270; Westermann/*Eickmann*, § 69 Rn 1.
5 §§ 2 Abs. 1, 70 Abs. 1 des Bewertungsgesetzes; dazu näher Westermann/*Eickmann*, § 69 Rn 1.
6 Nicht jedoch kann ein Flurstück mehrere grundbuchmäßige Grundstücke umfassen, BayObLGZ 1954, 258, 262.
7 Westermann/*Eickmann*, § 69 Rn 5; allein durch Belastung mit verschiedenen Grundpfandrechten wird nicht die Besorgnis einer Verwirrung im Sinne der §§ 5, 6 GBO begründet, BGH NJW 2014, 1002 ff.

einem Grundstück zuzuschlagen, indem das bisher rechtlich selbstständige Grundstück nach § 890 Abs. 2 einem anderen Grundstück zugeschrieben und dadurch gemäß § 6 GBO zu dessen Bestandteil wird. Er konnte auch bisher selbstständige, etwa von verschiedenen Rechtsvorgängern erworbene Grundstücke durch Zusammenschreibung zu Bestandteilen eines neuen Grundstücks werden lassen (§ 4 GBO). Auf diese Weise konnte er eine wirtschaftliche Einheit, den Hof bzw das Waldgrundstück, grundbuchmäßig so zusammenfassen, dass sie jeweils ein Grundstück umfassten. Er konnte es aber auch seinen Erben überlassen, sich über die Zugehörigkeit einzelner Flurstücke zu den jeweiligen Einheiten zu verständigen und auf dieser Grundlage die Erbauseinandersetzung zu betreiben.

Die Grundstücksteilung – häufig bei Verkauf auch „Parzellierung" eines größeren Geländes, auf dem mehrere Erwerber Häuser errichten wollen – bedarf nach § 19 BauGB vom 8.12.1986 (BGBl I, 2253) einer öffentlich-rechtlichen Genehmigung, desgleichen die selbstständige Belastung eines solchen Grundstücksteils, hier etwa der Wegeparzelle, § 7 GBO.

2. Grundzüge des Verfahrensrechts

Eine rechtsgeschäftliche Verfügung über ein Grundstück, etwa der Verkauf oder die Beleihung des Waldgrundstücks im **Fall 16**, geschieht nach den Regeln des BGB, was die Einigung über die Rechtsveränderung anbelangt. Die Verlautbarung der Rechtsveränderung, die bei den grundstücksrechtlichen Verfügungen zur Wirksamkeit dazugehört, erfolgt demgegenüber durch eine staatliche Registrierung, die sich hauptsächlich nach einer in der **Grundbuchordnung** (GBO) niedergelegten Verfahrensordnung, dem sog. formellen Grundbuchrecht, richtet, für die ebenfalls der Grundstücksbegriff des § 890 maßgebend ist.   **352**

Folglich bezeichnen die Vertragsparteien bei beurkundeten Erklärungen idR den Erklärungsgegenstand ausschließlich nach der Grundbuchbezeichnung. Es kann aber auch sein, dass sie einen anders abgegrenzten Teil der Erdoberfläche, eben ein Grundstück im Verkehrssinne meinen, der dann Verfügungsgegenstand ist, wenn ihn die Parteien genügend bestimmt (unabhängig von der Art der Bezeichnung) haben.

So könnten zB im **Ausgangsfall 16** H und B das Waldgrundstück ohne die Lichtung verkaufen. Sie könnten sich, schuldrechtlich gesehen, auch zur Veräußerung bzw zum Erwerb dieses Grundstücks verpflichten, selbst wenn der ganze Komplex, einschließlich der Lichtung, unter einer Nummer im Gesamtverzeichnis eingetragen ist, sofern sie nur die aufzulassende Fläche genügend bestimmt beschreiben. Nur würde das Grundbuchamt auf Grund einer solchen Auflassung das Eigentum nicht umschreiben. Das zwingt die Parteien praktisch dazu, das Grundstück zunächst neu vermessen zu lassen, um dann das zu übereignende Grundstück mit neuer Parzellennummer zu bezeichnen. Das Grundbuchamt trägt dann das neue Grundstück unter einer neuen Grundbuchnummer ein und schreibt das Eigentum um.   **353**

Das Grundbuchamt ist in den meisten Bundesländern eine Abteilung des örtlich zuständigen Amtsgerichts[8].   **354**

---

8   Über Ausnahmen in den ehemaligen Ländern Baden und Württemberg s. Westermann/*Eickmann*, § 67 Rn 5; zur Kritik hieran *Henssler*, DRiZ 1976, 75.

Das Grundbuch, soweit es noch auf Papier ausgedruckt ist[9], zerfällt in drei Abteilungen. Die einzelnen ein Grundbuch bildenden Blätter, die für das Grundbuchamt mit laufenden Nummern versehen werden, enthalten nach einer Aufschrift (das ist das zuständige Amtsgericht, der Grundbuchbezirk, die Nummer des Bandes und des Blattes) das Bestandsverzeichnis sowie die Abteilungen I – III. Das Bestandsverzeichnis umschreibt stichwortartig das Grundstück und gibt ferner an, welche dem jeweiligen Eigentümer zustehenden Rechte an anderen Grundstücken mit dem Grundstück verbunden sind[10]. Eigentliche Rechtseintragungen, insbesondere solche konstitutiver Art, enthält das Bestandsverzeichnis nicht. Aber die Art der Eintragung unter einheitlichen oder selbstständigen Nummern im Bestandsverzeichnis ist dennoch wichtig; § 890 meint, wie gesagt, mit der „Eintragung unter einer Nummer" die Nummer im Bestandsverzeichnis.

In **Abteilung I** werden der Eigentümer und der Grund des Erwerbs angegeben, Letzterer in einer Spalte „Grundlage der Eintragung".

Abteilung II enthält alle Belastungen und Verfügungsbeschränkungen außer den Grundpfandrechten. Die Grundpfandrechte werden in **Abteilung III** eingetragen, diese Abteilung ist ihrerseits in zahlreiche Spalten aufgeteilt. Wer Erkundigungen über den Grundbuchinhalt einziehen will, muss genau darauf achten, auf welche Nummer des Bestandsverzeichnisses sich die jeweilige Eintragung bezieht. Das ist in Abteilung III und in Abteilung II in der Spalte 2 vermerkt.

> Dadurch wird etwa im **Ausgangsfall 16** ersichtlich, wie hoch und zu wessen Gunsten H das ihm gehörige Grundstück im Zusammenhang mit dem Hotelbau belastet hat.

355 Dem Gedanken, durch das Grundbuch eine gewisse Publizität der Rechtsverhältnisse zu schaffen, entspräche an sich ein weit gespanntes Recht zur **Grundbucheinsicht**. Im Unterschied zum Handelsregister (§ 9 Abs. 1 HGB) macht jedoch § 12 GBO die Einsicht ins Grundbuch vom Vorliegen eines berechtigten Interesses abhängig. Das ist etwa gegeben, wenn ein Vertrag über ein Grundstück vorbereitet wird, etwa ein Verkauf oder eine Belastung beabsichtigt sind; der Urkundsnotar kann somit jederzeit das Grundbuch einsehen und pflegt in der Urkunde zu vermerken, ob das geschehen ist. Im Übrigen sind mit Rücksicht auf den Datenschutz an das berechtigte Interesse nicht zu geringe Anforderungen zu stellen[11].

---

9   In absehbarer Zeit wird auch hier eine elektronische Verbuchung stattfinden.
10   Über diese Rechte gibt nach § 9 GBO ein sog. Herrschvermerk Auskunft, weil das Grundstück, dessen Eigentümer die Rechte geltend machen kann, als „herrschendes" zu verstehen ist.
11   Großzügig OLG Düsseldorf NJW 1987, 1651; OLG Hamm DNotZ 1986, 497; krit. Westermann/*Eickmann*, § 67 Rn 21. Das sollte auch gelten, wenn etwa unter Berufung auf die Presse- und Informationsfreiheit nach Art. 5 GG Einsicht in ein Grundbuch gefordert wird, um Informationen über Erwerb und Finanzierung des Hausgrundstücks eines prominenten Politikers zu erhalten; Zweifel hieran schiebt BVerfG NJW 2001, 503 allzu leicht beiseite.

II. Rechtsgeschäftliche und nicht rechtsgeschäftliche Veränderungstatbestände

1. Rechtsgeschäftliche Veränderungen

Die rechtsgeschäftliche Veränderung eines Liegenschaftsrechts, die Verfügung, besteht grundsätzlich aus Einigung und Eintragung. Sie ist dadurch besonders deutlich auch äußerlich von dem Verpflichtungsgeschäft getrennt. Die Eintragung entspricht der Übergabe als Tatbestandsteil der Verfügung über bewegliche Sachen, es gibt allerdings keinen dem Übergabeersatz der §§ 930, 931 entsprechenden Ersatztatbestand. **356**

Es gibt auch andere, nicht rechtsgeschäftliche Veränderungstatbestände, zu deren Voraussetzungen die Eintragung im Grundbuch regelmäßig nicht gehört, die Vorgänge spielen sich, wie es heißt, „außerhalb des Grundbuchs" ab. Hierzu gehören etwa die – wegen Art. 14 GG bei uns mittlerweile ganz seltene – Enteignung (Eigentumsübergang mit Rechtskraft des Enteignungsbeschlusses) und der Zuschlagsbeschluss in der Zwangsversteigerung (§ 90 ZVG). Im letzteren Fall gehen auf den Ersteher auch wesentliche Bestandteile des Grundstücks (§ 94 BGB) sowie Zubehörstücke (§ 97 BGB) über, die an sich bewegliche Sachen geblieben sind, wie etwa eine Einbauküche, die allerdings je nach Art des Einbaus auch wesentlicher Bestandteil des versteigerten Grundstücks geworden sein kann (§§ 90, 50 Abs. 2, 20 ZVG, 1120 BGB)[12]. Wenn bezüglich des Grundstücks nach Eintreten des gesetzlichen Tatbestandes (also nach der Änderung der dinglichen Rechtslage) das Grundbuch der neuen Rechtslage angepasst wird, was notwendig ist, ist das eine **Grundbuchberichtigung**, während sonst die Eintragung, die ein Tatbestandsteil der Verfügung ist, konstitutiv wirkt. Recht häufig ändert sich auch die Rechtslage ohne Grundbucheintragung im Grundpfandrecht (vgl. zB § 1163 und Rn 547). Die Notwendigkeit einer konstitutiven (Gegensatz: deklaratorischen) Eintragung bietet die Möglichkeit für staatliche Instanzen, am Verfahren mitzuwirken, es zu kontrollieren und durch Genehmigungserfordernisse steuerrechtlicher (Grunderwerbsteuer) oder bauordnender bzw raumplanerischer Art spezielle Zielsetzungen zu verfolgen; grundsätzlich werden nur die durch rechtsgeschäftliche Verfügungen beabsichtigten Veränderungen einer solchen Kontrolle unterworfen[13].

2. Gesamtrechtsnachfolge und Grundbuchberichtigung

Ein Tatbestand, der die dingliche Rechtslage außerhalb des Grundbuchs ändert, ist die Gesamtrechtsnachfolge. Dazu gehört außer der Erbfolge (§ 1922) der Eintritt der allgemeinen Gütergemeinschaft, § 1416, und der Anfall eines Vereinsvermögens an den Fiskus gem. §§ 45, 46, ferner zahlreiche gesellschaftsrechtliche Vorgänge im Zuge von Verschmelzungen und Fusionen nach Maßgabe des Unwandlungsgesetzes. Ein **357**

---

12 Für die bloße Zubehöreigenschaft einer Einbauküche OLG Nürnberg NJW-RR 2002, 1485 mit lesenswerten Ausführungen zu der Ausnahme für den Fall, dass eine Einbauküche „im Verkehr nicht als Zubehör angesehen wird", s. auch *Jaeger*, NJW 97, 432. Zur Einbauküche als Bestandteil auch AG Göttingen NJW-RR 2000, 1722.

13 Westermann/*Eickmann*, § 72 Rn 4.

durch Vorgänge außerhalb des Grundbuchs zustande gekommener Rechtswechsel ist bei Gesamthandsgemeinschaften des bürgerlichen Rechts wie der BGB-Gesellschaft denkbar, wenn ein Mitglied ausscheidet und sein Anteil am Vermögen den anderen automatisch durch sog. Anwachsung zufällt, ohne dass es einer rechtsgeschäftlichen Übertragung bedarf, ähnlich bei der **Abwachsung** nach dem Eintreten eines neuen Gesellschafters[14]. Nachdem allerdings der Gesellschaft durch eine rechtsfortbildende Entscheidung des BGH eigene Rechtsfähigkeit zugebilligt wurde[15], kann man diesen Vorgang so verstehen, dass stets die Gesellschaft Eigentümerin des Gesellschaftsvermögens ist; das sollte auch durch eine **Änderung des § 47 GBO** dokumentiert werden, nach der jetzt neben der bisher vorgeschriebenen Eintragung aller Gesellschafter die Gesellschaft als solche einzutragen ist[16]. Am materiellen Prinzip der An- und Abwachsung bei Gesellschafterwechsel ändert dies zunächst nichts, obwohl es sein kann, dass demnächst auf die BGB-Gesellschaft die Regeln nicht mehr angewendet werden. Demgegenüber bleibt es dabei, dass juristische Personen wie AG oder GmbH wie natürliche im Grundbuch eingetragen werden, ebenso wie nach § 124 HGB die OHG und gemäß §§ 161 Abs. 2, 124 HGB die KG.

358   Im **Ausgangsfall 16** geht mit dem Erbfall das Eigentum an allen dem E gehörenden Grundstücken auf B und H über, da beide Erben des E sind. Werden B und H später als Miterben im Grundbuch eingetragen, so ist dies die Grundbuchberichtigung: Es ändert sich nicht die materielle Rechtslage, sondern nur die Verlautbarung im Grundbuch. Wenn B und H dann entsprechend der Teilungsanordnung ihres Vaters oder wegen eines Vorausvermächtnisses (§ 2150) im Testament die Grundstücke unter sich aufteilen oder H an einen Dritten veräußert, findet eine rechtsgeschäftliche Veränderung statt.

359   Die **Grundbuchberichtigung** ist als ein ausschließlich formalrechtlicher Tatbestand in § 22 GBO geregelt; die Unrichtigkeit und die zur Berichtigung einzutragende wirkliche Rechtslage müssen, falls sie nicht offenkundig sind, durch öffentliche Urkunden nachgewiesen werden, § 29 GBO[17]. Die Notwendigkeit eines Beweises der Unrichtigkeit (also nicht nur von Zweifeln an der Richtigkeit) hängt mit der in § 891 BGB normierten **Vermutung für die Richtigkeit des Grundbuchs** zusammen, die die hauptsächliche Grundlage für die Möglichkeit eines gutgläubigen Erwerbs von einem zu Unrecht eingetragenen darstellt (näher Rn 410).

360   B und H müssen im **Fall 16** also den Nachweis der Erbfolge führen, um als Eigentümer eingetragen zu werden. Offenkundigkeit des Todes des E reicht nicht aus, da außer dem Tod das Erbrecht des B und H nachgewiesen werden muss. Die Erbfolge können sie durch Vorlage eines Erbscheins oder des Testaments nachweisen, wenn es sich um ein öffentliches Testament handelt, § 35 GBO.

---

14   Zum Grundsatz aus der Sicht des Grundbuchrechts Westermann/*Eickmann*, § 73 Rn 11.
15   BGHZ 146, 341 und dazu *Ulmer*, ZIP 2001, 558; *K. Schmidt*, NJW 2001, 993 ff; *H.P. Westermann*, NZG 2001, 289; krit. *Beuthien*, JZ 2003, 715.
16   Zu den grundstücksrechtlichen Folgen BGH NJW 2006, 3716; 2008, 594; Erman/*H.P.Westermann* § 705 Rn 72; *Krüger*, NZG 2010, 801; HK-BGB/*Saenger* § 705 Rn 19. Zu der anschließenden Frage, ob es eines Gesellschaftsregisters bedarf, *H.P. Westermann*, FS Säcker, 2011, 543 ff.
17   Zu den Voraussetzungen der grundbuchrechtlichen Löschung einer bereits erloschenen Sicherungshypothek: BGH NJW 2012, 3574.

Wenn ein solcher Nachweis nicht möglich ist, muss eine Bewilligung des Betroffenen **361** – das ist der, der *formell* durch die Berichtigung benachteiligt ist – vorgelegt werden, § 19 GBO. Für den Fall, dass der Betroffene sich weigert, gibt **§ 894** dem Inhaber des nicht oder nicht richtig eingetragenen Rechts gegen den Betroffenen einen Anspruch auf eine solche Bewilligung, den sog. Grundbuchberichtigungsanspruch, näher dazu Rn 387.

III. Einigung und Eintragung als Bestandteile der Verfügung

1. Die Verfügung als Doppeltatbestand

Einigung und Eintragung bilden den Doppeltatbestand der Verfügung, die Einigung **362** ist das Willens-, die Eintragung das Verlautbarungsmoment. Im Gegensatz zur Übergabe im Sinne des § 929 ist die Eintragung ein Hoheitsakt nach den Regeln der sog. freiwilligen Gerichtsbarkeit, sodass für das Verfahren neben die Bestimmungen der GBO diejenigen des FamFG treten. Mit der Bestimmung der Eintragungsvoraussetzungen wird bezweckt, zumindest die Klarheit und Sicherheit der dinglichen Rechtslage der Grundstücke zu fördern, ohne dass freilich Unsicherheiten, die sich aus dem Willensmoment nach den allgemeinen Regeln des bürgerlichen Rechts ergeben (Rn 365), ganz ausgeschaltet werden könnten.

Bezüglich der Verlautbarung findet sich eine deutliche Parallele zwischen § 929 und § 873: Im **363** Recht der beweglichen Sachen ist der Besitz das Verlautbarungsmittel; auf ihm baut sich die Eigentumsvermutung des § 1006 und der Rechtsschein der §§ 851, 932, 1207 auf; folglich ist die Besitzübertragung zum Tatbestandteil der Eigentumsübertragung und der Pfandrechtsbestellung erhoben. Im Grundstücksrecht tritt an die Stelle des Besitzes das Grundbuch, im Übrigen entspricht dem § 1006 der § 891; zum Rechtsscheinsgedanken in §§ 892–893 Rn 410 ff. Demgemäß ist für die Verfügung die Änderung des Grundbuchs konsequent zum Tatbestandsteil erhoben; gleichzeitig weist das Grundbuch nach der Verfügung den Erwerber als Rechtsinhaber aus.

Die **Einigung** besteht wie bei § 929 (vgl. dazu Rn 122) in dem übereinstimmenden **364** Willen, den dinglichen Rechtserfolg herbeizuführen. Sie ist formlos gültig (zu unterscheiden von der formalrechtlichen Bewilligung, vgl. Rn 367) und **bedingungs- und befristungsfreundlich**. Eine Ausnahme macht nur die Einigung zur Eigentumsübertragung (mit einem auf die tatsächliche Öffnung des Grundstücks für den Erwerber zurückgehenden Ausdruck **Auflassung** genannt), die formbedürftig und bedingungs- und befristungs*feindlich* ist, § 925; man kann also – anders als beim Eigentumsvorbehalt gem. § 449 – das Grundstück nicht unter der aufschiebenden Bedingung voller Kaufpreiszahlung auflassen[18]. Wohl ist die Auflassung geeignet, zusammen mit der auf sie folgenden Grundbucheintragung des Erwerbers als Eigentümer etwaige Formmängel des Kaufvertrages oder des sonstigen Grundgeschäfts zu heilen (§ 311b Abs. 1 S. 2), was bei mehraktigen Kaufgeschäften von praktischer Bedeutung sein kann[19]. Wegen der Bedingungsfeindlichkeit ist zB auch die Eigentumsübertragung eines Grundstücks von einem Ehegatten auf den anderen „für den Fall der Schei-

---

18 *Vieweg/Werner*, § 13 Rn 22.
19 Dazu den lehrreichen, wenn auch etwas komplizierten Fall BGH NJW 2004, 3626.

dung" unwirksam[20]. Deswegen muss sich bei der Eigentumsübertragung der Verkäufer anders sichern; das geschieht, indem die Parteien eines Grundstückskaufs idR den Notar anweisen, den Antrag auf Umschreibung erst zu stellen, wenn ihm die Kaufpreiszahlung nachgewiesen, der Betrag etwa auf einem von ihm für beide Parteien eingerichteten Treuhandkonto („Anderkonto") eingegangen ist.

365 Der Charakter der Auflassung als **Vertrag**, bestehend aus zwei Willenserklärungen, hat zur Folge, dass das **Recht der Willenserklärungen** in vollem Umfang anwendbar ist. Es kommt also etwa Irrtumsanfechtung in Betracht, die wegen § 142 dazu führt, dass trotz formal korrekter Umschreibung im Grundbuch Eigentum nicht übergegangen, das Grundbuch also unrichtig ist. Die Auflassung ist auch der Auslegung zugänglich, die auch vom sonstigen Verhalten der Parteien beeinflusst werden kann[21].

366 **Beispiel:** Bei der Besichtigung eines auf einem „Seegrundstück" gelegenen Hauses gehen der Käufer und der Vertreter des Verkäufers davon aus, dass das Grundstück durch eine zum Ufer hin angebrachte Hecke begrenzt ist, der eigentliche Uferstreifen also nicht dazu gehört. Der Käufer konzediert einen etwas höheren Kaufpreis, weil er auf diese Weise der Sorge für das Seeufer enthoben sei. In Wahrheit umfasst das Grundstück auch den Uferstreifen. Die Parteien wollten unter diesen Umständen, wie insbesondere aus dem Verhalten des Käufers hervorgeht, nur das Grundstück ohne den Uferstreifen übertragen. Eine solche Begrenzung des materiellen Rechtserfolgs auf einen Teil des Grundbuchgrundstücks wäre auch möglich, Rn 349.

Für den Uferstreifen fehlt es also an einer Auflassung; wird das Grundbuchgrundstück ohne Abschreibung des Uferstreifens (§§ 890 BGB, 3, 7 GBO) übertragen, so wird das Grundbuch insoweit unrichtig.

2. Materielles und formelles Konsensprinzip

367 Bei den grundstücksrechtlichen Geschäften sind zunächst zu unterscheiden die Verfügungsbefugnis als materiell-rechtliches Wirksamkeitserfordernis und die formell-rechtlich für das **Grundbuchverfahren** erforderlichen Schritte. Hierbei bedarf es eines **Antrags**, den nach § 13 Abs. 1 GBO der Verfügende, aber auch derjenige stellen kann, der durch die Verfügung ein Recht erlangen soll. Sodann bedarf es einer **Bewilligung** des Betroffenen, § 19 GBO, die einseitig erklärt wird (Ausnahme für die Übereignung, § 20 GBO; dazu Rn 384). Des Weiteren verlangt das formelle Grundbuchrecht einen Nachweis der Legitimation und die Voreintragung des Betroffenen gem. §§ 39, 40 GBO. Verfügungsbefugt ist generell der Inhaber des Rechts, über das verfügt werden soll, also zB bei der Veräußerung oder Belastung von Grundeigentum der Eigentümer, bei der Löschung einer Hypothek der Gläubiger, ausnahmsweise gibt es aber auch die Verfügungsbefugnis eines nicht als Rechtsinhaber Handelnden, etwa des Testamentsvollstreckers nach dem verstorbenen Eigentümer. Umgekehrt kann es auch sein, dass der Rechtsinhaber in der Verfügung beschränkt ist, s. etwa § 1365[22]. Verfügen kann aber auch ein vom Eigentümer Bevollmächtigter oder Ermächtigter.

---

20 BayObLG Rpfleger 1972, 400. Daran scheitert auch die Beifügung eines Widerrufsvorbehalts zur Auflassung, BGH NJW 1988, 416.
21 OLG München NotBZ 2014, 263.
22 Weitere Einzelheiten bei Westermann/*Eickmann*, § 74 Rn 6–9; zur Verfügungsbeschränkung nach § 1365 näher *Braun*, FS für Musielak, 2004, S. 119 ff; zur Geltung bei Grundstücksgeschäften Erman/*Budzikiewicz* § 1365 Rn 13.

Die Vollmacht oder Ermächtigung muss dann in der Form **des § 29 GBO**, dh durch mindestens öffentlich beglaubigte Urkunden, nachgewiesen werden. Auch alle anderen Erfordernisse der Wirksamkeit der Verfügung müssen in dieser Form belegt werden. Dabei handelt es sich aber nur um formelle Voraussetzungen; fehlt nur der Nachweis, ist die Voraussetzung selbst aber gegeben, verweigert das Grundbuchamt die Eintragung; übersieht es aber ein Formerfordernis (praktisch höchst selten) und trägt es trotzdem ein, so ist die Verfügung wirksam. Hier zeigt sich der Unterschied zwischen dem formellen und dem materiellen Konsensprinzip, der sich namentlich auch bei rechtlichen Reaktionen auf Mängel des Willens- oder Verlautbarungsmoments bei der Verfügung niederschlägt[23].

Zu den verfahrensmäßigen Erfordernissen gehört der Grundsatz der **Voreintragung des Betroffenen**, nach dem der Verfügende (als der Betroffene) im Grundbuch als Berechtigter eingetragen sein muss, **§ 39 GBO** mit den Ausnahmen in § 40 GBO. Dieses Erfordernis dient der Kontinuität des Grundbuchs und fördert damit die Rechtsklarheit[24]. Auch die Voreintragung des Betroffenen ist nur formelle Voraussetzung, die Wirksamkeit der Verfügung wird dadurch nicht berührt.   **368**

Im **Ausgangsfall 16** ist die Erbengemeinschaft H/B als Eigentümer verfügungsberechtigt, formell legitimiert wird sie durch den Erbschein, vgl. §§ 2353 ff. Sie braucht sich bei Veräußerung des Grundstücks an ein Mitglied der Erbengemeinschaft oder an einen Dritten nicht eintragen zu lassen, vgl. § 40 GBO. Will sie aber zB Nachlassgrundstücke mit einer Hypothek belasten (zB um Erbschaftsteuern oder Nachlassverbindlichkeiten zu begleichen, desgleichen, wenn H zur Finanzierung des Umbaus Bankkredit benötigt), muss sie sich zunächst als Eigentümerin eintragen lassen.   **369**

Da die dingliche Einigung den Erwerbstatbestand noch nicht abschließt, kann die Frage aufkommen, ob der Veräußerer an sie gebunden ist oder seine Meinung vor der Eintragung noch ändern kann (**Bindung an die Einigung**). Im Gegensatz zu § 929 (vgl. dazu Rn 142) bestimmt § 873 Abs. 2, dass die Einigung zwar formlos gültig ist, aber bis zur Eintragung widerrufen werden kann; das bezweckt einen gewissen (nicht lückenlosen) Übereilungsschutz. Bindend wird die Einigung erst, wenn die formellen Erfordernisse des § 873 Abs. 2 vorliegen. Das ist also bei notarieller Beurkundung der Einigung der Fall[25] (der es bei der Auflassung, nicht aber zB bei der Bestellung eines Grundpfandrechts materiell-rechtlich bedarf), ferner bei Einreichung der Einigung beim Grundbuchamt, die allerdings in der Praxis zumeist durch die Einreichung der (einseitigen) Eintragungsbewilligung des Betroffenen (Rn 367) ersetzt wird[26]. Wichtiger ist deshalb, dass die Verfügung auch bindend wird, wenn der Verfügende dem Begünstigten eine den Vorschriften der GBO entsprechende Eintragungsbewilligung ausgehändigt hat. In diese Tatbestände kann auch der Notar als Vertreter der Beteiligten eingeschaltet werden, sodass er die Bindung an die Einigung herbeiführen kann, wenn er dazu bevollmächtigt ist[27].   **370**

---

23   Eingehend dazu MünchKomm/*Kohler* § 873 Rn 101; HK-BGB/*Staudinger* § 873 Rn 8.
24   *Vieweg/Werner*, § 13 Rn 12.
25   Zur Bestellung eines dinglichen Vorkaufsrechts s. BGH MDR 2016, 642.
26   Dazu Westermann/*Eickmann*, § 74 Rn 14; MünchKomm/*Kohler* § 873 Rn 82; HK-BGB/*Staudinger* § 873 Rn 16.
27   Zur Stellvertretung in diesem Bereich BGHZ 46, 308.

Die Bindung an die Einigung, die vom Gesetz eindeutig ausgedrückt ist, ist praktisch zumeist weniger bedeutsam, wenn das Grundgeschäft wirksam ist, da auch bei einer wirksam widerrufenen Einigung auf Neuvornahme geklagt werden könnte. Ist andererseits das Grundgeschäft mangelhaft, was wegen des Abstraktionsgrundsatzes regelmäßig nicht auf das dingliche Verfügungsgeschäft durchschlägt, so muss die bindende Einigung uU nach § 812 kondiziert werden.

3.   Das Anwartschaftsrecht aus dinglicher Einigung

371 Die Stellung, die der Erwerber durch die bindende Auflassung erlangt, wird vielfach als Anwartschaftsrecht bezeichnet, wenn der Erwerber den Eintragungsantrag beim Grundbuchamt gestellt hat. Dies passt zu der Definition, die auf den teilweisen Vollzug eines mehraktigen Erwerbstatbestands abstellt (Rn 23, 167), aber angesichts der im Gesetz verfügten Bindung an die Einigung ist die dingliche Absicherung des Erwerbers, deren Begründung im Mobiliar-Sachenrecht zu dem „Rätsel Anwartschaft" beigetragen hat[28], und damit auch die Begründbarkeit einer selbstständigen Veräußerbarkeit der Position und ihres Schutzes gegen Beeinträchtigungen im Grundsatz klar[29]. Die bloße Bindung des Veräußerers vor Stellung des Eintragungsantrags würde nicht genügen, weil eine mit dem Vollrecht bis zu einem gewissen Grade vergleichbare Anwartschaft nicht angenommen werden kann, wenn die Voraussetzungen der (konstitutiven) Eintragung noch nicht vorliegen[30]. Das ändert sich nach der hM mit der Stellung des Eintragungsantrags, weil jetzt § 17 GBO den Erwerber dagegen sichert, dass spätere, etwa noch vom Veräußerer gestellte Anträge, deren Erledigung das Recht des Erwerbers beeinträchtigen könnte (so etwa in **Fall 17** der Antrag des H zu Gunsten des Bundeslandes), vor seinem eigenen Eintragungsantrag positiv beschieden werden. Diese Situation hat eine gewisse Ähnlichkeit mit der Regelung des § 161, die bei der Anwartschaft aus bedingter Übereignung eingreift. Allerdings muss es sich um einen Antrag des Erwerbers handeln, da ein Antrag des Veräußerers von diesem zurückgenommen werden könnte[31].

372 Wenn demgegenüber gegen die Qualifikation der Position des Erwerbers als Anwartschaft eingewandt wird, es handle sich nur um eine von Verfahrensakten und vom konkreten Verfahren abhängige Rechtsstellung, die demgemäß durch eine Zurückweisung des Antrages seitens des Grundbuchamtes vernichtet werden könne[32], so wird zu wenig berücksichtigt, dass bei dem gesetzlich nicht geregelten Institut der Anwartschaft die Art der Sicherung gegen abweichende Verfügungen des Veräußerers und überhaupt das Ausmaß der Verfestigung des Erwerberrechts bei einem gesetzlich nicht vorgesehenen Institut nicht genau und einheitlich ausgeprägt sein können. Daran ändert schließlich auch der Umstand nichts, dass § 17 GBO eine bloße Ordnungsvorschrift ist, deren Verletzung einen Erwerb eines zu Unrecht vorgezoge-

---

28   Näher aus neuerer Zeit *H.P. Westermann*, FS für Schapp, 2010, S. 507, 513 ff.
29   Zu diesem Problemkreis *Hager*, JuS 1991, 1; *Dieckmann*, FS für Schiedermair, 1976, S. 93 ff; *Habersack*, Rn 299. Mit diesem Begriff arbeitet auch BGHZ 49, 197, 201; ein echtes Anwartschaftsrecht leugnen MünchKomm/*Kohler* § 873 Rn 91; HK-BGB/*Staudinger* § 873 Rn 17 ff; Westermann/*Eickmann*, § 74 Rn 16; anders wieder BGHZ 108, 108; *Baur/Stürner*, § 19 B 1.
30   BGHZ 106, 108, 111.
31   S. auch BGHZ 145, 197, 201; 83, 395.
32   *Löwisch/Friedrich*, JZ 1972, 302; MünchKomm/*Kohler* § 873 Rn 91; Westermann/*Eickmann*, § 74 Rn 16.

nen Antragstellers – wenn die materiellen Voraussetzungen vorliegen – nicht verhindert. Der Eigentümer, der an der Auflassung und dem Eintragungsantrag mitgewirkt hat, unterliegt deshalb keiner Verfügungsbeschränkung; immerhin kommen dann Amtshaftungsansprüche gem. § 839 BGB, Art. 34 GG in Betracht[33]. Richtig ist freilich, dass die bloße Eintragung einer Auflassungsvormerkung (Rn 465), die eine (freilich nicht unwichtige) Verstärkung der schuldrechtlichen Ansprüche bedeutet, als Anwartschaft nicht schon anerkannt werden kann[34].

So liegt es in **Fall 17**: Die Anwartschaft des K (oder seines Rechtsnachfolgers D – dazu sogleich) ist hinfällig, weil das Bundesland auf Grund gültiger Auflassung, die auch bereits behördlich genehmigt war, vom Berechtigten erworben hat. Möglicherweise stehen aber dem K oder dem D Amtshaftungsansprüche zu, weil der Grundbuchbeamte §§ 17, 31 GBO verletzt hat, die iS des § 839 BGB eine auch dem Anwartschaftsinhaber gegenüber bestehende Amtspflicht normieren. Der Schaden besteht gerade im Verlust der durch die frühere Antragstellung geschaffenen Position.

373

Dies setzt freilich voraus, dass die Anwartschaft des K gültig auf D **übertragen** werden konnte. Dies wird von der hM zugelassen, ohne dass der Eigentümer unterrichtet oder um sein Einverständnis gefragt werden muss[35]. Auch eine Eintragung des ersten Anwärters kann und muss nicht mehr erfolgen, der Erwerber der Anwartschaft kann sofort seine eigene Eintragung betreiben und wird durch Eintragung Eigentümer[36]. Man hätte, ohne hierfür unbedingt auf die Figur der Anwartschaft zurückgreifen zu müssen, auch die (erste) Auflassung als Einwilligung (§ 185 Abs. 1) des Eigentümers deuten können, dass der Auflassungsempfänger als Nichtberechtigter über das Eigentum verfügt[37].

374

4. Die Eintragung

Die Eintragung muss die gewollte Rechtsänderung im Grundbuch mit der für das Sachenrecht erforderlichen **Bestimmtheit** verlautbaren. Um das Grundbuch nicht durch allzu umfangreiche Eintragungen unübersichtlich werden zu lassen, lässt § 874 zur näheren Bestimmung des Inhalts des Rechts eine **Bezugnahme auf die Eintragungsbewilligung** (dazu § 19 GBO) zu. Darüber hinaus erlaubt § 874 S. 2 ebenfalls eine Bezugnahme auf die **bisherige Eintragung** nach § 44 Abs. 3 S. 2 GBO. Diese Urkunde wird dann Bestandteil der Grundbucheintragung.

375

Die Bezugnahme auf die Eintragungsbewilligung hat dann vor allem im Grundpfandrecht praktische Bedeutung, da häufig sehr umfangreiche formularmäßige Einzelbestimmungen getroffen werden. Die Eintragungsbewilligungen werden bei der **Grundakte**, die für jedes Grundbuchblatt geführt wird, aufbewahrt. In der Grundakte werden alle auf das Grundbuchblatt bezogenen Urkunden gesammelt, ferner werden die Eintragungsanträge, sobald sie beim Grundbuchamt eingegangen sind, zu den Grundakten genommen. Die Grundakte kann wie das Grundbuch von rechtlich Interessierten (Rn 355) eingesehen werden.

---

33 *Hager*, JuS 1991, 1, 3.
34 Staudinger/*Gursky* § 873 Rn 183 f; aM. *Medicus/Petersen*, Rn 469.
35 BGHZ 114, 161, 164; 83, 395, 399; 49, 197, 202; *Habersack*, Rn 302, 304 (sog. Kettenauflassung); dazu MünchKomm/*Kohler* § 878 Rn 15.
36 *Hager*, JuS 1991, 1, 4 f.
37 RGZ 129, 150; dazu MünchKomm/*Kohler* § 878 Rn 15.

376 Ein dem formellen Recht angehöriger, gleichwohl materiell wichtiger Umstand ist der **numerus clausus der Sachenrechte**[38] im Grundstücksrecht, der besagt, dass nur die im Gesetz ausdrücklich vorgesehenen Rechtspositionen eingetragen werden können. Das sind in Abt. I der oder die Eigentümer mit dem Erwerbsgrund für ihr Recht, bei Miteigentum oder Gesamthandseigentum die Anteile der Berechtigten bzw das die Gemeinschaft begründende Rechtsverhältnis, in Abt. II Miteigentumsregelungen gem. § 1010, Erbbaurecht, Nießbrauch, Grunddienstbarkeiten und beschränkte persönliche Dienstbarkeiten[39], dingliche Vor- und Wiederkaufsrechte, Reallasten sowie die Verfügungsbeschränkungen des allgemeinen Rechts, die das Grundstück erfassen (etwa Bestehen eines Insolvenzverfahrens oder einer Nacherbschaft, Vormerkungen, Widersprüche). Dagegen darf der Inhalt schuldrechtlicher Verträge, die zur Eintragung dinglicher Rechte führen, nicht eingetragen werden.

377 Einigung und Eintragung **zusammen** führen den Rechtserfolg herbei. Decken sie sich nicht, kann höchstens im Umfang der Identität der Rechtserfolg eintreten[40].

Man sollte meinen, Fälle, in denen sich Einigung und Eintragung nicht decken, seien angesichts der Formalitäten des Eintragungsvorgangs, die auch in der Praxis streng beachtet werden, selten. Sie können sich aber durchaus bei der Aufteilung großer Grundstücke und/oder Gebäude auf mehrere Erwerber ereignen.

378 **Beispiel:** W, Eigentümer eines großen Gutshofs mit einem modernisierten Wohnhaus, das in Eigentumswohnungen aufgeteilt worden ist, einigt sich mit E, der eine der Eigentumswohnungen erworben hat, über die Übereignung eines vom Käufer und Verkäufer besichtigten und mit Pflöcken in der Erde bezeichneten Teils des bisher zum Gut gehörigen Geländes. Danach wird aber für das gesamte bisher nicht parzellierte Grundstück E als Eigentümer eingetragen; im Kaufvertrag und in der Auflassung war nämlich das bisherige Grundstück unter einer Parzellennummer bezeichnet. Der Notar hatte nicht geprüft, ob das von den Parteien als Kaufgegenstand ins Auge gefasste Teil-Grundstück grundbuchrechtlich (Rn 350, 351) schon existierte. Hier hatten sich die Parteien trotz der Formulierung im Kaufvertrag und in der Auflassung nicht über die Übereignung des ganzen Grundstücks geeinigt, auf das sich die Eintragung aber bezog. Dann geht Eigentum nicht über, der Anspruch des E auf Übereignung des Teil-Grundstücks, das sich W allerdings für die Erfüllung noch durch Parzellierung des Geländes beschaffen muss, bleibt bestehen. Ob die Auflassung dahin ausgelegt werden kann, dass sie sich bereits auf die künftige Parzelle bezog, ist sehr zweifelhaft, da sich aus der notariellen Urkunde ein dahingehender Wille nicht ergibt. Andere Beispiele können sich im Grundpfandrecht ergeben, wenn der Bestellungsakt ein Recht mit einem bestimmten Rang meint, der bei der Eintragung aber nicht begründet wird (zu diesbezüglichen Abweichungen von Einigung und Eintragung s. Rn 544, 545).

---

38 Praktisch zum Grundsatz und zu seinen Abschwächungen Westermann/*H.P. Westermann*, § 2 Rn 15–18.

39 Hinsichtlich der Anforderungen an die Bestimmtheit des im Grundbuch einzutragenden Rechts ist zu differenzieren. Während es für gesetzlich vertypte Rechte wie den Nießbrauch ausreicht, auf das Gesetz Bezug zu nehmen, sind Rechte, die wie die Dienstbarkeiten inhaltlich unterschiedlich ausgestaltet sein können, durch die Eintragung hinreichend zu spezifizieren, OLG Karlsruhe, MDR 2013, 1213.

40 BGHZ 123, 297, 301; MünchKomm/*Kohler* § 873 Rn 108; HK-BGB/*Staudinger* § 873 Rn 9; Westermann/*Eickmann*, § 74 Rn 29.

5. Schutz gegen nachträgliche Verfügungsbeschränkung

Das Zusammenspiel von Einigung und Eintragung hat materielle Bedeutung in der **379** Weise, dass grundsätzlich bei **Vollendung des Rechtserwerbs**, regelmäßig also durch die Eintragung, **alle Voraussetzungen** (noch) **vorliegen müssen**. Dies ist ein (auch beim Erwerb vom Nichtberechtigten) allgemein gültiges Prinzip. Praktisch könnte es bei Verzögerung einer Eintragung, die sich etwa aus dem Erfordernis der Einholung einer öffentlich-rechtlichen Genehmigungserklärung ergeben kann, geschehen, dass die Verfügungsbefugnis des Veräußerers, deren es zur Vollendung des materiellen Rechtsgeschäfts bedarf, nachträglich entfallen ist.

> Im **Fall 17** haben sich H und K über die Auflassung des Waldgrundstücks geeinigt, nach- **380** dem H mit dem Umbau des Bauernhauses zum Hotel begonnen hat. Dabei hat H die Kosten unterschätzt. Bevor der Eigentumswechsel ins Grundbuch eingetragen ist, wird H insolvent, der Insolvenzverwalter will das Geschäft nicht gelten lassen.

Mit der Eröffnung des Verfahrens ist nach § 80 InsO zwar nicht das Eigentum, aber **381** die Verfügungsbefugnis des Gemeinschuldners entfallen, das Entscheidungsrecht geht auf den Insolvenzverwalter über. K kann also nicht mehr erwerben, wenn er sich nicht mit dem Insolvenzverwalter verständigt. Wenn die Eintragung länger hinausgeschoben wurde, etwa weil es noch einer Genehmigung nach dem GrundstücksverkehrsG bedurfte, ist eine solche Gefährdung des Rechts des Erwerbers unbillig. Dagegen hilft **§ 878**, indem er eine nach **bindender Einigung** und **Einreichung** des Eintragungsantrags eingreifende Verfügungsbeschränkung des Berechtigten für diesen Erwerbsvorgang als unerheblich erklärt[41]. Damit kann der aus der Einigung Begünstigte trotz Insolvenz, gerichtlicher Veräußerungsverbote oder einer Beschlagnahme des Grundstücks im Zuge der Zwangsvollstreckung noch auf Grund der früheren Einigung wirksam erwerben. § 878 hat also gewisse Ähnlichkeit mit § 130 Abs. 2, der auf ähnlichen Rechtsgedanken beruht.

Zu beachten ist freilich, dass sich die Regelung nur auf Verfügungsbeschränkungen **382** bezieht; verliert der Berechtigte das Recht als solches, so bleibt es dabei, dass bei Vollendung des Rechtserwerbs nicht mehr alle Erfordernisse gegeben sind und das Recht nicht übergeht. Das ist etwa dann von praktischer Bedeutung, wenn der Eigentümer mehrfach über das Eigentum verfügt, es etwa zweimal an verschiedene Erwerber aufgelassen hat. Würde die Umschreibung des Grundstücks auf denjenigen Auflassungsempfänger, mit dem sich der Eigentümer später geeinigt hat, erledigt, bevor das Grundbuchamt auf den Antrag des ersten Erwerbers hin tätig wird, so würde ihm § 878 nicht helfen können, ebensowenig, wenn der Eigentümer vor Eintragung einer von ihm bestellten Hypothek das Grundstück durch Enteignung verliert. Um derartige Konsequenzen aus der Eintragungsfolge zu vermeiden, schaffen die §§ 17, 45 GBO Vorkehrungen, indem das Grundbuchamt sich bei der Eintragung an die Reihenfolge des Eingangs der Eintragunganträge zu halten hat. Das hat als Bestandteil des formellen Konsenses allerdings keinen Einfluss auf die materiell-rechtliche Lage, die sich allein nach § 873 richtet. Wenn also das Grundbuchamt die Regelung der GBO verletzt und den späteren Antragsteller einträgt, so erwirbt er – Übereinstimmung von

---

41 *Vieweg/Werner*, § 13 Rn 31.

Einigung und Eintragung vorausgesetzt – das Recht, und der benachteiligte Antragsteller, der einen Schaden erleidet, bleibt auf Amtshaftungsansprüche wegen der Verletzung der grundbuchrechtlichen Vorschriften beschränkt[42]. Anders als die Reihenfolge des Eingangs der Eintragungsanträge wird eine nach Antragstellung eintretende Verfügungsbeschränkung vom Grundbuchamt nicht geprüft, das vielmehr die Eintragung zu vollziehen hat, wenn die Voraussetzungen des § 878, also auch die Bindung des Veräußerers, vorliegen[43].

Eine weitere Besonderheit ergibt sich, wenn ein Eintragungsantrag unvollständig ist und deshalb zurückgewiesen worden ist. Wenn jetzt der Antragsteller in der Verfügung beschränkt wird, so kommt dem Erwerber § 878 für solche Beschränkungen zugute, die vor der rechtmäßigen Zurückweisung des Antrags eingetreten sind[44].

6. Die Bedeutung der Eintragungsbewilligung

383 Der Ablauf der Grundstücksgeschäfte und damit auch der meisten materiell-rechtlichen Wirkungen wird durch den Umstand bestimmt, dass **Eintragungsgrundlage** nicht die Einigung, sondern die von der materiell-rechtlichen Einigung zu unterscheidende **Eintragungsbewilligung** gem. § 19 GBO ist. Es gibt also, wie schon in Rn 367 gezeigt, ein Nebeneinander von materieller Einigung und formell-rechtlicher Eintragungsbewilligung, und zwar in mehrfacher Hinsicht: Die Einigung braucht dem Grundbuchamt nicht nachgewiesen zu werden, umgekehrt reicht ihr Nachweis nicht aus, um die Eintragung zu veranlassen; hierfür bedarf es der Eintragungsbewilligung. Die Einigung ist ein formlos gültiger (abgesehen von § 925) materiell-rechtlicher Vertrag, erfordert also Zusammenwirken der Beteiligten; die Eintragungsbewilligung ist die einseitige, formelle Einverständniserklärung des Betroffenen, bedarf aber zumindest der öffentlichen Beglaubigung, §§ 19, 29 GBO. Nichterfüllung der Voraussetzungen der Einigung löst materielle Folgen (in Gestalt des Nichteintretens der gewollten Rechtsbegründung oder -änderung) aus, das Fehlen der Eintragungsbewilligung hat höchstens formal-rechtliche Folgen.

384 Von diesem Unterschied von **materiellem Einigungs-** und **formellem Konsensprinzip** macht nur die *Eigentumsübertragung* eine Ausnahme; bei ihr ist, wie schon gesagt, *materiell-rechtlich* die Form des § 925 erforderlich, und *formal-rechtlich* verlangt § 20 GBO den *Nachweis* der Einigung. Bei der Eigentumsübertragung will das Gesetz nämlich wegen ihrer besonderen wirtschaftlichen Bedeutung mit materiell- und formalrechtlichen Mitteln die Rechtssicherheit wahren. Dies gilt gerade auch für den Fall, dass sich auf die Eigentumseintragung später andere Eintragungen (etwa von Grundpfandrechten) stützen, wie es etwa der Fall ist, wenn der Käufer, um den Kaufpreis zu finanzieren, einen Bankkredit braucht und die Bank eine Sicherheit am Grundstück verlangt.

---

42 Zum Ganzen Westermann/*Eickmann*, § 74 Rn 34 ff.
43 MünchKomm/*Kohler* § 878 Rn 38; HK-BGB/*Staudinger* § 878 Rn 1; Staudinger/*Gursky* § 878 Rn 68.
44 BGH NJW 1997, 2751 mit zusätzlicher Erörterung der Frage, wie es zu beurteilen ist, wenn die Anfechtung der Zurückweisung und die Eintragung des beantragten Rechts auf neuen Tatsachen beruhen; dazu auch *Gerhardt*, JZ 1998, 159 f.

Auch die **Legitimation des Bewilligenden** muss für das Grundbuchverfahren formell   385
nachgewiesen werden, während es für das materielle Recht auf die materielle Inhaberschaft ankommt.

Beispiel: Der Grundstückseigentümer E bevollmächtigt mit formloser Erklärung den B, eine
Hypothek für eine darlehensgebende Bank zu bewilligen, die B nach Maßgabe der Konditionen
für langfristige Finanzierungen noch finden soll[45]. Das Grundbuchamt wird auf die Eintragungsbewilligung des B hin nicht eintragen, da die Vollmacht in der Form des § 29 GBO nachgewiesen sein muss. Trägt das Grundbuchamt ein, ist die Hypothek entstanden (die sonstigen
Voraussetzungen unterstellt), da B bevollmächtigt und damit materiell-rechtlich befugt ist,
über das Grundstück zu verfügen. Zum Erfordernis der Voreintragung des Betroffenen (§ 39
GBO) s. Rn 367.

Schließlich erfordert § 13 Abs. 1 S. 1 GBO einen **Antrag**; dabei handelt es sich aber
nur um einen verfahrensrechtlichen Anstoß, ohne den das Grundbuchamt nicht tätig
wird. Der Antrag ist weder Eintragungsgrundlage noch hat er materielle Bedeutung.

IV.   Die wichtigsten grundstücksrechtlichen Anspruchsgrundlagen

1.   Anspruch auf Erfüllung (einschließlich: Duldung der Zwangsvollstreckung)

Ansprüche aus schuldrechtlichen Geschäften können wie immer auf Erfüllung gerich-   386
tet sein, so kann der Gläubiger Auflassung, also die Abgabe der dinglichen Einigungserklärung iSd § 925, verlangen, der Gläubiger, dem eine Sicherung durch ein
Grundpfandrecht zugesagt ist, dessen Bestellung (§§ 873, 113). Zu den Besonderheiten, wenn für einen schuldrechtlichen Anspruch eine Vormerkung bestellt ist,
s. Rn 468. Besteht einmal ein Grundpfandrecht (§§ 1113, 1191), so kann der Gläubiger vom Eigentümer des belasteten Grundstücks verlangen, dass er die **Zwangsvollstreckung** in das Grundstück, also die Zwangsversteigerung oder Zwangsverwaltung
nach Maßgabe des Zwangsversteigerungsgesetzes (ZVG), duldet, näher Rn 539. In
diesem Zusammenhang ist dann die dingliche Rechtslage, dh das Bestehen eines
Pfandrechts zu untersuchen. Bei Fallbearbeitungen ist dann idR so vorzugehen, dass
im Rahmen des Anspruchs auf Duldung der Zwangsvollstreckung das gültige Entstehen des Pfandrechts und sein späteres Schicksal (bei Veränderungen der Forderung,
Abtretung oder Erfüllung) zu prüfen sind. Bei Dienstbarkeiten (näher dazu Rn 529 ff)
geht es darum, dass der Berechtigte das belastete Grundstück in bestimmter Hinsicht
nutzen darf (s. etwa §§ 1018, 1090); wenn der Eigentümer ihm dieses Recht streitig
macht, kann der Berechtigte entweder, wenn die prozessrechtlichen Voraussetzungen
vorliegen, Feststellungsklage erheben, daneben kann er sowohl gegen Dritte als auch
gegen den Eigentümer selbst bei Störungen in der Benutzung aus § 1027 vorgehen.

---

45   Vielfach wird hier auch eine Verfügungsermächtigung (§ 185 Abs. 1) für den Erwerber ausgespro-
     chen, s. dazu die Fallbesprechung von *Kern*, Jura 1990, 239.

2. Der Anspruch auf Grundbuchberichtigung

387 Im Mittelpunkt des praktischen Interesses, auch universitärer Falllösungen, steht im Allgemeinen die Störung des Eigentums oder sonstiger Rechtspositionen durch eine unrichtige Verlautbarung des Rechtsinhabers im Grundbuch, die dazu führt, dass der wahre Berechtigte eingetragen werden möchte.

Mit gewissen sachbedingten Besonderheiten gelten für das Verhältnis zwischen dem wahren Eigentümer eines Grundstücks und demjenigen, der zu Unrecht im Grundbuch eingetragen ist („Buchbesitzer"), auch die Regeln der §§ 987 ff[46], weil der gutgläubige Buchbesitzer in mancher Hinsicht ebenso schutzwürdig ist wie der gutgläubige Besitzer einer beweglichen Sache. Dies gilt hauptsächlich bezüglich der Nutzungen; hinsichtlich etwaiger Schadensersatzansprüche wegen Beschädigung der Sache ist auch der grundsätzliche Vorrang der Sonderregeln des Eigentümer-Besitzer-Verhältnisses zu beachten. Bei Verwendungen wird die Problematik insoweit öfter beim Ausgleich für Rechtsverlust (Rn 337 ff) liegen.

388 Der wichtigste Anspruch, mit dem der wahre Berechtigte eines Grundstücksrechts gegen Störungen vorgehen kann, ist der **Grundbuchberichtigungsanspruch** gem. **§ 894**. Danach kann bei Unrichtigkeit des Grundbuchs derjenige, dessen Recht nicht oder nicht richtig eingetragen oder durch die Eintragung einer nicht bestehenden Belastung beeinträchtigt ist, von demjenigen, dessen „Buchposition" die des wahren Berechtigten beeinträchtigt, die Zustimmung zur Berichtigung verlangen. Dabei handelt es sich also um einen anderen Vorgang als die formell-rechtliche Grundbuchberichtigung nach § 22 GBO (dazu Rn 359), wenn auch am Ende jeweils das Grundbuchamt tätig zu werden hat.

Die **Prüfungsschritte** gibt der Gesetzestext vor: Zunächst ist stets zu untersuchen, ob das Grundbuch unrichtig ist, dh ob ein Recht am Grundstück (Eigentum, Grundpfandrecht, Nießbrauch) nicht oder nicht richtig eingetragen oder ein an sich richtig eingetragenes Recht zu Unrecht durch eine andere Eintragung belastet erscheint. Immer geht es um den Ausfluss eines nicht oder nicht richtig eingetragenen dinglichen Rechts; schuldrechtliche Ansprüche auf Verschaffung eines Grundstücks oder eines Grundstücksrechts sind dagegen durch Erfüllungshandlungen gem. § 873 bzw (beim Grundstückskauf) § 925 zu erfüllen. Wie es zu der Grundbuchunrichtigkeit gekommen ist, ist ohne Bedeutung. Als nächstes ist sodann festzustellen, wer durch die unrichtig verlautbarte Rechtslage begünstigt ist, wessen Rechtsposition also verschwinden oder anders verlautbart werden muss, damit die Rechtslage richtig wiedergegeben wird. Diese Person ist der Schuldner des Anspruchs aus § 894.

389 Im **Fall 17** hilft dem K oder dem D § 894, wenn durch die Eintragung des Bundeslandes als Eigentümer das Grundbuch unrichtig geworden ist. Da der Erwerb aber materiell-rechtlich gültig ist, ist das Land Eigentümer, eine Anwartschaft des K oder des D, die unrichtig verlautbart sein könnte, besteht nicht mehr, ganz abgesehen davon, dass diese nicht eintragungsfähig wäre (Rn 376). Einen Grundbuchberichtigungsanspruch hat aber zB der Veräußerer eines Grundstücks, wenn Einigung und Eintragung aus irgendwelchen Gründen den Eigentumsübergang nicht herbeigeführt haben. Anspruchsgegner ist dann der zu Unrecht als Eigentümer eingetragene Erwerber, bei Verlautbarung eines nicht bestehenden Pfandrechts

---

46 BGH NJW 1985, 382, 386; BGHZ 75, 288; MünchKomm/*Kohler* § 894 Rn 48; HK-BGB/*Staudinger* § 894 Rn 10; krit. aber Staudinger/*Gursky* § 894 Rn 173.

der als Gläubiger Eingetragene, nach der Löschung eines in Wahrheit noch bestehenden Pfandrechts der Eigentümer, dessen Grundstück nach der Löschung als unbelastet erscheint. Von einem schuldrechtlichen Berichtigungsanspruch[47] spricht man, wenn eine Eintragung im Grundbuch durch ungerechtfertigte Bereicherung oder ein Delikt (zB Fälschung der Eintragungsunterlagen) erlangt ist; der Begünstigte ist dann zur Berichtigungsbewilligung verpflichtet, auf deren notfalls im Klagewege erzwungene Erteilung hin das Grundbuchamt auf Antrag tätig wird.

Inhaltlich geht der Anspruch auf eine der Form des § 29 GBO entsprechende **Berichtigungsbewilligung**. Weigert sich der Verpflichtete, und hat eine auf § 894 gestützte Klage Erfolg, so wird der Beklagte zur Zustimmung der Berichtigung des Grundbuchs verurteilt. Das Urteil ersetzt dann seine Willenserklärung, § 894 ZPO. Auf dieser Grundlage kann und muss sodann, wenn der obsiegende Kläger es beantragt, das Grundbuchamt die Berichtigung vornehmen.   **390**

Der Grundbuchberichtigungsanspruch ist von dem dinglichen Recht, um dessen richtige Verlautbarung es geht, nicht abtrennbar. Der Inhaber kann aber einen anderen ermächtigen (§ 185), den Anspruch geltend zu machen[48].

V. Die Bedeutung kautelarjuristischer Denkweise für das Liegenschaftsrecht

Das Liegenschaftsrecht ist stärker als andere Materien des bürgerlichen Vermögensrechts und vergleichbar mit dem Erbrecht und dem Gesellschaftsrecht davon geprägt, dass Verträge nach sorgfältiger Überlegung von Fachleuten gestaltet werden, die langjährige Erfahrung im Umgang mit den wirtschaftlichen und rechtlichen, aber auch mit den hier teilweise besonders wirksamen menschlichen Umständen besitzen.   **391**

So muss beim Kauf eines Grundstücks darauf geachtet werden, dass der Verkäufer das Grundstück nicht aufläßt, bevor die Kaufpreiszahlung gesichert ist[49]. Umgekehrt muss dem Käufer die Möglichkeit gegeben werden, das Grundstück mit Pfandrechten zur Sicherung eines zur Finanzierung des Kaufpreises eingegangenen Darlehens einzusetzen, was mit einer Vollmacht des Verkäufers zur Belastung möglich, aber diesem natürlich nicht zumutbar ist, wenn die Zahlung der Kaufpreisforderung nicht gesichert ist. Bei der Veräußerung von Grundbesitz im Wege der vorweggenommenen Erbfolge werden häufig Verpflichtungen des Erwerbers vereinbart, bei deren Bestimmung auch die menschlichen Verhältnisse unter Veräußerern und Erwerbern zu bedenken sind.

Das veranlasst eine Umgehensweise mit dem Recht, die speziell auf die Gestaltung von Verträgen, die Schaffung eindeutiger Rechtslagen auch bei unvorhersehbaren Entwicklungen und besonders auf die Lösung gesetzlich nicht geregelter Probleme und vorhersehbarer Konflikte ausgerichtet ist; man nennt dies *Kautelarjurisprudenz*[50]. Der Ausdruck beruht auf dem lateinischen „cautela". Im Liegenschaftsrecht   **392**

---

47 Dazu Erman/*Artz* § 894 Rn 43; HK-BGB/*Staudinger* § 894 Rn 3.
48 S. die Falllösung von *Scherner*, JuS 1992, 762, 764 f.
49 S. den Fall BGH NJW 1989, 521.
50 Eingehend dazu *Jerschke*, DNotZ 1989, 21; *H. Weber*, JuS 1988, 547 ff; *H.P. Westermann*, AcP 175, 375 ff; *ders.*, JA 1980, 309 ff.

sind wegen des Beurkundungszwangs vieler wichtiger Geschäfte (§§ 311b BGB, 19, 29 GBO) die Notare angesprochen. Sie haben bei Beurkundungen in erster Linie die Gebote des Beurkundungsgesetzes zu beachten, etwa § 17 Abs. 1 (Aufklärung des Sachverhalts), Einsicht in das Grundbuch (§ 21 I). Der Notar ist auch dafür verantwortlich, dass unerfahrene und ungewandte Beteiligte nicht benachteiligt werden (§ 17 Abs. 1 S. 2 BeurkG), was dem Gebot der unparteiischen Betreuung der Beteiligten (§ 14 Abs. 1 S. 2 BNotO) entspricht. Besonders bei Grundstücksgeschäften, die häufig einen für die Beteiligten oder für beide außergewöhnlich hohen finanziellen Wert betreffen, spielt die Sicherheit aller Vertragspartner gegenüber wirtschaftlichen Schwierigkeiten des anderen oder auch nur gegenüber unvorhergesehenen rechtlichen Verwicklungen eine Rolle. Dies hat zu weitgehend eingespielten Praktiken der Gestaltung und Streitvermeidung geführt, die am besten von ausgewiesenen Fachleuten gehandhabt werden.

§ 13 Bestandteile und Scheinbestandteile von Grundstücken – Rechtsverlust und Ausgleichsmöglichkeiten

393 **Fall 18:** Der Grundstückseigentümer E bestellt der A-AG an seinem Waldgrundstück ein Nießbrauchsrecht. Die AG errichtet auf dem Grundstück auf einem festen Fundament ein Holzhaus als „Jagdhütte" für ihre Jagdgäste. Im Wohnraum wird eine Decke aus alten Eichenbalken eingebaut. Durch ein Versehen des Grundbuchamts wird das Nießbrauchsrecht im Grundbuch gelöscht. E, der dies erfahren hat, veräußert, ohne dass die A-AG etwas erfährt, das Grundstück an den G, der die Unrichtigkeit des Grundbuchs nicht kennt. E übergibt dem G auch einen Schlüssel zu der oft längere Zeit unbenutzten Jagdhütte. E hatte sich diesen Schlüssel, der in der Hütte als Reserveschlüssel aufbewahrt wurde, unbemerkt angeeignet, als er sich als Gast der A-AG dort aufhielt, und sich dann kurz vor der Besichtigung des Grundstücks durch G in der Hütte eingenistet.

1. Kann die A-AG das Haus und die Fundamente abbrechen lassen?

2. Während G und die A-AG noch streiten, meldet sich der Holzhändler H und weist nach, dass ihm die Eichenbalken kurz vor ihrem Einbau von seinem Lagerplatz gestohlen worden sind. Kann H die Eichenbalken oder ihren Wert verlangen? **Lösung Rn 399, 400, 404**

394 **Zur Falllösung:** Ausgangsfrage muss sein, wer Eigentümer der Jagdhütte ist; nur er könnte das Haus und die Fundamente abbrechen, wobei zunächst offen bleiben kann, ob die A-AG, wenn sie nicht zugleich ein dingliches Recht an dem Grundstück hat, wirklich mit der Jagdhütte verfahren kann, wie sie will. Da sie aber niemals Eigentümerin des Grundstücks geworden ist, muss geprüft werden, ob an dem Gebäude überhaupt ein vom Grundstückseigentum gesondertes Recht bestehen kann. Sollte das der Fall sein, so würde hiervon auch die zweite Frage beeinflusst, da die Eichenbalken, die dem H gehörten und die die A-AG wegen § 935 (dazu Rn 231) nicht gutgläubig erworben haben kann, vielleicht durch den Einbau in das Eigentum dessen gelangt sein können, dem das Haus gehörte. Wenn dies der Fall war, kommen Ausgleichsansprüche in Betracht.

I.   Das Schicksal der Grundstücksbestandteile

1.   Bestandteile und Scheinbestandteile

Zu den Grundstücken gehören Bestandteile und Zubehör. Die Bestandteile sind, so-   **395**
fern es sich nicht um wesentliche handelte, von den Rechtsänderungen, die sich auf
das Grundstück beziehen, nicht automatisch miterfasst, § 93; hingegen erstreckt sich
auf wesentliche Bestandteile das Eigentum des Grundstückseigentümers, was § 93
dadurch ausdrückt, dass Grundstück und wesentliche Bestandteile nicht Gegenstand
besonderer Rechte sein können. Freilich kommt es vor, dass Gegenstände äußerlich
als Bestandteile – sogar als wesentliche – erscheinen, aber dennoch von der Bestandteileigenschaft ausgenommen sind. Man spricht dann von Scheinbestandteilen[1], die
also – im Prinzip wie echte Bestandteile – nicht vom Grundstück getrennt werden
können, ohne dass diese Sache oder gar das Grundstück „zerstört oder in seinem Wesen verändert" wird, die aber dennoch anders behandelt werden. Die Gründe hierfür
sind aus einer der Ausnahmeregelungen ersichtlich, die diese Folgen ermöglichen,
und zwar aus § 95, da die Verbindung „zu einem vorübergehenden Zweck" nicht ausreicht, um den Eigentümer der mit dem Grundstück verbundenen Sache sein Recht
verlieren zu lassen. Daraus folgt weiter, dass die Scheinbestandteile weiterhin bewegliche Sachen sind.

Bei den neuerdings verstärkt gebauten Windenergieanlagen (WEA) ergibt sich aus der mögli-   **396**
chen Bestandteileigenschaft der Bauteile die Frage, ob diese als wesentliche Bestandteile iS
des § 94 Abs. 2 einer Sicherungsübereignung als bewegliche Sache (an ein Kreditinstitut oder
einen Finanzinvestor) zugänglich sind, oder, wenn dies nicht möglich sein sollte, zu einem
Scheinbestandteil iS des § 95 gemacht werden können, in welchem Fall sie auch nicht mehr für
ein Grundpfandrecht haften würden[2].

Die Jagdhütte fällt unter § 95 Abs. 1 S. 2: sie ist „in Ausübung" des Nießbrauchs,   **397**
eines dinglichen Rechts (§ 1030), mit dem Grundstück verbunden. Also blieb die AG,
wenn sie es vor Einbau war, Eigentümerin der zur Jagdhütte zusammengefügten Gegenstände. Das ändert sich auch nicht dadurch, dass die Hütte durch ein festes Fundament mit dem Boden verbunden ist und möglicherweise nur mit nicht unbeträchtli-
chen Kosten wieder abgebaut werden kann. Denn für die Qualifikation als Scheinbestandteil kommt es allein auf den Willen des Einbauenden an, der allerdings mit dem
nach außen ersichtlichen Sachverhalt in Übereinstimmung stehen muss, wofür es genügt, dass er den Einbau in seinem Interesse für die Zeit seiner Nutzungsberechtigung
vorgenommen hat. In diesem Fall gilt dann eine Vermutung für den Einbau zu einem
vorübergehenden Zweck[3]; anders nur, wenn der Erbauer bei der Errichtung den Willen hat, bei Beendigung seines Nutzungsrechts die Sache ins Eigentum des Grundstückseigentümers übergehen zu lassen (was gelegentlich so vereinbart wird).

---

1   Näher dazu *Vieweg/Werner*, § 1 Rn 13.
2   Dazu eingehend *Voß/Steinheber*, ZfIR 2012, 337 ff; abgrenzend in Bezug auf eine Transformatorensta-
    tion OLG Schleswig NJW-RR 2014, 333; mit Blick auf Telekommunikationsleitungen OLG Stuttgart
    VersR 2013, 638; zu Aufdachsolaranlagen OLG Nürnberg MDR 2017, 24.
3   Ständige Rechtsprechung: BGH BeckRS 2013, 11214; BGHZ 104, 298, 301; 92, 70, 74; 8, 1, 5;
    MünchKomm/*Stresemann* § 95 Rn 3; HK-BGB/*Dörner* § 95 Rn 2.

398 Wirtschaftlich bedeutet dies, dass sich der Einbauende überlegen muss, ob sich seine Aufwendungen rentieren. Wenn sein Nutzungsrecht bezüglich des Grundstücks, was der Regelfall sein wird, ihm entgeltlich eingeräumt ist, etwa bei Miete oder Pacht, uU aber auch beim Nießbrauch, kommen die Kosten für den Einbau als Rechnungsposten hinzu, mit der weiteren Maßgabe, dass diese Aufwendungen nach Ende des Nutzungsrechts und damit der Besitzberechtigung nicht ersetzt werden, sondern der Einbauende allenfalls (dazu sogleich Rn 403) ein Wegnahmerecht hat, was sich bei einem Bau wie dem im vorliegenden Fall vorgenommenen wahrscheinlich nicht lohnt.

In einem im tatsächlichen Vorgang bis zu einem gewissen Grade vergleichbaren Fall, dem der Begründung eines Erbbaurechts, verhalten sich die Dinge entscheidend anders[4]. Das Erbbaurecht, das als grundstücksgleiches Recht verstanden wird und für das es folglich ein eigenes „Erbbaugrundbuch" gibt, belastet und überlagert das Eigentum am Grundstück für die Zeit seines Bestehens (regelmäßig 50 oder gar 100 Jahre) fast vollständig, so dass es in Abt. II des Grundstücksgrundbuchs eingetragen werden muss. Der Grundstückseigentümer hat praktisch während dieser Zeit von seinem Recht keinen Nutzen außer dem Anspruch auf den Erbbauzins, er behält lediglich die Chance einer Wertsteigerung des Grundstücks bis zum Zeitpunkt des Ablaufs des Erbbaurechts. Der Erbbauberechtigte hat seinerseits ein Interesse daran, für die Zeit seiner Berechtigung auf dem Grundstück ein Haus zu errichten, das er als eigenes nutzen und auch wie ein solches finanzieren kann. Man kann also auch sagen, dass das Eigentum aufgespalten wird[5]. Im Vergleich zum Ausgangsfall bedeutet dies weiter, dass die auf Grund des Erbbaurechts errichteten Gebäude wesentliche Bestandteile des Erbbaurechts sind, also nicht selbstständige bewegliche Sachen. Mit Erlöschen des Erbbaurechts werden sie Bestandteile des Grundstücks, §§ 34, 12 Abs. 3 ErbbauRG[6]; der Eigentümer schuldet dann zwar eine Entschädigung, die aber nach so langer Zeit meist nicht mehr erheblich sein wird. Nimmt man hinzu, dass das Erbbaurecht ein dem Grundstück gleichbehandeltes, vererbliches und veräußerliches Recht ist (§ 11 Abs. 1 ErbbauRG)[7], so wird klar, dass es auch wie ein Grundstück Gegenstand von Grundpfandrechten usw sein kann und zur Zwangsversteigerung kommen kann, wenn aus dem Pfandrecht vorgegangen wird.

399 Für den Nießbrauch (§ 1030) gelten diese Sonderregeln nicht, dh vom Nießbraucher eingebaute Sachen bleiben als bewegliche in seinem Eigentum, auch wenn der Nießbrauch beendet ist. Im vorliegenden Fall stellt sich ferner die Frage, ob sich an den Eigentumsverhältnissen etwas ändert, wenn das Eigentum am Grundstück wechselt. Da für den Nießbrauch als dingliches Recht am Grundstück die Möglichkeit eines gutgläubig lastenfreien Erwerbs nach § 892 besteht, was bedeutet, dass der bezüglich der Existenz des Nießbrauchs gutgläubige Grundstückserwerber das Eigentum frei von dieser Belastung erwirbt (s. dazu Rn 414), kann ein Eigentumswechsel am

---

4 Zum Folgenden die Darstellung bei *Winkler*, NJW 1992, 2514; MünchKomm/*Heinemann* § 1 ErbbauRG Rn 3, 4; Westermann/*Eickmann*, § 65 Rn 2 ff.

5 *Wilhelm*, Sachenrecht, 3. Aufl. 2003, Rn 1948.

6 MünchKomm/*Stresemann* § 95 Rn 36.

7 Die dingliche Übertragung geschieht allerdings nicht nach dem in § 11 Abs. 1 S. 1 ErbbauRG ausgeschlossenen § 925 BGB, sondern wie bei § 873 durch Einigung und Eintragung ins Erbbaugrundbuch, MünchKomm/*Heinemann* § 11 ErbbauRG Rn 20.

Grundstück und ein Wegfall des Nießbrauchs bejaht werden, da beim Erwerb des G das durch die versehentliche Löschung noch nicht untergegangene Nießbrauchsrecht aus dem Grundbuch nicht ersichtlich war und G von der Existenz dieser Belastung nichts wusste. Das heißt aber noch nicht, dass der Erwerber damit auch das Eigentum an der Jagdhütte erwarb, die als bewegliche, der AG zustehende Sache nicht im Eigentum des verfügenden E stand. Denn auch hier kommt es für die Qualifikation als Scheinbestandteil auf den Willen des Einbauenden, für einen Übergang in das Eigentums des Grundstückseigentümers damit wiederum auf den Willen des Sacheigentümers an[8], der durch den – ihm unbekannten – Erwerb des Eigentums am Grundstück nicht beeinflusst wird. Das Erlöschen des dinglichen Rechts macht die Sache nicht von selbst zum Bestandteil des Grundstücks[9]. Nun könnte in der Auflassung des Grundstücks auch die Einigung über die Übereignung der von den Beteiligten nicht als bewegliche Sache gewerteten Jagdhütte stecken, auch könnte die Hütte Zubehör sein, was dann zur Anwendung des § 926 führen würde, allerdings nur insoweit, als die Sachen dem Veräußerer gehörten, was hier nicht zutraf. Aber auch für § 926 schließt Abhandenkommen der Sache den gutgläubigen Erwerb aus[10]. Dies liegt aber vor, denn die AG hat den unmittelbaren Besitz unfreiwillig verloren, als E sich mithilfe des entwendeten Schlüssels den Zugang zur Jagdhütte und damit den Besitz verschaffte, damit lägen auch die Voraussetzungen des § 932 vor, wenn die Sachen unabhängig vom Grundstück an einen Gutgläubigen veräußert würden.

2.　Schutz des Eigentums an Bestandteilen

Wenn im **Ausgangsfall 18** also die AG Eigentümerin geblieben ist, kann sie Herausgabe von G als dem Besitzer verlangen. Dieses Verlangen kann die AG nur durch Abbruch der Jagdhütte verwirklichen. Insbesondere ist G nicht verpflichtet, die Jagdhütte und ihre Nutzung durch die AG zu dulden, da der Nießbrauch erloschen ist. Das geschah zwar nicht durch die Löschung im Grundbuch, hinter der kein Rechtsgeschäft des Nießbrauchsberechtigten stand, aber durch den lastenfreien Erwerb, der einen originären Erwerbstatbestand darstellt.

400

Die AG als ehemalige Nießbraucherin hat dann nach § 1049 Abs. 2 einen Anspruch auf Abbruch unter dem Gesichtspunkt der „Wegnahme einer Einrichtung", mit der sie „die Sache", nämlich das Grundstück versehen hatte. Einrichtung ist nicht nur ein wesentlicher Bestandteil eines Gebäudes, vielmehr kann auch ein ganzes Gebäude eine „Einrichtung" sein[11]. Ein Anspruch aus § 1049 erlischt nicht mit dem Nießbrauch; er kann auch gegen einen späteren Eigentümer geltend gemacht werden[12].

8　Auch ein Nießbrauch kann zum Bau eines massiven Wohnhauses berechtigt haben, OLG Celle, MDR 1952, 744; BGH LM Nr 2 zu § 95 BGB; Erman/*Schmidt* § 95 Rn 2; aM. bezüglich der Folge gutgläubig lastenfreien Erwerbs *Tobias*, AcP 94, 415 ff.

9　MünchKomm/*Stresemann* § 95 Rn 36.

10　Für den Erwerb vom Nichtberechtigten gelten auch hier die allgemeinen Vorschriften der §§ 932 ff; MünchKomm/*Kanzleiter* § 926 Rn 6; HK-BGB/*Staudinger* § 926 Rn 3.

11　Es gilt der Begriff der „Einrichtung", wie ihn § 258 BGB bestimmt (MünchKomm/*Pohlmann* § 1049 Rn 8); MünchKomm/*Krüger* § 258 Rn 3.

12　Erman/*Bayer* § 1049 Rn 2; MünchKomm/*Pohlmann* § 1049 Rn 9.

II.   Erwerb von Bestandteilen nach §§ 946 ff

401   Die Balken, die H herausverlangt, konnte die AG wegen § 935 nicht durch Rechtsgeschäft erwerben. Für die Eigentumsfrage könnte aber eine durch den Einbau begründete Eigenschaft der Balken als wesentlicher Bestandteil bedeutungsvoll sein.

1.   Der Eigentumswechsel

402   Da wesentliche Bestandteile nicht Gegenstand besonderer Rechte sein können (§ 90), bemühen sich §§ 946 ff um ein einheitliches Eigentum an der ganzen Sache.

Da die Balken Bestandteile des Hauses sind, sind sie wie dieses nach § 95 bewegliche Sachen geblieben. Auch die Jagdhütte kann aber als bewegliche Sache wesentliche Bestandteile haben; das Eigentum an der Hütte als Hauptsache bestimmt dann das an den Balken (§ 947 Abs. 2). Die AG hat dann Eigentum erworben, das auch durch die Trennung der Balken nicht aufgehoben wird; für einen solchen „Rückfall" des Rechts an den früheren Eigentümer bedürfte es einer besonderen gesetzlichen Anordnung.

> Wesentliche Bestandteile sind die Balken, da sie im Sachverhalt zu **Fall 18** als „tragend" bezeichnet sind, ihre Wegnahme würde also zumindest Teilen des Hauses die Standfestigkeit nehmen.

2.   Rechtsfolgen

403   Ist die AG nach § 947 Eigentümerin der Balken geworden, kann H ein **Wegnahmerecht** oder einen **Ausgleichsanspruch** nach § 951 haben.

Die Bedeutung des Wegnahmerechts nach § 951 Abs. 2 ist nicht ganz klar. Zunächst räumt das Gesetz an verschiedenen Stellen demjenigen, dem eine Schädigung oder ein Rechtsverlust droht, ein eigenständiges Wegnahmerecht ein, s. etwa §§ 539 Abs. 2, 997 oder auch den hier einschlägigen § 1049 Abs. 2. Das hat die Rechtsprechung zu der Annahme veranlasst, § 951 Abs. 2 enthalte nur eine Erweiterung der genannten Rechte für sehr spezielle Ausnahmefälle, etwa den Fall, dass der unrechtmäßige Besitzer der Hauptsache diese mit der herauszugebenden Sache verbunden hat[13], was hier nicht zutrifft, da H nicht Besitzer der Balken ist. Die im wissenschaftlichen Schrifttum hM folgt dem nicht und sieht in § 951 Abs. 2 ein eigenständiges Wegnahmerecht dessen, der durch §§ 946, 947 einen Rechtsverlust erlitten hat; allzu groß ist der praktische Unterschied freilich nicht[14]. Wichtiger ist, dass der Wegnahmeberechtigte die Kosten der Wegnahme – hier also des Abbruchs – zu tragen hat und auch noch den früheren Zustand der Hauptsache – hier also des Grundstücks – wiederherstellen muss; das folgt aus § 997 Abs. 1 S. 2 iVm § 258, wobei sich aus § 997 auch ergibt, dass der Eigentümer die Wegnahme durch Wertersatz abwenden kann.

---

13   BGHZ 40, 272, 280; *Tobias*, AcP 94 (1903) S. 371, 444 ff.
14   *Baur/Stürner*, § 53 Rn 36; MünchKomm/*Füller* § 951 Rn 40; Westermann/*Gursky*, § 54 Rn 17; *Wilhelm*, Rn 1115 ff; zum Streitstand s. HK-BGB/*Schulte-Nölke* § 951 Rn 7 (mwN).

Unter diesen Umständen ist es verständlich, dass das praktische Gewicht hauptsäch- **404** lich auf dem in § 951 Abs. 1 normierten Ausgleichsanspruch dessen liegt, der durch Vorgänge gem. §§ 946, 947 einen Rechtsverlust erlitten hat. Der Anspruch, den im **Fall 18** also H gegen die AG erheben könnte, richtet sich nach Bereicherungsgrund-sätzen, erfasst also den Betrag, um den das Vermögen der AG erhöht ist. § 818 ein-schließlich dessen Abs. 3 gilt.

Diese im Ausgangsfall 18 unproblematische Vorschrift über den Ausgleich für einen **405** nach §§ 946 ff erlittenen Rechtsverlust hat allerdings äußerst schwierige **bereiche-rungsrechtliche Fragen** ausgelöst, wenn der Rechtsverlust nicht nur ohne Zutun des bisherigen Berechtigten eintritt, sondern infolge der Erfüllung von Leistungspflich-ten, die sich auf den Einbau von Gegenständen in eine einem anderen gehörende Sa-che, hauptsächlich ein Grundstück, beziehen. Dann scheint zwar der Tatbestand des § 951 Abs. 1 gegeben zu sein, aber es fragt sich schon vordergründig, ob der sein Recht Verlierende seinen Verlust „infolge der Vorschriften der §§ 946–950" erleidet oder ob er sich daran festhalten lassen muss, dass er willentlich den Rechtsübergang herbeigeführt hat.

Beispiel: Der Bauhandwerker B hat für den Neubau des E die Fliesenlegerarbeiten in Küche und Bad übernommen. Er verwendet Fliesen, die Frau E in seinem Beisein beim Händler H ausgesucht hat, die er aber bei H bestellt und dann dem E nebst seiner Arbeit in Rechnung stel-len will. Als B nach Abschluss seiner Arbeiten insolvent wird, stellt sich heraus, dass er zwar bis auf einen kleinen Rest sein Geld von E erhalten, seinerseits aber den H nicht bezahlt hat. Dieser möchte wissen, ob er Ansprüche gegen E hat.

Man kann annehmen, dass die Fliesen von H an B unter Eigentumsvorbehalt (§ 449) **406** geliefert worden sind, sodass H das Eigentum daran erst gem. § 946 durch den Einbau in das Haus des E verloren hat. Dies war im bereicherungsrechtlichen Sinne eine Be-reicherung des E „in sonstiger Weise" auf Kosten des H. Die hM nimmt indessen an, dass eine Kondiktion des H, die tatbestandsmäßig an sich gegeben wäre, nicht zum Zuge kommt, weil dem E die Sachen von B auf Grund des zwischen ihnen bestehen-den Werkvertrages „geleistet" worden sind, was vielfach auch mit der Vorstellung einer Subsidiarität der Nichtleistungs- gegenüber der Leistungskondiktion begründet wird. Besser ist, darauf abzustellen, dass zwar H sein Eigentum erst durch den Einbau verloren hat, sich aber seinerseits zur Leistung der Fliesen an seinen Vertragspartner B verpflichtet hatte, von dem er auch die Gegenleistung erhalten sollte. Daher hat die **Rechtsprechung**[15] die Eingriffskondiktion, als die sich der Ausgleichsanspruch nach §§ 951, 812 darstellt, hinter die Abwicklung von Leistungsbeziehungen zurücktreten lassen, und die hM folgt ihr darin, auch dann, wenn die Rechtsgrundverhältnisse, die den Leistungen zugrundeliegen, unwirksam sind. Eine Überlegung, die in diese Rich-tung zielt, geht weiter dahin, dass H als Eigentümer der Fliesen, die an B geliefert sind, es auch nicht verhindern könnte, wenn B die Fliesen an der Baustelle dem E übereignete (und ihm dadurch nach § 932 Eigentum verschaffte), bevor er sie in das Haus des E einbaute.

Der ganze Fragenkreis des „Baus auf fremdem Boden" ist Gegenstand von Diskussio- **407** nen, die sich sowohl um den Gedanken von der Subsidiarität der Nichtleistungs- oder

---

15 BGH NJW 1999, 2890; BGHZ 56, 228, 240; 40, 272, 279.

Eingriffskondiktion, um den Leistungsbegriff als auch um das Verhältnis von Bereicherungsrecht und Gutglaubensschutz drehen[16]. Der Problemkomplex zeigt insgesamt, dass sachenrechtliche Wertentscheidungen, wie sie in §§ 946 ff und besonders § 951 liegen, nicht getrennt von den schuldrechtlichen Ausgleichsregelungen gesehen werden dürfen.

§ 14 Gutgläubiger Erwerb im Liegenschaftsrecht

408 **Fall 19:** V verkauft an K als Bauplatz die Parzelle 20/12, die als Nr 3 im Bestandsverzeichnis des Grundbuchs eingetragen ist, für 150 000 €. Bei der Besichtigung des Grundstücks hat V dem K einen Wall als die südliche Grenze des Grundstücks bezeichnet und die Grundstücksgröße mit etwa 1000 qm angegeben. Nach Auflassung wird K als Eigentümer der Parzelle 20/12, für die ein neues Grundbuchblatt angelegt wird, eingetragen. Er errichtet ein Wohnhaus und gestaltet das Grundstück bis zum Wall als Garten. Zwei Jahre später stellt K aus dem Kataster fest, dass die Südgrenze 15 m südlich von dem Wall verläuft. Darauf nimmt K den 450 qm großen Streifen in Besitz und zieht einen Zaun an der katastermäßigen Grenze. Dem widerspricht aber V. Nunmehr verkauft K „sein Grundstück" zum Preis von 200 000 € an G. Am 20.5. erklären K und G die Auflassung, der Antrag auf Umschreibung des Eigentums auf G geht am 23.5. beim Grundbuchamt ein. Am 22.5. ruft V den G an und teilt ihm die Einzelheiten der Vorgänge bezüglich des Streifens südlich des Walles mit. G meint, das gehe ihn, den G, nichts an, da sein Vertragspartner, der K, Eigentümer der ganzen Parzelle sei, auf die sich sein Vertrag mit K beziehe.

1. Auf Grund einer einstweiligen Verfügung und eines am 21.5. beim Grundbuchamt eingegangenen Antrags wird am 24.5. ein Widerspruch gegen das Eigentum des K an dem Grenzstreifen zu Gunsten des V eingetragen. Am 27.5. wird G als Eigentümer der Parzelle 20/12 im Grundbuch eingetragen. Kann V von G Herausgabe des Streifens südlich des Walles und eine Berichtigung des Grundbuchs verlangen?

2. Macht es etwas aus, ob der Antrag auf Eintragung des Widerspruchs am 21. oder am 24.5. eingegangen ist? **Lösung Rn 434**

409 **Ausgangsfrage für die Lösung von Fall 19 ist:** Da G nur von K aufgrund von dessen Auflassung erworben haben kann, geht es sowohl für das Herausgabeverlangen des V als auch für den Berichtigungsanspruch nur darum, ob K Eigentümer des Streifens südlich des Walles geworden ist. Wenn das der Fall wäre, hätte G vom Berechtigten erworben, auch wenn der Kaufvertrag zwischen V und K sich nicht auf den Grenzstreifen bezog. War K nicht Eigentümer, kommt es darauf an, ob G von ihm als Veräußerer gutgläubig erworben hat. Da aber die Auflassung von V an K besonders unter Berücksichtigung des nachträglichen Verhaltens des K so auszulegen ist, dass nur das Grundstück ohne den Grenzstreifen übertragen werden sollte (s. Rn 366), fehlt es bezüglich des Grenzstreifens an einer Einigung zwischen V und K und somit (trotz der Grundbucheintragung) am Eigentum des Veräußerers K, sodass am Ende nur gutgläubiger Erwerb des Eigentums durch G aufgrund der Veräußerung durch K als Nichtberechtigten in Betracht kommt.

---

16 Zum Fragenkreis *Huber*, JuS 1970, 343; Erman/*Buck*-Heeb § 812 Rn 83, 86; *Reeb*, JuS 1973, 229; *Stürner/Heggen*, JuS 2000, 328; *H.P. Westermann*, JuS 1972, 21.

I. Die Möglichkeit gutgläubigen Erwerbs nach § 892

1. Der Grundgedanke

Für die Richtigkeit des Grundbuchs spricht eine starke Vermutung: Die Vorschriften **410** der GBO sorgen für Rechtssicherheit; auf die Eintragungen im Grundbuch als staatliche Hoheitsakte soll der Teilnehmer am Rechtsverkehr – und zwar jeder, nicht nur ein rechtsgeschäftlich Erwerbender – sich verlassen können. Dennoch gibt es Fehlerquellen, die im Verfahren nicht bemerkt oder abgestellt werden können (etwa Mängel der Rechtsgeschäfte nach den Regeln über Willenserklärungen und Verträge, Fehlen oder Wegfall der Verfügungsbefugnis, fehlende Übereinstimmung von Einigung und Eintragung) und die folglich zur Unrichtigkeit des Grundbuchs führen können. Weniger bedeutsam, aber zuweilen doch praktisch, sind inhaltlich unzulässige Eintragungen, die zu beseitigen auch ein staatliches Interesse besteht, während unrichtige Eintragungen mit dem Grundberichtigungsanspruch (Rn 387) und einem Widerspruch (Rn 427) bekämpft werden können. Diese beiden Instrumente haben sich aber immer gegen die aus **§ 891** ersichtliche **Vermutung für die Richtigkeit des** Grundbuchs durchzusetzen. Diese ist eine der wichtigsten Funktionen dieses Registers[1], das vor allem als Grundlage für die Möglichkeit eines Erwerbs von Nichtberechtigten Bedeutung hat[2]. Die Vermutung betrifft nur Rechts-, nicht Tatsacheneintragungen (so gibt es keine Vermutung, dass die im Bestandsverzeichnis genannte Grundstücksgröße oder Bewirtschaftung wirklich bestehen), wohl aber das Recht des als Eigentümer Eingetragenen, das Bestehen oder Erlöschen eines dinglichen Rechts[3]. Die Vermutung ist widerlegbar, der zu Unrecht nicht eingetragene Rechtsinhaber ist also nicht schutzlos. Keine Wirkung entfaltet die Vermutung dagegen in Bezug auf Umstände, die zwar rechtlicher Natur sein mögen, aber mit der Art der dinglichen Berechtigung nichts zu tun haben; deshalb braucht eine durch Heirat zustande gekommene Namensänderung der Eigentümerin nicht vermerkt zu werden, und die Vermutung betrifft auch nicht den Umstand, dass der Eigentümer verheiratet oder ledig ist, was für das Bestehen einer Verfügungsbeschränkung nach § 1365 durchaus von Bedeutung sein kann. Eine Besonderheit folgt für die Eintragung einer BGB-Gesellschaft aus dem neu eingefügten **§ 899a** (dazu Rn 415). Auch die **öffentlich-rechtliche** Rechtslage des Grundstücks ist von § 891 nicht erfasst (praktisch für Grundsteuer oder öffentlich-rechtliche Baubeschränkungen).

---

1 *Kollhosser*, JA 1984, 558; *Wiegand*, JuS 1978, 146; aM. Staudinger/*Gursky* § 892 Rn 4: Fiktion; HK-BGB/*Staudinger* § 892 Rn 9; die Vermutung des § 891 Abs. 1 BGB gilt auch für das Grundbuchamt: OLG Köln RNotZ 2013, 431.

2 Zur Stellung der §§ 892 ff im System des Gutglaubensschutzes einerseits *H. Westermann*, JuS 1963, 1 ff; andererseits *Hager*, Verkehrsschutz durch redlichen Erwerb, 1990, S. 419 ff (Grundlage des Schutzes sei die Fähigkeit des Veräußers, dem Erwerber zur Eintragung zu verhelfen); BGH NJW-RR 2013, 789, 790; beachte zudem, dass auch für das Grundbuchamt die Vermutung des § 891 Abs. 1 BGB gilt und jenes bei zweifelsfreier Kenntnis von der Unrichtigkeit des Grundbuches nicht sehenden Auges den Rechtsverlust des bisherigen Berechtigten bewirken darf, OLG Rostock FGPrax 2014, 205; OLG Frankfurt NJW-RR 2012, 784.

3 Anders, wenn das Recht durch eine Grundbuchberichtigung gelöscht worden ist, was aus der Eintragung auch ersichtlich ist, BGHZ 52, 355, 358; MünchKomm/*Kohler* § 891 Rn 18; Schulze/*Staudinger* § 892 Rn 28; der öffentliche Glaube erstreckt sich auch auf Eintragungen im Bestandsverzeichnis, vgl. BGH NJW-RR 2013, 789-793.

411   Auf der Grundlage der Vermutung gem. § 891 ist der **Gutglaubensschutz** stark ausgebaut: Es gilt das **reine Rechtsscheinsprinzip**, dh es kommt nicht darauf an, wie es zu dem Auseinanderfallen von Grundbuchinhalt und Rechtslage gekommen ist; eine dem § 935 entsprechende Vorschrift fehlt. Dem Erwerbswilligen schadet nur positive Kenntnis, nicht wie nach § 932 Abs. 2 schon grobe Fahrlässigkeit. Da der „Verlautbarungstatbestand Grundbuch" aufgrund der Vielfalt möglicher Eintragungen sehr viel differenzierter ist als der für das Recht der beweglichen Sachen gleichstehende Besitz, sind der Rechtsschein und folgeweise die Möglichkeit gutgläubigen Erwerbs, aber auch eines lastenfreien Erwerbs Rn 414) weiter differenziert und weiter gespannt. Praktisch ist der Gutgläubige gegen alle Hindernisse seines Erwerbs gesichert, soweit sie aus dem Grundbuch ersichtlich gewesen wären, wenn das Grundbuch richtig gewesen wäre. Der Schutz des Erwerbers betrifft vor allem auch das Fehlen nicht im Grundbuch eingetragener Verfügungsbeschränkungen des eingetragenen Berechtigten zu Gunsten einer bestimmten Person (relative Verfügungsbeschränkungen), näher sogleich Rn 413.

2.   Unrichtigkeit des Grundbuchs

412   Bei jeder Prüfung eines möglichen Erwerbs vom Nichtberechtigten im Liegenschaftsrecht ist zunächst festzustellen, ob das **Grundbuch unrichtig** ist. Hier gilt dasselbe wie zu § 894 (Rn 388). Unrichtiger Inhalt ist nicht nur die unrichtige positive Angabe (im **Ausgangsfall 19** ist zB K zu Unrecht als Eigentümer des Grenzstreifens eingetragen), sondern auch die Nichteintragung oder die zu Unrecht erfolgte Löschung eines bestehenden Rechts, vgl. zB die Löschung des Nießbrauchs im **Ausgangsfall 18**, Rn 393. Auch relative **Verfügungsbeschränkungen** können gemäß § 892 Abs. 1 S. 2 überwunden werden, so zB die Verfügungsbeschränkungen des § 21 Abs. 2 InsO, diejenige zu Gunsten des Nacherben nach § 2113, wenn es an einer Eintragung des entsprechenden Vermerks in Abt. II des Grundbuchs fehlt. Möglich ist ferner auch gutgläubiger bedingungsfreier Erwerb eines bedingt bestellten Rechts[4].

413   Leben Ehegatten im Güterstand der Zugewinngemeinschaft, kann nach **§ 1365** ein Ehegatte sein ganzes Vermögen nur mit Zustimmung des anderen Ehegatten veräußern. (Das Zustimmungserfordernis gilt für Verpflichtungs- und Verfügungsgeschäft.) Die Rechtsprechung hat – mit Recht – diese die vermögensrechtliche Grundlage der Ehe schützende Vorschrift auch auf den Fall ausgedehnt, dass ein Ehegatte ein einzelnes Vermögensstück veräußert, das praktisch das Gesamtvermögen ausmacht[5]. Damit ist die Frage entstanden, ob insoweit gutgläubiger Erwerb möglich ist. Bei § 1365 handelt es sich um ein **absolutes**, nicht **eintragungsfähiges Verfügungsverbot**; die Tatsache, dass der Verfügende verheiratet ist, ist ein persönlicher Umstand, der aus dem Grundbuch nicht ersichtlich ist. Folglich ist eine unmittelbare Anwendung von § 892 ausgeschlossen[6]. § 1365 kennt keinen Schutz des gutgläubig von einem Verheirateten erwerbenden Dritten, obwohl ein Bedürfnis bejaht werden könnte, den Dritten zu schützen. Die Rechtsprechung hilft, indem sie den Erwerber, der einzelne Gegenstände (insbesondere

---

4   S. *Boemke/Albrecht*, JuS 1991, 309, 311.
5   Einzeltheorie BGH WM 1972, 343 f; BGHZ 35, 134; zust. Erman/*Budzikiewicz* § 1365 Rn 8; Soergel/*Lange* § 1365 Rn 12 ff. Unterschiedlich gesehen wird freilich, welche prozentuale Bedeutung der Gegenstand der Verfügung im Gesamtvermögen des verfügenden Ehegatten haben muss, um § 1365 anwenden zu können, s. BGH FamRZ 1991, 665; 1980, 765, 767; OLG Celle FamRZ 2010, 562 f.
6   MünchKomm/*Kohler* § 892 Rn 63; Staudinger/*Gursky* § 892 Rn 265; BGHZ 40, 218.

Grundstücke) erwirbt, Eigentümer werden lässt, wenn der Erwerber nicht weiß, dass das Grundstück praktisch das ganze Vermögen des Veräußerers darstellt[7]. Dabei handelt es sich allerdings nicht eigentlich um einen durch das Grundbuch vermittelten Gutglaubensschutz.

Eine andere Frage ist, ob der Erwerb durch Verfügung eines Veräußerers, der selber aufgrund einer absoluten Verfügungsbeschränkung nicht erworben hat, aber im Grundbuch eingetragen wurde (weil das Grundbuchamt das Bestehen einer Verfügungsbeschränkung nach § 1365 nicht prüfen konnte), wirksam werden kann. Einen solchen gutgläubigen Zweiterwerb wird man nach den allgemeinen Grundsätzen des Grundbuch-Rechtsscheins nicht ablehnen können[8].

Wie im Mobiliarsachenrecht (§ 936), nur hier mit größerer praktischer Bedeutung, ist im Liegenschaftsrecht **gutgläubig lastenfreier Erwerb** möglich (etwa wenn bei der Umschreibung des Eigentums an einem Grundstück ein in Abt. II oder III eingetragener Posten versehentlich gelöscht und das Grundstück später weiter übertragen wird, so der **Ausgangsfall 18, Rn 393**). Dasselbe kann geschehen, wenn ein Grundstück geteilt wird mit der Maßgabe, dass für die neuen Grundstücke ein jeweils eigenes Grundbuchblatt angelegt wird. Wenn eine Belastung, die das bisherige Grundstück betraf, jetzt auf eines der „neuen" Grundstücke (oder auf beide) nicht mitübernommen wird[9], so kann das Recht materiell nicht erlöschen, da es an einer dafür notwendigen (§ 875) Aufgabeerklärung des Rechtsinhabers fehlt. Aber nach § 46 Abs. 2 GBO gilt durch diesen Vorgang das Recht als gelöscht, so dass ein späterer Erwerber des Grundstücks, der vom Bestehen keine Kenntnis hat, gutgläubig lastenfrei erwerben kann[10]. **414**

Der Kreis der unter den Gutglaubensschutz fallenden Rechtsgeschäfte ist in § 892 abstrakt bestimmt und in **§ 893** noch erweitert. Darunter fällt auch die Annahme einer Zahlung, zB durch den fälschlich als Hypothekengläubiger Eingetragenen. § 893 gilt aber nicht für Leistungen an den (angeblichen) Inhaber obligatorischer Ansprüche[11], auch nicht, wenn der Mieter eines Grundstücks an denjenigen zahlt, den er für den Eigentümer hält[12].

Eine praktisch wichtige, in ihrem Inhalt jedoch noch stark umstrittene Neuregelung enthält **§ 899a**. Die Norm geht darauf zurück, dass der Gesetzgeber[13] nach dem Wechsel im Verständnis der BGB-Gesellschaft als rechtsfähiges Gebilde (Rn 357) es nicht mehr, wie bis dahin § 47 GBO, bei einer Eintragung der Gesellschafter unter Angabe ihres Gemeinschaftsverhältnisses belassen wollte, sondern die Gesellschaft als den (nunmehr) eigentlichen Rechtsträger als **grundbuchfähig** neben den Gesellschaftern eingetragen wissen wollte, **§ 47 Abs. 2 GBO**. Dies greift eine Entscheidung des BGH auf[14], ohne dass freilich die Folgefragen bezüglich der genauen Bezeich- **415**

---

7 BGHZ 43, 174; MünchKomm/*Kohler* § 892 Rn 63.
8 OLG Zweibrücken FamRZ 1986, 997, 998.
9 So die Fälle BayObLG NJW 2003, 3785 und OLG Naumburg NJW 2003, 3209.
10 Das Grundbuchamt, das durch die fehlende Übernahme der Belastung auf das neue Grundstück das Grundbuch zunächst iSd. § 894 BGB unrichtig gemacht hatte, kann zwar bis zur Vollendung eines gutgläubig lastenfreien Erwerbs, aber nicht mehr danach einen Amtswiderspruch nach § 53 Abs. 1 S. 1 GBO eintragen, BayObLG aaO.
11 BGH NJW 1996, 1207.
12 MünchKomm/*Kohler* § 893 Rn 13; Staudinger/*Gursky* § 893 Rn 7.
13 Gesetz zur Einführung des elektronischen Rechtsverkehrs und der elektronischen Akte im Grundbuchverfahren (ERVGBG v. 11.8.2009, BGBl S. 2713).
14 BGHZ 179, 102 = NJW 2009, 594.

nung der Gesellschaft und des Inhalts der durch die Eintragung begründeten Vermutung in der Regierungsbegründung[15] gelöst wurden. Nach § 899a begründet die Eintragung der Gesellschaft die Vermutung, dass die im Grundbuch (ebenfalls) eingetragenen Personen Gesellschafter sind und darüber hinaus weitere Gesellschafter nicht vorhanden sind; wenn sodann bezüglich der Eintragung „der Gesellschaft" die entsprechende Anwendung der §§ 892 bis 899 angeordnet wird, so bedeutet dies nur, dass in Bezug auf das eingetragene Eigentumsrecht diese Personen als Partner der Gesellschaft existieren, aber nicht, dass sie zB geschäftsfähig und verfügungsbefugt sind, und besonders auch nicht, dass ihnen die Geschäftsführungsbefugnis für die Gesellschaft zusteht[16]. Des Weiteren wird durch die Eintragung der Gesellschafter neben der Gesellschaft die Gefahr begründet, dass durch einen Gesellschafterwechsel das Grundbuch unrichtig wird[17], ohne dass dies den Bestand der Gesellschaft antastet. Eine Bestandsvermutung bezüglich der Gesellschaft, etwa im Hinblick auf den Fall, dass nach dem Ausscheiden von Gesellschaftern nur einer übrig bleibt und die Gesellschaft liquidationslos, also automatisch, erlischt, gibt es aber nicht[18].

416 Dies hat heftige Kritik vor allem unter dem Gesichtspunkt ausgelöst, dass nunmehr offenbar doch nicht die Gesellschaft die alleinige Rechtsträgerin sei[19]. Die Vermutung gem. § 899a kann auch nicht das Problem überwinden, das darin liegt, dass gesellschaftsrechtlich das gemeinsame Innehaben eines Grundstücks keineswegs weiter auf das Bestehen einer BGB-Gesellschaft hinweist, sondern auch eine Bruchteilsgemeinschaft iSd §§ 740 ff darstellen kann. Möglicherweise nicht von der Vermutungswirkung erfasst ist auch die Vertretungsbefugnis der Gesellschafter, die sich allein nach Gesetz und Gesellschaftsvertrag richtet[20], doch müssten Außenstehende, wenn § 899a überhaupt eine Funktion haben soll[21], zumindest insoweit geschützt sein, als sie mit allen eingetragenen Gesellschaftern Geschäfte für die Gesellschaft abgeschlossen haben[22]. Wenn man aber § 899a – seiner systematischen Stellung entsprechend – auf das dingliche Rechtsgeschäft beschränkt, ist nicht ausgeschlossen, dass ein schuldrechtliches Rechtsgeschäft, etwa der Verkauf des Grundstücks für die Gesellschaft, an einem Vertretungsmangel leidet[23]. Die Frage, ob die Vermutungswirkung der Gesellschaft dann auch den Bereicherungsanspruch auf Rückabwicklung des Geschäfts abschneidet (**Kondiktionsfestigkeit**), ist umstritten[24]. Schließlich ist

---

15 BT-Drucks. 16/13437; dazu *Böttcher*, NJW 2010, 1647 ff.
16 BGH NJW 2011, 615 f; Erman/*Artz* § 899a Rn 4; HK-BGB/*Staudinger* § 899a Rn 2.
17 Vgl. OLG Brandenburg RNotZ 2016, 534; *Böhringer*, BW NotZ 2002, 41; anders BGH ZIP 2011, 119; *Ulmer/Steffen*, NJW 2002, 330.
18 Im Einzelnen dazu Erman/*H.P. Westermann* § 705 Rn 72a; dort auch zu dem Problem, dass mehrere personenidentische Gesellschaften verschiedene Grundstücke halten und folglich in mehreren Grundbüchern eingetragen sein können.
19 *Bestelmeyer*, Rechtspfl 2010, 169; *Krüger*, NZG 2010, 810; *Scherer*, NJW 2009, 3063; anders *Altmeppen*, NJW 2011, 801, 805; *Wilhelm*, NZG 2011, 801, 805. Zur Auseinandersetzung um die Grundbuchfähigkeit der GbR näher *Kuckein/Jenn*, NZG 2009, 848 ff; *Wertenbruch*, ZIP 2010, 1844.
20 Dazu Erman/*H.P. Westermann* § 705 Rn 72a; HK-BGB/*Staudinger* § 899a Rn 2a.
21 Dies verneint *Altmeppen*, NJW 2011, 1905 ff.
22 *Wertenbruch*, ZIP 2010, 1844; *Wilhelm*, NZG 2011, 805, 809; *Witt*, BB 2011, 259 ff.
23 Anders *Heinze*, DNotZ 2016, 344 ff.
24 Gegen die „Kondiktionsfestigkeit" *Krüger*, NZG 2010, 801, 805; *Kuckein/Jenn*, NZG 2009, 848; *Weiss*, JuS 2016, 494 ff; *Wilhelm*, NZG 2011, 805, 807; anders *Kessler*, NJW 2011, 1909, 1913; *Wertenbruch*, ZIP 2010, 1844 ff.

verständlich, dass die Zweifel bezüglich der Reichweite der Vermutung zu zT hohen Anforderungen an die Bezeichnung der Gesellschaft, den grundbuchrechtlichen (§ 29 GBO) Nachweis ihrer Existenz und der Handlungsbefugnis ihrer Gesellschafter geführt haben, über die sich die Instanzgerichte nicht einig waren[25], bis der BGH es jedenfalls für den Grundstückserwerb durch eine BGB-Gesellschaft hat ausreichen lassen, dass die Gesellschafter in notarieller Urkunde erklären, die alleinigen Gesellschafter zu sein[26]. Eine endgültige Klärung steht ferner auch im Hinblick auf die besonders schwierigen Fragen der Zwangsvollstreckung in das Vermögen einer BGB-Gesellschaft aus[27], die sowohl formeller als auch materieller Art sind. Im Ergebnis wird auf die Dauer ohne ein besonderes Gesellschaftsregister nicht auszukommen sein[28].

Gutgläubiger Erwerb ist nur soweit möglich, als der Rechtsschein des Grundbuchs, dh die Vermutung des § 891, reicht; folglich vermag § 892 auch das Fehlen der Geschäftsfähigkeit des Verfügenden (über sie sagt das Grundbuch nichts aus) nicht zu ersetzen. **417**

Beispiel: Der unerkannt geisteskranke E lässt das ihm gehörende Grundstück an G auf. § 892 verhilft dem G nicht zum Eigentum an dem Grundstück, wohl aber würde K, der später gutgläubig von dem inzwischen als Eigentümer eingetragenen G erwürbe, Eigentümer, da es auf die Art, wie es zur Unrichtigkeit des Grundbuchs gekommen ist, nicht ankommt. Diese Gefahr ist der hauptsächliche Grund für die Bemühungen des Inhabers eines zu Unrecht nicht eingetragenen Rechts, gegen die Grundbuchunrichtigkeit vorzugehen.

Der nichtberechtigt Verfügende hat demjenigen, über dessen Recht er wirksam verfügt hat, in gleicher Weise **Ausgleich** zu leisten, wie es oben in Rn 242 für das Recht der beweglichen Sachen dargestellt ist. Also sind §§ 987 ff, aber auch § 816 anwendbar[29]. **418**

Das ist in den Rechtsfolgen im Einzelnen nicht immer ganz deutlich. Erlischt aber ein belastendes Recht an einem Grundstück durch unentgeltliche Verfügung eines Nichtberechtigten (zB: der Grundstückseigentümer E überträgt sein Grundstück schenkweise an eine Stiftung, nicht wissend, dass das von seinem Rechtsvorgänger zu Gunsten seiner Mutter bestellte Nießbrauchsrecht versehentlich gelöscht ist), so kann die Mutter als Inhaberin des Nießbrauchs nach § 816 Wiederherstellung des Rechts von der Stiftung als Erwerberin des Grundstücks fordern[30].

3. Erfordernis eines Verkehrsgeschäfts

Angesichts des Umstandes, dass es beim Erwerb vom Nichtberechtigten entscheidend darum geht, die Teilnahme am Rechtsverkehr zu schützen, dh den Rechtsgeschäftspartnern keine überzogenen Prüfungspflichten zuzumuten, wirkt der Rechtsschein des **419**

---

25 OLG Bamberg ZIP 2011, 812; OLG Hamm NZG 2011, 387; KG Berlin NZG 2011, 61; OLG München ZIP 2010, 2248.
26 ZIP 2011, 1093; zust. *Böttcher*, ZfIR 2011, 461; *Heckschen*, Kurzkomm. EWiR § 20 GBO 1.11; *Kessler*, NJW 2011, 1909, 1911; scharf krit. *Bestelmeyer*, ZIP 2011, 1389, 1399.
27 Dazu im Gefolge von BGHZ 179, 102: *Bestelmeyer*, ZfIR 2011, 117; Erman/*H.P. Westermann* § 705 Rn 72d; *Witt*, BB 2011, 398.
28 Zu dieser Forderung *H.P. Westermann*, FS für Säcker, 2011, 543 ff.
29 S. auch *Gast*, JuS 1985, 611, 615.
30 BGHZ 81, 395.

Grundbuchs grundsätzlich nur für rechtsgeschäftliche Veränderungen (Erfordernis des sog. **Verkehrsgeschäfts**). Änderungen auf Grund gesetzlicher Tatbestände treten im Übrigen nur ein, wenn alle ihre Voraussetzungen erfüllt sind, insbesondere der Betroffene Rechtsinhaber ist; insoweit ist ein Gutglaubensschutz weniger dringlich.

Lehre und Rechtsprechung haben aus dem Verkehrsschutzzweck des § 892 gefolgert, dass bei einem der Form nach rechtsgeschäftlichen Erwerb, der aber wirtschaftlich gesehen kein „Verkehrsgeschäft" ist, nämlich bei wirtschaftlicher Identität von Veräußerer und Erwerber, § 892 nicht anwendbar ist, siehe dazu auch schon Rn 225. Das liegt auf der Hand, wenn es sich um einen Erwerb im Erbgang (§ 1922) handelt, da der Erbe nur in die Position des Erblassers einrückt, aber auch dann, wenn der eingetragene Nichtberechtigte für sich selbst ein Grundpfandrecht bestellt, was nach § 1196 möglich ist.

420 Ein Verkehrsgeschäft liegt dann vor, wenn die Vertragsparteien unter Zugrundelegung der wirtschaftlichen Betrachtungsweise einen Rechtssubjektwechsel anstreben, also eine Person erwerben soll, die im Verhältnis zum Veräußerer bisher Dritter war[31]. Keine Anwendung findet § 892 daher bei einer wirtschaftlichen Personenidentität des Erwerbers mit dem Veräußerer, also etwa dann, wenn eine juristische Person ein Grundstück auf ihr einziges Mitglied übertragen wollte oder umgekehrt[32]. Anders aber zB, wenn eine Erbengemeinschaft ein vermeintlich zum Nachlass gehörendes Grundstück einem der Miterben auflässt, weil es dann an der Personenidentität fehlt. Wenn hier trotzdem verbreitet ein Verkehrsgeschäft geleugnet wird, so deshalb, weil es sich idR um eine Erbauseinandersetzung gehandelt haben wird und darum ein Vergleich mit dem Erwerb im Erbgang gezogen wird, in dem ein Erwerb vom Nichtberechtigten auch nicht stattfinden würde[33]. Streiten kann man, ob die Übertragung eines vermeintlich in der Erbmasse befindlichen, zu Unrecht für den Erblasser eingetragenen Grundstücks durch den Erben an einen Vermächtnisnehmer als Verkehrsgeschäft zu einem gutgläubigen Erwerb des Vermächtnisnehmers führen kann; dafür spricht, dass Erbe und Vermächtnisnehmer nicht personengleich sind und die Übertragung gewöhnlich als echte Wertzuwendung an den nicht zum Erbenkreis Gehörenden dienen soll[34].

4. Gutgläubigkeit des Erwerbers und maßgeblicher Zeitpunkt

421 Allgemeinen Rechtsscheinprinzipien entsprechend wird nur der Gutgläubige geschützt: § 892 bezweckt einen Vertrauensschutz; der Bösgläubige vertraut dem Grundbuch nicht, er ist auch nicht schutzwürdig. Wegen der Stärke der Richtigkeitsvermutung (§ 891) schadet nur positive Kenntnis von der Unrichtigkeit des Grundbuchs; dem Erwerber obliegt also keine Erkundigungspflicht.

---

31 RG JW 1930, 3740; MünchKomm/*Kohler* § 892 Rn 73; HK-BGB/*Staudinger* § 892 Rn 14; Staudinger/*Gursky* § 892 Rn 102 ff; Westermann/*Eickmann*, § 83 Rn 26; näher zum Problem *Lutter*, AcP 164, 159 ff; krit. aber *Wilhelm*, Rn 711 ff.

32 BGH NJW-RR 1998, 1057, 1059; s. auch BGHZ 30, 255; Erman/*Artz* § 892 Rn 19; HK-BGB/*Staudinger* § 892 Rn 15.

33 RGZ 127, 346; BayObLG JuS 1986, 911; MünchKomm/*Kohler* § 892 Rn 34; Westermann/*Eickmann*, § 83 Rn 27; s. aber auch die abweichende Ansicht von *Otte*, AcP 186, 313, 316.

34 Lesenswert dazu OLG Naumburg NJW 2003, 3209.

Im **Ausgangsfall 19** ist Tatfrage, ob G durch das Telefongespräch am 22.5. bösgläubig geworden ist. Dass er von diesem Augenblick an die *Tatsachen* kennt, die zur Unrichtigkeit des Grundbuchs geführt haben, ist, da es auf die *Kenntnis der Rechtslage* ankommt, nicht entscheidend; es reicht auch nicht, wenn der Erwerber die Nichtberechtigung des Veräußerers lediglich für möglich hält[35]. Die Kenntnis der Tatsachen, die zur Unrichtigkeit führen, lässt höchstens vermuten, dass der Erwerber die Rechtslage gekannt habe; andererseits kann ein Irrtum über die Rechtslage Kenntnis ausschließen[36]. **422**

Da alle Voraussetzungen des Rechtserwerbs bis zum Augenblick des Eintritts des letzten Tatbestandsteils vorliegen müssen (Rn 379), müsste der Erwerber bis zur Eintragung gutgläubig sein, vorausgesetzt, dass in diesem Augenblick auch die Einigung als weiterer Tatbestandsteil vorliegt. Er würde also das Risiko einer Verzögerung der Eintragung insoweit tragen, als seine nach dem Eintragungsantrag, also dem letzten von ihm zu beeinflussenden Akt, eintretende Bösgläubigkeit den Erwerb ausschlösse. Dem trägt § 892 Abs. 2 dadurch Rechnung, dass auf den **Zeitpunkt** abgestellt wird, in dem der **Antrag beim Grundbuchamt eingeht**, vorausgesetzt weiter, dass die Einigung vorliegt. **423**

In diesem Augenblick hat der Erwerber alles in seiner Macht Stehende getan, um die Eintragung herbeizuführen. Die später eintretende Bösgläubigkeit schadet folglich seinen Erwerbsaussichten nicht mehr. Im **Ausgangsfall 19** ist dem G das Grundstück am 20.5. aufgelassen; der Antrag ist am 23.5. eingegangen. Der maßgebende Zeitpunkt ist also der 23.5. Hat G durch das Gespräch am 22.5. von der Unrichtigkeit erfahren, ist gutgläubiger Erwerb ausgeschlossen. Wäre die Zeitfolge umgekehrt, also der Antrag am 22.5. eingegangen, und hätte G am 23.5. Kenntnis erhalten, hätte G ohne Rücksicht auf das Gespräch gutgläubig Eigentum erwerben können. **424**

Anders ist es, wenn das Grundbuchamt um die Rechtslage weiß. Es darf einerseits nicht an Eintragungen mitwirken, durch die das Grundbuch unrichtig wird[37]. Andererseits darf es nicht bewusst durch seine Tätigkeit an einem Rechtserwerb mitwirken, der nur kraft guten Glaubens eintreten kann[38]; hierzu gilt allerdings eine Ausnahme, wenn für den Erwerber eine Vormerkung eingetragen war (näher dazu Rn 479 ff). **425**

Die **hM** interpretiert den § 892 Abs. 2 über seinen Wortlaut hinaus einschränkend. Schon im zweiten Halbsatz der Vorschrift, der von der Reihenfolge Eintragungsantrag – Einigung ausgeht, wird für die zur Bösgläubigkeit führende Kenntnis auf die spätere Einigung abgestellt. Das leuchtet ein, weil es hier die Parteien noch in der Hand haben, ob sie die Rechtsänderung wollen. Deshalb verlegt man aber den für die Kenntnis maßgeblichen Zeitpunkt auch über die Stellung des Eintragungsantrags hinaus, wenn andere zur Vollendung des Rechtserwerbs notwendige Tatbestandsteile noch fehlen, etwa die Auszahlung des Darlehens bei der Hypothek. § 892 Abs. 2 ist daher so zu lesen, als komme es darauf an, dass zu dem Erwerb des Rechts „nur **426**

---

35 Vgl. dazu BGHZ 26, 256, 258; RGZ 117, 187; 91, 223; OLG Schleswig FG Prax 2004, 264; Westermann/*Eickmann*, § 83 Rn 18.

36 MünchKomm/*Kohler* § 892 Rn 48; HK-BGB/*Staudinger* § 892 Rn 18; Staudinger/*Gursky* § 892 Rn 146.

37 BGHZ 106, 108; 35, 135; 30, 255.

38 OLG Karlsruhe NJW-RR 1998, 45; BayObLG 1994, 66; anders Erman/*Artz* § 892 Rn 37.

noch" die Eintragung erforderlich ist[39]; auch dann bleibt es aber dabei, dass dieser letztere Zeitpunkt maßgeblich ist und nicht etwa der einer noch späteren Eintragung. Gutgläubiger Erwerb hängt andererseits nicht davon ab, dass dem Erwerber der Grundbuchstand überhaupt bekannt war[40].

II. Widerspruch gegen die Richtigkeit des Grundbuchs

Zu den Voraussetzungen des Erwerbs vom Nichtberechtigten im Grundstücksrecht gehört das Fehlen eines Widerspruchs gegen die Richtigkeit des Grundbuchs, § 892 Abs. 1. Der Widerspruch zerstört gewissermaßen den Rechtsschein, ohne die Rechtslage als solche zu verändern.

1. Eintragung und Wirkungsweise des Widerspruchs

427 Die Eintragung eines Widerspruchs bedeutet nicht etwa Eintragung des Rechts zu Gunsten dessen der Widerspruch im Grundbuch vermerkt wird, sondern ist lediglich ein **Protest** gegen die Richtigkeit des Grundbuchs, ausgehend von demjenigen, der sein Recht vor Erwerb durch Gutgläubige schützen will. Der Widerspruch setzt somit Unrichtigkeit des Grundbuchs im technischen Sinn, also Auseinanderfallen von dinglicher Rechtslage und Grundbuchinhalt voraus, **§ 899**. Er verhindert somit auch, dass ein unrichtiges Grundbuch durch gutgläubigen Erwerb richtig wird. Die durch den Widerspruch bewirkte Zerstörung der Rechtsscheinsgrundlage tritt automatisch ein, sie verhindert einen gutgläubigen Erwerb von dem Inhaber der durch den Widerspruch getroffenen Position, ohne Rücksicht darauf, ob der Erwerber den Widerspruch kannte. Wenn andererseits das Grundbuch richtig ist, was nicht ausschließt, dass der die Unrichtigkeit Behauptende infolge einer falschen Beurteilung der Rechtslage durch das Gericht, das etwa eine einstweilige Verfügung gem. § 899 Abs. 2 erlassen hat, die Eintragung hat durchsetzen können, so ist der Widerspruch materiell bedeutungslos. Es bedarf dann nämlich für den Erwerber nicht mehr der Voraussetzungen des gutgläubigen Erwerbs, da er ja vom Berechtigten erwirbt.

428 Im **Ausgangsfall 19** hat der Widerspruch, der **vor** Umschreibung des Eigentums auf G eingetragen worden ist, den gutgläubigen Erwerb verhindert. Denn da es nicht auf einen durch den Widerspruch begründeten Kenntnisstand des Erwerbers ankommt, genügt es, wenn das Grundbuch nicht zur rechtsbegründenden Eintragung widerspruchsfrei war. Es war also aus der Sicht des V wichtig, die einstweilige Verfügung gem. § 899 Abs. 2 zu erreichen, da, wie gezeigt (Rn 422), das Telefongespräch mit G nicht ohne Weiteres genügte, ihn bösgläubig zu machen und so den Erwerb vom Nichtberechtigten zu verhindern.

429 Diese Rechtslage erklärt auch, warum nach § 899 Abs. 2 ein Widerspruch im Verfahren über eine einstweilige Verfügung schon eingetragen wird, wenn nur die Unrichtigkeit des Grundbuchs, nicht auch die Gefährdung der Rechte des Widersprechenden

---

39 RGZ 141, 383; Erman/*Artz* § 892 Rn 33, 35; MünchKomm/*Kohler* § 892 Rn 53; HK-BGB/*Staudinger* § 892 Rn 22; Westermann/*Eickmann*, § 83 Rn 21.

40 BGH NJW 1980, 2413 f; RGZ 86, 353, 356; HK-BGB/*Staudinger* § 892 Rn 17; Staudinger/*Gursky* § 892 Rn 6.

glaubhaft gemacht wird: ohne den den Rechtsschein zerstörenden Widerspruch besteht stets die Gefahr, dass ein Gutgläubiger erwirbt und das Recht des Widersprechenden belastet wird (etwa durch Eintragung eines Grundpfandrechts für einen Gutgläubigen) oder verlorengeht (durch Eigentumsumschreibung auf den Gutgläubigen).

§ 892 Abs. 2 verlegt den **maßgebenden Zeitpunkt**, wie in Rn 423 gezeigt, *nur* bezüglich der Gutgläubigkeit vor, für den Widerspruch bleibt es bei dem allgemeinen Grundsatz, dass *alle* Voraussetzungen (hier also Fehlen eines Widerspruchs) bis zur Vollendung des Rechtserwerbs (= Eintragung des G) gegeben sein müssen. Die Zeitfolge der Eintragungen des Eigentumsübergangs und des Widerspruchs entscheidet also über die Möglichkeit oder Unmöglichkeit des gutgläubigen Erwerbs. Diese Abhängigkeit der Rechtswirkungen der Eintragung von ihrer Zeitfolge macht es verständlich, dass die **Eintragungsfolge** nicht dem Zufall und schon gar nicht der Willkür des Grundbuchamtes überlassen ist. Dementsprechend verpflichten §§ 17, 45 GBO den Grundbuchführer, die Anträge in der **Reihenfolge ihres Eingangs** zu erledigen[41]. **430**

Wenn also der Widerspruch des V am 24.5., der Übergang des Eigentums auf G am 27.5. eingetragen worden sind, muss der Antrag auf Eintragung des Widerspruchs vor dem auf Eigentumsumschreibung beim Grundbuchamt eingegangen sein. Oder anders ausgedrückt: Als der Antrag des G einging, hatte V schon alles von ihm zu Veranlassende getan, um gutgläubigen Erwerb eines Dritten zu verhindern. G hätte durch Einsicht in die Grundakten feststellen können, dass ein Widerspruch beantragt war. Seine mögliche Gutgläubigkeit bezüglich der Eigentumslage ändert daran nichts. **431**

Verlegt das Grundbuchamt die Eintragung eines Widerspruchs zeitlich vor, ist ein gutgläubiger Erwerb unmöglich. Allerdings kommen wegen Verletzung der Vorschriften der GBO Ersatzansprüche aus § 839 BGB, Art. 34 GG dessen in Betracht, der bei Beachtung der Reihenfolge der Eintragungsanträge hätte gutgläubig erwerben können.

Das wird in der **Alternative des Ausgangsfalls 19** deutlich, wenn der Antrag auf Umschreibung des Eigentums am 23.5., der auf Eintragung des Widerspruchs am 24.5. eingegangen war. Das Grundbuchamt hätte hier, solange der Antrag des G nicht „erledigt" war (sei es durch Eintragung, sei es durch Zurückweisung), den Widerspruch nicht eintragen dürfen. Tat es das doch, entscheidet die Eintragungsfolge. Das verhindert also den gutgläubigen Erwerb, auch wenn die Abfolge der Eintragungen unter Verletzung der GBO zu Stande kam.

Wird das Grundbuch zwischen Eingang des Antrags und der beantragten Eintragung unrichtig, zB durch unrichtige Löschung eingetragener Belastungen des Grundstücks, erwirbt der Eingetragene nach hM entsprechend dem Inhalt des Grundbuchs zur Zeit seiner Eintragung[42]. Die Lösung ist insofern interessant, als sie wie auch sonst eine Kausalität der Unrichtigkeit des Grundbuchs für das Handeln des Erwerbers nicht fordert.

2. Der Amtswiderspruch

Die materielle Wirkung des Widerspruchs, gutgläubigen Erwerb zu verhindern, tritt auch durch Eintragung eines sog. Amtswiderspruchs gem. **§ 53 GBO** ein. Dieser darf jedoch nur eingetragen werden, wenn das Grundbuchamt unter Verletzung formellen **432**

---

41 Erman/*Artz* § 892 Rn 25; Westermann/*Eickmann*, § 84 II 5 a.
42 So mit ausführlicher Begründung RGZ 140, 35, bestätigt durch BGH NJW 80, 2413.

Grundbuchrechts eine Eintragung vorgenommen hat, durch die das Grundbuch unrichtig geworden ist. Diese Regelung bezweckt, Erwerb vom Nichtberechtigten auf Grund einer im Grundbuch unrichtig dokumentierten Rechtslage und damit eine Amtshaftung des Staats zu verhindern. Dies setzt allerdings voraus, dass tatsächlich das Grundbuch durch eine Eintragung unrichtig wurde.

433 Hat zB das Grundbuchamt durch die zeitlich frühere Bearbeitung des Widerspruchs gegen §§ 17, 45 GBO verstoßen, so wurde ein Erwerb vom Nichtberechtigten verhindert, aber gerade nicht die Unrichtigkeit des Grundbuchs verursacht. Anders, wenn in Abweichung vom Eintragungsantrag ein vom Eigentümer bestelltes Grundpfandrecht für einen falschen Gläubiger eingetragen wurde; dann ist das Grundbuch unrichtig, und es kann – wegen möglicher Haftung des Staates aus § 839 BGB, Art. 34 GG – gerade dem Grundbuchamt daran liegen, durch die Eintragung eines Widerspruchs gutgläubigen Erwerb des Pfandrechts durch einen Zessionar zu verhindern.

III. Klausurgliederung zu Fall 19

434 **1.** Der Herausgabeanspruch des § 985 und der auf Grundbuchberichtigung gerichtete Anspruch aus § 894 sind einheitlich vom Eigentum des V abhängig, können folglich zusammen behandelt werden.

a) Die durch die Eintragung begründete Vermutung spricht für Eigentum des G an der ganzen Parzelle 20/12 (§ 891).

b) Das kann durch den Nachweis widerlegt werden, dass G durch die Auflassung und Eintragung nicht Eigentümer geworden ist. Da K durch die bloße Eintragung nicht Eigentümer des Grenzstreifens geworden ist (das ist im Einzelnen darzustellen), könnte G nur gemäß § 892 Eigentum erworben haben.

c) Das Grundbuch war unrichtig, da es zu Unrecht den K als Eigentümer auch des Grenzstreifens auswies. Die Veräußerung von K an G war auch ein Verkehrsgeschäft, da ein gewöhnlicher Rechtssubjektwechsel gewollt war.

d) Ob G durch das Telefongespräch mit V bösgläubig wurde, kann dahinstehen, da der Widerspruch gegen die Richtigkeit der Eintragung des K als Eigentümer des Grenzstreifens **vor** der Umschreibung eingetragen war. Dabei ist es gleichgültig, ob G von dem eingetragenen Widerspruch Kenntnis hatte oder nicht. Also ist gutgläubiger Erwerb des G ausgeschlossen, V blieb Eigentümer.

e) (Die Alternative des Falles ist hier gleich anschließend abzuhandeln.) Die auf das formale Recht begrenzte Wirkung der §§ 17, 45 GBO ist ausführlich darzustellen; das führt zu dem Ergebnis, dass in der Alternative nicht anders zu entscheiden ist. (Nach dem Anspruch auf Schadensersatz aus § 839 ist nicht gefragt.)

2. a) Der Herausgabeanspruch bezüglich des Grundstücks südlich vom Wall ist ohne Schwierigkeiten durchsetzbar.

b) Die Berichtigung des Grundbuchs bedarf der Bewilligung des G, auf die § 894 dem V einen Anspruch gibt. Zur Eintragung des V als Eigentümer des Grenzstreifens ist die Eintragung des Streifens als selbstständiges Grundbuchgrundstück oder die Zuschreibung zu einem dem V gehörigen Grundstück erforderlich. Zur Duldung der Neuvermessung der Parzelle 20/12, die formale Voraussetzung für die Grundbuchänderung ist, ist G analog § 895 verpflichtet.

3. § 861 gibt nur einen Herausgabeanspruch, keine Möglichkeit, die Grundbuchberichtigung zu erzwingen. K hat verbotene Eigenmacht verübt; ob G die Fehlerhaftigkeit des Besitzes kannte, § 858 Abs. 2, ist Tatfrage. Von ihr hängt der Herausgabeanspruch aus § 861 ab.

§ 15 Das Rangrecht

Fall 20: Der Grundeigentümer E braucht Geld. Er einigt sich mit der Sparkasse Sp über ein Darlehen von 175 000 € und über die Eintragung einer Hypothek an seinem Geschäftsgrundstück zur Sicherung dieses Darlehens. E schuldet aber auch dem K 140 000 €; da dieser auf Zahlung drängt, bestellt E für K eine Hypothek an demselben Grundstück, um auf diese Weise die Stundung des Darlehens zu erreichen. Der Antrag des E, die Hypothek für die Sparkasse einzutragen, geht am 27.12.2008 beim Grundbuchamt ein; der Antrag, die Hypothek des K einzutragen, am 28.12.2008. Das Grundbuchamt trägt am 30.12. die Hypothek des K und am 31.12.2008 die der Sp ein. Nach der Eintragung einigen E und K sich dahin, dass das Darlehen der Hypothek wegen gestundet wird. Die Sparkasse beklagt sich über die zeitliche Abfolge der Eintragungen, da doch der ihr Recht betreffende Antrag früher als der für K gestellt worden sei.

1. a) Kann die Sp den K zur Mitwirkung bei einer Änderung der Datenangabe im Grundbuch oder zu einer sonstigen, der Sp günstigen Änderung zwingen?

b) Wie ist die Rechtslage, wenn die Hypothek der Sp am 31.12.2009, die des K am 2.1.2009 eingetragen worden wäre, der Grundbuchführer aber versehentlich als Datum der Eintragung der Hypothek des K den 2.1.2008 angegeben hätte?

2. Wie wäre es, wenn im Fall 1. b) nicht für den K eine Hypothek, sondern eine Abbauberechtigung auf Ton für einen Ziegeleibetrieb für Z eingetragen worden wäre?

3. Welche Rechte hätte die Sp, wenn E mit Sp ausdrücklich vereinbart hätte, Sp solle die „erste Hypothek" haben, und auch der Eintragung der Hypothek des K eine Einigung mit E vorhergegangen wäre, in der ausdrücklich festgelegt worden wäre, dass die K die zweite Hypothek erhalte? **Lösung Rn 438, 442, 443, 463**

435

I. Bedeutung und Begriff des Ranges

Das Interesse der Sp, die Datenangaben im Grundbuch zu ändern, folgt aus der eventuellen Bedeutung der Datenangabe für die Rangbestimmung, näher Rn 445 ff

436

1. Gegenstand des Rangrechts

Sobald neben dem Eigentum, das eine alleinige Zuordnung des Grundstücks darstellt, an diesem Gegenstand mehrere dingliche Rechte bestehen, kann die Frage nach dem Verhältnis der Rechte zueinander praktisch werden. Dieses Verhältnis bestimmt sich nach dem Rang der Rechte, der zum Inhalt des Rechts gehört oder diesem wenigstens

437

in der Bedeutung gleichgestellt ist[1], und dessen Bedeutung daraus folgt, dass in der Zwangsvollstreckung das rangbessere Recht voll vor dem rangschlechteren befriedigt wird, falls der Zugriff auf das Grundstück nicht alle Rechte voll erfüllt (§§ 11, 109 Abs. 2, 155 Abs. 2 des Zwangsversteigerungsgesetzes – ZVG). Gleichrangige Rechte auf Befriedigung einer Geldforderung werden anteilmäßig befriedigt, vgl. § 10 Abs. 1 ZVG.

438   Wenn also im **Ausgangsfall 20** die Datenangaben im Grundbuch ein der wirklichen Rechtslage widersprechendes Rangverhältnis angeben, so ist das Grundbuch unrichtig, die Sp hat einen Grundbuchberichtigungsanspruch (§ 894) gegen den, dessen unrichtige Eintragung den Rang ihres Rechts beeinträchtigt. Wenn dies nicht geschieht, würde im Ausgangsfall die Hypothek des K, wenn sie einen besseren Rang als die des P hat, in einer etwa notwendigen Zwangsversteigerung vor der Hypothek der Sp befriedigt werden; wenn in einer Zwangsversteigerung des Grundstücks 225 000 € erlöst wurden, würde K 140 000 € erhalten, die Sparkasse würde in Höhe von 90 000 € ausfallen.

439   Nur dingliche Rechte haben einen Rang, das ist eine Folge der Gegenstandsbezogenheit der Rechte und ihrer zuordnenden Wirkung. Wenn ein Gegenstand mehreren Personen zugeordnet ist, muss geregelt werden, in welchem Verhältnis das eine Recht zum anderen steht. Schuldrechtliche Rechte als Beziehung einer Person zu einer anderen haben keinen Rang. Kollidieren sie, kommt es darauf an, welcher Berechtigte zuerst „zugreift", dh befriedigt wird oder ein dingliches Recht, etwa ein Pfändungspfandrecht, erhält.

440   Würden zB Sp und K ihre Forderungen als schuldrechtlichen Anspruch ohne Ausnutzung der Hypothek geltend machen, käme es darauf an, wer zuerst die Zwangsvollstreckung in das Grundstück oder in sonstiges Vermögen des Schuldners betriebe, wozu er einen vollstreckbaren „Titel", dh ein Urteil, das den Eigentümer zur Zahlung verurteilt, oder eine Unterwerfungserklärung des Eigentümers gem. § 794 Abs. 1 Nr 5 ZPO benötigt. Aber: Ein Grundstückseigentümer hat das Grundstück zweimal verkauft; ob der erste oder zweite Käufer sich mit seinem Anspruch auf Auflassung durchsetzt, ist keine Frage des Ranges, sondern des schnellsten Zugriffs, während zwischen zwei dinglichen Vorkaufsrechten iSd §§ 1094 ff wiederum der Rang entscheiden würde.

Die **wirtschaftliche Bedeutung** des Ranges ist groß. Das gilt insbesondere im Grundpfandrecht; hier hat sich geradezu ein Kredit der ersten, zweiten und dritten Rangstelle entwickelt, man spricht auch von Rechten im gesicherten und im ungesicherten Bereich, was zT auch von der Entwicklung des Werts des Grundstücks abhängt.

441   Die Frage nach dem stärkeren Recht, dessen Inhaber bessere Möglichkeiten zur Durchsetzung seiner Ansprüche oder zur Verteidigung seiner Position hat als andere, stellt sich in ähnlicher Weise bei **anderen Rechten**, deren Wirkung von der Eintragung abhängig ist. Das gilt etwa für Verfügungsbeschränkungen des Eigentümers, bei denen es durchaus darauf ankommen kann, ob sie vor oder nach einer vom Eigentü-

---

1   Zur Qualifikation als Inhalt BGH NJW 1956, 1314; s. auch *Baur/Stürner*, § 17 Rn 6; näher *Stadler*, AcP 189, 425; *Wacke*, JA 1981, 94; für Gleichstellung Westermann/*Eickmann*, § 78 Rn 4.

mer getroffenen Verfügung über sein Grundstück wirksam geworden sind. Die Regeln über die Rangbestimmung, die sich im Wesentlichen aus § 879 ergeben, gelten hier jedoch nicht[2], da es sich nicht um Belastungen des Grundstücks handelt; freilich sind zum Schutz dessen, der von einer Verfügungsbeschränkung keine Kenntnis hat, die aus dem Grundbuch nicht hervorgeht, § 878 (dazu Rn 379) oder auch die §§ 892, 893 anwendbar. Generell gilt das Rangrecht nicht für Rechte, die ohne Eintragung entstehen, selbst wenn sie an sich eintragungsfähig sind[3].

2. Feste oder gleitende Rangordnung?

Die Rangordnung ist nicht in dem Sinne starr, dass jedes der Rechte eine bestimmte   **442**
Stelle hat, die unveränderlich wäre, sondern in dem Sinne flexibel, dass mit dem Wegfall eines rangbesseren Rechts das bisher rangschlechtere aufrückt, sog. **Prinzip der gleitenden Rangordnung**.

> Würde in **Alternative 3 des Ausgangsfalls 20** die persönliche Dienstbarkeit des Z rangbesser als die Hypothek sein, würden mit dem Erlöschen der Dienstbarkeit – etwa durch Tod des Z, s. § 1092 Abs. 1 – die Hypotheken aufrücken. E könnte nicht etwa eine Dienstbarkeit im Rang der erloschenen bestellen.

Dies ist aber praktisch nicht unproblematisch, da es aus der Sicht des Eigentümers in-   **443**
teressant sein kann, ein an einer bestimmten Rangstelle bestehendes Recht gegen ein gleichrangiges auszutauschen, und zwar gerade ohne dass die nachfolgenden Rechte „aufrücken".

> So kann im **Ausgangsfall 20** E, wenn er das Recht der Sparkasse ablösen will und das hierfür nötige Geld von der B-Bank erhalten könnte, die ihm günstigere Konditionen bietet, ein Interesse daran haben, der B-Bank ein Grundpfandrecht mit demselben Rang wie das der Sp als Sicherheit anbieten zu können (dieser Vorgang wird als **„Umschuldung"** bezeichnet), während K, jedenfalls wenn er sich mit der Sicherung durch ein zweitrangiges Recht einverstanden erklärt hat, nicht unbedingt darauf angewiesen ist, dass sein Recht jetzt einen besseren Rang erhält.

Trotz formaler Aufrechterhaltung des Prinzips der gleitenden Rangordnung hat sich   **444**
das BGB im Grundpfandrecht mittels der Figur der **Eigentümergrundschuld** praktisch dem Prinzip der festen Rangstelle genähert[4]. Dies geschieht, indem das Grundpfandrecht, das eigentlich wegen Tilgung der gesicherten Forderung entfallen müsste, wie es bei der Hypothek der Fall ist, als sogenannte Eigentümergrundschuld in der Hand des Eigentümers als Belastung seines eigenen Grundstücks bestehen bleibt (§ 1163 Abs. 1 S. 2) und dann an einen neuen Gläubiger, also im Beispielsfall die

---

2   RGZ 135, 378, 384; Erman/*Artz* § 879 Rn 5; MünchKomm/*Kohler* § 879 Rn 11; *Schreiber*, Jura 2006, 502; HK-BGB/*Staudinger* § 879 Rn 3; Westermann/*Eickmann*, § 79 Rn 2. Für die im Text erwähnten dinglichen Vorkaufsrechte ist das Rangrecht jedoch anwendbar, KG JW 1916, wobei sogar mehrere Vorkaufsrechte mit Gleichrang eingetragen werden können (MünchKomm/*Kohler* § 879 Rn 9).

3   BayObLG NJW-RR 1991, 567, das wird selten praktisch und gilt etwa für eine Pfandrechtsumwandlung nach Surrogation, § 848 Abs. 2 S. 2 ZPO.

4   Die Modelle der festen oder gleitenden Rangordnung sind heute nicht streng durchgeführt, Westermann/*Eickmann*, § 78 Rn 5; MünchKomm/*Kohler* § 879 Rn 40; HK-BGB/*Staudinger* § 879 Rn 4.

B-Bank, weiter abgetreten werden kann, wodurch das Recht wieder zum Fremd-Grundpfandrecht wird. Das kann wiederum den nachstehend berechtigten Rechtsinhabern unerwünscht sein, weshalb mit ihnen eine so genannte **Löschungsvormerkung** vereinbart werden kann. Mit der dadurch bezogenen Vorschrift des § 1179a ist dann für das Grundpfandrecht im Verhältnis zwischen dem Eigentümer und nachstehenden Grundpfandgläubigern praktisch doch wieder das Prinzip der gleitenden Rangfolge gewahrt, zur Eigentümergrundschuld Rn 547. Maßgebend für diese Unterscheidung ist das besonders ausgeprägte Interesse des Eigentümers an den Rangverhältnissen im Grundpfandrecht gewesen.

II.   Bestimmung des Ranges

1.   Rang nach der Entstehungsfolge

445   Wenn das Gesetz nichts anderes sagt, bestimmt sich die Rangfolge nach der Entstehungsfolge der Rechte, wie es ja der natürlichen Betrachtungsweise entspricht. Ist ein dingliches Recht mit einem bestimmten Verhältnis zu anderen und zukünftigen Rechten entstanden, darf diese Position nicht ohne Willen des Berechtigten dadurch verschlechtert werden, dass später andere Rechte entstehen. Die jüngeren Rechte gehen folglich den älteren im Range nach. Das gilt unabhängig von der Entstehungsart der Rechte; der Grundsatz wirkt also sowohl im Verhältnis rechtsgeschäftlich geschaffener Rechte zueinander als auch gegenüber gesetzlich entstehenden dinglichen Rechten und im Verhältnis dieser beiden Rechtsarten zueinander.

446   Die materiell-rechtliche Rangbestimmung im Liegenschaftsrecht in **§ 879** stellt auf die **Eintragungsfolge** ab, die sich im Einzelfall mit der Entstehungsfolge nicht zu decken braucht. Denn nach § 879 Abs. 2 ist für die Rangfolge die Eintragung auch dann maßgebend, wenn die für den Rechtserwerb erforderliche Einigung erst nach der Eintragung stattfindet. Einen Rang hat das Recht aber (natürlich) erst, wenn es entstanden ist, nur dass sich jetzt der Rang nach dem früheren Zeitpunkt richtet[5]. Dass Eintragungs- und Entstehungsfolge sich nicht immer decken, ergibt sich insbesondere als Folge der unterschiedlichen Voraussetzungen von Eintragung und Rechtsentstehung, s. Rn 448.

> Folglich ist es im **Ausgangsfall 20** gleichgültig, wann E und K sich geeinigt haben (die Abrede, die Forderung solle wegen der Hypothek gestundet werden, ist zugleich die – formlos gültige – Einigung über die Bestellung der Hypothek iSd § 873, da E und K zu erkennen geben, dass sie die Hypothek als Recht des K ansehen).

447   Für nicht eingetragene Rechte, etwa eine sog. Surrogationshypothek gem. § 1287 S. 2[6], gilt das allgemeine Prinzip, nämlich Bestimmung der Rangfolge nach der Entstehungsfolge. Ein anderer Erwerber kann sich aber auf das Schweigen des Grundbuchs bezüglich der nicht eingetragenen Rechte verlassen, erwirbt also unter den

---

5   Erman/*Artz* § 879 Rn 8; dies wird auch als „formelle Rechtskraft" bezeichnet, MünchKomm/*Kohler* § 879 Rn 15; HK-BGB/*Staudinger* § 879 Rn 5; Westermann/*Eickmann*, § 79 Rn 9.
6   S. auch den in Fn. 3 erwähnten Fall.

Voraussetzungen des § 892 die Rangstelle, die die Eintragungsfolge im Grundbuch ausweist. Ein Grundstückserwerber könnte gutgläubig lastenfrei erwerben[7].

Der Wechsel von der Entstehungs- zur Eintragungsfolge ergibt sich aus dem *Offen-* **448** *kundigkeitsstreben des Liegenschaftsrechts.* Die Eintragungsfolge ist aus dem Grundbuch ersichtlich, die Entstehungsfolge angesichts ihrer Abhängigkeit von der bis auf den Fall des § 925 formlos gültigen Einigung nicht. Die Rangfolge kann aber abweichend von der Eintragungsfolge durch einen **Rangvermerk** bestimmt werden, § 879 Abs. 3[8]. Sie kann auch durch eine **Rangänderung** nachträglich geändert werden, § 880.

2. Die Bedeutung der Abteilung des Grundbuchs

Innerhalb des Grundsatzes „Rangfolge = Eintragungsfolge" unterscheidet § 879 da- **449** nach, ob es sich um Rechte handelt, die in **derselben Abteilung des Grundbuchs** oder in verschiedenen Abteilungen eingetragen sind.

> Im **Ausgangsfall** werden die Hypotheken in Abteilung III eingetragen, für das Verhältnis unter ihnen gilt also § 879 Abs. 1 S. 1. – Die Dienstbarkeit des Z ist in Abteilung II einzutragen, sodass das Rangverhältnis zwischen der Dienstbarkeit und den Hypotheken sich nach § 879 Abs. 1 S. 2 bestimmt.

Was „Reihenfolge der Eintragungen" in § 879 Abs. 1 S. 1 heißt, ist streitig. Vielfach **450** wird auf die tatsächliche zeitliche Eintragungsfolge abgestellt[9], während nach einer anderen Ansicht auf die räumliche Folge im Grundbuch abgestellt wird[10].

Die Hypothek des K ist zeitlich – und wahrscheinlich auch räumlich – vor derjenigen der Sp eingetragen, hat also den besseren Rang. § 879 Abs. 1 S. 1 identifiziert ausdrücklich Eintragungsfolge und Rangfolge. Das bedeutet, dass die Eintragung, soweit sie die Eintragungsfolge richtig wiedergibt, materiell-rechtlich den Rang entstehen lässt, sodass das Grundbuch immer richtig ist.

> Im **Ausgangsfall 20** hat also Sp keinen Grundbuchberichtigungsanspruch iSd § 894, während eine Abweichung von Datenangabe und sachlicher Eintragungsfolge das Grundbuch unrichtig macht[11]. Soweit die Rangentstehung sich aus der Eintragungsfolge ergibt, scheidet auch eine Berichtigung des Grundbuchs nach §§ 22, 53 GBO mangels Unrichtigkeit des Grundbuchs aus.

In der **Alternative 1b des Ausgangsfalls 20** ist die Hypothek des K tatsächlich nach **451** der der Sp eingetragen. Sie steht also, gleichgültig, ob man die „Reihenfolge der Eintragungen" zeitlich oder räumlich versteht, hinter derjenigen der Sp. Es besteht auch

---

7 S. den Fall BayObLG DNotZ 1994, 754 Nr 8; MünchKomm/*Kohler* § 879 Rn 12.

8 Vgl. zum Verstoß gegen eine materiell-rechtliche Rangvereinbarung BGH NJW-RR 2014, 788.

9 KGJ 41, 221; Erman/*Artz* § 879 Rn 9; Soergel/*Stürner* § 879 Rn 7; zum Streitstand s. HK-BGB/*Staudinger* § 879 Rn 6.

10 RG HRR 35, 1016; Westermann/*Eickmann*, § 79 Rn 4; „ohne jeden Zweifel" ebenso MünchKomm/ *Kohler* § 879 Rn 25 f.

11 Nach OLG Köln DNotZ 2006, 616, 618 kommt es auf das Fehlen oder die Unrichtigkeit einer Datumsangabe nicht an.

kein Anlass, § 879 Abs. 1 S. 2 (Abstellung auf die Datenangabe im Grundbuch) analog auf die Eintragung in derselben Abteilung auszudehnen. Da aber das Datum
(2.1.2008) eine andere als die tatsächliche Eintragungsfolge angibt, ist das Grundbuch bezüglich des Rangs unrichtig, und zwar auch bezüglich des Rangs der Hypothek der Sp, die zu Unrecht als der Hypothek des K nachstehend ausgewiesen wird.
Das löst also den Grundbuchberichtigungsanspruch des § 894 aus.

> Folglich kann Sp von K eine der Form des § 29 GBO entsprechende Berichtigungsbewilli-
> gung fordern. Für § 894 ist es gleichgültig, dass K die unrichtige Eintragung nicht veranlasst
> hat, die Unrichtigkeit des Grundbuchs als solche ist die Anspruchsgrundlage, vgl. Rn 361.

452 Der Grundbuchführer bestimmt also mit der Reihenfolge der Eintragungen die Rangfolge. Diese Abhängigkeit von der staatlichen Entscheidung wird dadurch gemildert,
dass die GBO dem Grundbuchführer in § 17 bindend die Reihenfolge der Erledigung
der Anträge nach Maßgabe ihres Eingangs vorschreibt, vgl. dazu schon Rn 430.
Wenn der Antrag bezüglich der Hypothek der Sp vor dem Antrag bezüglich der Hypothek des K beim Grundbuchamt einging, so durfte der Grundbuchführer die Hypothek für K nicht eintragen, bevor der Antrag bezüglich der Hypothek für die Sp „erledigt" war, dh bevor die Hypothek eingetragen oder der Antrag zurückgewiesen war.
Bei behebbaren Hindernissen ergeht eine **Zwischenverfügung** gem. § 18 Abs. 1 S. 1
GBO, die rangwahrende Wirkung hat, was bedeutet, dass nach fristgemäßer Behe-
bung der Beanstandung eine Eintragung mit der Wirkung vom Zeitpunkt des Eingangs des Antrags erfolgt. Materiell-rechtlich, dh für die Rangfolge, entscheidet bei
unterschiedlicher Eintragungs- und Antragsfolge aber ausschließlich § 879, dh es
kommt auf die Eintragungsfolge an. Hier begegnen also wieder die für das Grundstücksrecht charakteristischen Unterschiede von formellen und materiellen Entste-
hungsvorschriften.

> Es bleibt somit im **Ausgangsfall 20** für die **Alternative 1a** dabei, dass die Hypothek des K
> den ersten Rang hat. Die vom Grundbuch mit der Datenangabe angegebene Rangfolge ent-
> spricht der materiellen Rechtslage, sodass der Sp ein Anspruch auf § 894 nicht zusteht.

3. Ansprüche auf Rangänderung und Schadensersatz wegen fehlerhafter Eintragung

453 Von der im Vorigen erörterten Grundbuchberichtigung bezüglich der Rangverhältnisse ist die Rangänderung zu unterscheiden, die nach **§ 880** durch Einigung und Eintragung erfolgen kann. Es kann aber auch sein, dass auf die Vornahme eines solchen
dinglichen Rechtsgeschäfts ein Anspruch besteht. So könnte im Ausgangsfall der Sp
aus § 812 ein Anspruch auf die Rangänderung, dh auf die dementsprechende Einigungserklärung, erwachsen sein.

> Ein Anspruch aus ungerechtfertigter Bereicherung liegt nahe, weil der Vorteil des K, der
> bessere Rang, und der Nachteil der Sp, der schlechtere Rang, gemessen an ihrem Anspruch
> und ihren Chancen angesichts der Eintragungsfolge des Antrags „ungerechtfertigt" erschei-
> nen. Indessen müssen die einzelnen Voraussetzungen des § 812 erfüllt sein, wenn die Sp
> einen Bereicherungsanspruch gegen K auf Rangtausch haben soll.

Es ist bereits fraglich, ob der Begünstigte seine bessere Rangposition „auf Kosten" **454**
des Benachteiligten erlangt hat[12]. Dieses wäre nur dann anzunehmen, wenn der Begünstigte in dem Moment, in dem er den Antrag auf Eintragung stellt, bereits ein materiell geschütztes Anwartschaftsrecht auf den Erwerb des Rechts mit einem bestimmten Rang erworben hat. Vor dem Hintergrund des Charakters der §§ 17, 45
Abs. 1 HS. 1 GBO als Ordnungsvorschriften erscheint das allerdings zweifelhaft.
Eine Eingriffskondiktion scheidet – soweit man eine Bereicherung des Begünstigten
auf Kosten des Benachteiligten bejaht – jedenfalls mangels Rechtsgrundlosigkeit des
Rangerwerbs aus. Für die Bereicherung des begünstigten Rechtserwerbs stellt § 879
Abs. 1 nämlich seinem Sinn und Zweck nach einen Rechtsgrund dar[13].

> Nimmt man einen Vermögensübergang „auf Kosten" der Sp im Sinne des § 812 an, indem
> man dem Umstand Rechnung trägt, dass der Vorrang des K nur möglich ist, weil die Chance
> der Sp auf den ersten Rang untergegangen ist, müssten die weiteren Voraussetzungen des
> Bereicherungsanspruchs vorliegen. Die Rechtsprechung sieht in § 879 einen rechtlichen
> Grund für die Vermögensverschiebung zwischen Sp und K. § 879 ordnet die Rangfolge mit
> der Konsequenz, dass die dingliche Rechtslage für Dritte erkennbar gestaltet wird. Härten,
> die dadurch entstehen können, sind im Interesse der Rechtssicherheit und -klarheit hinzu-
> nehmen. Daher ist der Bereicherungsanspruch abzulehnen[14].

Es verbleibt dem durch die Verletzung der §§ 17, 45 GBO Benachteiligten nur der **455**
Anspruch aus dem **Staatshaftungsrecht**, wenn, was idR der Fall sein wird, der
Grundbuchführer schuldhaft gehandelt hat[15]. Der zu ersetzende Schaden besteht in
dem Ausfall des Rechts des Benachteiligten in der Zwangsversteigerung infolge der
Rangverschlechterung, kann daher uU erst nach einer Zwangsversteigerung des
Grundstücks festgestellt werden. Sieht man einen Bereicherungsanspruch als gegeben
an, so ist dieser iSd § 839 ein anderweitiger Ersatzanspruch, sodass der Amtshaf-
tungsanspruch entfällt.

4. Rangfolge bei Eintragung in verschiedenen Abteilungen des Grundbuchs

In der **Alternative 2 des Ausgangsfalls 20** geht es um das Rangverhältnis von **456**
Dienstbarkeit und Hypothek, die in verschiedenen Abteilungen des Grundbuchs eingetragen werden. Für einen solchen Fall hat nach dem Wortlaut des § 879 Abs. 1 S. 2
das „unter Angabe eines früheren Tages eingetragene Recht den Vorrang". Die Datenangaben sollen selbst dann entscheiden, wenn sie der Eintragungsfolge widerspre-
chen[16].

Danach hätte also die Dienstbarkeit den Vorrang, dem Benachteiligten bliebe auch hier nur der
Anspruch aus § 839. Das ist kaum einzusehen, da der glückliche, auf einem Schreibfehler beru-

---

12 BGHZ 21, 98; MünchKomm/*Kohler* § 879 Rn 41; HK-BGB/*Staudinger* § 879 Rn 11; aM. Erman/
    Artz § 879 Rn 22; Soergel/*Stürner* § 879 Rn 12; *Stadler* aaO. S. 459 ff; *H. Westermann*, JZ 1956, 656;
    Westermann/*Eickmann*, § 79 Rn 14.
13 BGHZ 21, 98.
14 HK-BGB/*Staudinger* § 879 Rn 11; aM Erman/*Buck-Heeb* § 812 Rn 80; MünchKomm/*Schwab* § 812
    Rn 336.
15 Vgl. HK-BGB/*Staudinger* § 879 Rn 12.
16 MünchKomm/*Kohler* § 879 Rn 30; *Schreiber*, Jura 2006, 502 f; HK-BGB/*Staudinger* § 879 Rn 9.

hende Erwerb wirksam wäre und (über den soeben behandelten Bereicherungsanspruch) rück-abgewickelt oder zum Gegenstand eines Schadensersatzanspruchs gemacht werden muss, obwohl doch klar war, dass der Begünstigte mit dieser vorteilhaften Position nicht rechnen konnte. Deshalb hat sich die Ansicht durchgesetzt, die ungeachtet des Wortlauts des § 879 Abs. 1 S. 2 auch für die Eintragung in verschiedenen Abteilungen auf die tatsächliche zeitliche Reihenfolge der Eintragungen abstellt[17].

457   Verwirrung kann durch Tatbestände eines **gutgläubigen Erwerbs** entstehen. Wenn ein Grundpfandrecht zu Unrecht gelöscht worden ist, behält es nach der Löschung für einen insoweit bösgläubigen Erwerber des eingetragenen Rechts den Vorrang, nicht aber gegenüber dem Recht, das für einen bezüglich der Richtigkeit der Löschung gutgläubigen späteren Erwerber eingetragen ist. Da aber der diesbezüglich bösgläubige Erwerber nur bezüglich des Vorrangs dem zu Unrecht gelöschten Recht nachgeht, aber ein Recht erworben hat, bleibt es im Verhältnis zu dem zuletzt Eingetragenen bei einem Vorrang[18].

III.   Rechtsgeschäftliche Bestimmung des Ranges

1.   Anlässe und Voraussetzungen

458   Die Beteiligten werden oft an einer bestimmten Rangfolge so interessiert sein, dass sie den Rang mehrerer gleichzeitig oder in kurzer Folge bestellter Rechte nicht der Eintragungsfolge der Anträge überlassen wollen. Das ist etwa bei der Baufinanzierung häufig, da sich Bausparkassen nicht selten mit ihren aus dem Bauspardarlehen herrührenden Forderungen mit einem zweiten Rang begnügen, wenn sie damit nicht aus dem „gesicherten Bereich herausfallen". Dann kann der Eigentümer/Bauherr ein zweitrangiges Grundpfandrecht eintragen lassen und für das erstrangige Pfandrecht noch einen Kreditgeber suchen. § 879 Abs. 3 lässt daher eine Bestimmung der Rangfolge durch Eintragung ausdrücklich zu. Erforderlich dafür ist freilich **Einigung** und **Eintragung**.

Dass § 879 Abs. 3 die Einigung nicht erwähnt, ist angesichts der Behandlung des Ranges nach den Grundsätzen des § 873 (vgl. zB § 880) für die Rangänderung nicht entscheidend. Eingetragen wird in Form eines Rangvermerks, zB „das Recht hat den Rang vor dem unter Nr 1 eingetragenen".

2.   Abweichungen von Einigung und Eintragung

459   Abweichungen von Einigung und Eintragung sind nach den allgemeinen Grundsätzen, die aus § 873 abzuleiten sind, zu behandeln. Nicht selten ergeben sich unübersichtliche Situationen, die hohe Ansprüche an die Kautelarjurisprudenz stellen (dazu näher Rn 391). Zu denken ist etwa an **Zwischenfinanzierungen**, die darin bestehen, dass ein Kreditinstitut sich vom Bauherrn als Sicherheit für ein kurzfristig auszuzah-

---

17   Erman/*Artz* § 879 Rn 13; *Stadler*, AcP 189, 425, 444; Westermann/*Eickmann* § 79 Rn 6, 7; im Ergebnis auch MünchKomm/*Kohler* § 879 Rn 30; HK-BGB/*Staudinger* § 879 Rn 10; Staudinger/*Kutter* § 879 Rn 58.

18   Es heißt hier, § 892 führe zu „relativen Rangverhältnissen", Westermann/*Eickmann*, § 79 Rn 8.

lendes Darlehen ein bereits für einen anderen Gläubiger eingetragenes, aber mangels Auszahlung des Darlehens noch nicht als Fremdgrundpfandrecht bestehendes Recht, also eine (verdeckte) Eigentümergrundschuld (Rn 547) gem. § 1163 Abs. 1 S. 1, abtreten lässt, mit der Vereinbarung, dass nach Auszahlung des endgültigen Darlehens des eingetragenen Gläubigers dieser das Pfandrecht erwerben soll. Die Beteiligten treffen in solchen Fällen naturgemäß Vereinbarungen über die Rangverhältnisse.

Die grundsätzliche Folge der Abweichung von Einigung und Eintragung ist, dass das **460** Recht nicht entsteht. Die Einigung über den Rang ist Teil der Einigung über die Rechtsentstehung; für die Eintragung mit dem nach § 879 bestimmten Rang fehlt folglich die Einigung, und für das Recht mit dem gewollten Rang fehlt es an der Eintragung[19]. Deshalb muss auch in den soeben genannten Fällen der Zwischenfinanzierung auf eine Übereinstimmung von Einigung bezüglich des Rangs und Eintragung geachtet werden.

> Das führt im **Ausgangsfall 20** dazu, dass für das erstrangige Recht des K die Einigung fehlt, sodass überhaupt kein Recht entstanden ist. Auch für die Hypothek der Sp fehlt es an der Einigung, da diese auf eine erstrangige Hypothek gerichtet ist.

Die Nichtigkeitsfolge ist aber vermeidbar, wenn § 139 entsprechend angewandt wer- **461** den kann, weil nur ein Teil des Geschäfts nichtig ist. Das wird als möglich anerkannt, da die Rangbestimmung Rechtsgeschäft ist und ein hypothetischer Wille, wie es § 139 verlangt, durch Auslegung festgestellt werden kann[20]. Dass die auf den Rang bezügliche Einigung nicht verwirklicht wurde, ist dann analog der Teilnichtigkeit eines Rechtsgeschäfts zu behandeln. Entspricht es dem Willen der Beteiligten, „den Rest des Geschäfts", also die Bestellung eines Pfandrechts als solchem, wirksam sein zu lassen, entstehen die Rechte mit dem Rang, der sich aus § 879 ergibt.

> Im **Ausgangsfall 20** spricht viel dafür, dass die Beteiligten die Entstehung einer erstrangi- **462** gen Hypothek für K und einer zweitrangigen für die Sp der Nichtentstehung beider Rechte vorgezogen haben würden. Das ändert allerdings nichts daran, dass die Eintragungen falsch sind, sodass eine Grundbuchberichtigung betrieben werden muss, um zu verhindern, dass der Vorrang nach § 892 von einem Dritten gutgläubig erworben wird (s. schon Rn 441). Wenn § 139 im Einzelfall nicht greift, ist dagegen wiederum an eine Kondiktion zu denken. Selbst wenn man im Hinblick darauf mit der in Rn 454 angeführten Ansicht einen Bereicherungsausgleich zwischen den Inhabern der dinglichen Rechte ablehnt, ist dem Grundstückseigentümer gegen den Begünstigten ein Anspruch aus § 812 auf einen Rangrücktritt zu gewähren, da § 879 nicht als Rechtsgrund gegenüber der Nichterfüllung einer Rangvereinbarung zwischen Eigentümer und Gläubiger dienen kann.
>
> Somit kann im **Ausgangsfall 20** E von K „Herausgabe der ersten Rangstelle", dh einen Rangrücktritt hinter das Recht der Sp fordern. Der Anspruch wird auf dem Weg des § 880 durch konstitutiv wirkende Einigung und Eintragung verwirklicht. Dieser Anspruch steht dem E, nicht der Sp zu. Da aber Sp auf Grund der Abrede, das Darlehen durch eine erststellige Hypothek zu sichern, einen Anspruch auf den ersten Rang gegen E hat, kann Sp gem. § 285 von E Abtretung seines Anspruchs gegen K verlangen.

---

19 Zudem besteht ein Anspruch auf Berichtigung des Grundbuchs gem. § 894, BGH NJW-RR 2014, 788.
20 BGH NJW-RR 1990, 206; MünchKomm/*Kohler* § 879 Rn 37; HK-BGB/*Staudinger* § 879 Rn 15; *Stadler*, AcP 189, 425, 451; Westermann/*Eickmann*, § 79 Rn 18.

IV. Klausurgliederung zu Fall 20

463 Bei der Klausurgliederung ist nicht ohne besonderen Grund von der Reihenfolge der Fragen der einzelnen Alternativen abzuweichen.

I. Zu Frage 1:

1. Anspruch aus § 894

a) Erforderlich: Das Grundbuch muss unrichtig bezüglich der dinglichen Rechtslage sein. Die Angaben des Grundbuchs über den Rang nehmen am öffentlichen Glauben teil, sie sind Grundbuchinhalt. Das Grundbuch gibt nach § 879 an, dass K eine erstrangige, Sp eine zweitrangige Hypothek hat.

b) Ist diese Rangangabe unrichtig? Für Rechte, die in derselben Abteilung eingetragen sind, entscheidet die Reihenfolge der Eintragungen. Danach hat die Sp den zweiten, K den ersten Rang. Materielle Rechtslage und Grundbuchinhalt stimmen überein, es fehlt also an der Unrichtigkeit des Grundbuchs.

Die Verletzung der §§ 17, 45 GBO ist für die Rangbestimmung nach § 879 bedeutungslos.

Ergebnis: Sp hat keinen Anspruch gegen K aus § 894.

2. Anspruch auf Grund von § 812

K hat „etwas" (= den Rang) erlangt, auf Kosten der Sp, denn Sp hatte vom Eingang des Antrags an eine gesicherte Anwartschaft auf Erwerb des ersten Ranges; das ist Vermögensübergang „in sonstiger Weise" im Sinne des § 812, da Identität des gewinn- und verlustvermittelnden Ereignisses ausreicht und Identität des verlorenen und erworbenen Gegenstandes nicht erforderlich ist. Dann fragt sich weiter, ob K ohne Rechtsgrund erworben hat. Nach verbreiteter Meinung rechtfertigt § 879 auch den Übergang der Chance der Sp in Form des Ranges des Rechts auf K. Eine Gegenmeinung lehnt dies ab und bejaht den Bereicherungsanspruch. Aus der Entscheidung der Streitfrage folgt das Ergebnis.

II. Zu Alternative 1b: Ansprüche aus § 894

1. a) Auf die einleitende Erörterung des § 894 einschließlich der Feststellung, dass § 879 Abs. 1 S. 1 zutrifft, kann verwiesen werden.

b) Die Unrichtigkeitsfrage ist etwas ausführlicher zu behandeln. Es ist darzustellen, dass auch hier die Reihenfolge der Eintragungen, nicht die Datenangabe entscheidet. Die Analogie zu § 879 Abs. 1 S. 2 ist abzulehnen. Ergebnis: Der Anspruch aus § 894 besteht, er geht auf Abgabe einer Berichtigungsbewilligung in Form des § 22 GBO.

2. Wegen des Anspruchs aus § 812 ist auf **I 2** zu verweisen.

III. Zu Alternative 2:

1. Anspruch aus § 894: Knappe Darstellung unter Verweisung auf das bisher Gesagte, wonach die Datenangabe auf jeden Fall einen Rang wiedergibt. Entscheidend ist die Frage nach der Richtigkeit oder Unrichtigkeit des Grundbuchs. Dabei ist vom Wortlaut des § 879 Abs. 1 S. 2 auszugehen, und zu der Frage Stellung zu nehmen, ob dieser Wortlaut maßgebend ist oder nicht; danach bestimmt sich die Lösung des Falles.

2. Für § 812 ist auf das oben Gesagte zu verweisen; es ist nur darzustellen, dass insoweit zwischen § 879 Abs. 1 S. 1 und S. 2 kein Unterschied besteht.

IV. Zu Alternative 3:

1. Anspruch aus § 894

a) Es ist wiederum die Frage nach der Unrichtigkeit des Grundbuchs zu stellen. In diesem Zusammenhang ist festzustellen, dass sich in beiden Fällen Einigung und Eintragung nicht decken. Über den Wortlaut von § 879 Abs. 3 hinaus gehört die Einigung zum Rechtsgeschäft der Rangbestimmung. Die Einigung über den Rang ist Teil der Einigung über das

Recht selbst. Für Abweichungen gilt § 873 mit der Folge der Nichtigkeit des bestellten Rechts, wenn Einigung und Eintragung sich auch nur zum Teil nicht decken.

b) § 139 ist entsprechend anwendbar, da es sich um einen Fall von Teilnichtigkeit handelt. Das führt zur Bestimmung des Ranges nach § 879. Im Ergebnis kann dahingestellt bleiben, was die Beteiligten gewollt haben, da auf jeden Fall das Grundbuch richtig ist, sodass ein Berichtigungsanspruch der Sp ausscheidet.

2. Ein Anspruch aus § 812 der Sp selbst ist, wenn man wie oben mit der Rechtsprechung entscheidet, nicht gegeben.

3. a) Die Sp hat aber einen mittelbaren Weg: Sie hat auf Grund der Vereinbarung mit E einen Anspruch auf den ersten Rang; E kann diesen Anspruch zunächst nicht erfüllen; er ist gemäß § 285 zur Abtretung des Erlangten verpflichtet; das ist sein Bereicherungsanspruch gegen K.

b) Darstellung des Bereicherungsanspruchs des E gegen K; hier ist wiederum entscheidend auf die Frage des Rechtsgrundes abzustellen und darzutun, dass § 879 gegenüber einer anders gerichteten Vereinbarung nicht entscheidet. Der Bereicherungsanspruch ist gegeben.

§ 16   Die Vormerkung

Fall 21: E, der Eigentümer eines Grundstücks, macht ein für 3 Jahre befristetes Angebot zum Verkauf an K; zur Sicherung wird eine Vormerkung im Grundbuch eingetragen. Nunmehr verkauft E das Grundstück an K 1, dieser wird im Grundbuch eingetragen. Auf Bitten des K 1 hin erklärt K, dass er die Rechte aus der Vormerkung gegenüber K 1 nicht geltend machen werde. Da aber K 1 den Kaufpreis nicht zahlt, tritt E vom Vertrag zurück und verkauft nach Rückauflassung des Grundstücks dieses an K 2, der auch im Grundbuch eingetragen wird. Jetzt nimmt K das zeitlich noch nicht ausgelaufene Angebot des E in notarieller Erklärung an. Kann K gegenüber E und (oder) K 2 die Übereignung des Grundstücks durchsetzen? **Lösung Rn 466, 469, 482**

464

Fall 22: Die Eheleute E, die von einer vom Ehemann betriebenen Fabrik leben, möchten eine Regelung für den Fall ihres Todes treffen. Vorgesehen ist ua, dass der Sohn S, der eine entsprechende Ausbildung hat und schon im Betrieb mitarbeitet, die Fabrik allein fortführen soll. Die Tochter T, die verheiratet ist und ihren gelernten Beruf als Rechtspflegerin derzeit während der Betreuung ihrer zwei kleinen Kinder nicht voll ausüben kann, soll das Betriebsgrundstück und ein angrenzendes Grundstück, die beide im Eigentum des Ehemanns E stehen, erhalten. Um ihr schon jetzt Einkünfte zu verschaffen, sollen ihr die Grundstücke sofort übertragen werden, und ihr Vater will ihr für das Betriebsgrundstück Miete zahlen. Allerdings wollen die Eltern sicherstellen, dass beide Grundstücke auch später für den Betrieb verfügbar bleiben. Deshalb wird im notariellen Übertragungsvertrag zwischen dem Ehemann E und seiner Tochter festgelegt, dass Frau T sich verpflichtet – auch für ihre Rechtsnachfolger – zu Lebzeiten ihrer Eltern nicht ohne deren Zustimmung über die Grundstücke zu verfügen; für den Fall der Zuwiderhandlung sollen Herr E oder sein Rechtsnachfolger von dem Vertrag zurücktreten und Rückübertragung des oder der Grundstücke verlangen können. Zur Sicherung dieses Anspruchs soll die Eintragung einer sog. Rückauflassungsvormerkung zu Gunsten der Eheleute E erfolgen. Das Grundbuchamt verweigert die Eintragung, da ein eventueller, höchst unsicherer Anspruch gegen die Rechtsnachfolger der Frau

T, die man auch noch gar nicht kenne, nicht schon jetzt gesichert werden könne. Erfolgt die Beanstandung zu Recht? **Lösung Rn 466, 470**

Da bei Fällen, in denen es um das Recht der Vormerkung geht, häufig mehrere Personen beteiligt sind, empfiehlt es sich, eine Übersicht anhand einer Skizze zu schaffen. Diese sieht für **Fall 21** wie folgt aus:

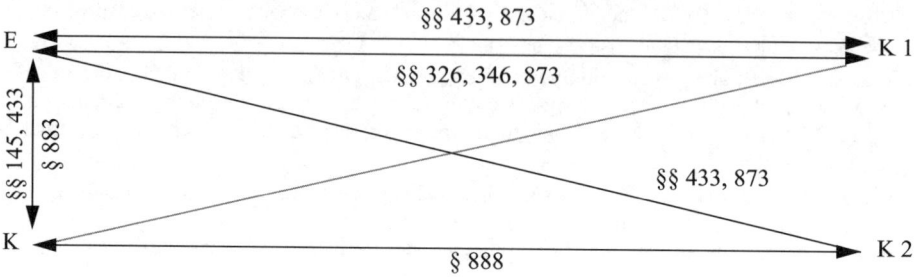

I.   Zweck, Voraussetzungen und Begriff

1.   Die praktischen Zwecke einer Vormerkung

465 Oft liegt zwischen Entstehung eines Anspruchs auf Änderung eines Liegenschaftsrechts und der Erfüllung eine erhebliche Zeit, in der sich die dingliche Rechtslage so ändern kann, dass der Anspruch nicht mehr durchsetzbar ist, etwa, weil gegen den Verkäufer Zwangsvollstreckungsmaßnahmen durchgeführt werden oder er insolvent wird; es kann auch sein, dass er andere Pläne verfolgt und über das Recht anders verfügt hat.

Zwar hat der Gläubiger dann uU Ersatzansprüche wegen Verletzung seiner schuldrechtlichen Forderung, das Recht auf Erfüllung ist aber nicht mehr durchsetzbar. Der Zeitraum, in dem solche Hindernisse auftreten, kann wegen der Notwendigkeit, behördliche Genehmigungen einzuholen, oder auch wegen Überlastung des Grundbuchamts erheblich sein, manchmal auch nur deshalb, weil die Umschreibung erst erfolgen soll, wenn der Käufer den – Zug um Zug zu zahlenden – Kaufpreis noch besorgen muss. **Zweck der Vormerkung** ist es vor diesem Hintergrund einmal, den Gläubiger vor solchen Entwicklungen zu schützen. Im Zuge kautelarjuristischer Vorsorge (Rn 391) wird die Vormerkung ferner oft benutzt, um einem Vertragspartner eines an sich Zug um Zug abzuwickelnden Geschäfts eine Vorleistung zumuten zu können, so, wenn der Käufer eines Grundstücks den Kaufpreis vor seiner Eintragung als Eigentümer zahlen soll und der Verkäufer die Auflassung nicht erklären will, bevor die Zahlung des Kaufpreises gesichert ist: Vereinbart wird dann Zahlung des Kaufpreises nach Eintragung einer Auflassungsvormerkung. Sie erfüllt dann ähnliche Funktionen wie der Eigentumsvorbehalt, der es dem Verkäufer ermöglicht, die Sache zu übergeben, bevor er den Kaufpreis erhalten hat[1].

---

1 Dazu Westermann/*Eickmann*, § 82 Rn 2.

Im **Fall 21** besteht zunächst noch kein Kaufvertrag; K ist vielleicht zum Kauf noch nicht **466**
entschlossen. E war aber offensichtlich bereit, sich zu binden. Das Angebot, das K nur anzunehmen braucht, um den Kaufvertrag und damit den Anspruch auf das Grundstück entstehen zu lassen, schafft eine den Interessen der Parteien offensichtlich entsprechende einseitige Bindung, für die auch eine Sicherung nahe liegen kann. Die Vormerkung wird im Grundbuch eingetragen, wodurch eventuelle andere Interessenten wie hier K 1 und K 2 idR Kenntnis von dem vorgemerkten Anspruch erhalten werden (zu den Fragen des gutgläubigen Erwerbs s. Rn 496 ff). Sie haben dann Anlass, sich entweder mit dem Inhaber der Vormerkung in Verbindung zu setzen (so das Verhalten des K 1 im **Ausgangsfall 21**), oder sie werden von einem konkurrierenden Erwerbsakt absehen. Praktisch wird auf diese Weise Ähnli-
ches erreicht wie durch ein gerichtliches Veräußerungsverbot (s. § 888 Abs. 2); ein solches
Verbot (Grundlage etwa § 938 Abs. 2 ZPO) wird aber nicht eingetragen, sodass insoweit
gutgläubig lastenfreier Erwerb möglich ist[2].

Im **Fall 22** soll Frau T Eigentümerin werden, sie soll aber verpflichtet sein, über die Grundstücke nicht zu Gunsten Dritter zu verfügen, wodurch das Gelände für den Betrieb verloren
ginge. Diese Beschränkung ist ihr zumutbar, da sie ja von ihrem Vater, später auch von seinem Rechtsnachfolger (§ 1967 BGB), Miete erhält. Für den Fall, dass sie die Verpflichtung
nicht erfüllt und eines der Grundstücke oder beide verkauft oder übereignet, wozu sie als Eigentümerin ja in der Lage ist, soll ein Rückauflassungsanspruch ihres Vaters oder seiner
Rechtsnachfolger entstehen, den sie allerdings als bloß obligatorischen Anspruch nicht erfüllen könnte, wenn sie bereits anderweitig verfügt hat. Durch die Vormerkung soll der
(noch nicht bestehende – Frau T hat ja noch nicht anderweitig verfügt) Anspruch auf Rückauflassung gesichert werden.

In beiden Fällen soll die Vormerkung bewirken, dass der Schuldner eines schuld- **467**
rechtlichen Anspruchs auf Übertragung oder Begründung eines dinglichen Rechts,
hier jeweils auf Eigentumsübertragung, auch dann, wenn er bereits anderweitig verfügt hat, trotz seines dadurch an sich verursachten Unvermögens seine Verpflichtung
gegenüber dem Inhaber des vorgemerkten Rechts noch erfüllen kann. Dazu ist namentlich auch erforderlich, dass der dritte Erwerber, der schließlich mit dem Berechtigten kontrahiert hat, gezwungen werden kann, der Erfüllung des vorgemerkten Anspruchs zuzustimmen. Für das Verständnis des Sinns der Vormerkung ist daher das
Zusammenspiel der §§ 883 Abs. 2 und 888 von zentraler Bedeutung. Von hier aus
lassen sich gewöhnlich auch Fall- und Klausurlösungen erfassen.

2. Voraussetzung der Entstehung

Voraussetzung ist ein **schuldrechtlicher Anspruch auf Änderung eines Liegen-** **468**
schaftsrechts, der eintragungsfähig sein muss[3]. Die Vormerkung sichert diesen Anspruch ab und weist damit sowohl obligatorische als auch dingliche Elemente auf[4].
Dieser kann auch bedingt oder ein zukünftiger sein, § 883 Abs. 1 S. 2. Dabei ist ein
Anspruch schon dann, aber auch immer dann vormerkungsfähig, wenn die Grundlage

---

2 Dazu die Lösungsskizze von *Rüffert*, JuS 1992, 664 ff.
3 MünchKomm/*Kohler* § 883 Rn 20; HK-BGB/*Staudinger* § 883 Rn 10; Staudinger/*Gursky* § 883
   Rn 26; Westermann/*Eickmann*, § 82 Rn 6 f.
4 MünchKomm/*Kohler* § 883 Rn 5; HK-BGB/*Staudinger* § 883 Rn 2; zur Abgrenzung von dinglichen
   Ansprüchen, die nicht vormerkungsfähig sind, näher *Assmann*, Die Vormerkung (§ 883 BGB), 1998,
   S. 32 ff.

für seine Entstehung so weit geschaffen ist, dass die endgültige Begründung nur noch vom Willen des demnächst Berechtigten abhängt, jedenfalls vom künftig Verpflichteten nicht mehr allein beseitigt werden kann[5], also etwa wie im Fall 1 ein bindendes Angebot abgegeben ist. Nicht ausreichend ist, wenn die Entstehung des Rechts noch vom freien Belieben des (künftigen) Schuldners abhängt[6].

469

Im **Fall 21** soll der künftige, noch von einer Annahme des Angebots und damit der Vollendung des Entstehungstatbestandes abhängige Anspruch des K auf Erwerb des Eigentums geschützt werden. Auch der Anspruch auf Aufhebung eines Rechts ist vormerkungsfähig, vgl. die Löschungsvormerkung gem. § 1179 und dazu näher Rn 473. Ferner kann ein Anspruch auf Erwerb eines Grundpfandrechts durch Bestellung oder durch Abtretung eines bestehenden Rechts[7] oder durch einen Rangtausch vorgemerkt werden. Für den zukünftigen Anspruch muss aber die Grundlage gegeben sein; die bloße Möglichkeit, dass ein Anspruch entsteht, reicht nicht aus. Somit ist etwa ein Unterlassungsanspruch nicht vormerkungsfähig. Das hat zu der bei Grundstücksübertragungen auf künftige Erben praktisch wichtigen Frage geführt, ob auch ein Rückübertragungsanspruch des Grundstücksveräußerers (oder seiner Erben, s. § 884) gegen den Erwerber vormerkungsfähig ist. Der Anspruch könnte sich daraus ergeben, dass in der Zukunft der Erwerber, der das Grundstück als Geschenk erhielt, sich gegenüber dem Schenker iSd § 530 grob undankbar erweisen könnte. Die Zweifel an der Vormerkungsfähigkeit folgen daraus, dass der Begriff des „groben Undanks“, von dessen Erfüllung die Rückforderbarkeit und damit der gesicherte Anspruch abhängt, in seiner Anwendung von einer konkreten Sachverhaltswürdigung im Einzelfall abhängt; dennoch hat der BGH[8] die Vormerkungsfähigkeit bejaht. Bei bedingten Ansprüchen, die durch ein wirksames Rechtsgeschäft begründet sind, ist eine besondere Voraussehbarkeit der Entstehung nicht erforderlich; allerdings genügt eine bloße Wollensbedingung, bei der die Entstehung des Anspruchs von der freien Entscheidung des Verpflichteten abhängt, in diesem Zusammenhang nicht[9].

Ein Anspruch besteht noch nicht, wenn der Vertrag, aus dem er abgeleitet wird, formnichtig ist; die Heilung (etwa diejenige nach § 311b Abs. 1 S. 2) wirkt ex nunc, vorher besteht auch kein künftiger oder bedingter Anspruch[10].

470 In Fällen der Vorsorge für den Todesfall, wie sie im **Fall 22** beabsichtigt ist, ist hinsichtlich der Vormerkungsfähigkeit von Ansprüchen Folgendes zu beachten: Wenn ein Anspruch des künftigen Testamentserben auf Erwerb eines Nachlassgegenstandes gesichert werden soll (**Abwandlung des Falls 22:** Der Sohn S soll nach dem Tode seines Vaters das bis dahin in dessen Eigentum verbleibende Betriebsgrundstück als **Vermächtnis** gem. § 2147 erhalten), so kann man zweifeln, ob dieser Anspruch, der sich gegen den Erben richten würde, schuldrechtlicher Natur ist; aber der Vormer-

---

5 BGHZ 134, 182, 185; 54, 56, 64; MünchKomm/*Kohler* § 883 Rn 28; Westermann/*Eickmann*, § 82 Rn 9; zum künftigen Anspruch auch BayObLG 77, 103; zum formwirksam bindenden Angebot BGH NJW 1981, 446.

6 S. die Übersicht bei *Hager*, JuS 1996, 429, 431.

7 S. dazu die Falllösung bei *Hager*, JuS 1987, 555.

8 NJW 2002, 2461 mit zust. Anm. *Wacke*, JZ 2003, 179 ff; dem folgend OLG Düsseldorf ZEV 2002, 514; anders OLG Hamm, NJW-RR 2000, 1611, 1613.

9 *Baur/Stürner*, § 20 Rn 22 ff; MünchKomm/*Kohler* § 883 Rn 26; HK-BGB/*Staudinger* § 883 Rn 15; Staudinger/*Gursky* § 883 Rn 177; Westermann/*Eickmann*, § 82 Rn 9; zum Begriff der Wollensbedingung MünchKomm/*Westermann* § 158 Rn 21.

10 BGH NJW 1983, 1543, 1545; BGHZ 54, 56 mit zust. Anm. *Grunsky*, JZ 1970, 784; MünchKomm/*Kohler* § 883 Rn 23; HK-BGB/*Staudinger* § 883 Rn 14; aM. *Lüke*, JuS 1971, 341.

kungsfähigkeit steht jedenfalls entgegen, dass vor dem Erbfall eine letztwillige Verfügung noch gar keinen Anspruch begründet, da der Erblasser nicht mehr Schuldner werden kann und überdies seine Verfügung noch bis zu seinem Tode ändern kann; auch beim Erbvertrag ist der Erblasser nicht gehindert, unter Lebenden noch zu verfügen (§ 2286)[11]; anders ist es, wenn durch Geschäft unter Lebenden Übereignungsansprüche begründet werden, die auf den Tod des Eigentümers befristet sind[12], weil dann zwar der Zeitpunkt des Entstehens des Anspruchs unsicher ist, nicht aber die Entstehung als solche.

> Dieses Problem tritt allerdings im **Fall 22** nicht auf, da unabhängig vom Tod ihres Vaters Frau T entweder ihm oder seinem Rechtsnachfolger zur Unterlassung abredewidriger Verfügungen verpflichtet bleibt und bei einem Verstoß gegen diese Verpflichtung das betreffende Grundstück rückauflassen muss, was einen schuldrechtlichen Anspruch auf eine Verfügung darstellt. Das wirft allerdings die auch vom Grundbuchamt angesprochene Frage auf, ob diese eventuelle Forderung, die von einem Verkauf eines Grundstücks durch Frau T und von der Geltendmachung durch ihren Vater oder einen jetzt noch unbekannten Rechtsnachfolger, also möglicherweise ihre Mutter oder ihren Bruder abhängt, schon so bestimmt ist, dass sie durch eine Vormerkung gesichert werden kann.

Die Beifügung einer **doppelten Bedingung** zu einem Rechtsgeschäft ist möglich, **471** wobei es allerdings ein Problem darstellt, wenn eine Bedingung in einem Wollen besteht (hier dem Verkaufsentschluss der Frau T oder ihrer Rechtsnachfolger)[13]. Setzt man sich darüber hinweg, etwa deshalb, weil hier zur Bedingung auch die Mitwirkung eines Dritten (des eventuellen Käufers) gehört, so konnte der bedingte Anspruch des Herrn E oder seines Rechtsnachfolgers gegen Frau T bzw ihre Rechtsnachfolger vorgemerkt werden[14]. Allerdings könnte eingewendet werden, eine Verfügungsbeschränkung, die als solche noch keinen Anspruch auf eine dingliche Rechtsänderung begründet, sei nicht vormerkungsfähig, was an sich zutrifft[15]. Aber hier schließt sich an den Verstoß gegen das Veräußerungsverbot der Rückübertragungsanspruch an, der gesichert werden soll. Dennoch bleibt die Frage, ob nicht eine solche Absicherung der Verfügungsbeschränkung gegen § 137 S. 1 verstößt, wonach die Befugnis zur Veräußerung über ein veräußerliches Recht durch Rechtsgeschäft nicht mit dinglicher Wirkung ausgeschlossen werden kann (eine entsprechende schuldrechtliche Verpflichtung lässt § 137 S. 2 dagegen zu). Nun kann aber auch eine auflösend bedingte Übereignung einer beweglichen Sache so ausgestaltet werden, dass mit dem Eintreten der Bedingung das Eigentum an den Veräußerer zurückfällt, was allerdings bei einer Grundstücksübereignung wegen § 925 Abs. 2 nicht geht. Setzt man hier an, so erscheint eine Vormerkung zur Sicherung des Rückfalls letztlich vertretbar[16].

---

11 *Assmann* aaO. S. 33; im Ergebnis ganz hM.: BGHZ 12, 115; OLG Hamm NJW 1965, 2303; Erman/*Artz* § 883 Rn 20 f; Staudinger/*Kunz* § 1922 Rn 171; Westermann/*Eickmann*, § 82 Rn 10.

12 BGH NJW 2002, 2874; BayObLG FGPrax 2002, 151; MünchKomm/*Kohler* § 883 Rn 33; aM. Westermann/*Eickmann*, § 82 Rn 10, weil sich aus § 2301 die Anwendbarkeit der Regeln über ein Vermächtnis ergebe (was dort freilich so nicht steht).

13 S. dazu schon die Nachw. in Fn. 9 sowie BGHZ 134, 182; BGH WM 1996, 1734.

14 S. den Fall BGHZ 134, 182, dem **Fall 22** in einigen Punkten nachgebildet ist.

15 BGH FamRZ 1967, 470.

16 Eingehend und lehrreich dazu BGHZ 134, 182; aM. hinsichtlich der Anwendbarkeit des § 137 *Timm*, JZ 1989, 13, 21.

472   Die Vormerkung muss für den Gläubiger des Anspruchs eingetragen werden. Schuldner des Anspruchs muss der Inhaber des betroffenen Rechts sein (Identität auf Aktiv- und Passivseite)[17].

Beispiel: X verkauft ein zum Vermögen seines Vaters, dessen Erbe X werden soll, gehörendes Grundstück an A. Der Anspruch des A ist nicht vormerkungsfähig, da Schuldner des Anspruchs der X, Inhaber des betroffenen Rechts, des Eigentums am Grundstück, aber noch sein Vater ist. Im **Fall 22** liegt hier so lange kein Problem, als Schuldnerin des Anspruchs Frau T oder ihr Rechtsnachfolger (also Kinder und/oder Ehemann) sind, die auch das Grundstück von ihr geerbt haben.

473   Für die praktisch besonders bedeutsame **Löschungsvormerkung** (näher Rn 642) macht § 1179 eine Ausnahme: Das Löschungsversprechen des Eigentümers bezüglich einer auf seinem Grundstück ruhenden Hypothek ist vormerkungsfähig, auch wenn der Eigentümer noch nicht, etwa nach Befriedigung des Gläubigers (§ 1163 Abs. 1 S. 2), Inhaber des Grundpfandrechts ist, um dessen Löschung es geht. Immerhin wird bei Zusammenfallen von Eigentum und Grundpfandrecht der Eigentümer von der Löschung, die der geschützte Gläubiger erreichen möchte, betroffen sein, so dass er die Vormerkung bewilligen kann und muss.

Beispiel: E bestellt eine Hypothek für seine Gläubigerin St, kurze Zeit später eine Auflassungsvormerkung für seinen Freund F, dem E das Grundstück zum Kauf angeboten hat. F hat dem E darauf ein nicht gesichertes Darlehen gewährt. F möchte, falls E die Hypothek durch Befriedigung der St erwirbt, diese gelöscht haben, um dann auf Grund des Kaufangebots und der Auflassungsvormerkung das Grundstück unbelastet erwerben zu können. Der Anspruch des F auf Löschung gegen E kann gem. § 1179 vorgemerkt werden, obwohl die Hypothek noch der St zusteht, während E Schuldner des Löschungsanspruchs, aber noch nicht Inhaber des zu löschenden Rechts ist.

3.   Entstehungs- und Eintragungsgrundlage

474   Entstehungs- und Eintragungsgrundlage ist eine Bewilligung des Betroffenen, § 885, hierbei ist auch § 878 anwendbar, näher Rn 379. An Stelle der von § 873 sonst grundsätzlich geforderten Einigung begnügt § 885 sich für die Vormerkung mit einer **einseitigen Erklärung des Betroffenen oder einer einstweiligen Verfügung**, die sich gegen den von der Vormerkung Betroffenen, dh den Schuldner des vorgemerkten Anspruchs, richten muss[18].

Umstritten ist, ob ein **Anspruch auf die Bewilligung** eine besondere Abrede voraussetzt. Zutreffend nimmt die **hM** an, dass die vertragliche Nebenpflicht auf Bestellung der Vormerkung gem. § 242 auch ohne Sicherungsabrede **kraft Gesetzes** mit der Entstehung der zu sichernden Forderung auf Einräumung eines eintragbaren Rechts entsteht[19]. Für diese Ansicht spricht, dass

---

17   BGH NJW 2007, 508; 1997, 861, 863; BGHZ 12, 115, 120; *Baur/Stürner*, § 20 Rn 18; *Westermann/ Eickmann*, § 82 Rn 11; *Wieling*, Sachenrecht § 22 II a; eingehend unter Auseinandersetzung mit den Folgen (zB dem Schuldnerwechsel) *Assmann* aaO. S. 68 ff; als Ausnahme vom Identitätsgebot lässt die Rechtsprechung eine sog. synchronisierte befreiende Schuldübernahme zu, BGH, NJW 2014, 2431; beachte hierzu jüngst KG BeckRS 2017, 109066.

18   BayObLG NJW 1986, 2578; zur einstweiligen Verfügung eingehend MünchKomm/*Kohler* § 885 Rn 2 f.

19   *Hager*, JuS 1990, 429, 435; HK-BGB/*Staudinger* § 885 Rn 5; wohl auch MünchKomm/*Kohler* § 885 Rn 16; aM Erman/*Artz* § 885 Rn 7; Staudinger/*Gursky* § 883 Rn 26; *Tiedtke*, Jura 1981, 355; Westermann/*Eickmann*, § 82 Rn 14; anders ebenfalls noch in der Vorauflage.

der Gegner des zu sichernden Anspruchs verpflichtet ist, alles zu tun, was den Rechtserwerb des Forderungsinhabers sichert.

Auch im Bereich der Grundpfandrechte wird die Eintragung einer Vormerkung zu-   **475**
gleich mit der Rechtsgrundlage für das betreffende Grundstücksgeschäft häufig, verbreitet schon formularmäßig, ausbedungen, mit der Folge, dass dann die Bewilligung
einer Vormerkung eingeklagt und das obsiegende Urteil nach § 894 ZPO vollstreckt
werden kann. Dass daneben nach **§ 885** materiell- und formell-rechtlich auch eine
einstweilige Verfügung als Entstehungsgrundlage für eine Sicherung durch Vormerkung ausreicht, betrifft die Fälle, in denen der Gläubiger Anlass hat, eine Vereitelung
seines Anspruchs zu befürchten. Die Voraussetzungen und das Verfahren regeln die
§§ 935, 916 ff ZPO, allerdings muss der Gläubiger hier nicht wie sonst im einstweiligen Rechtsschutz eine konkrete Gefährdung des vorgemerkten Anspruchs durch eine
abweichende Verfügung des Schuldners glaubhaft machen, denn die Gefährdung beruht einfach darauf, dass der Schuldner nach dem Grundbuchstand ohne Vormerkung
wirksam verfügen kann. Voraussetzung ist also lediglich – und muss auch glaubhaft
gemacht werden –, dass der schuldrechtliche Anspruch besteht[20].

Dem Inhaber des betroffenen Rechts ist die Sicherung zumutbar, da die Vormerkung   **476**
ihn rechtlich nicht belastet; sie ist nämlich wirkungslos, wenn der Anspruch nicht besteht. Der Rechtsinhaber ist allerdings tatsächlich durch die Eintragung der Vormerkung in der Verfügung über sein betroffenes Recht behindert, da gewöhnlich niemand, der befürchten muss, gem. §§ 883 Abs. 2, 888 auf Zustimmung in Anspruch
genommen zu werden, mit dem Schuldner des vorgemerkten Anspruchs kontrahieren
wird, wenn er nicht davon überzeugt werden kann, dass das vorgemerkte Recht nicht
besteht (vgl. auch **Fall 21**). Ausgleichend wirkt aber, dass derjenige, der die Eintragung einer Vormerkung durch eine einstweilige Verfügung erwirkt hat, ohne Rücksicht auf Verschulden dem Gegner den Schaden ersetzen muss, der sich infolge der
einstweiligen Verfügung entwickelt hat, wenn diese unberechtigt ergangen ist, § 945
ZPO.

Beispiel: E verkauft ein Grundstück an K in notarieller Verhandlung, das erst später aufgelassen werden soll. Einige Zeit später erklärt der Betreuer des inzwischen unter Betreuung gestellten E, E sei schon bei Abschluss des Kaufvertrages geschäftsunfähig gewesen. Da K befürch-
tet, dass der Betreuer das Grundstück anderweitig veräußert, erwirkt K eine einstweilige Verfügung auf Eintragung einer Auflassungsvormerkung, die anschließend eingetragen wird. Der
Betreuer hätte das Grundstück ohne die Auflassungsvormerkung zu einem höheren Preis, als
den, der zwischen E und K vereinbart war, an X veräußern können. Später stellt sich heraus,
dass E tatsächlich schon bei Abschluss des Kaufvertrages geschäftsunfähig war, die einstweilige Verfügung wird also aufgehoben. Gem. § 945 ZPO haftet der K dem E für den Schaden, der
dadurch eingetreten ist, dass der X an dem Kaufabschluss nicht mehr interessiert ist und ein anderer Käufer sich nicht findet, der den von X in Aussicht gestellten Kaufpreis zahlt.

4. Bedeutung der Eintragung

Die Eintragung ist auch hier in dem Sinne konstitutiv, dass die Vormerkung nur   **477**
wirkt, wenn alle Entstehungsvoraussetzungen vorliegen.

---

20 Zur Glaubhaftmachung des schuldrechtlichen Anspruchs s. OLG Frankfurt NJW-RR 1992, 473.

Die Vormerkung zum Eigentumserwerb, zumeist **Auflassungsvormerkung** genannt, wird in Abteilung II des Grundbuchs eingetragen, die übrigen Vormerkungen wie etwa eine Löschungsvormerkung (Rn 473) dort, wo die endgültige Eintragung erfolgen soll. Es gilt auch der Grundsatz der Voreintragung des Betroffenen (§ 39 GBO).

Die Vormerkung **erlischt** automatisch mit dem durch sie gesicherten Anspruch; das Grundbuch wird unrichtig. Sie erlischt ferner durch materiell-rechtliche Aufgabeerklärung und Löschung im Grundbuch, § 875, nicht etwa durch Löschung allein[21].

5. Rechtsnatur der Vormerkung

478 Die Vormerkung dient laut § 883 Abs. 1 S. 1 der Sicherung eines schuldrechtlichen Anspruchs auf Einräumung, Aufhebung oder Änderung eines dinglichen Rechts an einem Grundstück oder Grundstücksrecht. Der obligatorische Anspruch auf dingliche Rechtsänderung ist gefährdet, solange diese noch nicht kraft Eintragung im Grundbuch vollzogen wurde. In diesem Zeitraum trifft den Schuldner lediglich die Pflicht zur Vornahme der dinglichen Rechtsänderung. Der Zweck der Vormerkung besteht darin, die obligatorische Wirkung des Anspruchs auf Herbeiführung einer dinglichen Rechtsänderung zu verstärken, insbesondere durch die Unwirksamkeit (sog. **relative Unwirksamkeit**, Rn 483) von Verfügungen, welche die Erfüllung der Forderung vereiteln würden. Die Rechtsnatur der Vormerkung ist im Ausgangspunkt infolge der atypischen Kombination aus schuld- sowie sachenrechtlichen Elementen umstritten. So geht die **hM** von einem Sicherungsmittel sui generis aus[22]. Der hier vertretene Ansatz sieht die Vormerkung indes als **selbstständiges dingliches Recht eigener Art** an, das wie die Hypothek einen Anspruch gegen Dritte (§ 888 Abs. 1) verschafft[23]. Dem Streit kommt letztlich keine große praktische Bedeutung zu, da die Vormerkung auch von der hM weitgehend einem dinglichen Recht gleichgestellt wird. Unterschiede können sich allerdings im Hinblick auf den gutgläubigen Erwerb vom Nichtberechtigten ergeben, s. dazu Rn 495 ff. Die Vormerkung ist ferner ein **streng akzessorisches Recht**, dessen Entstehung und Fortbestehen von dem Bestand des zu sichernden schuldrechtlichen Anspruchs abhängt[24]. Der Gesetzgeber beantwortet nicht sämtliche Fragen umfassend. Demzufolge lassen sich die Lücken nur unter Rückgriff auf das Schuld- und Sachrecht schließen, sofern die jeweiligen Rechtsgebiete betroffen sind. Dabei darf allerdings nicht aus dem Blick geraten, dass bei der Vormerkung letztlich schuld- und sachenrechtliche Elemente zu einem Amalgam werden.

---

21 BGHZ 143, 175, 181; geht der Anspruch unter, so erlischt auch die Vormerkung, sie kann aber durch nachträgliche Bewilligung für einen neuen Anspruch verwendet werden, wenn auch die Eintragung dem entspricht, BGH NJW 2012, 2032; BGHZ 60, 45, 50; zu den materiell- und formell-rechtlichen Erfordernissen der Löschung näher *Weber*, JuS 1988, 552; *Assmann* aaO., S. 385 ff.

22 BGHZ 60, 46; 25, 16; KG Berlin NJW-RR 1999, 149; *Baur/Stürner*, § 20 Rn 60; MünchKomm/*Kohler* § 883 Rn 5; Palandt/Bassenge § 883 Rn 2; Staudinger/*Gursky* § 883 Rn 328, § 891 Rn 12; Westermann/*Eickmann*, § 83 Rn 3; Übersicht über die Meinungsvielfalt bei *Canaris*, FS für Flume (1978), S. 383; s. auch *Hager*, JuS 1990, 429.

23 HK-BGB/Staudinger § 883 Rn 2; *Wunner*, NJW 1969, 113.

24 BGH NJW 2000, 805; *Vieweg/Werner*, § 14 Rn 5; zu den Folgen der Nichtigkeit des Übereignungsanspruchs s. die Fallbearbeitung durch *Gergen*, JuS 2005, 523.

II. Die Wirkung der Vormerkung

1. Dingliche Sicherung des vorgemerkten Rechts

Das vorgemerkte Recht **entsteht nicht** mit der Vormerkung, es soll nur seine Entstehung **gesichert** werden. Eine solche Sicherung könnte durch ein Verbot vormerkungswidriger Verfügungen geschaffen werden; die Vormerkung bedeutet aber **kein Verfügungsverbot**. Das betroffene Recht wird nicht dem Rechtsverkehr entzogen; allerdings kann ein aus dem Verstoß gegen ein Verfügungsverbot hervorgehender Anspruch durch Vormerkung gesichert werden, s. **Fall 22**.

479

Der aus einer vormerkungswidrigen Verfügung Begünstigte wird **auch nicht Schuldner des vorgemerkten Anspruchs**; hierfür haftet er auch nicht neben dem Schuldner. Wer Schuldner ist, ist vielmehr *ausschließlich* nach dem Inhalt des Schuldverhältnisses bestimmt, dem der gesicherte Anspruch entstammt.

480

> So wird im **Fall 21** K 1 oder später K 2 nicht zum Verkäufer gegenüber K. Die Vormerkung bewirkt vielmehr nur, dass im Verhältnis zwischen E und K die späteren Verfügungen es dem E nicht unmöglich machen, seine weiterbestehende Verkäuferpflicht, nämlich die Übereignung des Grundstücks an K zu erfüllen[25].

Der Zweck einer Vormerkung, die künftige Rechtsänderung zu sichern, unterscheidet sich deutlich von dem eines Widerspruchs (Rn 427). Der **Widerspruch** verhindert gutgläubigen Erwerb auf Grund einer unrichtigen Grundbuchlage, steht also einer dinglichen Rechtsänderung entgegen. Die Vormerkung sichert für einen bestehenden oder künftigen schuldrechtlichen Anspruch die Erfüllung durch dingliches Rechtsgeschäft. Schlagwortartig wird dies in folgendem Satz zusammengefasst: Der Widerspruch protestiert, die Vormerkung prophezeit. Beide verursachen rechtlich **keine Grundbuchsperre**, aber praktisch warnen sie einen an einem Erwerbsgeschäft über die betreffende Position Interessierten.

2. Folge der vormerkungswidrigen Verfügung: Relative Unwirksamkeit

Der Schutzzweck wird durch eine eigenartige Rechtsfolge erreicht, indem nämlich § 883 Abs. 2 die vormerkungswidrige Verfügung relativ unwirksam (dazu sogleich Rn 483) sein lässt. Vormerkungswidrig sind alle Verfügungen, die mit dem vorgemerkten Recht kollidieren würden, indem sie es ausschließen oder erschweren oder seine Realisierung irgendwie belasten würden.

481

> Im **Fall 21** kollidiert das Eigentum des K nicht nur mit dem möglichen Eigentum von K 1 und K 2, sondern wird auch durch jede Belastung im Wert gemindert, so etwa durch eine von E bestellte Hypothek. Gegenüber der Auflassungsvormerkung ist also praktisch jede Verfügung vormerkungswidrig, die das Grundstück als den Gegenstand des vorgemerkten Anspruchs betrifft. Dann ist nicht nur die Veräußerung des Grundstücks, sondern auch seine Belastung mit dinglichen Rechten vormerkungswidrig und folglich relativ unwirksam, was

482

---

25 Im Anspruchsaufbau, etwa bei einer Falllösung, heißt das, dass die Wirkung der Vormerkung inzident im Rahmen einer Anspruchsbefreiung wegen nachträglicher Unmöglichkeit (§ 275 Abs. 1) zu prüfen ist, gewöhnlich mit dem Ergebnis, dass wegen der Vormerkung keine Unmöglichkeit eingetreten ist.

bedeutet, dass der Vorgemerkte sie nicht gegen sich gelten lassen muss, nicht aber, dass das vormerkungswidrige Recht nicht existierte. Demgegenüber kollidiert eine Vormerkung auf Erwerb eines dinglichen Rechts, zB auf eine Hypothek, nicht mit der Entstehung einer anderen Hypothek, da die Rechte nebeneinander bestehen können und der Rang des vorgemerkten Rechts durch die Eintragung der Vormerkung bestimmt wird, § 883 Abs. 3. Ist ein beschränktes dingliches Recht vorgemerkt, so kollidiert die Übereignung des zu belastenden Grundstücks nicht in der Weise mit dem vorgemerkten Anspruch, dass die Eigentumsübertragung relativ unwirksam wäre; es genügt, dass der Inhaber des vorgemerkten Rechts die Zustimmung auch des neuen Eigentümers zu seiner Eintragung durchsetzen kann[26]. Keine Verfügung ist nach einer allerdings umstrittenen Ansicht **eine Vermietung**, sodass der Inhaber einer Auflassungsvormerkung, wenn er nach der Vermietung des Grundstücks Eigentümer wird, nach § 566 in den Mietvertrag eintreten und sich hiernach an dessen Bestimmungen halten muss[27]. Die Gegenmeinung beanstandet, dass somit der Mieter stärker geschützt wird als der Inhaber eines dinglichen Wohnrechts (s. § 1093)[28], dessen Recht gegenüber dem des Vorgemerkten relativ unwirksam wäre; es geht auch nicht an, dem Inhaber einer Auflassungsvormerkung die für ihn gewöhnliche wichtige Aussicht auf den Besitz zu verbauen. Folgt man dem, so ist § 883 Abs. 2 entsprechend anzuwenden[29].

483   **Die relative Unwirksamkeit**, die Eigenart des § 883 Abs. 2, bedeutet, dass die vormerkungswidrige Verfügung dem Vorgemerkten gegenüber unwirksam, allen anderen Personen gegenüber wirksam ist, § 135 Abs. 1. Das bedeutet insbesondere, dass der Vormerkungsberechtigte seinen Anspruch auf den Rechtserwerb durchsetzen kann, obwohl bis zu diesem Zeitpunkt getroffene Verfügungen wirksam sind und vom Grundbuchamt auch nicht abgelehnt werden dürfen. Das bedeutet **rechtsdogmatisch** also eine Spaltung der Rechtszuständigkeit oder zumindest der Verfügungsmacht[30]. Zur rangwahrenden Wirkung der Vormerkung sogleich Rn 486. Jedenfalls hat unter diesen Umständen für denjenigen, der vormerkungswidrig erwerben will, die Vormerkung eine Warnfunktion, weil er nur relativ unwirksam erwerben kann, sofern der vorgemerkte Anspruch besteht.

Im **Fall 21** lässt die vormerkungswidrige Veräußerung an K 1 und die spätere an K 2 den K 1 bzw K 2 zu Eigentümern werden. K 1 könnte zB dem E und allen Dritten das Betreten des Grundstücks verbieten; er könnte über das Grundstück verfügen, es beispielsweise belasten. Sobald aber K als der Vorgemerkte auf den Plan tritt, wirkt sich die Unwirksamkeit der Auflassung an K 1 bzw K 2 aus, dh dem K gegenüber gilt E weiterhin als Eigentümer des Grundstücks. Unter solchen Umständen wird zB eine Bank ohne Zustimmung des Vorgemerkten das Grundstück nicht beleihen.

---

26   *Knöpfle*, JuS 1981, 162; Staudinger/*Gursky* § 883 Rn 208; Westermann/*Eickmann*, § 82 Rn 27; zur Vormerkung beschränkter dinglicher Rechte im Übrigen MünchKomm/*Kohler* § 883 Rn 45.

27   BGH NJW 1989, 451; BGHZ 13, 1; *Baur/Stürner*, § 20 Rn 41; *Löhnig/Gietl*, JuS 2008, 102, 104; *Otte*, Gedächtnisschrift für Sonnenschein, 2002, S. 181, 182 ff.

28   Siehe zur Auslegung eines Vermächtnisses betreffend ein dingliches Wohnrecht OLG Schleswig RNotZ 2014, 240.

29   Dafür jedenfalls dann, wenn der Verkäufer auch den Besitz zu verschaffen hat, *Weimar*, MDR 1966, 817, 818; Erman/*Artz* § 883 Rn 27; MünchKomm/*Kohler* § 883 Rn 54; HK-BGB/*Staudinger* § 883 Rn 44 ff; Staudinger/*Gursky* § 883 Rn 211; Westermann/*Eickmann*, § 82 Rn 28; *Wilhelm*, Rn 2289.

30   *Baur/Stürner*, § 20 Rn 34; *Löhnig/Gietl*, JuS 2008, 102 f; *Schapp/Schur*, Rn 353; differenzierend Westermann/*Eickmann*, § 82 Rn 26.

Von zentraler Bedeutung für das Verständnis der Vormerkung ist, dass § 883 Abs. 2   **484**
zwar der vormerkungswidrigen Verfügung die Wirkung nimmt, **nicht** aber **das vorgemerkte Recht entstehen** lässt.

> Die relative Unwirksamkeit der Auflassung an K 1 bedeutet nicht, dass im Verhältnis zu K
> dieser Eigentümer ist, sondern nur, dass weiterhin E Eigentümer ist. Da E auch schuldet,
> *kann* und *muss* E erfüllen, dh als Eigentümer an K auflassen. Würde K bereits als Eigentü-
> mer behandelt, ginge § 883 erheblich über den Sicherungszweck hinaus, und die Vormer-
> kung wäre als dingliches Recht zu betrachten.

Solange die Vormerkung wirkt, sind nicht nur die erste, sondern auch alle anderen Verfügun-   **485**
gen relativ unwirksam, die das vorgemerkte Recht beeinträchtigen würden. Bestellt zB K 2, der
vormerkungswidrig, also gegenüber K unwirksam, das Eigentum erworben hat, eine Hypothek,
so ist die Bestellung *allen* gegenüber wirksam, dem K gegenüber jedoch unwirksam. Der Dritte, bei Hypothekenbestellung idR eine Bank, kann diese Schwäche seines Rechts aus dem
Grundbuch erkennen; er muss allerdings das Grundbuch genau einsehen und so rechtskundig
sein, dass er die Schwäche des Rechts seines Rechtsvorgängers erkennt. Dies ist einer der
Gründe dafür, dass unter Fachleuten Eintragungen in Abt. II manchmal ernster genommen werden als die in Abt. III.

3. Rangwahrende Wirkung der Vormerkung, auch in Zwangsvollstreckung und Insolvenz

Bezüglich der Rangwahrung hat die Vormerkung absolute Wirkung, § 883 Abs. 3.   **486**
Das bedeutet, dass die Vormerkung, deren eigener Rang sich nach den §§ 879 ff richtet, den Rang des künftigen Rechts bestimmt; insoweit hat eine Vormerkung also
schon „eine gewisse zuordnende Wirkung"[31]. Das hat praktische Bedeutung zunächst
für das Verhältnis unter beschränkten dinglichen Rechten. Soweit eine Auflassungsvormerkung mit vormerkungswidrigen dinglichen Belastungen kollidiert, richtet sich
die Wirkung, da das Eigentum nicht als rangfähiges Recht angesehen wird, einfach
nach der Priorität der Eintragungen[32].

Darüber hinaus sind auch Maßnahmen der **Zwangsvollstreckung** gegen den Inhaber   **487**
des belasteten Rechts gegenüber dem Vormerkungsberechtigten nach § 883 Abs. 2
S. 2 unwirksam, er kann also gegen den Vollstreckungsgläubiger nach § 888 vorgehen. Natürlich liegt hierin eine Bevorzugung des Gläubigers gegenüber den Inhabern
anderer obligatorischer Ansprüche. Es kommt hinzu, dass auch auf die Bewilligung
einer Vormerkung die Vorschrift des **§ 878** (näher Rn 381) anzuwenden ist, sodass
eine nach diesem Zeitpunkt eingreifende Verfügungsbeschränkung des Verpflichteten dem Gläubiger nicht mehr schadet[33]. Die Vormerkungswirkung wird also vor den
Zeitpunkt der Eintragung verlegt, wenn nur die Bewilligung vorliegt und der Eintragungsantrag gestellt ist. In einer **Zwangsversteigerung** des Grundstücks sind nach
§ 48 ZVG Vormerkungen auf Übereignung oder weitere Belastungen wie bereits eingetragene Rechte zu berücksichtigen[34].

---

31 Westermann/*Eickmann*, § 82 Rn 20.
32 BGHZ 170, 378; MünchKomm/*Kohler* § 883 Rn 69; Staudinger/*Gursky* § 883 Rn 279 ff.
33 BGHZ 28, 182, 185; BayObLG NJW-RR 2004, 756 für den Erlass eines gerichtlichen Veräußerungs-
    verbots; s. dazu auch die Falllösung bei *Rüffert*, JuS 1992, 664, 666.
34 Näher Westermann/*Eickmann*, § 82 Rn 21.

488   Wichtig ist die rangwahrende Wirkung auch bei **Insolvenz** des Vormerkungsverpflichteten. Da im Insolvenzverfahren häufig sehr kurzfristige Entwicklungen eintreten, kann die Kombination der Wirkungen der §§ 878 und 883 zu überraschenden Vorteilen für denjenigen Gläubiger des Gemeinschuldners führen, der schnell eine Bewilligung herbeiführt und den Eintragungsantrag stellt. Die Problematik ergibt sich allerdings daraus, dass nach Eröffnung des Insolvenzverfahrens gem. § 80 Abs. 1 InsO das Recht des Schuldners, über das zur Insolvenzmasse gehörende Vermögen zu verfügen, auf den Insolvenzverwalter übergeht. Wenn dieser nicht an die Vormerkungswirkung gebunden ist, ist der Schutz gegen vormerkungswidrige Verfügungen unvollständig. Das ist aber nicht das einzige Hindernis für eine Befriedigung des Inhabers des vorgemerkten Anspruchs, da man sich fragt, ob denn der Insolvenzverwalter den vorgemerkten Anspruch erfüllen muss. Dies bestimmt aber § 106 InsO, wonach der Gläubiger für seinen Anspruch Befriedigung aus der Insolvenzmasse verlangen kann[35]. Das setzt allerdings voraus, dass die Vormerkung im Grundbuch eingetragen ist. Wird also das Insolvenzverfahren eröffnet, bevor die Vormerkung im Grundbuch steht, hat der Inhaber des schuldrechtlichen Anspruchs nur die gewöhnliche Stellung eines Insolvenzgläubigers. Allerdings gilt wie bei Maßnahmen der Einzelzwangsvollstreckung § 878[36], sodass nach der Stellung des Antrags auf Eintragung der Vormerkung der Antragsteller gegen die Folgen eines vor der Eintragung ergangenen Eröffnungsbeschlusses geschützt ist.

489   Schließlich ist, um die Rechtswirkung der Vormerkung in der Insolvenz des Schuldners einschätzen zu können, noch ein Blick auf **§ 103 InsO** zu werfen, wonach der Insolvenzverwalter im Hinblick auf noch nicht voll erfüllte gegenseitige Verträge (darum wird es sich bei manchen vorgemerkten Forderungen durchaus handeln) ein **Wahlrecht** hat, ob er erfüllen will oder nicht, was im letzteren Fall den Anspruch des Vormerkungsberechtigten zu Fall brächte. Dieses Wahlrecht versagt dem Verwalter die hM, sodass der Vormerkungsberechtigte sich frei entscheiden kann, ob er den Anspruch geltend macht, der Insolvenzverwalter seinerseits aber auch die Erfüllung wählen und vom Vormerkungsberechtigten seine noch nicht erbrachte Gegenleistung einfordern kann[37].

III. Die Durchsetzung des vorgemerkten Anspruchs

1. Vorgehen aus dem vorgemerkten Anspruch und aus der Vormerkung

490   Wenn der Vorgemerkte seinen Anspruch durchsetzen will, ist von der Situation auszugehen, die sich aus der relativen Unwirksamkeit aller vormerkungswidrigen Verfügungen ergibt, die materiell gewissermaßen die dingliche Rechtslage auf den Augenblick der Eintragung der Vormerkung „einfriert". Der Schuldner des vorgemerkten Anspruchs kann folglich, entgegen dem Anschein, den uU das Grundbuch vermittelt, doch erfüllen und muss dies auch. Ob er die Auflassung erklären oder sonst eine Ver-

---

35   Auch hierin liegt eine Zuordnung durch die Vormerkung, die bezeichnenderweise auch besteht, wenn ein vorgemerkter Anspruch während des Insolvenzverfahrens entsteht, BGH NJW 2002, 213, 215; MünchKomm/*Kohler* § 883 Rn 63; aM. insoweit Staudinger/*Gursky* § 883 Rn 316.

36   So noch zur KO BGHZ 28, 182, 184; zum neuen Recht ebenso *Assmann* aaO.

37   Erman/*Artz* § 883 Rn 45; MünchKomm/*Kohler* § 883 Rn 63; Staudinger/*Gursky* § 883 Rn 309.

fügung zu treffen hat, entscheidet sich nach den schuldrechtlichen Beziehungen zwischen dem Schuldner und dem Gläubiger des vorgemerkten Anspruchs. Hat der Eigentümer eine vormerkungswidrige Verfügung vorgenommen, steht seinem Kaufpreisanspruch ein Zurückbehaltungsrecht des (vorgemerkten) Käufers gegenüber[38].

K wird sich im **Fall 21** also an seinen Schuldner, den E, halten, wenn er das Angebot angenommen, den Vertrag und damit den Anspruch aus § 433 zustandegebracht hat. Da E – im Verhältnis zu K – auch Eigentümer ist, verfügt E als Berechtigter, wenn er dem K das Grundstück auflässt. Der Grundbuchführer wird aber auf die von E erklärte Auflassung hin den K nicht als Eigentümer eintragen; gemäß §§ 19, 20 GBO muss nämlich derjenige die Eintragungsbewilligung bzw die Auflassung erklären, der nach *formellem Recht* der Betroffene ist[39]. Das ist zur Zeit K 2, nicht E.

Diese formellrechtlichen Schwierigkeiten überwindet **§ 888** mit dem **Anspruch des Vorgemerkten gegen den vormerkungswidrig Eingetragenen auf Zustimmung** zu der Eintragung.   **491**

K wird also notfalls von E die Auflassung und von K 2 die Zustimmung fordern. Mit diesen beiden Erklärungen, notfalls mit den rechtskräftigen Urteilen auf Abgabe der entsprechenden Willenserklärungen (§ 894 ZPO), setzt er seine Eintragung als Eigentümer durch, wobei die Klagen gegen E und K 2 (die dann Streitgenossen werden), in einem Prozess verbunden werden können[40].

Die Zustimmung des § 888 ist ausschließlich formellrechtlicher Natur, sie ist aus grundbuchrechtlichen Gründen erforderlich, der Anspruch auf die Erklärung ist aber materieller Natur, er stellt einen besonderen Hilfsanspruch aus der Vormerkung dar, um grundbuchrechtliche Hindernisse zu überwinden[41].   **492**

Der Anspruch des K gegen E auf Auflassung folgt aus dem Kaufvertrag zwischen E und K und nicht aus der Vormerkung. Der Anspruch des K gegen K 2 auf Zustimmungserklärung zur Auflassung des E folgt dagegen aus der Vormerkung, dh aus § 888. In materiellem Sinn verfügt der Schuldner, dh im **Ausgangsfall 21** der E, und zwar als Berechtigter. Das wird deutlich, wenn der Grundbuchführer ohne die Zustimmung des vormerkungswidrig Eingetragenen einträgt. Die Eintragung wirkt, das Grundbuch ist nicht etwa unrichtig, der Berechtigte hat verfügt. Dass das Fehlen der Zustimmung des formell Betroffenen übersehen wird, ist materiellrechtlich ohne Bedeutung.

2.   Verteidigungsmöglichkeiten

Die Konstruktion des BGB sichert und erfordert zugleich, dass alle Verteidigungsmöglichkeiten des Schuldners und des vormerkungswidrig Eingetragenen gegenüber dem Anspruch des Vorgemerkten wirksam werden können. Da der Erfüllungsanspruch gegen den Schuldner gerichtet ist, kann dieser alle ihm zur Verfügung stehen-   **493**

---

38   BGH DNotZ 2004, 464; Westermann/*Eickmann*, § 82 Rn 34.
39   Zum Unterschied zwischen materiellem und formellem Konsensprinzip Rn 367 ff
40   Näher *Schwerdtner*, Jura 1985, 316, 320; Staudinger/*Gursky* § 888 Rn 67.
41   Westermann/*Eickmann*, § 82 Rn 35.

den Verteidigungsmöglichkeiten gegen den schuldrechtlichen Anspruch geltend machen, sie müssen sich allerdings aus seiner schuldrechtlichen Position ergeben.

> So kann im **Fall 21** E aus dem Verzicht des K auf Rechte aus der Vormerkung gegenüber K 1 keine Rechte geltend machen. Da der noch im Grundbuch eingetragene K 1 das Grundstück nach dem Rücktritt des E vom Kaufvertrag diesem rückübereignet hat, ist zwar E Rechtsnachfolger des K 1, aber nur bezüglich des Grundstückseigentums. In Rechte des K 1 aus der Verzichtserklärung des K ist E nicht eingetreten. Es sind auch keine Anhaltspunkte dafür gegeben, dass dieser Verzicht des K gegenüber K 1 zugleich zu Gunsten des E (etwa über § 328) wirken sollte. Auch für eine Abtretung der Rechte des K 1 an E, falls sie überhaupt möglich ist, gibt der Sachverhalt nichts her.
>
> E ist also verpflichtet, das Grundstück dem K aufzulassen.
>
> Im **Fall 22** könnte sich Frau T auf eine spätere Zusage ihres Vaters, sie aus der Verfügungsbeschränkung nicht in Anspruch zu nehmen, wenn sie aus wirtschaftlicher Not einen Verkauf anstreben muss, gegenüber ihm und seinen Rechtsnachfolgern darauf berufen, dass der der Vormerkung zugrundeliegende Anspruch nicht mehr bestehe.

494   **Gegen den Anspruch auf Zustimmung** aus § 888 kann der vormerkungswidrig Eingetragene sich mit allen gegen die Vormerkung als solche gerichteten Einwänden sowie mit den gegen den vorgemerkten Anspruch dem Schuldner zustehenden Rechten verteidigen; das folgt aus der Akzessorietät (Rn 478). Der Dritterwerber kann also geltend machen, der Anspruch bestehe nicht mehr; außerdem kann er ihm persönlich zustehende Rechte verteidigungsweise geltend machen, etwa Aufwendungsersatzansprüche aus ungerechtfertigter Bereicherung, wenn die diesbezüglichen Voraussetzungen vorliegen[42]. Die erste Gruppe der Verteidigungsmöglichkeiten hemmt auch den Anspruch gegen den Schuldner, kann damit der erfüllenden Verfügung entgegenstehen. Die zweite Gruppe schließt, selbst wenn der Schuldner verfügt hat, die Erzwingung der Zustimmung aus, verhütet damit infolge formellen Rechts die Eintragung.

> Im **Fall 21** könnte zB K 2 geltend zu machen versuchen, die Vormerkung sei durch die Verzichtserklärung des K erloschen. Für die Aufgabe der Vormerkung durch den Vorgemerkten gilt § 875. Abgesehen davon, dass im Ausgangsfall das Erlöschen der Vormerkung nicht im Grundbuch eingetragen ist, ist jedoch zweifelhaft, ob K und K 1 die Vormerkung beseitigen wollten. Der Wortlaut der Erklärung, wie sie der Sachverhalt wiedergibt, macht deutlich, dass K nur in seinem Verhältnis zu K 1 die Rechte aus der Vormerkung nicht in Anspruch nehmen will. Das ist etwas anderes als die Beseitigung der Vormerkung.
>
> Was die Verteidigung mit persönlichen Rechten des vormerkungswidrig Eingetragenen betrifft, so hätte im **Fall 21** vielleicht K 1 den Verzicht des K, Rechte aus der Vormerkung geltend zu machen, benutzen können, um die Klage des K aus § 888 zu Fall zu bringen. Für K 2 wirkt diese Abrede zwischen K und K 1 aber ebenso wenig wie für E. Hat dagegen ein vormerkungswidrig Eingetragener schon Verwendungen auf das Grundstück gemacht, gelten die §§ 994 ff entsprechend, wobei aber der Eingetragene, da er um die Vormerkung weiß oder wissen muss, als Bösgläubiger Rechte nur gem. § 994 Abs. 2 geltend machen kann[43].

---

42   BGH LM Nr 13 zu § 883 BGB.
43   S. BGH NJW 2000, 2899; BGHZ 87, 296 f.

§ 17 Vormerkung und gutgläubiger Erwerb

Fall 23: Der Urologe Dr. U, der in Bad Mückenbach eine Facharztpraxis betreibt, möchte seinem jüngeren Studienfreund S, der demnächst das Staatsexamen in der Medizin abzuschließen gedenkt, bei der Errichtung einer Praxis behilflich sein und gleichzeitig die zum Ausbau seiner eigenen Praxis nötigen Mittel in die Hand bekommen. Dr. U verkauft daher dem S im Mai 2003 ein kleines Hausgrundstück in Bad Mückenbach, das er ausweislich eines Erbscheins im Januar von seiner Tante T geerbt hatte. Die Auflassung soll im Herbst 2003 erfolgen, da S noch das Examen vor sich hat und die Finanzierung besorgen muss. Damit er etwas „für die Banken in der Hand hat", wird auf die Bewilligung des Dr. U eine Auflassungsvormerkung für ihn im Grundbuch eingetragen. Das Grundbuch ist nach dem Tode der T nicht berichtigt worden; hierum und um den dem Dr. U erteilten Erbschein kümmert sich S nicht.

Leider fällt er im Sommer 2004 im Examen durch und gibt das Studium auf. Dr. U vertritt nun den Standpunkt, an den Kaufvertrag mit S nicht gebunden zu sein, weil er auf eine Zusammenarbeit im Rahmen der von S geplanten Praxis als Allgemein-Arzt gehofft habe. Das lehnte S jedoch zunächst ab. Am 15. Juli 2004 tritt S aber seine Rechte gegen Dr. U einschließlich der Auflassungsvormerkung an seinen im Examen erfolgreichen Studienkollegen K ab. Als dieser sich an Dr. U wendet, stößt er in mehrfacher Hinsicht auf Widerstand: Als erstes legt Dr. U ein Papier vor, aus dem sich ergibt, dass S im Januar 2004, als er Schwierigkeiten mit der von ihm angesprochenen Bank hatte, gegenüber der Bank und Dr. U auf „die Rechte aus dem Kauf und aus der Auflassungsvormerkung" verzichtet hatte. Dies habe S mit Dr. U am 30. Juli 2004 auf dessen Drängen noch einmal schriftlich festgelegt, ohne übrigens die zwischenzeitliche Abtretung an den K zu erwähnen.

Während Dr. U und K streiten, überschlagen sich die Ereignisse: Zunächst (2. September 2004) verkauft Dr. U das Grundstück an den Facharzt für Allgemeinmedizin Dr. A und lässt es ihm auf. Dr. A wird auch im Grundbuch als Eigentümer eingetragen. Kurz darauf wird ein unmittelbar vor ihrem Tode errichtetes Testament der T gefunden, in dem sie Dr. U zum Erben eingesetzt, aber weiter bestimmt hat, im Falle seines Versterbens ohne eigene Kinder solle seine Schwester St an seiner Stelle Erbin werden. Daraufhin wird der dem Dr. U erteilte Erbschein vom Gericht eingezogen und in einem neuen Erbschein St als Nacherbin vermerkt. Frau St erklärt sofort, sie sei weder mit K oder S noch mit Dr. A als Erwerber einverstanden und wolle ihr Recht notfalls vor Gericht suchen.

Dr. A möchte wissen, ob er das Grundstück erworben hat und ob er irgendetwas von St oder K zu befürchten habe. Auch K möchte wissen, ob er eine Aussicht hat, das Grundstück zu erwerben, wenn er den zwischen S und Dr. U vereinbarten Kaufpreis aufbringen kann. Für den Fall, dass es prozessual „nicht anders geht", behauptet er, den Nachweis führen zu können, dass Dr. U den S zu den beiden im Januar und am 30. Juli abgegebenen Erklärungen durch den Hinweis gebracht habe, andernfalls an zuständiger Stelle auf die Beteiligung des S an Drogendiebstählen aus einem Krankenhaus aufmerksam zu machen. Wie ist die Rechtslage? **Lösung Rn 498, 499, 500, 504, 505**

495

Die Probleme um den Gutglaubensschutz bei der Begründung einer Vormerkung gehören zu den schwierigsten und in wesentlichen Teilen noch immer umstrittenen des Grundstücksrechts[1]. Streitig ist weniger die Möglichkeit, eine Vormerkung durch Verfügung eines Nichtberechtigten zu erwerben, als die Art der Durchsetzung des

496

---

[1] S. etwa die Darstellung bei *Hager*, JuS 1990, 429, 437 f und speziell *Görner*, JuS 1991, 1011 ff; schon früher *Canaris*, FS für Flume I, S. 381, 389; MünchKomm/*Kohler* § 883 Rn 73 ff; Westermann/*Eickmann*, § 83 Rn 32 ff.

vorgemerkten Rechts in einem solchen Fall, ferner die Möglichkeit, eine nicht bestehende Vormerkung durch Rechtsgeschäft mit dem (zu Unrecht) als Inhaber einer
Vormerkung Eingetragenen wirksam zu erwerben, sog. **Zweiterwerb**. In allem wirkt
sich der Umstand aus, ob man die Vormerkung als Sicherungsmittel sui generis oder
als selbstständiges dingliches Recht eigener Art einordnet (Rn 478)[2]. Sie ist in Entstehung und Bestand vom gesicherten schuldrechtlichen Anspruch abhängig, schafft
aber durch die relative Unwirksamkeit ihr widersprechender Verfügungen auch gegenüber Zwangsvollstreckungsmaßnahmen (Rn 487) bereits eine gewisse Zuordnung
des Rechts zu dem Vormerkungsberechtigten. Diese theoretische Zwischenstellung
wirkt sich bei der Diskussion der angedeuteten Probleme nachhaltig aus.

497   Unter solchen Umständen kann eine **Falllösung** nur gelingen, wenn von Vornherein die Ansprüche aus dem – möglicherweise abgetretenen – schuldrechtlichen Anspruch und die Ansprüche aus der Vormerkung auseinandergehalten werden. Da sich die Rechte aus der Vormerkung, wenn eine solche gültig erworben und übertragen worden ist, möglicherweise gegen S und den inzwischen als Eigentümer eingetragenen Dr. A richten, empfiehlt es sich,
bei der Prüfung so vorzugehen, dass zunächst untersucht wird, ob K von Dr. U die Abgabe
einer Auflassungserklärung verlangen kann, sodann, ob er gegen Dr. A und S aus der Vormerkung gemäß § 888 Zustimmung zu seiner Eintragung als Eigentümer fordern kann. Im
letzteren Zusammenhang könnte dann auch geklärt werden, ob Dr. A das Grundstück trotz
der Rechte der Nacherbin und auch der Vormerkung zu Eigentum erworben hat.

I.   Kein gutgläubiger Erwerb bezüglich des vorgemerkten Anspruchs

1.   Das Schicksal des vorgemerkten Anspruchs

498   Der vorgemerkte Anspruch ist schuldrechtlicher Natur und folglich uneingeschränkt
nach Schuldrecht zu behandeln. Dass der Anspruch durch eine Vormerkung gesichert
ist, ändert an der **Übertragbarkeit** und an der Übertragungsform nichts (vgl. demgegenüber die andersartige Regelung für die Hypothek in §§ 1153, 1154, Rn 555). Mit
der Übertragung des Anspruchs geht die Vormerkung automatisch mit über, § 401[3],
ohne dass eine Eintragung im Grundbuch erforderlich ist. Die Vormerkung ist eben
nicht mehr als ein unselbstständiges Sicherungsmittel.

Im **Ausgangsfall 23** ist die Abtretung der Rechte des S aus dem Kaufvertrag weder ausdrücklich noch stillschweigend ausgeschlossen; für eine ergänzende Auslegung in diesem
Sinne ist kein Anhaltspunkt gegeben. Der materielle Anspruch des S gegen Dr. U konnte also wirksam an K abgetreten werden[4]. Fraglich ist allerdings, was gilt, wenn man die Verzichtserklärung des S vom Januar und Juli 2004 einbezieht und – zunächst – von ihrer Wirksamkeit ausgeht.

---

2   S. auch *Vieweg/Werner*, § 14 Rn 4 mwN zu den Vertretern der jeweiligen Auffassung.
3   BGH NJW 1994, 2947; Erman/*H.P. Westermann* § 401 Rn 2; HK-BGB/*Schulze* § 401 Rn 2; zust. nach
    Überprüfung *Assmann*, Die Vormerkung (1998), S. 394 ff.
4   Ein Abtretungsausschluss bei einer Vormerkung wäre auch nicht eintragungsfähig (LG Berlin RPfleger
    2003, 291), was man mit dem numerus clausus gesetzlich vorgegebener Registereintragungen (nicht:
    dinglicher Rechte) begründen könnte.

2. Kein Gutglaubensschutz an Forderungen auf Grund der Vormerkung

Das für den Anspruch maßgebende Schuldrecht kennt, von hier nicht zutreffenden **499** Einzelvorschriften (zB § 405, wechsel- und scheckrechtliche Vorschriften) abgesehen, **keine Möglichkeit des gutgläubigen Erwerbs** von Forderungen, vielmehr bleiben dem Schuldner nach der Abtretung gem. § 404 gewöhnlich alle Einwendungen auch gegenüber dem Erwerber erhalten. §§ 892, 893 gelten nicht, da sie den gutgläubigen rechtsgeschäftlichen Erwerber nur gegen einen unrichtigen Grundbuchstand bezüglich dinglicher Rechte schützen, um die es sich bei der Vormerkung gerade nicht handelt. Der Anspruch bleibt trotz der Vormerkung schuldrechtlicher Natur; hätte der Gesetzgeber auch für den vorgemerkten Anspruch einen gutgläubigen Erwerb ermöglichen wollen, hätte er eine besondere Vorschrift schaffen müssen, so wie er für den Erwerb einer Hypothek in § 1138 das Fehlen der Forderung überwindbar sein lässt (vgl. dazu Rn 563). Folglich ist für jede Art des gutgläubigen Erwerbs in diesem Zusammenhang das Bestehen des vorgemerkten Anspruchs unerlässlich[5].

Das Schuldrecht gilt für den vorgemerkten Anspruch auch unverändert bezüglich des Fortbestehens des Anspruchs; mit dem Erlöschen des Anspruchs fällt die Vormerkung automatisch fort, ohne dass es einer Eintragung im Grundbuch bedarf.

Mit der Vereinbarung vom Januar 2004, die in der auch gegenüber Dr. U abgegebenen Erklärung und ihrer Annahme gesehen werden kann, und die im Juli 2004 noch einmal bestätigt wurde, hoben Dr. U und S den Kaufvertrag auf, wodurch der vormerkungsgesicherte Anspruch erlosch und auch die Vormerkung entfiel. Da gutgläubiger Erwerb insoweit nicht in Betracht kommt, hat K, wenn die Erklärung des S gültig ist, kein Recht gegen Dr. U erworben.

Angesichts der Geltung des Schuldrechts für das Entstehen und Fortbestehen des vor- **500** gemerkten Anspruchs gilt auch **§ 407**. Da die Abtretung des Anspruchs von einer Grundbuchänderung oder einer Anzeige an den Schuldner nicht abhängt, ist es auch möglich, dass der Schuldner von der Abtretung mit der Folge des Übergangs der Vormerkung nichts erfährt.

Selbst wenn also in **Fall 23** die im Jahre 2004 gegenüber der Bank und Dr. U abgegebenen Erklärungen nicht gewesen wären, so beseitigte die Vereinbarung zwischen S und Dr. U, wenn Dr. U von der Abtretung zu dieser Zeit nichts wusste, gemäß § 407 den Anspruch gegenüber S; mit dem Anspruch fällt die Vormerkung fort. K hat also auch auf Grund dieser Erklärung des S keine Möglichkeit, den Dr. U zur Übereignung des Grundstücks zu zwingen. Das ändert sich erst, wenn man die von S abgegebenen Erklärungen, auf die Rechte aus dem Kauf verzichten zu wollen, unter dem Gesichtspunkt der Anfechtbarkeit gemäß § 123 prüft. Wenn das Verhalten des Dr. U sich so zugetragen hat, wie es K behauptet, müsste eine widerrechtliche Drohung angenommen werden. Die Erklärungen des S sind dann anfechtbar nach § 123 und vielleicht sogar nichtig nach § 138 Abs. 1; liegt eine Anfechtung durch S vor, ist seine Verzichtserklärung nichtig (§ 142), sodass der schuldrechtliche Anspruch nach wie vor besteht und dann auch von K durch Abtretung erworben worden ist.

---

5 BGHZ 25, 16, 23; *Mülbert*, AcP 197 (1997), 325, 349 ff; Westermann/*Eickmann*, § 83 Rn 34.

II. Gutgläubiger Erwerb bei Unrichtigkeit des Grundbuchs

1. Unrichtige Eintragung des Schuldners

501   Gibt das Grundbuch den Schuldner des Anspruchs zu Unrecht als Inhaber des betroffenen Rechts, hier also des Eigentums, an, so ist es bezüglich eines dinglichen Rechts, damit im grundbuchtechnischen Sinn und iSd § 892, unrichtig.

> Das käme hier in Betracht, wenn Dr. U zum Zeitpunkt der Eintragung der Vormerkung für S nicht Eigentümer des Grundstücks war. Bevor geprüft wird, ob die Tatsache, dass Dr. U nur Vorerbe war, diese Folgen haben kann, soll zunächst auf die Frage eingegangen werden, ob bei Gültigkeit des Anspruchs eine Vormerkung an einem Grundstück erworben werden kann, das dem Schuldner nicht gehört. **Stichwort**: Bewilligung einer Vormerkung für einen bestehenden Anspruch durch einen im Grundbuch eingetragenen Nichtberechtigten.

502   Im Ergebnis ist heute praktisch unstreitig, dass eine vom Nichtberechtigten bewilligte **Vormerkung gutgläubig erworben** werden kann und dadurch die dingliche Wirkung der Sicherung des Anspruchs (§§ 883 Abs. 2, 888) vorweggenommen wird[6]. Freilich ist die Begründung umstritten. ZT wird § 893 Fall 2 angewendet[7], zT eine Analogie[8], dann wieder wird auch eine direkte Anwendung des § 892 befürwortet[9]. Dass bei der Vormerkung keine Einigung zweier Partner, sondern nur eine einseitige Bewilligung erforderlich ist, ändert zumindest für die Anwendbarkeit des § 893 nichts. Für die Gutgläubigkeit maßgebend ist der Zeitpunkt des Eingangs des Eintragungsantrags, auf den Grundbuchstand zur Zeit der Geltendmachung des vorgemerkten Rechts und der Vormerkung kommt es nicht mehr an.

503   Streitig ist allerdings, ob die gutgläubig erworbene Vormerkung den Gläubiger auch dann schützt, wenn der schuldrechtliche Anspruch im Zeitpunkt der Begründung der Vormerkung noch gar nicht besteht und der Vorgemerkte vor der Entstehung des Anspruchs vom fehlenden Recht des Verfügenden erfährt; dies könnte gegen den Grundsatz verstoßen, dass Forderungen nicht gutgläubig erworben werden können. Dennoch hält die Rechtsprechung gutgläubigen Erwerb auch in diesem Fall für möglich[10], was sich mit der Erwägung rechtfertigen lässt, dass die Vormerkung ihrem Inhaber die Sicherheit geben soll, bereits gewisse Dispositionen im Vertrauen auf den künftigen Erwerb zu treffen, also etwa auf eine Auflassungsvormerkung hin den Kaufpreis zu zahlen[11]. Dagegen spricht aber, dass dem Erwerber, auch wenn § 883 Abs. 2 die Sicherung eines zukünftigen Anspruchs ermöglicht, der im Gesetz gewollte Schutz vor Zwischenverfügungen des Veräußerers und vor Zwangsvollstreckungsmaßnah-

---

6   Die Leitentscheidung BGHZ 25, 16, 23 bejahte deshalb die Möglichkeit, gegen die Eintragung einer Vormerkung einen Amtswiderspruch (Rn 432) einzutragen; s. ferner BGH NJW 1994, 2947; BGHZ 57, 341, 343; 28, 182, 186; eingehend *Hager*, JuS 1990, 437; Westermann/*Eickmann*, § 83 Rn 33; Erman/*Artz* § 883 Rn 24; *Medicus/Petersen*, Rn 553; MünchKomm/*Kohler* § 883 Rn 74.

7   Das ist heute wohl hM., BGH NJW 1981, 446 f; BGHZ 25, 16, 23; *Reinicke*, NJW 1964, 2374; Staudinger/*Gursky* § 883 Rn 341; für Analogie zu § 893 *Habersack*, Rn 337.

8   *Canaris*, JuS 1969, 81.

9   *Mülbert*, AcP 197, 347; HK-BGB/*Staudinger* § 883 Rn 22.

10   BGH NJW 1981, 446 f; BGHZ 28, 182, 187; RGZ 121, 41, 47; zust. *Canaris*, JuS 1969, 82; *Medicus*, AcP 163, 1, 6; *Tiedtke*, Jura 1981, 36; *Wieling*, Sachenrecht, § 22 IV 2 a; MünchKomm/*Kohler* § 883 Rn 73; HK-BGB/*Staudinger* § 883 Rn 24.

11   Näher dazu *Görner*, JuS 1991, 1012 f.

men gegen diesen noch nicht zukommt, solange er noch nicht einmal einen gültigen schuldrechtlichen Anspruch hat[12]. Zu weiteren Fragen des hier möglichen Erwerberschutzes s. Rn 509.

Dass im **Ausgangsfall 23** Dr. U möglicherweise nicht berechtigt war, hindert nach allem bei Gutgläubigkeit des S hinsichtlich seines Eigentums die Entstehung der Vormerkung nicht. Freilich war Dr. U im Grundbuch nicht als Eigentümer eingetragen, sondern konnte sich somit nur auf den ihm erteilten Erbschein berufen.

504

Damit kommt als Grundlage für einen Gutglaubensschutz nur § 2367 iVm § 2366 in Betracht, wofür es darauf ankommt, ob die Bewilligung einer Vormerkung als Verfügung über ein Recht angesehen werden kann; das ist genau so zu entscheiden wie im Fall der Anwendung der §§ 892, 893[13]. Damit hat S, da er bei Stellung des Eintragungsantrags bezüglich der Vormerkung die Unrichtigkeit des Erbscheins nicht gekannt hat, die Vormerkung erworben und konnte die Rechte daraus auch als Berechtigter übertragen.

Dass die St als Nacherbin gemäß § 2113 eine ihr Recht vereitelnde Verfügung hätte verhindern können, ist nicht mehr von Bedeutung, was sogar für einen nach Eintragung der Vormerkung bezüglich des betroffenen Rechts in Abt. II eingetragenen Nacherbenvermerk gilt[14].

Im **Ausgangsfall 23** hat also K Rechte aus der Vormerkung sowie abgetretene Ansprüche gegen Dr. U. Er kann daher unabhängig von der Nacherbenstellung der St erwerben, wenn ihm Dr. U die Auflassung gibt. Dr. A dagegen hat relativ unwirksam das Eigentum erworben, wobei ihn ebenfalls, wenn auch wegen § 892 mangels Eintragung des Nacherbenvermerks, die Nacherbenstellung der St nicht behinderte; von ihm kann K Zustimmung zu seiner Eintragung nach § 888 verlangen.

505

2. Gutgläubiger Zweiterwerb einer Vormerkung

Zu entscheiden bleibt in dem Fragenkreis hauptsächlich noch, ob bei Abtretung eines bestehenden Anspruchs, der durch eine **nichtbestehende Vormerkung** gesichert werden sollte, ein Gutglaubenserwerb möglich ist.

506

Im Ausgangspunkt kann man sagen, dass sich an die Eintragung einer Vormerkung nach § 891 die Vermutung knüpft, das Recht bestehe wirklich; allerdings setzt dies voraus, dass der gesicherte Anspruch existiert, sein Fehlen kann durch guten Glauben des Erwerbers in Bezug auf das Bestehen der Vormerkung nicht überwunden werden[15].

Anderes gilt aber, wenn die Vormerkung nicht rechtsgeschäftlich erworben wurde, wenn etwa im **Ausgangsfall 23** Dr. U die Vormerkung nicht bewilligt hat, S aber nach einem ersten

---

12 *Hepting*, NJW 1987, 865; *Hager*, JuS 1987, 557 f; MünchKomm/*Kohler* § 883 Rn 64; nach eingehender Untersuchung auch *Assmann*, Die Vormerkung, S. 357 ff, 370.
13 BGHZ 57, 341, 343; HK-BGB/*Staudinger* § 883 Rn 28; *Schwerdtner*, Jura 1985, 316, 319.
14 BGH NJW 1981, 464.
15 S. das lesenswerte Urteil OLG Schleswig FGPrax 2004, 264 ff, das auf BGH NJW 1981, 446 und Staudinger/*Gursky* § 891 Rn 12 hinweist. Die Vermutung gilt auch für das Grundbuchamt, das also vom Bestehen der Vormerkung ausgehen kann, wenn der zugrundeliegende Anspruch unstreitig oder bewiesen ist.

Streit über den Inhalt der getroffenen Vereinbarungen die Eintragung einer Vormerkung für seinen Anspruch erzwungen hat, § 885 und dazu Rn 475.

507   Ob ein Erwerb vom Nichtberechtigten möglich ist, wenn er nicht freiwillig, sondern (im Wege einer Zwangsvollstreckung) gezwungenermaßen verfügt, wie es auch bei einer einstweiligen Verfügung gem. § 885 der Fall ist, erscheint problematisch. Die wohl hM lehnt dies ab[16]. Demnach würde es an einem rechtsgeschäftlichen Erwerb und somit an der Möglichkeit fehlen, § 892 oder § 893 auf die Eintragung der Vormerkung für S anzuwenden. Es ist jedoch ebenso vertretbar, einen gutgläubigen Erwerb in derart gelagerten Fällen a priori zuzulassen, sofern man der Ansicht folgt, die einstweilige Verfügung ersetze die Bewilligung des Betroffenen und habe damit keine andere Funktion als eine erzwungene Vormerkung nach den §§ 894, 895 ZPO[17]. Wurde die Bewilligung eingeklagt und durch das Urteil nach § 894 ZPO ersetzt, so folgt der gutgläubige Erwerb aus § 898 ZPO; der Unterschied mag nicht jeden überzeugen.

508   Insgesamt ist somit bei **Übertragung des Anspruchs** (von S auf K) für K, der einen gültigen Anspruch erwirbt und sich hinsichtlich der Sicherung durch Vormerkung auf den Grundbuchstand verlässt, die Situation des § 892 gegeben. (Noch deutlicher wird dies, wenn im **Ausgangsfall 23** S bösgläubig hinsichtlich der Berechtigung des Dr. U war.) Dafür spielt es keine entscheidende Rolle, dass die Vormerkung kein dingliches Recht im engeren Sinne ist und der Erwerb des akzessorischen Rechts sich außerhalb des Grundbuchs vollzieht, nämlich durch Abtretung der Forderung mit der Folge des § 401. Denn dies ist mehr eine technische Einzelheit, die am Rechtsschein des Grundbuchs nichts ändern sollte. Die Rechtsprechung hat daher gutgläubigen Erwerb durch Abtretung zugelassen[18]. Das ist insofern eine Besonderheit, als angesichts der Möglichkeit, „außerhalb des Grundbuchs" das schuldrechtliche Recht und damit gem. § 401 die Vormerkung zu übertragen, auch ein nicht Eingetragener der Vormerkungsgläubiger sein kann, sodass man meinen könnte, der Rechtsschein gründe sich gar nicht auf die Grundbucheintragung[19]. Wenn aber beim Erwerb der Vormerkung vom Nichtberechtigten das dingliche Element so stark betont wird, ist die Anerkennung auch eines gutgläubigen Zweiterwerbs auf Grund der „unrichtigen" Eintragung folgerichtig.

3. Erwerbsschutz nach gutgläubigem Erwerb der Vormerkung

509   Es handelt sich hier nicht nur um das bereits in Rn 503 angedeutete Problem, ob es dem Vormerkungsberechtigten schadet, wenn er später Kenntnis von dem Nichtbestehen des vorgemerkten Anspruchs erhält; es geht dann noch um die Durchsetzung dieses Anspruchs.

---

16 RGZ 64, 150, 153; BayObLG NJW-RR 1987, 334; *Assmann* aaO. S. 351; *Knöpfle*, JuS 1984, 157, 166; *Medicus/Petersen*, Rn 556; *Reinicke*, NJW 1964, 2381; Staudinger/*Gursky* § 883 Rn 344; *Wolf/Wellenhofer*, § 19 Rn 34.

17 *Hager*, JuS 1990, 429, 438; MünchKomm/*Kohler* § 883 Rn 78; HK-BGB/*Staudinger* § 883 Rn 26 f.

18 BGHZ 60, 46, 50; 25, 16, 23; BayObLG NJW-RR 1999, 2689; zust. *Hager* aaO.; MünchKomm/*Kohler* § 883 Rn 75; Westermann/*Eickmann*, § 83 Rn 36; abl. aber *Knöpfle*, JuS 1981, 155; *Medicus*, AcP 163, 1; *Reinicke*, NJW 1962, 2373; Staudinger/*Gursky* § 883 Rn 344 ff; eingehend: HK-BGB/*Staudinger* § 883 Rn 36 ff.

19 So *Görner*, JuS 1991, 1012, 1013.

Auszugehen ist von dem Schutz des Gutgläubigen gegenüber Verfügungen des wahren Berechtigten, die relativ unwirksam sind. (Das gilt also in **Fall 23** für die Verfügung zu Gunsten des Dr. A.) Eine Meinung wendet in der Tat § 888 entsprechend an und entnimmt der Vorschrift einen Anspruch gegen den wahren Berechtigten[20]. Der Inhaber einer – wirksam bestellten – Vormerkung ist also sogar gegen eine Berichtigung des Grundbuchs zugunsten des wahren Eigentümers geschützt. Das hat auch das Grundbuchamt zu beachten, das im Allgemeinen eine Eintragung, durch die der Erwerber gutgläubig erwerben würde, nicht vornehmen darf[21]. Dem wird entgegengehalten, der Anspruch aus § 888 habe keine materielle Bedeutung, die Vorschrift passe also nicht, sodass es noch einer materiellen Zustimmung des wahren Berechtigten gemäß § 185 Abs. 1 bedürfe[22]. Im Rahmen der Gegenansicht ist eine solche Zustimmungserklärung entbehrlich, weil sonst der Schutz – durch die der Vormerkung entsprechenden relativen Unwirksamkeit einer Zwischenverfügung (§ 883 Abs. 2) – am Ende dem gutgläubigen Erwerber doch vorenthalten wird[23]. Dieser letzten Sichtweise ist zu folgen. Aus ihr ergibt sich dann auch, dass die St nicht zuzustimmen braucht und mit einer Berichtigungsklage gegen eine Eintragung des K (§ 894) keinen Erfolg haben würde, da die Vormerkung dazu führt, dass die bei ihrem Erwerb bestehende Verfügungsmacht zu Gunsten des Erwerbers als weiterbestehend angesehen wird.

Die Materie gehört zu den schwierigsten des allgemeinen Grundstücksrechts, der Leser sollte daher mit einer eigenen Lösungsskizze nicht beginnen, bevor er sich die materielle Rechtslage um die Vormerkung anhand des Textes klar gemacht hat. Zur weiteren Kontrolle ist besonders auf die Falllösungen bei *Hager*, JuS 1990, 429 ff und *J. Baur/Riede*, JuS 1987, 380 ff hinzuweisen.

§ 18 Ergänzende Zusammenfassung des allgemeinen Liegenschaftsrechts

I. Allgemeines Grundstücksrecht

1. Allgemeine Begrifflichkeit

Das Liegenschaftsrecht ist das **Recht der unbeweglichen Sachen**; sein Gegenstand sind die Grundstücke und die grundstücksgleichen Rechte, vgl. zB das Erbbaurecht und das Bergwerkseigentum[1] sowie die dinglichen Rechte an diesen Gegenständen. Die Sonderung vom Recht der beweglichen Sachen ist materiell in der herausragenden sozialen Bedeutung der Grundstücke, die Teil des Lebensraumes der Allgemeinheit sind, begründet sowie darin, dass Grundstücke für manchen der räumliche Mittel-

510

---

20 BGH NJW 1981, 447; RGZ 121, 44, 46; *Kupisch*, JZ 1977, 495; MünchKomm/*Kohler* § 883 Rn 79; HK-BGB/*Staudinger* § 883 Rn 24.

21 OLG Schleswig FG Prax 2004, 264; OLG Karlsruhe NJW-RR 1998, 445.

22 *J. Baur*, JZ 1967, 439 f; dem folgend OLG Düsseldorf DNotZ 1971, 371.

23 Eingehend *Roloff*, NJW 1968, 484; s. auch Staudinger/*Gursky* § 888 Rn 54.

 1 Zum Ersteren § 1 Fn. 13; zum Letzteren Westermann/*H.P. Westermann*, § 6 Rn 26.

punkt des Lebens und (oder) wesentlicher Vermögensgegenstand sind. Rechtstechnisch ergibt sich der Unterschied dadurch, dass im Recht der beweglichen Sachen der Besitz, im Liegenschaftsrecht das Grundbuch das Verlautbarungsmittel ist. Nach hM begründen Besitz und Grundbucheintragungen eine Eigentumsvermutung, §§ 1006, 891. Auch eine eingetragenen Löschung begründet die Vermutung, dass das Recht erloschen ist.

Besitz- und Grundbuchänderungen sind das Verlautbarungsmittel im Doppeltatbestand der Verfügung, vgl. §§ 929 ff, 1204 und § 873 ff. Auf Besitz und Grundbuch baut sich nach hM auch der den Gutglaubensschutz tragende Rechtsschein auf, §§ 851, 932 ff und §§ 892, 893.

2.   Begriff des Grundstücks

511   Die **Begriffsbestimmung des Grundstücks** in § 890 als Teil der Erdoberfläche, der im Grundbuch unter selbstständiger Nummer eingetragen ist, und der Veränderungen durch Zu-, Ab- und Zusammenschreibung erlaubt, ergibt das „Grundbuchgrundstück". Gegenstand der materiellen Rechtsvorgänge kann jeder ausreichend genau abgegrenzte Teil der Erdoberfläche sein, ein so genanntes „Wirtschaftsgrundstück". Das Grundbuch stimmt in der Art der Verwaltung der einzelnen Grundstücke nicht zwingend mit dem **Kataster** überein, dessen Angaben über die freien Flurstücke es freilich zunächst übernimmt (näher Rn 347).

512   Zum Grundstück gehören seine **Bestandteile**. Die wesentlichen Bestandteile folgen zwingend seinem Rechtsschicksal; die „Scheinbestandteile" sind dagegen bewegliche Sachen, vgl. Rn 395. Das **Grundbuch** ist ein staatliches Register der dinglichen Rechte an Grundstücken, das zumeist von dem Amtsgericht als Grundbuchamt geführt wird. Die Führung des Grundbuchs gehört zur sog. freiwilligen Gerichtsbarkeit; Zweck ist, die Klarheit und Sicherheit der dinglichen Rechtslage an Grundstücken zu gewährleisten. Nicht nur die Einrichtung, sondern auch alle auf das Grundbuch bezogenen staatlichen Maßnahmen sind nach Voraussetzungen und Art in der GBO und in der allgemeinen Verfügung über die Einrichtung und Führung des Grundbuchs (Grundbuchverfügung) vom 8.8.1935 genau geregelt. Für die Einrichtung des Grundbuchs ist seine Einteilung in Abteilungen wesentlich.

3.   (Nicht-)rechtsgeschäftliche Vorgänge im Liegenschaftsrecht

513   Für **die liegenschaftsrechtlichen Bewegungsvorgänge** sind die rechtsgeschäftlichen (= Verfügungen) von den nichtrechtsgeschäftlichen dadurch unterschieden, dass für die Verfügung grundsätzlich der Doppeltatbestand der Einigung und Eintragung erfüllt sein muss. Die Eintragung ist also in dem Sinn konstitutiv, dass ohne sie der Rechtserfolg nicht eintreten kann. Davon sind deutlich die **nichtrechtsgeschäftlichen Vorgänge** unterschieden, deren Erfolg von einer Grundbucheintragung nicht abhängt; die Eintragung des eingetretenen Rechtserfolgs heißt Grundbuchberichtigung.

Die wichtigsten Fälle solcher Änderungen sind: Die Gesamtrechtsnachfolge, die An- und Abwachsung, vgl. dazu Rn 357, der Zuschlagsbeschluss in der Zwangsversteigerung, § 90 ZVG, der Enteignungsbeschluss. Ferner gehören hierher die zahlreichen Fälle des gesetzlichen Übergangs eines Grundpfandrechts, vgl. §§ 1163, 1143, 1164 und Rn 555.

Die **Einigung als Tatbestand der Verfügung** besteht wie im Recht der beweglichen **514** Sachen lediglich im Einigwerden über den dinglichen Rechtserfolg; sie ist vom Rechtsgrund unabhängig, formlos gültig, bedingungs- und befristungsfreundlich. Eine Ausnahme macht die Einigung über den Eigentumsübergang, die formbedürftig und bedingungs- und befristungsfeindlich ist, **§ 925**. Dass die formlose Einigung nicht bindend ist, ist in § 873 Abs. 2 mit gleichzeitiger Schaffung bestimmter Bindungstatbestände geregelt. Das Fehlen der Bindung bedeutet nur, dass die Einigung frei widerruflich ist; damit wird aber die idR vorhandene schuldrechtliche Bindung durch das Rechtsgrundgeschäft nicht beseitigt. Mit der Stellung des Eintragungsantrags hat der Erwerber nach hM ein **Anwartschaftsrecht**. Nach § 878 beeinträchtigt dann auch ein vor der Eintragung stattfindender Verlust der Verfügungsbefugnis des Veräußerers die Wirkung der Verfügung nicht mehr.

Die **Eintragung** muss mit Bestimmtheit den Rechtserfolg im Grundbuch verlautba- **515** ren. ZT sagt das Gesetz ausdrücklich, was einzutragen ist, vgl. zB § 1115 für die Hypothek. Soweit die Bezugnahme auf die Eintragungsbewilligung zulässig ist, § 874, werden die in Bezug genommenen Urkundenteile Inhalt des Grundbuchs. Einigung und Eintragung **zusammen** führen den Rechtserfolg herbei; sie müssen sich folglich auch inhaltlich decken.

Die **Eintragungsgrundlagen** sind von der GBO bestimmt, sind folglich formalrecht- **516** lich ausgerichtet und unterscheiden sich dadurch von den materiellen Entstehungsvoraussetzungen. Mit Ausnahme der Eigentumsumschreibung ist die einseitige, zumindest öffentlich beglaubigte Eintragungsbewilligung des Betroffenen die Eintragungsgrundlage, §§ 19, 22 GBO. Der zusätzlich erforderliche Antrag ist ausschließlich verfahrensrechtlicher Natur. Das Eigentum darf nur umgeschrieben werden, wenn die Einigung, dh die Auflassung, nachgewiesen ist, § 20 GBO. Auch alle anderen Voraussetzungen der Eintragung müssen, sofern sie nicht offenkundig sind, mittels öffentlich beglaubigter Urkunden nachgewiesen werden, § 29 GBO. Angesichts der Bedeutung des Eintragungszeitpunkts ist bei einer Mehrzahl von Eintragungsanträgen bezüglich desselben Rechts die **Reihenfolge** der **Erledigungen** und die **Eintragungsart** gesetzlich geregelt, §§ 17, 45 GBO, vgl. dazu Rn 382, 455. Folglich unterscheidet man zwischen dem **materiellen** und dem **formellen Konsensprinzip**.

4. Unrichtigkeit des Grundbuchs und gutgläubiger Erwerb

Es gibt zahlreiche Quellen der Grundbuchunrichtigkeit: **517**

Die Einigung kann unwirksam sein (fehlende Geschäftsfähigkeit, Anfechtung); die Unterschiedlichkeit von materiellem und formellem Recht kann zur Eintragung ohne Einigung führen; Änderung der Rechtslage ohne Grundbucheintragungen („außerhalb des Grundbuches") ist möglich.

Die Grundbuchunrichtigkeit bedeutet, dass das betroffene dingliche Recht nicht richtig verlautbart ist, sei es, dass es nicht eingetragen oder dass zu Unrecht eine Belastung eingetragen ist. Damit ist die Gefahr gegeben, dass durch gutgläubigen Erwerb das unrichtige Grundbuch zum Nachteil dessen, dessen Recht nicht richtig verlautbart ist, richtig wird. Dem durch die Unrichtigkeit Betroffenen wird ermöglicht, die Unrichtigkeit zu beseitigen. Wenn die Unrichtigkeit und die wirkliche Rechtslage in der von § 29 GBO erforderten Weise nachgewiesen werden kann, wird das Grundbuch auf Antrag berichtigt, § 22 GBO. Ist das nicht möglich, ist nach § 19 GBO eine Eintragungsbewilligung des Betroffenen erforderlich, also desjenigen, dessen formelle Rechtslage durch die Berichtigung benachteiligt wird. Auf diese Eintragungsbewilligung gibt § 894 einen materiellrechtlichen Anspruch, den sog. **Grundbuchberichtigungsanspruch**, der allein auf der Unrichtigkeit des Grundbuchs beruht. Es ist insbesondere gleichgültig, wie es zur Unrichtigkeit des Grundbuchs gekommen ist.

Der Anspruch richtet sich auf die Abgabe einer Eintragungsbewilligung zur Berichtigung des Grundbuchs. Der Anspruchsgegner kann sich auch mit schuldrechtlichen Rechten, zB mit dem Anspruch auf Herstellung einer dem unrichtigen Grundbuch entsprechenden Rechtslage, verteidigen.

518 Einen zwischenzeitlichen Schutz gegen die Gefahren der Unrichtigkeit des Grundbuchs schafft der **Widerspruch** des § 899. Er ist ein Protest gegen die Richtigkeit des Grundbuchs, nicht etwa eine Verlautbarung des Rechts, zu dessen Gunsten der Widerspruch eingetragen wird. Eintragungsgrundlage kann außer der Bewilligung des Betroffenen eine einstweilige Verfügung sein. Die wesentlichste Wirkung des Widerspruchs ist, dass er den gutgläubigen Erwerb durch Verfügung dessen, gegen dessen Position er sich richtet, ausschließt. Der **Amtswiderspruch** des § 53 GBO setzt außer der Unrichtigkeit des Grundbuchs voraus, dass die Eintragung unter Verletzung gesetzlicher Vorschriften zu Stande gekommen ist, in den Wirkungen entspricht er dem Widerspruch des § 899.

519 Der **Gutglaubensschutz**, §§ 892, 893, baut auf dem Rechtsschein auf, der vom Grundbuch ausgeht und durch die Autorität des mit stark formalisierten Sicherheitsgarantien geführten Registers begründet ist. Es gilt das **reine Rechtsscheinprinzip**, also kommt es nicht darauf an, wie es zum Auseinanderfallen von Grundbuch und materieller Rechtslage gekommen ist, unerheblich ist auch, ob der Erwerber das Grundbuch überhaupt eingesehen hat. Geschützt wird nicht nur der gute Glaube an die Richtigkeit, sondern auch an die Vollständigkeit des Grundbuchs. § 892 ist aber gegenüber mangelnder Geschäftsfähigkeit des Verfügenden bedeutungslos: Über die Geschäftsfähigkeit des Verfügenden sagt das Grundbuch nichts aus. Auch gegen nicht eingetragene **relative Verfügungsbeschränkungen** ist der Erwerber geschützt, nicht aber gegen absolute.

So ist **zB** der Erwerber gegen die Verfügungsbeschränkung durch Einsetzung eines Testamentsvollstreckers und durch Nacherbeneinsetzung geschützt, §§ 2211 Abs. 2, 2113 Abs. 3, ferner gegen die Verfügungsbeschränkung durch Eröffnung des Insolvenzverfahrens, solange diese nicht im Grundbuch vermerkt ist. Die Möglichkeit gutgläubigen Erwerbs ist der Grund dafür, dass die Eintragung der genannten Beschränkungen stets so schnell wie möglich betrieben werden muss.

520 Wenn die Voraussetzungen des Grundstücks-Rechtsscheins vorliegen, die etwa durch einen Widerspruch zerstört sein können, schadet dem Erwerbswilligen nur **positive Kenntnis von der Unrichtigkeit** des Grundbuchs. Allgemein gilt aber der Grundsatz, dass alle Erwerbsvoraussetzungen bei Eintritt des letzten Tatbestandsteils des

Erwerbsgeschäfts vorliegen müssen. Danach käme es auf den **Zeitpunkt** an, in dem die Einigung und Eintragung vollzogen sind. Davon macht § 892 Abs. 2 für die Kenntnis von der Unrichtigkeit, **nicht aber für den Widerspruch** dadurch eine Ausnahme, dass es auf den Eingang des Eintragungsantrages beim Grundbuchamt ankommt, wenn bis dahin die Einigung vollzogen ist. Für den Widerspruch ist daher die Reihenfolge des Eingangs der Anträge bedeutungsvoll. Eine Verfügungssperre bedeutet der Widerspruch zumindest theoretisch nicht; wenn also ein eingetragener Nichteigentümer das Grundstück vermietet, besteht zwar ein Anspruch gegen ihn, aber nicht gegen den wahren Eigentümer.

Der Gutglaubensschutz hilft nur, soweit es sich um dingliche Rechte handelt (Erwerb, Aufhebung, Änderung usw). Unter die erweiterte Formulierung des § 893 fallen auch Zahlungen an einen zu Unrecht Eingetragenen. Für **schuldrechtliche Rechte**, zB Forderungen aus Miete, Pacht, Kauf, ist § 892 bedeutungslos. **521**

5. Rangverhältnisse

Der Rang, das Verhältnis eines dinglichen Rechts zu einem anderen dinglichen **522** Recht an demselben Gegenstand, ist ein Merkmal der dinglichen Rechte. Es läge vielleicht nahe, den Rang und damit die bessere Stellung bei einer Verwertung des Grundstücks (etwa in der Zwangsversteigerung) nach der zeitlichen Entstehungsfolge der Rechte zu bestimmen. Dieses Prinzip führt § 879 nicht rein durch; bei Rechten, die in derselben Abteilung eingetragen sind (zB Rang mehrerer Grundpfandrechte), entscheidet die **Reihenfolge der Eintragungen**; ob das die zeitliche oder räumliche Reihenfolge ist, ist streitig, vgl. Rn 445 ff. Bei Eintragungen in verschiedenen Abteilungen (zB Hypothek und Grunddienstbarkeit) stellt § 879 Abs. 1 S. 2 dagegen auf die **Datenangabe der Eintragung** ab. Die Maßstäbe des § 879 bestimmen materiellrechtlich den Rang, nicht nur iSd § 892 „den Inhalt des Grundbuchs". Umso wichtiger wird die Eintragungsfolge, die die GBO bestimmt, §§ 17, 45 GBO. Hier erweist sich aber die bloß formalrechtliche Natur der GBO: Auch eine unter Verletzung der GBO zu Stande gekommene Eintragungsfolge ist für den Rang bestimmend, das Grundbuch ist also „richtig". Die hM gibt dem durch die Eintragungsfolge Benachteiligten (dh dem, der durch den vorzeitigen Eingang seines Antrags begründete Chancen auf den besseren Rang hatte) keinen Anspruch aus § 812 gegen den Begünstigten, wohl aber bei Verschulden des Grundbuchbeamten einen Anspruch gegen den Staat aus § 839, Art. 34 GG (vgl. dazu Rn 455). Die Rangfolge kann durch Einigung und Eintragung eines Rangvermerks anders bestimmt werden. Werden die Rechte mit einem anderen als dem vereinbarten Rang eingetragen, können nach § 139 die Rechte mit dem eingetragenen Rang entstanden sein. In diesem Fall gibt auch die hM dem Eigentümer gegen den Erwerber des besseren Rangs einen Anspruch aus § 812, dessen Abtretung der benachteiligte Erwerber gemäß § 285 verlangen kann, vgl. dazu Rn 462. Wenn ein Recht erlischt, müssten nach dem **Prinzip der gleitenden Rangfolge** die nachstehenden Rechte aufrücken; anders entscheidet das Gesetz bei Grundpfandrechten, so kann eine Hypothek nach Erlöschen der gesicherten Forderung gem. § 1163 Abs. 1 S. 2 zur Eigentümergrundschuld werden, die das Aufrücken rangschlechterer Belastungen verhindert.

6. Vormerkung

523 **Die Vormerkung** gem. §§ 883 ff ist ein selbstständiges Recht eigener Art, das **schuldrechtliche** – auch bedingte oder zukünftige – Ansprüche auf Änderung eines Liegenschaftsrechts **dinglich** absichert. Nur der Gläubiger des Anspruchs kann Inhaber der Vormerkung sein; der Schuldner des Anspruchs muss Inhaber des Rechts sein, um dessen Änderung es geht. Die Vormerkung bedarf der Eintragung im Grundbuch; Eintragungsgrundlage und an die Stelle der Einigung tretende materielle Entstehungsvoraussetzung ist eine (einseitige) Eintragungsbewilligung oder eine einstweilige Verfügung, § 885 (vgl. Rn 474). Für das spätere Schicksal der Vormerkung ist der Anspruch entscheidend (zB Abtretung, Erlöschen, inhaltliche Änderung); die Sicherung durch eine Vormerkung ändert an der Maßgeblichkeit des Schuldrechts für den Inhalt des Anspruchs und sein Fortbestehen nichts. Aufhebung der Vormerkung durch Aufgabeerklärung und Löschung ist möglich, § 875. Die Vormerkung ist nicht etwa Eintragung des vorgemerkten Rechts iSd § 873; sie sperrt auch das Grundbuch nicht. Die vormerkungswidrige Rechtsänderung (gleichgültig, ob infolge einer Verfügung oder durch Zwangsvollstreckung) ist dem Vorgemerkten gegenüber unwirksam, freilich nur insoweit, wie sie die Erfüllung des Anspruchs ausschließen oder das entstandene Recht beeinträchtigen würde und **nur dem Vorgemerkten gegenüber**. Im Übrigen ist die vormerkungswidrige Verfügung wirksam, § 883 Abs. 2 (vgl. Rn 483). Diese **relative Unwirksamkeit** nimmt das BGB in Kauf, um das betroffene Recht nicht dem Rechtsverkehr zu entziehen. Das Ergebnis ist, dass der Schuldner den Anspruch erfüllen kann – im Verhältnis zum Vorgemerkten ist er der Berechtigte, und er bleibt auch der Schuldner, nur aus Gründen des formellen Grundbuchrechts ist eine Zustimmung des vormerkungswidrig Eingetragenen erforderlich. Auf diese gibt § 888 dem Vorgemerkten einen Anspruch. Zugleich wird mit dieser Konstruktion sichergestellt, dass der Schuldner und der vormerkungswidrig Eingetragene Gelegenheit zur Verteidigung haben. Sie können sich dabei aller gegen den Anspruch gerichteten Möglichkeiten, der Schuldner auch spezieller Einreden gegen den Vorgemerkten, bedienen (vgl. Rn 493). Ein **Erwerb vom Nichtberechtigten** ist nicht bezüglich des gesicherten Anspruchs, wohl aber (nach hM[2]) insoweit möglich, als der eingetragene Nichtberechtigte für eine gegen ihn gerichtete Forderung die Vormerkung bewilligt hat. Hingegen ist die Möglichkeit eines gutgläubigen Zweiterwerbs von einem in Wahrheit nichtberechtigten Inhaber einer Vormerkung umstritten, beides wird mit guten Gründen vertreten (Rn 506 ff).

II. Ergänzung: Besondere Grundstücksrechte

1. Erbbaurecht

524 Dem materiellen Liegenschaftsrecht unterliegt auch das **Erbbaurecht**. Als ein zwischen der Eigentumsübertragung und der Vermietung bzw Verpachtung einzuordnendes Rechtsinstitut gewährt es dem Inhaber ein veräußerliches, vererbliches und belastbares Recht, auf oder unter einem Grundstück ein Gebäude zu errichten und/oder

---

2 Zum Meinungsstand HK-BGB/*Staudinger* § 883 Rn 21 f.

zu halten, § 1 Abs. 1 ErbbauRG[3]. Das Erbbaurecht ist dem Grundstück gleichgestellt (§ 11 ErbbauRG), sodass es als Sache und nicht als Recht behandelt wird. Es wird zweimal im Grundbuch eingetragen, und zwar in Abteilung II des eigenständigen Grundbuchblattes des belasteten Grundstücks und als „Grundstück" im Bestandsverzeichnis des Grundbuchblattes des Erbbaurechts (= Erbbaurechtsgrundbuch). Die Gebäude und sonstigen Bestandteile sind wesentlicher Bestandteil des Erbbaurechts und nicht des Grundstücks, § 12 Abs. 1 S. 1 ErbbauRG. Die Folge davon ist, dass das Eigentum am Grundstück und am Gebäude auseinander fallen. Wirtschaftlich liegt jedoch eine auf Zeit beschränkte Teilung des Eigentums am Grundstück vor, da dem Erbbauberechtigten als „Untereigentümer" die volle Nutzung des Bodens zusteht. Der Erbbauberechtigte tritt nach außen als Eigentümer des Grundstücks auf, erwirbt daran aber nicht das rechtliche Eigentum, sodass idR auch kein Kaufpreis, sondern lediglich ein Erbbauzins (§ 9 ErbbauRG) anfällt, der für den Grundstückseigentümer als Eigentumssplitter bleibt, wenn er nicht am Wertzuwachs des Grundstücks, den es geben kann, interessiert ist. Die zeitliche Begrenzung des Erbbaurechts auf in der Regel 66 oder 99, neuerdings auch auf nur mehr 50 Jahre verhindert jedoch, dass der Eigentümer das Grundstück für immer aus der Hand geben muss. Mit dem Erlöschen des Erbbaurechts werden die Gebäude wesentliche Bestandteile des Grundstücks (§ 94 Abs. 1).

Das Erbbaurecht kann, da es wie ein Grundstück behandelt wird, auch belastet werden. In der Praxis ist es verbreitet, über eine schuldrechtliche Vereinbarung iVm einer Vormerkung einen gleitenden Erbbauzins festzulegen, was aber daran scheitert, dass das Gesetz eine für die gesamte Laufzeit bestimmte Höhe des Zinses verlangte, sodass allenfalls bei Wegfall der Geschäftsgrundlage eine Anpassung gefordert werden konnte. Inzwischen lässt § 9 ErbbauRG sog. **Gleitklauseln** zu. Diese Möglichkeiten[4] sind aber eingeschränkt (§ 9a ErbbauRG), wenn das Gebäude Wohnzwecken dient. Auf diese Weise wird der infolge des Geldwertschwundes verständliche Wunsch des Grundstückseigentümers nach einem wertbeständigen Erbbauzins in gewissen Grenzen erfüllbar. **525**

2. Wohnungseigentum

Das BGB kennt kein Sondereigentum an einzelnen Gebäudeteilen. Das wirtschaftliche Bedürfnis nach dem Bau von Mehrfamilienhäusern und einer finanziellen Beteiligung und Schaffung starker Rechte des Wohnungssuchenden waren jedoch der Anlass dafür, den Grundsatz des § 93 durch die Einführung des **Wohnungseigentums** (§ 1 Abs. 2 WEG) zu überwinden. Heute wird davon vielfach auch für Zweit- und Urlaubswohnungen sowie im Zuge von Maßnahmen der Kapitalanlage in Immobilien Gebrauch gemacht. **526**

Wohnungseigentum ist die Zusammenfassung von **Miteigentum** nach Bruchteilen an einem Grundstück und aller nicht im Sondereigentum oder im Eigentum eines Dritten

---

3 Früher: ErbbauVO, durch Gesetz vom 23.11.2007 (BGBl I S. 2614) in ErbbauRG umbenannt, zum Folgenden eingehend Westermann/*Eickmann*, § 65 Rn 2 ff.

4 Zu den früheren Genehmigungspflichten und den Anpassungsregeln des geltenden Rechts wiederum Westermann/*Eickmann*, § 6 Rn 17 ff.

stehenden Bestandteile (§ 1 Abs. 5 WEG), deren Bruchteil durch das Erwerbsgeschäft (§ 3 WEG) oder nach § 8 WEG durch Teilung bestimmt wird, und des **Sonderrechts** an einer Wohnung in dem auf dem Grundstück errichteten Gebäude.

527 Das Miteigentum und das Sondereigentum sind zwingend miteinander verbunden. Verfügungen über diese veräußerliche Einheit (§ 12 WEG) erfolgen in der Form der Verfügungen über den Miteigentumsanteil (§ 6 WEG), der in das Wohnungsgrundbuch einzutragen ist (§ 7 WEG). Das Wohnungseigentum, nicht dagegen das Sondereigentum, ist selbstständig belastbar. Es kann insbesondere Gegenstand von Grundpfand- und Dauerwohnrechten sein. Gegenstand des Sondereigentums sind nach § 5 WEG die zur Wohnung gehörenden Räume mit den Bestandteilen, die ohne Schaden für das gemeinschaftliche Eigentum oder das Recht eines anderen Wohnungseigentümers verändert oder entfernt werden können. Eine tragende Mauer ist daher auch dann gemeinschaftliches Eigentum, wenn sie sich vollständig in der Wohnung eines Wohnungseigentümers befindet (vgl. § 5 Abs. 2 WEG).

528 Die Wohnungseigentümer bilden eine Bruchteilsgemeinschaft (§ 10 Abs. 1 WEG). Das Innenverhältnis wird in erster Linie durch Individualvereinbarungen geregelt, meist in der sog. Teilungserklärung oder Gemeinschaftsordnung, hierfür kommen auch Beschlüsse der Wohnungseigentümerversammlung in Betracht; subsidiär gelten die Vorschriften des WEG[5], ganz hilfsweise die §§ 741 ff. Die Verwaltung des gemeinschaftlichen Eigentums steht den Wohnungseigentümern gemeinschaftlich zu, § 21 WEG. Die Beschlussfassung erfolgt in einer Wohnungseigentümerversammlung, § 23 WEG. Daneben ist ein Verwalter zu bestellen, § 20 Abs. 2 WEG, dessen unentziehbaren Aufgaben und Befugnisse in § 27 Abs. 1-3 WEG geregelt sind[6]. In neuerer Zeit werden die Gerichte in ständig steigendem Maße mit Fragen der Gültigkeit der Beschlüsse[7], der Befugnisse und Pflichten des Verwalters und der Haftung für Kosten der Durchführung von Verwaltungs-, Erhaltungs- und Reparaturmaßnahmen befasst.

3. Dienstbarkeiten

529 Die **Dienstbarkeiten** sind inhaltlich beschränkte Nutzungsrechte an Grundstücken.

> Zur Erläuterung ist auf **Fall 16** (Rn 344) zu § 12 zurückzugreifen. Angenommen, H will die Lage des geplanten Hotels in der unmittelbaren Nähe des Waldes auf die Dauer sichern, will aber für seine Gäste einen sicheren Zuweg durch den Wald haben, so genügt ihm ein persönliches Versprechen des K nicht, da dieser den Wald weiterverkaufen könnte. Das deutet

---

5 In der Entstehungsphase einer Wohnungseigentümergemeinschaft kann jedenfalls im Innenverhältnis zwischen dem teilenden Eigentümer und den Ersterwerbern auch eine vorverlagerte Anwendung des WEG geboten sein, BGH NJW 2012, 2650 als Fortführung von BGHZ 177, 53; Zur rechtlichen Stellung des Zweiterwerbers bei Veräußerung einer Wohneinheit durch einen werdenden Wohnungseigentümer unter Abtretung eines vorgemerkten Übereignungsanspruchs und Besitzübertragung: BGH NJW 2015, 2877.

6 Vgl. dazu § 27 Abs. 3 WEG. Eingehende Darstellung des Wohnungseigentums bei *Moritz*, Jura 1986, 124 ff; s. auch Westermann/*Eickmann*, § 66 Rn 6 ff.

7 Einschränkungen der Beschlusskompetenz hat BGHZ 145, 158 angenommen, hierzu und zu den bestehenden Möglichkeiten Westermann/*Eickmann*, § 66 Rn 28, 30; dort (Rn 31) auch zu den diesbezüglichen Änderungen durch die WEG-Novelle vom Jahre 2007.

darauf hin, dass H ein entsprechendes dingliches Recht erwerben will. Umgekehrt möchte K gesichert wissen, dass der Hotelbetrieb nicht Dimensionen annimmt, die die Nutzung des Waldes beeinträchtigen.

Zu unterscheiden sind persönliche Dienstbarkeiten, §§ 1090 ff, und Grunddienstbar- **530** keiten, §§ 1018 ff. Beide Formen gewähren dem Berechtigten bestimmte Nutzungen des belasteten Grundstücks (im Unterschied zum Nießbrauch aber nicht alle Nutzungen) oder ein Recht auf Unterlassung bestimmter Handlungen auf dem belasteten Grundstück. Einen Anspruch auf ein positives Tun des Eigentümers kann die Dienstbarkeit im Unterschied zur Reallast nicht geben; Nebenpflichten sind aber zulässig, § 1021.

Die persönliche Dienstbarkeit und die Grunddienstbarkeit unterscheiden sich zu- **531** nächst durch die Art der Bestimmung des Berechtigten. Eine beschränkt persönliche Dienstbarkeit erlischt mit dem Tode des Berechtigten und ist nicht übertragbar (§ 1092). Demgegenüber ist die Grunddienstbarkeit ein sog. **subjektiv dingliches** Recht. Das bedeutet, dass die Benutzung des belasteten Grundstücks für den jeweiligen Eigentümer des anderen Grundstücks, das als das herrschende bezeichnet wird, vorteilhaft sein muss, § 1019. Die persönliche Dienstbarkeit verleiht einer bestimmten Person das Recht, das belastete Grundstück „in einzelnen Beziehungen zu nutzen" (§ 1090 Abs. 2), was bedeutet, dass die Befriedigung jedes schutzwürdigen Interesses des Berechtigten gesichert sein kann. Freilich ist – namentlich bei Änderungen der Nutzungsart des herrschenden Grundstücks – nicht jede Intensivierung oder auch Modernisierung des Betriebs von der durch die Dienstbarkeit begründeten Duldungspflicht gedeckt. So muss der Eigentümer eines „dienenden" Grundstücks, das nach dem Inhalt der Dienstbarkeit zu landwirtschaftlichen Zwecken sollte überquert werden dürfen, es nicht hinnehmen, wenn der Eigentümer des herrschenden Grundstücks darauf eine große Gärtnerei betreibt und den eingeräumten Weg zu Lkw-Fahrten zu den Gewächshäusern und einem später für einen Betriebsleiter errichteten Wohnhaus benutzt[8]. Da für den Inhalt einer Grunddienstbarkeit, die als dingliches Recht gegen jeden Grundstückseigentümer, also gerade auch einen Rechtsnachfolger, geltend gemacht werden kann, auf die Grundbucheintragung und die in ihr in Bezug genommene Eintragungsbewilligung abzustellen ist, kommt es hinsichtlich des Verständnisses der Berechtigung auf den Zeitpunkt der Rechtseinräumung an. Dieser Schutz des dienenden Grundstücks ist vor allem notwendig, weil die Berechtigung nicht an die Person eines Dienstbarkeitsberechtigten gebunden ist.

Die Grunddienstbarkeit muss, um entstehen zu können, im Grundbuch des dienenden, **532** nicht aber in dem des herrschenden Grundstücks eingetragen werden. Sie wird aber Bestandteil (§ 96), und zwar wesentlicher (§ 93), des herrschenden Grundstücks. Im Übrigen besteht hinsichtlich des Inhalts der Berechtigung, wie aus der Verweisung in § 1090 Abs. 2 hervorgeht, manche Ähnlichkeit zwischen den Rechten; theoretisch kommen beide auch für ein Wegerecht in Betracht, doch steht hierbei praktisch die Grunddienstbarkeit im Sinne des § 1018 eindeutig im Vordergrund[9]. Wie bei allen

---

8 BGH NJW-RR 2003, 1235 mit Ausführungen zur Auslegung von Grundbucheintragungen.
9 S. auch *Lüke*, JuS 1988, 524.

dinglichen Rechten ist auch bei den Dienstbarkeiten scharf zwischen der Bestellung der dinglichen Position und dem dazu verpflichtenden schuldrechtlichen Gestattungsvertrag zu unterscheiden, der bei den Dienstbarkeiten häufig das Entgelt für die Duldung regeln wird.

533 Eine beschränkt persönliche Dienstbarkeit kann ebenfalls zu Gunsten einer juristischen Person bestehen, was etwa bei Leitungsrechten der **Energiewirtschaft** häufig ist[10], ähnlich beim Bau von Öl- oder Gasleitungen. Aber auch dort ist eine subjektiv dingliche Berechtigung, etwa zu Gunsten des von einer bestimmten juristischen Person bewirtschafteten Grundstücks, möglich, praktisch uU bei Dienstbarkeiten an einem für eine Gastwirtschaft benutzten Grundstück zugunsten einer Brauerei oder für Telekommunikationsleitungen[11].

534 Neben dem **Wegerecht**, das am besten als Grunddienstbarkeit an der Wegeparzelle zu Gunsten des dem H verbliebenen Hotelgrundstücks zu bestellen ist, ist im **Ausgangsfall 16** die dingliche Absicherung des Wunsches des K zu diskutieren, den Hotelbetrieb nicht zu sehr wachsen und bestimmte Anlagen erst gar nicht entstehen zu lassen. Die Befugnis, den Bauernhof (vorbehaltlich einer entsprechenden Baugenehmigung) auf über zwei Stockwerke auszubauen, eine Minigolfanlage, einen Kinderspielplatz oder ein Schwimmbad zu errichten, fließt aus dem Benutzungsrecht des Eigentümers und kann daher durch eine **Unterlassungsdienstbarkeit** eingeschränkt werden[12].

535 Eine gewisse Rolle haben Versuche gespielt, durch Grunddienstbarkeiten vom Eigentümer des herrschenden Grundstücks **Wettbewerb** vonseiten des Eigentümers des belasteten Grundstücks fernzuhalten. Das Problem liegt darin, dass hiermit nicht eigentlich das Recht zur Nutzung des Grundstücks, sondern die allgemeine Wettbewerbsfreiheit seines Eigentümers beschränkt werden soll. Das Verbot, auf dem Grundstück andere Waren als die eines bestimmten Herstellers zu vertreiben (etwa Benzin oder Schmierstoffe anderer Herkunft als der vom herrschenden Grundstück aus vertriebenen, ähnlich bei Brauereidienstbarkeiten), schränkt nur das Recht zur freien Auswahl eines Warenlieferanten ein und kann daher nicht Gegenstand einer Dienstbarkeit sein[13]. Da es in solchen Fällen dem Eigentümer des herrschenden Grundstücks nicht darauf ankommen wird, auf dem belasteten Grundstück die gewerbliche Nutzung durch Betrieb einer Tankstelle oder Gaststätte ganz zu untersagen[14], sondern eine Bindung an die auf dem herrschenden Grundstück betriebenen wirtschaftlichen Aktivitäten herzustellen, sind die kartellrechtlichen Bedenken ernstzunehmen[15]. Schon sa-

---

10   S. etwa *H. Weber*, JuS 1988, 147 ff.
11   Zur Dienstbarkeit für Telekommunikationsleitungen, bei denen auch die Regeln des TKG zu beachten sind, BGH NJW 2002, 678.
12   So BGH NJW 1983, 115 für gewerbliche Nutzung; OLG Hamm NJW 1967, 2365 f für Bebauungsverbote.
13   BGH WM 1988, 765; NJW 1979, 2150; BGHZ 29, 244, 249; näher zum Problem *Bernhardt*, NJW 1964, 804; *Herbst*, FS für Schippel, 1996, S. 187; *Schopp*, ZMR 1971, 233; zum Ganzen Westermann/*Eickmann*, § 121 Rn 6 ff.
14   Das Verbot, auf dem Grundstück eine Gastwirtschaft zu betreiben oder überhaupt Getränke zu vertreiben, soll zulässig sein, da hierdurch nicht die Bindung an einen Lieferanten gesichert wurde, BGH NJW 1980, 179; OLG München NJW-RR 2004, 164.
15   Ausführlich dazu MünchKomm/*Mohr* § 1090 Rn 20 ff, 28; s. aber auch *Stürner*, AcP 194 (1994), 265, 268 ff; *Wachter/Maier*, NJW 1988, 377 ff.

chenrechtlich bedenklich ist eine dingliche Sicherung der Art, dass auf dem belasteten Grundstück nur ein Produkt des Berechtigten vertrieben wird[16]. Möglich ist demgegenüber ein Recht zum Vertrieb des Produkts durch den Berechtigten auf dem belasteten Grundstück einschließlich des Rechts, diesen Vertrieb einem Pächter zu überlassen; das ist eine durch Dienstbarkeit zu sichernde Nutzungsmöglichkeit.

---

16 Benzin einer bestimmten Raffinerie, Bier einer bestimmten Brauerei, s. auch dazu BGHZ 29, 244.

Teil V

Das Grundpfandrecht

§ 19 Hypothek und Grundschuld

536

> **Fall 24:** V verkauft ein Grundstück als Bauplatz für 180 000 € an K. K zahlt 80 000 € bar, die Restforderung wird für zwei Jahre gestundet und durch eine Hypothek an dem Kaufgrundstück, das inzwischen auf K umgeschrieben ist, gesichert. V, der Schulden hat, tritt die Forderung nebst Hypothek an seinen Gläubiger Gl ab, dieser an die B-Bank. Nach Ablauf der zwei Jahre verlangt die Bank von K Zahlung. K wendet ein, er habe den Kaufvertrag wegen arglistiger Täuschung angefochten, da V ihm wider besseres Wissen versichert habe, die Bodenbeschaffenheit des Grundstücks eigne sich für eine mehrgeschossige Bebauung, die in Wahrheit unmöglich sei. Welche Rechte hat die Bank gegen K, wenn es sich
>
> 1. um eine Verkehrshypothek,
>
> 2. um eine Sicherungshypothek,
>
> 3. um eine Grundschuld handelt?
>
> **Lösung Rn 539, 547, 563, 580**

I.   Die Rechte des Hypothekengläubigers

1.   Die Hypothek als Sicherungsmittel

537   § 1113 macht deutlich, dass die Hypothek ein Sicherungsmittel für eine Geldforderung ist. Da sie das Recht gewährt, zum Zweck der Befriedigung der Geldforderung in das belastete Grundstück zu vollstrecken (§ 1147), können nicht auf Geld gerichtete Ansprüche nicht durch eine Hypothek gesichert werden. Der Anspruch auf Duldung der Zwangsvollstreckung aus § 1147 ist die hauptsächliche Anspruchsgrundlage im Bereich der Grundpfandrechte, da er gem. § 1192 auch für die Grundschuld gilt. Er setzt allerdings das Bestehen eines Grundpfandrechts voraus. Daneben kann der Gläubiger einer vollstreckbaren Geldforderung, der kein Verwertungsrecht am Grundstück seines Schuldners hat, gem. § 867 ZPO einen Antrag stellen, eine sog. Zwangshypothek ins Grundbuch einzutragen[1]. Wird das Recht eingetragen, so kann er wiederum nach § 1147 daraus vollstrecken, demgegenüber gibt ein eingetragenes Grundpfandrecht, das vom Eigentümer rechtsgeschäftlich bestellt wurde, nicht ohne weiteres die Möglichkeit, die Zwangsvollstreckung zu betreiben; vielmehr muss der Gläubiger den **„Duldungsanspruch" aus § 1147** gegen den Eigentümer einklagen, und erst wenn dieser Anspruch durch Urteil „tituliert" ist, kann vollstreckt werden (§ 1148). In der Praxis des Bankkredits unterwirft sich allerdings der Eigentümer fast immer der sofortigen Zwangsvollstreckung aus dem von ihm bestellten Grundpfandrecht, was durch die hierbei aufgesetzte, **vollstreckbare Urkunde** (§ 794 Abs. 1 Nr 5

---

1   Vgl. OLG München NJW 2016, 2815.

ZPO) geschieht. Dann kann der Gläubiger, wenn die Forderung fällig ist, ohne Klage die Zwangsvollstreckung betreiben. Im Einzelnen richtet sich die Vollstreckung aus der Hypothek nach dem Zwangsversteigerungsgesetz (ZVG); möglich ist die Zwangsversteigerung, bei der der Verkaufswert des Grundstücks dem Gläubiger dienstbar gemacht wird, indem er aus dem vom Ersteher gezahlten Erlös befriedigt wird, und andererseits die Zwangsverwaltung, bei der der Gläubiger aus den Grundstücksnutzungen Befriedigung sucht, ohne dass der Eigentümer des belasteten Grundstücks schon das Eigentum verliert.

Die **wirtschaftliche Bedeutung** der Grundpfandrechte liegt hauptsächlich darin, dass **538** der Gläubiger einer Geldforderung, die sich gegen eine Person richtet und häufig erst längere Zeit nach ihrer Begründung zur Zahlung fällig ist, eine **Sicherheit** durch die Möglichkeit des Zugriffs auf einen Sachwert hat (sog. **Realkredit**), den er im Vorhinein besser abschätzen kann als die Zahlungsfähigkeit des Schuldners, auf die es beim **Personalkredit** ankommt[2].

Einen Zahlungsanspruch gewährt die Hypothek nicht, denn „aus dem Grundstück" **539** kann nicht gezahlt werden[3]. Meist wird es aber so sein, dass der Eigentümer auch Schuldner der gesicherten Forderung ist, sodass er dem Gläubiger aus diesem Grunde auch zur Zahlung verpflichtet ist. Dass er „mit dem Grundstück" nicht schuldet, sondern nur „haftet", zeigt sich, wenn – was durchaus möglich, wenn auch praktisch nicht allzu verbreitet ist – das Pfandrecht zur Sicherung einer Forderung bestellt ist, die sich nicht gegen den Eigentümer richtet; dann haftet der „persönliche Schuldner" auf Zahlung, der Eigentümer hat lediglich die Vollstreckung zu dulden, er kann allerdings gem. § 1142 die Vollstreckung abwenden, indem er an den Gläubiger zahlt; zu dieser Situation s. sogleich Rn 542.

Im **Ausgangsfall 24** hatten bis zur Anfechtungserklärung des K der V bzw nach der Abtretung der Gl oder die Bank den (Rest)Kaufpreisanspruch aus § 433, zu dessen Befriedigung sie in das gesamte Vermögen des K vollstrecken konnten, und aus der Hypothek den Duldungsanspruch, auf Grund dessen sie – Folge der Dinglichkeit der Hypothek – mit einem bestimmten Rang in das Grundstück vollstrecken konnten.

Die Funktion des Grundpfandrechts im Rahmen von **Finanzierungsmaßnahmen** **540** zeigt ebenfalls der Ausgangsfall, indem sich der zur sofortigen Zahlung des Kaufpreises nicht fähige Grundstückskäufer einer **Restkaufgeldhypothek** unterwirft, wobei er wie bei einem Eigentumsvorbehaltskauf mit dem vollen Wert des Grundstücks für den nicht bezahlten Kaufpreisteil haftet. In anderen Fällen wird die Bank, die das Geld für den Kauf eines Grundstücks zur Verfügung gestellt hat, ihre Darlehensforderung gegen den Erwerber auf diese Weise absichern, was nicht nur beim Kauf zu Wohnzwecken, sondern auch für andere **Investitionen** genutzt werden kann. Beides kann übrigens verbunden werden, indem ein lediglich dem Bau dienendes Darlehen, etwa einer Bausparkasse, im Grundbuch den Vorrang (dazu Rn 458) vor der Rest-

---

2 Zum Unterschied Westermann/*Eickmann*, § 89 Rn 2.
3 HM, *Baur/Stürner*, § 36 Rn 68; *Reischl*, JuS 1998, 125, 126; HK-BGB/*Staudinger* § 1113 Rn 1. Die Gegenansicht (Westermann/*Eickmann*, § 93 Rn 3) nimmt eine Zahlungspflicht an, die allerdings nur durch Vollstreckung in das Grundstück durchgesetzt werden kann; dies wird idR keinen großen Unterschied ausmachen; so auch Erman/*Wenzel* Vor § 1113 Rn 3.

kaufgeldhypothek einer Bank erhält. Eine Gefährdung sowohl des Kreditnehmers als auch der kreditgebenden Banken kann sich daraus ergeben, dass sich die Einkommensverhältnisse oder – beim Kredit für gewerbliche Investitionen – die Erträge des Unternehmens negativ entwickeln und der reine Bodenwert dieses Risiko nicht abdecken kann, dies namentlich dann, wenn eine – auch steuerrechtlich und gesellschaftspolitisch angestoßene – Erwartung ständig steigender Grundstückspreise nicht erfüllt wird[4]. Das gehörte zu den Gründen der weltweiten Bankenkrise der Jahre 2008–2012.

541 Einen praktischen Anreiz für eine hypothekarische Sicherung begründet demnach der Umstand, dass der Gläubiger einer persönlichen Forderung mit allen anderen Gläubigern konkurriert, während der Hypotheken- oder Grundschuldgläubiger nur den Zugriff an diesem Grundstück vorrangig Berechtigter zu fürchten braucht. Wer also eine Sicherung durch ein Grundpfandrecht wünscht, braucht lediglich das Grundbuch einzusehen, um feststellen zu können, ob (in Abteilung III) bereits Pfandrechte eingetragen sind, und wie hoch die dadurch gesicherten Forderungen sind. Er kann dann berechnen, ob das Grundstück bei einem Verkauf in der Zwangsversteigerung so viel einbringt, dass er nach Befriedigung der ihm vorgehenden Rechte mit seiner Forderung noch zum Zuge kommt. Dafür ist allerdings eine Überlegung zum Wert des Grundstücks erforderlich; bei vorsichtiger Schätzung ergibt sich hieraus die sog. „**Beleihungsgrenze**"[5]. In diesem Punkt unterscheidet sich übrigens die Hypothek nicht von der Grundschuld (näher dazu § 21).

Zu bedenken ist aber, dass bei der Hypothek durch Tilgungszahlungen (des Schuldners oder des Eigentümers) die gesicherte Forderung teilweise erloschen sein kann, was bei der Hypothek wegen § 1163 Abs. 1 S. 2 (dazu Rn 547) auch Einfluss auf die Verwertungsmöglichkeit des Gläubigers insofern hat, als er nur in der Höhe, in der die Forderung noch „valutiert", die Zwangsvollstreckung betreiben darf. Solange aber das Grundbuch noch den vollen Betrag der gesicherten Forderung ausweist, muss sich derjenige, der feststellen will, in welcher Höhe ihm Rechte anderer Gläubiger vorgehen, auf eine Haftung des Grundstücks in dieser Höhe zunächst einrichten (Wirkung des § 891).

542 Das erwähnte Nebeneinander von Duldungs- und Zahlungsanspruch wird besonders deutlich, wenn der Eigentümer des belasteten Grundstücks und der Schuldner der Forderung verschiedene Personen sind.

Beispiel: Der Vater stellt sein Grundstück zur Verpfändung zur Verfügung, damit ein seinem Sohn zu gewährendes Darlehen gesichert wird. Der Gläubiger kann aus der Hypothek gegen den Vater auf Duldung der Zwangsvollstreckung in das Grundstück, gegen den Sohn aus der Forderung auf Zahlung klagen; allerdings muss die Hypothek, um eingeklagt werden zu können, gekündigt worden sein, was die Fälligkeit begründet[6]; insofern genügt nicht die Fälligkeit der Forderung. Wird der Gläubiger in der Zwangsversteigerung des Grundstücks nicht befriedigt, behält er insoweit seinen Anspruch gegen den Sohn, vom Vater kann er nichts mehr fordern, da dieser zwar „haftet", aber nicht „schuldet".

---

4 Zu dem in keiner Weise mit der Bodenbewirtschaftung verbundenen Realkredit Westermann/*Eickmann*, § 89 Rn 5.

5 Eine Grenze für die Wirksamkeit eines Grundpfandrechts liegt darin nicht; die Kreditinstitute sind aber aus öffentlich-rechtlichen Gründen (der Bankenaufsicht) gehalten, im Kreditgeschäft tunlichst keine mit Rücksicht auf die sog. Beleihungsgrenze nicht hinlänglich gesicherten Kredite zu gewähren.

6 Die Einzelheiten der Kündigung ergeben sich aus § 1141, näher Westermann/*Eickmann*, § 99 Rn 2; Erman/*Wenzel* § 1141 Rn 2; HK-BGB/*Staudinger* § 1141 Rn 1; zur Kündigungsfrist für den Grundschuldbetrag nach § 1193 Abs. 1 BGB näher OLG Schleswig NotBZ 2014, 273.

Die Hypothek ist ein **dingliches Recht** auch insofern, als sie zwar nicht Besitz- oder **543** Nutzungsrechte am Grundstück gewährt, wohl aber den Gläubiger dazu in den Stand versetzt, Eingriffe in das Grundstück, die dessen Substanz (und damit die Sicherheit des Gläubigers) gefährden, abzuwehren. So kann der Gläubiger vom Grundstückseigentümer selbst Beseitigung einer Verschlechterung verlangen (§ 1133 S. 1), gegen einen Dritten, der sich etwa anschickt, das auf dem Grundstück stehende zur weiteren Benutzung bestimmte Gebäude abzubrechen, kann er im Wege einer Unterlassungsklage vorgehen (§ 1134 Abs. 1)[7], ebenso gegen den Eigentümer, wenn zu besorgen ist, dass dieser weitere verschlechternde Eingriffe vornehmen wird, sodass der Beseitigungsanspruch aus § 1133 möglicherweise nicht ausreicht.

Nach § 1135 stehen derartige Abwehransprüche dem Gläubiger, der seine Sicherheit gefährdet sieht, auch dann zu, wenn Zubehörstücke, auf die sich die Hypothek erstreckt, entgegen den Regeln einer ordnungsgemäßen Wirtschaft vom Grundstück entfernt werden; s. zum Ganzen auch Rn 590.

2. Die Begründung der Hypothek

Für die Entstehung der Hypothek als ein dingliches Recht gilt § 873; es sind also Einigung und Eintragung erforderlich. §§ 1113 ff schaffen aber zusätzliche Entstehungsvoraussetzungen, wobei sogleich hervorzuheben ist, dass die gesicherte Forderung existieren muss[8]. Somit wird die Entstehung der Hypothek zu einem **viergliedrigen Tatbestand**: Einigung, Eintragung, bei der regelmäßigen Briefhypothek (Rn 545) die Briefübergabe (§ 1117, die in der Praxis nicht selten durch die Vereinbarung ersetzt wird, wonach sich der Gläubiger den Brief vom Grundbuchamt aushändigen lassen kann), schließlich die Entstehung der Forderung § 1163 Abs. 1 S. 1. Die dingliche Einigung zwischen Eigentümer und Gläubiger, die materiell-rechtlich keiner Form bedarf, aber aus grundbuchrechtlichen Gründen (§ 29 GBO, dazu Rn 367) meist beurkundet wird, ist ebenso wie die Eintragung für die Begründung des Pfandrechts unerlässlich[9]; auch müssen nach den allgemeinen Regeln Einigung und Eintragung übereinstimmen, wenn ein Recht entstehen soll. Hingegen sind Briefübergabe und Forderungsentstehung nur erforderlich, damit das dingliche Recht Hypothek wird; ohne diese Voraussetzung ist es Eigentümergrundschuld (§ 1163 Abs. 1 S. 2, s. dazu sogleich Rn 547), also jedenfalls ein gültiges dingliches Recht. Nicht selten wird in der Praxis – hauptsächlich zur Beschleunigung des Bestellungsvorgangs – die Briefübergabe gem. § 1117 Abs. 2 durch **Aushändigungsvereinbarung** ersetzt, in die auch ein Besitzmittler oder ein Dritter eingeschaltet werden kann, gegen den, wenn er Besitz am Brief erlangt, der Erwerber einen Herausgabeanspruch hat; § 1117 bringt dies in Abs. 1 S. 2 durch Hinweis auf die Vorschriften der §§ 930, 931 zum Ausdruck[10]. Die Aushändigungsvereinbarung besagt,   **544**

---

7   BGHZ 65, 211, 213.
8   *Schreiber*, JURA 2013, 1013; Westermann/*Eickmann*, § 93 Rn 6; *Prütting*, Sachenrecht Rn 636 ff.
9   Eine Ausnahme wird für die Begründung einer sog. isolierten Eigentümergrundschuld (§ 1196) diskutiert (s. *Baur/Stürner*, § 36 Rn 107 f), bei der jedenfalls feststeht, dass der Eigentümer die Eintragung allein durch seine Initiative bewirken kann Erman/*Wenzel* § 1196 Rn 2.
10 Westermann/*Eickmann*, § 94 Rn 21; *Bamberger/Roth/Rohe* § 1117 Rn 5; HK-BGB/*Staudinger* § 1117 Rn 2; zu den Problemen dieser Vorschrift s. den Fall bei *Reischl*, JuS 1998, 1297; zu den Voraussetzungen einer Vereinbarung nach § 1117 Abs. 2 BGB s.OLG Brandenburg Urt. v. 10.1.2013 – 5 U 90/11.

dass der Gläubiger berechtigt sein soll, sich den Brief vom Grundbuchamt aushändigen zu lassen, dann entsteht das Grundpfandrecht mit Einigung und Eintragung[11]. In allen Fällen muss der Eigentümer bei der Bestellung auch verfügungsbefugt sein.

545 Hiermit hängt die die Durchsetzung der Hypothek betreffende, aber auch beim Entstehungstatbestand zu beobachtende Unterscheidung zwischen **Buch- und Briefhypothek** zusammen. Regelfall ist die Briefhypothek[12], bei der es zur Entstehung als Hypothek der Briefübergabe oder der Aushändigungsabrede bedarf; eine Buchhypothek entsteht, wenn sich die Parteien über den Ausschluss der Brieferteilung geeinigt haben und dieser Ausschluss ins Grundbuch eingetragen worden ist, § 1116 Abs. 2. Dies führt zu Rechtsproblemen, wenn Einigung und Eintragung nicht übereinstimmen. Wenn die Parteien eine Briefhypothek wollten, versehentlich aber ein Zusatz gem. § 1116 Abs. 2 eingetragen wird, kann mangels Einigung über eine Buchhypothek nur eine Briefhypothek entstehen, für die es aber mangels Briefübergabe am vollständigen Entstehungstatbestand fehlt. Sie entstehen also als (vorläufige) Eigentümergrundschuld, § 1163 Abs. 2[13].

546 Dass zur Begründung der Hypothek eine Forderung gehört, die hierdurch besichert werden soll, die aber auch eine künftige oder bedingte sein kann (§ 1113 Abs. 1), stellt einen zentralen Unterschied zur Grundschuld dar, bei der die Begründung des Pfandrechts auch ohne eine dem Pfandgläubiger gegen den Eigentümer oder einen Dritten gerichtete Forderung möglich ist. Die Befriedigung der gesicherten Forderung „aus dem Grundstück", wie es § 1113 Abs. 1 ausdrückt, ist **nur** bei einer **Geldforderung** denkbar[14]. **Rechtsgrund** (iS etwa des § 812 Abs. 1) für die Bestellung der Hypothek (oder auch einer Grundschuld) ist nicht die gesicherte Forderung, sondern eine besondere **Sicherungsvereinbarung**, die allgemein in einer Verpflichtung liegt, eine bestehende Forderung zu besichern (s. dazu schon Rn 171). Auch im Bereich der Grundpfandrechte wird eine solche Sicherungsabrede häufig konkludent zustande kommen. Das Verhältnis der gesicherten Forderung zum Pfandrecht wird aber bei der Hypothek vorwiegend vom Grundsatz der Akzessorietät bestimmt, dazu sogleich Rn 547. Während der Eigentümer des belasteten Grundstücks und der Schuldner der Forderung verschiedene Personen sein können (Rn 539), muss der Gläubiger der Forderung auch der Gläubiger der Hypothek sein[15]. Die **Forderung** ist das **zuständigkeitsbestimmende Recht für die Hypothek.**

3. Die Akzessorietät der Hypothek

547 Diesen in § 1113 angedeuteten Grundsatz baut das Gesetz in einer Reihe von Vorschriften mit bedeutsamen Folgerungen aus: Nach **§ 1163 Abs. 1 S. 1** steht die Hypothek als **Eigentümergrundschuld** dem Eigentümer zu, wenn die Forderung nicht

---

11 Erman/*Wenzel* § 1117 Rn 5.
12 Vgl. auch *Vieweg/Werner*, § 15 Rn 11.
13 Hierzu (und zum umgekehrten Fall) *Reischl*, JuS 1998, 1297, 1300; näher *Baur/Stürner*, § 37 Rn 39; *Braun/Schultheiß*, JuS 2013, 872; Westermann/*Eickmann*, § 94 Rn 28.
14 Westermann/*Eickmann*, § 93 Rn 9 mit (in Rn 10) der Darstellung der Einbeziehung nicht in Geld bestehender Ansprüche als Voraussetzung für die Fälligkeit der Hypothek.
15 Zum Ausschluss des unbekannten Gläubigers im Wege des Aufgebotsverfahrens gem. § 1171 BGB: BGH NJW-RR 2014, 1360 f.

entsteht. Der Eigentümer erwirbt die Hypothek nachträglich, wenn die Forderung, gleichgültig aus welchem Grunde, etwa durch Tilgung oder Aufhebung des zugrundeliegenden Geschäfts, erlischt, **§ 1163 Abs. 1 S. 2**. Die auf den Eigentümer übergegangene Hypothek verwandelt sich dann gemäß **§ 1177 Abs. 1** in eine Grundschuld. In jeder Hypothek steckt so eine Eigentümergrundschuld, oder anders ausgedrückt, *die Eigentümergrundschuld folgt wie ein Schatten der Hypothek.*

> Wenn also im **Ausgangsfall 24** infolge der Anfechtung des Kaufvertrages durch K der durch die Hypothek zu sichernde Kaufpreisanspruch entfällt – nach § 142 sogar mit rückwirkender Kraft –, stand das Grundpfandrecht von Anfang an in Wahrheit dem Eigentümer, dh dem K, zu, es sei denn, die Anfechtung erfasst auch die Bestellung der „Restkaufgeldhypothek"; dann entsteht trotz erfolgter Eintragung gar kein Pfandrecht.

Der Eigentümer, dem die Eigentümergrundschuld zusteht, hat somit eine Doppelrolle: Er ist Eigentümer und zugleich Inhaber eines sein Grundstück belastenden Rechts. Dieses ist für ihn vor allem von Bedeutung, weil es das Aufrücken rangschlechterer Berechtigter verhindert, das sonst im Zuge des Prinzips der gleitenden Rangfolge (Rn 442) stattfinden würde, und weil er das Eigentümerpfandrecht an Dritte abtreten kann. **548**

> Hätte zB der Vater im obigen **Fall 24** eine weitere Hypothek für einen Gläubiger des Sohnes bestellt, würde bei Nichtentstehen oder Erlöschen der Forderung, die die erste Hypothek sichert, diese als Eigentümergrundschuld dem Vater zustehen und damit das Aufrücken der zweiten Hypothek verhindern; s. dazu aber auch § 1179 und dazu Rn 444.

Die zuständigkeitsbestimmende Forderung richtet sich (von den sogleich zu besprechenden Fällen der §§ 1153, 1154 abgesehen) nach dem Schuldrecht; alle gegen sie möglichen Einreden wirken auch gegen die Hypothek, was im **Ausgangsfall 24** etwa bedeutet, dass ein Rücktritt vom Kaufvertrag (§§ 437, 323, 346) nach **§ 1137** auch der hypothekarischen Haftung entgegengehalten werden kann, wenn der Hypothekengläubiger mit dem Ziel der Zwangsvollstreckung in das belastete Grundstück vorgehen will[16]. Auf diese Weise macht das BGB die Hypothek auch außerhalb des Begründungsvorganges von der Forderung abhängig; das ist die **sog. Akzessorietät der Hypothek**. Das darf allerdings nicht dahin verstanden werden, als sei die reine Existenz des Grundpfandrechts von der Forderung abhängig; vielmehr entscheidet die Forderung nur darüber, ob das Recht Hypothek in der Hand des Gläubigers oder Grundschuld in der Hand des Eigentümers ist. Das ist praktisch von Bedeutung, wenn der Eigentümer die Eigentümergrundschuld an einen Dritten abtreten will. Auch folgt aus der Akzessorietät, dass mit dem Entstehen der Forderung automatisch die Hypothek in der Hand des Gläubigers entsteht. Dies hat in der Praxis dazu geführt, dass häufig die gesicherte Forderung erst (durch Auszahlung des Kredits, so genannte Valutierung) begründet wird, wenn die Eintragung (und oft auch die Briefübergabe) bereits erfolgt ist. Aus der Akzessorietät folgt dann aber auch, dass es sich nach der effektiven Höhe der gesicherten Forderung richtet, ob das Pfandrecht teilweise Fremd- **549**

---

16 Wenn der Gläubiger aus einer vollstreckbaren Urkunde vorgeht (Rn 537), kann der Eigentümer die Einrede nach § 1137 zum Anlass für eine Vollstreckungsgegenklage nach § 767 ZPO nehmen.

hypothek (in den Händen des eingetragenen Gläubigers) und zum anderen Teil Eigentümerhypothek ist, s. § 1176. Dies wird bei schrittweiser Tilgung der gesicherten Forderung sogar regelmäßig der Fall sein, das Grundbuch wird in der Praxis gewöhnlich nicht nach jeder Ermäßigung der Forderung berichtigt.

550   Bei der **Verteidigung des Eigentümers** gegen den aus § 1147 folgenden Anspruch des Hypothekengläubigers auf Duldung der Zwangsvollstreckung ist zu unterscheiden zwischen Einreden, die das gültige Bestehen (oder Fortbestehen) des dinglichen Rechts betreffen, und solchen, die sich gegen die persönliche Forderung richten, aber möglicherweise auch vom Eigentümer der Inanspruchnahme aus dem Pfandrecht entgegengehalten werden können. In welcher Weise sich Einreden gegen die Forderung auf das Verhältnis zwischen Eigentümer und Gläubiger des Pfandrechts auswirken, ist im Übrigen nach Art des Grundpfandrechts (Hypothek, Grundschuld, Sicherungshypothek) etwas unterschiedlich geregelt und muss daher im Folgenden noch mehrfach aufgegriffen werden[17]. Dabei ist im Grundsatz die Hypothek ähnlich wie die Bürgschaft (§ 767) als streng akzessorische Sicherheit ausgestaltet.

551   Wenn wegen Nichtentstehung der hypothekarisch zu sichernden Forderung eine Hypothek nicht entstanden ist, so muss der Eigentümer, der sich hiermit gegen die Inanspruchnahme aus der Hypothek verteidigen will, wegen § 891 die Nichtentstehung der Forderung beweisen. (Das ist also entscheidend anders – und für den Gläubiger vorteilhaft – als bei der persönlichen Forderung, deren Entstehen durch Valutierung gem. § 488 der Gläubiger zu beweisen hat).

552   Bei der Hypothek kann der Eigentümer seine Pflicht zur Duldung der Zwangsvollstreckung immer mit Argumenten gegen die gültige Entstehung des dinglichen Rechts bestreiten, wenn er die aus § 891 folgende Vermutung widerlegen kann. Er kann auch – rechtsvernichtend – einwenden, das dingliche Recht stehe dem Gläubiger nicht mehr zu, etwa weil die Forderung getilgt (§ 362) und dadurch auch die Hypothek zur (nachträglichen) Eigentümergrundschuld geworden sei, §§ 1163 Abs. 1 S. 2, 1177. Dasselbe gilt zunächst, wenn geltend gemacht wird, der gesicherte Zahlungsanspruch – der Restkaufpreisanspruch im Ausgangsfall, ebenso bei Sicherung eines Darlehensanspruchs – habe von Anfang an, etwa wegen Anfechtung des zugrunde liegenden Vertrages, nicht bestanden.

553   Ob der Eigentümer aus dem Pfandrecht haftet, ist zweifelhaft, wenn der persönliche Schuldner (der mit dem Eigentümer identisch sein kann) zwar nicht aus Vertrag, aber aus § 812 zur Rückgewähr einer empfangenen Geldsumme verpflichtet ist. Dann muss entschieden werden, ob vielleicht der Kondiktionsanspruch (oder eine anderweitige Ersatzforderung) als durch das Pfandrecht besichert angesehen werden kann, also gewissermaßen an die Stelle der eigentlichen Forderung tritt. Das dürfte für die Rückgewähr eines zwar unwirksam vereinbarten, aber doch valutierten Darlehens nach § 812 idR dem Parteiwillen entsprechen[18], möglicherweise auch für eine Ersatzforderung[19], während bei Sittenwidrigkeit des zu sichernden Darlehens gewöhnlich auch das sichernde dingliche Geschäft von der Nichtigkeit erfasst ist, so dass kein Pfandrecht entsteht[20].

---

17   S. die synoptische Darstellung bei *Coester-Waltjen*, Jura 1991, 186 ff; ähnlich *Büdenbender*, JuS-Lernbogen 8/1996; Erman/*Wenzel* Vor § 1113 Rn 7–16.
18   Zur Auslegung BGH NJW 1968, 1134.
19   S. etwa OLG Schleswig ZIP 1982, 160; *Baur/Stürner*, § 37 Rn 48; Soergel/*Konzen* § 1113 Rn 15; a.M. Palandt/*Herrler* § 1113 Rn 9; eingehend HK-BGB/*Staudinger* § 1113 Rn 18.
20   Im Einzelnen Westermann/*Eickmann*, § 94 Rn 14, 15.

Das Recht des Eigentümers, **Einreden**, die sich gegen die persönliche Forderung 554
richten, der Inanspruchnahme aus der Hypothek entgegenzuhalten, betrifft ferner
auch eine Stundung der Forderung (die diese nicht entfallen lässt, sodass nicht aus der
Hypothek eine Eigentümergrundschuld wird), die Einrede des nichterfüllten Vertrages oder des Vorliegens eines Zurückbehaltungsrechts gegenüber der Inanspruchnahme aus der Forderung. Die **Verjährung** der Forderung kann dagegen wegen **§ 216
Abs. 1** der Hypothek nicht entgegengesetzt werden. Ferner kann es Einreden aus dem
persönlichen Verhältnis zwischen dem Eigentümer und dem Hypothekengläubiger
geben, so etwa die Abrede, dass der Gläubiger zunächst einen Vollstreckungsversuch
beim persönlichen Schuldner machen soll, ehe er aus der Hypothek vorgeht. Dass solche Einreden grundsätzlich wirken, ergibt sich schlüssig aus § 1157, dessen eigentliche Bedeutung sich freilich erst im Fall der Abtretung der Hypothek entfaltet.

II. Abtretung der Hypothek

1. Bedeutung und Form der Abtretung

Die Abtretung von Hypotheken ist (außer in juristischen Übungsfällen) im Alltag 555
nicht allzu häufig. Sie kann (wie die Bestellung des Grundpfandrechts) ihrerseits Sicherungsmittel sein, wenn der Gläubiger das Recht zur Sicherung einer eigenen Verbindlichkeit an seinen Gläubiger abtritt (so im Ausgangsfall). In der Praxis des organisierten Realkredits (Kredite, die nur gegen Sicherung durch Grundpfandrechte gewährt werden) kann eine Abtretung im Zuge von Refinanzierungsmaßnahmen einer
kreditgebenden Bank bei einem anderen Kreditinstitut sinnvoll sein, eine Praxis, die
allerdings im Zusammenhang mit der Wirtschafts- und Bankenkrise (Rn 609) ins
Zwielicht geraten ist.

Auch die Abtretung der Hypothek ist durch den Akzessorietätsgrundsatz bestimmt,
indem nämlich die Abtretung die Forderung betrifft und die Hypothek dieser Übertragung folgend auf den Zessionar übergeht, §§ 1154 Abs. 1, 1153 Abs. 1. Entsprechend
der zuständigkeitsbestimmenden Wirkung der Forderung können **Hypothek und
Forderung nicht getrennt** werden, § 1153. Ein auf diesen Erfolg gerichtetes Rechtsgeschäft wäre nichtig.

Wenn auch für die Forderung das Schuldrecht maßgebend ist, so gilt doch Besonde- 556
res für die **Form ihrer Abtretung**. Nach § 398 würde eine schlichte Einigung ausreichen; um nicht zu einer Abtretung eines Grundpfandrechts ohne jede Offenlegung zu
gelangen, schreibt **§ 1154** eine **schriftliche Abtretungserklärung**, die allerdings auf
den Brief gesetzt werden kann, und die **Übergabe** des Hypothekenbriefs vor. Auch
eine Teilabtretung ist möglich. IdR wird allerdings der Erwerber Wert darauf legen,
dass ihm die Forderung durch eine öffentlich beglaubigte Erklärung abgetreten wird;
dies verschafft ihm, wenn er seinerseits das Recht weiter abtreten will, nach § 1155
eine Legitimation gleich derjenigen durch eine Grundbucheintragung (näher Rn 567).

Auch hier reicht die Einigung darüber aus, dass der Erwerber sich den Brief vom 557
Grundbuchamt aushändigen lassen kann (§ 1154 Abs. 1 S. 2 iVm § 1117). Die Briefhypothek kann also „außerhalb des Grundbuchs" abgetreten werden. Bei der **Buchhypothek** muss eine Einigung über die Abtretung der Forderung in der Form der

§§ 873, 878 stattfinden (§ 1154 Abs. 3), so dass auch eine Eintragung im Grundbuch erforderlich ist, das erschwert den Vorgang nicht unerheblich. Doch sind die Grundpfandrechte generell nicht als besonders umlauffähige Rechte ausgestaltet.

2. Die Geltendmachung der abgetretenen Hypothek und die Einreden des Eigentümers

558 Bei der Briefhypothek kann der Gläubiger sein Recht nicht geltend machen, wenn er nicht den Brief vorlegt, § 1160. Das dient dem Interesse des Eigentümers des belasteten Grundstücks, nur an den wahren Berechtigten zu zahlen; uU können sich aus dem Brief auch Anhaltspunkte für Einreden oder Verfügungsbeschränkungen des Gläubigers oder für Mängel einer Abtretung an denjenigen ergeben, der das Recht geltend machen will[21].

Die Situation des Schuldners der persönlichen Forderung ändert sich durch Abtretung nur im Rahmen der §§ 404 ff, also im Kern so gut wie gar nicht. Dagegen hat der Erwerber eines Grundpfandrechts ein Interesse daran, sich auf den Grundbuchstand verlassen zu können, was er nicht könnte, wenn er sich auf alle gegen die Hypothek bestehenden Verteidigungsmöglichkeiten einlassen müsste. Deshalb bestimmt **§ 1157 S. 1** für die Einreden, die zwischen dem Eigentümer und dem bisherigen Hypothekengläubiger auf Grund zwischen ihnen bestehender Sonderbeziehungen begründet waren (etwa Stundung der Hypothek oder Pflicht zur Vorwegbefriedigung des Gläubigers beim persönlichen Schuldner), dass diese Einrede auch der neue Gläubiger gegen sich gelten lassen muss.

559 Allerdings sind nach **§ 1157 S. 2** hinsichtlich der Einrede die Regeln über den Erwerb vom Nichtberechtigten anwendbar, sodass ein einredefreier Erwerb nicht in Betracht kommt, wenn die Einreden aus dem Grundbuch oder dem Hypothekenbrief ersichtlich oder dem Erwerber der Hypothek bekannt waren. Aus § 1140 ergibt sich schlüssig, dass eine Einrede auf dem Hypothekenbrief vermerkt werden kann, doch ist zum Schutz des Einredeberechtigten auch eine Eintragung (nicht des Bestehens von Einreden überhaupt, sondern der konkreten Einrede) im Grundbuch zur Verhinderung eines gutgläubigen einredefreien Erwerbs zuzulassen[22]. Der Eigentümer kann auch vom bisherigen Gläubiger der Hypothek verlangen, dass die Einrede auf dem Brief vermerkt wird[23]. Hat der Zessionar aber danach das Recht einredefrei erworben, so ist er Berechtigter; tritt er seinerseits das Recht an einen anderen ab, so erwirbt dieser selbst dann einredefrei, wenn er um die früher bestehende Einrede wusste[24].

560 Im Übrigen finden die Schuldnerschutzvorschriften der §§ 406 bis 408, wie es § 1156 S. 1 formuliert, „in Ansehung der Hypothek" auf das Rechtsverhältnis zwischen dem Eigentümer und dem neuen Gläubiger der Hypothek keine Anwendung (Ausnahmen in § 1156 S. 2). Das bedeutet, dass Einreden, die sich letztlich gegen die Forderung richten, und die der Eigentümer dem früheren Hypothekengläubiger nach § 1137 hät-

---

21 MünchKomm/*Lieder* § 1160 Rn 1; HK-BGB/*Staudinger* § 1160 Rn 1. Aus dem Brief ergeben sich allerdings nur wenige, grundsätzlich die aus §§ 62, 68 Abs. 2 GBO ersichtlichen Vermerke; möglicherweise ist aber eine Teilzahlungsquittung beigefügt, Staudinger/*Wolfsteiner* § 1140 Rn 3.
22 MünchKomm/*Lieder* § 1157 Rn 15; nähere Diskussion bei *Baur/Stürner,* § 38 Rn 86.
23 Erman/*Wenzel* § 1157 Rn 8.
24 BGH ZIP 2001, 367; zur Bösgläubigkeit des Zessionars BGH NJW 2015, 619 ff, Rn 13 ff, 24, 35.

te entgegensetzen können (Rn 549), ihm dem neuen Gläubiger gegenüber abgeschnitten sind, wenn sie nicht aus dem Grundbuch oder dem Brief ersichtlich sind; dies ergibt sich schlüssig aus § 1138[25]. Aus derselben Vorschrift folgt, dass Einwendungen gegen den Bestand der Forderung, die nach dem Grundsatz der Akzessorietät auch das dingliche Recht antasten (zB Nichtentstehung oder Tilgung der persönlichen Forderung), gegenüber einem gutgläubigen Erwerber nur wirken, wenn sie aus dem Grundbuch oder dem Brief hervorgingen oder dem Erwerber bekannt waren; zur Sicherung einer nicht oder nicht richtig eingetragenen Einrede gegen den einredefreien Erwerb kann der Eigentümer auch einen Widerspruch (Rn 427) eintragen lassen[26].

III. Der gutgläubige Erwerb der Hypothek

1. Erwerb bei Mängeln des dinglichen Rechts

Die Möglichkeit, eine Hypothek auch vom Nichtberechtigten erwerben zu können, **561** nachdem mit einer Eintragung des Pfandrechts im Grundbuch ein für Dritte verlässlicher Rechtsschein des Bestehens des Rechts verbunden wird, beruht im Grundsatz darauf, dass in einer Verkehrswirtschaft der Erwerber gegen das Nichtbestehen des eingetragenen Rechts geschützt werden muss. Das wird praktisch, wenn der eingetragene Gläubiger die gesicherte Forderung seinerseits abtritt, aber etwa auch dann, wenn er sie zur Sicherung eigener Verbindlichkeiten verpfänden möchte. Der Erwerb vom Nichtberechtigten nach Maßgabe des § 892 ist ohne besondere Problematik, soweit es sich um die **„dingliche Seite"** der Hypothek, also das Pfandrecht und die damit verbundenen Zugriffsmöglichkeiten des Gläubigers handelt.

Dennoch müssen hier die einzelnen Voraussetzungen des Gutglaubenserwerbs mit **562** Blick auf die Eigenheiten des Bestellungs- und des Übertragungsvorgangs geprüft werden, vor allem auch auf die Folgen der Akzessorietät, Rn 549. Da es ferner für die Gutgläubigkeit des Erwerbers allgemein nach § 892 Abs. 2 auf die Vollendung des Rechtserwerbs ankommt (Rn 423), ist etwa auch eine nach Stellung des Eintragungsantrags oder gar nach Eintragung der Hypothek stattfindende Valutierung der Forderung (zu den Gründen hierfür s. Rn 549) maßgeblich. Wenn also der Nichteigentümer seiner Bank eine Hypothek bestellt, diese aber vor Auszahlung der Darlehensvaluta erfährt, dass der die Hypothek Bestellende nicht Eigentümer ist, so erwirbt sie keine Hypothek. Dasselbe gilt, wenn die Briefübergabe an den inzwischen bösgläubigen Erwerber erfolgt.

Beispiele: Der im Grundbuch eingetragene Nichteigentümer bestellt dem gutgläubigen G, der gegen ihn eine Geldforderung hat, zur Sicherheit für diese Forderung eine Hypothek; gegen die Anwendung des § 892 bestehen keine Bedenken. Ebenso, wenn der geschäftsunfähige Gläubiger seine Hypothek an Gl 1 abtritt, dieser an Gl 2.

---

25 *Coester-Waltjen*, Jura 1991, 186, 190; MünchKomm/*Lieder* § 1156 Rn 4; HK-BGB/*Staudinger* § 1156 Rn 1.
26 Westermann/*Eickmann*, § 104 Rn 9.

2. Gutgläubiger Erwerb bei Fehlen der Forderung

563 Da die Hypothek von der Forderung abhängig ist und es einen gutgläubigen Erwerb bei Übertragung von Forderungen, abgesehen von dem sehr engen Sonderfall des § 405, nicht gibt, würde ohne besondere Regelung insoweit ein gutgläubiger Erwerb nicht möglich sein (vgl. die entsprechende Regelung bei der Vormerkung Rn 499). Dem wirtschaftlichen Bedürfnis entsprechend ermöglicht aber § 1138, das Fehlen der Forderung zu Gunsten des gutgläubigen Erwerbers zu überwinden. Die Forderung wird hier gewissermaßen für den Vorgang der Übertragung der Hypothek als Vehikel genommen; sie entsteht jedoch nicht in Händen des Erwerbers der Hypothek neu.

> Im **Ausgangsfall 24** vernichtete die berechtigte Anfechtungserklärung des K die gesicherte Forderung; die Hypothek ist entgegen dem Grundbuchinhalt Eigentümergrundschuld. Den Gl als Zessionar schützt aber bei Gutgläubigkeit § 1138, sodass er ein Pfandrecht am Grundstück des K erwirbt, wie wenn eine gültige Forderung bestünde.

564 Es ist aber zu beachten, dass der Gutglaubensschutz nur **„für die Hypothek"** gilt; der Gutgläubige erwirbt keine Forderung, sondern ungeachtet der Folge der Akzessorietät trotz Nichtbestehens der Forderung eine Hypothek. Es handelt sich nach hM[27] um eine sog. „forderungsentkleidete Hypothek" und nicht um eine Grundschuld[28].

> Im **Ausgangsfall 24** haben also Gl und die Bank keine Forderung gegen K; ihre Zahlungsklage müsste abgewiesen werden. Wohl aber hätten sie aus der Hypothek, für die die Forderung als bestehend unterstellt wird, einen Anspruch auf Duldung der Zwangsvollstreckung gemäß § 1147. K könnte mit Zahlung die Zwangsvollstreckung abwenden, § 1142. Er ist aber nicht verpflichtet zu zahlen. Damit ist aber dem Gläubigerinteresse auch genügt.

565 Zusammen mit den Regelungen über die Möglichkeit eines einredefreien Erwerbs wird hierdurch die Hypothek bis zu einem gewissen Grade doch zum verkehrsfähigen Gut gemacht; man spricht deshalb auch für diesen gesetzlichen Regelfall von einer **Verkehrshypothek**, die sich durch die verhältnismäßig weite Zulassung eines Erwerbs von einem Zedenten, dem in Wahrheit die Forderung nicht zusteht, von der Sicherungshypothek (dazu Rn 569) unterscheidet.

3. Besonderheiten bei der Briefhypothek

566 Nach § 892 „gilt der Inhalt des Grundbuchs als richtig", dh ein gutgläubiger Erwerb setzt voraus, dass der Verfügende im Grundbuch eingetragen ist; dabei stehen Eintragungen im Hypothekenbrief denen im Grundbuch gleich, § 1140.

> Würde zB im **Fall 24** Gl die Hypothek nicht erworben haben (etwa weil die Abtretung von V an ihn mangelhaft war), könnte sich die Bank in Bezug auf den Erwerb von ihm nicht auf § 892 berufen, wenn es sich um eine Briefhypothek handelte, die Gl seitens des V nach

---

27 RGZ 137, 97; Palandt/*Herrler* § 1138 Rn 6; HK-BGB/*Staudinger* § 1138 Rn 3; Staudinger/*Wolfsteiner* § 1138 Rn 5; Westermann/*Eickmann*, § 104 Rn 6; a.M. *Schwerdtner*, Jura 1986, 264; ausführlich *Klose*, JA 2013, 570 f.

28 So auch *Baur/Stürner*, § 38 Rn 25; Westermann/*Eickmann*, § 104 Rn 6 gegen älteres Schrifttum.

§ 1154 durch Übergabe des Briefs und schriftliche Abtretungserklärung erworben haben müsste, was aber auf die Schwierigkeit stieß, dass Gl bei der Zession an die Bank nicht durch das Grundbuch legitimiert gewesen wäre.

Beim Erwerb einer Briefhypothek, deren Form gerade für den Rechtsverkehr gedacht ist, würde also der Gutglaubensschutz in manchen Fällen nicht möglich sein. Diese nicht erwünschte Einschränkung des Gutglaubensschutzes verhindert **§ 1155**. Der Erwerb von demjenigen, der durch eine **Kette öffentlich beglaubigter Abtretungserklärungen legitimiert** ist, steht danach dem Erwerb von einem im Grundbuch Eingetragenen gleich. Damit ermöglicht diese Form der Abtretungserklärung, ohne dass von ihr die Wirksamkeit der Abtretung abhinge, den gutgläubigen Erwerb. **567**

Im **Ausgangsfall 24** kommt es auf § 1155 nicht an, da schon Gl die Hypothek gutgläubig erwirbt, da sein Rechtsvorgänger V im Grundbuch eingetragen ist. Die Bank erwirbt also vom Berechtigten.

Auch für den Erwerb einer Briefhypothek vom Nichtberechtigten kann eine Einigung nebst Übergabe des Hypotheken- oder Grundschuldbriefs nach § 1154 Abs. 1 genügen, jedoch wird verlangt[29], dass der Abtretungsempfänger den Brief vom Abtretenden und mit dessen Willen erlangt, sodass die Übergabe durch einen Dritten nur ausreicht, wenn der Dritte hierbei als Vertreter des Abtretenden handelt. Konstruktionen wie den „Geheißerwerb" im Mobiliarsachenrecht gibt es also hier nicht. Für die Legitimationswirkung des Briefs nach § 1155 kommt es auf den Verfügenden an, es schadet nicht, wenn die Abtretung durch diesen nur privatschriftlich erfolgt[30]. **568**

4. Die Sicherungshypothek

Eine **Ausnahme von § 1138** macht für die Sicherungshypothek **§ 1185 Abs. 2**. Es handelt sich hier um ein streng akzessorisches Recht, dessen Besonderheit nicht darin liegt, dass sie eine Forderung sichert (das tut jede Hypothek), sondern darin, dass sich die Rechte des Inhabers des dinglichen Rechts nur nach der gesicherten Forderung bestimmen. Das schließt die Anwendung des § 1138 aus; ein Erwerber kann also auf Grund der Eintragung der Hypothek nicht darauf vertrauen, dass für den Übertragungsvorgang das Bestehen der gesicherten Forderung fingiert wird. Auch muss sich der Erwerber, soweit er eine Forderung erwirbt, gemäß § 404 alle Einreden gegen die Forderung entgegenhalten lassen, die nach § 1137 auch gegen die Hypothek wirken. Hingegen ergibt § 1185 Abs. 2 nicht, dass ein Gutglaubenserwerb bezüglich der dinglichen Seite ausgeschlossen wäre. Wenn also ein Nichtberechtigter für eine bestehende Forderung eine Sicherungshypothek bestellt oder eine solche Hypothek abgetreten wird, ist gutgläubiger Erwerb möglich. **569**

---

29   BGH ZIP 1993, 98 mit Anm. *K. Schmidt*, JuS 1993, 511; MünchKomm/*Lieder* § 1154 Rn 17; zu dem im Einzelnen schwierigen Fall s. auch *Reischl*, JuS 1998, 223.

30   Anders sieht es insoweit für die verfahrensrechtliche Legitimation aus, etwa bei Bewilligung einer Eintragung; dies kann nur derjenige, auf den eine ununterbrochene Kette öffentlich beglaubigter Abtretungen weist, Westermann/*Eickmann*, § 104 Rn 13.

570 Zu beachten ist weiter, dass bei der Sicherungshypothek die dem Inhaber eines eingetragenen Rechts gewöhnlich zugutekommende Vermutung gemäß § 891 dahin eingeschränkt ist, dass sie nur für die Hypothek als solche, also für das Pfandrecht, gilt. Somit kann sich der Gläubiger nur bei der Klage auf Duldung der Zwangsvollstreckung auf die Vermutung des Grundbuchs berufen; klagt er die Forderung gegen den persönlichen Schuldner ein, hat er nach allgemeinen Grundsätzen die Beweislast für ihr Bestehen. So erklärt sich der Name „Sicherungshypothek": *Sie ist für den Eigentümer sicherer.* Wie danach einleuchtet, ist die Sicherungshypothek nicht als Verkehrsgegenstand gedacht, sie ist folglich immer Buchhypothek, § 1185 Abs. 1.

> In der **Alternative 2 des Ausgangsfalles 24** erwirbt also weder Gl noch die Bank die Hypothek. Würde zB die Forderung bestehen, aber die Einigung über die Bestellung der Hypothek nichtig sein, wäre dagegen gutgläubiger Erwerb der Sicherungshypothek durch den Zessionar möglich.

IV. Die Unterschiede zwischen Grundschuld und Hypothek

1. Einheitlicher Inhalt des Pfandrechts

571 Gegenüber der Verkehrshypothek und erst recht der verhältnismäßig seltenen Sicherungshypothek ist die Grundschuld das sehr viel stärker verbreitete Sicherungsmittel, das insbesondere für die Sicherung von Bankkrediten benutzt wird. Das liegt vor allem an ihrer stärkeren (nicht: vollständigen) Unabhängigkeit[31] von der gesicherten Forderung, nicht am eigentlichen Inhalt des durch die Grundschuld geschaffenen Sicherungs- und Befriedigungsrechts. Die Grundschuld ist nämlich wie die Hypothek einschließlich ihrer verschiedenen Unterarten **Pfandrecht**, dh sie gibt ein Befriedigungsrecht aus dem Grundstück, das durch Zwangsvollstreckung in das Grundstück verwirklicht wird, § 1147. Die diesbezügliche Ähnlichkeit der beiden dinglichen Rechte zeigt sich in den Formulierungen der §§ 1113 und 1191, obwohl für jede der Bestimmungen der §§ 1113 ff überlegt werden muss, ob sie für die Grundschuld gelten. Eine Unterart der Grundschuld ist die **Rentenschuld** (§ 1199). Der Unterschied zwischen Hypothek und Grundschuld ergibt sich zunächst schon aus einer Gegenüberstellung der Texte von §§ 1113 und 1190, 1191: In der Definition der Grundschuld fehlt der Bestandteil „zur Befriedigung wegen einer ihm zustehenden Forderung"; das stellen §§ 1191, 1192 zusätzlich klar. Die Grundschuld ist danach von einer Forderung nicht abhängig (nicht-akzessorisch), kann also auch bestellt werden, ohne dass eine Forderung besteht.

Solche „isolierten Grundschulden" sind allerdings selten, eine gewisse Bedeutung haben sie nur als Rangsicherungsmittel für künftige Finanzierungen[32].

572 Selbst wenn die Grundschuld, wie das idR der Fall ist, eine Forderung sichert (so genannte **Sicherungsgrundschuld**), ist die Forderung nicht zuständigkeitsbestimmen-

---

31 S. auch *Vieweg/Werner*, § 15 Rn 84.
32 Zur Bedeutung dieser „isolierten Sachhaftung", *Braun/Schultheiß*, JuS 2013, 973; Westermann/*Eickmann*, § 113 Rn 2.

des Recht, zur getrennten Abtretung von Grundschuld und Forderung sogleich Rn 574. An die Stelle der Forderung tritt die Grundschuldsumme, dh der Betrag, auf den die Grundschuld lautet. Auch bei der Grundschuld bleibt es dabei, dass aus dem Pfandrecht nur auf Duldung der Zwangsvollstreckung vorgegangen werden kann, während für die Forderung der persönliche Schuldner haftet, der auch hier mit dem Eigentümer des belasteten Grundstücks identisch sein kann, aber nicht muss.

2. Die Grundschuld als nicht akzessorisches Pfandrecht

Die Nicht-Akzessorietät[33] der Grundschuld führt vor allem zur Unanwendbarkeit der §§ 1163, 1153, 1154. Nur § 1163 Abs. 1 S. 2 ist bei Zahlung der Grundschuldsumme anwendbar, sodass bei einer solchen Leistung (zu der der Eigentümer als solcher nicht verpflichtet ist, die er aber zum Schutz seines Grundstücks vor Vollstreckungszugriff erbringen kann), das dingliche Recht auf ihn übergeht. Zahlungen auf die gesicherte Forderung ändern an der Grundschuld und an der Ausdehnung des durch sie ermöglichten Verwertungsrechts nichts, insbesondere entsteht nicht wie bei der Hypothek eine (nachträgliche) Teil-Eigentümergrundschuld in der Hand des Eigentümers. Für die Praxis bedeutet das, dass bei einer Zahlung geprüft werden muss, ob sie allein auf die Forderung oder (auch oder allein) auf die Grundschuldsumme folgt, zur theoretischen Erfassung des Vorgangs näher Rn 624. **573**

> In der **Alternative 3 des Falls 24** soll die Grundschuld den Kaufpreisanspruch des V gegen K sichern; trotz Wegfalls des Kaufpreisanspruchs infolge der Anfechtung steht die Grundschuld nach wie vor dem V zu; V verfügt, wenn er die Grundschuld an Gl abtritt, als Berechtigter.

Auch eine getrennte Abtretung von Grundschuld und gesicherter Forderung ist möglich, wogegen für die Hypothek § 1153 gilt. Im Übrigen gilt das Recht der Abtretung der Hypothek für die Grundschuld entsprechend. Bei der Briefgrundschuld sind folglich Einigung mit schriftlicher Abtretungserklärung und Briefübergabe, bei der Buchgrundschuld Einigung und Eintragung erforderlich. Von einem automatischen Mitübergang der Grundschuld mit der Forderung kann nicht die Rede sein. Namentlich gilt nicht § 401[34]; allerdings ist zu prüfen, ob der Zedent der Forderung nicht verpflichtet ist, auch die Grundschuld zu übertragen[35], womit er aber nicht gegen die mit dem Schuldner/Eigentümer vereinbarte Sicherungsabrede verstoßen darf. Gegen Missstände bei der Übertragung der Grundschuld als einer der Ursachen der Bankenkrisen s. das Gesetz zur Begrenzung der mit Finanzinvestitionen verbundenen Risiken vom 18.8.2008[36]. Zumindest wird aber die Vorschrift des § 1157 (dazu Rn 558) auch bei Übertragung einer Sicherungsgrundschuld angewendet, näher dazu Rn 609. **574**

Dem Eigentümer fehlt also bei der Sicherungsgrundschuld der Schutz, den die Akzessorietät der Hypothek gewährt. Er ist gleichwohl nicht schutzlos, die Verbindung zwischen dem Pfandrecht (und damit der Möglichkeit des Vollstreckungszugriffs auf das **575**

---

33 *Vieweg/Werner*, § 15 Rn 84.
34 BGH NJW 1974, 401; *Braun/Schultheiß*, JuS 2013, 976.
35 Erman/*H.P. Westermann* § 401 Rn 4; HK-BGB/*Schulze* § 401 Rn 2.
36 BGBl I 1666 ff.

Grundstück) und der gesicherten Forderung wird durch eine **Sicherungsabrede** als Rechtsgrund der Pfandrechtsbestellung hergestellt[37]. Sie besagt – bei Unterschieden der Formulierung im Einzelnen und nicht selten überhaupt ohne ausdrückliche schriftliche Niederlegung[38] – im Grundsatz immer, dass der Grundschuldgläubiger das Pfandrecht nur im Rahmen seines Sicherungszwecks verwenden darf, die Zwangsvollstreckung also nur betreiben darf, wenn die Forderung bei Fälligkeit nicht beglichen wird. Die Sicherungsabrede schafft allerdings nur schuldrechtliche Beschränkungen, der Gläubiger **darf** vor Pfandreife nicht aus der Grundschuld vorgehen, dinglich **kann** er es aber, wenn die dafür bestehenden Voraussetzungen vorliegen. Man spricht daher auch davon, dass bei der Sicherungsgrundschuld die Verbindung zwischen Forderung und dinglichem Sicherungsrecht nicht akzessorisch, sondern ähnlich wie bei der Sicherungsübertragung (Rn 171) **treuhänderisch** ist[39]. Verletzt der Grundschuldgläubiger seine Pflicht, geht er etwa aus der Grundschuld vor, obwohl die gesicherte Forderung nicht oder nicht mehr in voller Höhe besteht, so steht dem Eigentümer aus der Sicherungsabrede oder – str. – aus **§ 812 Abs. 1** eine **Einrede** zu; nach dem Erlöschen der Forderung kann der Eigentümer aus denselben Anspruchsgrundlagen **Rückübertragung** der Grundschuld fordern.

576 Die gegenüber der Hypothek etwas schwächeren Verteidigungsmöglichkeiten des Eigentümers, der eine Sicherungsgrundschuld bestellt hat, haben die Grundschuld zu einem verbreiteten Sicherungsmittel auch bei Krediten gemacht, deren „Bedienung" durch den Schuldner fragwürdig erschien. In diesem Zusammenhang kann es auch vorkommen, dass eine Grundschuld durch einen Eigentümer für einen Kredit bestellt wird, der einer ihm nahestehenden Person, etwa einem Verwandten, gewährt wird, wobei zugleich deutlich ist, dass der Eigentümer selbst angesichts seiner wirtschaftlichen Situation zur Tilgung und Verzinsung des Darlehens nicht imstande sein wird. Deshalb ist überlegt worden, ob auf solche Fälle nicht die in der Rechtsprechung für Bürgschaften und Schuldübernahmen entwickelten Regeln über die Sittenwidrigkeit einer solchen, aus emotionalen Gründen erfolgten Haftungsübernahme anzuwenden sind, wenn die Haftung die finanzielle Leistungsfähigkeit des Eigentümers übersteigt. Dies hat der BGH abgelehnt, weil bei einem Grundpfandrecht der Eigentümer gerade nicht mit dem gesamten Vermögen, sondern eben nur mit dem Grundstück hafte, und die aus § 138 Abs. 1 abgeleiteten Regeln nicht den Zweck haben könnten, dem Sicherungsgeber dauerhaft das Eigentum an einem Eigenheim zu erhalten[40]. Anders wäre zu entscheiden, wenn sich der Gläubiger in einer vollstreckbaren Urkunde die Vollstreckung auch in das sonstige Vermögen ermöglichen lässt, was an sich in Betracht kommt (näher Rn 605). Fragen zur Inhaltskontrolle von Sicherungsvereinbarungen bei der Grundschuldbestellung stellen sich aber auch aufgrund des §§ 305c bei Ver-

---

37 BGH NJW 1989, 1732; zum Folgenden *Reischl,* JuS 1998, 615 ff; *Braun/Schultheiß,* JuS 2013, 974; Erman/*Wenzel* § 1191 Rn 5; *Vieweg/Werner,* § 15 Rn 89; Westermann/*Eickmann,* § 113 Rn 5, 6.

38 Eine diesbezügliche schlüssige Willenserklärung hat das OLG Frankfurt (NJW-RR 2005, 18) schon dann angenommen, wenn ein juristischer Laie eine Grundschuld in dem Wissen bestellt, dass die Bestellung im Zusammenhang mit einer Darlehensgewährung (im konkreten Fall: an den Sohn der Eigentümerin) gefordert worden war.

39 In diesem Sinne BGH ZIP 2010, 1072, 1077; NJW 1989, 1732 f; s. auch *Baur/Stürner,* § 45 Rn 9 ff; *Braun/Schultheiß,* JuS 2013, 974.

40 BGH ZIP 2002, 1482 f; NJW 2001, 2466; s. aber auch BGHZ 132, 328 f; 127, 330, 332; zum Problem *Paefgen,* ZfiR 2003, 313 ff.

schiedenheit von Eigentümer und persönlichem Schuldner, außerdem bei der näheren Bestimmung des Sicherungszwecks (näher Rn 604).

3. Praktische Folgen für die Verwendung der Grundschuld

Die Grundschuld eignet sich wegen der fehlenden Akzessorietät besonders zur Siche- **577** rung von **Forderungen** aus Krediten in **wechselnder Höhe**. Bei der Hypothek würde durch teilweise Tilgung das Pfandrecht des Gläubigers gemäß §§ 1163 Abs. 1 S. 2, 1177 zur sog. Teil-Eigentümergrundschuld werden (Rn 549), und bei späterem An-steigen der Forderung durch neue Inanspruchnahme des Kredits bedürfte es einer (teilweisen) Neubestellung des Pfandrechts. Nicht so bei der Grundschuld, deren Existenz und Höhe von der Höhe der Forderung unabhängig ist. Insbesondere im Bankgeschäft und hier namentlich bei der Sicherung von **Kontokorrentkrediten**, bei denen dem Darlehensnehmer eine **Kreditlinie** zugebilligt wird, bis zu der er Kredit in Anspruch nehmen kann, hat sich die Grundschuld in der Form der **Sicherungsgrund-schuld** weitgehend durchgesetzt. Ein Vorteil aus der Sicht des Gläubigers ist auch, dass nach vollständiger Tilgung der gesicherten Forderung die Grundschuld benutzt werden kann, um eine andere, uU ganz neue Forderung zu sichern (Revalutierung); dies setzt allerdings voraus, dass die ursprüngliche Sicherungsabrede die neue Forde-rung erfasst, sonst muss eine neue Abrede getroffen werden[41]. Ohnehin verwendet die Praxis aber gern sehr weite Formulierungen bezüglich des **Sicherungszwecks**, was bei Verwendung von **Formularen wiederum auch** zu Problemen der AGB-Inhalts-kontrolle geführt hat.

4. Die Höchstbetragshypothek

Einen Teil der Ziele, die die Parteien mit der Sicherungsgrundschuld anstreben, könn- **578** ten sie auch durch Benutzung der in der Praxis nicht so verbreiteten Höchstbetragshy-pothek erreichen. Bei ihr ist nach § 1190 die Akzessorietät so gelockert, dass sie sich für die Sicherung eines laufenden Kredits eignet. Es reicht nämlich aus, dass der Höchstbetrag, bis zu dem das Grundstück haften soll, und der Schuldgrund der zu si-chernden Forderung eingetragen werden; damit ist die Belastung erkennbar (Offen-kundigkeitsstreben) und die jeweils zu sichernde Forderung bestimmbar. Die unter den Forderungskreis fallenden Forderungen bis zum Höchstbetrag sind die unter Ak-zessorietätsgesichtspunkten für die Hypothek maßgebenden. Auf diese Weise weicht § 1190 von den für die regelmäßige Hypothek geltenden Anforderungen des § 1113 ab, nämlich Eintragung einer fest bestimmten Forderung, die allein für die Hypothek die maßgebende ist. Im Übrigen ist die Höchstbetragshypothek immer Sicherungshy-pothek (§ 1190 Abs. 3), was dem Schutz des Eigentümers dient.

§ 1190 lockert die Akzessorietät, beseitigt sie aber nicht. Insbesondere gilt § **1163** **579** **auch für die Höchstbetragshypothek**. Sie ist in dem Umfang, in welchen dem Gläu-biger keine durch die gesicherte Forderung begründeten Ansprüche zustehen, Eigen-tümergrundschuld; die Besonderheit gegenüber der Verkehrshypothek besteht darin, dass die Eigentümergrundschuld durch das Entstehen einer gesicherten Forderung

---

41 Westermann/*Eickmann*, § 114 Rn 25.

auflösend bedingt ist. Im Ergebnis ist die Belastung des Grundstücks in Höhe des Höchstbetrages konstant, die Aufteilung dieser Belastung in Fremdhypothek und Eigentümergrundschuld wechselt ständig. Erst mit endgültiger Feststellung der Forderung wird die Aufteilung in Eigentümergrundschuld und Fremdhypothek fixiert[42].

Die Höchstbetragshypothek hat den **Nachteil**, dass keine Unterwerfung des Eigentümers unter die sofortige Zwangsvollstreckung (nach § 794 Abs. 1 Nr 5 ZPO) möglich ist, weil der Höchstbetrag unbestimmt ist[43]. Dies ist anders als bei der Grundschuld, die sich daher in der Praxis durchgesetzt hat.

V. Klausurgliederung zu Fall 24

580

I. Recht der Bank bei Eintragung einer Verkehrshypothek

1. Auf Zahlung aus der Forderung

a) Kein eigenes Recht der Bank.

b) Ansprüche nur aus abgeleitetem Recht infolge der Abtretung.

c) Die Anfechtung vernichtete den Kaufvertrag rückwirkend.

d) Insoweit kein gutgläubiger Erwerb möglich.

2. Anspruch der Bank auf Duldung der Zwangsvollstreckung aus der Verkehrshypothek.

a) Das Entfallen der Forderung kann wegen der Akzessorietät auch die Hypothek antasten. Nach § 1163 Abs. 1 S. 2 könnte die Hypothek in eine Eigentümergrundschuld umgewandelt worden sein, wegen der rückwirkenden Kraft der Anfechtung (§ 142) ist aber auch § 1163 Abs. 1 S. 1 anwendbar.

b) § 1138 ermöglicht aber durch Verweisung auf § 892 den gutgläubigen Erwerb. Die Einzelheiten sind darzustellen, insbesondere ist dabei darauf hinzuweisen, dass V im Grundbuch eingetragen war, von ihm erwirbt Gl die Hypothek gutgläubig. Gl verfügt bei der Abtretung an die Bank als Berechtigter. Auf § 1155 kommt es nicht an.

Ergebnis: Die Bank hat zwar keinen Zahlungsanspruch, wohl aber kann sie von K Duldung der Zwangsvollstreckung in das Grundstück verlangen, ihre Gutgläubigkeit unterstellt.

II. Rechte der Bank bei Eintragung einer Sicherungshypothek

1. Für die Zahlungsansprüche ergibt sich keine Änderung.

2. Gutgläubiger Erwerb ist bei der Sicherungshypothek auch in Bezug auf das dingliche Recht gemäß § 1185 Abs. 2 nicht möglich.

Ergebnis: Auch der Anspruch auf Duldung der Zwangsvollstreckung besteht nicht.

III. Rechte der Bank bei Eintragung einer Grundschuld

1. Keine Änderung bezüglich der Forderung.

2. Die Grundschuld ist nicht akzessorisch, aber Einreden aus der Sicherungsabrede wirken gegen den Grundschuldgläubiger. Gemäß der Sicherungsabrede durfte V die Grundschuld nur zur Befriedigung des Kaufpreisanspruchs geltend machen, die Einrede wirkt auch gegen den Einzelnachfolger, § 1157. Aber der in Bezug auf das Bestehen einer Einrede aus dem Sicherungsvertrag Gutgläubige erwirbt einredefrei, § 1157 S. 2.

---

42 Zu den einzelnen Folgen und zum Zustandekommen der Forderung MünchKomm/*Lieder* § 1190 Rn 12 ff (Forderungsfeststellung als endgültige Zuordnung eines Gläubiger- und Eigentümerpfandrechts).

43 BGH NJW 1983, 2262; BayObLG NJW-RR 1989, 1467.

Ergebnis: Auch bei der Grundschuld hat die Bank keinen Zahlungsanspruch, wohl aber, Gutgläubigkeit unterstellt, einen Anspruch auf Duldung der Zwangsvollstreckung.

§ 20 Gegenstand der hypothekarischen Haftung

Fall 25: Der Landwirt L hat für ein Darlehen seinen Grundbesitz, bestehend aus Hofgebäude, 10 ha Acker, 8 ha Weide und einem Heuerlingshaus, mit einer Hypothek in Höhe von 100 000 € für die Gl-Bank belastet. Den größten Teil des Grundbesitzes bewirtschaftet L von der Hofstelle aus; er hat außer einer Anzahl landwirtschaftlicher Geräte für diesen Zweck einen Trecker gekauft, den V unter Eigentumsvorbehalt geliefert hat. Das Heuerlingshaus mit 3 ha Acker hat L an P verpachtet. Dieser betreibt auf dem Grundstück eine Gärtnerei, in der er insbesondere Tulpenzwiebeln zieht. L zahlt die fälligen Darlehens- und Zinsraten nicht. Als die Gl-Bank in das Grundstück vollstrecken will, stellt sich heraus, dass L kurz vorher einen für den Betrieb notwendigen Mähdrescher an die Raiffeisenbank zur Sicherung einer Kontokorrentforderung übereignet und außerdem zwei Arbeitspferde verkauft und übereignet hat.

1. Kann die Gl-Bank auch in die von P bewirtschafteten Grundstücke vollstrecken?

2. Kann die Gl-Bank auch das von P benutzte Inventar versteigern lassen? Gibt es Zugriffsrechte auf Inventarstücke, auch solche, die L veräußert hatte? Kann die Gl-Bank auch den Trecker zum Gegenstand der Zwangsvollstreckung machen?

3. Haften der Gl-Bank auch die Früchte, die L und P ernten? Wie steht es mit den Pachtzinsforderungen?

Lösung Rn 582, 587, 588, 589

581

I. Das Grundstück als Haftungsgegenstand

1. Die Bestimmung des haftenden Grundstücks

Die Hypothek ist ein **Pfandrecht am Grundstück**, folglich kann der Gläubiger in erster Linie in das Grundstück vollstrecken. Es haftet der Teil der Erdoberfläche, auf den sich Einigung und Eintragung im Sinn des § 1113 beziehen. Ist diese Fläche nach der Grundbuchbehandlung eine Mehrzahl von Grundstücken (also Eintragung unter verschiedenen Nummern des Bestandsverzeichnisses oder auf verschiedenen Grundbuchblättern, vgl. Rn 354), liegt eine **Gesamthypothek** vor[1].

582

Hierbei haftet also eine Mehrzahl von Grundstücken für **eine Forderung**, sei es, dass mehrere Eigentümer ihre Grundstücke zur Sicherung derselben Forderung belastet haben, sei es, dass ein belastetes Grundstück durch Abbuchung und grundbuchmäßige Verselbstständigung zum selbstständigen Grundstück im Rechtssinne wird. Im Grundsatz hat dies zur Folge, dass sich

---

1 Zu den Erfordernissen der Entstehung der Gesamthypothek für eine Mehrheit von Grundstücken (nicht: an Miteigentumsbruchteilen) bei Einheitlichkeit der gesicherten Forderung Westermann/*Eickmann*, § 107 Rn 7–9.

der Gläubiger, ähnlich wie bei einer Gesamtschuld, aus jedem der Grundstücke nach seinem Belieben befriedigen kann, aber den Gegenwert der Forderung nur einmal erhält, § 1132.

> Demgemäß ist im **Ausgangfall 25** von dem Anspruch aus **§ 1147** auf Duldung der Zwangsvollstreckung auszugehen: Gl kann in alle haftenden Grundstücke vollstrecken, auch in das an P verpachtete, wenn der Grundbesitz des L unter verschiedenen Nummern im Bestandsverzeichnis eingetragen ist. Der Gläubiger kann dann in alle Grundstücke oder auch in einzelne vollstrecken, § 1132. Ist der Grundbesitz unter einer Nummer eingetragen, ist eine Vollstreckung nur einheitlich in das ganze Grundstück möglich.

583 **Verpachtung** oder Vermietung ist also, da hierdurch die dingliche Zuständigkeit nicht wechselt, für die Haftung des Grundstücks bedeutungslos. Bei der Zwangsversteigerung tritt aber der Ersteher in den Miet- oder Pachtvertrag ein, § 57 ZVG, kann allerdings den Vertrag zu den gesetzlichen Bedingungen kündigen, § 57a ZVG. Die Früchte des Pachtgrundstücks haften dem Hypothekengläubiger nicht, dafür aber die Miet- und Pachtzinsen, vgl. §§ 1123 ff und Rn 592.

2. Folgen einer Veräußerung des Grundstücks

584 Da die Hypothek **kein Veräußerungsverbot** darstellt, kann der Eigentümer das Grundstück ganz oder zum Teil veräußern, ohne von einer Zustimmung des Gläubigers abhängig zu sein. Nach § 1136 ist ein vertragliches Veräußerungsverbot – es hätte gemäß § 137 nur schuldrechtliche Kraft – nichtig; das Gesetz will nicht, dass der Eigentümer sich selbst zu sehr bindet, insbesondere nicht, dass er es sich selbst unmöglich macht, die fällige Hypothek und die ihr zugrundeliegende Forderung durch freihändige Veräußerung des Grundstücks mittels des Kaufpreises abzulösen.

Entsprechend der dinglichen Natur der Hypothek ändert die Veräußerung an der Haftung des Grundstücks nichts. Übernimmt der Erwerber des Grundstücks die gesicherte Verbindlichkeit nicht, fallen nunmehr der Eigentümer und der persönliche Schuldner (= Veräußerer des Grundstücks) auseinander, was möglich ist, Rn 539. Dann ist außer dem Duldungsanspruch aus § 1147 gegen den Eigentümer und dem Zahlungsanspruch aus der Forderung gegen den bisherigen persönlichen Schuldner noch das Verhältnis zwischen dem Erwerber (= Eigentümer des belasteten Grundstücks) und dem persönlichen Schuldner (= Veräußerer des Grundstücks) für die Wertung aller Beziehungen zu beachten, vgl. auch Rn 614 ff.[2]

II. Die Haftung des Zubehörs, der Früchte und der Rechte

585 Das Grundstück ist der hauptsächliche Haftungsgegenstand, und zwar mit seinen – den Wert bisweilen erhöhenden – Bestandteilen[3]. Nach §§ 1120 ff haften das Zubehör, die Sach- und Rechtsfrüchte, die Versicherungsforderungen und die wiederkeh-

---

2 Vgl. zu Bereicherungsansprüchen des die Hypothek ablösenden Grundstückerwerbers wegen in der Person des Vollstreckungsschuldners bestehenden Einwendungen gegen den Hypothekengläubiger BGH NJW 2013, 3243.

3 Zu den Folgen der mangelnden rechtlichen Selbstständigkeit von Bestandteilen s. aber Rn 396.

renden Rechte mit[4], sodass eine Haftungseinheit entsteht, die die Befriedigung des Gläubigers dadurch sichern soll, dass ihm das Grundstück mit allen Sach- und Rechtsfrüchten und mit den zur Bewirtschaftung des Grundstücks erforderlichen Zubehörstücken, also als Wirtschaftseinheit, haftet. Nicht selten wird nämlich ein Kredit nicht zuletzt im Hinblick auf den Wert von Zubehör des beliehenen Grundstücks gewährt, zB bei Einrichtungsgegenständen einer Gastwirtschaft[5].

Der **Zubehörbegriff** ist § 97 zu entnehmen. **586**

Danach sind alle Landmaschinen, die L auf dem Grundstück hält, einschließlich des Treckers, und das zur Bewirtschaftung vorhandene Vieh[6] Zubehör, vgl. § 98. Zubehör ist auch das Gerät, das P für seinen Betrieb benutzt. Grundsätzlich geht es darum, die Gegenstände, die der Bewirtschaftung des Grundstücks in der spezifischen Art dienen, in den Haftungsverband einzuordnen.

Das führt **zB** dazu, dass Lastkraftwagen haftendes Zubehör sind, wenn sie dem Betrieb auf dem Grundstück (zB Produktionsbetrieb, Lagerhaltung) dienen, nicht aber, wenn auf dem Grundstück sich das Bürogebäude für den Betrieb befindet, für den die Kraftwagen eingesetzt werden. Daher hat ein Urteil des BGH[7], das bei einem Speditions- und Transportunternehmen den Kfz-Park nicht als Zubehör des Grundstücks ansehen wollte, von dem aus das Unternehmen geführt wird, zu Änderungen in der Finanzierungspraxis Anlass gegeben; ähnlich bezüglich der Maschinen und Baugeräte eines Bauunternehmens, die aber nur auf den Baustellen eingesetzt werden[8]. Wie wichtig die Mithaftung des Zubehörs ist, zeigt auch ein anderer Fall[9]: Dort hatte nach der Insolvenz einer Fabrik, die künstliche Zähne herstellte, die Insolvenzverwalterin Schwierigkeiten, das Unternehmen zu veräußern, weil ein Sicherungsnehmer eine Reihe von Zahnpressformen an sich genommen hatte. Hierüber kam es zum Streit zwischen dem Sicherungsnehmer und der Bank, die die Zubehörteile im Zuge der Durchsetzung ihrer Sicherheit beanspruchte.

Nun nimmt § 1120 diejenigen Zubehörstücke von der Haftung aus, die nicht im Eigentum des Grundstückseigentümers stehen. **587**

Die Haftung von Zubehörstücken, die einem anderen als dem Grundstückseigentümer gehören, wäre, wie der **Ausgangsfall 25** zeigt, unter Sachgesichtspunkten nicht zu rechtfertigen: Der Eigentumsvorbehalt des V am Trecker wäre der Hypothek gegenüber wertlos; die Versteigerung des dem P gehörigen Inventars zur Befriedigung der Hypothek würde dem P, der mit den Verbindlichkeiten des L nichts zu tun hat, zu Unrecht sein Eigentum nehmen. Die Verbindung von Hauptsache und Zubehör ist eben wesentlich loser als die von Sache und wesentlichem Bestandteil. So wird zB der Samen, den L sät, ohne Rücksicht, wer Eigentümer ist, mit dem Aussäen wesentlicher Bestandteil, § 94, und haftet mit dem Grundstück. Dasselbe gilt etwa für ein Fenster, das L oder P in das Gebäude im Sinne des § 94 einfügen. (Hat P auf Grund des Pachtvertrages ein Wegnahmerecht, kann er dieses auch gegenüber dem Ersteher, der auch insoweit in den Pachtvertrag eintritt, ausüben).

---

4   S. auch *Vieweg/Werner*, § 15 Rn 16.
5   Hierzu und zu zahlreichen weiteren Beispielen MünchKomm/*Stresemann* § 97 Rn 34–37.
6   Zu einem Zuchthengst als Zubehör eines Reiterhofs AG Oldenburg/H DGVZ 1980, 93 f.
7   BGHZ 85, 234; dazu *Kollhosser*, JA 1984, 196; in einem ähnlichen Fall anders RG JW 1936, 3377.
8   BGH NJW 1994, 864, 867.
9   BGH NJW 1991, 695 bejahte die Zubehöreigenschaft.

588   § 1120 stellt aber nur auf das Eigentum des Grundstückseigentümers ab; wer das Zubehör benutzt, ist gleichgültig[10].

> Hat P das Grundstück mit Inventar gepachtet, haftet das Zubehör, da L Eigentümer ist. Im Ergebnis schadet das dem P allerdings insofern nicht, als nach einer erfolgreichen Versteigerung des Grundstücks mit dem haftenden Inventar der Ersteher infolge seines Eintritts in den Pachtvertrag dem P das Inventar für die Dauer des Pachtvertrages belassen muss.

1.   Unter Eigentumsvorbehalt gelieferte Zubehörstücke

589   Häufig sind Zubehörstücke, möglicherweise sogar die besonders wertvollen, auf die sich etwa ein Industriekredit maßgeblich gestützt haben kann, nicht ins Vermögen des Eigentümers des belasteten Grundstücks gelangt, weil sie unter **Eigentumsvorbehalt** verkauft worden sind (so etwa der Trecker im **Ausgangsfall 25**), so wie es auch ein Nachteil für den Inhaber eines Grundpfandrechts ist, wenn sehr wertvolle Anlagen, wie eine Windenergieanlage, die nicht Bestandteil des Grundstücks geworden sind, gesondert zur Sicherung übereignet worden sind (s. Rn 396). Was Zubehörstücke betrifft, so geht es an sich nicht an, Sachen Dritter in den Haftungsverband der Hypothek und damit gegebenenfalls in die Zwangsvollstreckung gegen den Grundstückseigentümer einzubeziehen. Andererseits ist aber den Interessen des Vorbehaltsverkäufers genügt, wenn er sein Eigentum bis zum Bedingungseintritt behält; aus der Sicht des Hypothekengläubigers kommt es dagegen nur darauf an, dass ein etwaiger Ersteher von Grundstück und Zubehör – aus dessen Kaufpreiszahlung sich der Hypothekar Befriedigung erhofft – in die Rechtsstellung des bisherigen Grundstückseigentümers auch bezüglich des Zubehörs eintritt und bei Zahlung des Restkaufpreises das Eigentum an den Zubehörstücken erwirbt. Das setzt allerdings zunächst voraus, dass man die **Anwartschaft** des Vorbehaltskäufers als veräußerliches, folglich auch pfändbares Recht anerkennt, und dass man weiter dieses Recht als an der Sache haftend betrachtet, sodass der Erwerber der Anwartschaft mit Bedingungseintritt – tunlichst ohne Zwischenerwerb des Eigentumsvorbehaltskäufers, der ja inzwischen insolvent geworden sein kann – Eigentümer der Sache wird. Beide Voraussetzungen hat die Rechtsprechung als gegeben angesehen, was wegen der wirtschaftlichen Gleichstellung von Anwartschaft und Sacheigentum gut begründbar ist, wenn auch methodisch noch immer nicht ganz unbedenklich ist[11]. Das hat weiter zur Folge, dass der Hypothekengläubiger gem. § 1135 Unterlassung verlangen kann, wenn die Entfernung der Zubehörstücke zum Zweck der Verwertung den Regeln einer ordnungsgemäßen Wirtschaft widerspricht – kurz vor der Erntezeit dürfte dies bei Zubehörstücken eines landwirtschaftlichen Grundstücks klar sein[12].

---

10   BGH NJW 1991, 695. Zu den Schwierigkeiten, die Zubehöreigenschaft festzustellen, und zu ihren Auswirkungen im Zwangsvollstreckungsverfahren BGH WM 1990, 603 – Einbauküchen. Dabei kommt es auf die Verkehrsanschauung an, die offenbar regional unterschiedlich ist, Nachweise bei MünchKomm/*Stresemann* § 94 Rn 30 f.

11   BGHZ 92, 280; 54, 319; 35, 85; ebenso BGHZ 117, 200 für die Sicherungsübereignung; im Schrifttum krit. *Fischer*, JuS 1993, 542 ff; *Kollhosser*, JZ 1985, 370; *Mand*, Jura 2004, 221 ff; *Westermann/ H.P. Westermann*, § 49 Rn 35, 36.

12   Zum Ganzen *Reinicke*, JuS 1986, 957, 958: Vielfach sind in diesem Bereich aber auch vollstreckungsrechtliche Regeln zu beachten, s. dazu die Falllösung bei *v. Olshausen*, JuS 1980, 816.

Bei Bedingungseintritt wird somit das Pfandrecht an der Anwartschaft zum Pfandrecht an der Sache. Damit hat der Hypothekengläubiger das bessere Recht gegenüber Dritten, die vom Eigentümer des Zubehörstücks nach Bestellung der Hypothek die Sache zu Eigentum erwerben[13].

> Im **Ausgangsfall 25** haftet also der von V unter Eigentumsvorbehalt gelieferte Trecker, genauer: das Anwartschaftsrecht des L an ihm, freilich mit der Maßgabe, dass der Ersteher, wenn der Kaufpreis an V gezahlt wird, Eigentum erwerben kann. Wenn unter den von P benutzten Inventarstücken auch solche sind, die L unter Eigentumsvorbehalt erworben hatte, schadet diese Rechtslage dem P nicht, da der Ersteher in den Pachtvertrag eintritt, dieser muss seinerseits überlegen, ob es sich für ihn lohnt, den Restkaufpreis als Dritter (§ 267) an den Verkäufer zu zahlen.

Folgerichtig muss auch **§ 1121** entsprechend gelten, sodass das dem Anwartschafts-   **590**
recht unterliegende Zubehörstück **enthaftet** wird, wenn es veräußert und vom Grundstück entfernt wird. Das muss dann allerdings im Zuge einer ordnungsmäßigen Wirtschaft geschehen sein, gilt also nicht bei einer Betriebsstilllegung durch den Insolvenzverwalter[14].

Eine **Sicherungsübereignung** einer als Zubehör funktionierenden Sache ändert an ihrer Zubehöreigenschaft nichts, damit auch nichts an der Erstreckung des Grundpfandrechts auf die Sache und an ihrer Beschlagnahme im Zuge einer Zwangsvollstreckung in das Grundstück. Zur Enthaftung s. Rn 594.

> Im **Ausgangsfall 25** fällt also der der Raiffeisenbank übereignete Mähdrescher in den Haftverband, während die verkauften und übereigneten Arbeitspferde möglicherweise durch Enthaftung dem Zugriff der Hypothekengläubigerin entgangen sind.

2. Haftung von Früchten und Rechten

Die Haftung der **Früchte** bedarf erst vom Augenblick der Trennung an einer beson-   **591**
deren Grundlage. Als selbstständige Sachen haften die Früchte, wenn sie ins Eigentum des Eigentümers oder des Eigenbesitzers des Grundstücks fallen, § 1120.

> Gemäß § 953 wird L Eigentümer aller vom haftenden Grundstück getrennten Früchte mit der Trennung. Die Früchte des Pachtgrundstücks werden, da P Besitzer des Pachtgrundstücks ist, mit der Trennung Eigentum des P, § 956, haften also nicht. Einen Ausgleich findet Gl in der Haftung der Pachtzinsen, § 1123.

Von den haftenden **Rechten** sind die Miet- und Pachtzinsforderungen und die Versi-   **592**
cherungsforderungen besonders wichtig. Das wird allerdings nur praktisch, wenn der Versicherungsvertrag für den Eigentümer geschlossen ist und sich auf einen der Hypothekenhaftung unterliegenden Gegenstand bezieht; auch wird der Versicherungsan-

---

13 Zum Übergreifen des Pfandrechts von der Anwartschaft auf die Sache s. BGH NJW 1965, 1475; *Reinicke/Tiedtke*, Kreditsicherung, Rn 891.
14 BGH ZIP 1996, 223.

spruch von der Haftung frei, wenn der versicherte Gegenstand wiederhergestellt oder ersetzt wird, § 1127 Abs. 2[15].

Bei Mietshäusern besteht der mögliche Ertrag nur in den Mietzinsen; ihre Höhe bestimmt den Wert des Grundstücks. Notfalls kann der Gläubiger auch mittels der Zwangsverwaltung (§§ 146 ff ZVG) sicherstellen, dass die Mietzinsen zur Erhaltung des Gebäudes und zur Bezahlung der anfallenden Amortisations- und Zinsraten verwendet werden.

3.   Folgen der Beschlagnahme des Grundstücks

593   Ein entscheidender Einschnitt in den praktischen Fällen ist die im Wege der Zwangsvollstreckung erfolgende Beschlagnahme des Grundstücks; das bis dahin latente Verwertungsrecht des Hypothekengläubigers wird jetzt akut. Beschlagnahme ist der Beschluss des vom Gläubiger angerufenen Vollstreckungsgerichts, durch welchen Zwangsversteigerung oder Zwangsverwaltung angeordnet werden (§ 20 ZVG). Der Gläubiger braucht hierfür ein vollstreckbares Urteil auf Duldung der Zwangsvollstreckung (§ 1147) oder die schon vorher mögliche und verbreitete Erklärung des Eigentümers, wonach er sich der sofortigen Zwangsvollstreckung unterwirft (§ 794 Abs. 1 Nr. 5 ZPO). Die Verfügungsgewalt des Eigentümers ist von da ab zu Gunsten der Befriedigung des Gläubigers begrenzt. Die Beschlagnahme unterwirft den Eigentümer zu Gunsten des betreibenden Gläubigers im Hinblick auf die mithaftenden beweglichen Sachen einem Veräußerungsverbot (§§ 20 Abs. 1, 23 Abs. 1 S. 1 ZVG, § 136 BGB). Der Gläubiger kann daneben von demjenigen, der das Pfandrecht durch Wegnahme der Sache und Veräußerung beeinträchtigt, wegen der darin liegenden unerlaubten Handlung nach § 823 Abs. 1 und, da die §§ 1133 ff Schutzgesetze sind, auch nach § 823 Abs. 2 Schadensersatz verlangen[16]. Wird die Zwangsversteigerung durchgeführt und kommt es zu einem Zuschlag, so erwirbt der Ersteher gem. §§ 90, 55 Abs. 1, 20 Abs. 2 ZVG, 1120 BGB auch Eigentum an Zubehörstücken, soweit sie nicht vorher enthaftet sind.

4.   Das Freiwerden von der Haftung

594   Die Haftung des Grundstücks kann nur durch Erlöschen der Hypothek beseitigt werden; sonstige Haftungsgegenstände, die ihrer Bestimmung nach auswechselbar sind, müssen dagegen von der Haftung frei werden können. Ohne eine solche Möglichkeit kann nämlich der Eigentümer das Grundstück nicht sinnvoll bewirtschaften. Für den Hypothekengläubiger ist der Wegfall der Haftung solange nicht gefährlich, als andere Haftungsgegenstände an die Stelle der aus dem Haftungsverband ausscheidenden treten. Ähnlich liegt es auch bei Zubehörstücken. Die Hypothek darf daher auch die Einziehung der Pachtzinsen nicht hindern.

595   Die haftenden Nebensachen werden von der Haftung frei, wenn sie vor der Beschlagnahme **veräußert** und vom Grundstück **entfernt** werden, § 1121 Abs. 1. Es müssen aber beide Voraussetzungen **vor der Beschlagnahme** erfüllt sein. Davon, dass die Veräußerung einer ordnungsgemäßen Wirtschaftsführung entspricht, ist das Freiwer-

---

15   Zu den Folgen bei den verschiedenen Arten von Versicherungen Westermann/*Eickmann*, § 97 Rn 12 ff.

16   S. den Fall BGH NJW 1991, 695 und dazu *K. Schmidt*, JuS 1991, 331.

den hier nicht abhängig. Die Regelung bezweckt nämlich einerseits, den Eigentümer durch die Hypothek nicht in der Bewirtschaftung des Grundstücks einzuschränken, andererseits, die Haftung erst mit Aufhebung des rechtlichen Bandes (= Eigentums-übertragung) und der Beendigung der räumlichen Verbindung (= Entfernung) erlöschen zu lassen.

> Da im **Ausgangsfall 25** die Arbeitspferde vor der Beschlagnahme veräußert und durch die Übergabe vom Grundstück entfernt worden sind, sind sie von der hypothekarischen Haftung frei geworden. Der Mähdrescher ist zwar übereignet, aber nicht entfernt worden, haftet also weiter, da eine Sicherungsübereignung ohne Besitzwechsel für die Enthaftung nicht genügt[17]. Wenn der Sicherungsnehmer bei der Entfernung des Sicherungsguts vom Grundstück bezüglich der inzwischen stattgefundenen Beschlagnahme gutgläubig ist, wirkt die Beschlagnahme ihm gegenüber allerdings nicht, § 1121 Abs. 2 S. 2[18]. Das Freiwerden der Arbeitspferde scheitert im Rahmen des hier anwendbaren § 1121 Abs. 1 nicht daran, dass ihre Veräußerung womöglich wirtschaftswidrig ist.

Bestandteile und **Früchte** werden auch ohne Veräußerung haftfrei, wenn sie im Rah- **596** men einer ordnungsgemäßen Wirtschaft vom Grundstück entfernt werden. Diese Gegenstände sollen eben nicht auf Dauer auf dem Grundstück verbleiben, folglich kann der Wegfall der Haftung für die Befriedigungsaussichten des Gläubigers der Hypothek nicht besonders gefährlich sein. Das gilt auch für Zubehör.

Beispiel: Die aus einem mit einer Hypothek belasteten Steinbruch gewonnenen Steine werden zur Verarbeitung auf das Fabrikgrundstück geschafft, oder der von L im **Ausgangsfall 25** unter Eigentumsvorbehalt erworbene Trecker ersetzt einen überalterten, der zum Zweck der gelegentlichen Veräußerung auf dem Hofe bleibt; er scheidet damit aus der Zubehöreigenschaft aus.

Die Miet- und Pachtzinsforderungen werden durch Zeitablauf frei, § 1123 Abs. 2, **597** und, wichtiger, mit Einziehung vor der Beschlagnahme, § 1124. Um den Wert des Grundstücks nicht durch Einziehung der Miet- und Pachtzinsforderungen für eine längere Zeit aushöhlen zu lassen, hat § 1124 die Verfügung über zukünftige Forderungen (dazu gehört auch die Einziehung) beschränkt.

§ 21 Die Sicherungsgrundschuld

I. Pfandrecht und Sicherungsvereinbarung

1. Entstehung der Grundschuld und Sicherungsvereinbarung

Wie bereits dargelegt, kann die Grundschuld, obwohl sie im Gesetz als nicht akzesso- **598** risches Sicherungsrecht ausgestaltet ist, durch die Sicherungsvereinbarung auf eine Forderung bezogen werden, mit der Folge, dass die Rechte des Gläubigers, die ihm die Grundschuld gibt, schuldrechtlich gebunden sind. Dies hat Folgen nicht nur bei der Verwertung der Grundschuld, sondern auch bei der Tilgung der Forderung, bei

---

17 BGH NJW 1979, 2514.
18 S. auch hierzu die Fälle BGH NJW 1991, 695; WM 1990, 603.

der Entstehung von Einwendungen gegen die Forderung sowie bei der Abtretung von Forderung und Grundschuld. Neuerdings ist die Figur der Sicherungsgrundschuld durch eine Änderung des § 1192 Abs. 1a, die sich bei der Abtretung des dinglichen Rechts auswirkt (Rn 606), auch im Gesetzestext anerkannt.

599   Bei der **Entstehung der Grundschuld** sind auf Grund des § 1192 grundsätzlich die Vorschriften über die Hypothek anwendbar, die Grundschuld kann also als Brief- oder Buchgrundschuld bestellt werden. Die Grundschuld wird in Höhe einer „bestimmten Geldsumme" (§§ 1191) bestellt, der sog. Grundschuldsumme, die auch im Grundbuch eingetragen wird, ebenso wie vereinbarte Zinsen und gegebenenfalls die Unterwerfung des Eigentümers unter die sofortige Zwangsvollstreckung. Die gesicherte Forderung wird nicht eingetragen, auch nicht die Sicherungsvereinbarung und nach hM auch nicht der Charakter des Rechts als Sicherungsgrundschuld, weil hierdurch der numerus clausus der eintragungsfähigen dinglichen Rechte verletzt werde[1]. Das könnte bei der Abtretung der Grundschuld hinderlich sein, weil sich der Erwerber dann uU alle Einreden aus der Forderung entgegenhalten lassen müsste, was die Grundschuld praktisch in die Nähe der Verkehrshypothek rücken würde. Die Gegenmeinung weist darauf hin, dass nach verbreiteter Ansicht die Entstehung der Grundschuld, also des dinglichen Rechts, vom Bestand der Forderung im Sinne einer Bedingtheit (§ 158) abhängig gemacht werden könne; auch seien Einreden gegen das dingliche Recht, die sich aus dem Nichtentstehen der Forderung ergeben, (nachträglich) eintragungsfähig[2]. Praktisch dürfte die Frage keine Rolle spielen, da sich der Grundschuldgläubiger bei der Bestellung weder auf die Eintragung des Sicherungscharakters noch auf diejenige einer Bedingung einlassen wird. Die Forderung, die durch die Grundschuld gesichert wird, kann sich auch hier, muss sich aber nicht gegen den Eigentümer des belasteten Grundstücks richten. Die ihre Sicherung betreffende Abrede ist Rechtsgrund iSd § 812 Abs. 1 (nicht etwa die gesicherte Forderung), sodass bei Verfehlung des Zwecks – etwa wegen Nichtentstehens der zu sichernden Forderung – der die Grundschuld bestellende Schuldner/Eigentümer einen Bereicherungsanspruch, gerichtet nach seiner Wahl auf Rückübertragung oder Verzicht auf das dingliche Recht, geltend machen kann[3], der dann auch gegen die Vollstreckung aus dem dinglich ja bestehenden Pfandrecht gerichtet ist. Zur Geltendmachung dieses Anspruchs gegen einen Zessionar der Grundschuld Rn 606.

600   Aus der Sicherungsabrede folgt auch, ob und wann der Gläubiger der Forderung einen Anspruch auf Bestellung einer Sicherheit hat und diese verwerten darf, wenn seine Forderung nach Fälligkeit nicht befriedigt wird[4]. Zu diesem Zweck muss die Sicherungsabrede den Kreis der (aktuell oder künftig) zu sichernden Forderungen festlegen. Die Grundschuldbestellung als solche ist **abstrakt**, sie ist also gültig, auch

---

1   BGH NJW 2014, 1450 ff; BGH NJW 1986, 53 f; Erman/*Wenzel* § 1191 Rn 12; *Huber*, Die Sicherungsgrundschuld, 1965, S. 139; MünchKomm/*Lieder* § 1191 Rn 91 f; Soergel/*Konzen* § 1191 Rn 5; aM *Friedrich*, NJW 1968, 1655;*Wilhelm*, JZ 1980, 625, 629.

2   Erman/*Wenzel* § 1191 Rn 12; MünchKomm/*Lieder* § 1191 Rn 91 f.

3   BGHZ 108, 237, 242; *Baur/Stürner*, § 45 Rn 24 f; Erman/*Wenzel* § 1191 Rn 56.

4   Hinsichtlich einer Änderung der Sicherungsvereinbarung nach erfolgter Abtretung beachte BGH NJW 2013, 2894: Nach einer dem Sicherungsnehmer angezeigten Abtretung kann die Sicherungsvereinbarung nur unter der Mitwirkung des Zessionars inhaltlich geändert werden, soweit die Änderung den Rückgewähranspruch einschließlich der aufschiebenden Bedingung betrifft, unter der dieser steht.

wenn die zu sichernde Forderung nicht besteht. Bei späterem Erlöschen der Forderung kann der Eigentümer die Rückübertragung der Grundschuld verlangen. Auch wenn der Grundschuldbestellung kein wirksamer Sicherungsvertrag zu Grunde liegt, hat der Eigentümer den Rückgewähranspruch aus § 812 Abs. 1. Ist hingegen ein wirksamer Sicherungsvertrag zustandegekommen, so steht dem Eigentümer auch ohne ausdrückliche Regelung ein vertraglicher Rückübertragungsanspruch zu, wenn die zu sichernde Forderung nicht entsteht oder erlischt[5].

Wenn der Eigentümer des belasteten Grundstücks an den Grundschuldgläubiger **601** zahlt, obwohl von ihm eigentlich nur Duldung der Zwangsvollstreckung verlangt werden kann, so ist mangels gesetzlicher Regelung fraglich, ob das Pfandrecht noch bestehen kann[6]. Man könnte meinen, wegen der fehlenden Akzessorietät bleibe das dingliche Recht bestehen. Nach allgemeiner, wenn auch unterschiedlich begründeter Meinung entsteht aber in Höhe der Zahlung eine Eigentümergrundschuld, wobei als Begründung entweder eine Analogie zu § 1163 Abs. 1 S. 2 oder die entsprechende Anwendung der §§ 1142 f oder der §§ 1168, 1171 herangezogen wird. In der Praxis lässt man die genaue Begründung nicht selten offen. Allerdings muss klar sein, dass der Zahlende „auf die Grundschuld" gezahlt hat, was er gewöhnlich frei bestimmen kann[7]. Wenn er zugleich Schuldner der persönlichen Forderung ist, liegt es am nächsten, dass durch die Zahlung auch die Forderung getilgt wird[8]. Die im Ergebnis unstreitige Rechtsfolge ist aus der Sicht des Grundschuldgläubigers möglicherweise nicht gewollt, weshalb oft im Sicherungsvertrag festgelegt wird, dass Zahlungen immer auf die Forderung erfolgen; hierzu näher Rn 624.

Modifikationen gelten, wenn der Eigentümer nicht zugleich Schuldner der Forderung **602** ist. Dann gibt es zwar ebenfalls zwischen dem Eigentümer und dem Gläubiger eine Sicherungsabrede, an ihr wird gewöhnlich auch der Schuldner der Forderung beteiligt sein, indem er etwa den Eigentümer um die Verpfändung seines Grundstücks bittet (Auftrag) und sich dann regelmäßig auch zur persönlichen Tilgung der Forderung verpflichtet. Zahlt der nicht persönlich schuldende Eigentümer auf die Grundschuld, die damit zur Eigentümergrundschuld wird, so will er gewöhnlich nicht zugleich die Forderung tilgen, die deshalb bestehen bleibt[9]. Aus dem Rechtsverhältnis zwischen Eigentümer und Schuldner folgen dann auch Rückgriffs- und Ausgleichsansprüche bei Inanspruchnahme des Eigentümers aus der Grundschuld[10]. Dies gilt besonders auch, wenn der Sicherungsgeber die Grundschuld abgelöst hat, er wird dann nach Maßgabe des Sicherungsvertrages auch Abtretung der Forderung verlangen können[11].

---

5 BGH NJW-RR 1989, 173; WM 1986, 263, 265; NJW 1985, 800, 801; *Baur/Stürner*, § 45 Rn 26 ff; für einen Bereicherungsanspruch auch hier Westermann/*Eickmann*, § 114 Rn 26.

6 Zur Frage nach Rückgewähransprüchen bei der Sicherungsgrundschuld s. *Kehrberger*, JuS 2016, 776 ff.

7 BGH ZIP 2002, 2033; NJW 1986, 2108, 2111; zum Problem s. die Übersicht über verschiedene Begründungen bei *Reischl*, JuS 1998, 615; s. auch Erman/*Wenzel* § 1191 Rn 84; HK-BGB/*Staudinger* § 1191 Rn 44; Westermann/*Eickmann*, § 116 Rn 12; *Wolf/Wellenhofer*, § 28 Rn 31, 37. Zum Bestimmungsrecht des Zahlenden BGH MDR 2005, 176; Erman/*Wenzel* § 1191 Rn 90.

8 BGH NJW-RR 1990, 813; NJW 1987, 838; 1980, 2198; *Klose*, JuS 2013, 571.

9 BGH WM 1991, 723 f; OLG Saarbrücken OLGRspr 2005, 139, 144; *Braun/Schultheiß*, JuS 2013, 976; *Habersack*, Rn 403.

10 Näher dazu *Baur/Stürner*, § 45 Rn 80 f; *Reischl*, JuS 1998, 617 ff; Westermann/*Eickmann*, § 116 Rn 14 ff.

11 *Lettl*, ZBB 2001, 37, 42.

Aus der Sicherungsabrede folgt weiter, dass der Gläubiger, wenn er aus der Grundschuld vollstreckt hat, einen die Forderung übersteigenden Erlös an den Eigentümer auskehren muss. Bei Verletzung seiner aus der Vereinbarung folgenden Pflichten kommt auch ein vertraglicher Schadensersatzanspruch in Betracht. Anspruchsgrundlage ist § 280 Abs. 1, der allgemein auf Pflichtverletzungen anwendbar ist, ohne Rücksicht darauf, dass die Sicherungsabrede kein gegenseitiger Vertrag ist.

2. Erweiterte Sicherungszweckvereinbarung

603 Große praktische Bedeutung hat der Streit um die Möglichkeiten, durch die Sicherungsabrede die Grundschuld als *Sicherheit für andere Rechte* als die ursprünglich gesicherte Forderung, möglicherweise auch gegen andere Personen, heranzuziehen. Es liegt auf der Hand, dass bei der – praktisch verbreiteten – einseitigen Gestaltung formularmäßiger Sicherungsvereinbarungen durch die Kreditgeber ein Bedürfnis nach Schuldner- (das ist hier: Eigentümer-)Schutz und Inhaltskontrolle aufgetreten ist. Sie bedient sich der Kontrollinstrumente des AGB-Rechts, also insbesondere der §§ 305c und 307.

604 Das Interesse richtet sich zunächst auf Klauseln, die die Zweckbestimmung der Grundschuld über die Sicherung der ursprünglich allein den Eigentümer (oder einen Dritten) treffenden Forderung hinaus erweitern. Das ist für Grundschulden, die ein Kaufmann einer mit ihm in ständiger Geschäftsverbindung stehenden Bank bestellt, womöglich anders zu beurteilen als bei der Kreditsicherung durch einen Privatmann bzw einen Verbraucher iSd § 13. Wenn der Schuldner der persönlichen Forderung eine Grundschuld an seinem Grundstück bestellt, ist es nicht ausgeschlossen und auch gebräuchlich, dass Forderungen aus einer laufenden Geschäftsverbindung mit wechselndem Bestand gesichert werden. Ein Unternehmer, aber auch ein Privatmann, muss die Übersicht über seine Verbindlichkeiten gegenüber seiner Bank haben und hat es in der Hand, neue und andere Verbindlichkeiten gegenüber dem Gläubiger einzugehen; auch liegt es nahe, die gesamte Kreditverbindlichkeit abzusichern[12]. Eine solche Sicherungszweckerklärung ist dann nicht überraschend iSd § 305c und verstößt auch nicht gegen § 307. Es bedarf, um alle Forderungen aus der laufenden Geschäftsverbindung als von der Sicherungsabrede erfasst anzusehen, auch nicht eines ausdrücklichen Hinweises in der Sicherungsabrede[13]. Bei einer mit einem Privaten geschlossenen Sicherungsvereinbarung wird dagegen mindestens ein deutlicher Hinweis in diese Richtung nötig sein, das Problem hat bisher freilich keine große Rolle gespielt. Anders liegt es insoweit mit der Einbeziehung von Forderungen gegen eine andere Person als den Sicherungsgeber oder Schuldner, erst recht, wenn dies alle gegenwärtigen oder zukünftigen Verbindlichkeiten dieses Dritten erfassen soll. Hiermit wird idR gegen § 305c verstoßen[14], sodass ein besonders deutlicher Hinweis auf die Erstreckung der Grundschuld auf die Drittverbindlichkeiten gefordert werden muss, wenn man nicht überhaupt einen Fall inhaltlicher Unangemessenheit und somit des

---

12 BGH ZIP 2002, 932; NJW 1997, 2320; BGHZ 106, 19; 100, 82, 85; Übersicht bei *Clemente*, NJW 1983, 6; *v. Westphalen*, ZIP 1984, 1 ff; Westermann/*Eickmann*, § 114 Rn 16, 17.
13 BGHZ 101, 29, 34.
14 BGHZ 131, 55, 58; 109, 197, 201; Erman/*Wenzel* § 1191 Rn 20; *Reinicke/Tiedtke*, Kreditsicherung, Rn 990; *Wilhelm*, in: 50 Jahre BGB, Festgabe aus der Wissenschaft, Bd. I, 2000, S. 897 ff.

§ 307 annehmen muss[15]. Eine derartige Bestimmung kann durch Individualvertrag innerhalb der allgemeinen Grenzen von Sicherungen getroffen werden, durch AGB nur dann, wenn von vornherein klar war, dass der Eigentümer/Besteller mit der Einbeziehung auch wechselnder und künftiger Ansprüche in das Sicherungsverhältnis rechnen muss, was der Fall ist, wenn der Sicherungsgeber dem Schuldner persönlich oder wirtschaftlich verbunden ist (**Beispiel:** der Gesellschafter einer GmbH bestellt zur Sicherung von Verbindlichkeiten „seiner" Gesellschaft eine Grundschuld an seinem Privatgrundstück), anders, wenn ein nicht zur Geschäftsführung befugter Gesellschafter sein Grundstück belastet hat[16]. Bei Verbraucherverträgen kommt wegen § 310 Abs. 3 eine Inhaltskontrolle nach den Grundsätzen der EU-Richtlinie 13/13 in Betracht. Die Maßstäbe sind die Allgemeinen[17]. Generell kann einer Anwendung des § 305c durch individuelle und im Vertragsformular unübersehbare Hinweise auf die Erweiterung des Sicherungszwecks entgegengewirkt werden[18].

Verstößt die Sicherungszweckvereinbarung gegen Verbotsvorschriften oder ist sie nach den §§ 307 ff unwirksam, so richten sich die Folgen nach § 306, dh gewöhnlich ist der Sicherungsvertrag wirksam, und an die Stelle der unwirksamen Vereinbarung tritt die gewöhnliche Rechtslage bei der Sicherungsgrundschuld, sodass nur der erste, den Anlass der Bestellung bildende Kredit gesichert ist[19].

Mit § 307 kaum zu vereinbaren ist die formularmäßige Übernahme der persönlichen **605** Haftung für die Grundschuldsumme (§ 780) durch den Eigentümer, der an sich nicht der persönliche Schuldner ist. Denn hiermit wird der Eigentümer auf dem Weg über die Bestellung einer bloßen Sicherheit zum persönlichen Schuldner, der dann gegebenenfalls die Vollstreckung auch in sein sonstiges Vermögen hinnehmen muss[20]. Derartige Vereinbarungen strebt die Praxis der Kreditsicherung manchmal dann an, wenn es um die Einbeziehung der Verbindlichkeiten dritter Personen in das Sicherungsgeschäft geht, denn hier ist ohne die persönliche Haftungsübernahme eine Vollstreckung in das außer dem Grundstück vorhandene Vermögen des Sicherungsgebers nicht möglich. Im Grunde wird hier aber aus dem bloßen Sicherungsgeber ein persönlicher Schuldner, was durch AGB nicht sollte erreicht werden können[21], anders wohl dann, wenn sich der Eigentümer, der selbst der persönliche Schuldner ist, der Vollstreckung in sein gesamtes Vermögen unterwirft, aus dem er vorrangig die Geldforderungen des Kreditgebers begleichen soll[22]. Neuerdings wird jedoch im Hinblick auf den massenhaften Verkauf durch Grundschulden gesicherter Forderungen an Finanzinvestoren gefragt, ob in solchen Fällen eine formularmäßige Vollstreckungsunterwerfung wirksam ist, wenn der Gläubiger die Rechte frei an Dritte abzutreten beabsichtigt[23]. Dagegen spricht das

---

15 Für Anwendung des § 307 Westermann/*Eickmann*, § 114 Rn 19 gegen BGH ZfIR 2002, 440; BGHZ 109, 197; 100, 82; dazu weiter *Clemente*, BKR 2002, 976; *Wagner*, AcP 205, 715.
16 BGH ZIP 2009, 166; NJW 1987, 946.
17 BGH ZIP 2009, 166 (zu § 305c); zum Ganzen Erman/*Wenzel* § 1191 Rn 25.
18 Westermann/*Eickmann*, § 114 Rn 21.
19 BGH MDR 2002, 833; WM 1997, 1615; zurückhaltend aber BGH WM 1995, 2133; OLG Hamm, WM 1999, 2065.
20 BGH MDR 2002, 833; NJW 1996, 191, 193; 1995, 2553, 2556.
21 BGH NJW 1991, 1677; OLG Karlsruhe OLGRspr 2008, 689; *Hahn*, ZIP 1996, 1233, 1236.
22 BGH NJW 2003, 885; BGHZ 114, 9, 12; 99, 274, 282.
23 Dagegen LG Hamburg ZIP 2008, 1466; *Schimansky*, WM 2008, 1049; abl BGH NJW 2010, 2041; OLG Schleswig ZIP 2009, 1802; Erman/*Wenzel* § 1191 Rn 111b; *Habersack*, NJW 2008, 3173, 3177.

eventuelle Bedürfnis des Kreditgebers, sich durch Abtretung eine Rückfinanzierung zu verschaffen[24]. Seit Inkrafttreten des sog. Risikobegrenzungsgesetzes am 19.8.2008 sind ohnehin dessen Regelungen (Rn 609) zu beachten.

II. Die Verteidigung des Eigentümers gegen die Grundschuld vor und nach einer Abtretung

1. Rechtslage vor einer Abtretung

606   Der Eigentümer kann stets geltend machen, dass das dingliche Recht nicht entstanden ist, er muss dabei nur die Vermutung des § 891 ausräumen[25]. Wenn die nach der Sicherungsabrede zu sichernde Forderung nicht besteht, ändert dies an der Gültigkeit der Grundschuld nichts. Der Eigentümer kann aber aus der Sicherungsvereinbarung dem Gläubiger alle die Einreden entgegenhalten, die sich aus dem Fehlen oder dem nachträglichen Erlöschen der Forderung oder aus den Einwänden gegen die Erstreckung der Grundschuld auf bestimmte Forderungen (im Zuge einer erweiterten Sicherungszweckvereinbarung, dazu Rn 604) ergeben, allerdings nicht die Verjährung der Forderung, § 216 Abs. 1. Hierher gehören auch – in der Praxis seltener – **persönliche Einreden** des Eigentümers gegen die Grundschuld, etwa wenn ihm der Gläubiger versprochen hat, ihn aus der Grundschuld trotz Fälligkeit der Forderung (vorläufig) nicht in Anspruch zu nehmen. Geht der Gläubiger aus einer vollstreckbaren Urkunde vor, kann der Eigentümer in diesen Fällen eine Vollstreckungsgegenklage erheben. Ein Schwanken der gesicherten Forderung der Höhe nach begründet also bei unverändertem Bestand des dinglichen Rechts ebenfalls nur Einreden des Eigentümers gegen die Inanspruchnahme. Hiermit ist der Eigentümer im Regelfall einer für eigene Verbindlichkeiten übernommenen Sicherungsgrundschuld ausreichend geschützt. § 1137, der für die Hypothek bestimmt, dass die gegen die persönlichen Forderungen gerichteten Einreden auch der Hypothek entgegengesetzt werden können, beruht auf der Akzessorietät der Hypothek und ist bei der Grundschuld unanwendbar.

2. Rechtslage nach einer Abtretung von Forderung oder Grundschuld

607   Die Interessenlage verändert sich, wenn die Forderung oder die Grundschuld abgetreten werden.

Die Abtretung von Forderung und Sicherungsgrundschuld vor dem Zeitpunkt, in dem die Forderung fällig ist (und die Frage der Sicherheit möglicherweise relevant wird), ist nicht unbedenklich, solange nicht der Sicherungsgeber zugestimmt hat. Gewöhnlich wird nämlich aus der Sicherungsabrede folgen, dass der Schuldner die persönliche Forderung nicht tilgen muss, wenn er nicht gleichzeitig die Rückabtretung der Grundschuld an sich (oder ihre Löschung) durchsetzen kann. Deshalb muss der Gläubiger, wenn er die Forderung abtreten will, dafür sorgen, dass der Rechtsnachfolger in die Sicherungsabrede eintritt[26]. Dazu besteht auch deshalb Anlass, weil dem Zessio-

---

24   BGH NJW 2010, 2041; *Nobbe*, ZIP 2008, 97 ff.
25   BGH ZIP 1986, 1171.
26   BGH NJW 1982, 2768.

nar, wenn er aus der Grundschuld vorgehen will, eine für die Vollstreckung nötige Rechtsnachfolgeklausel iSd § 727 Abs. 1 ZPO nur erteilt werden kann, wenn er in den Sicherungsvertrag eingetreten ist[27]. Die Einrede aus der Sicherungsvereinbarung kann der Eigentümer der Inanspruchnahme aus der abgetretenen Forderung gem. § 404 entgegensetzen. Fraglich ist allerdings, ob die isolierte Abtretung der Forderung nicht gegen § 399 verstößt.

Indessen besteht ein **Abtretungsverbot** bezüglich der Forderung, wenn es nicht eigens vereinbart ist, nicht ohne weiteres, da aus dem Sicherungsvertrag an sich nur die Pflicht des Sicherungsnehmers folgt, die Zweckbindung der Grundschuld zu beachten. Deshalb hat es der BGH[28] für die Gültigkeit der isolierten Abtretung der Forderung ausreichen lassen, dass der Grundschuldgläubiger als Treuhänder des Zessionars der Forderung Sicherungsrechte geltend machen kann, die die abgetretene Forderung sichern. Es entsteht dann auch nicht der bereicherungsrechtliche Rückgewähranspruch bezüglich der Grundschuld.

3. Die Bedeutung des § 1157

Dass sich der Eigentümer gegenüber dem Zessionar der Forderung mit § 404 verteidigen kann, hilft ihm noch nicht ohne weiteres gegenüber der Grundschuld. Hier ist aber § 1157 zu beachten. Die Vorschrift scheint insofern auf die Hypothek zugeschnitten, als es sich um Gegenrechte des Eigentümers auf Grund eines zwischen ihm und dem bisherigen Gläubiger bestehenden Rechtsverhältnisses handelt. Daher ist ihre Anwendbarkeit für ein nicht-akzessorisches Recht wie die Grundschuld nicht selbstverständlich. Aber bei genauer Betrachtung stellt sich heraus, dass § 1157 jene Rechte meint, die der dinglichen Berechtigung als solcher entgegengehalten werden konnten, sodass es durchaus einleuchtet, diese Regel auf die schuldrechtlichen Einreden aus der Sicherungsvereinbarung anzuwenden. Die hM tut dies auch[29]. Das bedeutet, dass der Erwerber der Grundschuld Gefahr läuft, ein durch die Dinglichkeit von der gesicherten Forderung letztlich kaum abgelöstes Recht zu erwerben und sich auf alle im Verhältnis zwischen Eigentümer und Zedent begründeten Einwände gegen die Durchsetzung von Forderung und Sicherungsrecht einzulassen, sie letztlich überprüfen zu müssen, bevor er seinerseits etwa auf die abgetretenen Rechte Zahlungen erbringt. Davor könnte ihn die Anwendung des **§ 1157 S. 2** bewahren, wonach Einreden gegen einen Erwerber nur wirken, wenn sie im Zeitpunkt der Abtretung bereits bestanden und der Erwerber von ihnen Kenntnis hat, was sich aus dem Grundbuch oder dem Grundschuldbrief ergeben kann[30]. Auch § 1156, der nach der Abtretung erlangte Einwendungen des Eigentümers gegen den Erwerber der Grundschuld betrifft, gilt entsprechend.

608

Die Anwendbarkeit des § 1157 S. 2 wurde aber als großes Problem bei den massenhaften Abtretungen von Grundschulden (zu Refinanzierungszwecken) an Finanzinvestoren empfunden, die sich gewöhnlich auf ihre Unkenntnis bezüglich bestehender

609

---

27 BGH ZIP 2010, 1072; einschränkend nach Maßgabe der Vertragsgrundlage der Zession *Heinze*, ZIP 2010, 2030 f.

28 NJW-RR 1991, 305; zust. Westermann/*Eickmann*, § 117 Rn 2.

29 BGHZ 85, 388; 59, 1; *Baur/Stürner*, § 45 Rn 34 ff; *Huber*, Die Sicherungsgrundschuld, S. 135; Westermann/*Eickmann*, § 115 Rn 6; s. auch die Falllösung bei *Cordes*, Jura 1990, 594 ff; abweichend *Buchholz*, AcP 1987, 108 ff.

30 BGHZ 101, 72, 78; 95, 388, 390; 59, 1; *Baur/Stürner*, § 45 Rn 63; stark differenzierend bezüglich der Voraussetzungen der Bösgläubigkeit Westermann/*Eickmann*, § 115 Rn 10 ff.

Einreden berufen konnten. Deshalb wurde durch das **Risikobegrenzungsgesetz** vom 18.8.2008 (BGBl I 1666) **§ 1192 Abs. 1a** eingeführt, der dem Zessionar einer Sicherungsgrundschuld die Berufung auf § 1157 S. 2 abschneidet und auf der anderen Seite den Schutz des Eigentümers verstärkt[31]. Die Bestimmung gilt nur für den Erwerb von Grundschulden nach dem Inkrafttreten des Gesetzes[32], wobei es auf die Eintragung bzw die Briefübergabe ankommt. Eine Merkwürdigkeit ist, dass hiermit der Erwerber einer Sicherungsgrundschuld schlechter gestellt ist als der Zessionar einer Verkehrshypothek[33]. Das hat sogar schon zu der Frage geführt, ob § 1192 Abs. 1a nicht entsprechend auf die Hypothek angewendet werden muss und somit den Schutz des Erwerbers aus § 1138 unterliefe; das ist aber, da die Bestimmung sich ausdrücklich auf die Sicherungsgrundschuld bezieht, wohl abzulehnen[34].

610 Für vor dem Stichtag erworbene Pfandrechte kommt es weiterhin auf das Verständnis der Gutgläubigkeit des Erwerbers an, wobei auch wieder Unterschiede zwischen Verkehrshypothek und Grundschuld auffallen. Es handelt sich um eine für das Sachenrecht kennzeichnende Wertungsfrage: Bei der Hypothek, die immer vom Bestand der Forderung abhängig ist, ist § 1157 S. 2 dahin zu verstehen, dass der Erwerber eine Schwächung seiner Rechte in Bezug auf gegen die Forderung bestehende Einreden erst hinnehmen muss, wenn ihm diese Einreden als solche und nicht nur die bloße Abhängigkeit des dinglichen Rechts von der Existenz der Forderung bekannt sind. Bei der Grundschuld als einem nicht akzessorischen Recht sollte er weitergehende Prüfungen nicht anstellen müssen. Andererseits hätte der Eigentümer der Bestellung eines nicht akzessorischen Rechts nicht zustimmen müssen und kann durch Eintragung der Einreden eine Sicherung gegen Gutglaubenserwerb treffen, wogegen der reine Sicherungszweck nicht eintragbar ist. Deshalb gibt es gute Gründe dafür, den Erwerber auch dann als gutgläubig anzusehen, wenn er um den Charakter des Pfandrechts als Sicherungsgrundschuld weiß[35].

§ 22 Folgen der Zahlung, insbesondere nach Veräußerung eines belasteten Grundstücks

611 **Fall 26:** E verkauft und übereignet ein Hausgrundstück für 120 000 € an K. In Anrechnung auf den Kaufpreis übernimmt K eine auf dem Grundstück lastende Hypothek von 50 000 € des Gl für einen Darlehensanspruch des Gl gegen E; 70 000 € zahlt er bar. Gl lehnt es ab, die Übernahme der Hypothek zu genehmigen. An zweiter Rangstelle wird auf dem Kaufgrundstück eine Hypothek zugunsten des B von 30 000 € zur Sicherung eines Darlehensanspruchs gegen K eingetragen.

---

31 Zur Anwendbarkeit der Vorschrift auf nachträgliche Verwertungsvereinbarungen, welche Gegenstand des ursprünglichen Sicherungsvertrags hätten sein können s. OLG Brandenburg ZIP 2014, 164.
32 Einer vor dem Stichtag gutgläubig einredefrei erworbenen Grundschuld kann eine anfänglich bestehende Einrede des Eigentümers auch dann nicht entgegengehalten werden, wenn die Grundschuld nach dem Stichtag an einen Dritten abgetreten wurde BGH NJW 2014, 550.
33 Kritisch daher Westermann/*Eickmann*, § 116 Rn 19; zu der Regelung *Meyer*, WM 2010, 58; *Nietsch*, NJW 2009, 3606; HK-BGB/*Staudinger* § 1191 Rn 16; *Wellenhofer*, JZ 2009, 1077.
34 *Knops*, WM 2008, 2187, 2189; *Redeker*, ZIP 2009, 208, 212.
35 BGH NJW 1988, 1375, 1378 sowie BGHZ 59, 1 im Einklang mit vielen Stimmen im Schrifttum (*Baur/Stürner*, § 45 Rn 61; *Huber*, Die Sicherungsgrundschuld, S. 141; aM noch RGZ 91, 218, 225 sowie *Wilhelm*, JZ 1980, 625, der dem Eigentümer nur mit der Arglisteinrede oder gar § 826 helfen will).

1. Da K bei Fälligkeit der Hypothek nicht an Gl leistet, zahlt E die 50 000 €, um Zwangs-maßnahmen des Gl in sein anderweitiges Vermögen zu verhindern. Kann E wegen seiner Ersatzforderung in das Grundstück vollstrecken? Wie wären ggf die Rangverhältnisse ge-genüber B?

2. Welche Ansprüche hätte K, wenn die Hypothek des Gl 70 000 € betragen hätte, von de-nen K nach seiner Vereinbarung mit E 50 000 € übernehmen sollte, wenn nun K nach Zah-lungseinstellung des E, um die Zwangsvollstreckung des Gl in das Grundstück zu verhin-dern, die ganzen 70 000 € an Gl gezahlt hätte?

3. Wie wäre zu 1. und 2. zu entscheiden, wenn die Forderung des Gl am Grundstück des E durch eine Sicherungsgrundschuld gesichert war? **Lösung Rn 613, 615, 617, 619, 626**

(Es ist dringend zu empfehlen, dass der Leser die Skizze bei der Durcharbeitung des Textes vorliegen hat.)

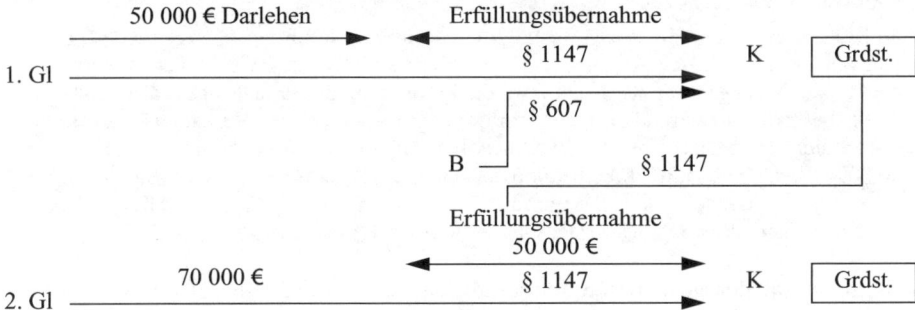

I. Hypothekenübernahme; die Bedeutung der Veräußerung für die Hypothek

Dass die **Eigentumsübertragung an der Haftung des Grundstücks nichts ändert,** **612** ergibt sich aus der dinglichen Natur der Hypothek, ohne dass es einer besonderen ge-setzlichen Anordnung bedarf. Die Forthaftung ist durch eine Vereinbarung zwischen dem Veräußerer und dem Erwerber nicht abzubedingen; nur der Gläubiger kann mit Zustimmung des Eigentümers die Hypothek aufheben, §§ 875, 1183. Deshalb müssen Verkäufer und Käufer überlegen, wie der Gefahr begegnet werden kann, dass der Käufer den vollen Kaufpreis zahlt und später noch vom Gläubiger aus dem Grund-pfandrecht in Anspruch genommen wird. Auf der anderen Seite wird der Verkäufer den Kaufpreis nicht unbedingt zur Tilgung der Belastung verwenden wollen, wenn die gesicherte Forderung noch nicht fällig ist und es für ihn interessant erscheint, eine möglicherweise ratenweise zu tilgende Verpflichtung anstelle eines sonst sofort in bar zu entrichtenden Kaufpreises zu übernehmen[1]. Diese Interessenlage ist durch das Zu-sammenspiel mehrerer schuld- und sachenrechtlicher Institute zu erfassen.

---

1   Zur Interessenlage *Sundermann,* JuS 1992, 733 f.

613 Für das schuldrechtliche Verhältnis zwischen dem Verkäufer und dem Käufer ist das Fortbestehen der Hypothek unter dem Gesichtspunkt der Verpflichtung des Verkäufers, lastenfreies Eigentum zu übertragen (§§ 433 Abs. 1 S. 2, 435), ein Ausgangs-Datum.

> Danach hat E als Verkäufer die Hypothek auch dann zu beseitigen, wenn K von der Hypothek wusste. In diesem Zusammenhang bedeutet die **Übernahme** der **Hypothek** durch den Erwerber, dass dieser für das schuldrechtliche Verhältnis auf die Lastenfreiheit des Grundstücks verzichtet, also entweder der Kaufpreis nach dem Grundstückswert abzüglich der Hypothek bestimmt ist, oder der Erwerber den Betrag der gesicherten Forderung von der Kaufpreisschuld abzieht; Letzteres bezeichnet man als Übernahme der Hypothek (oder Grundschuld) unter **Anrechnung auf den Kaufpreis**. Ohne eine diesbezügliche Vereinbarung würde § 433 Abs. 1 S. 2 den Verkäufer zwingen, zunächst aus vorhandenen Barmitteln die Schuld abzulösen, während auf der anderen Seite der Käufer nicht den gesamten Kaufpreis sofort zahlen muss.
>
> So ist es offensichtlich im **Ausgangsfall 26** gedacht: Der Kaufpreis beträgt 120 000 €, davon werden in der ersten Alternative 50 000 € auf die Hypothek verrechnet. „Übernahme der Hypothek" begründet also nicht etwa die Forthaftung des Grundstücks (dazu bedarf es keiner besonderen Begründung), sondern beseitigt die Pflicht des Verkäufers, das Grundstück lastenfrei zu übertragen. In der **Alternative 2** übernimmt K die Hypothek in Höhe von 50 000 €; in Höhe von 20 000 € hat er dann den Anspruch aus § 433 Abs. 1 S. 2 auf „Freischaffung" des Grundstücks[2], was nur möglich ist, wenn er Gl befriedigt und dessen Bewilligung zu einer Löschung des Postens herbeiführt.

614 Das Schicksal der gesicherten Forderung ist von der Veräußerung des belasteten Grundstücks unabhängig, gleichgültig, ob es sich bei dem Grundpfandrecht um eine Hypothek oder um eine Grundschuld handelt. Der Gläubiger hat aus der Forderung immer nur einen Anspruch gegen den persönlichen Schuldner, der ja nicht Eigentümer des belasteten Grundstücks zu sein braucht, so dass es auch nichts ausmacht, dass jetzt Eigentümer und persönlicher Schuldner auseinanderfallen. Zur Befreiung des persönlichen Schuldners = Veräußerers von der Verbindlichkeit ohne Befriedigung des Gläubigers bedarf es einer **Schuldübernahme** gem. §§ 414 ff, die durch die hypothekarische Sicherung der Forderung grundsätzlich nicht beeinflusst wird. § 416 modifiziert und erleichtert zwar die Übernahme einer durch eine Hypothek gesicherten Schuld; es bleibt aber dabei, dass sie von dem Einverständnis des Gläubigers abhängig ist.

> Im **Ausgangsfall 26** wird, da Gl die Genehmigung verweigert, E nicht frei. Er bleibt persönlicher Schuldner und muss demgemäß die Vollstreckung in sein Vermögen in voller Höhe der Forderung fürchten; gegen K hat Gl keinen Zahlungs-, sondern nur den Duldungsanspruch aus § 1147, aus dem er sich voll befriedigen kann, soweit er auf seine Forderung gegen E keine Leistung erhält.

615 An die Stelle der Schuldübernahme, die an dem Fehlen der Genehmigung scheitert, tritt gem. § 415 Abs. 3 im Zweifel eine **Erfüllungsübernahme**.

---

2 Da die Belastung des verkauften Grundstücks einen Rechtsmangel iSd. § 435 darstellt, ist der Verkäufer verpflichtet, das Recht zur Löschung zu bringen (für eine Grundschuld BGH NJW-RR 2003, 1318); s. auch MünchKomm/*Westermann* § 435 Rn 4, 6.

Gl *erhält* also keine Rechte gegen K auf Zahlung, *behält* aber seinen Anspruch gegen E und den auf Duldung der Zwangsvollstreckung, der sich gegen K als den neuen Eigentümer richtet.

Davon zu unterscheiden ist das Verhältnis zwischen E und K; es bedeutet, dass in Höhe der Übernahme und Anrechnung (vgl. auch die **Alternative 2**) K dem E gegenüber schuldrechtlich zur Befriedigung des Gl verpflichtet ist und keine Gewährleistungsansprüche aus dem Gesichtspunkt eines Rechtsmangels wegen der Hypothek an dem Kaufgrundstück geltend machen kann.

II. Gesetzlicher Übergang der Hypothek als Folge der Zahlung

1. Der Grundsatz des § 1163 Abs. 1 S. 2

Die **Befriedigung des Gläubigers** führt zum Erlöschen der Forderung; es folgt sodann der Übergang der Hypothek auf den Eigentümer als Eigentümergrundschuld, § 1163 Abs. 1 S. 2. Für § 1163 kommt es ausschließlich auf das Erlöschen der Forderung an; auch wenn ein Dritter auf die Schuld zahlt, erlischt sie. Ob der Dritte Ausgleichsansprüche gegen den Schuldner (zB aus § 812 oder aus § 670) hat, ist für den Übergang der Hypothek gleichgültig[3]. § 1163 Abs. 1 S. 2 ist **zwingend**, weil es sich um die zuordnende Wirkung des Pfandrechts handelt[4]; wohl aber können Vereinbarungen über die Art der Tilgung der gesicherten Forderung getroffen werden, etwa bezüglich der Reihenfolge des Erlöschens der Zins- und Kapitalforderungen, was auch durchaus vorkommt.

616

2. Folge der Zahlung des Eigentümers oder des persönlichen Schuldners

Besonders geregelt ist die **Zahlung durch den Eigentümer**, der nicht persönlicher Schuldner ist. Hierzu kommt es, wenn der Eigentümer durch seine Zahlung die Zwangsvollstreckung abwenden will, wozu er nach **§ 1142** berechtigt ist. Gem. **§ 1143 Abs. 1** geht dann die Forderung automatisch auf den Eigentümer über und mit ihr, entsprechend der zuständigkeitsbestimmenden Kraft der Forderung, die Hypothek, § 1153. Gerechtfertigt ist diese Regelung in folgender gesetzgeberischen Erwägung: *Grundsätzlich soll der Schuldner zahlen*; der Eigentümer zahlt nur, um sein Grundstück vor dem Zugriff des Gläubigers zu retten. Also soll im Verhältnis zwischen dem Schuldner und dem „nur mit dem Grundstück haftenden Eigentümer" letztlich den persönlichen Schuldner die Zahlungspflicht treffen. Dass die Hypothek mit übergeht, ist einmal Folge ihrer Akzessorietät, soll zum anderen die Ranginteressen des Eigentümers wahren.

617

Im **Ausgangsfall 26 (Alternative 2)** ist K nicht Schuldner der gesicherten Forderung, da Gl die Schuldübernahme nicht genehmigt hat. Folglich erwirbt K mit der Zahlung die Forderung und mit ihr die Hypothek. Die Hypothek ist, obwohl sie am Grundstück des neuen Forderungsinhabers K besteht, nicht Eigentümergrundschuld, sondern ein forderungsbekleide-

---

3 Westermann/*Eickmann*, § 103 Rn 7.
4 Erman/*Wenzel* § 1163 Rn 15; Westermann/*Eickmann*, § 103 Rn 6.

tes Grundpfandrecht, also eine echte Hypothek, wie aus **§ 1177 Abs. 2** folgt[5]. Das ist insofern von praktischer Bedeutung, als zB §§ 1153, 1154 gelten.

618 Zahlt (wie in **Alternative 1 des Ausgangsfalls**) **der persönliche Schuldner**, erlischt die Forderung mit der Folge des § 1163 Abs. 1 S. 2 für die Hypothek. An dem Erlöschen der Forderung ändert auch ein Ersatzanspruch des Schuldners gegen eine dritte Person, insbesondere gegen den Eigentümer des belasteten Grundstücks, nichts. Ein solcher Ersatzanspruch muss, da grundsätzlich der Schuldner zahlen soll, in einem besonderen Verhältnis des persönlichen Schuldners zu dem Ersatzpflichtigen begründet sein. An diese besonders begründete Ersatzpflicht knüpft nun aber **§ 1164** an und lässt die Hypothek in Höhe des Ersatzanspruchs auf den persönlichen Schuldner übergehen.

> Danach geht in der **Alternative 1** die Hypothek auf E über, da er gegen den Eigentümer K den Anspruch aus der Erfüllungsübernahme (§ 415 Abs. 3) hat. E kann also diesen Anspruch mittels der Zwangsvollstreckung aus der Hypothek befriedigen. Das hat vor allem den Vorteil, dass für ihn der Rang der Hypothek wirkt, die Hypothek ist so ein Druckmittel für den Schuldner, den (uU vorrangig gesicherten) Gläubiger zu befriedigen, obwohl er nach den mit dem Eigentümer getroffenen Vereinbarungen eigentlich nicht zahlen sollte. Ohne den § 1164 würde die Hypothek zur Eigentümergrundschuld. E könnte zwar aus der auf ihn übergegangenen Forderung ins Vermögen des K vollstrecken, in das Grundstück (als das vermutlich wichtigste Vermögensgut des K) aber nur im Range nach der Hypothek des B.

619 Wenn auch § 1143 und § 1164 im Grunde genommen auf demselben oder doch auf einem ähnlichen Gedanken beruhen, so knüpfen die Vorschriften doch in unterschiedlicher Art an die Ersatzpflicht an: § 1143 setzt einen Ersatzanspruch nicht voraus, nur die Pflicht des Eigentümers (als persönlichem Schuldner) zur Zahlung kann den Erfolg des § 1143 ausschließen. Für § 1164 ist dagegen der Ersatzanspruch des persönlichen Schuldners ein unbedingt erforderlicher Tatbestandteil.

> Zahlt im **Fall 26** E, der persönliche Schuldner in der **Alternative 1**, hat er einen Ersatzanspruch aus der Erfüllungsübernahme gegen K. In der **Alternative 2** hätte er einen Anspruch in Höhe von 50 000 €. Das leuchtet vom Ergebnis her ein, weil die dingliche Lage und die schuldrechtlichen Ausgleichsansprüche einander entsprechen. Dies trifft aber nicht immer zu. Wenn zB in der Alternative 1 K als Eigentümer, der aber nicht der persönliche Schuldner ist, zur Vermeidung der Zwangsvollstreckung in das Grundstück an Gl zahlt, obwohl er im Verhältnis zu E die Hypothek übernommen hatte, so erwirbt er nach dem klar formulierten Wortlaut des § 1143 Abs. 1 S. 1 die Forderung trotzdem. Im umgekehrten Fall der Zahlung durch E, die geschieht, nachdem K nur einen Teil der Hypothek unter Anrechnung auf den Kaufpreis übernommen hatte, billigt § 1164 dem E die Forderung nur insoweit zu, als er von K Erstattung verlangen kann. Das wirkt ungereimt.

620 Als eine Lösungsmöglichkeit ist anerkannt, dass der Eigentümer, wenn er im Einklang mit seiner Verpflichtung gegenüber dem persönlichen Schuldner an den Gläu-

---

5 *Baur/Stürner*, § 38 Rn 95; *Reischl*, JuS 1998, 219; bei zwangsweiser Befriedigung aus dem Grundstück erlischt nach § 1181 Abs. 2 die Hypothek mit dem Zuschlag an den Ersteher des Grundstücks (§ 52 Abs. 1 S. 2, 91 Abs. 1 ZVG und dazu Erman/*Wenzel* § 1181 Rn 3; HK-BGB/*Staudinger* § 1181 Rn 5; Westermann/*Eickmann*, § 106 Rn 32).

biger zahlt, dies im Zweifel namens des Schuldners tut[6]. Er führt damit den Effekt herbei, dass die Schuld erlischt und die Hypothek nach § 1163 Abs. 1 S. 2 zur Eigentümergrundschuld wird[7]. Kann eine Zahlung im Namen des Schuldners im Einzelfall nicht angenommen werden, so kann der persönliche Schuldner, der ja im Innenverhältnis nicht zahlen soll, dem aus § 1143 auf den Zahlenden übergegangenen Anspruch die rechtsvernichtende Einrede der Befreiungspflicht entgegensetzen[8].

> Auch in der **Alternative 2 des Ausgangsfalles 26** liegt die Annahme nahe, K habe die 50 000 € namens des E (in dieser Höhe hatte er nämlich die Hypothek übernommen), die weiteren 20 000 € im eigenen Namen gezahlt. Die Forderung des Gl und mit ihr die Hypothek geht dann in Höhe von 20 000 € über, sie sichert die auf K übergegangene Forderung gegen E. In Höhe von 50 000 € erlischt die Forderung, die Hypothek wird gemäß § 1163 Abs. 1 S. 2 Eigentümergrundschuld des K.

Diese Ergebnisse werfen aber immer noch einige theoretische Schwierigkeiten auf. **621** Im Falle des § 1164 geht die Hypothek über, während die Forderung erlischt. Dies verträgt sich kaum mit der zuständigkeitsbestimmenden Kraft der Forderung. Man muss dann wohl eine **gesetzliche Forderungsauswechslung** dahin annehmen, dass vom Augenblick des Übergangs an der Ersatzanspruch aus § 1164 die gesicherte und zuständigkeitsbestimmende Forderung ist[9]. Diese Vorstellung erlaubt auch die Lösung gewisser grundbuchrechtlicher Schwierigkeiten.

> In der **Alternative 2** wird mit der Zahlung durch K das **Grundbuch** in mehrfacher Hinsicht **unrichtig**: Die im Grundbuch ausgewiesene Hypothek von 70 000 € zerfällt nach der Zahlung durch K (unterstellt, 50 000 € habe K im Namen des E wegen der Erfüllungsübernahme und 20 000 € im eigenen Namen gezahlt) in eine Eigentümergrundschuld des K in Höhe von 50 000 € und in eine forderungsbekleidete Eigentümerhypothek an dem Grundstück des K. K zahlte als Eigentümer, der nicht schuldete, die 20 000 €, er erwarb daher nach § 1143 die Forderung, die mit der Hypothek verbunden bleibt. Gl muss die Berichtigung des Grundbuchs bewilligen.

III. Folgen bei der Sicherungsgrundschuld

1. Problemstellung

Die Besonderheit gegenüber der Hypothek ergibt sich daraus, dass bei der Grund- **622** schuld die Tilgung der Forderung auf den Bestand des Rechts und auf die dingliche Inhaberschaft des Grundschuldgläubigers keinen Einfluss hat, s. Rn 575. Dies ist in einfachen Fällen hinnehmbar, weil der Grundschuldgläubiger auf Grund der Sicherungsabrede verpflichtet ist, das Pfandrecht nicht mehr geltend zu machen und es dem Eigentümer auf dessen Wunsch zu übertragen oder es löschen zu lassen. Wenn das mit der Grundschuld belastete Grundstück wie in Alternative 3 des Ausgangsfalls an

---

6 RGZ 80, 317, 319; Erman/*Wenzel* § 1143 Rn 3; Staudinger/*Wolfsteiner* § 1143 Rn 5.
7 HK-BGB/*Staudinger* § 1143 Rn 3; zu Versuchen der Kreditpraxis, die zwingende Folge des § 1163 Abs. 1 S. 2 zu umgehen, s. Westermann/*Eickmann*, § 103 Rn 6.
8 BGH WM 1980, 253; RGZ 143, 287; *Reischl*, JuS 1998, 320; *Wilhelm*, Rn 1671 ff.
9 RGZ 129, 27, 30; *Baur/Stürner*, § 38 Rn 97; Erman/*Wenzel* § 1164 Rn 4; *Habersack*, Rn 378.

einen Erwerber veräußert wird, der sich verpflichtet, das Pfandrecht in Anrechnung auf den Kaufpreis zu übernehmen, fragt sich aber, ob das soeben geschilderte System der §§ 1143, 1164 hierher übertragen werden kann. Eine Besonderheit ergibt sich, wenn das mit der Grundschuld belastete Grundstück zur Zwangsversteigerung gekommen ist, in der der Ersteher – der dafür ein geringeres Bargebot abgeben musste – die auf dem ihm zugeschlagenen Grundstück lastende Grundschuld übernommen hat. Daraus wird der – zweifelhafte – Schluss gezogen, dass der Ersteher eine Zwangsvollstreckung aus der Grundschuld hinnehmen muss, obwohl das durch die Grundschuld gesicherte Darlehen vereinbarungsgemäß bedient wird, weil nämlich der Ersteher sich auf die Einreden, die dem früheren Eigentümer (dem Sicherungsgeber) gegenüber dem Gläubiger (Sicherungsnehmer) zustanden, nicht berufen könne[10].

2. Zahlung durch den Eigentümer/Schuldner

623 Allgemein geht man davon aus, dass der Eigentümer, wenn er den Gläubiger befriedigt, seine Verbindlichkeit umfassend tilgen will und kein Interesse daran besteht, Forderung *und* Grundschuld erlöschen zu lassen. Soweit man den Zahlenden in seiner Rolle als Schuldner betrachtet, kann man annehmen, dass er die Forderung – soweit sie für ihn erfüllbar ist – tilgen wollte, wozu er aufgrund der Sicherungsabrede berechtigt ist[11]. Zahlt der Eigentümer auf die Grundschuld, so erwirbt er das Pfandrecht, Rn 601, die Forderung bleibt aber bestehen[12].

624 Zahlung auf die Forderung und Zahlung auf die Grundschuld haben also unterschiedliche Folgen, sodass es für die Bestimmung der schuldrechtlichen und der dinglichen Lage darauf ankommt, ob der Zahlende, was nach der Wertung des § 366 Abs. 2 grundsätzlich bei ihm liegt, auf die Forderung, die Grundschuld oder auf beides leistet. Allerdings sind auch die Interessen des Gläubigers nicht außer Acht zu lassen. Daher wird etwa bei Sicherung einer in der Höhe ständig wechselnden Forderung wie einem Kontokorrentkredit idR nicht auf die Grundschuld gezahlt, die ja als Sicherheit auch zur Verfügung stehen soll, wenn die Forderung wieder ansteigt. Die Banken pflegen sich demgemäß auszubedingen, dass Zahlungen nicht auf die Grundschuld geleistet werden. Umgekehrt wird, was allerdings in der Begründung streitig ist, bei der Zahlung der ganzen ausstehenden Forderung oder bei Zahlung zur Vermeidung der Zwangsvollstreckung anzunehmen sein, dass auf die Grundschuld gezahlt werden soll[13]. § 1164, der einen Übergang des Pfandrechts auf den zahlenden Nichteigentümer ermöglichen würde, wird bei der Grundschuld allgemein für unanwendbar gehalten, weil diese Art des Übergangs des Pfandrechts Akzessorietät voraussetze[14].

---

10 BGH NJW 2003, 2673.
11 BGH NJW-RR 1990, 813; ZIP 1988, 1096; NJW 1987, 838; 1980, 2198 f; Westermann/*Eickmann*, § 116 Rn 13.
12 BGH NJW 1987, 838; Westermann/*Eickmann*, § 106 Rn 13.
13 BGH NJW 1986, 2108; zum Ganzen Westermann/*Eickmann*, § 116 Rn 16; zu einer der vertraglichen Regelung widersprechenden (einseitigen) Tilgungsbestimmung des Zahlenden die Fallösung von *Cordes*, Jura 1990, 594, 595 f, für entspr. Anwendung des § 1163 Abs. 1 S. 2 *Wilhelm*, Rn 1796.
14 Erman/*Wenzel* § 1164 Rn 5; MünchKomm/*Lieder* § 1164 Rn 25; *Wilhelm*, Rn 1791. Wird an einen im Grundbuch als Inhaber einer Grundschuld eingetragenen Nichtberechtigten geleistet, so hilft der öffentliche Glaube des Grundbuchs (§ 893) dem Zahlenden nur bei Leistung auf die Grundschuld; von der persönlichen Forderung wird er nicht frei, BGH NJW 1996, 1207.

3. Zahlung durch den mit dem Schuldner nicht identischen Eigentümer

Umstritten ist, was gelten soll, wenn der zahlende Eigentümer mit dem persönlichen **625** Schuldner nicht identisch ist, wie es auch im hier erörterten Fall der Veräußerung des belasteten Grundstücks zutrifft.

Handelt es sich um eine konkret feststehende Forderung, so entspricht es der Interessenlage[15], dass der Eigentümer nur die ihn stärker belastende Grundschuld und nicht die ihm fremde Forderung ablöst. Dies ist heute wohl unstreitig. Damit ist allerdings noch nicht gesagt, was nun mit der Forderung geschieht. Das ist aus dem Gesetz, das nun einmal die Sicherungsgrundschuld nicht behandelt, nicht überzeugend ableitbar. Die hM[16] lässt die Forderung nicht erlöschen, da sie möglicherweise als Instrument des Rückgriffs des zahlenden Eigentümers gegen einen im Innenverhältnis an sich verpflichteten Schuldner dienen kann. Umstritten ist dann aber, ob der Gläubiger die Forderung an den Zahlenden abtreten muss, der sie gegen den Schuldner einsetzen kann, wenn er nicht – wie K in **Alternative 2 des Ausgangsfalls 26** – selber letztlich zu zahlen verpflichtet war, weil er die Belastung in Anrechnung auf den Kaufpreis übernommen hatte[17], oder ob § 1143 entsprechend anzuwenden ist, sodass die Forderung automatisch auf den Eigentümer übergeht[18], was angeht, da die Vorschrift nicht auf dem Akzessorietätsgedanken beruht. Im Ergebnis muss der Eigentümer jedenfalls die Forderung erwerben.

IV. Klausurgliederung zu Fall 26

Alternative 1: Vollstreckung durch E in das Grundstück des K? **626**

1. E hat als persönlicher Schuldner an Gl gezahlt, denn trotz der mit K vereinbarten Übernahme wurde E mangels Genehmigung des Gl nicht frei, sondern blieb persönlich Schuldner des Gl, § 416.

2. Die fehlgeschlagene Schuldübernahme gilt hier aber als Erfüllungsübernahme im Verhältnis K-E, § 415 Abs. 3.

3. Die Zahlung des E bewirkte Erlöschen der Forderung, § 362, mit der grundsätzlichen Folge des § 1163 Abs. 1 S. 2, dh der Eigentümer erwirbt die Hypothek.

4. Hier greift aber § 1164 ein, da E aus der Erfüllungsübernahme des K einen Ersatzanspruch gegen diesen hat. In Höhe von 50 000 € ist daher gemäß § 1164 die Hypothek auf E übergegangen, dh im Wege der Forderungsauswechslung sichert die Hypothek jetzt den Ersatzanspruch des E gegen K.

5. E kann also bei Nichtzahlung durch K gemäß § 1147 in dessen Grundstück vollstrecken, und zwar im Rang vor B, da § 1164 die Hypothek mit dem bestehenden Rang übergehen lässt.

---

15 BGH ZIP 1988, 1096; NJW 1987, 838; MünchKomm/*Lieder* § 1191 Rn 136.

16 BGH NJW 1991, 1821; 1981, 1554; BGHZ 105, 154; Erman/*Wenzel* § 1191 Rn 85.

17 In diesem Sinne BGH ZfIR 1999, 155; NJW 1988, 2730; Erman/*Wenzel* § 1191 Rn 85; Palandt/*Herrler* § 1191 Rn 36; s. dazu die Falllösung bei *Bayer/Wandt*, JuS 1987, 271.

18 So Westermann/*Eickmann*, § 116 Rn 13; *Wilhelm* Rn 1797 ff.

Alternative 2: Ansprüche K gegen E

1. Da K sich in Höhe von 50 000 € gegenüber E zur Erfüllung verpflichtet hat, kann es nur noch um die restlichen 20 000 € gehen. In Höhe von 50 000 € ist gem. § 1163 Abs. 1 S. 2 eine Eigentümergrundschuld des K entstanden, wenn man, was natürlich aus der Interessenlage begründet werden muss, davon ausgeht, dass K die 50 000 € namens des E gezahlt hat, die Forderung also erloschen ist.

2. In Höhe von 20 000 € hat K nur als Eigentümer, wegen der fehlenden Genehmigung des Gl nicht als persönlicher Schuldner geleistet. Die Folge ergibt sich aus § 1143, dh K erlangt von Gl dessen Forderung in Höhe von 20 000 € gegen E und über § 1153 in dieser Höhe auch die Hypothek an seinem Grundstück.

3. K kann also die 20 000 € von E verlangen; in dieser Höhe besteht für die Forderung die Hypothek am eigenen Grundstück des K.

Alternative 3:

1. Da die Forderung fällig war und die Zwangsvollstreckung durch Gl drohte, leistete E auf die Forderung, die sich allein gegen ihn richtete. Die Forderung erlosch damit. Die Grundschuld ging nicht auf E über, da § 1164 nicht anwendbar ist. § 268 Abs. 3 hilft nicht, da E nicht Dritter im Sinne des § 268 Abs. 1 ist.

2. Aus der Erfüllungsübernahme, die an sich den K zur Begleichung der Forderung verpflichtete, kann E bei K Rückgriff nehmen.

3. Die Grundschuld verbleibt zunächst bei Gl, doch ist er aus der Sicherungsabrede verpflichtet, aus ihr nicht mehr die Zwangsvollstreckung zu betreiben. Wenn nach dem Inhalt der Sicherungsabrede der Gl zur Rückabtretung der Grundschuld an den Sicherungsgeber verpflichtet ist, erwirbt E die Grundschuld durch Abtretung.

4. In **Alternative 2** ist anzunehmen, dass K, um der Zwangsvollstreckung aus der Grundschuld zu entgehen, auf die Grundschuld leistete. In Höhe von 70 000 € erwirbt K die Grundschuld. Weiterhin muss Gl dem K die Forderung abtreten, der daraus in Höhe von 20 000 € gegen E vorgehen kann; vertretbar ist auch ein Übergang der Forderung auf E in entsprechender Anwendung des § 1143.

§ 23 Ergänzende Zusammenfassung der Darstellung des Grundpfandrechts

I. Das Nebeneinander von Hypothek und Grundschuld

627 Viele Einzelheiten der §§ 1113 ff kann nur verstehen, wer die Unterschiedlichkeit von Hypothek und Grundschuld begriffen hat. Diese ergibt sich daraus, dass die Hypothek akzessorisch ist, die Grundschuld nicht. **Akzessorietät der Hypothek** bedeutet nicht etwa, dass das Bestehen des dinglichen Rechts vom Vorhandensein der gesicherten Forderung abhängig ist (so grundsätzlich das Pfandrecht an beweglichen Sachen, s. schon Rn 212), sondern nur, dass das Bestehen der Forderung darüber entscheidet, ob das Grundpfandrecht *Hypothek in der Hand des Gläubigers oder Grundschuld in der Hand des Eigentümers* ist. Insgesamt führt die Akzessorietät der Hypothek dazu, **dass die Forderung zuständigkeitsbestimmend für die Hypothek ist**.

Die **Grundschuld** ist **nicht akzessorisch**; bei ihr ist das dingliche Recht selbst dann, wenn die Grundschuld eine Forderung sichern soll, vom Bestand dieser Forderung unabhängig. Die Forderung ist aber als Bestandteil der Sicherungsabrede bedeutsam. Die Definition von Hypothek und Grundschuld in §§ 1113, 1191 und die Anordnung der Behandlung der Grundschuld in § 1192 drücken diesen Unterschied deutlich aus.

Die wichtigsten **Folgen der Akzessorietät** der Hypothek sind: **628**

–   Der Gläubiger der Forderung ist immer auch Gläubiger der Hypothek.
–   Forderung und Hypothek können nicht voneinander getrennt werden, § 1153 Abs. 2.
–   Geht die Forderung auf einen neuen Gläubiger über, geht die Hypothek mit über, § 1153 Abs. 1, so zB im Fall des § 1143, vgl. dazu Rn 617.
–   Es gibt keine Abtretung der Hypothek, sondern nur eine Abtretung der durch die Hypothek gesicherten Forderung, die die Hypothek mit übergehen lässt, § 1154. Die Abtretung, für die im Schuldrecht nach § 398 schlichte Einigung ausreichen würde, unterliegt den typischen sachenrechtlichen Erfordernissen (Einigung mit schriftlicher Abtretungserklärung und Briefübergabe oder Eintragung im Grundbuch, also das typische Nebeneinander von Willens- und vollziehendem Verlautbarungsmoment).
–   Das Nichtentstehen der Forderung lässt die Hypothek als Eigentümergrundschuld entstehen, § 1163 Abs. 1 S. 1[1]; der Wegfall der Forderung lässt die Hypothek zur Eigentümergrundschuld werden, § 1163 Abs. 1 S. 2.

Für die **Höchstbetragshypothek** ist die Akzessorietät nicht beseitigt, sondern nur gelockert: Getrennte Abtretung ist möglich und erleichtert, § 1190 Abs. 4, auch § 1163 gilt.

Für die **Grundschuld** gelten alle angeführten Akzessorietätsfolgen nicht, § 1192, **629** wohl aber gilt die Abtretungsform. Die Grundschuld ist danach auch als „isolierte" möglich, dh der Grundschuldgläubiger hat keine Forderung, die die Grundschuld sichern soll. In der Praxis wird aber in aller Regel die Grundschuld bestellt, um eine Forderung des Grundschuldgläubigers (in selteneren Fällen auch einmal die Forderung eines Dritten) zu sichern, sog. **Sicherungsgrundschuld** (nicht in gedankliche Verbindung zu bringen zur Sicherungshypothek, vgl. Rn 569). Fehlen der Forderung gibt dann dem Eigentümer ein Recht auf Rückgewähr der Grundschuld (als Folge der Sicherungsabrede oder eines Bereicherungsanspruchs). Einreden gegen die Forderung geben eine Verteidigungsmöglichkeit gegen die Grundschuld. Immer aber bezieht sich das nur auf die schuldrechtlichen Beziehungen zwischen Grundschuldgläubiger und dem Eigentümer, die Grundschuld als dingliches Recht steht unverändert dem Grundschuldgläubiger zu und wird erst bei Leistung auf das dingliche Recht vom Eigentümer erworben.

---

1   Zur umstrittenen Fragen, ob eine infolge Wuchers unwirksame Bestellung der Hypothek eine Eigentümergrundschuld entstehen lässt: OLG Karlsruhe FGPrax 2013, 253.

II. Die Befriedigungsmöglichkeiten aus dem Pfandrecht und aus der Forderung

1. Das dingliche Recht

630 Das Grundpfandrecht ist ein **dingliches Recht**, dessen **Inhalt** die Parteien nur in der vom Gesetz vorgesehenen Art und Umfang ändern können. Es gewährt ein **Recht gegen den Grundstückseigentümer auf Duldung der Zwangsvollstreckung in das Grundstück** und in die haftenden Nebensachen, § 1147, das auf Grund eines Titels (zB Urteil, vollstreckbare Urkunde, § 794 Abs. 1 Nr. 5 ZPO) nach Maßgabe des ZVG verwirklicht wird. Das Pfandrecht gibt aber **keinen Anspruch auf Zahlung**. Wohl kann der Eigentümer, auch wenn er nicht Schuldner der gesicherten Forderung ist, den Zugriff des Gläubigers durch Befriedigung der Forderung verhindern, § 1150 (zu den Folgen § 1143). Der Duldungsanspruch besteht bei der Hypothek zum Zweck der Befriedigung der gesicherten Forderung, bei der Grundschuld wegen der Grundschuldsumme. Das Grundpfandrecht bedeutet kein Veräußerungsverbot.

631 Mit dem Grundstück **haften die „Nebensachen"**: Zubehör, Früchte, Bestandteile, Miet- und Pachtzinsforderungen und Versicherungsforderungen, vgl. §§ 1120 ff. Bei diesen Haftungsgegenständen ist der Eintritt in die Haftung und das Freiwerden auf Grund jeweils besonders geregelter Tatbestände mit dem Unterschied vor und nach der Beschlagnahme zu unterscheiden, Einzelheiten vgl. Rn 593.

2. Die gesicherte Forderung

632 Forderung und Hypothek werden durch den Entstehungstatbestand des dinglichen Rechts (= Einigung und Eintragung) miteinander verbunden, spätere Auswechslung der Forderung ist möglich, vgl. § 1180. Die Forderung muss auf Zahlung einer Geldsumme gerichtet sein, § 1113; sie richtet sich gegen den **Schuldner**, der **nicht mit dem Eigentümer** des belasteten Grundstücks **identisch** zu sein braucht.

633 Insgesamt sind drei Personen mit unterschiedlichen Interessen im Spiel: Der Gläubiger der Hypothek, der immer auch Gläubiger der Forderung ist (anders bei der Grundschuld), der Eigentümer des belasteten Grundstücks, der persönliche Schuldner der Forderung. Wesentlich ist für das Verständnis des Hypothekenrechts, dass das Gesetz diese Dreiseitigkeit ständig berücksichtigt und die Hypothek der Sicherung von Ausgleichsinteressen zwischen Eigentümer und persönlichem Schuldner dienstbar macht. Grundsätzlich steht das BGB auf dem Standpunkt: **Der persönliche Schuldner muss zahlen**, er kann freilich aus einem besonderen Innenverhältnis zum Eigentümer (zB aus einer Erfüllungsübernahme, die auch Folge einer gescheiterten Schuldübernahme sein kann, vgl. Rn 615) Ersatzansprüche gegen den Eigentümer haben; hat er sie, erwirbt er mit der Befriedigung des Gläubigers die Hypothek, die nunmehr den Ersatzanspruch sichert, § 1164.

Zahlt der Eigentümer, erfüllt er nicht eine Pflicht gegenüber dem Gläubiger, sondern rettet sein Grundstück vor der Vollstreckung, folglich erwirbt er die Forderung, § 1143, und mit ihr die Hypothek, § 1153. Für die Grundschuld gelten §§ 1143, 1164 nicht, da es sich letztlich um Akzessorietätsfolgen handelt. Zu den Folgen der Zahlung bei der Sicherungsschuld Rn 623 f

Der dritte Bestandteil ist die Sicherungsabrede zwischen dem Gläubiger und dem Ei-   **634**
gentümer des Grundstücks. Sie ist die schuldrechtliche Vereinbarung, dass und zu
welchen näheren Bedingungen das Grundpfandrecht bestellt werden soll, ist also
Rechtsgrund der Verfügung, die in der Bestellung der Hypothek liegt. Durch die Sicherungsabrede bei einer Sicherungsgrundschuld ist der Grundschuldgläubiger treuhänderisch gebunden. Infolge des Abstraktionsprinzips ist der dingliche Rechtserfolg
von der Sicherungsabrede unabhängig, und zwar einheitlich bei Hypothek und
Grundschuld. Bei der Sicherungsgrundschuld übernimmt die Sicherungsabrede manche Funktionen, die bei einem akzessorischen Recht die gesicherte Forderung hat,
doch sind im Einzelnen mehrere Unterschiede zu beachten. In begrenztem Umfang
können die Beteiligten durch die Sicherungsabrede auch andere Forderungen des
Gläubigers gegen den Schuldner, der mit dem Eigentümer nicht identisch sein muss,
durch die Sicherungsgrundschuld sichern, doch ist bei formularmäßigen Sicherungs-
zweckvereinbarungen stets zu prüfen, ob die Abrede gegen Regeln der §§ 305c oder
307 verstößt.

III. Der Gutglaubensschutz im Grundpfandrecht

§§ 892, 893 wirken überall dort, wo ein Nichtberechtigter eine grundpfandrechtliche   **635**
Verfügung vornimmt. ZB: Der im Grundbuch eingetragene Nichteigentümer bestellt
eine Hypothek, ein zu Unrecht als Gläubiger der Hypothek (zB wegen Nichtentstehens der Forderung, vgl. § 1163) Eingetragener tritt die Hypothek ab, nimmt Zahlungen entgegen, § 893, lässt die Hypothek löschen, § 875. **§ 1155** erweitert für das
Briefgrundpfandrecht, bei dem der Gläubiger nicht durch eine Grundbucheintragung
legitimiert ist, den Gutglaubensschutz dadurch, dass die Legitimation des verfügenden Nichtberechtigten durch den Brief und eine auf einen Eingetragenen zurückfüh-
rende Kette öffentlich beglaubigter Abtretungserklärungen ausreicht.

§ 892 allein würde nicht ausreichen, um den Erwerber einer Hypothek gegen die Ge-   **636**
fahren der Akzessorietät zu schützen. Die Lücke füllt **§ 1138**: Danach gelten
§§ 891 ff **für die Hypothek** auch in Ansehung der Forderung. Das muss freilich richtig verstanden werden: Die Forderung wird zu Gunsten des Gutgläubigen nur als bestehend behandelt, um ihm das Recht aus der Hypothek, nicht das aus der Forderung
zuzuwenden. Für den Zahlungsanspruch bleibt es also dabei, dass es keinen gutgläubigen Erwerb gibt. Was für die Forderung gesagt ist, gilt gem. § 1157 auch für die
Einreden gegen die Hypothek (die Einreden gegen die Forderung fallen schon unter
§ 1138). § 1157 gilt auch für die Grundschuld, was bedeutet, dass die aus der Sicherungsabrede hervorgehenden Einreden auch dem Zessionar gegenüber wirken. Den
nach § 1157 S. 2 hier an sich möglichen gutgläubigen einredefreien Erwerb verhindert der im Jahre 2008 eingeführte § 1192 Abs. 2 (näher Rn 609).

IV. Arten der Hypothek

Regelfall ist die **Briefhypothek**; bei ihr stellt das Grundbuchamt für die Hypothek au-   **637**
ßer der Eintragung im Grundbuch eine Urkunde aus, den Hypothekenbrief. Seine
Übergabe vom Eigentümer, dem das Grundbuchamt den Brief zustellt, an den Gläubi-

ger ist Teil des Entstehungstatbestandes, §§ 1117, 1163 Abs. 2. Der Erwerb der Brief-hypothek durch den Gläubiger ist danach ein viergliedriger Tatbestand: Einigung, Eintragung, Entstehung der Forderung, Briefübergabe. Der Brief ist ferner zur Über-tragung der hypothekarisch gesicherten Forderung, § 1154, und zur Geltendmachung der Hypothek erforderlich, § 1160.

Bei der **Buchhypothek** ist die Erteilung des Hypothekenbriefs durch Einigung und Eintragung ausgeschlossen, § 1116 Abs. 2. Buch- und Briefhypotheken sind also als übertragbare Rechte ausgestaltet (Verkehrshypothek).

Die **Sicherungshypothek** ist dadurch gekennzeichnet, dass ein gutgläubiger Erwerb bezüglich der Forderung ausgeschlossen ist, § 1184; sie ist immer Buchhypothek, § 1185; für die dingliche Seite gelten keine Besonderheiten. Die **Höchstbetrags-hypothek** ist eine Spezialform der Hypothek für die Sicherung eines laufenden Kre-dits. Sie ist immer Sicherungshypothek, § 1190.

638 Die **Gesamthypothek** ist *eine* Hypothek an einer Mehrzahl von Grundstücken; die Einheit entsteht durch die Forderung als das zuständigkeitsbestimmende Recht, § 1132. Ob *ein* Grundstück oder eine Mehrzahl Gegenstand der Hypothek ist, ist aus-schließlich von der grundbuchmäßigen Behandlung der haftenden Erdoberfläche im Grundbuch abhängig. Folglich kann sich durch Teilung eines haftenden Grundstücks eine Hypothek auch ohne Zutun des Gläubigers zu einer Gesamthypothek entwickeln. Der Gläubiger hat den Duldungsanspruch bezüglich aller Grundstücke. Es spielt für die Gesamthypothek keine Rolle, ob die Grundstücke einem oder verschiedenen Ei-gentümern gehören.

V. Das Eigentümergrundpfandrecht

1. Verschiedene Formen

639 Eine Besonderheit des Grundpfandrechts ist die Häufigkeit des Eigentümergrund-pfandrechts. Es dient unterschiedlichen **Zwecken**: Seine Hauptfunktion ist, dem Ei-gentümer die Rangstelle zu wahren, also ein Aufrücken nachstehend Berechtigter zu verhindern, wenn ein Tatbestand eintritt, der an sich zum Erlöschen des Grundpfand-rechts führen würde. Bei Beibehaltung des sonst als Grundsatz geltenden Prinzips der gleitenden Rangordnung kommt das BGB im Grundpfandrecht dem Prinzip fester Rangstellen sehr nahe. Mittels der Löschungsvormerkung des § 1179 hat die Praxis – insbesondere die des organisierten Realkredits – die rangwahrende Funktion der Ei-gentümergrundschuld weitgehend aufgehoben (dazu im Einzelnen sogleich Rn 642).

640 Das Eigentümergrundpfandrecht ist ein vollgültiges dingliches Recht, nicht etwa nur eine Möglichkeit, ein Recht im Rang des erloschenen zu bestellen. Es ist dem Eigen-tum gegenüber selbstständig, verbleibt also als Fremdgrundschuld dem Grundschuld-inhaber, wenn das Eigentum veräußert wird; in der Zwangsversteigerung des Grund-stücks gibt es einen Anspruch auf einen Anteil am Versteigerungserlös im Rang der Grundschuld, der Eigentümer kann aber nicht selber aus dem Pfandrecht die Zwangs-vollstreckung betreiben (**§ 1197**).

Das Eigentümergrundpfandrecht ist in der ganz überwiegenden Mehrzahl der Fälle **641** **Grundschuld**, § 1177, nur wenn der Eigentümer nach einer Zahlung an den Gläubiger auch die Forderung erwirbt, ist es Hypothek, zB im Fall des § 1143, vgl. dazu § 1177 Abs. 2.

Der Eigentümer kann für sich selbst eine Grundschuld bestellen, § 1196. Das hat praktische Bedeutung, wenn er zu gegebener Zeit – evtl. gem. § 1154, auch ohne dass das im Grundbuch ersichtlich wird – die Eigentümergrundschuld zur Sicherung eines Kredits abtreten will, und kommt daher häufig vor. Als Zwischenstadium entsteht die Eigentümergrundschuld bis zur Briefübergabe und bis zur Entstehung der Forderung, § 1163; nach einer Abtretung handelt es sich um eine Fremdgrundschuld.

Wichtig ist § 1163 Abs. 2: Mit Wegfall der Forderung, gleichgültig aus welchem Grunde die Forderung erlischt, fällt das Grundpfandrecht als Eigentümergrundschuld dem Eigentümer zu (vgl. aber die Ausnahme des § 1178). Bei Befriedigung aus dem Grundstück durch Zwangsvollstreckung erlischt die Hypothek, § 1181, die nachstehend Berechtigten rücken auf.

2. Die Löschungsvormerkung

a) Nach dem System des Grundpfandrechts erwirbt der Eigentümer in den Fällen **642** des gesetzlichen oder rechtsgeschäftlichen Übergangs des Grundpfandrechts auf ihn ein dem Eigentum gegenüber selbstständiges Recht, das das Aufrücken gleich- oder nachstehend Berechtigter verhindert. Er kann sich aber jedem gegenüber verpflichten, das Recht für den Fall, dass sich die Hypothek mit dem Eigentum in einer Person vereinigt, löschen zu lassen. Mit der Erfüllung des Anspruchs erlischt das Eigentümergrundpfandrecht, alle gleich- oder nachstehenden Rechte rücken auf. Für diese Situation sah **§ 1179** eine Vormerkung für den Löschungsanspruch dahin vor, dass die Vormerkung schon eingetragen werden kann, bevor der Eigentümer die Eigentümergrundschuld erworben hat. Das wäre bei der gewöhnlichen Vormerkung nach § 883 nicht möglich, da der Verfügende im Augenblick der Eintragung der Vormerkung nicht Inhaber des durch sie betroffenen Rechts ist.

b) Eine Änderung der Rechtslage bewirkt **§ 1179a**, der auf die Tatsache reagiert, **643** dass die Löschungsvormerkung im organisierten Realkredit breiten Raum einnahm und bei Briefgrundpfandrechten auf dem Brief vermerkt werden muss, was infolge des massenhaften Einsatzes als zu kostspielig betrachtet wurde[2]. Hierdurch sollte als Inhalt der Hypothek ein gesetzlicher Löschungsanspruch neben die Löschungsvormerkung gem. § 1179 treten, was bedeutet, dass die bis dahin gebräuchlichen rechtsgeschäftlich bestellten Löschungsvormerkungen überflüssig wurden, die nach früherem Recht (die Neuregelung gilt seit dem Jahre 1978) eingetragenen Löschungsvormerkungen bestehen aber fort. Eine Besonderheit gilt insoweit, als § 1196 Abs. 3 bei einer Vereinigung von Grundschuld und Eigentum in einer Person die Wirkung des § 1179a davon abhängig macht, dass die Grundschuld zuvor einem anderen als dem

---

2 Erläuterung der im Einzelnen nicht leicht verständlichen Regelung in Erman/*Wenzel* § 1179a Rn 1; *Kollhosser*, JA 1979, 176; *Schapp*, JuS 1979, 544; HK-BGB/*Staudinger* § 1179a Rn 1; *Westermann*, FS für Sontis, 1977, S. 253 ff; *Wilhelm*, Rn 1690 f.

Eigentümer zugestanden hat; hierdurch soll dem Eigentümer ermöglicht werden, die ihm zugefallene Grundschuld zur anderweitigen Kreditsicherung zu benutzen. Nach der jetzigen gesetzlichen Regelung gewährt jedes Grundpfandrecht seinem Inhaber gegenüber dem Grundstückseigentümer einen Anspruch, ein vor- oder gleichstehendes Grundpfandrecht, das dem Eigentümer zur Zeit der Entstehung zustand oder das er später erwirbt, löschen zu lassen. Das bedeutet, dass der Berechtigte nach § 875 die Aufhebung des Rechts erklären und gem. § 19 GBO eine Löschungsbewilligung erteilen muss. Ein Zessionar, der das Recht vormerkungswidrig erworben hat, muss nach § 888 der Löschung zustimmen.

Da idR (insbesondere bei Darlehenshypotheken) die Forderung erst nach der Eintragung entsteht und infolge der Akzessorietät der Hypothek auch erst in diesem Augenblick auf den Gläubiger übergeht, musste das Gesetz den Löschungsanspruch entsprechend einschränken. Das geschieht in § 1179a Abs. 2 dadurch, dass der Löschungsanspruch erst geltend gemacht werden kann, wenn feststeht, dass die Forderung nicht entstehen kann.

644 **c)** Nach § 1179a Abs. 5 kann bei der Bestellung eines nachrangigen Grundpfandrechts der Löschungsanspruch ausgeschlossen werden, worauf sich aber im organisierten Kreditgeschäft der Gläubiger kaum einlassen wird. Deshalb wird erwogen, ob durch Abtretung des dem Erwerber nach Zahlung zustehenden Rückübertragungsanspruchs und Sicherung dieses künftigen Anspruchs durch eine vom Grundschuldgläubiger zu bewilligende Vormerkung das Zusammenfallen von Grundpfandrecht und Eigentum verhindert werden kann, was den Löschungsanspruch aus § 1179a Abs. 1 S. 1 entfallen ließe[3]; dies könnte allerdings als Umgehung des § 1179a gewertet werden.

§ 1179a Abs. 3 wirft das weitere Problem auf, dass aus dem Grundbuch bei Briefgrundpfandrechten nicht ersichtlich ist, ob der Eigentümer das ihm zustehende Eigentümergrundpfandrecht abgetreten hat. Erwirbt er später das Recht zurück und tritt es dann erneut ab, so kann der Erwerber des Rechts dem Löschungsanspruch aus § 1179a ausgesetzt sein, ohne dass dies aus dem Grundbuch ersichtlich wäre. Dem ist aber durch restriktive Auslegung entgegenzuwirken[4].

---

3   So der Fall OLG Hamm NJW-RR 1990, 272; Diskussionen bei *Baur/Stürner*, § 46 Rn 48.
4   Vgl. dazu *Kollhosser*, JA 1979, 176 ff; MünchKomm/*Lieder* § 1179a Rn 14 ff; *Schapp*, JuS 1979, 544.

Sachverzeichnis

Die Angaben beziehen sich auf die Randnummern.

Fälle mustergültig lösen

Die Reihe „Schwerpunkte Klausurenkurs"

- Einführung in die Technik des Klausurenschreibens
- Musterklausuren exemplarisch gelöst
- realistische Prüfungsanforderungen als Maßstab

Prof. Dr. Dr. h.c. Wilfried Schlüter/
Dr. Holger Niehaus/
Dr. Ulrich Jan Schröder (Hrsg.)
**Examensklausurenkurs
im Zivil-, Straf- und
Öffentlichen Recht**
25 Klausurfälle mit Musterlösungen
2. Auflage 2015. € 25,99

Prof. Dr. Ulrich Falk/Dr. Birgit Schneider
**Klausurenkurs im
Bürgerlichen Recht II**
**Ein Fall- und Repetitionsbuch für
Fortgeschrittene**
2. Auflage 2016. € 23,99
Auch als ebook erhältlich

Prof. Dr. Kerstin Tillmanns
Klausurenkurs im Arbeitsrecht I
**Ein Fall- und Repetitionsbuch zum
Individualarbeitsrecht mit Bezügen
zum Betriebsverfassungs- und
Tarifvertragsrecht**
2. Auflage 2015. € 20,99
Auch als ebook erhältlich

Prof. Dr. Matthias Jacobs/
Christopher Krois
Klausurenkurs im Arbeitsrecht II
**Ein Fall- und Repetitionsbuch zum
Schwerpunktbereich Arbeitsrecht**
2014. € 22,99
Auch als ebook erhältlich

Alle Bände aus der Reihe und weitere Infos unter: **www.cfmueller-campus.de/klausurenkurs**

 C.F. Müller

 Jura auf den ● gebracht